일본 명치·대정시대의 생활문화사

명치대정사 세상편

History of the Meiji and Taisho Eras : Social Conditions

지은이 야나기타 구니오(柳田國男)는 1875년에 일본의 효고현(兵庫縣)에서 태어났다. 원래 성은 마쓰오카(松岡)였으나 1901년에 야나기타 나오히라(柳田直平)의 양자로 입적하면서 야나기타로 바꾸었다. 일본민속학의 확립자로서 뿐만이 아니라 행정관료·문학자·언론인으로 다양한 삶을 살았다. 젊은 시절에는 문학에 심취하여 단카(短歌)·신체시 등을 발표하였다. 동경제국대학 법과대학 정치과를 졸업한 이후 1919년에 귀족원 서기관장을 사임하기까지, 법제국 참사관, 궁내 서기관, 내각 서기관 기록과장 등을 역임하였다. 1920년에 아사히신문사에 입사, 나중에 편집국 논설위원으로 사설을 담당하였다. 1921년에는 국제연맹 위임통치 위원에 취임하여 국제적으로 활동하였다. 추밀원 고문관, 국립국어연구소 평의원회 회장을 역임하기도 하였다. 1949년에 발족한 일본민속학회 초대회장이 되었으며, 미국인류학협회의 명예회원으로 추천되었다. 1962년 8월에 심장 쇠약으로 사망하였다. 민속학뿐만이 아니라 인문사회과학과 관련된 방대한 저술을 남겼으며, 대부분의 저술은『定本柳田國男集』,『柳田國男全集』(전26권) 등에 집대성되어 있다.

옮긴이 김정례(金貞禮)는 전남대학교 일어일문학과를 졸업하고 일본 도호쿠대학 대학원 석사과정 및 박사과정에서 일본고전문학을 공부했다. 현재 전남대학교 일어일문학과 교수로 재직중이다. 주로 일본 고전시가 및 고전문화에 대해 연구하고 있다. 저서로는『바쇼의 하이쿠 기행 1 - 오쿠로 가는 작은 길』,『키워드로 읽는 일본문학 - 모노카타리에서 하이쿠까지』(공저),『세계의 고전을 읽는다 - 동양문학편』(공저) 등이 있으며, 역서로는『光州民衆抗爭』(일본어역, 공역),『논쟁을 통해 본 일본사상』(공역) 등이 있다.

옮긴이 김용의(金容儀)는 전남대학교 일어일문학과를 졸업하고 중앙대학교 일어일문학과 석사과정에서 일본신화를 공부하였다. 일본 오사카대학 일본학과의 석사과정과 박사과정에서 일본문화학(민속학)을 전공하였으며「韓日 昔話의 比較硏究(한일 민담의 비교연구)」라는 논문으로 문학박사 학위를 취득하였다. 현재 전남대학교 일어일문학과 부교수로 재직중이다. 저서로는『일본의 민담』,『전쟁과 사람들 - 아래로부터의 한국전쟁연구』(공저),『문화시대의 디지털 아카이브』(공저) 등이 있으며, 역서로『일본인은 어떻게 신이 되는가』(공역)가 있다.

일본 명치·대정시대의 생활문화사
: 명치대정사 세상편

1판 1쇄 인쇄 2006년 8월 10일
1판 1쇄 발행 2006년 8월 20일

지은이 / 야나기타 구니오
옮긴이 / 김정례·김용의
펴낸이 / 박성모
펴낸곳 / 소명출판
출판고문 / 김호영
등록 / 제13-522호
주소 / 137-878 서울시 서초구 서초동 1621-18 (란빌딩 1층)
대표전화 / (02) 585-7840
팩시밀리 / (02) 585-7848
somyong@korea.com / www.somyong.com

ⓒ 2006, 한국학술진흥재단

값 30,000원

ISBN 89-5626-219-5 93910

일본 명치·대정시대의 생활문화사-

명치대정사 세상편

History of the Meiji and Taisho Eras : Social Conditions

야나기타 구니오 지음 / 김정례·김용의 옮김

소명출판

1. 번역을 위한 텍스트는 『明治大正史 世相篇』(朝日新聞社, 1931)에 의거한다.
2. 야나기타 구니오(柳田國男)의 『明治大正史 世相篇』의 번역 과정에 있어 다음과 같은 원칙을 적용하였다.
   1) 본문 번역
   ① 원문의 뜻을 훼손하지 않기 위하여 직역을 원칙으로 하되, 한국어 문맥상 부득이한 경우에는 의역을 한다.
   ② 모든 용어는 가능한 한 원문의 문맥에 적합한 한국어를 찾아 번역하며, 인명·지명 등의 고유명사 및 학술·전문 용어에 대해서는 역자 주를 달아 설명한다.
   2) 표기법
   ① 일본어의 한글 표기는 원칙적으로 「외래어 표기법」(1988.1.14. 문교부 고시 제88-1호)에 따른다.
   ② 일본의 인명·지명 등의 고유명사 및 학술·전문 용어에 대해서는 원칙적으로 각 장마다 처음 나오는 경우에 한해서 한글 다음에 괄호 속에 한자나 일본어를 넣어 병기하고, 그 다음부터는 한글만을 표기한다.
      예 1) 교토(京都) 예 2) 요리오야(寄親)
   3) 역주
   ① 주는 각주를 사용한다.
   ② 역주는 독자의 편의를 위해 각 장에 따라 중복될 수 있다.
   4) 독자의 이해를 돕기 위해 해제, 야나기타 구니오 연구 저서 목록, 야나기타 구니오 관련 연구 저서 목록, 야나기타 연보 등을 부록으로 첨부한다.

현대 생활의 횡단면, 즉 매일 우리들의 눈앞에 나타나서 사라지는 일상적인 사실에 의거하여 훌륭하게 역사를 쓸 수 있다는 생각에서 출발하여, 일본 명치·대정시대에 전개된 생활문화의 변천 과정을 분석한 책. 대다수의 보통 일본인들이 눈을 뜨고 귀를 기울이면 바로 보고 들을 수 있는 사물을 대상으로 하여, 조금만 마음을 가라앉히고 생각하면 깨닫게 될 사실만을 가지고 평론식으로 기술한 책. 그리고 종래의 전기(傳記)식 역사에 불만을 갖고 일부러 고유명사를 단 하나도 예로 들지 않으려 한, 이른바 영웅들에 관한 이야기가 아닌 보통 사람들에 관한 이야기 책.

원저자 야나기타 구니오(柳田國男, 1875~1962)는 이 책의 「저자 서문」에서 저술의 동기 및 의의에 대해 이렇게 설명하고 있다. 이 번역서는 일본 민속학의 창시자 야나기타의 야심작인 『명치대정사 세상편(明治大正史世相篇)』(朝日新聞社, 1931)을 완역한 것이다. 한국어로 번역하면서 책의 성격을 보다 분명하게 전달하기 위하여 역자들이 책 제목을 『일본 명치·

대정시대의 생활문화사』라고 풀어 썼다.

야나기타는 일반적으로 일본의 민속학을 창시하고 그것을 학문적으로 확립시킨 매우 독보적인 민속학자로 널리 알려져 있다. 그렇지만 사실은 문학자이며 언론인, 고급관료 등 다양한 삶을 살았다. 따라서 여러 분야의 사람들과 매우 깊은 교류를 하면서 학문 및 사상적 영향을 주고받았다. 흔히 야나기타의 문체는 문학적으로 뛰어나다는 평가를 받기도 하는데, 이 같은 평가의 배경에는 젊은 시절에 문학자로 활약했던 그의 문학적 재능이 한 몫을 했다고 볼 수 있다.

그는 생전에 방대한 저작을 저술하였는데, 그 중에서도 이 『일본 명치·대정시대의 생활문화사』는 양적으로 가장 분량이 많은 대표적 저서이다. 일본의 근대화 과정에서 전개된 생활문화의 변용을 사회적 변동이나 이데올로기적 측면에서 보지 않고, '민중의 감각의 변화'라는 관점에서 파악하고자 했다. 이 책을 꼼꼼하게 읽다 보면, 야나기타가 문학자로서의 감수성과 민속학자로서의 세밀한 관찰을 통해, 그 자신이 살아온 근대라는 시공간 속의 일본인들의 일상생활에서 일어난 변화 과정을 누구보다 차분하게 잘 파악하고 있음을 알 수 있다. 또한 근대를 전후한 일본인의 생활문화에 대한 고찰을 바탕으로 하여 앞으로 전개될 변화를 예측하는 등, 이 책의 곳곳에서 변화하는 세상을 바라보는 야나기타의 예리한 안목을 확인할 수 있다.

한편 야나기타는 그가 제창한 일국민속학(一國民俗學)이라는 민속학 방법론에 따라 일본인의 고유문화와 '일본인다움'을 발견하려고 노력했던 학자였던 만큼, 이 책에서도 명치·대정시대의 문화 변화를 서구적인 외래문화의 충격으로 인한 변화보다는 내발적(內發的) 요인에 따른 변화에 초점을 맞추고 있다. 민속학이라는 학문은 학문의 성격상, 어느 나라 어느 시대를 막론하고 자국의 고유문화에 대한 관심이 주류를 이루기 마련이지만, 앞으로 한국에서의 야나기타 연구도 이 점을 주목해야 하리라고 본다. 야나기타는 한국의 초창기 민속학자들과도 적지 않은 교류가

있었으며, 특히 한일병합에도 깊숙이 관여한 인물이다. 그럼에도 한국에서는 그의 생애나 학문적 업적에 대해 그다지 활발하게 연구되지 않고 있다. 국내에 소개된 그의 저작을 보아도 『선조의 이야기(祖先の話)』(최길성·노성환 역, 1989), 『일본의 민담(日本の昔話)』(김용의 외역, 2002) 정도에 불과하다. 한 갈래로 정리할 수 없는 한국과의 밀접한 관련성뿐만이 아니라 일본의 인문사회과학 분야에서 차지하는 야나기타의 학문적 비중을 고려할 때에도 더욱 많은 연구와 소개가 절실한 상황이다.

이 번역서에서는 이 책의 학술적 성격 및 의의, 야나기타의 생애 및 학문적 업적에 대해 독자들의 이해를 돕기 위해서 '해제 논문'을 부록으로 따로 첨부하였다. 더불어 '야나기타 구니오의 연구 저서 목록', '야나기타 구니오 관련 연구 저서 목록', '야나기타 구니오 연보'도 따로 작성하여 부록으로 첨부하였다. 앞으로 이 번역서가 여러 학문 분야에서 야나기타의 학문과 사상에 대한 심층적인 연구 진행의 계기를 만드는 데 조금이라도 보탬이 되었으면 한다.

이 책의 번역은 한국학술진흥재단에서 실시하고 있는 동서양학술명저 번역사업의 일환으로 이루어졌다. 2000년 9월에 첫 번역을 시작했으니 출판까지 꼬박 5년 이상이 걸린 셈이다. 이토록 오랜 세월이 걸린 데에는 역자들의 게으른 성격 탓도 있지만, 일찍이 문학자로 활약했던 야나기타의 난해하면서도 독특한 문체를 어떻게 한국어로 옮길 것인가를 두고 너무 많이 고심했기 때문이다. 일본의 전통시가인 단카(短歌)를 비롯해 신체시 창작에 심취했던 야나기타의 시적 상상력으로 가득한 이 기념비적인 저서가 학국학술진흥재단의 동서양명저 번역사업의 지정 도서로 고시되었을 때, 역자들은 각각 일본 고전시가와 민속학 전공자인 만큼 상당한 자신감을 가지고 시작했다. 그렇지만 호흡이 긴 문장, 더구나 쉼표(,)를 사이에 두고 앞뒤 문맥이 전혀 달라지는 논리적 비약이 심한 문장 앞에서 그야말로 악전고투를 해야만 했다. 또한 적어도 이번 번역서를 내는 데 있어서는 야나기타의 학문적 성과에 대해 최대한 객관적으로 검토하고자 야나기타 관련 선행 연구서를 다시 한번 읽는 데에도 적지 않은 시간이 걸렸다. 그리고 그러한 선행 연구의 성과들을 역자 주에 충실하게 반영함으로써 야나기타 연구의 현재와 과제를 조명하고자 했다.

이 번역서는 원문의 뜻을 최대한 충실히 전달하기 위한 직역을 시도했지만, 경우에 따라서는 의역을 했다. 우리말로 옮기는 과정에서 역자들의 학문적 역량의 부족으로 인한 오역이 있으리라 생각한다. 앞으로 보다 충실한 번역서가 될 수 있도록 많은 독자들의 지적과 조언을 부탁드린다.

이 번역서가 나오기까지 많은 분들의 도움을 받았다. 먼저 조건없이 번역을 승낙해주신 저작권자 야나기타 후미코(柳田冨美) 님께 감사드린다. 그리고 대학원 강의 시간을 통해 이 책의 원본과 번역 초고를 함께 읽었던 전남대학교 일문과 대학원생들, 특히 방대한 분량의 원고 교정 및 자료 정리에 애써준 강경하·김주·양지원 군에게 고마움을 표한다. 마지막으로 이 번역을 위해 재정적으로 지원해주신 한국학술진흥재단의 관계자 여러분, 방일 연구 기간 동안에 자료 제공 등의 도움을 주신 국제일본문화연구센터(國際日本文化研究Center)의 고마쓰 가즈히코(小松和彦) 교수를 비롯한 여러분, 그리고 출판에 힘써주신 소명출판에게도 감사드린다.

2006년 초여름
김정례·김용의

아사히(朝日)신문사에서 명치대정사(明治大正史) 편찬을 계획하기 훨씬 이전부터, 실은 한번쯤 이런 책을 써보고 싶다고 생각하고 있었다. 그리고 이 책을 쓰기 위해서 이전부터 조금은 준비도 하고 있었다. 하지만 막상 착수해 보니 새로운 기획인 만큼 의외로 장애가 많았다. 기일을 충분히 잡았음에도 불구하고 인쇄소를 너무 기다리게 했고, 결국 이와 같이 볼품 없는 책밖에 쓸 수 없었다. 병으로 몸도 아팠그 그밖에도 약간의 변명거리가 있기는 하지만, 요컨대 나에게는 아직 너무 큰 짐이었다. 이 점이 몹시 유감스럽다.

하지만 이 경험은 적어도 뒤를 이어서 시도하려는 사람에게는 참고가 되리라고 믿기 때문에 해명도 할 겸 대강 적어 두고 싶다. 내가 이루지 못한 야망을 터놓고 말하자면, 나는 현대 생활의 횡단면, 즉 매일 우리들의 눈앞에 나타나서 사라지는 사실에 의거하여 훌륭하게 역사를 쓸 수 있다고 생각했다. 그것을 시도한 나 자신이 실패했기 때문에 말이 안 되긴 하지만, 자연사(自然史) 분야에서는 이 사실이 일찍부터 입증되어 전혀 문제가 안 되고 있다.

이에 비하면 조금 편중되어 있는지는 모르지만, 인간사 쪽에서는 훨씬 풍부하게 과거에 대한 관찰이 기억되고 기술되어 있기 때문에 우리들의 추측을 든든하게 뒷받침해 준다. 더욱이 화석학(化石學)에 상응하는 인간사 분야의 지식 영역은 자연사 영역보다 몇 배나 넓을 뿐만 아니라, 오히려 지나칠 정도로 자료가 많다. 만약 채집과 정리, 그리고 분류 및 비교 방법만 옳다면, 자연사 분야에서 가능한 일이 인간사에서 불가능할 리가 없다고 생각했다.

이 방법은 지금 일부 민간에서 일기 시작하고 있는데, 사람들은 이를 영국식으로 포크로어(Folklore)1)라고 부르고 있다. 일부에서는 이를 민속학이라 주장하는 사람도 있지만, 과연 학문인가 아닌가에 대해서는 아직 결론이 나지 않았다. 앞으로의 성과에 따라 아마도 '학문'이라고 말할 수 있을 것으로 생각될 뿐이다. 그런데도 그 같은 사람들 가운데에는 그 임무를 망망한 고대 역사에 대한 모색으로 국한시키려 하는 경향이 있는데, 이 점에 대해서도 나는 다른 생각을 가지고 있다.

그 한 가지는 고대사에서 이 방법에 따라 연구 성과를 얻을 수 있다면 현대사에서는 더욱 그 기대가 클 것이라는 점이다. 먼 상고시대를 연구하는 데에 이 방법을 응용할 필요가 있다면, 시대적으로 가깝기 때문에 응용하기에 더욱 적절하리라고 생각되는 현대사의 의문에도 꼭 시도해 보아야 할 것이다.

다른 한 가지는 정(正)과 반(反) 양쪽 모두 증거를 보여주기가 어렵다는 점이다. 예를 들면 일본인이 희랍에서 왔다는 설까지 성립되어 활보(闊步)

---

1) folk(민중)와 lore(전승·지식)로 구성된 단어로 일본에서는 민간전승 및 이를 연구하는 학문인 민속학이란 양쪽의 의미로 사용된다. 이 포크로어라는 단어를 처음 사용한 사람은 윌리엄 톰스(Thoms, W.)이다. 윌리엄 톰스가 1846년에 『The Athenaeum』지(誌)에 편지를 써서 당시에 사용되던 민간고사(popular antiquities)나 민간문예(popular literature) 대신에 이 단어를 사용할 것을 제창하였다고 한다.

하고 있는 상황에서, 이 무적의 검을 휘두른다는 것은 뭔가 교묘한 일종의 도피술(逃避術)같다는 느낌이 든다. 때문에 오해를 하는 사람들의 눈에는, 고의로 사실에 대한 검증을 피해 그 추리 방법이 옳은지 그른지 비판받는 것을 피하려고 하는 것처럼 보일 수 있기 때문에, 이 점은 이 새로운 연구 방법에 대한 신용면에서 볼 때 상당히 큰 손해라고 할 수 있을 것이다. 그 점을 방지하기 위해서라도 나는 지금 한쪽 문을 꼭 열 필요가 있다고 생각한다. 그래서 이 기회를 놓치지 않으려고 했던 것이다.

문제는, 어떻게 그 자료를 모으고 표본을 만들까 하는 점이었다. 내가 신문에 실린 남아 돌 정도의 매일 매일의 기사를 가장 유망한 채집지로 생각한 것은 결코 언론인(言論人)의 편파적인 생각 때문이 아니다.[2] 동시대의 세상을 비춘다고 하는 단 한 가지 목적에서 보았을 때, 신문에 실린 기록만큼 순수하고 정확한 것은 고금을 통해 존재하지 않았다. 그리고 신문에 실린 사실은 수십만 명이 일제히 알고 흥미를 느꼈던 기록이다. 마치 관찰용 표본을 현미경 하나로 동시에 들여다보는 듯한 공동의 인식을 얻을 수 있었다. 이것을 기초로 할 수 있다면, 결론은 애써 구하지 않아도 얻을 수 있으리라고 생각했다. 이를 위해서 약 일 년 동안 전국 각 지방에서 발행하는 신문을 읽고 스크랩했을 뿐만 아니라, 참고로 하기 위해 과거 60년 동안 각지에서 나온 여러 시기의 신문까지도 섭렵했다.

그런데 나중에서야 조금씩 알게 된 사실은, 신문기사는 이토록 바쁘게 지나가는 날마다 일어난 일을 다루고 있지만 현실의 사회상은 이보다도 훨씬 복잡하고, 신문은 겨우 그 일부만을 다루고 있다는 점이다. 따라서 어떤 기록이 있다면 가장 유력하다 할 수 있는 조그마한 사실이, 우연히 그 속에서 벗어나 있다는 것이었다.

---

2) 야나기타 구니오는 1920년부터 아사히(朝日)신문사의 객원으로 활동하였으며 1922년에 사설을 집필하는 논설위원이 되었다. 1930년에 논설위원을 사임하고 민속학 연구에 전념한다.

신문은 결코 전 시대의 사관(史官)처럼 어떤 사실을 전달하기에 충분한 사건을 선택하지는 않지만, 그렇다고 해도 일상 생활에서 가장 흔하고 평범한 것은 새로운 사실로 기술되는 기회가 별로 없다. 우리들이 사는 세상은 항상 이 흔해빠진 길을 걸어온 것이다. 그리하여 그 변경된 이른바 첨단적인 것만이 채록되었기 때문에 첨단적인 것과 대치되는 다른 부분에 있는 것은 오히려 반사적으로 이러한 예외적인 것을 통해 추측해서 관찰해야만 했다.

그래서 결국은 이런 것 이외에, 실제로 독자도 알고 나 자신도 알고 있는 사실을 그저 막연하게 원용할 수밖에 없었다. 그래서 될 수 있는 대로 많은 사람들이 평범하다고 생각하고, 설마 그런 일이 있을 수 있겠는가 하고 의아해 하지 않을 사실만을 애써 열거하면서 출처를 입증하지 못하고 끝내야만 했다. 조금 더 시간적 여유가 있었다면 표본을 만들 수 있었겠지만, 그렇게 해도 그저 다 아는 사실을 자세히 기술하는 것밖에 되지 않았을 것이다. 이 점은 앞으로 반드시 고려되어야 할 문제로, 어쨌든 최초의 계획은 여기서 꺾이고 말았다. 물론 신문에는 무한한 암시가 있었지만 직접 자료로 인용할 수 있었던 것은 얼마 되지 않았다. 그 밖의 자료도 동시대 사람들이 너무나 잘 알고 있는 일을 다른 나라나 후대의 독자들에게 써서 보내듯이 장황하게 기술하고 싶은 마음은 들지 않았다.

다시 한번 자연사와 비교해 본다면, 자연사 분야는 소나무나 조릿대나 참새 등, 매일 보아서 익숙한 사물이라도 꼼꼼하게 그 상태를 서술하면 정밀하다고 평가받을 정도로 학문이 진보해 있다. 이에 반해 종래의 세상 이야기에서 불과 한 발자국밖에 앞서 있지 않은 세상(世相) 연구 분야에서 만약 그런 작업을 한다고 하면, 바보 같은 짓이라고 한 사람도 귀를 기울이려 하지 않을 것이다.

내가 이 저작을 어느 정도 평론식으로 집필한 이유는, 이렇게라도 하지 않으면 이 세상에서 일어난 흔해 빠진 사실들로 새삼스레 독자의 주의를 끌 수가 없기 때문에 나온 궁여지책일 뿐이지, 결코 자료가 부족한 점을 보충하기 위해서가 아니다. 오히려 자료는 과다할 만큼 모아졌다. 그저 방법이 서투르기 때문에 갑·을·병을 분류하고 비교하여, 그 진화 경로를 일목요연하게 할 수가 없었을 뿐이다. 그것을 할 수 없었다는 점은 포크로아로서는 실패이다.

다음으로 한 가지 덧붙이고 싶은 것은, 나는 종전의 전기(傳記)식 역사에 불만을 갖고 있기 때문에, 이 책에서는 일부러 고유명사를 단 하나도 예로 들지 않으려고 한 점이다. 따라서 『명치대정사 서상편』은 영웅에 대해서 쓴 책은 아닌 셈이다. 이 나라에 사는 많은 보통 사람들이 눈을 뜨고 귀를 기울이면 보고 들을 수 있는 사물에 한해, 그리고 조금만 마음을 가라앉히면 반드시 깨닫게 될 의견만을 기술했다.[3] 이 책을 어느 특수한 지위에 있는 관찰자의 판단을 다른 사람들에게 강요하는 글로 본다면 곤란하다. 나는 뛰어난 견해의 소유자라는 자부심은 전혀 갖고 있지 않지만, 그래도 조금은 기발한 견해를 지니고 있다. 그러나 역사를 강론하는데 이름을 빌어서, 그 이름을 억지로 파는 듯한 행위는 교활한 짓이라고 생각했기 때문에 하지 않았다.

명치·대정시대의 새로운 세상 모습이 이것뿐인가 하고 힐난하는 사람도 아마 있을 것이다. 그 점도 잘 알고 있으며, 특히 최초의 이른바 모던(modern)한 양식에 대해서는 나 자신도 꽤나 머리 아프게 생각하는 사람 중의 하나이다. 그것을 생략한 것은 내 자신이 미흡한 것과 이에 대해서는 이미 많은 전문가나 대가가 있다는 것, 그리고 간단히 결론이 나올 것 같지 않다는 세 가지 이유 때문이다. 다른 한 가지는 도시가 너무 많

---

3) 역사학자 이로카와 다이키치(色川大吉)가 그의 저서 『소화사 세상편(昭和史 世相篇)』(小學館, 1990)에서 지적하고 있듯이, 이 부분에서 언급하고 있는 야나기타의 역사관이나 역사연구방법론은 프랑스에서 시작된 아날(Annales)학파의 역사관이나 역사연구방법론과 매우 가깝다. 야나기타는 이 책에서 정치사가 아닌 생활사·세상사를 시도하고 있으며, 이는 아날학파의 사회사와 매우 흡사하다는 것을 알 수 있다. 아날학파에 대해서는 김응종의 『아날학파』(민음사, 1991)를 참조.

은 문제들을 제공하고 있기 때문에, 이를 제한하려는 의도도 있었다.

인구수나 이해 관계의 비중으로 말한다면, 시골에 대해 조금 더 많은 설명을 해도 좋았겠지만 시골에서는 책을 도시에서 가지고 오는 선물처럼 생각하는 사람들이 많다. 그 때문에 이야기가 자연스럽게 도시로 치우친 감이 있다. 이 책과는 달리 도시 사람들에게 읽힐 만한 지방서(地方書)가 있어도 좋으리라 생각한다. 어쨌든 이 책은 아직도 다루지 못한 문제가 널려 있어서 지방 생활에 대한 세밀한 사정을 언급하는 데까지는 이르지 못했으며, 마치 어떤 암시가 담긴 것처럼 되고 말았다. 하지만 이는 저자가 처음에 의도한 바는 아니었다.

이 책의 편찬에는 나카미치 히토시(中道等), 사쿠라다 가쓰노리(櫻田勝德) 두 사람이 큰 도움을 주었다. 그런데 그에 답할 만한 충분한 성과로 두 사람의 각별한 호의에 답할 수 없었던 점을 특히 유감스럽게 생각한다.

1930년 12월
야나기타 구니오(柳田國男)

차례

일본 명치·대정시대의 생활문화사
명치대정사 세상편

1부

번역편

1 눈에 비친 세상

1. 신색음론(新色音論)

　세상이 바뀌는 전환점을 누구든 알아차렸던 시대는 기전에도 몇 번인
가 있었다. 역사는 멀리 사라진 옛 흔적을 찾아서 기억하는 것만이 아니
다. 많은 사람들이 옛 흔적과 눈앞에 놓인 새로운 현상을 이어주는 통로
를 확인할 임무가 있다고 생각한 것 같다. 하지만 실제로 그 임무는 쉬
운 일이 아니었다. 이 세상 소용돌이의 완전한 모습을 안다는 것은, 같은
소용돌이의 흐름 위에 떠있는 사람들에게 그렇게 간단한 일이 아니었던
것이다.

　가모노 조메이(鴨長明)[1]라든가 요시다 겐코(吉田兼好)[2]와 같은 은둔자(隱

---

1) 1155~1216. 가마쿠라(鎌倉)시대 전기의 가인(歌人). 이름을 가고노 나가아키라로 읽
　기도 한다. 쉰 살 무렵에 출가하였으며, 교토 오하라(大原)에서의 은둔 생활을 거쳐 히

遁者)는 그들 스스로는 분명 달관(達觀)할 수 있었던 듯 하지만, 그 방법을 일러두지는 않았다. 우리는 새삼스럽게 이것을 배워야 할 필요를 느끼게 된다. 전혀 동떨어진 법칙을 가정하여 시도하거나, 아니면 복잡한 조사를 계획하는 사람은 대중에게도 어울리지 않고, 또 항상 다음에서 다음으로 바뀌는 변화에는 따라 가지 못하는 것 같아서 안타깝다. 무언가 조금 더 명료하고 누구나 따라 갈 수 있는 실험 방법이 있어서, 그 방법을 통해 역사를 매일 아침 들여다보는 거울처럼 조금씩 우리들 생활과 친숙한 것으로 만들 수 있지 않을까.

그러기 위해서는 우선 여러 가지 양식을 시험해 보지 않으면 안 된다. 에도 막부(江戸幕府)가 처음으로 도카이(東海) 부근에 생겼을 무렵,[3] 당연히 시대가 또 한 번 바뀌려 하고 있었다. 오랜 전쟁에 지칠 대로 지친 일본인은, 똑같이 눈을 크게 뜨고 활기차고 평화로운 수도(首都)의 새로운 모습을 보았던 것이다. 많은 문인들이 붓을 들고 새 수도를 왕래하던 중에, 어떤 한 문인이 오슈(奥州)[4] 지방에 사는 시골 사람의 에도 구경이란 내용으로, 『아즈마 메구리(吾妻廻り)』[5]라는 작은 관찰기 한 권을 썼다.

노토산(日野外山)에 암자를 세웠다. 중세 은둔문학의 대표적 작가이다. 수필집으로『방장기(方丈記)』, 가론(歌論)으로『무명초(無名抄)』, 불교설화집으로『발심집(發心集)』 등이 있다.

2) 1283년 경~1352년 경. 가마쿠라(鎌倉)시대 말기부터 남북조(南北朝)시대 말기의 가인(歌人). 본명은 우라베 가네요시(卜部兼好)이다. 서른 살 무렵에 출가하여 겐코(兼好)라 칭하였다. 『쓰레즈레구사(徒然草)』라는 수필집이 유명하다. 한국어 번역본으로는 채혜숙 역, 『도연초』(바다출판사, 2001)와 정장식 역, 『도연초-호조키』(을유문화사, 2004)가 있다.

3) 에도(江戸)는 지금의 도쿄(東京)의 옛 이름이다. 1603년에 도쿠가와 이에야스(德川家康)가 에도에 막부(幕府)를 설립하고부터 전국의 중심지가 되었다. 도카이(東海)란 중부일본에서 미에(三重)현까지를 일컫는 말로, 여기에서는 일본의 동쪽 바다(東海), 즉 태평양쪽을 말한다.

4) 일본의 옛 지명. 지금의 후쿠시마(福島)·미야기(宮城)·이와테(岩手)·아오모리(青森) 등 네 개 현이 이에 해당한다.

5) 작자가 불분명하나 도쿠나가 다네히사(德永種久)라는 설이 유력하다. 내용은 오슈(奥州) 지방의 시골 사람이 에도(江戸)를 구경하러 여행을 떠나, 각지의 명소를 순례하는 안내기(案內記)이다.

지금 생각하면 이상할 정도로 300년 전 사람의 마음은 유장(悠長)하였다. 그 책은 당시에 관동(關東) 지방에서 유행한 것은 두엇이며, 정원수로는 동백꽃을 가꾸고, 새는 주로 메추라기를 키우며, 이를 상하귀천의 구별 없이 모두들 귀하게 여긴다는 내용을 담고 있는데, 특히 메추라기의 정취 있는 소리와 동백꽃의 요염함 중에서 어느 쪽이 뛰어난가를 장황하게 늘어놓고 있다. 때문에 그 책을 일명 『색음론(色音論)』이라고도 불렀는데,[6] 이는 어쩌면 일종의 글을 쓰는 취향에 불과했는지도 모른다. 아무리 평온하고 소박함을 존중하는 무가시대(武家時代)였다 하더라도, 그처럼 간단히 통일되어 있었던 것은 아니다.

개인적 심의(心意)의 움직임, 그 표층에 나타나는 것은 같은 공기를 마시며 살던 그 당시 사람들의 감각으로는 상당히 혼란스러웠을 것이다. 동백꽃과 메추라기라는 겨우 두 가지의 미미한 것으로 문화의 특징을 대표한다는 일이 불가능했다는 것은 알고 있다. 하지만 이 두 가지의 유행은 새로운 현상이었다. 최근에야 과거의 역사로 편입된 지금까지의 상태와 각자가 직접 비교할 수 있는 사실이었다. 이것은 아마도 누군가의 지도나 설명을 바라지 않고, 오히려 많은 동료들과 함께 차분히 그 경로를 이해할 수 있는 변화였고, 이는 곧 실험의 역사이기도 했던 것이다.

이 방법은 전반적으로 고루 미치지 않는다는 비난이 있으나, 더욱 노력하여 이 방법을 필요로 하는 영역으로 널리 넓힐 수 있을 것이다. 그럼으로써 적어도 각자가 파악한 현실 구역에서는, 외투 문명비판가의 판단을 그대로 수긍할 수밖에 없는 비참함에서 벗어날 수 있는 것이다. 300년 전의 『색음론(色音論)』은 가벼운 마음으로 썼겠지만, 눈으로 보고 귀로 들은 사실을 중요하게 여긴 태도만은 훌륭하다. 지금 다시 한번 새

---

6) 이 부분에서 야나기타가 이 책을 저술하면서 구상한 가장 기본적인 연구방법론을 확인할 수 있다. 즉, 본문에서 소개하고 있는 『색음론(色音論)』에서 '눈으로 보고(色)', '귀로 들은(音)' 사실을 중요하게 여긴 점을 적극적으로 평가하면서, 그 자신도 「신 색음론」이라는 이름으로 소화시대의 일상 생활을 분석하는데 이 방법을 적용하고자 한다고 밝히고 있다.

로이, 가장 복잡한 이 소화(昭和)시대7)의 새로운 세상(世相) 위에 이 방법을 시험해 보는 것은 어떨까. 이것이 이 책을 편찬하는 나의 첫 번째 제안이다.

다음으로 우리들의 시도를 특히 어떤 분야로 진행시킬 것인가가 문제가 된다. 이 문제에 대한 방향을 정하는 데 있어, 역사는 '다른 집안의 사적(事蹟)을 이야기하는 것'이라는 생각은 결코 하지 말아야 할 것이다. 사람은 사안에 따라 타인이 되기도 하고, 동료가 되기도 하기 때문이다. 게다가 우리들에게 의혹과 호기심이 있는 이상, 순수하게 어떤 특정인들만이 관련된 사건이라는 것은 실제로는 매우 적다.

시대가 현대에 가까워짐에 따라 이 문제에 대해서는 공동의식이 확대되고 강해진다. 따라서 그 관계가 가장 밀접한 부분에 국민으로서의 우리들 생활 방식이 어떻게 변화했는가 하는 문제가 있다. 그렇기 때문에 가능하면 많은 사람들이 한결같이 쉽게 체험할 수 있는 것부터 순서를 진행시켜 가는 것이 자연스러울 것이다. 아무리 평범하더라도 의식주는 실제로 존재하는 커다란 사실(事實)이다. 또한 의식주에 관해서는 이미 각자의 흥미와 관심이 모아졌고, 이에 관한 충분한 예비지식도 널리 퍼져 있다. 새롭게 의식주를 역사로서 생각해 보는 것은 사회를 위해서 필요하며, 동시에 자신에게도 필요하기 때문이다.

가령 문화의 시대상에 대한 전모가 의식주 안에 반영되어 있지 않을지라도, 적어도 국민 생활의 주된 힘은 처음부터 끝까지 의식주로 향한다. 때문에 그 흔적이 무엇보다도 뚜렷하다. 여러 사람이 다 알고 있는 중대한 사실이 아직 정리되지 않은 채로, 이 방면에서 나뒹굴고 있다. 새로 보고되어야 할 자료는 거의 없다. 단지 우리들이 다시 한번 이러한 사실들에 주목하여 문제제기를 하면 된다. 그러는 사이에 우리들은 몇 번이고 사물을 다시 인식할 수가 있다. 한 사람이 잘못 보면 만인(萬人)이

---

7) 1926~1989. 야나기타가 이 책을 편찬한 것은 소화 6년(1930)이었다.

정정해 준다. 이 점이 이 시대의 '신(新)색음론'의 중점을 색채와 사물의 형태에 두어야 하는 이유였다.

2. 염색공과 금색(禁色)

신문은 때로 흥미로운 사실을 깨닫게 한다. 최근 오사카(大阪)에서는 '이마사와이치(今澤市)'[8]라는 이름으로 화제가 된, 오랫동안 맹인이었던 사람이 눈을 뜨게 된 이야기가 있다. 팔 년 만에 본 세상 모습에서 무엇을 가장 신기롭게 느꼈느냐고 물어 보았더니, "여자들의 옷이 화려해져서 놀랐다"고 대답했다 한다. 볼 수 없었다 해도 번화한 도시에 사는 맹인이라면 아름다운 색에 대한 이야기를 수없이 들었을 것이고, 마음속으로 그 이야기를 되새기고 있었을 것이리라. 그런데도 이 맹인은 오랜만에 눈을 뜨자 세상 모습이 신기하다는 느낌을 받지 않을 수가 없었던 것이다.

물론 이 경우는 그저 한 사람이 겪은 기이한 경험일 뿐, 중요한 참고가 되는 것은 아니다. 그렇지만 반대로 만약 우리들이 눈을 감고서, 우라시마타로(浦島太郎)[9] 이야기에 나오는 옛날을 떠올려 본다면, 역시 같은

---

8) 일본의 고전 인형극인 조루리(淨瑠璃) 중에서, 근세의 『쓰보사카-야마 ♀자영험기(壺坂山女子靈驗記)』에 등장하는 주인공. 관음상(觀音像)의 덕택으로 눈을 뜬다.

9) 동물보은(動物報恩), 이향방문(異鄕訪問), 이류혼인(異類婚姻), 금기에 대한 침범, 시간의 초자연적 경과 등을 주요소로 전개되는 이야기로, 민담의 형태로 일본 각지에 유포되어 있다. 우라시마타로라는 주인공이 거북이를 구해 준 대가로 거북이의 화신(化身)인 미녀를 따라 용궁으로 가서 환대를 받는다. 고향으로 돌아와 용궁의 미녀에게 선물로 받은 다마테바코(玉手箱)라는 상자를 열자, 갑자기 백발투성의 노인으로 변했다는 줄거리이다. 한국의 이어도 이야기와 비슷한 데가 있다. 무로마치시대에는 오토기조시(お伽草子)라 부른 단편 이야기 중의 하나로 수록되었다. 1910년 이후에 국정국어교과

변화를 이야기하게 될 것이다. 명치(明治)·대정(大正)이라는 육십 년이 채 안 되는 세월은, 이 방면에서도 매우 큰일을 해냈다. 그 사실이 너무나 당연하게 여겨졌기 때문에, 그 누구도 이 맹인과 같은 마음이 될 수 없었던 것이다.

많은 젊은이들이 색을 장식으로 이용하기 이전에, 색은 먼저 그 자체의 큰 관문을 거쳐왔다. 색채에도 하나의 근대적 해방이 있었던 것이다. 지금은 우리들이 오랫동안 환상 속에서만 그려내던 셀 수 없이 많은 색조(色調)가 모두 현실로 존재하게 되었을 뿐만 아니라, 생각해 본 적도 없는 많은 종류의 색조가 우리들의 공상을 앞서가게 되었다. 이 변화는 결코 단순하게 진행되지 않았다.

원래 일본은 색의 종류가 매우 빈약한 나라였다고 한다. 이처럼 천연 색채가 풍부한 섬에서 그런 일은 있을 수 없을 것 같지만, 실제로 색을 표현하는 단어 수가 빈약하고, 조금 이상한 색들은 모두 외국어를 빌어서 표현하고 있다. 명치시대에 들어서부터 지금까지 외국어를 빌어 표현하는 색의 가짓수를 모아 보아도, 그 중에서 사용하는 수가 마흔 가지도 안 된다. 그런데도 물과 햇빛의 자연 혜택을 받은 섬나라이기 때문에 푸른 산의 사계절 변화, 하늘과 바다가 아침 저녁으로 변하는 모습이 유례없이 아름답고 섬세하며 또렷했다.

이 두 가지 사실이 모순되지 않는 이유는, 우리들이 눈으로 보고 마음에 비추어 내는 색의 수와, 손으로 물들여 몸에 치장할 수 있는 색 사이에는 뚜렷한 격차가 있었다는 것으로 설명할 수 있다. 어려운 표현이기는 하지만, 우리는 이 말을 천연의 금색(禁色)으로 부르고자 한다. 그 금지되었던 색깔은 근대 화학염료(化學染料)가 만들어진 시대에 이르러서는

서에 실린 것을 계기로 문부성(文部省)의 창가(唱歌)나 연극으로도 자주 공연되었다. 오늘날에도 어린이를 대상으로 하는 그림 동화책에 자주 수록되고 있다. 참고문헌으로 사카구치 다모쓰(坂口保)의 『우라시마 설화 연구(浦島說話の硏究)』(1955), 미즈노 유타카(水野裕)의 『고대사회와 우라시마 전설(古代社會と浦島傳說)』(1975) 등이 있다.

국민들에게 모두 허용되었다.

한편 금색은 나라에서 제도로 규정하기도 했다. 예를 들어 황색은 왕의 의복에만, 보라색은 상급관리에게만 규정으로 허용했다. 그 직위에 해당하지 않는 사람이 사용하는 경우를 위법으로 정하는 것은 옛날에 여러 나라에서 흔히 있던 예로, 그 동기는 지금도 잘 알 수 있다. 말하자면 중세 이전의 사회에서도 그 시대의 문화 능력이 허용하는 한, 오늘날과 마찬가지로 가능한 한 많은 천연색채를 만들어서 사람들이 사용할 수 있도록 했다.

염색법은 우리 조상들이 가장 열심히 외국으로부터 배우고자 했던 기술의 하나이다. 고생해 가며 멀리서 고가(高價)의 염료를 구했고, 그 염료는 금은주옥 다음 가는 주요 무역품이었다. 구하기 어렵고 물들이기 어려운 새로운 종류의 색채가 존귀함을 나타내는 특징이 된 것은 자연스런 결과로, 이를 보통 사람이 모방하는 것을 금지했다는 사실은 오히려 염색 공예가 어느 정도 민간에 보급되기 시작했음을 의미한다.

교토(京都)에서 부(富)를 독점하던 일이 조금씩 느슨해지고부터, 이른바 잣코(雜戶)[10]의 분산이 시작되었다. 여러 직종의 장인(匠人)들이 농촌을 돌아다니며 그 농민들 속에서 생계를 이어 갈 길을 찾게 되었다. 염색공은 그 중에서도 비교적 새로이 출현한 장인이다. 근대에 이르러 이윽고 장인들의 점포 수가 늘어났음에도 불구하고 여전히 농촌 사람들의 수공염색 그 전부를 대신할 수는 없었다. 그럼에도 마침내 이 염색공들이 재래의 금색제도를 소용없게 만들었다.

어느 한 가지 색을 서민이 상용하도록 허용하지 않아도, 염색공들은 그 전문지식을 이용하여 별도로 그 색보다도 희귀하고 품질이 뛰어난

---

10) 율령제(律令制)하에서 궁정에서 일하고 여러 관청에 소속되었던 수공업 기술자 집단이다. 잣코(雜戶) 호적에 등록되어 특수한 성(姓)이 부여되는 등, 일반 공민(公民)과는 구별되는 천민으로 여겨지기도 하였다. 8세기 초부터 차츰 해방되어 9세기 중엽에는 거의 실체를 볼 수 없게 되었다.

다른 색을 고안할 수가 있었던 것이다. 이 점은 황금이나 보석 등과는 양상이 다르며, 일부에서 오랫동안 색채문화를 독점할 수 없었던 이유이기도 하다. 가령 다른 몇 가지 조건만 갖추어져 있었더라면, 반드시 명치시대라는 신시대가 들어서기를 기다리지 않았더라도 색은 얼마든지 대중화될 수가 있었을 터이다. 이를 억제하고 있던 힘은 별도로 존재했다. 그리고 많은 사람들이 별로 알아차리지 못하는 사이에 서서히 그 제어(制御)가 풀리게 된 것이다.

3. 환상을 현실로

이른바 천연의 금색(禁色)은 인간이 만들어낸 이러한 색에 대한 구속에 비하면 훨씬 강력한 것이었다. 지금도 그 힘은 조금 남아 있다. 얼마 전까지만 해도 부와 능력의 부족함 때문에 우리들이 도저히 표현하기 힘든 색의 수가 매우 많았다. 그렇지만 가령 기술로는 그것을 쉽게 모방하게 되었다 하더라도, 오히려 꺼려서 일상용으로 사용하려고 하지 않은 색은 얼마든지 있다. 따로 제도를 만들어서 금지할 것도 없이, 선명하고 고운 많은 종류의 염색 문양은 애초에 우리들의 생활밖에 존재했다.

소박함은 반드시 계산된 결과는 아니었다. 에도(江戶)시대 후반기에는 옷을 검소하게 입도록 규제하는 공고가 여러 번 고시되었으나, 시골에서는 이를 위반한 사람이 거의 없었다. 동북 지방의 어느 번(藩)에서는 농민의 의류에 대한 제식(制式)을 정하고 있었다. 그러나 그와 같은 규정이 없더라도 대부분의 다른 지방에서도 농민은 역시 그 이상의 옷은 입지 않았다. 이를 궁핍함 때문이라고 해석할 수도 있으나, 어쩌다 풍요로운 때에도 농민들의 대부분은 그 여력을 먹고 마시는 쪽으로 돌리고 있었다. 기호(嗜好)를 세상 사람들 수준에 맞추고, 눈에 띄는 것을 꺼려했기 때문이라고도 할 수 있을 것이며, 혹은 감정의 안정을 유지하기 위해 애써 오래된 습관을 이어받고 있었다고 볼 수도 있다. 하지만 그 습관의 원점으로 되돌아가 보면, 뭔가 조금은 깊은 뜻이 있어 보인다.

염색의 원료가 되는 풀은 대개 산과 들에서 채취하거나 혹은 정원의 한 켠에서 재배한 것이었지만, 그 품종이 다양하고 그 처리 기술 또한 놀랄 만큼 진보되어 있었다. 꼭 투명하고 밝은 색깔을 낼 수 없었기 때문이 아니라, 일부러 나무 그늘 같은 칙칙한 음영을 주고, 줄무늬나 혹은 문양까지도 가능한 한 소박하게 했다. 그리고 이전에는 이 같은 기호(嗜好)가 도시나 시골 모두 옷 이외의 몸치장을 할 때에 조용되었다.

즉 우리들은 색이 빈곤했다기보다도 굳이 다양한 색을 사용하려고 하지 않았던 흔적을 확인할 수 있는 것이다. 이 점은 천연 색채가 이처럼 변화무쌍한 나라에서 태어나, 이것을 미세하게 음미하고 기억하며, 또 때가 돌아오면 전부 이용할 수 있었던 국민이 지녔던 디전 시대의 기질이었다. 이상한 것 같지만 보기에 따라서는 이것도 우리 선조의 색채 감각이 일찍부터 매우 예민했던 결과라고도 생각된다.

애초에 천연에서 배우지 않은 색은 하나도 존재하지 않았던 것이다. 그 속에는 오래 머물러서 변하지 않는 것과 끝없이 나타났다가 없어지기를 반복하는 것, 분명 이 두 종류가 있다. 지상에 속하는 것으로서는 꽃, 가을 단풍, 그리고 봄・여름의 신록으로, 역시 아름다운 것은 모두 변하는 것을 법칙으로 하고 있다. 나비와 작은 새의 날개 색깔 속에는 더러 인간이 도저히 꾀할 수 없는 것이 반짝이고 있기 때문에, 옛날에는 나비와 새가 오가는 것을 가지고 별천지의 소식처럼 해석하기도 했다.

불의 신성함이 인정되었던 근본적인 이유도 당연히 모방하기 어려운 색과 빛에 있었다. 이에 가까운 색과 빛은 오히려 천상 쪽에 많았던 것이다. 무지개로 만들어지는 다리는 바닷가에 사는 사람의 눈을 놀라게 하고 마음을 들뜨게 하는 것으로, 중국에서도 벌레 충(虫) 변으로 이 하

늘의 모양을 표시하는 문자(虹, 무지개)를 만든 것처럼, 일본에서도 이것을 신령스러운 뱀처럼 생각하고 있었다. 그 외, 오만가 베니(おまんが紅)[11]라고 이름 붙인 저녁 노을이 깔린 하늘색이나, 또는 어느 날 먼동이 틀 무렵의 구름 모양처럼, 우리들의 손이 닿거나 가까이서 보는 것이 허용되지 않았던 신비스런 천연색채가 감동을 더욱 강하게 만들었던 것이다. 이른바 성(聖)과 속(俗)이라는, 색에 대한 두 종류의 차별이 생겨나게 되었다. 이 성(聖)에 속하는 색을 일상의 용도로 옮겨 쓰려고 하지 않았던 것도 이유가 있는 것이다.

일본인은 결코 처음부터 색채의 다양함에 대해 무지했던 것이 아니다. 오히려 이를 아는 것이 너무나 가슴에 사무쳤기 때문에 꺼려하는 마음에서 가장 선명한 색을 피하던 시대가 있었던 것이다. 인간이 색에 대해서 가장 다감(多感)한 시기는 아마 어린이에서 젊은이가 되기까지의 동안이겠지만, 꼭 이 기간이 아니더라도 어느 누구라도 평생에 두세 번은 도저히 지울 수 없는 인상을 받게 되며, 그 인상은 대개 이상한 심리적인 격동과 연관되어 있다. 그것이 각자의 체질 위에 어떤 흔적을 남겼는가, 또는 유전에 의해 얼마만큼의 특징이 같은 민족 속에 심어져 있는가에 대해서는 생리학이 앞으로 풀어가야 할 영역이다. 하지만 적어도 일본인이 오래 간직하고 있던 꿈과 환상에 대한 자료는 매우 다채로웠을 것이라는 증거가 있다.

말로는 이것을 나타내는 방법이 아직 미흡하고, 단지 문양(文・綾)이라는 단어 한 가지로 마음에서 마음으로 전하고는 있었지만, 사람들은 더러 정신을 잃은 황홀지경 속에서 매우 치밀한 오색(五色)의 농염 배합을 보고 있었다. 그림 그리기가 시작되고 비단을 짜는 기술이 수입되자, 굳이 곧바로 이것을 범속(凡俗)한 생활 속으로 끌어들이려 하지 않고 숭경

---

11) 저녁 노을을 말한다. 정식 이름은 아마가베니(天が紅)이다. 젊은 여승(아마,尼)이 볼에 연지(베니, 紅)를 발랐다가 아버지에게 꾸중을 들었다는 전설이 있으며, 이 '아마가베니(尼が紅)와 혼용되었다.

(崇敬)하는 마음으로 우러러 보고 있었던 것도, 반드시 능력이나 빈부의 차이 때문은 아니었다. 불법(佛法)이 선교에 있어 당(堂)과 탑의 금벽장엄(金碧莊嚴)함에 주력했던 것도, 말하자면 일종의 무의식적인 계략이었다. 자연 속에서 길러진 이 나라 국민의 종교심은 항상 이런 종류의 이상색채(異常色彩)에 의해서 눈을 뜨게 되고, 또 반드시 높이 불타오르도록 길들여져 있었던 것이다.

이러한 성(聖)과 속(俗)이라는 두 종류의 색의 구별이 있는 한, 설령 기술이 허락한다 하더라도 사람들은 쉽게 금색(禁色)을 범하려고 하지 않았다. 예를 들면 흥분은 평야의 외로운 구릉과도 같은 것이어서 그것이 없다면 인생은 당연히 쓸쓸할 것이다. 그러나 때때로 그 구릉 위에 올라서는 것은 견디기 힘들 정도로 피곤한 일이고, 앞으로 나아가는 것을 방해하는 일이기도 하다. 때문에 우리들은 화려한 종류의 색깔이 하늘과 땅 사이에 존재한다는 것을 알면서도 각자 나무 그늘과 같은 조금 어두운 색깔을 사랑하고 이 색깔에서 평상시의 안식을 꾀했던 것이다.

그것이 고유 염료 자체의 제한만이 아니었던 것은, 흰색의 사용법만을 보아도 잘 알 수 있다. 현재는 부엌에서 앞치마에까지도 사용하고 있지만, 본래 흰색은 불길한 색깔이었다. 일본에서는 이전에 마쓰리(祭)의 옷이나 상복 이외에는 흰색을 입는 일이 없었다. 혼례와 탄생에는 원래 당사자를 따로 격리해 둘 필요가 있었기 때문에 흰색을 사용했지만,[12] 그

---

12) 민속문화의 상징체계라는 관점에서 볼 때 색채에는 다양한 의미가 내포되어 있다. 그 중에서도 무채색인 백색에는 여러 나라·민족의 문화에서 신비적인 힘과 의미를 지니고 있는 것으로 알려져 있다. 예를 들어 상징인류학으로 유명한 영국의 인류학자 빅터 터너(Victor W. Turner)는 적(赤)·백(白)·흑(黑) 세 가지 색의 보편적 조합에 착안하여, 흰색이 특히 모유나 정액을 연상시켜 청정(淸淨)이나 풍양(豊穰)을 상징하는 경우가 많음을 지적한 바 있다. 일본에서 통과의례에 사용되는 흰색에는 생을 마감하고 죽은 후에 재생을 꾀한다는, 원향회귀(原鄕回歸)에 대한 상징성이 담겨 있다고 한다. 음양오행설에서도 백(白)은 서쪽이나 금(金)과 연결되어 역시 죽음과 재생을 의미한다. 야나기타는 이 책에서 근대에 들어서서는 사람들이 평소에도 흰색 옷을 즐겨 입게 되어, 흰색에 담긴 민속적 금기(禁忌)나 신비성이 잊혀지게 되었다는 점을 지적하고 있다. 이에 대한 논고로는 미야타 노보루(宮田登)의 「백산신앙과 피 차별(白山信仰と被

것마저도 나중에는 조금씩 피하려고 했다. 즉 흰색은 눈에 띄는 색의 하나이고 너무 깨끗하고 너무 분명했기 때문이다.

이러한 좀 부자연스러운 제한이 해제된 이유 중의 하나는, 다른 외국 풍습을 통해 흰색이 이익은 있으되 해가 없다는 것을 알았기 때문이기도 하다. 하지만 그보다 큰 이유는 일상과 비일상의 혼란,[13] 즉 드물게 느끼는 흥분이 갖는 의의를 점점 가볍게 여기게 된 것이다. 실제로 현대인은 항상 조금씩 흥분하고 있다. 그리하여 조금 피곤에 지치게 되면 비로소 이전의 차분하고 수수한 맛을 그리워한다.

差別)」(『민속종교론의 과제(民俗宗教論の課題)』, 동경 : 未來社, 1977)을 참조.

13) 이 일상성과 비일상성을 가리켜서 일본의 민속학에서는 학술 용어로 각각 '게(ケ)'와 '하레(ハレ)'라 부른다. 이는 야나기타 구니오에 의해 설정된, 생활리듬을 파악하기 위한 두 가지 개념으로 일본민속학에서 중요한 위치를 차지한다. 그 뒤에 문화인류학자인 나미히라 에미코(波平惠美子)에 의해 '게가레(ケガレ)'라는 개념이 더해져 더욱 발전된 개념이 되었다. '게(ケ)'란 평소에 일상적으로 입는 옷이란 뜻의 게기(褻着), 일상적으로 먹는 음식을 뜻하는 게시네(褻稲) 등의 민속어에서 추출된 개념이다. 글자 그대로 매일 매일 일하고 휴식하는 일상적인 시간과 공간을 가리킨다. '하레(ハレ)'는 특별한 날에 입는 옷을 하레기(晴着)라고 부르는 것처럼, 제례, 연중 행사, 관혼상제 등이 행해지는 특별한 시간과 공간을 의미한다. 그리고 '게가레(ケガレ)'란 1970년대 이후에 일본의 민속학에서 자주 사용하는 분석개념으로, 나미히라 에미코는 '게(ケ)'가 일상성·세속성, '하레(ハレ)'가 청정성(清淨性)·신성성(神聖性)을 의미하며, '게가레(ケガレ)'는 부정성(不淨性)으로 파악하였다. 즉 '하레(ハレ)'의 대립개념으로 파악한 것이다. 야나기타는 위 글에서 근대화 과정 특히 도시 생활 속에서 이 '게(ケ)'와 '하레(ハレ)'의 구분이 애매해졌다고 지적하고 있다. 이 점에 대해서는 예를 들어 한국에서도 설빔이나 명절에 먹는 특별한 음식이 큰 의미를 지니지 못하게 된 점을 생각하면 쉽게 이해할 수 있다. 일본민속학에서 사용하는 이 세 가지 분석개념에 대해서는 나미히라 에미코의 『게가레의 구조(ケガレの構造)』(1984)를 참조.

4. 나팔꽃의 예언

이번에는 방향을 바꾸어 의복과 도구류 이외의 것을 고찰해 보면, 꽃을 사랑하는 일본인들의 마음 또한 크게 변해 온 사실을 알게 된다. 벚꽃은 오래 전부터 일본의 나라꽃으로, 봄에 벚꽃이 산에 피면 이것을 보러 가는 것이 꽃구경이었다. 철쭉·등꽃·황매화가 피어나는 4월 초순에는 이 꽃을 꺾어 와서 문간에 꽂거나, 또는 높은 장대 끝에 장식하여 마쓰리(祭)를 하는 것이 각 마을의 풍습이었다. 초가을에는 산과 들에서 난 재료로 비단을 짜는 일이 또 한바탕 있게 되는데, 그때도 벚꽃을 본바나(盆花)[14]로 꺾어 와 돌아가신 조상들의 영혼을 기쁘게 하려고 했다. 이것은 겨울이 끝나갈 무렵 상록수의 푸른 가지를 가져 와서 대문에 꾸미는 것과 마찬가지였다.

밤이나 상수리처럼 눈에 띄지 않는 것과는 달리, 대가 밖에서 선명하고 곱게 피는 꽃 색깔은 항상 우리들에게 이상스런 마음이 들게 하는가 하면, 마쓰리(祭)[15]와 셋쿠(節供)[16]를 떠올리게 했다. 사람들이 아름답다고 느낀

---

14) 우라본(盂蘭盆)은 음력 7월 15일을 중심으로 여러 가지 음식을 조상에게 공양하고 아귀(餓鬼)에게 주는 등 조상의 명복을 빌고 그 고통을 구제하는 행사인데, 본바나란 이때 산에서 꽃을 꺾어 와서 쇼료다나(精靈柵: 본 때 신을 맞아들이기 위해 설치하는 선반)에 장식하는 꽃을 말한다. 쇼료다나는 본다나(盆柵)라고도 한다.

15) 마쓰리(祭)라는 일본어는 여러 의미로 사용되고 있어 이에 해당하는 한국어를 찾기가 쉽지 않다. 한국에서는 보통 '축제'라는 말로 번역하는 경우가 많지만, '축제'와는 거리가 있다. 예를 들어 일본의 『광사원(廣辭苑)』에는 다음과 같이 설명되어 있다. ① 제사지내는 일. 제사. 제례. 하이카이(俳諧)에서는 특히 여름 마쓰리(夏祭)를 말한다. ② 특히 교토 가모(賀茂) 신사에서 행하는 마쓰리를 칭한다. 아오이 마쓰리(葵祭). ③ 근세 에도(江戶)에서 행한 2대 마쓰리. 히요시산왕신사(日吉山三神社)와 간다묘진(神田明神)의 마쓰리. ④ 기념·축하·선전 등을 위해 여는 집단적 행사. 제전. 일반적으로 마쓰리라고 하면 ①과 ④의 의미로 사용하는 경우가 많다.

16) 제물을 바치고 마쓰리를 하는 계절의 단락이 되는 날. '세쓰(節)'이라고 하는 것은 원래 1년 중에 찾아오는 중요한 시점을 말하는 것으로, 기본적으로는 신께 제사를 올리는 날을 의미했다. 1월 7일, 3월 3일, 5월 5일, 7월 7일, 9월 9일의 다섯 셋쿠(節供)는 중국으로부터 전래되어, 10세기 전후의 귀족사회에 퍼졌고, 에도시대에는 민간에게까

것이 먼저였는지 아니면 마쓰리(祭)의 분위기 때문에 아름답다고 느꼈는지 분명하지 않다. 꽃나무가 정원 앞에 심어지고 감상의 대상이 된 것은 술이 연회(宴會)의 용도로 사용되기 시작한 것과 그 경위가 거의 같다.

아마노 이와토(天の岩戶)[17]의 이야기에서 전해지는 것처럼, 재미있다는 느낌은 원래 공동으로 느끼는 감동이었다. 그때의 행복을 오래 기억하기 위해서 재력이 있는 사람들은 조금씩 꽃나무를 캐어 와서 정원에 심었다. 센자이(前栽)란 말은 농가에서는 푸성귀 밭이라는 뜻이지만, 상류층의 집에서는 들판의 풀을 정원에서 꽃피우게 하려고 하는 것을 의미하고 있었다. 그 사이에 더러 중국풍 식물이 건너옴에 따라 저택 안의 색채도 단조롭지 않게 되었다. 그러나 민가에서는 오랫동안 꽃으로 눈을 즐겁게 하는 데까지는 이르지 않았다.

에도 막부(幕府)의 수도 에도(江戶)에서 300년 전에 동백꽃이 유행했다는 것은 지금 사람들은 도저히 상상할 수 없을 정도의 대사건이었다. 동백꽃도 일본 고유의 나무였으나, 원래는 산이나 신들이 거주하는 숲에서 피어야 할 것이었다. 그리고 사람들은 계절이 갖는 종교적인 의미를 생각하지 않고서는 이 꽃을 바라보는 일이 없었다. 그런데 수입 또는 새로운 배양으로 인해 계속해서 이 꽃의 변종(變種)이 생겼다는 것조차도 불

지 널리 퍼졌다.

17) 일본 건국 초기의 신화. 『고지키(古事記)』 신화 부분의 기록에 따르면 일본 천황가의 조상신인 아마테라스신(天照大御神)이 동생 스사노오노(須佐之男命)가 저지르는 난폭한 행동을 견디지 못하고 아마노 이와야(天の岩屋)라는 동굴에 숨어 버리자 천지가 캄캄해져 버렸다. 여러 신(神)들이 모여 의논한 끝에, 제물을 바치고 음악을 울리며 아메노우즈메노 미코토(天字受賣命)가 동굴 앞에서 춤을 추었다. 그러자 아마테라스 신이 동굴에서 나와 세상이 다시 밝아졌다는 줄거리로 되어 있다. 이 신화에 대해서는 지금까지 여러 가지 해석이 가해졌다. 주요 해석을 소개하면, ① 태양과 태풍에 관한 자연신화, ② 야마토(大和) 조정과 이즈모(出雲) 씨족 사이의 대립을 반영, ③ 오하라이(大祓い)와 관련한 신앙을 반영, ④ 나라의 주권자인 천황의 본질을 반영, ⑤ 분묘, 진혼제와 관련한 고대 일본인의 영혼관을 반영이라는 해석 등이 있다. 이 신화에 대한 연구는 야나이 기유사쿠(柳井己酉朔)의 『아마노이와토 신화 연구(天岩戶神話の硏究)』(동경 : 櫻風社, 1877)에 집대성되어 있다.

가사의한 일인데, 도시에서는 단지 관상용으로 집집마다 동백꽃을 심으려고 했던 것이다.

당시 시골 사람들이 이를 보고 놀란 것도 무리는 아니었다. 그러나 놀랐다고 하더라도 이미 그 즈음부터 이를 흥미롭게 느낀 사람들이 점점 많아졌다. 이 동백꽃 유행이 막바지에 이르자 산다화(山茶花)라든가 명자나무, 나중에는 한자(漢字) 이름밖에 없는 많은 꽃나무도 건너와서 매우 짧은 기간 동안에 일본의 원예는 아름답게 변해 갔다. 그리하여 일부 상류층에서 일어난 유행의 밑불은 어느 틈에 서민층으로 옮겨갔다. 지금까지 역사가들은 이와 같은 현상을 해외 교류의 길이 열렸다는 단 하나의 이유로 설명하려고 했지만, 이전에도 들어올 길이 막혀 있던 것은 아니었다.

무엇보다도 사람들이 그와 같은 것을 추구했던 마음이 중요한 원인이다. 그리고 그보다도 결정적인 원인이라고 할 수 있는 것은, 꽃을 자유자재로 정원 안에 심어도 된다고 생각하게 된 사람들의 마음의 변화였다. 근래에 나온 외국인 여행객의 일본 견문기 중에는, 꽃을 좋아하는 일본인에게 감탄했다는 기사가 늘 씌어 있다. 10평 20평의 공터밖에 없는 작은 농가에서도 주변에는 반드시 계절에 맞는 꽃을 뭔가 기르고 있다. 정말 자연에 대한 따스한 감정을 가진 국민이라고 말하고 있지간, 그 관찰은 실은 절반 정도만 적중한 것이다. 꽃에 대한 일본인들의 대착은 이전부터 항상 깊었는데, 그 동기는 서서히 변하고 있다. 지금도 노인이 있는 집에서 국화나 천일홍, 다알리아를 키워서 꽃피우는 것은, 불단(佛壇)에 꽃을 올리기 위해서라고 생각하고 있는 사람들이 조금은 있다. 시골에서 밭에 예쁜 꽃이 하나도 없거나, 혹은 도시에서 꽃 장사가 오지 않는 날이면, 불단에 올릴 꽃이 아무것도 없다고 쓸쓸해 하는 일이 가을에 특히 두드러진다.

유행을 시작한 사람들은 오락이었는지도 모르지만, 그것이 코급되는 데는 별도로 구체적인 이유가 있었다. 하이쿠 시인 고바야시 잇사(小林一

茶)18)의 유명한 하이쿠에, "영전에 바치네 / 아이가 꺾으려던 / 빠알간 꽃"19)이라는 하이쿠가 있다. 말하자면 귀여운 어린 아이에게조차도 죽어서 부처(호토케)20)가 되기 전까지는 이 빨간 꽃을 따 줄 수 없었다는 것이다. 이 마음이 조금씩 희박해지면서 비로소 여유 있는 사람들이 대규모로 활발하게 꽃 재배를 할 수 있게 되었다. 그리고 근대에는 외부의 자극도 이러한 상황을 크게 거들었다.

더구나 서양의 거의 모든 풀꽃 씨가 들어온 것은 명치시대의 일대 사건이었고, 오늘날 100종에 가까운 외래어로 된 꽃 이름의 대부분이 그 유물이다. 이 현상도 그저 꽃이 가장 모방하기 쉬운 외국문화였기 때문이라고 간단하게 정리해 버릴 수 없는 이유는, 초기에 권농료(勸農寮)의 정책으로 이것을 적극적으로 장려하고 또 원조하고 있었다는 사실 때문이다. 특히 홋카이도(北海道)에서 시행했던 미국식 농업 정책에서 새로이 황량한 땅을 개척하고자 하는 사람에게 다른 나라의 선명한 색깔의 꽃을 공급하려고 했던 것에는 수긍할 만한 점이 있었다.

그것은 아마도 당시의 적막하고 단조로운 농촌 생활이 꽃 재배로 위안받고 있다는 사실이 이미 알려져 있었기 때문일 것이다. 하지만 이것이 세상이 크게 변해가는 경계점이라는 것까지는 알아차리지 못했다. 꽃을 가꾸려는 사람들의 마음은 물론 이전부터도 제각각이었고, 점점 관상(觀賞) 쪽으로 기울어지고 있었다. 처음 일본 국내에서 가장 널리 인기가 있었던 꽃은, 누구나 알다시피 천일홍(千日紅)과 백일초(百日草) 류처럼 오랫동안 피어 있는 꽃이었다. 꽃 모양은 별 볼일 없다 하더라도 꽃이 필

---

18) 1763~1827. 에도(江戶)시대 후기의 하이쿠(5·7·5의 17음으로 된 일본 고유의 시 형태) 시인. 불행했던 자신의 인생 역정에서 우러나온 시정을 속어와 사투리를 구사하여 매우 주관적이고 개성적인 하이쿠를 많이 남겼다. 『나의 봄(おらが春)』·『아버지의 종언일기(父の終焉日記)』·『칠번일기(七番日記)』 등이 있다.
19) 일본어 원문은 다음과 같다. "手向るやむしりたがりし赤い花."
20) 일본에서는 사람이 죽으면 부처가 된다고 생각했다. 따라서 죽은 사람의 시체나 영혼을 가리켜 호토케(佛)라고 부른다.

요할 때에 언제라도 얻을 수 있다는 점이 중요했다.

그러나 차츰 신종이 증가함에 따라 진기한 꽃이 끊이지 않게 되었다. 그리하여 꽃이 피기를 기다린다든가 꽃이 지는 것을 애석해 하는 생각이 희미해져서 결국에는 계절의 느낌과는 인연이 끊기게 되었다. 근대에 들어서 집 안에 만든 불단에 날마다 꽃을 올리는 일은 주부의 미덕 중의 하나가 되었지만 그 때문에 그 옛날 그들이 단 한 송이의 꽃을 손으로 꺾는 것만으로도 느낄 수 있었던 정서는 사라져 버렸다. 새로이 핀 꽃송이에 대해서 우리들의 조상이 경험했던 흥분은 사라지고, 그 즐거움은 일상적인 것으로 변하게 되었다. 나는 이것이 일본인들의 색채에 대한 인식이 오늘날처럼 변화된 시초라고 생각하고 있다.

그 중에서도 특히 일본의 색채 문화에 커다란 영향을 끼친 것은 나팔꽃이었다. 다른 많은 정원의 꽃은 선명하고 곱기만 할 뿐 대개가 단색이고 그 종류도 몇 가지에 불과했던 것에 비해, 이 넝쿨풀만은 거의 모든 색을 냈다. 때로는 재배하는 사람이 전혀 예측도 하지 못했던 색깔의 꽃이 피었고, 설령 거기까지는 아니더라도 나팔꽃은 우리들의 공상을 매우 자유자재로 실현시켜 주었다.

이것이 대부분 일본 국내의 힘, 더구나 백 년 남짓한 동안에 일본인들 스스로의 힘으로 이루었다고 하는 사실은, 생각해 보면 유쾌한 일이다. 나팔꽃의 역사를 어떤 사람은 중국에서 수입한 꽃이라고 하지만, 실제로는 이전부터 따뜻한 남부의 해변에 있었고, 중국에서 가지고 온 것은 단지 그 씨앗을 약용으로 쓰는 지식과 꽃 이름을 문자로 표기하는 한자(牽牛花)뿐이었던 듯하다. 현재는 이미 개량은 멈추었고 겨우 잎이나 꽃의 기형적인 변화 정도이지만, 그 이전에 한 차례 색채의 진기함을 경쟁하던 적이 있었다.

에도(江戶)시대 말기부터 명치 전반기까지의 일이었다고 생각된다. 이른바 꽃의 프로들은 이미 나팔꽃을 쳐다보지도 않게 된 후에도, 색다른 여러 가지 나팔꽃이 지방에 보급되었고, 사람들은 각각의 교배 방법과 찬

종법(撰種法)을 적용시켜 지금까지 본 적이 없는 색깔을 내려고 했다. 결과 일부분은 성공을 거두었다. 당시 인공 염료는 발명된 지 얼마 안 되었고 재래 기술에도 아직 많은 제한이 있었던 때에, 감(柿)이나 검은 비둘기 등 이름도 붙이기 어려운 진기한 색깔, 또는 홍색·보라색·청색·물색 등 염색(艶色)뿐만 아니라 시보리조메(絞り染)[21] 따위의 아름다운 마무리까지가 한때는 공예가보다도 몇 발자국 더 앞서 있었던 것이다.

왜 이 나팔꽃이라는 식물만이 특히 인간의 기대에 순종적이었던가. 지금도 이를 설명할 수 있는 사람은 없다. 물론 절반은 우연한 결과라고 치부할 수 있겠지만, 일찍이 이 사실을 깨닫고 집중과 정열을 바친 것은 일본인들이었다. 이윽고 출현할 다음 시대의 색채 문화를 위해서, 우리들이 무의식적으로 이 미묘한 천연(天然)의 색을 일상화시키고 평범하게 만들었겠지만, 적어도 일찍이 겉모습이나 음울한 짙은 회색 속에서 따분한 생활을 영위해 왔던 일본인들이 오랫동안 가슴속 깊이 간직하고 있던 색에 대한 이해와 감각이 얼마나 강렬했던가는 나팔꽃 원예로 충분히 증명되었다. 오늘날 그 사실을 알리기 위해 미리 조금씩 준비를 하고 있었던 셈이다.

5. 목면에서 인조견까지

이와 같은 것을 모방이나, 또 청출어람의 영예라도 되는 것처럼, 나까지도 그렇게 생각하고 연구에 착수하는 것은 잘못일 것이다. 기회가 없었기 때문에 발명을 다른 나라에 미루었을 뿐, 색채의 진보를 향해서는

---

21) 염색법의 일종. 실로 천을 묶는 등, 적당한 방법으로 주름을 생기게 한 다음 부분적으로 염색액이 침투하는 것을 막는 염색법.

우리 일본인들도 훌륭하게 기여할 수 있는 소양이 있었던 것이다. 다른 모든 학술분야도 마찬가지지만, 그 일을 완성해 내는 능력과 그것을 창시하는 지혜는 다르다. 일찍이 자연의 혜택을 받고 이에 적응된 우리들이 다가오는 미래 세계의 색상관(色相觀)을 주도할 수 있을 것인가 하는 점은, 지금으로서는 조금도 예측할 수 없다. 적어도 현재의 상황보다는 훨씬 진전하리라는 것, 그리고 역사학이 이에 대한 희망을 갖게 하는 이유는 우리들이 알고 또 생각해야 할 일이 아직 얼마든지 남아 있기 때문이다.

우리들이 처한 상황이 기예(技藝)가 발달하는데 유리했다는 것은, 앞으로는 어떻게 될지 모르지만 과거에도 기뻐할 만한 예가 얼마든지 있었다. 예를 들면 색에 대한 일본인의 취향처럼, 한편에서는 이전의 정신 생활의 영향에 의해 수수함의 극치라고도 할 수 있을 것까지를 터득했을 즈음에, 다른 한편에서는 인조물감의 원료인 아닐린 색소 등이 응용되었다. 색에 대한 두 갈래의 경계가 흐트러지기 전까지 계절과 신앙을 초월한 듯한 꽃들이 그렇게 많이 들어오지는 않았다. 나팔꽃 재비가 알맞은 시기에 유행한 것처럼, 목면의 수입 또한 그렇게 늦지도 않았고 또 너무 빠르지도 않았던 듯하다.

목화씨는 8세기 후반 야마시로(山城)[22]에 도읍이 있었던 초기에 미카와(三河)[23] 지방의 해안을 통해 들어왔다는 기록이 있으나, 어디에 심어서 어떻게 이용했는지, 아직 누구도 이를 밝히지 못했다. 두 번째 유입은 긴 시간이 지난 뒤 포르투갈 및 스페인과의 무역이 이루어졌을 때이나, 이상하게도 그 또한 상당히 오랜 기간 민간에 보급되지 않았다. 각 지방의 농민이 본격적으로 목화를 재배하기 시작한 것은, 에도시대 중반을 지나서 면 연공(年貢) 산출법이 제정된 교호(享保)[24] 시대보다 불과 얼마

---

22) 일본의 옛 지명, 지금의 교토부(京都府) 남부.
23) 일본의 옛 지명. 지금의 아이치(愛知)현 동부.
24) 1716~1736. 막부의 8대 장군 도쿠가와 요시무네(德川吉宗)는 자신의 통치 시기인

전의 일이었다. 이전에도 조금씩은 목면이 알려지고 또 사람들에게도 인기가 있었지만, 이처럼 갑자기 생산이 증가하게 된 이유는 아마도 방직기술의 진보보다는 염색계가 새롭게 전개되었기 때문일 것이다.

쪽(藍) 경작의 시초는 불분명하지만, 적어도 이것이 실용화되기까지는 전문적으로 쪽 염색을 담당한 기술자인 고야(紺屋)[25]의 출현을 기다려야 했다. 일반 가정에서 손수 염색하기에는 이 재료의 처리가 조금 어려웠다. 마(麻)나 사요미(貲布)[26] 류에 염색을 할 수 없는 것은 아니었지만, 특히 목면에서 쪽 염색의 특징이 가장 잘 나타나고 있는 것을 보면, 감색(紺色)을 기조로 한 민간 복식의 새로운 경향은 이 쪽풀과 목화라는 두 작물의 제휴에서 생겨난 것이라고 할 수 있다. 감색의 향기와 목면의 촉감은 비록 그 역사는 짧을지도 모르지만 아련한 향수를 느끼게 하는 묘한 인상을 남기고 있다.

이 외에도 울금(鬱金)에서 채취한 진한 노랑색이라든가 복숭아색 등 목면이 아니면 물들일 수 없는 새로운 색깔이 역시 같은 시기에 일본의 대중을 사로잡기 시작했다는 것은, 지금도 여러 지방의 고우타(小唄)[27] 노래에서 그 흔적을 찾아 볼 수 있다. 아무리 우리 내부의 색채 감각이 성숙해 있었다 하더라도 마를 입고 있는 상태에서 이 느낌을 실제로 표현해 보는 것은 불가능했다. 마치 하나의 빗장이 열린 것과 같은 것이었을 것이다. 어느 민족이든 마찬가지겠지만 목면 착용의 역사에는 기념해야 할 일이 많다.

야마모토 슈노스케(山本修之助) 씨가 모은 사도(佐渡)섬의 민요[28] 중에,

이때, 매우 광범위하고 단호한 막부 정치의 개혁을 단행하였는데, 이를 '교호 개혁(享保の改革)'이라 한다.
25) 일본어 곤야(コンヤ)에서 변한 말이다. 쪽(藍) 염색을 하던 사람을 가리키는 말이었으나, 나중에는 일반적으로 염색상을 의미하는 말이 되었다.
26) 무명천 중에서 날실이 적게 짜여진 것을 말함.
27) 에도(江戸)시대 소곡(小曲) 속요의 총칭. 무로마치시대의 고우타(小歌) 흐름을 이어 받았다. 에도시대 말기에는 샤미센(三味線 : 세 줄로 된 일본의 전통 현악기)에 맞춰 노래 부르는 에도 고우타가 있었다.

'시나 천 껄끄러운 소매에 정강이 긁히네'[29]라는 가사가 들어 있는 본 오도리 우타(盆踊唄)[30]가 있다. '시나'라는 것은 '시나 나무(참ㅍ나무)'의 껍질로 짠 천을 말한다. 원래는 일반적으로 맨살에도 마를 입었으나, 지방에 따라서는 목욕할 때 입는 홑옷까지 시나 천으로 된 것을 입었다. 시나 천 덕분에 피부가 건강해지기도 했지만 그 대신에 옷을 입었을 때의 감촉은 거칠었다. 그런데 목면은 폭신폭신하면서도 조금은 촉촉하며 따스한 감촉으로 몸을 감쌀 수가 있었다. 목면은 우리들의 건강이나 감성에 많은 영향을 주었다. 일본의 젊은 남녀가 감수성이 예민하고, 또 한결같이 민감한 것도 어쩌면 근대에 이르러서 체험하게 된 목면의 감화 때문이 아닌가 하고 생각해 본다.

일본인은 이 목면을 받아들이면서 한 차례 혼란을 경험했다. 과연 천 년 이래 입어 오던 옷을 벗어버리고 이 새로 들어온 옷감에 돈을 맡겨도 괜찮은 것인가 하는, 쉽게 결정할 수 없는 문제가 있었다. 바다를 끼고 있는 해양국(海洋國)의 여름은 특히 습기가 많다. 그래서 피부와 옷 사이에 여러 개의 세모난 틈을 만들어 놓고, 수시로 부채로 바람을 불어넣지 않으면 땀을 방산(放散)시켰을 때 느껴지는 청량감을 맛볼 수가 없었다. 그러기 위해서는 탄탄한 마사(麻絲)를 짜서 입는 방법밖엔 없었다.

그러나 목면은 부드러운 촉감 대신 손발에 달라붙기 쉬웠고, 봄과 가을에 주로 밖에서 일하는 사람들에게는 적합하지 않았다. 신선한 염색의 효과를 선호한 사람들은 그 정도의 불편은 개의치 않으려 했다. 더욱 극단적으로 목면에 풀을 아주 빳빳이 먹이고 세탁할 때마다 쫙 펴서 예로

---

28) 야마모토 슈노스케의 민요집으로 『사도의 민요(佐渡の民謠)』(地平社書房, 1930)가 있다.

29) 일본어 원문은 다음과 같다. "シナのはだそで脛こくる."

30) 음력 7월 13일부터 16일의 우라본(盂蘭盆) 때, 본 오도리(盆踊ﾘ : 신을 맞기 위해서 추는 춤)를 출 때 부르는 노래. 춤은 원시무용에서 출발하여 불교가 전래됨에 따라 본(盆)의 의식으로 행해지다가 무로마치시대 말기에는 민중의 오락으로 발달하였다. 따라서 이 시대부터 노래도 이세무용(伊勢踊)·염불무용(念佛踊) 계통을 이은 가사가 만들어져 많은 변화를 거쳐 오늘에 이르고 있다.

부터 전해오는 마의 감촉을 조금이라도 유지하려고 했다. 천에 주름이 가게 하는 '지지미(縮み)'라는 옷감 짜는 방법이 특히 일본에서 왕성하게 행해졌던 것도 이 같은 일본적인 특성에서 비롯된 것이다. 이윽고 일상복의 구입이 가능해지고, 마침내 전국의 목면 옷감을 공장에서 생산하게 되기까지, 생각해 보면 많은 고생이 따르지만 필요한 일이었다.

마의 제2의 장점은 오래간다는 것이다. 하지만 이것도 나중에는 바람직하지 않은 요소가 되었다. 색이 눈에 띄어 오래 기억에 남으면 싫증나서 일부러 더 바꿔 보려는 경향이 있으므로, 목면이 빨리 닳는다는 점을 오히려 좋아한 사람도 많았던 것 같다. 연령에 따라 기호가 각각 달라야 한다는 관습 또한 이 시기부터 시작되었다. 대체로 일본인처럼 많은 옷을 갖고 있는 민족도 없다지만, 누구라도 입을 수 있는 간편한 옷을 많이 갖고 있다는 것은 원래는 저축을 의미하기도 했다. 그러나 개중에는 소중한 보물을 옷궤 바닥에서 썩히는 경우도 없지 않았다.

그보다도 예로부터 내려오는 더 무익한 타성은 사람들이 비단에 대해 갖는 지나친 경외심이었다. 그리고 그 경외심 때문에 목면을 약간 무리한 방향으로 이용한 감도 없지 않다. 옛날 중국에서는 손톱을 길게 기르는 풍조가 있었다. 손톱은 결코 아름다운 것이 아니지만 매일 일하는 사람은 손톱을 기를 수 없다. 즉 일하지 않아도 되는 사람들의 기호가, 긴 손톱을 좋아하게 만들었던 것이다. 비단은 손톱 따위보다는 당연히 아름답지만, 이것도 역시 일하지 않을 때의 옷감이었으므로, 어딘가 특별하게 보였던 것이다.

우리들의 실생활에 염색이 자유자재로 이용된 후에도, 비단을 상류층의 표식처럼 여기는 기풍(氣風)은 없어지지 않았다. 그리고 그러한 기풍은 더러 비단의 모조(模造) 쪽으로 향했다. 옥양목의 수입은 그 품질면에서, 그리고 그 이름의 반이 비단에 가까웠기[31] 때문에 환영받았다. 당사

---

31) 옥양목은 일본어로 '가나킨(金巾)', 비단은 '기누(絹)'이므로, '긴'과 '기누'가 발음이 비슷하다는 뜻.

(唐絲)는 질기지 않다는 것을 알면서도 단지 가늘었기 때문에 보급되었다. 명치 29년(1896)에 단행된 목화관세의 전폐가 아니었더라도 이전의 굵고 짧은 일본 목면 따위는 점차 구석으로 밀려나야 할 운명이었다.

일본 국내에서 방적공예가 발달함에 따라 목면의 착용감은 알게 모르게 변했다. 풀을 먹인 세탁물에서 느낄 수 있는 빳빳함이나 부드러움을 깊이 추구하는 사람은 이미 없어졌다. 의복은 언제나 조금은 축축하게 피부에 달라붙는 것이라는 인식이 일반화되었다. 여성의 우아한 모습이 멀리서도 눈에 띄게 된 것도 이때부터이고, 그 세심하고 내밀한 마음 씀씀이를 읽어낼 수 있게 된 것도 이때부터이다. 그 대신 다른 사람의 시선을 의식하는 경향이 생겼고, 더러는 지나치게 예민해진 것도 사실이다.

6. 유행에 대한 오해

한 나라의 국풍(國風)이 무엇인가에 대해서는 그리 쉽게 답할 수 있는 문제는 아니다. 예를 들면 의복과 민족 사이에 일찍이 어떤 약속이 존재하고 있었다 하더라도, 그 약속은 이 시대에 완전히 물거품이 되었다. 이제 남은 것은 그저 보통 사람이 입는 정도의 옷을 입고 싶다는 바람뿐이다. 어쩌면 훨씬 이전에도 가끔은 이와 같은 변화가 있었는지도 모른다. 마(麻)라는 옷감은 처음에 그 천연 섬유를 얼마든지 세밀하게 이용할 수 있다는 장점 때문에 옷감을 짜는 기술은 실로 놀라울 만큼 정교한 경지에 도달했다. 하지만 나중에는 오히려 그 장점 때문에 새로운 생산 경영과 맞지 않게 되었다.

부녀자의 일이 지금과는 완전히 다르게 평가되던 시대에는 집집마다 부녀자들이 자신들의 일생을 건 기념탑을 조각하는 듯한 정열로 신(神)과 남자들이 입을 옷감을 짜기 위해, 한 줄 한 줄 마사(麻絲)를 이어갔다. 하지만 이 일을 시장에 맡기게 되고 보니, 그 대가는 애쓴 만큼의 보상과는 거리가 멀었다. 새로운 옷감은 자신들이 해왔던 일에 비하면 실로 우스울 만큼 얻기 쉬웠다. 따라서 마(麻)밖에 생산하지 않던 추운 산 마을에서도 점차로 마(麻) 경작을 줄이고, 목면으로 지은 헌 옷을 사거나 헌 목면을 사서 옷을 고쳐 입었다. 그 다음에는 줄무늬 직물이 나돌게 되었으며 결국에는 집집마다 베틀이 사라졌다. 하지만 처음부터 이렇게 될 것을 예상하고 방향을 바꾼 사람은 없었다. 이 현상을 만약 어떤 기운(機運)의 하나로 본다면, 그 기운의 원인은 멀리 거슬러 올라가서 각 마을 사람들의 심리에서 찾을 수 있을 것이다. 누군가가 문을 두드리니까 마지못해 문을 열었던 것은 아니다.

일부러 생각을 가다듬을 필요도 없이, 일본인의 색(色)의 역사는 이상하리만치 문화의 시대상을 잘 비추어 내고 있다. 처음 일본에 목면이라는 여명이 밝아 왔을 때는 새로운 색이라고 하더라도 손에 꼽을 정도밖에 안 되었다. 사람들은 지금 생각하면 유치할 만큼 단순한 색으로 물들여 입고 좋아했다. 그 중에서도 쪽 물을 들인 감색(紺色)의 향취는 사람들로 하여금 향수를 느끼게 하였다. 외국에서 들어온 듯한 줄무늬에도 일본인들의 기호가 가미되어 비단 색실을 보기 좋게 짜고 일본 특유의 발달을 이루었다.

비단으로 줄무늬 모양을 처음으로 짜던 일은 시대가 오래됐을지 모르지만, 나중에는 오히려 목면의 특성을 따라가는 경향이 있었다. 그런데 줄무늬를 모르는 나라들과 새롭게 교류하면서부터 목면을 비단처럼 보이게 하려는 노력이 시작되었다. 그리고 또 한편에서는 모직물과 가깝게 하기 위해서 애를 썼다. '면'이라는 말을 앞에 붙인 여러 가지 옷감은 모두 이즈음에 출현했는데, 그 중에서도 면 플란넬 등에는 특히 많은 에피소드가 전해지고 있다.

무지(無地)와 염색 모양에 대해 갖가지 이상(理想)을 갖고 있었지만, 정작 염료를 생각한 대로 얻을 수 없었다. 임시로 조잡한 염료로 때우다 보면 금방 희미해져서 천박한 색이 되고, 더욱이 옷감 질이 안 좋은 것까지 더해져서 도대체 무엇 때문에 이런 옷을 입고 있는가 하고 혀를 찰 만한 광경을 자주 보게 되었다. 그러다가 얼마 안 가서 외국에서 염료가 보급됨에 따라 우선 특정 종류의 색은 구비되었지만, 아직 일본 국내에서 생산할 수 있는 능력은 없었다. 제1차 세계대전 때, 무역 간절로 그 약점이 명백히 드러나 국내의 옷감 생산자가 모두 당황했던 광경은 그야말로 무슨 수수께끼 같았다. 그래서 정부와 민간 등 온 국민이 고심하여, 대정 4년(1915)에 염료의약품 제조 장려법 등이 제정되었다. 이로써 어찌됐든 한 고비를 무사히 넘겼을 뿐만 아니라 좌절 속에서도 결국은 염료를 국산화하는 길을 열어준 계기가 된 것은 마치 오늘날의 사상계와도 비슷한 상황이다.

모슬린 공업이 급속히 발달한 경위는 과도성이라는 일면에서 인력거가 발달한 경위와 공통점이 많다. 우선 모슬린은 처음에는 모방이었지만, 일본인들은 이것을 즉석에서 일본적인 것으로 만들어 나중에는 다른 데서는 볼 수 없는 특산품으로 인정받게 되었다. 또한 모슬린이 일본의 실제 생활과 얼마나 조화를 이룰 수 있는가를 뒤늦게 발견한 것도 마찬가지이다. 원료인 양모가 과연 국내 생산으로 충족될 수 있을 것인지에 대한 확신 없이 착수했던 것은 무모한 듯 보이지만, 그런 것에는 개의치 않겠다는 마음만은 이미 목면을 통해서도 경험했었다.

어찌됐든 스스로 만들어 보지 않으면 손해고, 또 정확하게는 일본 국내의 수요에 부응하는 것도 불가능했다. 물론 이 수요는 약간 유동성이 있어 계속해서 변해갔다. 조금만 지나고 보면 유행의 약점은 누구든 알 수 있는 것이었다. 예를 들면, 나중에는 명백해졌지만 도슬린이 때가 타기 쉽다는 사실과, 의류를 반 년의 소비물로 가계 예산 속에 짜도록 강요받게 된 사실은, 적어도 우리들로 하여금 새로운 경험을 쌓게 하였다. 한 마디로 말하자면 이제 짐승의 털도 입는다는 사실, 전에 양을 한 마리도 기른 적이 없는 농민일지라도, 이 짐승의 털을 구해서 옷감을 짜입을 수 있는 세상이 되었다는 의식이다.

이것이 앞으로 무엇을 입어야 할 것인가 하는 문제의 답을 구하는데 중요한 참고자료가 된 것은 말할 것도 없다. 이전에는 완구에 가까웠던 털실의 이용 보급, 그보다 더욱 두드러진 두꺼운 모직물의 생산 증가, 특히 염색 응용기술의 진보가 모두 과거 수십 년의 모슬린 문화를 모종판으로 하고 있었다는 것을 생각하면, 이것은 확실히 무익한 시도는 아니었다. 문제는 단지 그 다음 다음의 시도에 있어서 무턱대고 이상적이라느니 완전하다느니 하는 선전 문구를 진실이라고 받아들여도 되는가이다. 이른바 생활 개량가들의 선전이 조금은 경솔한 감이 있었지 않았나 하는 생각이 든다.

비단과 인조견(人造絹)이라는 신구(新舊) 양끝에 위치해 있는 이 옷감들도 모두 이러한 의미에서 다시 한번 시도될 것이다. 비단이 기억할 수 없을 만큼 먼 옛날부터 있었다는 이유로 누구에게나 어울린다고 말할 수 없는 것처럼, 인조견 또한 가장 나중에 나왔으므로 모든 계층의 요구에 부응하고 있다고도 말할 수 없다. 더구나 새롭게 발명된 것은 물론이거니와 오랫동안 전해지는 것에도 그 각각의 용도가 있으므로 우리들은 우선 영역을 확정할 필요가 있다. 원래 계절과 처지에 따라 천차만별로 다른 소망을 지니고 있었지만, 갖고 있는 옷을 입어야 한다는 인내심이 지나칠 만큼 강했다. 사실 지금까지는 색과 형태, 가격 외에 다른 것을 고려한 사람이 적었기 때문에 어쩔 수 없는 일이긴 하다.

특히 색은 최근 100년 간 국민들의 공동 문제였다. 그리하여 명치시대에 들어서 천연과 인문이라는, 두 개의 금색(禁色)을 해방시켰고, 그 자유는 일본인들을 현혹시켰다. 이제 와서 다시 옛날로 돌아가 금기시하는 것은 불가능하다. 차라리 한발 더 나아가서 대강 이 문제를 정리하고 조금씩 다른 문제로 옮겨가는 것이 좋을 것이다. 와다 산조(和田三造)[32] 화백의 색채 표본은 500개라고 하는데, 그것을 천 오백 개로 늘리면 대개는 색인(索引)에 따라 순서대로 꺼낼 수 있을 것이다. 다행히 우리들은 오랫동안 내면에 숨겨둔 색채에 대한 감각 덕분에 얼마든지 새로운 색을 상상해 낼 수 있을 만큼 능력을 키워 왔다. 그리고 이것을 실체적인 것으로 만드는 학술적 방법이 다른 나라에서 들어 왔던 것이다. 세계 각 나라와의 색채 교역에서도 이미 진기한 많은 것을 공급받았다. 우리들은 수입초과를 힘겨워 하고 있는 것은 아니다. 단지 때때로 지나친 겸손함 탓에, 다른 태평양 섬들처럼 일본 또한 구미 복식의 취향과 유행에 시종 일관 끌려 다니는 것처럼 생각하는 것이 문제일 뿐이다.

7. 작업복에 대한 탐색

'양복'이라는 말이 이미 일본어가 된 것과 마찬가지로 양복도 이미 일본화되고 있다. 양복이라는 문자의 성립과 옷의 전래에 대해서 어설프게 알고 있는 사람들이 많은 탓에, 아직까지도 우리들은 이것을 빌려 온 것이라고 생각하는 관념을 버리지 못하고 있다. 조정에서 처음으로 예복제도를 개정했을 때는, 나라(奈良)에 도읍을 정한 야마토(大和) 조정33)이 당나라 식을 채택한 경우처럼 어쩌면 조금도 틀리지 않고 어느 한 나라의 풍습을 옮기는 일이 가능했을지 모르겠지만, 본래의 올바른 초의법까지

---

32) 1883~1967. 서양화가. 효고(兵庫)현 출신으로 동경미술학교를 졸업하였다. 프랑스 유학을 경험하였으며 작품으로 「남풍(南風)」이 있다.

33) 야마토(大和)는 현재 나라(奈良)현 관할로 되어 있으며, 원래 덴리(天理)시 부근의 지명에서 시작되었다고 한다. 처음에는 한자로 '倭'라고 표기하였으나, 덴메이(天明) 천황 시대에 나라 이름으로 두 글자를 사용하기로 하여, '倭'와 통하는 '和'에다 '大'를 붙여서 '大和'라 하였다. 야마토 조정은 일본 최초의 통일정권으로 4~5세기까지 일본의 동북 지방 윗쪽을 제외한 일본 본토 대부분을 통일하였다

배우는 것은 쉽지 않았다.

옷 안에 숨겨진 정서의 차이는 별개로 하더라도, 창이나 궁술로 단련된 일본인들의 골격 위에 양복을 걸쳤으므로 외형상 서양인들과 같은 모습으로는 보이지 않았다. 걸을 때 두 발 끝이 안이나 밖으로 향하는 소위 '악어 발'[34]도 매우 신경 쓰였다고 한다. 혹은 목사처럼 언제나 프록 코트[35]를 입고 있는 사람도 있었다. 아침부터 연미복을 입고 걷는 예절도 있었다. 이미 그 즈음부터는 일종의 양복에 가까운 의복이라고 하는 편이 맞는 것이었다. 그래도 공식적인 석상에서 입는 의상은 원래 답답한 것이라는 생각이 굳어져 있었기 때문에, 계속해서 견본에 맞추어서 고쳐 입기도 했을 것이다. 하지만 이것이 평상복이었을 경우에는 고쳐 입는 정도로는 통할 리가 없었다. 조금씩 자기 유형을 발휘해 가는 것이 당연하다. 우리들은 차라리 이만큼 적극적으로 우리의 몸을 교정하여 새로운 옷에 맞추려고 했던 그 천진난만함에 탄복해도 좋으리라 생각한다.

사람에 따라서는 조금 빠른 결단이라고 느낄지도 모르지만, 양복의 착용이 촉진된 것은 이른바 시운(時運)이고 또 생활에서 오는 요구였다. 군인의 옷은 그 두드러진 예(例)로, 명치 4년(1871)에 이미 새로운 군복을 찾고 있었다. 군복은 이미 옛날 것을 입을 수 없었다. 설령 다른 군복을 궁리해 보았다 하더라도 요즈음의 근로자와 마찬가지로 역시 위, 아래 두 개로 된 옷과 바지를 생각해 내는 것 외에는 별다른 수가 없었다. 여기에는 물론 '양(洋)' 자가 붙는 것을 '새롭다'고 좋아하는 마음이 반영되어 있었다. 혹은 공식적인 옷으로 양복을 이용하려는 사람들의 영향이라는 점도 생각해 볼 수 있다. 그러나 단순한 모방이라고 할 수 없는 점은 처

---

34) わにあし(鰐足). 사람이 걸을 때에 발목의 방향이 비스듬하게 기우는 것을 가리킨다. 발끝이 바깥쪽으로 향하는 것을 '소토 와니(そとわに)', 안쪽으로 향하는 것을 '우치 와니(うちわに)'라고 불렀다.

35) frock coat. 낮에 남자들이 입는 정식 예복. 상의는 더블로 되어 있으며 길이가 무릎까지 내려온다. 옷감은 검은색 라사(raxa, 羅紗)를 사용하며 바지는 줄무늬가 있는 것을 입었다.

음부터 필요에 따라 모양을 바꾸었다는 점이다.

예를 들어 학생이 제복에 굽 높은 왜나막신을 신고 바지에 띠를 두르거나 수건을 맨 것은 30~40년 전부터였고, 지금도 그렇다. 지방의 우편배달부는 애초부터 신발만은 일본 것을 신었다. 군인이든 경찰이든 중요한 일을 할 때는 때때로 이에 가까운 개량이 필요하다고 인식되고 있었다. 여름에 여행하는 사람 중에는 때때로 배꼽 아래만 양복을 입고 가는 사람이 있었고, 소나기가 내리는 질퍽거리는 길에서는 구두를 벗고 맨발로 걷는 사람조차 있었다.

실제로 일본의 기후 풍토에서, 특히 주로 논에서 작덕하는 농촌에서는 외출복 이외의 목적으로 추운 대륙 나라의 옷인 양복을 입기에는 무엇보다도 발이 거부했다. 즉 생활의 필요에서 양복이 일분화되었다고 하기보다는 단지 외국인으로부터 착상을 받아들인 새로운 작업복이라고 하는 편이 오히려 맞을 것이다.

최근에 여성 양복의 보급과 더불어 이 추측이 더욱 확실해졌다. 동작을 민첩하게 하기 위해서라고 거창하게 설명을 덧붙이지 않더라도 현재의 실제 모습을 친근감을 갖고 본 사람이라면, 이것이 아동복처럼 그저 외양을 귀엽게 할 목적으로 나온 것이라고 생각하는 사람은 아마도 없을 것이다. 이제까지 일하려는 여자들에게 일할 옷도 주지 않았던 것에 미안해해야 할 것이다. 물론 원래는 여자의 작업복도 분명히 있었다. 일본은 여자가 맡은 일이 상당히 많았던 나라이기 때문에 작업복이 필요 없을 만큼 느긋한 생활을 한 여성은 적었다.

그런데도 중앙의 평야 지역 등에서는 그러한 작업복이 일찍이 쇠퇴해 버렸다. 서양의 시골에서도 여자가 좋은 옷이나 구두가 오래되어 낡았을 경우, 이를 작업복으로 밭에서 일할 때에 입고 있는 모습을 자주 보지만, 특히 일본에서는 여자들에게 외출복의 여분이 많아서 그 중에서 가장 좋지 않은 것을 작업복처럼 사용했던 것이다. 이는 공동으로 하는 작업이 적어져서 개개인의 옷차림에 대해 주변에서 까다롭게 말하지 않게 된 것도 하나의 원인으로 볼 수 있지만, 그보다도 본질적인 이유는 의복이 구하기 쉬우면서 또 금방 낡기 때문이었다.

오늘날 여성의 평상복이 과거에는 외출복이었다. 이른바 신분이 높은 부인의 나들이옷과 같은 형태이다. 그러나 옷자락이 끌리는 옷을 입고 지낼 수 있는 여유 있는 여성은 실제로는 도시에서도 적었다. 때문에 옷소매를 걷어 ×자로 맨 띠인 다스키36)를 응용하여 긴 소매를 걷어올리고, 아랫단을 접어 올려 무거운 띠인 오비로 덮었다. 뿐만 아니라 여러 가지 보기 흉한 몸 동작을 감수하면서도 여전히 이런 차림으로 일하려 했던 점은 높이 사줄 만 하지만, 지금 와서 생각하면 무리한 고생이었다.

이런 상황에서 '양복'의 발견은 매우 자연스러운 것이었다. 보수적인 노인들을 신뢰할 수 없는 까닭은, 이 비약적인 발전을 찬성하지 않을 뿐만 아니라 특별한 작업복이 없는 상황을 이해시키려 하면, 옛날 작업복으로 돌아가라고 말할 듯한 표정을 하기 때문이다. 그 말에 쉽게 복종할 수 있을 것인가 아닌가는, 옛날 작업복을 직접 한 번 보면 금방 알 수 있다. 옛날의 작업복은 우선 남녀 연령의 구별이 너무 적고, 색깔이 모두 선명하지 않았다. 게다가 명칭이 아무래도 구식이다. 각 부분을 비교해 보면, 최신식 작업복과 그다지 크게 다르지 않지만, 윗옷이 아주 짧은 것을 고시키리(腰切り)37) 혹은 고기누(小衣)38)라 하고, 아래에 입는 바지를 몬페39) 혹은 못피키40)라고 부른다.

---

36) たすき(襷). 다(た)는 데(て, 手)의 고형(古形)이다. 옷소매를 걷어올리기 위해서 어깨에서 옆구리까지 묶는 천으로 된 띠를 말한다. 일반적으로 등에서 X자로 교차되게 맨다.
37) 짧은 윗옷을 가리키는 말이다. 예를 들어 주로 작업복으로 입는 허리까지만 내려오는 짧은 한텐(半纏)을 '고시키리 반텐'이라 부른다. 한텐(半纏)은 하오리(羽織)와 비슷한 상의를 가리킨다.
38) 반 소매나 소매가 없는 짧은 작업복.
39) もんぺ 일본의 농어촌에서 노동을 할 때나 일상 생활에서 착용하는 하의를 총칭하는 말이다. 특히 제2차 세계대전 중에 전국적으로 여성들의 의복으로 장려되어 널리 보급되었다. 한국에서도 일제강점기에 유입되어 해방 후에도 오랫동안 '억척스럽게 일하는 여성'을 나타내는 기호처럼 정착하였다.
40) 하카마(허리에서 발목까지 덮는 주름 잡힌 하의)의 속어.

앞치마는 도시에 남아 있는 단 하나의 작업복이지만, 도시에서는 가늘고 길게 앞으로 늘어뜨렸고, 시골에서는 옆으로 넓게 허리를 감쌌다. 여기에 토시를 끼고 발감개를 감고서 겨울에는 폭이 넓은 천을 삼각으로 접어서 머리에 쓰고, 발에는 짚신을 신는 것이 보통이었다. 여름에는 알몸이라는 작업복과 유사한 한 가지 형식이 있었지만, 여자는 당연히 그러한 유행을 따르지 않았다. 소매가 없는 홑옷과 허리어 감는 띠의 단순한 배합은 차려입기를 좋아하는 여성은 꺼리는 모양새였지만, 그것이 지금의 유행과 가장 가깝다. 색과 모양, 재단 방식을 조금만 고치면 이것을 일본의 새로운 '양복'이라고 해도 별로 상관이 없었다. 실제로 또 이러한 작업복에도 각 시대의 새로운 디자인이 반영되고 있었다. 예를 들면 목면이 출현하면 계속해서 이것을 사용하고, 기슈(紀州) 지방의 면 플란넬이 나오자 이것을 허리에 두르는 띠와 어깨에 두르는 모포로 썼을 뿐만 아니라, 화려한 염색이 늘어나게 되자 그 기호에 따라 각각의 연령 대를 드러내려고 했던 것이다.

변하지 않은 한 가지는 노동을 위주로 하는 점과 예로부터 있던 어깨와 옷자락, 옷깃과 소매 입구 등 얼마 안 되는 장식들이었다. 그러나 이것들은 앞으로도 얼마든지 개량할 수가 있다. 새로운 양복을 고집하는 사람들에게 혹시 이치에 맞지 않는 점이 있다고 한다면, 억지로 이 오랜 내력과 인연을 끊고 자신들만이 서양을 배웠다고 생각하고 있는 점일 것이다. 그러므로 다수를 위해서 문제를 미해결 상태르 놓아두는 것은 아무래도 아직 사실과는 다른 것 같다.

해결되지 않은 문제는 언제나 발 밑에 있다. 외국에서도 신발은 일하는 여자들이 항상 곤란해하는 것이다. 가격이 비쌀 뿐 아니라 옷이 아무리 간편해도 신발을 보통 사람들 수준으로 신는다면 활동하기에 늘 불편했기 때문이다. 그렇다고 다시 나무 구두를 신을 수도 없을 것이기 때문에 앞으로 언젠가는 일본에 와보면 발가락 사이에 끈을 끼워진 구두를 배우게 될지도 모른다. 일본에서는 구두가 일그러지거나 찌그러진 것에 대해서 그다지 신경을 쓰지 않지만, 어쨌든 이런 땅과 물기 속에서는 누구나 구두를 신을 수는 없다. 남자들만 고무로 된 장화를 신고 여자는 알아서 하라고 내버려두는 것은 좋지 않다고 생각한다.

그리고 또 하나 고려할 점은 주택과의 관계이다. 구두는 본국인 서양에서는 벗을 장소가 거의 정해져 있다. 그것은 가옥 구조가 구두와 매우 친숙함을 의미하는데, 우리들이 사는 집에서는 현관의 정면에서 신발을 벗도록 되어 있다. 하루에 열 번 스무 번 벗고 신는 것을 귀찮게 생각해서는 휴식처와 작업장 사이를 왔다갔다할 수 없기 때문에, 그 점이 세계적으로 유례가 없는 왜나막신이 그처럼 발달하게 된 이유이기도 했다.

어쨌든 의복만이 단독으로 서양화될 수는 없었다. 집 짓는 목수의 기술이 근본적으로 개선되든지, 입구에 발을 씻을 곳을 마련하든지, 아니면 우리들의 결벽증을 완화하든지 혹은 음식을 손으로 집어서 먹는 습관이라도 그만 두지 않는 한은, 신발은 도저히 보통 사람들의 작업복과 같이 신을 수가 없었다. 어쩔 수 없는 일이라고 체념하도록 가르쳐 왔지만, 일하는 사람에게 덥고 답답한 구두를 그저 참으라고만 하는 것은 무리였다. 그래서 구두만큼은 많은 사람들이 등을 돌렸다.

땀에 대한 고민은 일본 여성들이 오랜 세월 동안 괴로워하던 것이었다. 그 고생은 다행히 구두를 제외하고는 이제 해방된 듯 하지만, 남자들은 아직 상당한 고통을 받고 있다. 두꺼운 능직류로 된 옷깃의 목 부분에 낀 때를 보면, 일본이 적어도 북위 40도 이상의 대륙국이라도 되었으면 하고 애석해 하는 사람도 적지 않으리라. 하지만 여기에도 뭔지 알 수 없는 나름의 이유가 있는데, 그저 그 사안이 구석구석까지 미치지 않았을 뿐이다. 우리들의 작업복은 아직 완성되지 않았다. 단지 재료와 색, 그리고 모양을 자유롭게 고르는 것이 허용되기에 이른 것뿐이다.

8. 왜버선과 왜나막신

명치 34년(1901) 6월, 도쿄에서는 맨발로 다니는 것을 금지시켰다. 주된 이유는 비위생적이라는 것이었지만, 그 이면에는 이른바 구미와 대등한 조약을 맺은 나라의 수도로서 체면을 차리려는 동기도 충분히 작용하고 있었다. 실제로 이미 그 얼마 전부터 나체와 웃통을 벗는 것에 대한 단속이 매우 엄하게 행해지고 있었다. 이러한 단속이 그림이나 조각 전람회에서 노출의 미를 극구 칭찬해야 하는 기운(機運)과 나란히 진행되었다는 사실은 불가사의한 일이지만, 이것보다 더 큰 문제 하나가 해결되지 않고 남아 있었다. 우리들이 발을 감싸려고 하는 경향은 실은 이미 오래 전부터 나타나고 있었다. 어떤 지방의 법령은 단지 이 경향을 공인하고 발을 감싸는 것을 어느 정도 장려하는 데에 지나지 않았기 때문에, 젖은 발로 있어도 될 것인가에 대한 문제는 도쿄의 선례 때문에 새롭게 대두될 것이다.

처음에 맨발 금지는 발과 지면 사이에 뭔가 한 겹만 있으면 해결되었다. 그렇기 때문에 짚신을 장려했다고도 할 수 있다. 짚신은 보통 발바닥보다 훨씬 작았다. 짚신을 신고 진흙탕을 걸어와서 큰 길에 발자국을 남기고 가는 광경이 당시 만화의 소재가 되기도 했다. 이런 사람들이 아니고는 이미 그 즈음에는 맨발로 걷는 사람은 없었다. 게다가 도롱이는 이미 유행에 뒤떨어졌고, 우산으로 머리만 가렸으며, 비는 예전과 다름없이 사선으로 휘몰아치고 있었다. 옷자락을 걷어올리고 정강이를 천연의 비옷으로 삼는 수밖에, 이렇다 할 방도도 못 찾은 채 긴 고무장화를 신는 1920년대 대정(大正) 말기까지 왔다. 때문에 손수건이라고 가지고 다니는 것은 사실 발수건이었고, 발을 씻기 위한 대야가 집집마다 처마 밑의 필수도구였으며, 맨발 금지는 근본적인 해결책이 아니었다.

그러다가 순식간에 오늘날의 왜버선 전성시대로 변한 것은 결코 법령의 힘만은 아니었다. 맨발은 원래 무사계급에서는 상하를 막론하고 예장 (禮裝)의 일부였다. 맨발이 아니고는 마음대로 뛰어 다닐 수 없었다는 것과 가죽 왜버선이 본래 신발의 일종이었던 것을 생각하면 그다지 이상스런 이야기가 아닐지 모르지만, 나중에 목면으로 된 부드러운 왜버선을 집에서 일반적으로 사용하게 된 후에도, 매년 겨울이면 병으로 아프다거나 노년을 이유로 들어 에도 막부(幕府)의 전중(殿中)에서 왜버선을 신을 수 있게 해 달라고 청원해야 했다.

한편 정원 앞에서 윗사람을 기다려야 하는 정도의 낮은 신분인 사람에게는 당연히 왜버선을 신는 것이 허용되지 않았다. 즉 논에 나가서 혼자서 일하는 사람들에게 뿐만 아니라 일반적으로도 왜버선은 작업복의 품목에 들어가지 않았던 것이다. 짐작컨대 왜버선을 신게 된 것은 추위 때문에 보온하는 것이 최초의 이유가 아니라 목면의 진기함이나 피부에 폭신폭신하게 느껴지는 기쁨을 우연히 우리들이 알게 되었고, 나중에는 그것이 습관이 되어 왜버선이 없는 생활이란 불행한 것이라고 느끼기에 이른 것이리라. 이데이 세이시(出井盛之) 씨의 『왜버선 이야기(足袋の話)』[41] 는 우리들로 하여금 이 문제를 생각하게 한 최초의 책인데, 그 이후에도 왜버선 공장은 동서(東西)를 다투어 생겼고 기계와 공정이 계속해서 개량됨으로써, 통계에 보이는 왜버선의 엄청난 연간 생산액은 도대체 인간에게 발이 몇 개 있었던가를 다시 한번 생각하게 할 정도이다.

사람은 옛날 그대로이지만 적어도 발과 관련한 생활만은 변했다. 즉 왜버선이 작업복의 일부가 된 것이다. 이것도 처음에는 단지 남아도는 오래된 옛 물건을 다시 이용한 것이었겠지만, 얼마 안 가서 맨발에다 전용으로 신는 왜버선이나 지카(地下) 왜버선[42] 등이 나타났다. 왜버선 앞꿈치에 대던 고무나 금색의 고하제[43] 취향이 이것을 유발한 듯하며, 결

---

41) 「왜버선으로 본 경제 생활(足袋から観た經濟生活)」이라는 부제가 있으며, 1925년에 동경에 있는 다비회(多鼻會)에서 출판되었다.
42) 작업용 왜버선. 목수들이 주로 신었다.

국엔 이것 역시 신발의 간접적인 영향이라고 볼 수 있다.

최근 교류하기 시작한 서양의 여러 나라가 조금 남쪽에 있었다면 이렇게 되지는 않았을 것이다. 우리들이 받아들인 것 중에 모자·머플러·장갑·귀마개 등 몸에 걸치는 물건은 거의 모두 방한구였다. 방한구의 완비는 당연히 겨울을 신나게 해주었다. 그러나 발이 젖는 것에 신경이 쓰이는 직업이나 왜버선을 착용하는 직업을 선호한다는 것은 매우 큰 사건이다. 왜냐하면 일본의 논은 배수(排水)가 잘 되지만, 앞으로 개척해 나갈 곳에는 늪과 못이 많다. 일본인이 개척할 수 있는 곳은 발을 적시고 일해야 할 지방만이 약간 남아 있을 뿐이기 때문이다.

남녀의 풍모는 이 60년 동안 두세 번은 눈에 띄게 변했다. 그것은 단순히 화장의 진보만은 아니었다. 남자다움의 표준이라는 것을 누가 정하지 않았음에도 불구하고 남자들도 변해 갔다. 그리고는 언제나 현재의 것이 옳다는 생각 때문에 과거의 것을 되돌아보고서 고두 조금씩 이상하다고 생각한다. 한 때는 어깨를 한쪽만 추켜세워 다리를 벌리고 걷는 듯한 걸음걸이가 있었고, 소매 속에 팔을 엇갈리게 넣어 팔짱을 끼고 잰걸음으로 달리는 듯한 사뿐사뿐한 걸음걸이도 있었다. 가만히 눈여겨보면 그러한 걸음걸이는 모두 신발의 영향이 컸던 것 같다. 왜나막신은 처음부터 결코 지금처럼 편리한 것은 아니었을 것이다. 『조몬주(著聞集)』[44]에는 작은 말(馬)을 비유하여 굽 높은 왜나막신(아시다 : 足駄)이라고 표현한 사람의 이야기가 나오는데, '다(駄)'[45]라고 한 것은 뭔가 이유가 있었을 것이다. 어찌됐든 겨우 발가락 사이에 끼우는 끈 한 줄로 왜나막신을 조절하여 걷는 데에는 연습이 필요했다. 이런 발가락의 기능은 일본인의 독보적인 자랑거리였다.

---

43) 小はぜ. 왜버선을 신었을 때, 뒤쪽에서 양쪽 끝을 이어주는 토구.
44) 『고콘조몬주(古今著聞集)』의 약칭이다. 『고콘조몬주(古今著聞集)』는 중세의 설화집으로 1254년에 다치바나 나리스에(橘成季)가 편찬하였다. 모두 726화의 설화를 30가지 주제별로 나누어 수록하고 있다.
45) 짐을 싣다, 태우다의 의미.

한편에서는 여러 가지 의장(意匠)과 개량이 있었다. 왜나막신을 파는 일은 비교적 새로운 장사였다. 에도(江戶)시대 말기 즈음에 이르러서는 상품의 종류가 다양하게 증가되고, 특히 명치시대에 와서는 갑자기 생산량이 증가됐다. 이 때문에 오동나무 재배 붐이 일었지만, 그것만으로 일본 국내의 수요를 충족시킬 수는 없었다. 공식적으로든 비공식적으로든 한 번도 공인된 적이 없는 신발이었지만, 보급율이 이와 같이 높았던 것은 역시 발을 더럽히지 않으려는 심리적 표현이었다. 목이 깊은 짚신, 슬리퍼형 짚신은 이때부터 쇠퇴하기 시작하였고, 간편한 고무 신발이 등장하자 결국 최후를 맞이했다. 각 농가에서는 돈으로 사야 할 품목의 수가 하나 늘어난 것이다.

원래 짚으로 된 신발을 천한 것, 가난에 찌들린 것으로 생각하는 것은 오해였다. 조잡한 것이라도 주위의 이목을 신경 쓰지 않고 신었던 점, 그리고 낡고 헤진 것을 아무렇지도 않게 가끔씩 신고 나갔기 때문에 이 같은 오해가 생겼다. 현재 이미 짚신 공예는 쇠퇴했다. 하지만 지방에 따라서는 아직 정교한 작품이 남아 있는 곳도 있다. 단지 생산품이 도시적인 것이 아니고, 공장의 대량생산에 적합하지 않은 것이 큰 단점이었다. 하지만 마포(麻布)와 다른 점은 생산비가 다른 어느 물건보다도 낮다는 것이다.

농촌에서 짚신 만드는 기술이 계속 이어지지 않았던 이유는, 주로 구식이고 도시의 유행도 아닌데다가 사람들이 독립적으로 각자 필요한 물품을 생각해 낼 수 없었다는 점에 있다. 이러한 예는 다른 분야에도 많다. 우리들은 계속해서 의복의 재료를 증가시키고 색깔이나 모양에 대한 기호도 쉴새없이 변하고 있지만, 이전의 것이 완전히 없어지지 않고 새로운 것과 잘 조화되어 남아 있다. 이러한 것은 어설프게 보이지만 한편으로는 좋은 일이다. 만약 사람들 각자가 자신의 상황과 풍토를 현실과 비교해 보고 자신이 원하는 것과 곤란한 것을 거리낌 없이 다 표현할 수 있게 된다면, 이런 것 중에서 다시 한번 정말 자유로운 선택을 함으로써 결국에 가서는 각자의 생활을 개선할 수 있는 희망이 생길 수 있을 것이기 때문이다.

9. 시대의 소리

나의 신색음론(新色音論)은 눈에 보이는 것에 너무 치중해 버리고 말았지만, 이는 정말로 어쩔 수 없는 일이었다. 소리는 색과 모양처럼 이전에 있었던 것을 그대로 오랫동안 간직하고 있는 것이 아니다. 현재의 새로운 시대를 대표하는 소리 중에도 본래의 소리를 약간은 포함하고 있는 것이 분명히 있긴 하지만, 이것을 분별해서 듣고 사람들과 함께 음미한다는 것은 어려우며 좋고 나쁨에 관해 선택하거나 좋아할 수가 없다. 그만큼 우리들은 새롭게 나타나는 하나 하나의 소리에 심취해 버리기 십상이었다.

사람들이 기분 좋은 천연의 소리를 기억하고 배워서 후세에 전하려고 하는 경우는 아주 적었다. 악기는 그 구조가 단순하기 때문에 깊은 약속에 의해 겨우 그 연상(連想)을 이을 뿐이었다. 인간의 음성은 그보다 자유로워서 조금은 적절한 모방을 했다고 생각한다. 하지만 나중에 내용이 복잡해짐과 동시에 점차 분화되어 부호 같은 언어만이 급격하게 늘어났다. 소리는 색과는 달리 인간이 아무 목적도 없이 만들어낸 것도 매우 많다. 더구나 그 대부분은 이제까지 있었던 소리보다도 신기했으므로 인간의 마음을 매우 강하게 움직였다. 때문에 이른바 소음의 세계가 우리를 지치게 한다는 사실을 깨달은 사람은 최근까지 없었다.

뭔가에 귀를 기울일 기회가 언제부터인가 드물어졌다. 지나간 것이란 잊어버리기 쉽다는 것은 말할 것도 없고, 뒤이어 계속 나타나는 소리의 새로운 의미조차도 공허하게 흘려버리는 경우가 많아졌다. 향도(香道)46)가 지친 후각을 위로하는 것이었듯이 음악 또한 일체의 잡음에서 벗어나기 위해 추구하는 시대가 되었다. 하지만 음악으로 사람들의 평상시 청각을 둔하게 하는 것은 바람직하지 않다. 또한 여러 가지 음향에도 하나 하나 목적과 효과가 있는데 그것을 무차별적으로 억제하려고 하는 것은 아니다.

예로부터 시인들이 시 속에서 천연의 음악이라고 묘사하고 있는 사물의 소리 중에는 실은 음악보다 더 즐거운 것이 있다. 도시의 시끌벅적한 소리는 귀찮은 것처럼 여겨지고 있지만, 옛날에는 그 속에서도 우리들의 귀를 상쾌하게 하고 계절의 변화를 깨우치게 하는 몇몇의 소리가 있었다. 사람에 따라서는 거리를 질주하는 자동차 소리와 기계의 단조롭고 둔중한 소리까지도 상쾌한 느낌으로 기쁘게 들으려고 하는 경우가 있다. 어둠이 우리들을 불안으로 끌어들이는 것처럼 정적은 항상 우리로 하여금 무슨 소리인가를 그리워하게 한다.

비록 염색처럼 계획적인 것은 아니지만 인간이 새로이 만들어낸 소리는 서로의 생활에 대해서 이야기하고 있다. 사람은 즉석에서 그것이 무엇에서 나는 소리인가를 알아내고, 만약 알아내지 못했을 때는 반드시 지금의 소리는 무엇인가 묻는다. 즉 소리는 소홀히 할 수 없는 사회적 지식이었다. 그것을 비판도 선택도 없이 일괄적으로 싫어하거나 피하려는 것은 잘못된 일이다. 앞으로는 색과 마찬가지로 소리도 면밀하게 정리되어 공동 생활의 입장에서 각각의 가치를 부여할 수 있는 시기가 오리라고 생각한다.

원래 강렬한 소리 하나가 다른 모든 것들로부터 신경을 빼앗아간다는 사실은 분명한 이유가 있었다. 그 때문에 계획적으로 이상한 소리를 내서 그 소리로 중심을 손쉽게 차지하려는, 말하자면 소리의 남용이 가끔

---

46) 향을 피우고 그 냄새를 즐기는 예도(芸道). 향도(香道)는 무로마치(室町)시대 말기부터 다도(茶道)의 시작과 중복되면서 문학과도 관련을 맺으며 성장하였다.

은 있다. 특히 최근까지 일본인은 대체적으로 그 유혹에 약했다고 할 수 있는데, 명치시대에 들어와서도 매우 신기한 경험을 하고 있다. 나는 오래 전에도 이것을 사회심리적 문제로 제기했었는데, 거기에 대해 다른 해석을 하는 학자는 없었다.

평화로운 산기슭 마을에서 야마 가구라(山神樂)[47]나 덴구 다오시(天狗倒し)[48]라고 일컫는 공동의 환각을 들었던 것은 오랜 옛날 일이었다. 그런데 나중에는 전국에서 깊은 밤에 너구리가 기차 소리를 흉내내면서 철로 위를 달린다는 이야기가 전해졌다. 그때는 마침 기차가 개통된 직후의 일이었다. 또 새로운 소학교가 세워지면 밤에 뭔가가 그 학교 어린이들이 떠드는 소리를 흉내낸다고 했다. 새로 전보가 개통된 마을의 너구리는 인가의 대문에 와서 '전보요' 하고 외친다고 했다. 그 외에도 주조장이 생기면 술 만드는 옛날 노래를 부르는 소리가 들리는 일이 있고, 연극이 끝나고 잠시 동안 빈 무대에서 후렴 소리와 끝을 알리는 박자 소리가 매일 밤 들렸다는 소문이 있었다.

이러한 종류의 이야기는 결코 한 지방만의 이야기가 아니었다. 게다가 어느 한 집을 중심으로 근처의 이웃이 항상 모두 이 소리를 들었다고 주

---

47) 산간 지방에서 행해진 가구라(神樂). 가구라는 원래 궁중에서 신에게 올리는 무악(舞樂)이다.

48) 덴구(天狗)의 소행으로 생각되는 괴상한 소리로 원인불명의 돌발 폭풍 같은 소리가 나며, 주위의 물건이 부수어진다. 덴구(天狗)란 산신(山の神)과 산에 사는 요괴라는 두 가지 속성을 지닌 존재이다. 보통 큰 덴구(大天狗)와 작은 덴구(小天狗)로 나누어 부르는 것처럼, 덴구에 대한 이미지에도 두 가지 종류가 있다. 큰 덴구는 코가 매우 길고 산에서 수행하는 야마부시(山伏)와 같은 복장을 하고 있다고 하며, 자유자재로 공중을 날아다니는 능력을 지니고 있다. 작은 덴구는 등에 날개가 달렸으며 부리가 달린 새와 같은 형상을 하고 있다고 한다. 일본 각지에 덴구에 관한 이야기가 전승되고 있으며, 그 배후에는 밀교의 한 분파로 산에서 수행을 하던 수험도(修驗道)와 깊은 관련이 있다. 야나기타 구니오는 덴구의 기질을 가리켜 청정함을 좋아함, 집착이 강함, 복수를 즐김, 협객의 기질 등을 들고 있다. 이러한 기질은 일본 중세의 수험도에서 강조하던 기질이 반영되었다고 한다. 이 문제에 대해서는 미야모토 게사오(宮本袈裟雄)의 『덴구와 수험자―산악신앙과 그 주변(天狗と修驗者―山岳信仰とその周邊)』(1989)이라는 저서가 있다.

장하는 것이었다. 새롭고 신기한 음향에 대한 인상을 여러 사람의 환상으로 재현하기까지는 깊고 내밀한 무엇인가가 있었던 모양이다. 일본인이 새로운 사물을 대하는 주의력과 그것에서 받았던 감동에는, 마치 스스로 공중폭격이라도 당한 것처럼 추리와 비판을 초월하게 하는 그 무엇이 있었다. 그 후 자극이 너무 자주 연속됨에 따라 그 효과는 현저하게 떨어졌다. 그러나 언론이라는 소리는 여전히 음성 중에서 가장 복잡하고 미묘한 것이다. 언론이 이제까지 그와 같은 형식을 몰랐던 사람들을 기대 이상으로 움직일 수 있었던 것은 어쩔 수 없는 일이었다.

때문에 음악이 만약 우리들이 소리를 선택할 때 자신이 추구하는 것에만 귀기울이는 습관을 기르게 한다면, 그것은 분명히 이 생활을 평온하게 하는 방도가 될 것이다. 이 세상에는 이미 사라진 옛날의 소리가 많다. 지금까지 존재해 온 것 중에도 조금은 희미한, 또는 이제부터 새로이 일어나려는 것들이 있다. 그 중 어떤 소리는 정말 상쾌하지만, 어떤 소리는 쓸모가 없는데다가 듣기 거북하기까지 하다. 이 같은 사실은 가장 아름다운 소리는 반드시 크게 울리는 것이 아니라는 것을 깨닫게 해준다는 것만으로도 하나의 업적이리라.

총명함이란 결코 지금 현재 특히 강렬한 것에 끌려 동요하기 쉽다는 것을 의미하지 않는다. 옛날에는 푸른 나뭇잎 아래에서 개미가 스모를 하는 소리를 들었다는 이야기가 있었다. 그 정도는 아니더라도 마음을 가라앉히고 조용히 귀기울이면, 지금도 재미있는 여러 가지 소리를 들을 수 있다. 늘 듣기 때문에 익숙해져서 귀에 머물지 않게 된 것은 풀숲의 벌레, 나뭇가지의 매미 소리뿐만이 아니다. 맑지만 이제는 듣기 어려워진 야생 조류의 지저귐만도 아니다. 새로 생긴 소리 중에 아주 작은 소리에도 마음이 끌리는 것은 많다. 어느 외국인 여행자는 일본에 와서 특히 귀에 들어온 것은 떡갈나무로 된 굽 높은 왜나막신을 신고 포장도로를 달릴 때 나는 딱딱거리는 굽소리라고 했다. 정말 이 소리는 분명히 색다르다. 그리고 이전 시대의 소리는 아니다.

제2장 음식에 대한 개인의 자유

1. 무라(村)와 마쓰리(祭)의 향취

소리와 색채가 우리들이 피로를 느끼는 것과는 무관하게 한없이 변화를 거듭해 가려는 데 반해, 현대적 물체의 향취만은 이상하게도 점점 단순화되는 경향이 있다. 도시에 거주하는 사람의 오감(五感) 중에서 코에게만 항상 조금 과분한 휴식이 허용된 듯하다. 이는 꼭 맡아야만 하는 냄새 수가 적어진 결과라고만 할 수도 없으므로, 어쩌면 오히려 많은 냄새를 다 맡을 수가 없어서 저절로 그 능력이 제한되었다고도 볼 수도 있다. 코를 치료하는 의사와 콧병 환자가 갑자기 많아진 것도 이와 연관 있을 것이라고 생각된다.

어쨌든 코의 모양만은 대체로 조금씩 좋아졌지만, 내부 기능면에서 보면 반대로 나빠졌다. 사람들은 눈과 귀처럼 코를 자랑하지 않을 뿐만 아니라 코가 예민한 것은 마치 미개인만의 특징이라도 되는 것처럼 억지를 쓰는 사람도 있다. 그래서 이 방면에는 연구도 진보도 없고, 쓸데없이 고풍스러운 냄새에만 집착하여 냄새에 대한 경험을 소홀히 하는 사람들이 더욱 많아졌다.

그러나 우리들이 이전에 코의 감각에 의지하여 어떻게 소중한 인생을 배우고 맛보았던가에 대해서는 지금이라도 당장 시골을 걸어보면 바로 알 수 있다. 예를 들어 이른바 일본 알프스[1]의 등산 안내인 중에는 산등성이가 굽어진 곳에 서서, '이 골짜기에 사람이 살고 있다' 거나 혹은 '아무도 없다'라는 것을 단번에 알아맞히는 사람이 많이 있다. 몇몇 오두막집 연기가 골짜기 밑에서 피어올라 맑게 트인 대기 속에 섞여 있는 것을 냄새로 쉽게 맡을 수가 있기 때문이다.

이 같은 코의 기능을 기계 또는 추리나 계산으로 대신하는 일은 불가능에 가깝다. 문명인은 이 점에서만은 과거의 능력보다 뒤떨어진다고 말할 수 있을 것이다. 차분히 생각해 보면, 이런 종류의 상실은 그밖에도 많이 있을 듯하다. 코의 능력을 쇠퇴시킨 원인 중의 하나는 담배라고 생각된다. 근대에 들어서 담배는 이전에 비해 독해지기도 했지만, 그보다도 우선 피는 양이 두드러지게 많아졌다. 우리들은 담배 연기를 코에서 뿜어내는 일을 재미있어 한다. 이로 인해 사람의 후각은 끊임없이 자극을 받아 마침내 다른 여러 가지 미미하고 잡다한 냄새에 대해서는 어느 틈엔가 대응할 여유를 잃어버린 듯하다.

담배 냄새가 동방의 여러 민족에게 유독 마음 깊숙이 자리잡은 이유가 있었다는 사실에 대해서 추측한 사람만 있었을 뿐, 아직 정확히 설명은 안 되고 있다. 어쨌든 처음에는 이런 강렬한 담배 냄새를 통해 잠시 휴식을 얻으려고 했던 것이, 나중에는 오히려 코의 감각이 지배당하고 말았다. 다른 대부분의 향신료가 한편으로는 사람들을 매우 둔감하게 만

---

1) 일본 중부 지방에 있는 삼대산맥인 히다(飛驒, 북알프스), 기소(木曾, 중앙알프스), 아카이시(赤石, 남알프스)를 총칭하여 이르는 말.

든 것과 같은 경우이다.

그 때문에 사람들은 조상들의 생활에서 유래하는 여러 가지 물질의 유서 깊은 냄새로부터 아무런 추억도 간직하지 못한 채 떠나갔다. 때로 애착을 느끼는 사람이 있어도 이를 함께 나눌 만한 방법을 몰랐다. 예를 들어 요즘 사람들에게 알려져 있는 시골 냄새라는 것은 틔비나 하수 등과 같이 조금은 강렬한 두세 가지 것들로, 이는 단지 낮에 활동하는 시간대에 속하는 것들이다. 문장으로 치자면 꼭 쉼표와 같다고 할 수 있다. 바로 이 간단한 부호 같은 냄새로 뭉치고 나뉘어, 많은 내용과 변화가 있는 다른 냄새들이 계절의 변화와 함께 그 사이를 빠져나간 사실을 잊고 있는 셈이다. 그 사실을 손가락으로 꼽으며 세어 보는 것은 시골에서 태어난 사람이라면 누구든 가능할 것이다.

예를 들어 본(盆)과 봄가을의 히간(彼岸) 무렵에 마을이나 야산에 가득한 선향(線香) 연기는 어린 아이에게까지 눈에 보이지 않는 저 세상의 분위기를 느끼게 했다.[2] 휴일이나 사람이 모여드는 날 아침에 꺼끗이 쓴 마당의 흙냄새는 묘하게도 우리들의 마음을 개운하게 했다. 작업의 경우도 마찬가지다. 방앗간이나 곳간에 놓인 곡식 위에 쌓인 가벼운 먼지에는 말로 다 표현할 수 없는 갖가지 위안이 있고 마굿간 입구에서 시들어가는 아침 풀 냄새는 달콤한 낮잠 속의 꿈을 연상(聯想)시켰지만 역시 뭐니 뭐니해도 가장 강렬한 것은 불 냄새와 음식 냄새였다. 겨울 숲에서 장작불을 피우고 있으면 여행객들도 모기처럼 모여들었다. 이어 반해 음식은 외부 사람들은 친숙해지기가 어렵지만, 그 때문에 더욱 우리들에게 고독을 느끼게 하여 집으로 가는 길을 서두르게 한다. 아득히 먼 옛날부

---

2) 춘분과 추분의 전후 각각 3일 간, 7일 동안을 히간(彼岸)이라고 하는데, 이 기간 중 절에서는 히간 법요(法要)가 행해진다. 태양이 정확히 동쪽에서 떠서 정확히 서쪽으로 지기 때문에, 민속적으로는 태양과 관련된 행사가 많다. 따라서 불교 행사가 집중적으로 행해지고, 성묘도 행해진다. 선향(線香)은 이런 불교적 행사와 성묘를 뜻하고 있다. 일본어 속담에 '더위도 추위도 히간까지(暑さ寒さも彼岸まで)'라는 표현은 히간을 전후한 계절의 변화를 잘 나타내고 있다.

터 인류를 그들의 고향으로 이끌어 온 힘은 이러한 향기였다.

말하자면 코는 이와 같은 힘을 맡기 위하여 존재해 왔다고 말할 수 있을 것이다. 그래서 시골에서는 여러 가지 냄새를 통일하는 기술이 무의식적으로 발달했다. 음식은 원래 계절의 산물로 때가 지나면 사라지듯이 옆집에서 먹는 저녁밥 반찬을 우리 집에서도 먹고 있었다. 이는 단지 똑같은 것을 골짜기에서 꺾고 밭에서 캤다는 것을 의미하는 것만은 아니었다. 멀리서 상인이 팔러 오는 해산물이라도 미리 이웃과 의논해서 사들인다. 어쩌다 음식이 풍부했기 때문에 나누었던 것이 아니라, 아무리 조금일지라도 몰래 먹지 않는다는 것은 인정이라기보다는 오히려 예의범절이었다.

사람을 내부 동료와 외부 사람으로 구별하는 첫 번째 기준이 바로 여기에 있었다. 부뚜막이 작게 나누어진 후에도 시골에서는 오랫동안 같은 냄새가 났다. 지역에 따라서는 크고 작은 절일(節日)이 일 년에 오십 번 있는데 그 날 그 날 만드는 음식이 모두 같았다. 3월 절일(節日)에는 말린 조개나 히루나마스(蒜膾),[3] 그리고 가을에는 햅쌀로 초밥을 만들고 감주(甘酒)를 빚어서 마쓰리(祭) 손님이 오기를 기다린다. 특별히 향기가 뛰어난 것을 골라서 준비하지는 않았지만, 어느 집이나 항아리를 열어 만들어진 초밥을 그릇에 담는 시간까지도 거의 일치했다. 말하자면 제례(祭禮)의 기분이 마을 안에 넘쳐나는 것이다.

물론 이 감각은 지역에 따라 조금씩 차이가 있었으리라 생각하지만 그것을 비교해 볼 기회는 많지 않았다. 게다가 그것은 각각 너무 뚜렷하면서도 일상적인 감각이었기 때문에 단지 무슨 무슨 냄새와 음식의 이름을 가리킬 뿐, 특별히 오색(五色)과 같은 총칭을 만들지 않았다. 그런 동안에 시대가 지나면서 조금씩 내용이 바뀌었고, 혼란 속에서 인상이 희미해져 갔다. 지금도 된장국이나 절인 야채인 고노모노(香の物)[4] 등 오

---

3) 생선회 또는 무, 당근 따위를 초에 무친 것.
4) 쓰케모노(漬物)의 다른 이름. 채소를 소금이나 겨에 절인 것.

로지 일본인만이 공유할 수 있는 후각이 남아 있지만, 대개는 그저 어느 집 부엌 한쪽에서 나는 막연한 냄새가 되고 말았다. 그리하여 각 가정의 공기는 집집마다 서로 상이하게 변했고 쓸데없이 우리들의 호기심만을 자극했다. 이것이 코를 가지고 체험한 일본의 새 세상이다.

2. 작은 냄비에 조리하는 풍속과 냄비요리

음식문화가 색이나 소리와 다른 특징은 이전에 통일되었던 것이 나중에 차츰 분화하는 경향을 보이고 있다는 점이다. 그리고 유행이 음식에 대한 각자의 취향을 통합하지 못하고, 소리의 경우처럼 특별히 강렬한 음식 하나가 다른 군소(群小) 음식을 위압할 수 없다는 점이다. 즉 먹어야 한다는 커다란 필요성 위에서는 새로운 시대의 표준 설정이 어렵다는 것이다. 따라서 해를 거듭함에 따라 음식 종류는 급격하게 늘어났고, 마침내 일반인들이 관찰을 할 수 없게 되었다. 그러나 대체적으로 보면 명치 이후의 일본 음식은 세 가지의 두드러진 경향을 보이고 있다

첫째, 따뜻한 음식이 많아진 점, 둘째, 부드러운 음식을 즐기게 되었다는 점, 셋째, 누구나 아는 바와 같이 대체적으로 음식 맛이 달아졌다는 점이다. 여기에 종류가 증가했다는 점을 더해서 네 가지라고 말해도 좋을지 모르지만, 이런 특징은 오히려 결과로 받아들여야 할 것이다. 우선 사람들의 기호가 재래음식으로부터 멀어졌다. 그 결과 새로운 여러 가지 조리 방법이 들어왔으므로 아마도 억지로 이를 강요당하지는 않았으리라 생각한다.

요리에 대한 기록은 상당히 오래 전부터 전해진다. 이 기록과 비교해 보는 것만으로도 앞의 세 가지 변화를 확실히 알 수 있고, 또 지방마다

단계적으로 이러한 경향이 나타났음을 알 수 있다. 때문에 이러한 방법이 아니면 어떤 순서를 밟아서 변화하고 있는가를 생각해 볼 수 없다. 옛날에도 따뜻한 음식이란 잘 차린 음식이었다. 신이나 조상에게 올리는 음식 가운데서도 무언가 한 가지 음식만은 뜨거운 김이 나는 것을 올리려고 했지만, 의식 절차에 시간이 걸리기 때문에 의례에 쓰는 음식은 아무래도 차게 조리하는 경향이 있었다.

뜨거운 음식을 올린다는 것은 조리하는 사람의 고민이자 동시에 주인의 마음 씀씀이를 나타냈기 때문에, 어쩌면 옛날에도 이를 바랬을 것이다. 그러나 오히려 존경하는 손님 앞에서는 성의를 나타내기 어려웠다. 그 이유는 매우 간단하다. 즉 일본인은 음식은 공동으로 먹는다는 것을 따뜻하게 먹는 것보다 중요하게 여겼기 때문이다. 같은 불과 같은 그릇을 사용하여 조리한 음식을 주인과 손님, 위아래 사람이 함께 먹으려면 일찍부터 준비할 필요가 있었다. 이 점이 전제되지 않고서는 손님에게 따뜻한 냄비요리를 권할 수가 없었다.

이는 주택의 변천이라는 점에서 생각해 보아야 할 문제이지만, 집의 구조상 음식을 조리하는 정갈한 불은 원래 고진사마(荒神樣)[5] 신이 직접 관할하는 지자이카기(自在鍵)[6]의 밑에 있었다. 그 특별히 보장된 음식이 아니면 음식을 먹고 가족이 공동의 구성원이 되는 데에 불충분하다는 신앙이 의외로 최근까지 암암리에 사람들의 마음을 지배하고 있었다. 따

---

5) 고진(荒神)이란 집안이나 지역공동체에서 모시는 신으로 매우 난폭한 성질을 지녀 자주 재앙을 내리는가 하면 잘 모시는 사람을 비호하는 강력한 힘을 지니고 있다고 한다. 고진에 대한 신앙은 크게 두 가지로 구별한다. 불을 관장하는 신으로 부엌에서 불을 사용하는 곳에 모시는 고진신을 안쪽 고진(内荒神)이라고 하며, 이와 구별하는 의미에서 바깥에서 모시는 고진을 가리켜 바깥 고진(外荒神)이라고 부른다. 이 책의 본문에서는 전자를 의미한다. 한국의 민간신앙으로 보자면 조왕신(竈王神)이 이에 해당한다. 이 부분에 대해서는 이이지마 요시하루(飯島吉晴)의 『조왕신과 측간신－이계와 이 세상의 경계(竈神と厠神－異界と此の世の境)』(1986)를 참조
6) 붙박이 화로나 부뚜막 위에 걸어 놓고 냄비나 주전자를 달아 맬 수 있도록 된 갈고리이다. 화재를 방치한다는 의미에서 대부분 물고기 모양의 장식을 같이 달아둔다.

라서 제대로 차린 음식은 오히려 나누기에 까다로워서 식은 다음에야 겨우 먹을 수 있었던 것이다. 부삽이 스비쓰(炭櫃)[7]나 뻘겋게 달군 숯불을 자유롭게 운반하게 되고 나서도, 이런 생각은 오랫동안 이어졌다.

그러던 중에 큰 그릇에 음식을 따로 나누고 따로 차리는 음식을 식지 않도록 하는 마음 씀씀이에서 냄비라든가 유키히라[8]가 점점 발명되었고 결국 오늘날처럼 냄비요리가 융성하기에 이르렀다. 물론 숯 굽는 기술의 보급이 이를 거들었지만, 그보다 근본적인 이유는 각 가정에서 먹는 음식의 종류가 다르다는 것과 불을 관장하는 신에 대한 신앙의 변천이 있었기에 가능했다.

젊은 여성은 이 작은 냄비라는 존재의 출현을 반기고 있는 듯 하다. 혹은 그들의 본성에 적합하다고 말하는 편이 좋을까. 여하튼 작은 냄비가 급속하게 많이 이용되었기 때문에 한 곳에서 조리하던 부뚜막을 쉽게 여러 곳으로 나뉘어지게 만들었다는 사실이 아주 오랜 기록에도 보인다. 예를 들어 계모에게 미움받은 어린 아씨가 '휘파람새여 / 왜 그렇게 우느뇨 / 젖을 먹고파 / 작은 냄비(小鍋) 갖고파 / 어머니가 그리워'[9]라는 노래를 읊었다는 이야기가 이미 『후쿠로조시(袋草紙)』[10]라는 책 속에 나온다. 도호쿠(東北) 지방에서는 지금도 두견새를 '고나베야키'라고 부르는 곳이 있는데,[11] 옛날에 자매가 냄비에 끓인 음식을 두고 다투다가 배가

---

7) 방바닥을 사각으로 파서 만든 난로.
8) 유키히라 나베(行平なべ)의 준말. 손잡이·뚜껑 및 귀때가 달린 은두. 낮은 오지 냄비.
9) 이 노래의 일본어 원문은 다음과 같다. "よなどきは啼くぞ乳やましき小鍋やほしき 母や戀しき."
10) 헤이안(平安)시대에 후지와라 기요스케(藤原淸輔)가 와카의 창작 및 감상에 대해 쓴 가학서(歌學書).
11) 두견새는 일본의 민담에 자주 등장하는 새이다. 두견새가 등장하는 민담 중에서 전국적으로 잘 알려진 이야기 유형으로 「두견새와 형제(時鳥と兄弟)」, 「두견새와 의붓자식(時鳥と繼子)」, 「두견새와 작은 냄비(時鳥と小鍋)」, 「두견새와 식칼(時鳥と包丁)」 등이 있다. 본문에서 예를 들고 있는 바와 같이, 아오모리(靑森)현에서는 두견새를 '작은 냄비에 끓인다'는 뜻인 고나베야키(コナベヤキ)라고 불렀으며, 아키타(秋成)현 북부 지역에서는 '냄비 작은 새'란 뜻으로 나베고도리(ナベコドリ)라고 불렀다.

터져 죽었다는 동화가 남아 있다.[12]

에도시대의 많은 여훈서(女訓書)를 보더라도 시집간 여자가 가장 삼가야 할 소행의 하나로 절대 작은 냄비에 음식을 따로 차려서는 안 된다고 쓰여 있다. 어느 사이엔가 이른바 규방의 가인(佳人) 사이에도 이러한 내용이 수용된 것을 보면 그것은 반드시 귀부인으로서 삼갈 행동만은 아니었다. 이러한 규범은 아주 **최근**까지 불러온 무사시 스기야마(武藏杉山)의 다아소비(田遊び)[13] 노래**에서도 찾**아 볼 수 있다. 이 노래에서는 새나 해충과 함께 마을에서 몰아**내야만** 할 악덕의 하나로 작은 냄비에 음식을 따로 차리는 점을 들고 있다.

여자들이 모여서 평소 먹기 힘든 식사를 준비하고 더구나 남자가 집에 없는 날에 먹는다는 것은, 지금도 일반 가정에서는 바람직한 일이 아닌 것으로 치부된다. 나중에는 단순한 사치의 폐해 아니면 제멋대로 구는 것을 비난한 것이었을 터이지만, 그 같은 감정의 기원은 단지 노인들이 말로 표현하지 않을 뿐 더욱 복잡한 것이었다. 말하자면 가정에서 음식을 함께 먹는 관습의 파괴, 과장해서 말한다면 불의 신(火の神)에 대한 반역을 두려워했던 것이다.

당연히 역사는 이러한 견해가 맞는지 안 맞는지에 대해 언급하지 않는다. 그렇지만 꼭 알아두어야 할 것은, 일찍이 그렇게 까다롭게 경계를 했던 작은 냄비에 음식을 따로 차리는 것이 이제는 일상화되고, 때에 따라서는 주부의 재치로 인정받게 되었다는 점이다. 그리고 그 시대에는 무슨 이유로 그렇게 금기시되었는지, 그 예의범절이 어떻게 해서 차츰 변해갔는가를 설명할 사람조차 없다는 사실이다. 일본의 풍습은 놀라울 정도로 이미 변하고 있으며, 일본 고유의 풍습이 적어도 식사에 관해서

---

12) 이 민담은 일본에서 「두견새와 작은 냄비(時鳥と小鍋)」라는 이름으로 알려졌으며, 「작은 새의 전생에 관한 이야기(小鳥前生譚)」, 「의붓자식 이야기(繼子譚)」라는 유형의 이야기 요소가 결합된 민담이다.
13) 초봄에 풍작을 기원하여 행하는 신사예능(神事藝能). 경작에서 수확할 때까지의 모습을 노래와 몸 동작으로 연기한다.

는 그다지 명확하게 이러한 변화를 제어할 수가 없는 형편이다.

현재 실정으로 보면 작은 냄비에 음식을 따로 차리는 방식은 세계에서 유례를 찾아볼 수가 없을 정도이다. 혹 일본요리라고 하면 바로 스키야키(鋤燒)[14]의 아름다움을 들먹이는 사람도 많지만, 이는 물론 소나 닭의 식용이 이 무렵에 시작되었다는 사실도 모른 채, 아는 체 하는 서양사람들의 말에 맞춘 표현이다. 아키타(秋田)현의 조개구이부터, 도시 거리에서 보는 냄비에 끓인 우동(鍋燒饂飩)에 이르기까지 각 지방의 모든 요리 방법이 전국으로 퍼졌고, 맛과 재료가 한없이 증가했다. 이것이 불과 50~60년 동안에 개발되고 보급되었다는 사실을 믿으려 하지 않는 사람이 많은 것을 오히려 당연하게 여겨야 할 것이다.

설령 이 변화의 기원은 알았다고 해도 냄비가 오늘날과 같이 발달하게 된 이유까지는 설명할 수 없다. 그 이유를 독단에 빠지지 않을 정도로 조금씩 고찰해 가려고 생각하는데, 우선 생각나는 것이 음료와의 관계이다. 차(茶)가 보통 사람들의 가정에 보급되기 이전에는 물을 일부러 따뜻하게 해서 마시는 일은 없었을 것이다. 물을 끓이는 간스(鑵子)[15]가 항상 이로리(圍爐裏)[16]의 고리에 걸려 있게 된 것도 차가 반입된 이후로, 이것이 일본인이 따스한 음료에 익숙해진 시초가 아닐까 생각한다.

그 다음에 문제가 되는 것이 술을 데워 마시는 습관이 어디에서 시작되었는가 하는 것이다. 『헤이케 모노가타리(平家物語)』[17]에 유명한 이야기가 있지만, 이는 오히려 자토(座頭)[18]의 비파(琵琶)가 인기가 있던 시대

---

14) 원래 가래(鋤)에 고기를 얹어서 구웠다고 해서 이런 이름이 붙여졌다고 한다.

15) 물을 끓이는데 쓰는 청동 또는 놋쇠로 된 그릇.

16) 거실 일부를 네모꼴로 잘라내서 설치한 일본식 화로. 음식을 끓이거나 난방용으로 사용되었다.

17) 헤이케(平家) 집안의 영화와 몰락을 다룬 군기물(軍記物). 불교의 인과응보나 무상관(無常觀)을 기조로 하고 있다.

18) 삭발한 맹인으로서 비파(琵琶)·샤미센(三味線)을 타거나 안마·찜질 등을 업으로 하던 사람을 가리킨다. '자토(座頭)'라는 말은 비와호시(琵琶法師)의 별칭이다. 일본의 남북조(南北朝)시대에 성립한 헤이쿄쿠(平曲 : 비파를 연주하며 『平家物語』를 이야기

에 이러한 유행을 신기하게 받아들였던 것으로도 해석할 수 있다. 술의 용도가 점점 확대된 것을 빼놓고는 설명하기 어렵지만, 어쨌든 사람들이 따뜻한 음식을 즐기는 풍습은 처음부터 지금처럼 일상적이었던 것은 아니다. 중세시대에 술과 차를 마시던 습관에 이끌려서, '후후' 하고 불어먹는 음식을 특히 좋은 음식이라 느끼게 된 듯 하다.

다음으로 생각할 수 있는 것은 여성의 관여, 즉 작은 냄비(小鍋)를 애용한 사람들의 영향이다. 옛날부터 정식(正式) 요리는 남자의 작업이었다. 소규모의 일상적인 식사만을 주로 부인이 준비했고, 준비하는 곳이 편안한 부뚜막 부근이었기 때문에 당연히 따뜻한 음식이 많았던 것이다. 어머니, 아내, 그리고 딸에 대한 친근한 감정이 느껴져서 아마도 그와 같이 막 만든 음식을 먹는 맛과 기쁨이 배가 된 것이 아닌가 생각된다.

의복의 경우 일상복을 점차 나들이 옷 취향으로 개량한 것과는 반대로, 음식은 어느 때나 부엌에서 발달했다. 옛날에 오다 노부나가(織田信長)의 요리사가 탄식한 바와 같이, 우리들의 식단은 퇴보했지만 맛은 좋아졌다. 고례(古例)를 무시한 자유스런 재료 선택과 격식을 따지지 않고 만든 가정 요리가 서서히 손님을 대접하는 혼젠(本膳)[19]에 영향을 주었기 때문이다. 옛날에 몇 가지 뜨거운 국을 권해서 손님에게 자기 집에 있는 것과 같은 친근감을 맛보게 했던 것처럼, 이번에는 새로 시작된 화로의 분열에 편승하여 부엌의 한쪽을 거실로 옮기게 되었다. 따라서 이 방법의 완성을 뒤에서 도왔던 사람의 세심한 재능과 기지가 간접적으로 사람들을 기쁘게 했던 것이다. 우리들이 먹는 음식이 따뜻해졌다는 것은

하는 것)를 읊었던 비와호시들의 조직(座)에 검교(檢校), 별당(別當), 구당(勾當), 자토(座頭)라는 네 계급이 있었는데, 이 중에서 자토가 비와호시의 별칭으로 사용하게 되었다. 이들이 무언가 주술적 능력을 지니고 있었음을 시사하는 전설이 일본 각지에 전해지고 있다. 히젠(肥前) 지방에 전해지는 우메노 자토(梅野座頭)나 사쓰마 맹인승(薩摩盲僧)의 개조로 여겨지는 인물에 얽힌, 큰 뱀을 퇴치했다는 전설이 대표적이다. 이러한 사례로 볼 때 맹인이 신(神)의 세계에 가까운 존재로 생각되고 있었음을 추측할 수 있다.

19) 혼젠요리(本膳料理)의 준말. 일본 요리에서 손님 앞에 차리는 주가 되는 상.

말하자면 요리가 여성화되리라는 것을 예고하는 징후이다. 언젠가는 이 문제 전부를 여성들의 관리에 맡겨야 하리라는 것을 예고하고 있다고 보아도 좋을 듯 싶다.

3. 소중한 쌀

다음으로 일본의 음식이 일반적으로 부드럽게 된 이유는 어쩌면 부인들의 힘이 보태졌기 때문이 아닌가 하는 생각이 든다. 왜냐하면 따뜻하고 차가운 것에 상관없이 냄비로 끓이는 음식이 해가 갈수록 늘어나고 있기 때문이다. 상대(上代)시대에는 우리들도 다른 섬 지역의 주민들과 마찬가지로 사슴고기나 토끼고기를 말려서 먹었던 때가 있었다. 하지만 곧 짐승고기를 일반적인 음식으로 먹기에는 부족하게 되었고, 그 다음에 생선이나 조개 역시 익히지 않고 말린 채로만 먹었다. 가장 놀라운 사실은 그 쭈글쭈글한 노시 아와비(熨し鮑)[20]를 날것으로 씹어 먹었다는 사실이다. 지금은 겨우 선물로만 사용되기 때문에 이것이 의례를 행할 때 통상 사용하는 술의 안주감이었다는 사실은 믿기 어려울 정도이다.

비자나 황률(黃栗) 같은 주안상의 장식물도 이전에는 보통의 식품이었기 때문에 이처럼 의식을 행하는 날에 등장하게 되었다. 옛날에는 호두나 개암과 같은 여러 가지 나무 열매, 그밖에 생쌀도 씹어 먹었다. 우리 조상들은 일반적으로 이를 함부로 사용했다고 하지만, 틀니나 금니의 필요성은 현대인들이 더욱 뼈저리게 느끼고 있다. 이가 약해진 것은 결과

---

20) 엷게 저며서 펴 말린 전복. 본디 의식용 어물로 나중에 축하의 뜻을 나타내기 위하여 선물에 붙이게 되었다. '노시'란 축하용 선물에 장식하는 색종이로 단든 장식품을 가리킨다.

인가 아니면 원인인가, 아니면 딱딱한 음식과는 전혀 관계가 없는 것인가? 이 문제를 연구하는 사람이 있다면 무언가 답해야 했을 문제이다.

그보다도 더 큰 변화는 매일 먹는 쌀밥이 씹어 먹기에 부드러워졌다는 사실이다. 된밥(强飯)이라는 말은 이미 14세기 경 아시카가(足利) 시기의 기록에도 보인다. 따라서 된밥이 아닌 보통 밥이라는 것이 이미 그때에도 있었다는 증거지만, 똑같이 부드럽다는 말일지라도 지금과는 정도가 달랐다고 본다. 현재의 밥이란 것은 한자로 쓰면 죽(粥), 옛날에는 된죽(가타가유)이라 불렀던 것으로 옛 말의 밥(飯)과는 전혀 다른 것이다.

즉 이것 또한 냄비요리를 응용한 한 예로, 군사 이동이 성행하던 시대에 시루나 나무 찜통을 운반하기가 번거로웠기 때문에 자연스럽게 이와 같은 간편한 조리법이 보급되었다고 생각한다. 그것도 처음에는 물기를 조금 적게 하여, 낱알이 입안에서 흩어져서 씹지 않으면 삼킬 수 없는 밥을 정식(正式)으로 여기던 것이, 명치시대에 들어와서 된밥과는 더욱 달라져서 혀와 턱으로 씹어도 삼킬 수 있을 만큼 부드러워졌다. 이렇게 되는 데는 새로 몇 가지 원인이 더 추가된다.

솥과 부뚜막의 구조에 관해서도 일본인다운 섬세하고 새롭게 고안된 흔적이 인정되지만, 그보다도 더 적절하게 밥의 진화를 설명해 주는 것이 밥그릇과 주걱의 형태에서 나타나는 최근의 변화이다. 하얗게 반짝이는 도기로 된 밥그릇이 우리들의 부엌 풍경을 밝게 한 점은 따로 설명해도 좋을 흥미로운 사건이었다. 이 도기가 재래의 목기를 대신하게 된 뒤에도 밥그릇은 항아리 모양에 가까웠다. 그런데 나팔꽃 모양이라 하여 차츰 평평해지더니 그 정도가 더욱 심해져서 갈수록 접시 같은 모양으로 바뀌어가고 있다는 사실은, 차츰 밥을 담기 쉽게 되었다는 증거이다.

주걱도 이전 것은 서양의 숟가락처럼 속이 충분히 움푹 패인 것이었지만 지금은 그 흔적이 희미하게 남아 있을 뿐, 거의 평평한 한 장의 판자 조각이 되어 가고 있다. 밥이 된밥처럼 흘리기 쉽거나 아니면 현재의 죽과 같은 것이었다면 이 같은 주걱은 쓸모가 없었을 터이다. 밥을 마치

두부처럼 잘라서 그릇에 담게 되어 비로소 이 평평한 주걱을 일상적으로 쓰게 되었으므로, 이 주걱이 새롭다는 점은 지금의 밥 짓는 법이 고유한 방식이 아니라는 것을 의미한다. 어떠한 요소가 가인 생활의 내부 및 외부에 영향을 미쳤는가에 대해 연구하려는 사람은 아직도 많지 않은 듯하다. 이러한 이유 때문에 적어도 흰쌀은 쌀겨를 가능한 한 많이 벗겨서 풀기가 많도록 하여 밥알과 밥알을 충분히 붙게 하지 않으면 안 되었던 것이다.

쌀을 너무 지나치게 정미하는 폐해만큼은 이미 훨씬 전부터 지적되고 있었다. 근래에 들어서 그 폐해의 이유에 대해서도 거의 명확해졌다. 만약 새로운 불행의 근원을 이 같은 관계 속에서 찾으려고 하면, 생활 방식의 변화는 결코 이것만은 아니었을 것이다. 우선 쌀의 소비량이 이전에는 오늘날처럼 많지 않았다. 쌀을 재배하지 않는 지역이 많았고, 쌀은 보통 조카마치(城下町)21)와 항구 도시 이외의 지역으로는 수송할 길이 없었다. 밭농사 지역이나 산간에서 쌀을 일상적으로 먹을 수 없었음은 물론 논농사를 짓는 농촌에서조차 쌀밥을 먹는 것은 언제나 조심스러웠다.

명치(明治) 20년대에 독일인 엣게르트(Franz von Eckert)22)가 정부를 위해 조사를 했을 때, 쌀이 모든 식료품 중에서 전국 평균하여 5할 1부 안팎

---

21) 일본에서 근세 초기에 산지에서 평지로 내려온 성(城)을 중심으로 무사·상공업자 등으로 구성된 비농업적 성격을 지닌 도시를 가리킨다. 조카마치는 성(城)을 중심으로 삼은 무사들의 거주지와 마치야(町屋)라고 하는 상인이나 직인들의 거주 지역, 그리고 신사·절이 있는 지역으로 구획되었다. 여기서 무사들의 거주지는 상급·중급·하급으로 나누어졌으며, 마치야는 상인들의 거주지와 직인들의 거주지로 나누어졌다. 대개 성(城)밑의 끝 지역에는 히닌(非人)이라 부르던 천민계급들의 거주지나 유곽이 위치했다. 이 같은 신분계급에 따른 거주지의 구분으로 인해 무사계급과 상공업자계급 사이에 생활이나 의식면에서 차이가 생기게 되었다고 한다. 예를 들면 이 책에서도 소개하고 있는 조카마치로 유명한 아이즈와카마쓰(會津若松)에서는, 무사계급은 연말을 중요하게 여기지 않고 신년을 중요시하였으며, 상공업자계급은 연말 행사에 힘을 기울였다. 이 문제에 대해서는 노자와 겐지(野澤謙治)가 쓴 「城下町會津若松のトポス(一)」(『日本民俗學』 165호, 1986에 수록)라는 논문이 있다.
22) 독일의 음악가(1852~1926). 1879년에 일본 해군 군악대의 교사도 일본에 왔다.

을 차지한다고 했다. 병영 생활이나 도시의 습관을 지니고 돌아오는 사람들이 많아짐에 따라 쌀을 먹는 비율이 차츰 늘어날 것이라는 설명이었다. 그 예언은 분명히 적중했다. 병영에서 일찍부터 각기병(脚氣病)의 예방을 위해 맷돌로 간 보리를 혼식하는 방침을 정했음에도 불구하고 일반적으로 그 혼식의 균형이 깨어졌고, 눈에 띄게 밥이 하얗게 변했다.

쌀만 먹는 사람들의 수가 급격히 늘어나서 조악한 외국산 쌀이 깊은 산간으로도 운반되게 되었다. 이 변화가 실은 과도하게 정미하는 문제보다 더 큰 문제였다. 이전부터 쌀은 일본인의 주식이라는 것을 믿어 의심치 않는 사람들이 상당히 있었다. 그런 사람들만이 일본의 생활 문제를 논하려 했다는 것과 한편으로는 쌀밥은 사치이기 때문에 쌀을 먹는다는 것이 행복이라는 식의 소박한 생각이 결합되어, 우리들의 주의를 시종일관 이 한 가지 문제로 집중시켜 식량 문제를 매우 옹색하게 만든 것이다.

쌀 이외의 식품 연구와 개량 문제가 전혀 진전이 없었던 것도 그 결과이다. 보리는 품종을 바꾸어서 약간의 수요를 계속 유지할 수 있었지만, 그 외 다른 곡식의 효용은 막히고 말았다. 모처럼 발전하기 시작했던 밭농사도 퇴보하였다. 그렇지 않으면 전혀 자급할 전망이 없는 특수 작물을 재배하는 특수 농가가 됨으로써 식량 때문에 비싼 운임을 지불하게 되었다. 명치(明治)시대 이래의 문화적 통일은 이런 사람들에게는 상당한 압박이었다. 일본처럼 쌀에 친숙하고 거기에 종교적 가치까지 부여하고 있던 나라에서 작정을 하고 수로(水路)가 빈약한 고원에 새로운 마을을 개척했다는 사실은, 인력이 남아돈 결과라고 하더라도 쉬운 사업이 아니었을 것이다.

그런 이유 때문에 특히 쌀의 소비에 주의를 기울였다. 예를 들면 일년 중 정해진 날에 한해서, 혹은 쌀에 여러 가지 풍부한 재료를 가미하여 먹음으로써 그 즐거움이 될 수 있으면 오래가도록 했다. 때문에 쌀을 재료로 한 많은 조리법이 맛과 따뜻함, 그리고 맛보기 힘든 것이라는 사실을 바탕으로 다른 일면의 불만족스러움을 보충했던 데에는 옛날 주부

들의 남모르는 재치가 깃들어 있었다. 미소우즈(みそうず) 죽,[23] 조스이(雜炊) 죽,[24] 고모쿠 밥(五目飯)[25] 등 이름은 어쩐지 품위 없이 들리지만 모두 한 시대의 식량 문제를 해결하는데 최선의 조리법이었다.

반드시 기근이나 빈곤에 몰려서 내놓은 궁여지책은 아니었다. 나라의 미래 영양에 대해 걱정하는 사람이라면 쌀 조리법 개선도 생각해 볼 필요가 있었다. 그런데 돌연 쌀 교역이 융성해지자 사람들은 그 해방된 기쁨에 먼저 취하고 말았던 것이다. 쌀만 먹고 살 수 있다는 일종의 행복감에 젖어 오히려 그 이용 방법을 소홀히 한 것은 목면(木棉)이나 모슬린(muslin)의 유행과 어딘가 비슷하다. 이처럼 검토해 보았을 때 문제는 결코 비타민 B만이 없어진 것이 아니었다는 사실이다.

4. 생선 조리법의 변천

백미(白米)가 지나치게 희게 된 주요 원인이 초밥을 만드는 데 쓰는 특등 쌀의 영향 때문이라고 생각하고 있는 사람들이 있다. 그러나 다르게 생각하면 쌀밥은 우리들의 이상(理想)이 도달한 막다른 지점이었기 때문에, 억지로 이보다 더한 사치를 꾀하기 위해서는 쌀을 희게라도 해보는 수밖에 없었을 것이다. 실제로 잘 정미된 쌀밥의 빛깔은 아름답다. 그것이 해를 끼친다고 생각하지 않는 한은 누가 시키지 않아도 희게 만들고 싶었을 것이다.

초밥을 만드는 쌀이니 술을 빚는 쌀이니 하고 무턱대고 절구에 쌀을 많

---

23) 된장국으로 된 죽.
24) 야채·어패류를 잘게 썰어 넣고 된장이나 간장, 소금으로 간을 맞춘 죽.
25) 생선·야채 등 여러 가지를 섞어서 지은 밥.

이 찧기 시작한 시대가 마침 보슈 모래(房州砂)[26]가 많이 팔리던 시대였고, 흰밥을 즐겨 먹는 풍습의 기원이 된 것도 사실이다. 그러므로 전혀 관계가 없다고 단언할 수는 없다. 아무튼 스시(鮓, 초밥)[27]가 오늘날처럼 된 것은 변천된 결과이지 결코 명치 이전부터 지금 같은 초밥을 먹었던 것은 아니다.

다행히 스시의 변천만은 아직 각지의 실제 예가 전해지고 있으므로 단순 비교로도 쉽게 그 경로를 살필 수 있다. 다른 많은 식품 중에서 스시만큼 이전의 습관이 그대로 남아 있는 식품도 없다. 스시는 『도사 일기(土佐日記)』[28]에 나와 있는 것처럼, 처음에는 그저 어류를 보존하기 위한 하나의 방법이었고, 그 중에서 가장 교묘하고 사치스러운 것에 불과했다.

때때로 바다와 강에서 잡은 물고기가 너무 많아서 한 번에 소비하기에는 벅찬 경우가 있었다. 이를 먼 곳에 사는 사람들에게 팔려고 생각하기 전부터 그것을 저장해서 필요할 때를 위해 대비하려고 했을 것이다. 저장을 간편하게 하기 위해 생선을 말렸는데, 원래 이 방법은 운송에 적합했다. 소금에 절이는 것은 아마도 냄새를 방지하기 위하여 나중에 생각해 낸 개량된 방법이었을 것이다. 절이는 것은 뿌려야 할 소금량을 알기가 어렵고, 게다가 대체로 원래보다 맛을 떨어뜨렸다.

스시만은 발효를 거쳐 새로운 맛이 별도로 생겨났다. 이른바 미사고스

---

26) 일본의 치바현 다테야마시 호조(千葉縣館山市北條) 부근에서 생산되는 모래로, 기구(器具)의 연마용으로 사용되었다.

27) 일본에서 '스시'라는 말은 원래 크게 두 가지 의미로 나누어 사용하였다. 첫째, 한자로 鮨, 鮓로 표기하여 어패류를 소금에 절여 자연스럽게 발효시킨 것이나, 여기다가 밥을 넣어서 더욱 발효를 촉진한 것이란 의미가 있다. 둘째, 일반적으로 壽司라고 표기하고 식초와 조미료를 적당히 가미한 밥에 어패류나 야채 등을 섞은 것이란 의미가 있다. 저자는 이 책에서 이 두 가지 의미를 나누어 사용하고 있다. 본문에서 예를 든 마키즈시나 니기리즈시는 후자에 해당된다. 여기서는 혼동을 피하기 위해서 전자의 의미로 사용되었을 경우에는 '스시'로 번역하며 후자의 의미로 사용되었을 경우에는 '생선초밥'으로 번역한다.

28) 헤이안(平安)시대 중기의 일기문학으로, 작자는 기노쓰라유키(紀貫之).

시에 대한 옛날 이야기[29]가 전국적으로 유포되어 있는 것을 보면, 스시는 원래 우연한 발견에서 시작되었는지도 모른다. 그러나 적어도 밥을 그 생선의 보존 방법으로 이용한 것은 사람들이 고안한 결과였다. 현재는 이미 지방에만 전해지는 기술이 되거나 구가(舊家)에만 전승되어 상세하게 알 수 없지만, 처음에는 생선과 곡류가 자연스레 산화(酸化)되어 오랜 시간이 지나 숙성되기를 기다렸던 것만은 분명하다.

그런데 양조 식초가 외부에서 공급됨에 따라 스시(早鮓) 만드는 방법이 변했다. 빨리 만든 스시(早鮓)란 이름은 무엇보다 양조식초 때문에 생겨났다고 생각한다. 나중에 더욱 빨리 만드는 제조 방법이 나타나자 이 방법도 이미 고풍이 되려 하고 있다. 현재의 마키즈시(卷き鮓) 초밥, 니기리즈시(握り鮓) 초밥은 말하자면 쌀밥을 먹는 하나의 방법인데, 그 취향은 오히려 주먹밥 쪽에 가까운 듯하다. 이것이 간편하고 새로운 기호에 따라 전국을 풍미한 것은 재미있는 사실이지만, 아직은 스시 조리법의 개량이라고까지 말할 수는 없다. 스시의 요건은 숙성에 있었다. 따로 식초를 부어서 맛을 내게 된 다음에도 이제까지 존재했던 스시 만드는 방법은 '재워둔다'고 해서 그릇에 채워 넣고 돌로 눌러 놓은 다음 며칠 동안 계속 쌀과 생선이 숙성되기를 기다렸던 것이다. 그것이 보통 밥이나 생선회와 비교하면, 어느 정도 양분과 소화 능력에서 보았을 때 차이가 나는지 조사해 본 사람은 아직 없지만, 어쨌든 양쪽 모두 식품으로서는 전혀 별개의 것이었다. 민족의 기호(嗜好)는 오랜 동안의 습관 때문에 쉽게 바뀔 수 없다는 설이 일본에는 들어맞지 않을 때가 많다.

도시에서는 오히려 끊임없이 신기한 것을 찾아다니는 경향이 있다. 특히 전문 음식점에서 이러한 방법을 상품으로 취급하게 된 후부터는 그 변화가 빨라진 듯하다. 스시는 오래된 말이기 때문에 이것만은 고유한 말일 것이라고 생각할지 모르지만, 이것도 어느 새 내용은 달라지고, 이

---

29) みさごすし(鶚鮓). 물수리가 바위 그늘 등에 저장해 둔 어류에 조수가 길려와서 자연히 스시 맛이 되었다는 유래에 관한 이야기이다.

름만 남아서 원래의 것은 잊혀지고 말았다. 현재의 의식주 관습 속에는 이와 비슷한 예가 여러 가지 있다.

사시미(刺身)란 이름을 붙여 생선을 날 것으로 먹는 습관도 소고기 전골(牛鍋)·장어 덮밥(鰻飯) 등과 함께 지금은 일본 요리의 주요 특징처럼 여겨지고 있지만, 이 또한 하나의 신경향이었다. 빨리 만든 스시의 유행이 사시미와 연대하여 나타났을 것이라는 것은 아직 단정 짓기에는 이를지도 모른다. 그렇지만 적어도 이 두 가지는 같은 역사 속에서 우연한 원인으로 거의 같은 무렵부터 나타나기 시작하여 관계를 갖게 되었다고 말할 수 있다. 관동(關東) 지역의 바다 근처에서는 막 잡은 선어(鮮魚)를 회쳐서 먹는 풍습이 훨씬 전부터 있었던 것이라 할지라도, 만약 에도(江戶)가 막부(幕府)의 중심지로서 삼백 년의 경험을 쌓고 후에 제국의 수도가 될 만큼의 세력을 갖추고 있지 않았더라면 도저히 이런 소박한 조리법이 후사노구니(總國)30) 지방의 일반 식탁을 지배하게 되지는 못했을 것이다. 실제로 요시다 겐코(吉田兼好)31)가 쓴 『쓰레즈레구사(徒然草)』에는 가마쿠라(鎌倉) 지방 사람들의 다랑어 먹는 법이 거칠다며 비웃고 있는 부분이 있다. 그러나 그 책의 저자는 승려인 데다 교토 태생이기 때문에 아마도 생선 맛에 관해서 같이 이야기하기에는 생선에 대한 지식이나 경험이 충분하지 못했으리라. 실제로 맛을 보았다면 사시미만큼 맛있는 음식은 없다고 했을지도 모른다. 이전에는 바다가 가까운 몇몇 읍리(邑里)를 제외하고는 이를 맛볼 수가 없었기 때문이다.

어류를 소금에 절이거나 말려서 겨우 공급받은 지방에서는 생선을 날 것으로 먹는 일이 생애에 몇 번 여행지에서나 맛보는 추억이거나, 아니

---

30) 가즈사(上總)·시모사(下總)·아와(安房) 지역을 포함한 옛 지역. 가즈사는 지금의 지바(千葉)현 중앙부이다. 시모사는 지금의 지바현 북부 및 이바라기(茨城)현의 일부가 해당된다. 아와는 지금의 지바현 남부 지역에 해당된다.

31) 1283년 경~1352년 경. 가마쿠라(鎌倉)시대 말기부터 남북조(南北朝)시대 말기의 가인(歌人). 본명은 우라베 가네요시(卜部兼好)이다. 서른 살 무렵에 출가하여 겐코(兼好)라 칭하였다. 『쓰레즈레구사(徒然草)』라는 수필집이 유명하다.

면 오랫동안 이야기로만 들을 수 있었다. 따라서 운송이 점차 빨라지고 냉장장치까지 완비되자 각지에서 앞다투어 날것으로 먹는 습관을 모방하기 시작하였다. 즉 이 유행에는 일찍부터 이를 예고하는 치밀한 준비가 있었던 셈이다. 날 생선의 맛은 그때마다 달라서 결코 항상 맛있는 것은 아니다. 그런데 현재는 예상외로 시골에서도 날 생선이 없으면 대접을 제대로 하지 못했다는 생각이 퍼져 있다. 스시도 이 점에서는 마찬가지이다.

두 번째 원인도 이 두 식품에 있어 좋은 상황이었다. 이른바 간장의 발명인데, 간장은 생선초밥과 생선회의 유행을 도왔다. 간장의 역사는 명치 이전까지 거슬러 올라간다. 물론 처음부터 날 생선의 맛을 돋구기 위해 고안된 것은 아니었다. 원래는 오히려 정진요리(精進料理),[32] 즉 사찰의 기호식품으로서 외국에서 배워온 것으로 생각된다. 일본은 이 같은 종류의 조미료를 양조(釀造)하기에 아주 적당한 나라였기 때문에 곧 간장이 특산품이 되었고, 서양으로 수출되어 소스의 원천이 되었다는 이야기도 있다.

마치 감주(甘酒)에서 식초를 발견한 것과 같다. 처음에는 그저 거르지 않은 술 속의 물을 떠서 염분 대신에 사용했겠지만, 나중에는 오히려 이를 위해서 대량으로 술지게미를 짜내게 되었다. 그리하여 명치시대에 가장 생산량이 많아졌다. 식초의 양조기술도 근대에 들어와서 더욱 발전한 것은 사실이지만, 식초는 천연과즙 중에도 뛰어난 것이 있었기 때문에 나마스(膾)[33]를 즐겨 먹은 것은 사시미나 아라이(洗い)[34]보다 훨씬 전이었다. 나마스가 유행했던 초기에는 신선한 생선으로 솜씨 있게 만든 나마스를 맛볼 수 있었던 사람은 다른 사람들의 부러움을 샀고, 말린 생선, 소금에 절인 옛날식 생선 요리를 마치 지금의 스노모노(酢の物)[35]처럼 제

---

32) 육식을 하지 않는 승려들의 식사로 고안된 요리. 야채나 해초 등 식물성 재료만으로 만든다.
33) 어패류나 육고기 등을 날 것으로 잘게 썬 것. 여기서는 얇고 잘게 썬 어육에 식초를 뿌린 것을 말한다.
34) 저민 생선의 살을 찬물이나 얼음으로 씻어서 줄어들게 만든 회.

압해 버린 적도 있었을 것이다.

다행스러운 것은 이것 모두 신종 식품으로 추가된 것이지만, 초밥의 개량에서 볼 수 있듯이 지금까지 있던 것을 없애 버리지는 않았다. 오랫동안 병존하거나 차츰 서로 양보하여 각각 다른 용도로 나뉘어진 것이다. 사방이 바다인 일본이지만, 북쪽과 남쪽은 생선의 맛과 종류가 다르다. 그래서 통조림 제조법이 새로 생기자 통조림 생선에도 한쪽 자리를 내줄 수가 있었다. 자유스러운 선택은 항상 소비자의 행복으로 귀착된다. 그저 그 사이에 때때로 편견이 존재하는 것을 슬퍼해야 할 뿐이다.

5. 야채와 소금

야채를 소금에 절인 고노모노(香の物)[36]는 지금도 일본 농촌의 독특한 냄새 중 하나로 꼽힌다. 이것 역시 어느 한 시대의 새로운 기호이며 동시에 우연한 발명이었다고도 말할 수 있다. 우리들이 먹는 채소가 눈부시게 개량된 것은 아주 최근의 일인데, 일부러 그 점을 상기시킬 필요도 없다. 이른바 산동(山東) 배추[37]라는 드문 이름이 알려졌던 무렵부터 불과 20년도 지나지 않아 들어 온 신종야채들은, 특히 그 소비량과 경작면적이 놀라울 정도로 늘어났다. 그 이전에는 그저 몇 군데 대도시 주변을 제외하고는 보통 시골에서는 양이나 질 모두 빈약하였다.

여러 가지 종류가 있었지만 모두 근대에 수입한 것으로 수입 경로나

---

35) 식초를 사용해서 야채·해초류 등을 무친 음식.
36) 쓰케모노(漬物)의 다른 이름. 채소를 소금이나 쌀겨에 담궈서 절인 것.
37) 산동은 중국의 화북(華北)지구 북동부에 있는 성(省)이다. 산동배추(山東白菜)는 산동성에서 생산되는 배추를 가리킨다.

전래 과정은 대부분 알려져 있다. 옛날부터 재배하던 처소류도 외래품인 듯하지만, 이는 야채라고는 하기 힘든 콩이나 오이 같은 작물이 대부분이었다. 그 중에서도 생긴 모양이 이국적 분위기를 띠는 가지가 가장 일찍 재배되던 밭작물이었다는 사실은 의외이다. 단지 작물 종류의 역사만으로 보자면, 일본인은 사막대륙의 북쪽 오랑캐처럼 많은 양의 야채가 필요하지 않았던 민족이라고도 생각할지 모르지만, 이는 잘못된 생각으로 일본이라는 섬에는 천연식물이 풍부했기 때문에 농업을 통해 따로 야채를 생산할 필요가 없었을 따름이다. 그리고 고노모ㄱ(香の物) 또한 이 사실을 대변하고 있는 것이다.

일본이 폭발적으로 인구가 증가하는 동안에도, 당연하게 천연물을 채취했던 나라라는 중요한 사실을 사람들은 소홀히 생각했다. 바다와 강의 생산물은 그렇다 치고 여러 종류의 식물을 선택적으로 식용으로 하고 있다는 것이 다른 나라 사람들에게는 희한하게 보였을 것이다. 야채재배는 이제 소일거리처럼 생각되기도 한다. 실제로 흉년이 아닌 이상, 야채를 식료품 예산으로 짜는 사람은 없기 때문에 재미삼아 하는 소일거리처럼 보이기도 한다. 그렇지만 야채를 전혀 구할 수 없는 경우를 상상해 보면 역시 중요한 음식이었다.

봄나물인 나나쿠사(七草)[38]는 그저 의식일지도 모르지만, 해마다 논에서는 미나리를 캐고 산에서는 고사리를 꺾었고 그 양도 결코 적지 않았다. 그 다음으로 지방에 따라 머위를 캐고 죽순을 캔다. 여러 가지 관목

---

38) 일반적으로 봄철에 나는 일곱 가지 나물(미나리, 냉이, 떡쑥, 별꽃, 광대나물, 순무 등)을 가리키나, 일본의 민간에서 행하는 민속 행사로서 정월 7일에 이 일곱 가지 나물을 넣은 죽을 쑤어 먹는 풍습을 가리킨다. 이 행사는 질병을 물리치기 위한 의례적 성격이 강하다. 속설로는 정월에 기름진 음식을 많이 먹기 때문에 위의 부담을 덜기 위해서 일부러 나물로 된 죽을 쑤어 먹게 되었다고 한다. 앞에서 예를 든 일곱 가지 나물 이외에, 당근·토란·대두(大豆)·감 등 일곱 가지를 넣어 죽을 만들어 먹는 지역도 있었다. 일본에서는 헤이안(平安)에 정착했다고 한다. 이 행사에 대해서는 야마나카 유타카(山中裕)의 『헤이안시대의 연중 행사(平安朝の年中行事)』(1972), 이노우에 다다시(井上忠司)의 『현대 가정의 연중 행사(現代家庭の年中行事)』(1993) 등을 참조.

(灌木)의 싹은 아련한 풍미(風味)를 느끼게 하고, 쑥부쟁이나 막 돋아난 쑥은 도시 사람들까지 캐러 나가고 싶을 정도다. 즉 야채(野菜)라는 문자가 말해주고 있는 것처럼, 봄나물은 눈이 조금 녹을 때를 기다리다가 들판으로 나가서 캐는 것이었다. 지금도 눈이 많은 지방의 농촌에서는 이 일이 일종의 행락(行樂)과 연결되어 있다. 그렇게 들이나 산에서 놀다가 캐오는 나물은 호나(ホナ)[39] 미즈(ミズ)[40] 시도케(シドケ)[41] 등 보통 나물만으로도 열 종류가 넘는다. 그 나물 중에서 한 계절에서 다음 계절까지 이어지는 것은 초여름 무렵까지 몇 번씩 캐 와서 저장하였다.

이 같은 일부 지방 사람들의 생활을 통해 이전 시대의 일본인의 생활을 충분히 추측해 볼 수 있다. '나(ナ)'라고 하는 일본어에는 본래 부식(副食) 전부를 포함하는 의미가 담겨져 있었다. 특히 채소만을 의미하는 구쿠다치(ククダチ)라는 말이 따로 있었지만, 나중에 이 채소만을 가리켜 '나'라고 말하게 된 사실을 보더라도, 얼마나 중요했는가를 짐작할 수 있다. 구쿠다치란 즉 '줄기가 뻗다(莖立ち)'는 뜻으로, 들과 산에서 나는 채소의 경우 줄기가 뻗을 무렵에 캤기 때문에 붙여진 이름일 것이다.

사람들이 텃밭에 채소를 심게 된 이후에 지금처럼 잎사귀를 그냥 대수롭지 않게 여겼다기보다 개량 이전의 채소는 주로 줄기가 잘 뻗었었다. 그것도 나오는 계절이 정해져 있어서 바라는 때에 맞추어 수확할 수가 없었다. 그래서 우선 소금에 절여서 보관할 필요를 느꼈다. 그런데 동북 지방의 여러 현(縣)에는 놀랍게도 무염(無鹽) 채소라는 말이 있다. 실제로 그들은 긴 겨울 동안에는 소금을 친 채소밖에 구할 수 없었다. 지금

---

39) 비름(莧)과에 속하는 일년생 풀이다. 줄기가 굵고 곧게 뻗어나가면 1m 정도이다. 백녹색(白綠色)으로 꽃이 핀다.

40) 쐐기풀(刺草)과에 속하는 일년생 풀로 줄기가 20~40cm 정도로 뻗는다. 9~10월 경에 꽃이 피며 줄기는 직물의 원료로 사용하기도 한다.

41) 일반적으로 모미지가사(紅葉傘)라고 부른다. 잎이 단풍잎(紅葉)과 비슷해서 붙여진 이름이다. 국화과에 속하는 다년생 풀로 산지의 나무 밑에서 자생한다. 잎을 따서 튀김 만드는 재료로 사용하기도 한다.

도 그 지역 사람들이 먹고 있듯이, 채소를 소금에 절여 보관하는 본래 목적은 이 채소를 물에 담가서 소금기를 빼고 익혀 먹는 데어 있었다.

다른 지역에서도 가끔 소금에 절여 발효시킨 채소인 쓰케모노(漬物)를 익혀서 먹는 곳이 있다. 이를 두고 웃을 수 없는 이유는 고노모노(香の物) 류의 식품을 처음부터 계획적으로 만들었다고 생각하기는 어렵기 때문이다. 쓰케모노(漬物)의 발효 현상에 대해서는 아직까지 설명이 충분하지 않다. 그 풍미와 향기는 수백 수천 번을 반복하는 동안에 우연히 만들어진 것이 아니면 발견하기 어려웠을 것이다. 무엇보다 스시가 생선 맛을 각별하게 하고 간장이 생선회의 삭막함을 완화한 것처럼, 채소를 생으로 먹는 것은 도중에 출현한 현상이었다.

오이나 무청같이 전부터 생으로 먹던 것을 처음에 동일한 수단으로 소금에 절이기로 한 것이 어쩌면 이 시도를 대담하게 만들었는지도 모른다. 무엇보다도 이 특수한 발효법을 통해 사람들이 상당히 오랫동안 그만 두었던 초식(草食)을 다시 하게 된 것은 분명하다. 그로부터 쓰케모노의 부흥을 위한 연구가 진전되었다. 관서(關西) 지방에서는 소금에 절인 채소의 이름은 무에 한정되어 있었다. 즉 이 고노모노(香の物)를 즐기는 사람들이 차츰 구쿠다치 이외의 것에 응용했던 것이다.

다쿠안(澤庵)이라는 단무지의 이름은 아무리 생각해도 승려들이 생각해 냈을 법한 대혁명이었다.[42) 소금에 절인 채소가 물기 때문에 오래 보존되지 못하는 것을 방지하기 위해서, 아니면 생선초밥의 이치를 응용했다고 보아도 좋을 것이다. 즉, 무를 충분히 말린 뒤에 소금에 많은 양의

---

42) 한국에서도 오랫동안 '다쿠안'이란 이름으로 통용되었던 이 식품은 일본에서 근세 초기의 명승인 다쿠안(澤庵) 화상(和尙)이 만들었기 때문에 붙여진 이름이라고 한다. 또는 다쿠안 화상의 묘석(墓石)이 쓰케모노(漬物)를 눌러놓을 때에 사용하는 돌과 형태가 비슷한 데서 유래하였다고도 한다. 일본의 관서 지역에서는 '고노모노(香の物)' 라는 이름을 사용하였으며, '다쿠안'이라는 말은 원래 관동 지역에서 부르던 이름이었다고 한다. 이에 관해서는 야마구치 요시노리(山口佳紀) 편, 『생활언어 어원사전(暮らしのことば語源辭典)』(講談社, 1998)을 참조.

쌀겨를 더하고, 한편으로는 맛과 색을 첨가함과 동시에 이것으로 남은 수분을 흡수하게 한 이 특수한 발효법을 완성시킨 것은 뛰어난 공로였다. 이 또한 중국에서 손쉽게 배워온 오산(五山)⁴³)예술의 편린이라 해도 사람들은 납득하겠지만, 그러한 증거는 아직 나와 있지 않고, 겨를 쓰케모노에 넣는 지혜는 더 많은 지역에서 행해지고 있었다.

이 점은 신무라(新村)⁴⁴) 박사의 연구 영역인데, 관서(關西) 지방의 도부쓰케(どぶ漬)⁴⁵)나 관동(關東) 지방에서 말하는 겨 된장을 가리켜서, 어떤 이유에서인지 '진다(ジンダ)'라고 불렀다. '진다 항아리 하나라도 물건을 지녀서는 안 된다'라고 선문(禪門)의 은자(隱者)가 자주 말하는 것은, 그들까지도 이 항아리만큼은 가지고 있었고, 여기다 이따금 오이나 가지를 넣어 두곤 했던 사실을 입증하는 셈이다.

이런 취향은 의외로 속세 사람들 사이에서도 유행되었다. 특히 단무지의 색과 향기, 그리고 그 별스러운 촉각에 일본인은 애착을 갖게 되었고 마침내 오늘날의 소고기 미소즈케(味噌漬)⁴⁶)로까지 발전되었다. '절인다(漬ける)'라는 말은 원래, 액체에 적신다는 의미였겠지만, 상당히 오래 전부터 가스즈케(粕漬け)⁴⁷)·나라쓰케(奈良漬)⁴⁸) 종류가 생겼고, 이후 일본을 유례를 찾기 힘든 쓰케모노의 나라로 만들었던 것이다. 그 근원은 일본인들이 음식 냄새에 민감했고, 게다가 영국인처럼 소고기 불고기를 평생

---

43) 일본 중세에 관사(官寺)제도로 정한 선종(禪宗)사원의 격식. 교토 오산(京都五山)이라 하면 천룡사(天龍寺), 상국사(相國寺), 건인사(建仁寺), 동복사(東福寺), 만수사(萬壽寺)를 가리킨다.

44) 신무라 이즈루(新村出, 1878~1967). 언어학자. 일본어학자. 야마구치(山口)현 출신으로 동경대학을 졸업하였다. 영국·독일·프랑스 유학 후에 교토대학 교수를 역임하였다. 일본에서 가장 권위가 있는 것으로 알려진 『광사원(廣辭苑)』이라는 일본어사전을 편찬하였으며, 저서로 『남만기(南蠻記)』·『일본 기독교 연구사(日本吉利支丹研究史)』 등이 있다.

45) 소금을 섞어서 반죽한 겨에 담근 김치.

46) 된장에 고기·생선·야채 등을 절인 것.

47) 생선·고기 또는 야채를 술지게미나 미림 찌꺼기 등에 절인 것.

48) 오이 등의 야채를 술지게미에 절인 것.

동안 매일 먹을 만큼 참을성 있는 보수주의자가 아니었던 것에 이유가 있었다. 그와 동시에, 이렇게 여러 가지 신종 채소를 받아들이면서 그 채소를 거의 모두 쓰케모노 통에 집어넣고 계속 생으로 먹으면서 연해서 좋다고 말할 정도로, 일본인이 철저하지 못한 타협가였다는 것을 의미하기도 한다.

이 결과로 가장 큰 영향을 미친 것은, 과거에 소금 소비가 증가한 사실이다. 소금은 각 민족에 따라 그 수요량에 차이가 심하다고 한다. 일본은 그야말로 소금 소비의 오제키(大關)49)였다. 단순히 짠 음식을 좋아하는 습성을 길러온 것만이 아니라, 이 때문에 집집마다 걱지도 않는 많은 소금을 구하고 있었던 것이다. 이전에 내륙 지방에는 약간의 소금 우물이 산재해서 그 부근의 주민들만은 혜택을 보고 있었지만, 다른 큰 지역에서는 다 운반할 수 없을 정도로 많은 소금을 먼 바다에서 구하지 않으면 안 되었다.

오키나와(沖繩)에서는 지금도 통을 짊어지고 바닷물을 길러 나가는 풍습이 있다. 혼슈(本州) 본토에서도 옛날에는 마쓰가제(松風)·무라사메(村雨)50)라 부르던 부류의 여자들이, 멀리 떨어진 산 속에서 해변까지 다니기도 했다. 하지만 그것으로는 충족될 수 없었기 때문에 추운 북해도 지역의 끝까지 불완전한 제염법이 행해지고 있었다. 다른 의식(衣食)에 대해서는 자급이 가능한 경우에도 소금만은 먼 곳에서 사와야 했다. 소금 수송길이 끊겨서 고통받는 사람은 결코 가이(甲斐)51) 지방의 다케다 신겐(武田信玄)52)만이 아니었다. 그렇다고 다른 여러 가지 용품과 마찬가지로

---

49) 일본의 스모(相撲)에서 요코즈나(橫綱) 다음으로 높은 계급. 요코즈나 계급이 생기기 이전에는 오제키가 최고 계급이었다.
50) 일본의 전통적인 노(能)·조루리(淨琉璃)·가부키(歌舞伎) 등에 등장하는, 바닷물을 길러 다니던 자매의 이름이다. 또는 두 사람을 주인공으로 한 작품군을 통칭(通稱)하여 말하기도 한다.
51) 현재의 야마나시(山梨)현.
52) 1521~1573. 일본 전국시대의 무장. 다케다 신겐 쪽이 소금이 없어 고통받고 있을 때에, 대립 관계에 있던 우에스기 겐신(上杉謙信)이 소금을 보내준 일화가 유명하다. 여

언제 올지 모르는 행상인에게만 의지할 수도 없었다. 오늘날 일컫는 정식 상업기관, 즉 도매상·중간상인·거래처라고 하는 것이 정해지고 도시에 어엿한 상설점이 생긴 이유는 소금 때문이었다고 해도 과언이 아니다.

바다와 산간 지역 사이를 잇는 중요한 통로는 이때 정해졌다. 이는 전적으로 쓰케모노가 가져온 결과였다. 명치시대 중엽이 되자, 정부는 처음으로 소금의 전매권을 거두어들이고 이어서 각처의 소규모 제염법을 폐지시켰다. 그 전매 이익률은 상당히 높았지만 대부분의 지역에서는 이러한 책임 있는 공급에 안심했다. 이전에는 소금 때문에 더 심한 고생을 했기 때문이다. 하지만 이러한 제도도 일본이라는 나라의 성격으로 보았을 때, 현행제도의 운용을 오랫동안 계속해 가는 것은 좀처럼 쉬운 일은 아닐 것이다. 쓰케모노에 관한 문제가 우리들로 하여금 그렇게 생각하도록 만드는 것이다.

6. 과자와 설탕

얼마 전에 도치기(栃木)현의 어느 농촌에서 태어나 쭉 이곳에서 잘 살아온 아흔 살 된 할머니가 좋아하는 음식이 생선과 바나나라는 이야기를 듣고, 나는 또 한 번 세상의 변화에 놀랐다. 일본인이 바나나를 처음 본 것은 30년이 채 되지 않는다. 지금이야 대만에서만도 일 년에 수천수백만 엔 어치를 실어 오고, 그 이외 다른 곳에서도 일본으로 수출하고자 하는 나라가 여기저기 생겼지만, 이전에는 그저 더운 지역 주민들이

기서 유래된 말이 '적에게 소금을 보낸다(敵に鹽をおくる)'로, 어려운 처지에 놓인 적에게 인정을 베푼다는 뜻으로 사용된다.

먹는 특이한 식품으로만 알려져 있었다. 바나나를 도시의 야시장에서 팔고 있는 모습을 신기하다고 생각하며 보고 있는 사이이, 이제는 바나나가 농촌 사람들이 좋아하거나 싫어하는 과일의 품목이 되기에 이르렀다.

우리들의 소비 생활은 특히 이 방면에서 참으로 눈부신 약진을 하였다. 재미있는 것은 멀리 유럽 여러 나라에서도 거의 같은 무렵에 바나나의 수입이 시작되고 성행했다는 것이다. 무언가 우연의 일치가 있는 것일까? 이 문제를 단순한 유행이라고 보기에는 더 깊은 의미가 있을 듯하다.

원래 파초(芭蕉) 열매에는 우리들의 호기심을 끌 만한 충분한 이국적 정취가 있었다. 맛과 색깔, 그리고 모양 등 어느 면에 있어서나 일찍이 상상도 할 수 없었던 특이함을 갖추고 있었다. 인간이 자연스럽게 추구하고 있던 식품인데다 값이 싸고 점점 구하기 쉽게 된 이상, 하루 아침에 놀라울 정도로 빨리 보급된 것도 당연하다. 그렇지만 바나나의 유입 시기는 마침 과실에 대한 우리들의 생각이 바뀌려던 즈음이기도 하였다.

이 책의 앞에서 지적한 의복의 경우와 마찬가지로 일본인은 지금까지 알지 못했던 물건의 가치를 기묘하게도 그 자리에서 바로 인정하려는 듯한 기민함을 지니고 있다. 그 기민함이 오랜 동안 길러져 마침 이 시기에 발휘된 것인지 일찍부터 그와 같은 소질이 있었는지 단언할 수 없지만, 어쨌든 이 새로운 문화는 조우(遭遇)였으며 단순히 원동력의 효과를 연출한 것은 아니었다. 매우 미미한 이끌림에 의해 거의 모든 일본 과실은 개량되었다. 이 점은 채소나 해마다 나오는 다른 작물보다도 진보의 정도가 빨랐던 것 같다. 예를 들어 감귤은 이천 년의 역사를 지닌 일본의 과일이지만, 감귤이 오늘날처럼 우수한 품종을 다투게 된 것은 근대의 운슈(溫州) 감귤[53]의 수입이나, 아니면 명치 말 무렵의 네이블 오

---

53) 운슈는 중국 절강성 남부의 도시로 견직물과 차, 감귤 등으로 유명하다. 한편 운슈 귤은 감귤의 대표적 품종의 하나로 보통 감귤을 말하면 이것을 말한다. 일본에서 우연히 만들어진 품종으로 일본 중남부에서 나는 감귤. 열매가 크고 껍질이 얇으며, 물이 많아 달고 씨가 없다. 중국 절강성의 운슈는 감귤의 산지로 유명하지만, 일본에서 말하는 '운슈 감귤'과는 상관없다.

렌지(nable orange)[54]의 자극에서부터라고 할 수 있다.

복숭아나 배도 같은 이름을 가진 과일이 옛날부터 존재했었지만, 바로 앞에서 보고 있는 사이에 그 맛까지도 거의 별개의 것이 되었다. 감은 이런 과일들과 비교하면 훨씬 개량이 일찍되고, 아시카가(足利)시대 말에는 이미 감의 계보도(系譜図)에 관한 저서와 여러 가지 먹는 방법이 나왔다. 또한 최근에는 나무에 달린 채 달게 익는 감의 품종이 증가했는데, 이 감은 분명 세계적으로 유례가 없는 품종을 일본 국내에서 개량했다고 자랑해도 좋을 성싶다.

양적인 면에서 모든 과일나무가 증산되고, 여기에 더해서 이전에는 열대산 나무로 한쪽에 소중하게 심어 두었던 외국 품종이 이식된 석류·사과·무화과와 같은 것들이 갑자기 상품이 되어 도시에 넘쳐 나기에 이르렀다. 이를 보면서 용케도 이만큼의 과일을 생산할 여유와 소비할 능력이 잠재해 있었다고 새삼스럽게 경탄할 뿐이다. 그것이 필요한 것인가 아니면 다른 원인과 중복되어 있는가 하는 문제와는 별도로, 어쨌든 이 현상을 도외시하고서는 국력의 성쇠를 논할 수가 없게 되었다.

과자(菓子)라고 하는 말이 이러한 대변화 속에서도 지금도 여전히 초기의 명칭을 지니고 있는 것은 생각해 보면 우스운 일이다. 과자는 그 문자가 보여주는 바와 같이, 이전에는 산이나 들판에 열리는 나무 열매를 가리켰다. 사람들이 오늘날 과일이라 부르는 딱딱하지 않은 과일이 아직 많지 않고 귀하던 시대에, 나무 열매를 따서 잠깐의 허기를 달래거나 아니면 따분함을 달랬던 것을 의미했다. 밤이나 잣이 일반적인 단 과자였다. '달다'라는 맛을 모르지는 않았지만, 그 단맛이 지금과 비교해서 훨씬 덜했을 것이다.

어머니의 젖 맛을 잊을 수 없는 아이에게는 우선 첫째로 감주(甘酒)가

---

54) 네이블은 감귤과에 속하는 키가 낮은 상록수이며 네이블 오렌지는 오렌지의 한 품종이다. 과일 꼭지 부분에 배꼽모양의 돌기(突起)가 있다. 원래 nable이라는 단어는 배꼽이라는 뜻이다.

있고, 석가탄신일에 마시는 그리운 감차(甘茶)가 있었다. 돌외(甘蔓)를 찧어 즙을 낸 것은 다른 날 먹는 음식으로도 같이 사용되었다. 엿은 중국에서 수입된 것이 분명하지만, 이것도 어린아이를 키우는 데 요긴하게 썼다고 한다. 오늘날의 이른바 과자를 가리켜 일률적으로 아메(사탕)라 부르는 방언은 지금도 널리 사용되고 있다. 이것이 발전되어 여러 가지 신종 과자를 보급시킨 이후 우리들의 단맛은 비로소 매우 풍부해졌다. 이는 결코 먼 옛날 일이 아니었다.

한 때는 설탕이 오랫동안 한약방에서 팔리고 있었다. 그것이 마침 요즘의 사카린처럼 보통 사람들에게는 반쯤 영약(靈藥)처럼 인식되고 있던 점에서 낭비를 부추기게 되었다. 남쪽 섬의 흑설탕 산지에서는 흑설탕을 마치 사탕처럼 애용하는 사람들이 있다. 일본 혼슈에서도 흑설탕은 차에 곁들여서 먹는 데에 으뜸가는 과자로, 손바닥에 올려놓고 핥아먹는 사람이 많았다고 한다. 백인이 다른 나라와 통상을 열 경우에 알코올을 자주 이용했다. 설탕은 다른 듯하지만 대체로 이와 같다. 특히 설탕 상인들이 노골적으로 선전한 것을 설탕의 개인당 소비량으로 그 나라의 문화 수준을 측정할 수 있다고 강조한 점이다. 그리고 일본인은 순진하게도 그같은 단정을 받아들였다.

식료품 판매를 업으로 삼는 사람들이 이런 좋은 기회를 놓칠 리 없다. 특히 정백(精白)하는 기술이 놀라울 정도로 발달한 시기에는 과자가 모조리 설탕으로 독점된 것은 자연스러운 일이었다. 얼음 설탕은 말하자면 설탕을 결정(結晶)시킨 것이었다. 곤페토(金米糖)[55]나 박하사탕은 그저 설탕을 일정한 모양으로 굳게 만든 과자였을 뿐이다. 무슨 무슨 사탕이라는 이름의 새로운 과자가 셀 수 없을 정도로 계속 나왔다. 속에 설탕이 어느 정도 들어 있는지 맛을 보면 다들 알 텐데도 그 사탕 위에 눈처럼 새하얗게 설탕을 뿌려서 만든 것이 설탕엿(砂糖飴)이었다. 마치 가노코 시

---

55) 얼음사탕을 물에 녹여서 밀가루를 더한 것에 볶은 겨자씨나 끼, 또는 엿을 넣어서 저어서 만든다.

보리(鹿の子絞り)[56]나 사향을 지위가 높은 승려의 특징으로 삼은 것과 비슷하다. 이런 것으로 문화의 척도를 평가한 점은 어리석었지만, 그 무렵부터 세상이 조금씩 개화된 것은 사실이기 때문에 아직도 이 엉터리 법칙을 믿고 있는 사람이 있는 것이다.

그렇지만 역시 이 유행은 오래가지 못했다. 대략 명치와 대정시대 사이를 경계로 과자에 대한 기호가 분명하게 변했다. 단지 일반 식품의 단맛을 한층 더 촉진한 결과를 남긴 채, 과자 그 자체는 다시 『도사 일기(土佐日記)』[57]에 나오는 야마사키(山崎)역의 명물쯤으로 되돌아가려 하고 있다. 즉 곡물 가루를 사용해 과자를 만드는 일이 훨씬 많아진 것이다. 또 하나의 큰 변화는 과일이 어느 것이나 한결같이 달아지고 그 과일을 많이 소비하게 된 점이다.

복숭아나 감, 배와 사과의 단맛도 본질적으로는 설탕과 한 가지라는 점, 눈가루처럼 뿌리지 않아도 설탕은 설탕이라는 점이 과일을 통해 입증되었다. 사람들은 어느 정도 간접적인 순서에 따라 이른바 설탕문화를 애용하기에 이른 것이다. 그것도 공급이 두 갈래가 되자 소비자 자신 외에는 소비량을 계산해서 어느 만큼이 필요하고 어느 만큼이 중복되는가를 정할 수 있는 사람이 없었다. 마치 전등이 생기자 램프(洋燈)에 쓰던 석유를 오히려 많이 쓰게 된 것처럼, 우리들의 음식도 똑같이 설탕의 승리가 되었다. 술을 못하는 사람과 술을 잘하는 사람이 벌이는 술과 떡에 대한 우열론도, 어느 사이엔가 술과 단 음식의 경쟁이 되고 말았다.

일본은 대체로 먹는 물이 청량한 나라로 알려져 있는데도, 별도로 청량음료라고 하는 것이 애용되는 주요 동기는 결국 여기에 있었던 듯하다. 즉 한쪽에서 병에 담은 술을 마시자 이에 대항하여 한쪽에서는 병에 담은 설탕물을 마시려 한 것이다. 아직은 취향과 유행이 아직 우리들을 구속하고 있다. 더욱이 훗날의 자유스런 취사 선택은 오로지 취향과 유

---

56) 갈색 바탕에 군데군데 하얀 무늬를 넣은 홀치기 염색.
57) 헤이안(平安)시대 중기의 일기문학으로, 작자는 기노쓰라유키(紀貫之).

행을 통해서만 이루어질 수 있기 때문에, 그 의미에서 달하자면 과자와 새로운 과일이란 미리 인류를 위하여 이 정도로 길을 개척해 준 공로자였다고도 말할 수 있는 셈이다.

7. 새로운 일본식 육식

계란의 소비는 꽤 이전부터 많았었다. 과자를 만드는 데에 계란을 이용하는 일도 서서히 시작되었고, 병을 앓고 난 노인이나 어린 아이들에게 계란이 묘약이라는 등의 선전도 큰 도시에서는 드문 일이 아니었다.[58] 그 일과 관련이 있는지는 모르겠지만, 자양위생(滋養衛生)이라는 네 글자를 반드시 과자의 이름에 첨부하지 않으면 안 되는 새로운 현상이 나타났다. 지금도 착실한 과자 제조업자들은 이 풍습을 지키고 있다. 그들 자신이 이를 굳게 믿었다기보다는, 그렇게 쓰지 않으면 비위생적이라는 사실을 인정하는 것처럼 여겨져서 싫었던 것이다. 이처럼 위생이라는 말의 내용은 오늘날과는 꽤나 달랐다.

불과 50년도 되지 않는 사이에 육식이 급격하게 증가한 것도 전적으로 여기에 원인이 있었던 것이다. 우리는 결코 어느 역사가가 생각한 대로 짐승의 고기 맛을 잊어버린 민족이 아니었다. 소고기만큼은 아주 의외였을지 모르지만, 겨울철마다 끊임없이 산짐승을 먹고 있었다. 돼지고기도 지역에 따라서는 식용으로 기르고 있었다. 도시에서 이 냄새를 부

---

58) 일본에서 적어도 근대 이전까지만 해도 계란은 쉽게 먹을 수 없는 귀중한 식품이었다. 이 점에 관해서는 일본의 민담 중에, 할머니가 병으로 앓아 눕자 할아버지가 고생 끝에 계란 몇 알을 구해 와서 할머니 병이 나았다는 이야기가 전해지고 있는 것을 보아도 짐작할 수 있다.

정(不淨)하게 보는 풍습이 점점 퍼진 것도 사실이지만, 한편으로는 겨울철에 이른바 몸보신을 위해 고기를 먹는 풍습이 사람들 사이에서 차츰 자리잡아 가고 있었기 때문에, 육식을 기피한다는 것은 그저 많은 사람들이 일생 동안에 고기를 먹지 않고서도 살 수 있는 방법을 알고 있었다는 데에 불과하였다. 그런데 신시대에 들어와서 처음으로 배운 것은 고기를 많이 먹어야만 한다는 점이었다고 말할 수 있다. 이러한 논리가 쉽게 수용되어 사람들은 고기 맛을 늦게 배웠다고 후회하였지만, 처음에는 그저 순수한 모방이었다.

솔직하게 서양인의 기력이나 능력이 우월함을 인정하고 그 원인을 식료품의 현저한 차이에서 찾은 것은, 나가사키(長崎)를 본산으로 한 네덜란드 학파 학자의 태도를 보아도 알 수 있다. 즉 서양인을 경모(敬慕)하는가 질투하는가와 상관없이 장래에 서양인과 대등한 경쟁을 하기 위해서는 우선 같은 음식을 먹고 체력을 기르지 않으면 안 된다는 논리였다. 우리들은 이처럼 일찍부터 음식과 심의(心意)·성정(性情)이 서로 관련되어 있다는 이치를 인식하고 있었던 것이다.

소고기 애용도 설탕과 마찬가지로 매우 적극적이었다. 우리들의 회식자리에는 사슴을 잡은 날 산 속 오두막에서 벌어지는 회식광경과 같은 장쾌(壯快)함이 있었다. 평소에는 조금씩만 먹는 대신 잔치나 회식이 있어 먹게 되면 굉장한 양을 먹었다. 물론 반 이상은 냄비요리를 먹는다는 즐거움에 빠진 것인지도 모른다.

하여튼 평소에 밥그릇이나 작은 접시에 한 사람 몫으로 담아서 옹색하게 상을 차렸던 음식의 배분 방식을 무시하고, 냄비 속의 음식을 자기가 먹고 싶은 만큼 집어먹는 것은 서양에서는 전혀 볼 수 없었던 새로운 자유였다. 식사 시중을 드는 방법도 이때에 크게 변한 듯하다. 여러 가지 절차와 격식을 생략하고, 음식 가격을 낮추어 대중들로 하여금 받아들이기 쉽게 한 것이 오늘날 간이식당의 선구가 된 것이다.

소고기 전골 집의 번창에도 한도는 있었다. 은냄비·금냄비 같은 우스꽝스런 설비를 갖춘 시기를 절정으로, 전골집은 크게 쇠퇴하지도 않았지만 새로 문을 여는 가게도 없었다. 그렇지만 그 성과가 여전히 오랫동안 남아 있는 것을 보면, 오직 국민들의 미각에 새로운 표준 하나를 추가하기만 한 것은 아니었다. 소고기 수용에서 볼 수 있는 바와 같이 과도기에 이러한 기발한 일이 전개되지 않았다면 일본은 이렇게 쉽게 서양풍의 목축 국가는 되지 않았을 것이다. 다른 많은 외국 요리의 재료와 마찬가지로 고기 또한 어느 나라에선가 수입을 해야만 했을 것이다. 냄비요리가 유행한 덕택에 돼지고기도 갑자기 보급되고 개량되었다

특이한 사실은 말고기가 돼지고기에 이어서 갑작스레 식품의 한 종류가 된 것이다. 말고기는 값이 매우 싸기 때문에 당연하기 여겨지고 있으나, 일본 이외의 나라에서 말고기를 먹는다는 이야기를 듣지 못했다. 말은 어떤 농가에서든 육용으로 기르지 않았고, 다 늙어서 고기가 질겨진 다음에는 먹을 수도 없었다. 그 중간 정도를 골라서 육용으로 삼는 것이 일본의 독특한 축산업이라고 할 수 있다. 중국에서도 개는 그런 방식으로 기르고 있다는 사실이 옛날 책에 나와 있다.

일본에서는 닭도 명치시대가 될 때까지 육용을 겸해서는 기르지 않았다. 어쩌면 투계가 일상적인 오락거리가 되고 나서부터 처음으로 샤모59)의 맛을 알게 되었는지도 모른다. 어쨌든 한 때는 닭고기를 먹으려는 사람을 위해서 멀리 떨어진 곳에서 생산되는 구하기 어려운 물건과 닭을 서로 교환해 주는 직업조차 생겨났었다. 하지만 지금은 이미 채소 재배와 거의 같은 목적으로 닭을 기르게 되었다. 개의 경우와 마찬가지로 보초 서는 임무가 필요 없게 된 것도 원인이겠지만, 더 큰 이유는 육고기 수요의 증진으로 지금까지 먹었던 고기 양이 부족해진 점이었다. 아시카가(足利)시대의 일기 종류를 읽어 보면, 고기를 먹는 집에서는 기러기·오리·큰기러기에서부터 꿩·산새·비둘기·백로에 이르기까지 실로 많

---

59) シャモ. 투계용으로 몸집이 크고 사나운 닭.

은 종류와 많은 수의 조류를 먹고 있었다. 사슴이나 토끼 종류도 자주 잡았다. 그저 가축에만 손을 대지 않았을 뿐, 결코 채식만 한 것이 아니었다. 그런데 이러한 동물 기르는 방법까지 변한 이유는, 총 사냥으로 야산에서 서식하는 짐승 종류가 감소했고 음식에 계절의 구분이 없어졌기 때문이다.

요리의 역사에 대해 쓴 사람들은 대개 종가에서 사료(史料)를 받기 때문에 실제로 만들지도 않는 표준적인 요리만을 설명하려고 한다. 어느 시대에나 본식(本式)을 번거롭게 강조하는 사람이 있기야 하지만 머릿수로 말하면 극소수에 불과하다. 즉 우리들이 평소에 먹는 음식이야말로 진짜 우리들의 식사였던 것이다. 양식은 전적으로 소고기 전골 장사의 소개로 일본에 겨우 그 모습을 드러냈다고 해도 과언이 아니다. 상에 칼을 올려놓는 것은 새로운 방식이었지만, 먹는 법이나 만드는 법에 있어서는 우리 식의 방법으로 이른바 일품요리(一品料理)가 서서히 출현했다.

이것은 양복과 마찬가지로 당사자만은 버젓이 서양풍이라고 생각하고 있지만, 실은 처음부터 이미 상당히 일본화되어 있었던 것을 의미한다. 매일 일상적으로 입고 먹는 일은 우리 생활에서 가장 마음 편하고 무신경해져도 좋을 유일한 시간이었다. 일일이 격식을 차리자면 감당할 수가 없다. 따라서 드물게 권력으로 국풍(國風)을 강요하는 경우를 제외하고는, 언제나 자연적으로 변해가고 있었던 것이다.

그렇지만 서양요리에는 조금씩 이를 통일하려는 시도가 있었다. 스스로 어느 나라 풍이라고 이름을 걸고 그것을 완벽하게 모방했다는 증거로 삼고자 하는 가게도 생겨났지만, 중국요리는 이렇다 할 조리 공간도 없을 때부터 이미 가두로 진출해 있었다. 중국은 원래 일본 이상으로 먹는 것이 복잡하고 영토가 광활했기 때문에 지방마다 조리 방법이 제각각이었다. 그 가운데서 조리 방법이 가장 간편한 요리 한 가지를 단편적으로 약간 비슷하게 해본 것이다. 대개 우리들은 지금도 공동 의식이 강하기 때문에 일본에 없는 약간의 특징 한 가지만을 포착하더라도 많은 사람들이 바로 수긍했다.

예를 들어 소고기를 많이 먹는 것을 서양식의 식사요령으로 생각한 것처럼, 새로운 일반요리 중에서 빠뜨릴 수 없는 요건은 기름기가 많은 것이라고 이해하는 것이다. 나아가서는 이러한 것을 때마침 유행하는 '자양위생'과 연결시켜 생각하는 잘못도 뿌리깊게 퍼져 갔다. '맛있다'는 의미도 그런 영향을 많이 받고 있다. 미각의 단계는 급격히 상승했다. 이를 조합하여 조화가 잘 된 음식을 새롭게 만들어내는 일은 더욱 어려워졌다. 음식에 대한 기호는 이전부터 나타났지만, 때로는 한 집단 내에서도 각각의 기호를 조정할 수 없게 되어, 밖에 나가서 외식을 하면서 자유스럽게 선택할 필요성이 더욱 증가한 것이다.

그러는 가운데 여러 가지 경제적 사실이 개입하게 된다. 예를 들면 밥을 짓는 데에는 부뚜막이 필요하고 쌀을 씻을 준비가 필요하기 때문에, 가정에서 분리되기가 비교적 힘들다. 날 생선은 요즘은 공급이 매우 풍부해졌지만 여전히 보존하기가 불편하기 때문에, 상품화되기에는 뒤떨어진다. 도시 음식점이 먼저 그 영향을 받고 변해 온 것도 자연스런 현상이었다. 생선초밥이 눈앞에서 만들어지는 지금과 같은 모양으로 변한 것도, 약간 빠르지만 그 경우이다.

서서 손으로 집어서 볼이 미어지게 잔뜩 입에 넣는 정도는 아닐지라도, 대부분 간편한 요리가 대단히 인기가 있었다. 아이들을 상대로 하는 등짐 장수에게 있어서도 사탕이나 쌀가루로 정교하게 만든 과자는 한물 지나가고, 오코노미야키(お好み燒き)[60]라는 일품 요리를 흉내낸 음식을 만드는 오코노미야키 전문가들이 도쿄에서만 수십 명이 생활을 꾸려가고 있다. 물론 위생에는 대단히 신경을 쓴다고 하지만, 그들 말에 따르면 재료는 말고기라고 한다. 어린이가 길가에서 말을 먹는 시대가 된 것이다.

---

60) 물로 반죽한 밀가루에 어패류·고기·야채 등 좋아하는 재료를 섞어서, 뜨거운 철판 위에서 구워 먹는 음식. 한국의 지짐이 종류와 비슷한 서민요리다. 본래 먹는 사람의 기호(お好み)에 따라 재료를 골라 넣고 만든다는 의미에서 이런 이름이 붙여졌다.

8. 외식하는 일

소꿉장난이라 부르는 아이들의 놀이는 아마 일본에서 유독 발달했을 것이다. 이는 본(盆)이나 봄철의 절일(節日)처럼 정해진 날에 집 밖에서 즐겁게 식사를 하던 흔적이다. 아이들이 그것을 잊지 않고 지금도 되풀이해서 모방하고 있는 셈이다. 밖에서 하는 식사는 손이 많이 가는 부담스러운 준비이기도 했다. 뜰에 솥을 걸고 많은 음식을 끓이는 날에는 지금도 어른들이 곧잘 흥분한다. 다른 사람들 속에서 식사를 한다는 사실이 본래는 '하레(晴)'[61]라 부르는 특별한 날에만 있는 일이었기 때문이다. 이 하레(晴) 날에는 대개 술을 마시며 웃고 즐기는 경우가 많은 대신에 남자들의 행사였기 때문에 낭비가 많아, 그런 행사가 자주 있으면 가정은 반드시 궁핍해졌다. 그래서 아이가 항상 그 날을 기념할 정도로 횟수를 제한하고 있었던 것이다.

그러나 그 경우가 아니더라도 밖에서 음식을 먹는다는 것은 즐거운 일이었다. 가까운 사람들끼리 필요하면 집의 부뚜막에서 조리한 음식을 밖으로 가지고 나가 맑은 물가의 편안한 자리에 앉아서 먹었다. 옛날에는 다쇼(駄餉)[62]라 불렀고 나중에는 도시락(辨당)이라 했는데, 허리에 도시락을 찬다는 말은 연일 밖으로 나가서 일한다는 의미였다. 명치시대에 들어와서는 고시벤(腰辨)[63]이라는 말이 특정 부류를 가리키게 되었지만, 허리에만 차지 않았을 뿐, 도시락은 마부도 가지고 다녔다.

도시락의 경우는 집에서 하는 식사보다 간소하고 항상 차가웠다. 보통 사람들의 도시락은 주먹밥으로 정해져 있었다. 이를 야키메시[64]라 하는

---

61) '하레(ハレ)'는 특별한 날에 입는 옷을 하레기(晴着)라고 부르는 것처럼, 제례, 연중 행사, 관혼상제 등이 행해지는 특별한 시간과 공간을 의미한다.
62) 여행 중에 먹는 음식.
63) 도시락을 허리에 찬다는 뜻으로, 후에 가난한 월급쟁이를 가리키게 됨.
64) 불에 쬔 주먹밥.

데, 그렇게 부른 지역이 많은 것은 아마 야키메시를 데울 때 집 밖의 불을 사용했기 때문일 것이다. 그 후로는 차츰 밖에서 먹을 기회가 많아졌다. 첫 번째로 들 수 있는 것은 먼 지역에 일가(一家)가 있거나 일가나 다름없는 지인(知人)이 생겨서 머물게 되면, 그 집에서 평소에 간단히 먹는 식사를 차려 주었던 일이다. 손님이라 부르지만 실제로는 쓴 달이나 반 년 동안 임시로 그 집 식구가 되어 생활한 것도 새로운 관습이었을 것이다.

그 다음으로는 자야(茶屋)[65]의 출현이었다. 자야는 문자 그대로 길가에서 차를 판 곳인데, 이는 손쉽게 따뜻한 음료를 구할 쓰 있게 되어 도시락의 의미를 상당히 변하게 만든 요인이 되었다. 여기에서 한 걸음 더 나아가 익힌 채소나 생선 따위를 파는 가게가 생겨난 것 또한 자연스러운 일이었다. 야담가(野談家)들은 미토 고몬(水戸黄門)[66]시대 무렵부터 이런 가게가 있었던 것처럼 말하지만, 실은 명치시대 조금 이전부터 시작되었다. 세상이 바뀌고 사람들의 왕래가 빈번해지자, 갑자기 동업자들이 시골에도 이런 가게를 만들었기 때문이다. 가게에서 파는 익힌 채소나 생선을 쉽게 구할 수 있게 된 이상, 이제 산 속으로 사냥이라도 하러 가지 않는 한 일부러 야키메시 속에 든 매실 장아찌를 파서 먹을 필요는 없게 되었다. 그렇지만 고풍스런 사람들은 여전히 자야에서 식사를 하는 것을 바라지 않았다. 검약만이 그 동기는 아니었다.

한편 요리자야(料理茶屋)는 수가 매우 적어 번화가에간 한정되어 있었지만, 자야보다 조금 먼저 생겨났다. 요리자야 또한 처음에는 길가에 있었다는 사실은 사카모토(坂本)・하시모토(橋本) 등과 같은 가게 이름을 보아도 알 수 있다. 역시 일종의 익힌 채소나 생선을 파는 가게였음이 틀림없지만, 이곳의 요리는 원래 정식 조리법으로 만든 음식을 의미했다. 아마도 개량 여관의 선례를 따랐던 것이겠지만, 요리자야는 식사하고자

---

65) 차를 만들어 파는 집.
66) 미토(水戸) 지방의 번주(藩主)였던 도쿠가와 미쓰구니(徳川光, 1628~1700)의 다른 이름. 유학을 장려하여 창고관(彰考館)을 설치하고 『대일본사(大日本史)』를 편찬하였다.

하는 사람을 임시 빈객으로 여기고 정식 상차림의 식사를 제공했다.

특별한 날에는 성장(盛裝)을 하고 시중 드는 사람과 술이 뒤따르는 것도 어색하지 않았다. 손님(客)이라는 말이 돈을 쓰는 사람이라는 의미를 갖게 된 것도 이때부터였지만 그러나 자야는 결코 처음부터 유흥장이 아니었다. 다른 여러 종류의 자야는 여행이나 낮에 먹는 도시락하고는 관계가 없었기 때문에 자세한 설명은 않겠지만, 어쨌든 자야의 주인이 제공하는 따뜻한 국물을 감사하게 여긴다는 점은 똑같았다. 즉 허리에 차고 다니는 도시락의 불편함을 보충하기 위한 방도가 자야라고 하는 당대의 간이식당에까지 영향을 미쳤고 이를 노정(路程)의 정경이라 말하게 된 것이다.

요리자야에서 손님을 환대하기 위해 만든 설비는 돈 쓰기를 아까워하지 않는 사람들에게도 조금 부담을 느끼게 하였다. 명치시대의 개량은 언제나 간편함을 추구했다. 그 이전부터도 소자이(惣菜)[67] 요리라든가, 간편한 재료를 써서 만든 오차즈케(御茶漬)라고 부르는 요리 간판이 여기저기 걸리기 시작했다. '자즈케'는 민간에서는 일상의 식사를 의미했다. 방언으로 아침밥을 자즈케라 부르는 지역이 있는가 하면, 점심밥을 그렇게 부르는 지역도 있다. 즉 일체의 형식을 생략하고 집안에서 먹는 그대로의 음식을 먹도록 했기 때문에, 가격만 저렴하다면 도시락은 더 이상 필요 없었다.

도시락은 객지에 나간 사람이 무사하도록 빌기 위해서 집에 있는 사람이 조석으로 차려 놓는 밥상과 아주 비슷하다.[68] 지금쯤 집에서도 모

---

67) 반찬·부식·나물이란 뜻.
68) 이런 민속을 가리켜서 '가게젠(蔭膳)'이라 부른다. 가족 중에 누가 여행을 가거나 순례를 떠났을 때, 또는 멀리 돈을 벌러 나갔을 때에 무사하기를 비는 마음에서 집안에 남아 있는 가족이 매일 식사를 준비해서 차려 놓는다. 설날을 비롯한 연중 행사가 있는 날에도 식사를 준비하여 차려 놓는다. 전시에는 주로 출병한 가족을 위해서 '가게젠(蔭膳)'을 행하였다. 오키나와의 이시가키 섬(石垣島)에서는 볏짚으로 짠 '산(サン)'이라 부르는 부적을 의미하는 것을 상에 같이 차려놓은 사례도 있다. 한국에서도 이와 유사한 민속이 존재한다. 이 '가게젠(蔭膳)'의 민속에 대해서는 야나기타 구니오의 「가

두 모여서 이와 똑같은 음식을 먹고 있을 것이라 생각한 점에서, 도시락에는 무형(無形)의 영양분이 담겨 있었던 셈이다. 즉 일종의 공동음식의 일부라는 점이 눈에 보이지 않는 반찬이 되기도 했다. 그런데 남편이 예상 밖으로 자주 집을 비우게 되고, 방마다 놓인 화로 위로 작은 냄비(小鍋)가 자유롭게 운반되면서, 동시에 각자 선호도가 다른 음식이 늘어났다. 그러자 콩자반이나 쓰쿠다니(佃煮)[69]처럼 어디서 조리했는지조차 모를 음식이 거리낌없이 들어오게 되었다.

같은 마을이나 한 부락 안에서는 말할 것도 없고, 한 지붕 밑에 사는 사람들끼리도 서로 들여다보거나 감추거나 하는 음식이 생겨났다. 집안을 통제하는 힘이 약해진 것이다. 이렇게 되니 각자가 한 그릇씩 간편하게 따로 먹는 밥을 파는 것이 상업적으로 가능해지는 것도 당연하다. 따라서 각 가정의 사유재산, 즉 각자가 밥을 사 먹을 용돈 문제가 까다롭게 대두된 것이다.

한 그릇씩 따로 먹는 밥은 원래 불길함을 연상시킨다고 하여 미신을 지키는 사람은 꺼려했지만, 이제 그런 것에 신경 쓰는 사람은 없어졌다. 명치시대에 들어 길가에서 익힌 채소나 생선을 팔던 대부분의 가게가 차츰 간이식당으로 개조되었다. 일정한 가격으로 음식을 파는 이상 손님이 먹고 싶은 만큼 한없이 먹도록 내버려 둘 수는 없었다. 그래서 여러 종류의 모리키리 밥(盛り切り飯)[70]을, 면 종류와 같이 따뜻하게 해서 팔게 되었다. 돈부리라는 그릇이 밥그릇을 대신하여 덴돈[71]·규돈[72]·오야코돈[73] 등 기발한 음식 이름으로서 전국적으로 알려진 것도 모두 이 시대

게젠 이야기(影膳の話)」(『定本柳田國男』 14에 수록)를 참조

69) 생선·조개·해물 등을 조린 것. 본래 에도(江戸)의 쓰쿠다지마(佃島)에서 만든 데서 유래함.

70) 밥그릇에 담은 것뿐인 밥.

71) 따뜻한 밥을 돈부리(どんぶり)라는 그릇에 담고 그 위에 튀김을 얹은 음식. 덴푸라(튀김)라는 일본어에 돈부리를 합성하여 만든 말이다. 튀김덮밥.

72) 따뜻한 밥을 돈부리 위에 담고 그 위에 소고기 익힌 것을 얹은 음식. 규니쿠(소고기)라는 일본어에 돈부리를 합성하여 만든 말이다. 소고기덮밥.

에 벌어진 새로운 현상이다.

또 하나 재미있는 현상은 도시락이 집에서 소용없게 됨과 동시에 이 도시락에만 의존하는 생활이 생겼고, 한편으로는 도시락 만들기를 직업으로 하는 사람들이 유행처럼 번지기 시작했다는 점이다. 즉 집 안에서 같이 생활하는 사람끼리 갈수록 서로 달라지게 된 취향이 외부적으로는 일치하려 하고 있던 셈이다. 옛부터 백 가지를 꼽았던 우리들의 음식은, 이제는 얼마 안 되는 예외적인 음식으로 그 형태를 유지하고 있다. 게다가 명치·대정시대에 수백 종류나 되는 특이한 음식이 새로 추가되었다. 재료나 조리법을 보더라도 일본처럼 음식 종류가 복잡하고 다양한 나라는 아마도 세계적으로 그 유례가 없을 것이다. 음식을 자유롭게 선택할 수 있다는 것은 생활면에서 큰 강점이며, 우리는 지금도 행복하다고 할 수 있다. 하지만 많은 음식들이 일상적인 상품이 되어 버리면, 이 음식들을 모두 만들어 놓고 사람들의 선택만을 기다리고 있을 수는 없다. 그래서 파는 쪽에서는 무언가 방법을 강구하여 될 수 있으면 한 가지 음식으로 많은 수요를 창출하려고 한다. 이것이 언제나 유행이 바뀌는 이유이며, 파는 쪽에서 팔고자 하는 음식을 사실상 우리들이 그대로 받아들이고 있는 이유이기도 하다. 도시의 편리함에 의해 생각해 볼 때, 도시와 비교해서 농촌 생활이 마치 손해인 것처럼 생각하게 만드는 이유이기도 하다.

우리들의 부엌에는 혁명이 있었다. 그리고 그 혁명은 아직 계속되고 있다. 음식을 만드는 개개인의 수고는 조금도 줄어들지 않았다. 공중식당, 공동취사의 필요성은 이미 인정되었지만, 빵을 주식으로 하는 사회처럼 그 실현이 쉽지 않은 듯하다. 따뜻한 밥과 된장국, 아사즈케(淺漬)[74]

---

73) 계란을 풀어 익힌 닭고기·양파 등을 넣고 익힌 것을 밥 위에 얹은 음식. 오야코(親子)란 부모와 자식을 가리키는 말로, 이는 닭과 계란을 오야코 관계에 비유하여 붙인 이름이다.
74) 통째로 말린 무·가지·오이를 소금과 누룩이나 겨에 절인 것.

를 먹고 차를 마시는 생활은, 실은 현재의 소가족제도도 인해 생겨난 새로운 생활 양식이다. 이를 초월(超越)하여 다음 시대의 생활 양식을 강구해야 하겠지만, 그 인상이 너무나 깊이 새겨져 있다.

제 3 장

주택과 주거 환경

1. 허술한 가옥

고이즈미 야쿠모(小泉八雲)[1] 씨가 일본을 여기 저기 둘러보고 있었을

---

1) 1850~1904. 그리스 출신으로 명치시대의 영어교사, 문학자, 문예평론가. 1890년 일
  본에 와서 B. H. 챔벌린의 소개로 시마네현(島根縣) 마츠에시(松江市) 심상중학교(尋常
  中學校)와 구마모토(熊本) 제5고등학교, 동경제국대학에서 영어를 가르쳤다. 마츠에
  번(藩)의 무사의 딸 고이즈미 세츠와 결혼. 일본에 귀화. 귀화 전의 이름은 라프카디오
  한. 명치 27년(1894) 고베의 영자신문 기자로서 2년 동안 활동. 이 시기의 대표작『알려
  지지 않은 일본의 허상(知られぬ日本の面影)』에서는, 자아와 개성을 전면에 내세우는
  근대 서구를 긍정적인 것, 그렇지 않은 일본을 부정적인 것으로 보는 당시의 동서비교
  문화론에 정면으로 반박을 시도했다. 명치 29년(1896) 동경제국대학에서 작품 자체의
  감상을 중시하는 18~19세기의 영국소설과 영시에 대한 강의는 학생들에게 많은 영향
  을 미쳤다. 대학의 동료나 도쿄라는 도시에 대해서는 공감하는 바가 적었으나, 만 8년
  간의 도쿄 생활을 통해서 일본 문화의 근저에 있는 영적인 부분, 나아가서 국가와 민
  족을 초월한 문화의 본질에 대한 이해를 기반으로 하여 뛰어난 작품과 평론 등을 썼

때, 우리들이 사는 도시는 아직 혼잡한 목조 오두막으로 이루어져 있었다. 이에 대해 그는 '기후 등롱'[2]처럼 풍취가 있어 보일지 모르지만 그다지 튼튼할 것 같아 보이지는 않는다'라고, 일종의 동정심을 가지고 비평하고 있다. 이 가옥 형태가 천 년 이전의 모습 그대로라고 생각하는 것은 잘못이지만, 이러한 집에서도 살 수 있다고 하는 우리들의 마음가짐만은 옛날부터 존재했다. 그러므로 먼 곳에서 온 외국 사람의 비평을 들은 후 그제서야 비로소 과연 그렇겠다고 납득하기에는 이미 그러한 풍취 있는 기후 등롱 식에 완전히 익숙해져 있었던 것이다.

우리 조상들이 이 나라에 건너와 정착한 이래로 우리들은 이미 몇 천 년인지 헤아릴 수 없을 정도로 오랫동안 이곳에서 살아 왔다. 게다가 좀 더 풍요로운 마을을 개척해야 했던 만큼, 육지만 이어져 있으면 남쪽에서 산을 넘고 곳을 돌아 이 섬의 북쪽과 동쪽으로 점점 흩어졌다. 그렇지만 그 후에도 오랜 세월 동안 따뜻한 남쪽의 생활을 잊지 않았다. 때문에 반 년 가까이 눈 속에 묻혀 있는 산 마을에서도 여전히 이렇게 얇게 지은 집에 살면서 순박하고 강건한 선조들의 성향을 이어올 수 있었고, 그렇기 때문에 집이란 이렇게 짓는 것이라고만 생각하고 있었다. 살기에 편리한가에 대해 생각해 보기에는 이미 이러한 풍토에 친숙해져 있었던 것이다.

그래서 대부분의 경우 스스로 집을 개량하기보다 우연이라 할 수는 없지만 외부의 사정에 의해 개량이 촉진되었다. 고이즈미 씨보다 일본에 대한 이해가 깊은 외국인 관찰자는 거의 없을 것이다. 더우도 부채 바람 외

다. 일본의 옛날 이야기를 재구성한 많은 괴담에서는 죽은 사람과 사후 세계가 갖는 힘을 그대로 받아들이려고 하는 그의 간절함을 엿볼 수 있다. 또한 그의 눈은 인간의 영혼 세계뿐만 아니라 새, 나무, 아주 작은 벌레의 영혼에까지 관심을 갖고, 여분의 수식이 없는 매우 간결한 문체로 그것들의 모습을 기록했다. 외국인으로서 명치시대의 일본을 호의적인 시각으로 깊이 있게 관찰하여 『怪談』·『日本雜錄』 등의 많은 책으로 남겼다. 특히 그가 본 일본은 서양에 그대로 많이 소개되었다.

2) 岐阜提灯. 가는 골격에 화지(和紙 : 한지와 거의 같음)를 발라서 가을 풀 등을 그린 등롱. 주로 오본(お盆) 때 사용한다.

에 다른 방법을 몰랐으며, 춥다고 하면서도 문을 만들었다. 그저 배와 등을 따뜻하게 해서 자는 것이 전부였다. 어떻게 이 습기 많고 온도도 변하기 쉬운 지방에서 바깥과 아무런 차이도 없는 생활을 이어가며, 화재나 비바람과 싸워올 수 있었는지 의아해 하는 것은 매우 당연한 일이다.

더구나 원인을 국민 기질의 유장함이나 혹은 둔한 감각에서 찾으려고 한다면 바른 결론은 얻을 수 없을 것이다. 그렇게 시도했던 사람 또한 지금까지는 없었다. 가옥 구조만큼은 지금도 우리들이 생각하는 것 이상으로 전 시대의 생활에 구속받고 있다. 의복이나 음식은 자신의 마음에 들지 않으면 곧바로 바꾸어 버리면 되었지만, 집만은 그렇게 하기가 쉽지 않았다. 적어도 그 집이 옛날부터 있었다면 부엌이 마음에 들지 않더라도 그대로 살았다. 또는 자기가 지은 집에서 마음에 들지 않은 부분이 발견되더라도, 체면 때문에 자기도 모르는 사이에 순응하며 살았다. 옛날이나 지금이나 그 구속의 종류가 많았다. 그리고 우리들은 거기에 순응하며 따라갈 만큼의 여러 가지 조화로운 수단을 알고 있었다.

대정 12년(1923)에 발생한 지진[3]은 관동 지방의 도시와 농촌에서 오래된 집이나 새집을 막론하고 수많은 집을 파괴했으며, 예로부터 이어져 내려오던 집과 관련된 관계를 단번에 끊어 버렸다. 눈물 없이는 생각할 수 없는 역사였으나, 보다 나은 미래를 기약해야 하는 사람들은 이 기회를 이용했다. 그래서 지금까지는 꿈에도 생각지 못했던 다양한 주택 양식이 아무런 확신 없이 시도되었기에, 한편으로는 적지 않은 희생까지 치러야 했다. 하지만 어찌됐든 오랫동안 잠재되어 있던 집에 대한 우리들의 공상이 웬만큼 실현되었다. 집에서 사는 느낌이란 어떤 것인가를 집의 앞과 뒤에서 자세하게 점검해 볼 수 있었다. 사라져 가는 것 중에 무언가 아쉬워하고 그리워할 것이 있음을 깨달음과 동시에, 지금까지의

---

3) 일반적으로 관동대진재(關東大震災)라고 부른다. 9월 1일 오전 11시 58분에 발생하였다. 사망자 99,000명, 행방불명자 43,000명, 부상자가 100,000명을 넘는 대참사로 이어졌다. 이 혼란한 틈에 수많은 조선인들이 학살당하였다.

주거가 어둡고 추웠다는 사실을 거리낌 없이 비판할 수도 있게 되었다.

이것은 물론 시대가 마침 기다리고 있던 기운이기도 했을 것이다. 그리하여 다른 지방의 평온한 도시마저도 집이 개조되기 시작했다. 시골에서도 이러한 현실을 자신들과는 상관없다는 듯이 보고 있지만은 않았다. 하지만 시골에서는 도시처럼 단호하게 집을 파괴할 수 없었기 때문에 과감한 결단을 내리기 어려웠다. 견본을 찾아 선례를 좇거나, 재력이 있는 사람은 오히려 전적으로 서양풍을 택하는 것이 안전하다고 생각하고 있었다. 집에서 사는 느낌을 충분히 자유롭게 생각해 볼 수는 없었다. 이것이 과연 실패였는지 성공이었는지 아직 알 수는 없지만, 적어도 지금까지 받아왔던 구속과 해방이 얼마나 힘든 일이었던가에 대해서 뒤돌아볼 수 있는 좋은 기회를 놓치고 있다고 말할 수 있을 것이다.

돌로 지은 장엄한 옛 건물은 실제로는 서양의 도시에서도 처분에 고심하고 있다. 그 전부를 단지 기념물로서 보존할 수만은 없기 때문이다. 현재의 신가옥 또한 금방 개량이 필요해질 것이다. 확실하게 정해지기 전에 우리들이 집에서 어떤 느낌을 추구하고 있었던가에 대해 일단 생각해 둘 필요가 있었다.

2. 오두막집과 나가야(長屋)에서 쌓는 수련

일찍이 집에는 두 종류가 있었고, 일본의 경우 그것이 뒤섞여 있었다고 하는 사실은 누구든지 한눈에 알 수 있다. 한 종류는 대개 크고 정성을 들였고 다른 한 종류는 조잡한 것이지만, 이것을 빈부귀천의 차이에서 온 것이라고 볼 수는 없다. 일반적으로 농민들도 이 두 종류의 건물을 모두 가질 필요가 많았다. 산에서 일하는 사람들은 사냥이나 나무 베기, 숯 굽기를 위하여 오두막을 지었고, 먼 곳의 들판을 개간하여 경작하는 사람은 논을 지키기 위해 오두막이 필요했다. 즉 덴치(天智) 천황[4]의 벼수확 오두막[5]이다.

어쩌면 옛날에 여름과 겨울, 이 두 계절 때문에 집을 두 종류로 나누었던 것이 시초였는지도 모른다. 오늘날의 사무실은 매우 근사해졌지만, 실은 의미상 이 임시 초막의 계통에 속한 것이다. 궁전 성곽도 오두막이 발달된 것이고, 공동의 신앙을 위해서 사람들이 필요할 때마다 만든 신사도 나중에는 가장 소중한 기념물로까지 되었다. 또한 작업을 위한 필요성에 근거했던 것은 마찬가지이다. 사용할 목적이 한정되어 있었기 때문에 일상 생활을 위해서는 그리 대단한 것을 바라지 않았다. 참거나 그때 그때 상황에 맞추어 사용하는 것을 당연하게 생각한 것이다. 그러다가 작업터로 쓰던 오두막을 주거로 대신 쓰는 풍조가 시작되어, 나중에는 점차 많은 작은 가옥이 이른바 기후 등롱 식이 된 것이다.[6]

오두막의 용도는 이전에도 상당히 많았다. 예를 들면 여자가 아이를 낳거나[7] 그 외에 따로 불(火)을 사용해야 하는 사람들은 모두 마을에서

---

4) 621~671. 제38대 천황. 당시 조정의 중신이었던 가마타리(鎌足)와 도모하여 소가(蘇我) 씨를 물리치고 황태자가 되어 다이카 개신(大化改新)을 단행했다. 즉위 후 호적과 율령을 개정하여 내정을 탄탄히 했다. 재위 10년.

5) "가을 논의 / 벼 수확 오두막의 / 엉성함이여 / 나의 옷 소매는 / 이슬에 젖어드네(秋の田のかりほの庵の苫をあらみわが衣手は露にぬれつつ)." 덴치 천황이 지었다고 알려진 이 와카는 『백인일수(百人一首)』(유명한 와카 시인 100사람의 와카를 1수씩 선별하여 편찬한 와카집)의 첫 번째 와카로 실려 있다. 나라시대의 『만요슈(萬葉集)』에도 이와 비슷한 와카를 볼 수 있는데, 이 와카에서는 농경과 제사에 관련된 민속이 왕조 시대를 지나 풍류적으로 되어 가는 과정을 엿볼 수 있다.

6) 앞에서 고이즈미 야쿠모가 일본인들이 사는 집을 가리켜 '기호 등롱처럼 풍취가~'라고 비평한 것처럼, 실용성이 떨어지게 되었다는 의미이다.

7) 이때 들어가는 오두막을 가리켜 산야(サンヤ)・우부야(ウブヤ)・다비고야(タビゴヤ) 등으로 부르며 일반적으로는 산야(サンヤ)라 한다. 여자가 아이를 낳으면 산후 21일에서 75일 동안은 마을에서 떨어진 오두막에 들어가서 가족들이 사용하는 불과는 다른 불로 음식을 끓여 먹으며 지내는 습속이 있었다. 왜냐하면 출산에는 출혈이 따르기 때문에 신이 가장 싫어하는 빨간색에 대한 부정(赤不淨)을 수반한다고 생각했다. 그리고 출산하는 여자는 삶과 죽음의 경계에서 어중간하게 마(魔)에 사로잡히기 쉬운 상황이

떨어진 오두막으로 들어갔다. 마쓰리(祭リ) 준비를 하는 사람도 마찬가지로 쇼진야(精進屋)[8]라는 오두막을 지어서 며칠을 지냈다. 여행자도 원래는 인가에 묵지 않았다. 귀한 사람을 맞을 때는 그를 위한 숙소를 새로 지었는데, 이것을 가리야(仮屋)라고 불렀다. 용무가 끝나면 헐거나 그냥 두었는데 곧바로 황폐해져 버렸다. 군대의 진영에서는 막을 쳐서 노숙을 하는 일도 많았지만, 역시 한 곳에 오래 머물게 되면 이 가리야를 세웠다.

오두막은 말하자면 일하는 사람들을 일시적으로 모아 두는 숙사를 의미했으므로, 고야(小屋 : 오두막)의 '고(小)'라고 하는 것은 다마도 작다는 의미가 아니라 '젊은이들'이라는 의미였을 것이다. 옛날에는 농업이나 어업을 하는 큰 작업단에도 광산이나 산림과 마찬가지로 오두막이 있었고, 그것을 상설주택으로 모아놓은 것이 공동주택인 나가야(長屋)[9]였다. 새롭게 생긴 크고 작은 도시에서는 나가야를 만들어야 할 필요가 있었다. 고이즈미 야쿠모 씨는 도시의 나가야를 보고, 눈을 휘둥그레 뜰 만큼 놀랐던 것이다.

대도시에서의 오두막 생활은 멀리 무로마치(室町)시대 이전부터 시작되었다. 각 지방의 다이묘(大名)[10] 중에는 교토를 평상시의 주거지로 삼은 사람도 있었지만, 원래는 근무를 위해 잠시 교토에 와 있는 것이었기 때문에 그 거처는 역시 임시 거처인 가리야였다. 다이묘는 그 집의 구조

발생한다고 믿었다. 따라서 그러한 위험이 집이나 마을 안에 미치지 못하도록 출산한 여자, 태어난 아이, 남편 등 출사에 관여했던 사람들은 일정 기간 동안 다른 곳에 머물면서 다른 불로 조리한 음식을 들면서 부정을 떨쳐버리기 위한 여러 의례를 치른다는 것이다. 야나기타는 출산을 죽음과 재생의 경계 영역에 해당한다고 보고 있었다.

8) 궁정의 제사 때 제사를 관장하는 도야(頭屋)가 심신을 정갈하게 하기 위해서 일정 기간 거거하는 곳.

9) 한 용마루 밑에 칸을 막아서 여러 가구가 살 수 있도록 길게 지은 집. 에도(江戶)시대 말기부터 명치시대에 걸쳐서 도시로 인구가 집중하여 나가야에 사는 사람들이 급증하였다. 특히 나가야에 세를 들어 사는 사람 중에는 행상인이나 당일치기 노동자 등 대부분이 하층의 서민들이었다.

10) 원래는 영지를 소유한 재촌(在村) 영주에서 15세기 경 무로마치시대에는 관할 지방을 사령화(私領化)하여 다스리게 되었다.

를 고향에 있는 집 형태에 가깝게 만들어서 기분 좋게 지내려 했는지도 모르지만, 부하들은 수가 많았기 때문에 모두 나가야에서 참고 지내야 했다. 에도시대에도 처음에는 근무 교대가 빈번해서 늘 고향에서 사람을 불러다 썼기 때문에 그들의 휴식처는 매우 좁았으나, 원래는 남자들뿐이었으므로 아이를 낳고 기르는 혼잡한 일은 벌어지지 않았다. 그러다가 더러 여행의 번잡함을 줄이기 위해 가족을 불러 와서 일가가 함께 생활하게 되고, 나중에 조후(定府)11)라는 이름으로 그것을 세습하게 되고 나서도 그들을 위해 별도로 충분한 주택을 공급할 수는 없었다. 또 어느 사이엔가 여자와 아이들까지도 이러한 상황에서 어떻게든 참고 지내도록 길들여졌다. 집은 한쪽이 격자창(格子窓)으로 수로(水路)의 돌담에 면해 있고, 한쪽은 현관과 부엌의 출입구가 나지막한 울타리 하나로 구분되어 있었다. 이러한 나가야가 명치시대 말기까지 곳곳에 남아 있었으며 사람들이 그곳에서 살고 있었다. 그리고 우리들도 한 때는 이것이 도쿄의 집 풍경이라고 생각했었다.

지방의 작은 조카마치(城下町)12)에서도 이와 매우 비슷하게 전개된 사실, 네고야(根小屋)13)라는 말이 많이 존재하는 것을 보아도 알 수 있다. 네

---

11) 에도시대에 다이묘나 그 신하가 산킨 고타이(參勤交代)를 하지 않고 에도에 상주했던 것을 말함.

12) 일본에서 근세 초기에 산지에서 평지로 내려온 성을 중심으로 무사·상공업자 등으로 구성된 비농업적 성격을 지닌 도시를 가리킨다. 조카마치는 성을 중심으로 삼은 무사들의 거주지와 마치야(町屋)라고 하는 상인이나 직인들의 거주 지역, 그리고 신사·절이 있는 지역으로 구획되었다. 여기서 무사들의 거주지는 상급·중급·하급으로 나누어졌으며, 마치야는 상인들의 거주지와 직인들의 거주지로 나누어졌다. 대개 성 밑의 끝 지역에는 히닌(非人)이라 부르던 천민계급들의 거주지나 유곽이 위치했다. 이와 같은 신분계급에 따른 거주지의 구분으로 인해 무사계급과 상공업자계급 사이에 생활이나 의식면에서 차이가 생겨나게 되었다고 한다. 예를 들면 이 책에서도 소개하고 있는 조카마치로 유명한 아이즈와카마쓰(會津若松)에서는, 무사계급은 연말을 중요하게 여기지 않고 신년을 중요시하였으며, 상공업자계급은 연말 행사에 힘을 기울였다. 이 문제에 대해서는 노자와 겐지(野澤謙治)가 쓴 「조카마치 아이즈와카마쓰의 토포스(城下町會津若松のトポス〈一〉)」(『日本民俗學』165호, 1986에 수록)라는 논문이 있다.

13) 산 위에 성이 있는 조카마치(城下町).

고야는 성이 있는 산 밑에 모여서 영주의 명령에 따랐던 고야(小屋 : 오두막)에 사는 사람들의 거처였다. 그러나 무사 계급의 거물들은 에도에 사는 다이묘(大名)나 다이묘 직속 가신들과 마찬가지로 실지로는 조금 넓은 저택을 받았다. 그 밑에서 일하는 하인들은 나가야(長屋)에서 살았다. 교대근무를 원칙으로 했던 에도의 무가(武家)의 가옥과 같은 옹색한 생활을 하는 사람은 적었다. 한편 마치야(町屋)14)의 주거 생활만큼은 어느 도시에서나 대개 비슷했고, 사람들은 대부분 나가야에서의 생활을 감수하고 있었다. 그 시초는 이것 역시 노동을 통일하기 위해서였다고 생각된다.

도시에서도 원래부터 오야(大家)라고 하는 집주인이 그에 상응하는 면적의 땅을 받아 영주하고 있었다. 여기에는 무가와는 달리 가능한 한 출입구를 좁게 하고, 될 수 있는 대로 많은 집들을 늘어서게 하려고 했지만, 새로 생겨난 도시의 노동 인구가 증가하여 그런 방법으로는 역부족이었다. 그래서 구역 안에 많은 와리나가야(割長屋)15)를 지어서 자기가 감독하는 일꾼들을 각각 거기에 살게 했다. 따라서 집 주인은 점차 자유롭게 되고, 이 나가야에 사는 사람들을 책임져야 할 필요가 없어졌다. 그러자 무가(武家)에 고용인을 주선하던 직종이나 부모 자식과 같은 주종 관계로 인연을 맺었던 요리오야(寄り親)16) 직업은 다른 사람들의 일이 되었고, 우두머리도 그 규모가 작은 경우에는 나가야에서 살았다. 따라서 생판 모르는 사람이 옆방에서 살게 되었다. 다만 표면적으로는 세 들어 사는 사람의 신분을 집주인이 관할하게 되었다. 이것은 분명히 이전의 고야 생활의 흔적이다.

비행기를 타는 일이 많아지게 되면 도시의 하늘 위에서 금방 이 생활

---

14) 시중에서 상가(商家)가 많은 지역으로 상점가를 의미한다.
15) 길게 늘어선 나가야의 한가운데를 반으로 가른 듯한 형태로, 양쪽으로 늘어서게 한 나가야.
16) 임시로 부모·자식 관계로 가정하여 주종 관계를 맺은 것으로 주군(主君)을 요리오야(寄親), 그 밑의 부하를 요리코(寄子)라고 불렀다. 근대에는 일반적으로 고용 관계에 있어서도 고용인을 요리오야라고 하고 피고용인을 요리코라고 불렀다.

의 흔적을 볼 수 있을 것이다. 동북 지방은 일대에 토지의 구획이 독립된 출입구가 있는 집을 가진 서민도 많았던 모양이지만, 도쿄는 처음부터 면적에 비해 사람이 많았고 나중에 더 많은 사람들이 유입되었기 때문에, 골목이나 도로, 통로 입구에 세워진 지붕 없는 여닫이문이나 맨홀에서의 생활이 많아졌다. 대부분의 가게는 옆집과의 추녀 사이에 좁은 통로가 있었고, 도시의 나가야는 모두 그 안쪽에 모여 있었다. 이른바 나무 오두막의 복잡한 집합이었다. 여기서 참고 지낸 많은 사람들이 출세했다. 나중에는 여기서도 직업이 완전히 자유로워졌고 대를 이어 사는 나가야 사람들의 집단도 생겼지만, 절반은 매우 불완전한 가정이었다.

교토의 기록을 보면 이러한 주거 역시 오두막이었다. 그런데 오두막을 세우는 것이 임시적인 용도에만 한정되고, 결국에는 '구호 오두막'[17]이라는 이름도 생겼다. 따라서 오두막에 사는 사람은 일종의 천민을 의미하게 되었다. 나가야는 시민 대다수가 보통의 가옥처럼 생각하게 되었는데, 실은 그 안에 사는 사람들의 성향이 변했다. 처음에는 돈을 벌기 위해 와서 임시 거처로 삼았던 사람들이 영주하게 됨으로써 끝내 돌아갈 곳을 잃어버렸기 때문에, 나가야의 생활은 인내 그 자체였다.

만약 도시 사람이 시골 사람과 다른 특징이 있다고 한다면, 가장 두드러진 것은 아주 좁은 이 임시 거처와 조화를 이루어 살면서 인내를 고생으로 생각하지 않는 훈련일 것이다. 물론 시골의 오두막도 부분적으로 변하고 있었지만, 일본이 아무리 작은 나라라 하더라도 아직 도시의 나가야처럼 밀집되어 살고 있지는 않다. 때문에 그 변화의 방향이 다른 것이다. 도시에서 세 들어 사는 것이 당연하게 되고 이사를 옷 갈아입는 것과 비슷하게 생각하게 된 것이나, 목수의 기술이 오로지 좁은 면적을 교묘하게 잘 이용할 수 있는 쪽으로 기울어져 온 것은, 원래는 단 하나의 이유에서였다. 나중에는 사람들이 이것을 본받고자 해서, 그렇게까지

---

17) 救い小屋. 에도시대에 화재, 기근, 홍수 등이 발생했을 때에 이재민 구제를 위해 세운 오두막.

할 필요가 없는 사람들마저 일부러 이 구속을 받게 되었다.

에도가 도쿄로 이름이 바뀌고 도시 주민이 대대적으로 물갈이되었을 때, 이주자의 심리는 이미 달라졌을 터였다. 그렇지만 지난날 도시에 일하러 와서 잠시 머무를 장소를 찾았던 시대의 습성은 여전히 계속되고 있었다. 도시의 상점가에서 사는 옹색한 생활을 어쩔 수 없이 여기고, 집 밖의 다른 구경거리와 음식에서 이 옹색함을 보상받으려고 했다. 그러나 기왕에 나가야를 영주할 집으로 삼았으니, 적어도 대문과 집 안에 정원[18]만은 갖고 싶다고 생각하는 사람들이 많아졌다. 목욕탕은 공중 목욕탕을 선호했지만 화장실만큼은 집집마다 갖출 필요성을 느끼게 되었다. 그 때문에 지금까지 살던 구역에서는 도저히 살 수 없게 되자, 도시 구역이 점점 주위로 확대되어 갔다.

처음에는 이것도 예로부터 내려온 좁은 나가야를 어느 정도 크게 만든 것을 시내 뒷골목에 지었는데, 교통이 점차로 발전함에 따라 어느새 교외의 공터를 노리게 되었다. 교외 생활은 새로 도시로 옮겨온 사람들이 초목과 푸른 하늘을 잊을 수 없어 출발한 것이었지만, 그 외 몇대에 걸쳐 시내 중심에 살고 있던 사람들까지도 뛰쳐나왔다. 하지만 일하는 장소만은 원래의 지역에 남기려고 고심했다. 요컨대 이것은 지금까지 모여 살았던 생활이 단지 어쩔 수 없는 구속이었다는 것을 의미한다. 사람들은 오랜만에 집에서 사는 본래의 느낌으로 되돌아가려 하고 있는 것이다.

---

18) 쓰보니와(坪庭)라고 하는 집 안에 만든 조그마한 정원을 가리킨다.

3. 문종이에서 판유리로

오늘날에는 헤야(部屋)라는 말도 집에서 각각의 방을 뜻하지만, 옛날에는 고야(小屋)를 의미했거나 혹은 고야의 일종을 의미했던 모양이다. 노동자에게 빌려 주고 살게 했던 고야를 헤야라고 말하는 지방이 아직도 있으며, 장작을 넣어 두는 기베야(木部屋), 된장을 저장해 두는 미소베야(味噌部屋)라는 단어는 아직도 널리 쓰이고 있다. 저택은 도시의 나가야와 마찬가지로 원래는 많은 헤야(部屋)로 나뉘어 있었다. 헤야와 안채의 차이는 크고 작다는 것 외에 화덕이 놓여 있는가 아닌가에 있었다.

헤야의 주된 용도는 잠을 자는 것뿐이었고, 식사는 모여서 하였기 때문에 헤야는 그렇게 크지 않아도 되었다. 건축이 발달하여 큰 목재를 자유자재로 사용할 수 있게 된 즈음부터 헤야 몇 개가 집 한 동 아래에 편입되었고, 남겨진 부분은 모두 독립해 버렸다. 근대의 분가(分家)라고 하는 것 중에는 단지 취사와 식사 장소를 별도로 한 것이 많았는데, 나중에 토지를 분배하여 농사까지 두 집으로 나뉘어 짓게 되자, 새 집은 이제 헤야가 아니고, 헤야란 단지 집 안의 어느 한 구획이라는 의미가 되었다.

오늘날 시골의 작은 집에는 이와 같은 종류의 노동 고야가 약간 발달한 것이 많다. 여기 사는 데도 도시의 나가야와 마찬가지로 인내가 필요했고 어쩔 수 없이 그 집에 사는 경우가 있었던 것은 사실이지만, 이 작은 집은 처음부터 독신자의 집으로 지어졌던 것은 아니었다. 시골에서 의미하는 독신자란 결혼해야 할 사람이었다. 그 때문에 헤야는 동시에 결혼할 집이었고, 이윽고 여러 명의 자식을 길러내는 집이기도 했다. 다행스럽게도 시골의 어린이에게는 바깥놀이터라는 공간이 있었다. 부모들도 낮 동안은 종일 바깥에 나가 있었기 때문에 헤야가 작다는 것에 별로 구속을 받지 않았다.

도시에서도 나가야의 아이들은 '밖에 나가서 놀아라'는 말을 들었다. 조그만 공터라도 가까이에 있는 경우는 물론이거니와, 도로 위에서도 팽이와 연을 가지고 노는 것이 어린이들의 권리였다. 그러다가 밖에서 노는 것이 점점 불안하게 되고 조심하라는 주의를 받게 되었다. 공원이나 절, 신사의 경내가 어린이들의 놀이터가 된 것도 역시 좁은 집이 낮에 어린이들이 놀 공간으로는 마땅치 않아서였다. 하지만 이것은 어린이들에게 나쁜 영향만 미친 것은 아닌 것 같다.

어찌됐든 우리들은 집 밖을 주거의 일부처럼 생각하고 자라 온 국민이었다. 그러므로 우선 거의 매일 개어 있는 푸른 하늘과 부드러운 공기에 감사해야 할 것이다. 북쪽은 일 년의 반이 눈이 내리는 기간이고, 남쪽은 일 년의 반이 장마 기간이다. 반 년 동안이 특히 어린이들을 옹색케 하는 계절이었지만, 동시에 그 부모들이 주거 환경을 개량하려는 생각을 갖도록 만드는 때이기도 했다. 그러나 개량이라고는 하지만 집을 조금 크게 하는 것만으로는 목적을 이루기 어려웠다. 도시어서는 집을 확장하는 것이 거의 불가능했지만, 우선 집을 밝게 만드는 기술만큼은 강구하고 있었다.

비로소 일본이 서양 여행객이 말하는 종이를 바른 창문의 나라가 되었을 때, 농민이 기뻐하는 모습은 상상할 수 있다.[19] 집은 원래 찬 바람을 막기 위해서 나무로 만든 문이나 거적으로 만든 문을 달도록 지어져 있었다. 창을 크거나 낮게 하면 비바람을 피할 수가 없었다. 집의 효용을 높이기 위해 밤이 아니어도 집안을 밤처럼 어둡게 할 수밖에 없었다. 화롯불을 높이 피우면 집안이 밝아졌는데, 그것이 또 불의 신을 모시는 신단(神壇)이 설치된 이유이기도 했으며, 겨울이 아니면 그처럼 불을 피우지 않았다. 어쩔 수 없이 비가 오는 날이면 자야 하는 이상한 습관을 당연하게 여겼다.

---

19) 어두운 집에서 생활하다가 종이를 바른 창문을 달고 나서 집단이 밝아진 모습을 보고 기뻐했다는 의미이다.

밝은 채광이 가능한 미닫이문의 편리함이 훨씬 전부터 알려져 있기는 했지만, 종이가 상품화되지 않고 경제적 여건이 종이의 교역을 허락하지 않았던 동안에는 농가에서 이것을 실제로 응용할 수가 없었다. 기묘한 인연이지만 미닫이문 또한 어린이들을 통해 차츰차츰 작은 집에도 보급되게 되었다. 근대의 통속 소설 구사조시(草双紙)[20]의 삽화를 보면, 집의 미닫이문에는 반드시 '이로하니'[21] 등의 글씨가 반듯하게 쓰인 종이가 붙어 있었다. 그것이 명치 중반에 이르기까지 많은 시골에서 볼 수 있는 실제 광경이었다. 그리고 어린이들이 학교에 가게 되자 비로소 툇마루라는 것이 필요하게 되었다.

집안이 밝아졌다고 하는 것은 예상 밖의 여러 가지 결과를 가져왔다. 가장 먼저 벽과 천장의 우중충함이 눈에 띄게 되자, 금세 이것을 보기 좋게 하려고 하게 되었다. 미닫이문에 햇빛이 가득 들어오는 것을 처음으로 경험한 사람에게는 대단히 인상적이었음에 틀림없다. 마침 같은 시기에 희게 반짝이는 부엌의 식기류가 차츰 들어오기 시작하였으므로 분명 빛과 색채가 서로 잘 어우러졌을 것이다. 다듬기만 하고 칠을 하지 않은 목기(木器)는 처음 한 번만 깨끗했다. 처음으로 칠을 칠한 그릇은 영원히 그 얼룩이 남았다. 농가에서 조잡하더라도 칠을 닦아내고 원래대로 사용하려고 했던 것도 같은 원인에서였을 것이다. 찻물을 끓이는 솥이나 다관(茶罐) 류를 닦아내는 것이 오늘날에는 주부의 일상적인 일이지만, 이런 일도 전보다 많이 필요해졌다. 그리고 여러 가지 일상적인 도구의 형태와 기호도 변해가고 그리고 다른 데서 본 것과 똑같은 것을 갖고 싶어하는 일도 차츰 많아졌다. 기회 있을 때마다 집을 조금이라도 넓히고 벽장을 만들거나 툇마루를 붙여내는 등, 안팎으로 보기 좋게 하려고 한 것도 실은 이 즈음부터였다. 어쨌든 이것은 분명히 개량이었지만, 그 덕분에 이

---

20) 에도시대의 통속소설로 삽화가 들어가 있었다. 표지의 색깔에 따라 아오혼(青本), 아카혼(赤本), 구로혼(黑本) 등이 있다.
21) 일본 문자인 가나(仮名)를 가리킨다.

전의 오두막집은 간결하고 본격적인 주거가 되었고, 오두막집에서도 살 만하다는 작은 만족을 느끼기에 이르렀다. 그리고 이 점은 도시의 나가야에 사는 사람들과 같았다. 즉 빈농이 일정한 세태가 되었던 것이다.

한편 일본의 보통 주거로는 옛부터 내려오는 형태가 따로 있어서 원래는 거의 모든 계급에 공통적으로 존재했던 것 같다. 이 형태는 다른 나라와 비교했을 때 스스로 비하할 수밖에 없는 조잡한 것이 아니라, 모든 생활의 요구에 대한 대비와 외관상의 장려함도 고려하고 있었다. 하지만 아무래도 그 같은 사람의 수는 국민의 총수에 비해 아주 적었고 개개의 부락에서는 대부분 고립되어 있었기 때문에, 각자가 집을 꾸며 집의 형태가 쉽게 변화되었다. 그러나 이후에 일단 집의 격식이 갖추어짐으로써 집에 대한 자부심이 생기면, 불편하더라도 원래의 격식을 지키려고 했다. 개조 비용이 많이 들기 때문에 허름해져 가는 집을 그대로 두는 곳도 있었다.

대체로 목재가 두껍고 처마가 두터우며, 토방과 객실이 터무니없이 넓은 것이 특징인데, 이것은 많은 사람이 집에서 함께 먹고 일했던 시대의 주거 환경에 근거한 것이었다. 하지만 일단 한 집에 살던 사람들이 분산하여 독립된 소작농이 되어 버리자, 집이 텅 빈 것만으로도 적막한 느낌이 들었다. 여기도 애초에 햇빛이 부족했는데, 겨우 큰 화롯불로 어둠과 습기를 막고자 하였다. 미닫이문의 도입은 처음에는 이런 집의 간단한 개조처럼 생각되었지만, 실제로는 이것이 중대한 변화의 원인이 되었다. 그 변화는 환영 여부를 떠나서 언젠가는 반드시 닥쳐올 것이었다.

큰 건물의 구석구석이 밝아졌다는 것은, 집 안에 칸막이를 몇 개든 만들어도 된다는 것을 의미했다. 모든 기둥과 기둥 사이에 모조리 문틀과 문지방을 만들어 판자문과 종이 바른 문을 세우더라도, 구석방에 틀어박혀 지내는 사람이 유폐(幽閉)되는 일은 없었다. 판유리는 오랫동안 일본 국내에서 생산이 안 되어 멀리서 수입해 온 것을 잘라서 소중하게 사용했는데, 그 즈음부터 판유리를 미닫이문 한 켠에 끼워 넣었다. 그리고는 조용히 그 사이로 밖을 내다보는 사람들이 시골에도 많이 생겨났다. 종이가 유리로 바뀌자, 단지 밝다는 느낌에서 밖의 경치가 갑자기 개개의 구체적인 형태로 진화하게 되었다.

집안의 젊은이들이 일이 없을 때에 틀어박혀서 책을 읽고 있었던 곳도 그와 같은 구석진 곳이었다. 그러자 젊은이들이 책을 통해 차츰 가장(家長)도 모르는 일을 알게 되고 생각할 수 있게 되었기 때문에 마음의 작은 방도 조그맣게 분리되어 간 것이다. 사각 등[22]이라는 것이 생겨서 밤에 어디든지 마음대로 갈 수 있게 된 것도 결코 옛날 일이 아니었다. 사각 등이 램프로 바뀌자 집안이 더욱 밝아졌다. 이어서 전기등을 방마다 켰다 껐다 할 수 있게 되자, 마침내 집이라는 공간은 서로 좋아해서 가까이 지내는 사람 외에는 어떤 큰 집에서도 더불어 생활할 수가 없게 되었다. 나는 이전의 다른 책에서 이 같은 상황을 '불의 분열'이라고 했다.

4. 침실과 면 잠옷

불의 분열은 이를테면 화로의 위력이 쇠퇴했다는 것을 의미했다. 가을이 깊어질 즈음부터 집 뒤뜰에 산처럼 쌓아둔 장작을 조금씩 가져다가 커다란 화로에 집어넣어 태우던 시대에는, 집에 사는 모든 사람이 화로 곁에 모일 수밖에 없었다. 사각으로 된 화로 가의 정면을 요코자(橫座)[23]

---

22) 이를 일본어로 안돈(行灯)이라 한다.
23) 이로리(圍爐裏)라 부르는 화로에서 그 집안의 가장이 앉는 자리를 가리키는 말이다. 본문에서 설명하고 있는 것처럼, 이 자리에 돗자리나 다타미가 한 장 옆으로 깔려 있었기 때문에 붙여진 이름이다. 화로 주변은 가족이나 손님이 앉을 자리가 정해져 있었으며, 주변 자리 중에서 가장 엄격하게 지켜졌다. 가족들이 다니는 절의 승려 이외에는 앉는 것을 삼가도록 하여, '요코자에 앉는 것은 고양이·바보·스님'이라는 말이

라고 하는데, 여기에는 당연히 집 주인이 앉았다. 이 자리에 돗자리 한 장이 옆(横)으로 깔려 있었기 때문에 요코자(横座)라 불렀다. 일반적으로는 요코자 오른쪽이 손님 자리였다. 손님이 없을 때는 식구들이 오른쪽에 앉기도 했지만, 요코자 왼쪽의 상석만큼은 엄연한 어머니 자리로, 며느리나 딸이 대신 앉는 것은 허락되지 않았다. 이 자리에 앉는 사람은 주걱잡이라고 하여 음식을 분배할 권리를 갖는데, 며느리에게 그 주걱을 건네는 것이 안주인 자리의 상속이었다. 요코자와 마주코는 아래 자리는 기지리(木尻)라고 하는데, 여기에는 원래 돗자리를 깔지 않았다. 장작 끄트머리 쪽을 놓아두는 곳이기 때문에 기지리(木尻)라고 했다.

고풍스런 대가(大家)에서는 밤에 일할 때에도 주인이 그 요코자에 앉아 있기도 했는데, 그것은 결코 쉬운 일은 아니었다. 화로에서 나는 연기를 싫어해서 맨 먼저 물러앉은 사람이 그들이었다. 그래서 방에서 쓰는 작은 화로라는 것이 생겼는데, 방은 대청과는 달리 천정이 낮았기 때문에 큰 불을 피울 수가 없었다. 이렇게 해서 숯이 필요하게 되었다.

부지깽이가 주걱과는 정반대로[24] 가운데가 움푹한 부삽으로 변해 온 것은 불을 운반할 필요가 많아졌기 때문이다. 흙으로 쌓은 오늘날의 부뚜막이라는 것은 이전에도 사용하기는 했겠지만, 주인이 앉아 있지 않은 화로 주변은 쓸쓸해졌고 동시에 연료를 절약하기 위해 대부분 이 작은 화로를 사용하게 되었다. 그러자 숯의 소비가 많아졌다. 이른바 작은 냄비를 화로에 걸고 요리를 하는 것도 이렇게 해서 생겨났다. 곤로와 참숯이 발명되기를 기다리고만 있었던 것은 아니다.

화로는 지방에 따라 '오카로(おか爐)'라고도 하는데, '으카'는 높은 곳을 뜻한다. 화로는 윗방까지도 가지고 갈 수 있는 난방 기구였던 것이다. 그것이 나중에 이렇게 주거의 변천을 일으키는 물건이 되리라고는 아무도 예상치 못했다. 어찌됐든 이 작은 화로가 생기자 귀한 손님을 원래의 큰

생겨났을 정도이다.
24) 주걱의 진화에 대해서는 이 책 제2장의 「소중한 쌀」 부분을 참조

화로 주변으로 모시는 일은 거의 없어졌다.

목면의 보급은 화로의 변천에도 커다란 영향을 미쳤다. 목면이 없었다면 아마도 이불을 씌우는 화로인 '고타쓰'[25]라는 것은 생기지 않았을 것이다. 고타쓰라는 묘한 물건의 기원은 아직도 설명할 수 없지만, 어찌됐든 이 고타쓰는 앞에서 말한 작은 화로에 장작을 피우는 대신에, 부삽으로 붉게 달구어진 숯불을 운반하게 되고 난 후에 생긴 것으로 추측할 수 있다. 이것이 화로와 결합되어 이동식 '오키 고타쓰'가 되었고, 더 나아가서는 초소에서 쓰는 '반쇼(番所) 고타쓰', '네코'[26] 류의 작은 발명이 계속해서 이어졌다. 이와 같은 상황은 에도(江戶)시대 말기의 문학 속에도 이미 나타나 있지만, 농촌에서 본격적으로 쓰이게 된 것은 명치시대 40년 동안의 일이었다. 그리고 이것은 어쩌면 한 집의 생활상에 음식보다 더 많은 영향을 미쳤다.

이전에는 겨울밤에도 옷 끈(오비)을 풀고 화롯불로 배와 등을 충분히 쬐고 나서 그 옷을 덮고 자는 것이 보통이었다. 너무 추우면 화로 주변에 와서 잤지만, 한 사람은 가끔씩 일어나 장작을 넣어야 했기 때문에 밤새 편히 잘 수 없었다는 일화도 많았다. 고타쓰는 노인이나 환자를 쉽게 재울 수 있는 방법이기는 했지만, 그 혜택은 일부에 한정될 수밖에 없었다. 그러나 고타쓰 덕분에 우리들의 잠자리도 변했다.

예로부터 일본인의 잠자리는 너무 평범했기 때문인지 상류 사회의 잠자리가 그림으로 조금 남아 있는 것을 제외하면 이것에 대한 기록이 없다. 이런 사적인 생활에 대해서 이야기하는 것을 너무 꺼려해서 다른 사람에게 알려지는 것을 부끄러워했던 것 같다. 그러나 이 잠자리가 오히려 외국에서 들어온 침대와 비슷했을 뿐만 아니라, 나아가서는 일본의 전통 주택과도 조화를 이루고 있었다. 목면이 겨울밤의 잠옷이 되고 나

---

25) こたつ(炬燵). 거실이나 방바닥을 잘라 내고 위에다 나무로 짠 대(台)를 설치하여 이불을 덮어씌운 난방 기구.
26) 네코 히바치(猫火鉢). 앞뒤에 여러 개의 구멍을 뚫은 흙이나 도자기로 만든 화로.

서 일본 고유의 자연스러운 것은 품위 없는 것으로 생각하고 어떤 개량도 하지 않았던 것이 애석할 따름이다.

늦가을부터는 침실이 소중하게 여겨졌다. 그 해에 수확한 새 짚을 말리고 잘 추린 다음, 그것을 바닥에 가득 깔면 밤의 침상은 향기로워졌다. 그 밑에 두세 척의 깊이까지 왕겨를 쌓는 것이 보통이었는데, 해마다 새 왕겨로 갈았다. 짚 위에서 잠을 잔 기억이 있는 사람은 지금도 적지 않다. 하지만 어지간히 소박한 사람이 아니고서는 짚이 손을 적게 넣은 얇은 이불보다도 훨씬 좋다고 터놓고 말하는 사람이 없을 만큼, 지금은 면이불이 일반화되어 버렸다. 그러나 남아 있는 침실의 구조를 보아도 알 수 있듯이, 원래는 결코 가난한 사람들만의 잠자리는 아니었다.

집안의 중심 인물에 해당되는 사람이 자는 곳은 대개는 중앙의 막다른 곳이었다. 그 입구는 정면을 뒤로 하여, 이른바 요코자의 즈인이 차지하고 있었다. 이 공간만큼은 애초부터 칸막이에 문이 있었고, 대부분은 아래 마루 앞 귀틀이 10여 센티미터나 높이 있었다. 여기에는 다리를 높이 들고 들어오게 하여 침입자를 제지하기 위한 목적도 있었지만, 동시에 안에서 짚이 나오지 않게 하기 위한 대비이기도 했다. 또는 입구를 옆쪽으로 돌아간 곳에 만들고, 앞쪽은 나무 벽으로 된 경우도 있었다. 처자식이 자는 방은 대개 어두컴컴했지만, 짚을 깔아 잠자리를 만든 방은 어두워도 우선은 좋았다.

한편 목면은 습기를 잘 빨아들이고 땀 냄새를 옮기기 쉬웠다. 침실의 구조나 위치는 원래 그대로 두고 단지 침구만을 새로운 것으로 바꾸려고 했기 때문에, 이곳은 각 마을의 위생담당자들이 각별히 신경 써야 하는 장소가 되었다. 이런 종류의 이중 생활은 가옥만이 아니라 다른 것에도 많이 볼 수 있을 것이다. 건물은 그렇게 우리들의 일상 생활을 구속했고, 또 한편으로는 생각지도 않았던 생활습관을 서서히 길러 나갔다.

5. 잠자리와 손님방

개인의 방을 난도(納戶)라고 하는 방언은 널리 쓰이고 있다. 난도는 문자 그대로 원래는 도구 류를 넣어 두는 창고를 의미했는데, 침실은 실제로 그러한 창고의 용도를 겸했었다. 그런데 이즈(伊豆)[27] 지방의 섬들이나 다지마(但馬)[28]의 일부 지역에서는 시골인데도 이 방을 조다이(帳台)[29]라고 부르는 예가 있다. 조다이는 옛날 말이다. 그리고 신분이 높은 사람들만이 사용하는 침실로 여겨졌었다.

니조 성(二條城)[30]과 그 외 정식으로 지은 쇼인 즈쿠리(書院造り) 양식[31]을 보면, 위쪽 주인 자리 한 켠에 머리빗 모양의 낮은 창이 있는데, 이 창은 다음 방으로 통한다. 그것을 호위 무사인 무샤 가쿠시(武者隱し)가 있었던 장소라고 말하는 사람도 있었지만, 실제로는 그 다음 방이 조다이(帳台) 방이었다. 그 낮은 창처럼 만든 입구는 외부 습격에 대비한 구조라고 생각된다. 무장한 사람이 몰래 이 좁은 입구로 들어오려고 하는 동안 방 안에서 어느 정도 대비책을 마련할 여유를 가질 수 있었기 때문에, 안팎의 차이는 있지만 방어를 위해 쓸모가 있었다. 농가의 침실 문턱이

---

27) 옛 지명. 지금의 시즈오카현(靜岡縣) 동부 및 도쿄토(東京都)에 속하는 이즈 제도(伊豆諸島).
28) 옛 지명. 지금의 효고현(兵庫縣) 북부.
29) 하마유카(浜床 : 寢殿의 본채에 마련한 귀족의 휴식을 위한 마루) 위에 다타미를 깔고 네 구석에 기둥을 세우고 휘장을 드리워서 칸막이를 한 것. 주로 귀한 사람의 침실로 쓰였다.
30) 교토에 있는 에도시대의 장군 도쿠가와 가문의 저택. 도쿠가와 막부를 세운 도쿠가와 이에야스(德川家康, 1542~1616)가 교토의 경비와 교토에 머물 때의 숙소로 1602년 기공하여 다음해 완공.
31) 쇼인 즈쿠리(書院造り). 무로마치시대 중기에 완성된 무가주택 건축 양식. 일본식 주택으로서 지금도 쓰이고 있다. 손님 접대공간이 독립되어 있으며 멋스럽게 지어졌다. 현관, 도코노마, 선반, 장지문, 맹장지들이 있다. 현재 일반적인 전통 일본 주택의 건축 양식이다.

높거나 또는 돌아서 들어가도록 1미터 정도의 판자로 앞쪽을 둘러싸고 있는 것과 그 목적이 같다.

사도(佐渡)섬에서는 이 유래에 대해서 오야 가쿠시(親隱し)[32]라는 옛날 이야기가 전해지고 있다. 또 아리 도시(蟻通し) 이야기[33]도 마찬가지인데, 노인을 산에 버려야만 했던 시대에 효성이 지극한 사람이 부모를 이 속에 숨겼다는 것이다. 그리고 이 입구의 조금 높은 마루 앞 귀틀을 장난스레 '부끄럼 감추기'라고 부르는 지방도 있다. 이 귀틀이 없다면 더러 볏짚의 속 줄기가 발 끝에 채여 흐트러져서 볏짚에서 자는 것이 드러나기 때문이었는데, 이 설명 역시 새로운 것이었다. 무샤 가쿠시 전설의 절반이 이와 비슷한 것을 보면, 어쩌면 우연이 아닌 뭔가 밀접한 관계가 있었는지도 모르겠다.

손님방의 막다른 곳 한 구석을 조금 높여 족자와 장식물, 꽃꽂이 등을 감상할 수 있게 한 장소를 도코노마(床の間)[34]라고 부르고 있지만, 원래 그 용도가 완전히 다른 것으로 역시 네도코(寢床 : 침실)의 '도코'였다는 것을 추론할 수 있다. 어떻게 안에서 밖으로 향한 이러한 대변혁이 있을

---

32) 사도의 섬들에서는 거실 뒤에 작은 방이 있었는데, 출입구는 도코노마(床の間) 벽에 구멍을 뚫고 족자로 구멍을 감추어 두었다.

33) 「오바스테야마(姥捨て山)」라는 이야기 속에 등장하는 경우가 보통이다. 이 이야기는 옛날에 나이 많은 노인을 산에 버렸다고 하는 풍습에 근거하고 있으며, 아리도시 이야기의 줄거리는 다음과 같다. 옛날에 중국에서 일본을 공략하기 위해 굽어지고 가는 구멍이 난 구슬 일곱 개를 일본으로 보내어 여기에 끈을 통과시켜서 한 줄로 엮도록 요구하였다. 조정에서 여러모로 방도를 세웠으나 좋은 생각이 떠오르지 않던 차에, 주쇼(中將)라는 사람이 구멍 한쪽에 꿀을 바르고 다른 한쪽으로부터 실을 연결한 개미를 집어넣자, 개미가 꿀 냄새에 이끌려서 구슬 안을 통과했으므로 끈을 꿸 수가 있었다. 이 구슬을 중국으로 보내자, 중국에서 이번에는 처음과 끝이 같은 두께로 된 나무를 보내와서 처음과 끝을 알아맞히도록 요구하였다. 그러자 주쇼가 나무를 물에 흘려 보내서 처음과 끝을 알아 맞춘다. 중국에서는 일본에도 지혜로운 사람이 있다고 하여 처들어오지 않았다. 이 주쇼를 신으로 모신 것이 아리도시묘진(蟻通明神)이라고 전해지며, 오사카부(大阪府)의 이즈미사노(泉佐野)에 아리도시 신사(蟻道神社)가 있다.

34) 바닥을 조금 높게 해서 정면의 벽에 그림이나 글씨 족자 등을 걸고 바닥에는 장식물과 꽃병 등을 장식하는 곳. 근대 이후 일본 건축에서 거실(자시쓰 : 座室)에 만들었다. 무로마치시대에는 오시이타(押板)라고 불렀다.

수 있었는가에 대해서는 건축 기술의 역사를 통해 알 수 있다. 옛날 존경하는 사람의 거처로 임시 가옥을 새로 지어서 제공했던 시대에는, 대부분 제공자의 집에서 가까운 별채였다.

그런데 차츰 건축 기술이 발달하여 거대한 용마루 대와 기둥이 이용되고 사람들도 복잡한 기교를 즐기게 되자, 가족의 방이 본채와 합쳐진 것과 마찬가지로 객사(客舍)도 미리 큰 집 안에 상설적으로 만들었다. 나중에는 그만큼 귀한 손님의 방문이 빈번해지게 되었고, 이 상설적인 설비가 있었기 때문에 그들에 대한 동등한 대우 또한 가능해졌다고 말할 수 있다. 이전에는 손님을 화롯가의 손님 자리까지만 맞아들이면 됐던 것을 안쪽에 따로 마련된 객실로 안내하게 되었다. 어찌됐든 손님을 위해 마련한 방이기 때문에 묵고 있는 동안에는 손님이 그 방의 주인이었다.

지금도 여관에서는 그러한 기분을 맛볼 수 있다. 말하자면 손님에게 요코자의 권리를 양보하는 것이다. 손님을 군이 도코바시라(床柱)35) 앞에 앉히는 것도 여기서 연유한다. 주인이 앉는 요코자 뒤편이 주인의 침실이었던 것처럼, 주빈은 자신의 객실 앞에 있는 도코노마 기둥에 기대는 것을 당연하게 생각했다. 그런데 손님방이 전부 다타미를 깐 객실(座敷)로 바뀌고 나서도 그 위에 면 이불을 깔고 자게 되자, 도코노마라는 특별한 설비는 필요 없게 되었다. 그래도 도코노마를 없애 버리면 손님을 대접한다는 주인의 배려가 드러나지 않았기 때문에 차츰 이 장소를 더욱 고상한 목적으로 사용하게 되었다.

벽에 족자를 걸기 시작한 것도 보통 서민의 집에서 꽃꽂이가 시작된 15세기 경의 무로마치(室町)시대였다. 처음에는 화병에 꽃을 꽂는 날이 7월 7일로 정해져 있었다. 이것도 일종의 본바나(盆花)36)였기 때문에 족자

---

35) 도코노마 옆의 기둥. 각진 것을 정식으로 치나 원주(円柱)도 있다. 흑단(黑檀)·자단(紫檀)·백단(白檀) 따위의 열대산 양질의 목재, 또는 껍질이 있는 자연목을 사용하는 일이 많다.

36) 우라본(盂蘭盆)은 음력 7월 15일을 중심으로 여러 가지 음식을 조상에게 공양하고 아귀(餓鬼)에게 주는 등 조상의 명복을 빌고 그 고통을 구제하는 행사인데, 본바나란

로 걸었던 그림은 종교화에 한정되어 있었을 것이다. 하지만 시간이 조금 지나자 여기에 풍류가 다양하게 가미되어, 화병 등의 도구나 관상용 식물과의 흥미로운 배합이 이루어짐으로써 재력이 있는 사람들은 이런 것을 수십 쌍 진열하게 되었다. 나중에는 꽃꽂이 구경을 위한 실내 장식을 '실례(室禮)'라고 하기도 했다. 도코노마가 다정자(茶亭子)[37]와 연결되어서 꽃꽂이를 구경하기 위한 목적으로 이용되었던 것은 이제는 그 설비가 원래 용도로는 쓸모 없게 된 후였다. 다도와 하이카이(俳諧)가 이렇듯 약간 느닷없고 엉뚱한 착상을 뒤에서 거들었던 것은 말할 것도 없으리라.

후스마[38]가 당지(唐紙)[39]를 바른 방안의 칸막이문을 뜻하게 된 이유를 나로서는 아직 분명하게 설명할 수 없다. 하지만 어쨌든 한 지붕 아래 더러 주인이 두 사람 생기고 두 군데에 침상이 있게 되자, 병풍만으로는 경계가 충분치 않았다. 그것이 '마(間)'[40]를 오늘날처럼 분할하게 된 최초의 원인이었다. 그보다도 더 큰 또 하나의 변화는 집 전체에 다타미가 깔리게 되었다는 것인데, 이것도 원래는 객사를 집안에 만들게 됨에 따라 앉을 때의 예절이 변화한 데서 유래한다.

객사가 단순한 임시적인 고야(小屋)였을 때에는 고야를 제공받은 손님의 자리가 정해져 있었다. 즉 보통의 주거로 치면 주인의 자리로 정해진 이로리(囲爐裏)의 정면에서 정원 쪽을 바라보는 곳이 손님의 자리였다. 그런데 손님방이 집 안에 생기고 나자, 여러 사람이 이곳으로 안내되었고 귀빈들에게만 하던 환대를 차츰 다른 동료들에게까지 확대하려고 했다. 그래서 상황에 따라 사양하거나 상대방을 배려해야 하는 일이 많아졌기

이때 산에서 꽃을 꺾어 와서 쇼료다나(精靈柵 : 본 때 신을 맞아들이기 위해 설치하는 선반)에 장식하는 꽃을 말한다.

37) 다도(茶道)에서 다구(茶具)를 올려놓는 네 기둥의 탁자. 다이스(台子)라고 함.

38) 나무로 골격을 짜서 양면에 종이와 천을 붙인 것.

39) 금니(金泥), 은니(銀泥)를 사용한 무늬 있는 고운 종이를 가리킨다.

40) 집 내부에서 병풍이나 후스마 등으로 칸막이를 하여 만든 곳. 방의 의미로도 쓰임.

때문에 이른바 좋은 자리로 안내해야 할 사람도 늘어났다. 다타미는 원래 우타 카루타(歌カルタ)[41]의 그림처럼 한 사람씩 앉도록 준비해 두고 있으면 되었지만, 나중에 좋은 자리에 앉아야 할 사람이 많아지자 가장자리에는 전부 깔아두게 되었다. 그런데 좋은 자리를 사양하는 법도가 점점 까다로워졌기 때문에 귀찮아서 결국에는 중앙부까지 모두 다타미를 깔았다. 여기에는 술을 따를 때의 주인의 거동도 상관이 있었을 것이다.

정말로 귀빈이라면 모두 책상다리로 앉는 것이 정좌(正座)였고, 여기에 마주하는 사람은 무릎을 꿇고 앉았다. 일본에서는 양쪽 무릎을 모아서 아래로 대고 발은 발끝만을 모아서 붙이는 것이 윗사람을 모시는 사람의 평상시 법도였다. 즉 용건이 생기면 곧 일어설 수 있는 자세였다. 이 자세는 받는 쪽에서 보더라도 불편하게 느껴졌기 때문에 여성들은 지금과 같이 조금 편히 앉기도 했다. 하지만 나중에 남자들이 주인과 손님 모두 앞쪽은 무릎을 꿇고 뒤쪽은 발끝을 펴서 발등을 아래로 대고 앉게 된 것은, 전적으로 이 같은 환대 방법이 변화된 데서 비롯되었다. 즉 가장 진보된 교제는 손님도 책상다리로 편하게 앉지 못하고, 주인도 딱딱하게 예의를 지킬 필요까지는 없는 대등한 방식이라고 할 수 있을 것이다.

이런 방식으로 앉으려면 아마도 판자가 깔린 공간은 특히 불편했을 것이다. 어쨌든 손님방은 '자리를 깐다'는 뜻인 '자시키(座敷)'라고 불렀을 정도로, 일찍부터 다타미가 깔려 있었다. 복도나 그 외 부분에도 부엌을 제외한 모든 곳에 다타미를 깔아야 한다고 생각하게 된 것은 명치시대였다. 말하자면 원래 다타미가 손님방에만 까는 것이었음을 잊어가고 있

---

41) 카드놀이의 일종. 작은 종이 팻말에 백인일수(百人一首 : 일본의 대표적인 와카 시인 100명의 대표적인 와카를 한 수씩 선별하여 만든 것)의 와카(일본의 전통적인 음수율에 의한 정형 시가. 5·7·5·7·7의 31음절로 되어 있음. 5·7·5를 가미노 구(上の句)라 하고 7·7을 시모노 구(下の句)라고 함)를 한 수 전부 쓴 것을 요미후다(讀札), 아래 구(下の句)만 쓴 것을 도리후다(取札)라 한다. 놀이 방법은 도리후다를 바닥에 깔아 놓고 요미후다를 읊으면 도리후다를 집어든다. 집어든 도리후다의 수가 많고 적음에 따라 승패를 정한다. 에도시대에 시작되었다.

는 것이다. 현재는 손님이 오지 않는 날도 계속 깔아 두는 것을 당연하게 생각하고 있을 뿐만 아니라, 돈이 있는 사람은 그 위에 카페트나 호랑이 가죽을 깔고, 더욱이 방석(座蒲団)이라고 부르는 제3의 다타미를 깔고 있다. 말하자면 신발을 벗은 손으로 금방 과자를 집어야 하는 듯한 불편을 감수하고 있는 것이다. 이는 옛날부터 내려온 구속은 아니다.

6. 쇠퇴해진 데이(出居)

　다타미는 그 어원이 '다타무(접다)'인 것만 보아도 원래 접을 수 있는 것이었을 터이다. 다타미에 '도코(床)'라고 부르는 짚을 넣게 된 데는, 방석이 요의 전용(轉用)이었던 것처럼 역시 침구와 관계가 있었던 듯하다. 현재는 단단하게 판자처럼 되었지만, 여기에 수 센티미터의 높이를 더한 것은 실내에서 필요한 곳으로 옮겨 깔았던 흔적에 지나지 않는다. 마루에 높낮이가 있으면 쉬기에 편했을 뿐만 아니라, 실내화였던 왜버선을 벗지 않고서도 발을 편히 뻗고 앉을 수 있었기 때문일 것이다.

　왜버선이 목면으로 바뀌고 나서는 이것을 신고 다타미 위를 걸어다니는 일을 오히려 어느 정도 기분 좋게 여겼는데, 그래도 판자를 간 방과 같지는 않았기 때문에 여러 가지 신경이 쓰이는 일이 많았다. 그 중에서도 가장 큰 문제가 된 것은 먼지 처리였다. 그 때문에 오늘날 행해지는 스스하라이(煤拂い)[42] 행사에서는 시종일관 다타미를 두드리는 소리가 나게 되었다. 일본 문학이 자꾸 세상을 덧없는 먼지처럼 칸탄하고 있던 무렵, 아직 우리들 생활 주변에 떠돌아다니는 먼지의 종류는 단순했다. 흩

---

42) 설날 신을 맞기 위하여 실내의 그을음과 먼지를 털어내고 깨끗하게 하는 것. 12월 13일 행하는 곳이 많고 신앙적인 행사와 함께 행해진다. '스스하키'라고도 함.

어져서 날아다니기는 했지만 섬유 먼지는 그 모양이 조금 길었다. 그런데 오늘날에는 모와 목면으로 된 여러 가지 직물, 종이나 숯찌꺼기 등 모든 것이 부스러져 가루가 되고 많은 미생물이 공중에 머물다가 촘촘한 다타미 틈에 내려앉는다. 또 아침 저녁으로 이불을 털 때 공중에 떠돌아다니게 되는데, 이들 먼지가 조금씩 내려앉는 시각이 공교롭게도 우리들이 자는 시간, 또는 밥 먹을 시간이다.

밥상의 높이가 흥미로울 만큼 낮아진 것은, 어쩌면 이 먼지에 대응하기 위한 의도처럼도 생각되었지만, 어쨌든 밥상은 조금씩 그 치수를 조절하게 되었다. 실제로 침대에 다리가 달려 있는 것을 알면서도 다타미의 높이를 어떻게 조절하려고 하는 사람이 전혀 없는 것은, 근래에 들어와서 다타미를 마루처럼 전부 깔았기 때문이다. 아마도 다타미가 그 형태에서 알 수 있듯이 마루치고는 약간 남고, 깔기에는 조금 부족하다는 어중간한 것이었기 때문일 것이다.

앞에서 말한 것처럼 손님방이 발달하고 난 후 데이(出居)43)의 생활 자체가 일본에서 쇠퇴하게 되었다. 데이는 지방에 따라 안방을 말하기도 하고 가게에 딸린 방이나 거실을 뜻하기도 했지만, 실제로는 그 어느 것도 원래의 의미에는 맞지 않았다. 데이(出居)는 글자 그대로 나가서(出) 바깥 사람들과 함께 있는(居) 장소였다. 추위가 심할 때는 화로 주변에 모여서 이야기를 하지만, 일반적으로는 툇마루에서 가까운 밝은 곳에 둥근 방석을 깔고 모여 앉았다. 손님방은 방문객이라도 맞아들이기 위해서 항상 준비된 상태여야 했고, 거실을 사용하기에는 세심한 마음씀씀이가 필요했다.

작은 집에서는 대개 문간에 서서 이야기를 함으로써 용건을 끝냈는데,

---

43) 신덴 즈쿠리(寢殿造り) : 일본의 귀족저택의 건축 양식)에서 주로 신덴(寢殿 : 주인이 거주하는 집 중앙의 正殿)의 동북쪽이나 서북쪽의 와타도노(渡殿 : 두 건물을 잇는 복도)에 마련했던 방. 주인의 주거 겸 응접실로 사용했다. 보통 네 칸 주택이라면 바깥쪽의 토방에 가까운 방.

큰 대문이 있는 정도의 집에서는 방문객을 맞는 것이 일이기도 하고 새로운 자극이기도 했으며, 또 사회와 연결하는 창구 역할을 하기도 했다. 때문에 데이라고 하는 한쪽 공간이 원래는 이처럼 소중하게 여겨졌었다. 그래서 데이를 일명 바깥 방(表の間), 또는 귀족들이 가이쇼(會所)[44]라고 불렀던 시대도 있었다. 그런데 보통의 집들은 바깥에서 활동하는 대가 많았기 때문에 이곳을 매일 사용하지는 않았고, 평소에는 여자들이 바느질을 하거나 아이들이 뭔가 배우는 등, 가장(家長) 이외의 사람들이 사무적으로 쓰고 있었다. 따라서 조금씩 원래의 목적이 불분명해지고 이어서 손님방이라는 공간이 발달함에 따라 데이는 있으나 마나하게 되고 말았다.

상인들이 이곳을 가게를 확장하는데 사용하거나 의사와 같이 집에서 일하는 직업을 가진 사람들이 이곳을 작업장으로 쓰는 경우를 제외하고는, 대부분의 집에서는 이 방이 무의미해져 버렸다. 그 결과 외부에서 사람이 방문했을 경우 안쪽 객실로 일부러 모셔서 환대해야 할 손님과 될 수 있으면 아랫사람을 시켜서 중간에 돌아가게 하는 사람의 두 종류로 나뉘게 되었다. 일본의 접대법이 어떤 사람에게는 지나치게 호의적으로 평가되는가 하면 또 다른 관찰자에게는 조금 냉담하게 해석되는 원인은 바로 이 데이의 쇠퇴에서 왔을지도 모른다.

최근에 이른바 신식 문화주택[45]이 생기고 나서 이 결점이 조금씩 드러나기 시작했지만, 대부분은 데이를 필요 없다고 여기고 생략하는 경우가 많다. 시골에서도 새로 짓는 집에서는 처음부터 데이를 복도와 같은 용도로 취급하는 일이 많다. 부인들의 사교적인 능력이 점점 향상되게 되면, 거실과 밖, 조이(常居 : 거실)[46]와 데이(出居)의 간격은 없어질지도 모

---

44) 일반적으로는 집회를 갖기 위한 장소라는 뜻이다. 가마쿠라(鎌倉)시대부터 무로마치(室町)시대까지는 귀족들의 저택에 갖추어진 손님 접대용 공간을 의미했다. 에도(江戶)시대에는 상업이나 행정사무를 보기 위한 집회소를 가리키게 되었다.

45) 일반적으로는 대정(大正)·후기부터 소화(昭和) 전기 사이에 세워진 생활하기에 편리하게 꾸며진 주택 양식을 가리킨다. 일본에서도 주로 관서(關西) 지역에서 많이 사용하는 말이다.

른다. 하지만 데이와 손님방의 차이를 볼 때, 데이가 없으면 혼란이 초래될 것은 분명하다. 현관은 원래 손님방의 출입구로 특별히 만들었던 것이다. 이것도 어쩌면 나가야(長屋) 생활의 영향이겠지만, 현관이 외관 중심으로 변하게 되자 집은 이래 저래 임시 설비인 손님방의 부속물처럼 되었다.

귀빈의 방문이 매우 중요한 사건이었던 것은 주로 무가(武家)시대 전기의 일이다. 유한계급이 밖에 나가 노는 것을 즐기게 되고, 모든 곳에 아직 여관이 설비되어 있지 않았기 때문이라는 단순한 이유 이상으로, 귀빈이 아랫사람의 집을 방문하는 것은 부하된 사람이 윗사람을 알현하거나 면회하는 일과 대조적인 일종의 서약 방식이었던 것 같다. 얼마 가지 않아 그런 방식은 점차 쇠퇴하였다. 일단 그런 과정 속에서 발달한 안방 구조는 이용 방법이 확대되었다. 한편 지방에 따라 '조배(朝拜)'의 기원이라고 추정되기도 하는 친족의 잦은 방문은 현재까지 남아 있는 하나의 관습으로 이것은 친족이 임시로 가족의 일원이 된다는 의미를 갖고 있었다. 이 두 가지가 나중에는 뒤섞이게 되어 손님을 거실로 들어오게 했는데, 일단 거실로 들어온 이상 어떤 경우든지 즐겁게 환담을 나누거나 집안 전체를 떠들썩한 분위기로 만들어 집안의 아이들을 혼란스럽게 하는 구속이 되었다. 오늘날의 공간 배치는 방이든 거실이든 새로이 밖에서 덧붙여진 부분이 전부터 있었던 주거 공간을 침식하는 형태로 변했다. 일상 생활에서 새삼 데이가 필요하게 되었지만, 이것을 대신한 응접실이라는 것은 아직은 대부분 손님방과 같은 요소를 지니고 있는 것 같다.

우리들의 주거공간의 편안함에 대한 문제는 적어도 한 지방에서 모두가 협력하지 않으면 해결할 수 없을 것이다. 색이나 맛은 각각의 취향에 따라 바뀌어 왔다. 하지만 가옥은 공급하는 사람의 손에 의해 정해진다. 목수의 건축 양식은 매우 천천히 변해 간다. 게다가 우두머리 목수에 따

---

46) 가족이 평상시 사용하는 거실.

라 몇 가지 계통으로 나뉘어져 있었다. 따라서 배운 척도 비율을 벗어나면 집은 실제로 매우 위험해질 수도 있었다. 그 때문에 갑과 을의 부(府)나 현(縣) 사이에는 흥미로울 만큼 건축 양식의 차이를 보이고, 같은 지방이라면 어느 집이나 거의 똑같을 수도 있었다. 나중에 불편함을 참을수 없게 되어 개조를 한다고 해도 개조할 수 있는 부분은 뻔했다. 어디를 가더라도 대담하고 자신 있는 설계사를 찾기 어렵기 때문에 안심하고 견본으로 삼을 만한 설계를 얻을 수도 없었다. 그래서 결국은 차라리 외국의 긴 경험을 그대로 도입하는 것이 좋겠다는 제안도 나왔다. 하지만 우리의 생활 방식이 아직 서양식과 조화를 이루지 못하고 있었고재료의 제한도 많았기 때문에, 더 이상은 스스로 새로운 인내를 강요당하는 일은 하지 않았다. 집이 대체적으로 다른 것보다 그풍스럽고, 그 때문에 옷과 음식 등 그 외 것들의 발전을 방해하고 있다 이것은 다시 말하면 흠잡을 데 없는 건축 양식이 정해지기를 기다리는 것이다. 요즘에는 다행히도 웬만큼 자유로운 상상을 할 수 있는 건축가가 나타나서, 계속해서 새로운 형태의 집짓기가 시도되었다. 하지만 건축 모양이 단 하나의 형태로 정해지지 못하고, 새로운 것으로 금방 대체되어 버리곤 한다. 이것은 유행이 아직 시작되지 않았다는 것을 의미한다. 이른바 일본과 서양의 방식을 절충한 예는 상당히 많아졌지만, 집의 경우는 절충이아니라 실제로는 이것 저것 모아서 비교하고 있을 뿐이다.

7. 낭비되는 나무

집을 짓는 재료에 대한 문제는 지금까지 상당히 고생을 했으나 아직갈피를 못 잡았다. 그리고 옷이나 음식의 경우처럼 기회가 충분하지 않왔다. 그러나 대체적으로 일본처럼 식물이 잘 자라는 나라에서 나무와 띠(萱)를 주로 사용한 것은 자연스러운 일이며, 선택의 여지가 없는 일이었다. 단지 이전에는 그 이용 방법에 대해 그다지 주의를 기울이지 않았다고 말할 수 있다. 먼저 지붕을 이는 방법부터 본다면, 이 방법은 터무니없이 일손이 많이 가는 방법이었다. 판자를 얹은 지붕은 꼭 오늘날의 양철지붕과 마찬가지로 가장 단순한 구상이었을 뿐만 아니라, 훼손된 곳을 보수하는 일도 판자 가격이 쌀 경우 외에는 어려운 일이었다.

얇게 켠 작은 판자를 사용하는 공예는 될 수 있으면 나무를 얇게 켜서 차츰차츰 작게 만드는 것이 경제적이었고, 게다가 작업에도 편리했다. 또 작은 판자를 겹쳐서 얹은 곳은 보기에는 좋았지만 그만큼 일손이 많이 들어갔다. 못을 박으면 쪼개져서 썩고, 돌로 누르면 미끄러져 떨어지고, 그것을 횡목(橫木)으로 고정하면 눈을 쓸어 내리기 어려웠다. 게다가 바람에 훼손되고 불에 위태로웠다. 말하자면 가장 위험이 많은 셈이다. 그럼에도 불구하고 이 방식은 오래 이어져 오는 동안, 나뭇가지나 편편한 돌, 둥근 돌, 바다 근처에서는 굴 껍질을 지붕에 얹는 등, 각 지방의 특색마저 생겨나게 되었다.

주된 이유는 이를 대신해서 사용할 만한 재료를 발견하기 어려웠기 때문이라고 말할 수 있을 것이다. 모옥(茅屋)은 매우 간단해 보이지만, 이것 또한 일찍부터 띠를 심을 밭을 준비해 두지 않으면 새로 지을 수가 없었다. 이는 예로부터 내려오는 토지 경작법과 병행해서 전해졌다. 갈대나 겨릅대, 그리고 뽕나무나 대나무 등 마침 구하기 쉬운 것으로 일부를 보충하였지만, 이미 그 몫만큼 띠밭은 감소했기 때문에 다시 이전으로 되돌아가 전체를 모옥으로 하는 일은 어렵게 되었다. 특히 각 집에서 각자 그 재료를 준비하는 일도 매우 어려웠다.

한 마을 안에서 순서대로 돌아가며 지붕을 이거나, 또는 불이 나서 복구하는 일을 돕기 위해서는 유이(ユイ)[47]라는 조직이 필요했다. 즉 일 년 동안 모은 띠를 어느 한 집에서 쓰도록 허용했을 뿐만 아니라, 모여서 띠

를 베고 운반하며 도울 것을 서로 미리 약속해 두었던 것이다 유이를 통한 결합이 붕괴되기 훨씬 전부터, 이미 띠가 서식하는 장소를 찾기 힘들게 되었다. 게다가 일반적으로 민가가 기와로 지붕을 이는 일은 제도로써 허용되지 않기 때문에, 작은 집에서는 제각기 임시로 지붕을 이는 일이 시작되었던 것이다. 교토 남쪽부터 나라(奈良) 지방에 걸쳐서는 볏짚을 많이 쓰고 있다. 혹시 미관 때문에 볏짚을 선택했는가 하는 생각이 들 정도로 지금은 집의 윤곽과 교묘하게 조화를 이루고 있지단, 이처럼 손길이 많이 가는 재료를 처음부터 좋아한 것은 아니다.

그 밖의 많은 부(府)와 현(縣)에서 밀짚 내지는 보릿짚으로 지붕을 이고 있는 것은 분명 띠밭을 보리밭으로 개간할 수밖에 없었던 결과, 생겨난 것이다. 솜씨 있게 이어 올리면 외형적으로는 그다지 차이가 없지만, 띠로 지붕을 이은 모옥이 40~50년은 지탱하는 데 반해서 밀짚이나 보릿짚은 거의 3년이 지나면 썩기 시작했다. 따라서 유이를 주고받아야 할 여지가 없어진 셈이다. 연말이 되면 겨울철에 일이 적은 산촌에서 지붕을 이는 사람[48]이 동네마다 돌아 다녔다. 일손이 부족한 집에서는 날품팔이를 고용했다. 시커멓게 썩은 보릿짚은 퇴비 등의 목적으로 사용되었다.

용마루를 맞춰 이는 것은 특히 초가집에는 거추장스러운 일이었다. 일본의 관동(關東) 지방에서는 흙을 실어서 띠 끝을 누르고, 비 때문에 그 흙이 흘러내리는 것을 막기 위하여 샤가[49]나 붓꽃 종류와 같은 뿌리가 많은 식물을 심는 지방도 있다. 다른 지방에서는 특별히 짚으로 싸서 만

---

47) 상호부조 · 협동노동의 한 형태로 일반적으로 노동의 교환을 의미하는 용어이다. 단 기간에 집중적으로 노동력을 필요로 하는 작업에서 노동력의 고환이라는 형태로 노동력을 보충하고 확보하려 했던 방법이다. 모내기 · 벼베기 · 탈곡 등의 농사일 이외에도 집 수리나 지붕을 갈아 이는 작업에도 유이가 이루어졌다. 오키나와 지역에서는 여기에 해당하는 상호부조 조직으로 모아이(模合)가 있다. 상호부조제도에 관한 야나기타 구니오의 논고로는 「오야와 노동(オヤと勞働)」(『柳田國男全集』 12, 1990에 수록)이 있다.
48) 이런 사람을 야네야(屋根屋)라 한다.
49) 붓꽃과에 속하는 상록 다년초.

든 꾸러미로 용마루를 누르고 대나무를 옆으로 가로질러 용마루를 묶는 방법이 발달했으며, 지붕을 이는 방법도 점점 전문화되었다. 하코무네 즈쿠리(箱棟造り)[50]라 해서 판자로 싸고 삼나무 껍질로 감은 용마루도 있지만, 명치시대에 들어서는 점점 기와로 된 용마루가 늘어났다. 이는 외관의 아름다움 때문이기도 했다. 평민에게는 지붕을 전부 기와로 이는 것이 금지된 시대에도 용마루와 차양에는 사용할 수 있었기 때문에, 도카이도(東海道)[51]의 숙소 등에는 중간의 아주 적은 부분에만 띠를 사용한 집도 많았다.

지붕을 전부 기와로 이는 일이 허용되자, 띠밭이 갑작스레 모두 개간되어 버렸고 집의 형태 또한 변해 갔다. 초가는 될 수 있으면 빨리 비를 흘려 내리고 습기를 머금지 않도록 하기 위해서 무엇보다도 경사를 급하게 할 필요가 있었다.[52] 이런 집에서는 처마가 낮게 쳐져서 낙숫물의 물줄기가 문을 때렸지만, 기와집은 이와 반대로 지붕에 얹은 기와가 삐뚤어지지 않도록 완만하게 지붕을 만들었다. 따라서 처마 끝을 깊게 하여 창문을 밝게 만들기가 가능했다. 판자나 삼나무 껍질을 얹은 차양이 새로운 것은 아니었지만, 명치시대에는 경쟁하듯 농촌의 모옥이나 초가집에 차양을 만들었다. 대나무 홈통이나 양철 홈통을 차양 끝에 두른 이후, 사람들은 낙숫물 사이를 지나지 않고도 자유롭게 드나들 수 있게 되었다. 이와 더불어 툇마루가 대부분의 집에서 일반화된 것도 새로운 시대의 한 변화였다.

초가집에서는 툇마루가 보통 덧문인 아마도(雨戸)[53] 밖에 있어서 비에

---

50) 일본 건축에서 용마루를 상자 모양으로 만들어 덮은 양식을 말한다. 보통 나무로 만든다.

51) 도쿄에서 교토에 이르는 해안선을 낀 도로.

52) 이런 양식의 가옥을 가리켜서 갓쇼즈쿠리(合掌造り : 가옥 형태가 마치 합장하는 듯이 급한 경사를 이루고 있어서 붙여진 이름)라고 한다. 기후(岐阜)현 북서부 오노군(大野郡)에 위치한 시라카와촌(白川村)이 유명하다.

53) 비바람을 막기 위한 덧문.

젖기 때문에 실제로는 그다지 쓸모가 없었다. 처마의 차양이 높고 밝아지자, 비로소 집 가장자리에 마루를 만들게 되었다. 툇마루는 다타미를 깐 장지문 안의 부자유스러움을 어느 정도 완화시키게 되었는데, 노인들 중에는 지금도 그 툇마루가 신기해서 늘 이곳으로 나와 햇볕을 쬐려고 하는 사람들이 많다. 아이들도 대부분 마음 편하게 이곳으로 모여든다. 또 길을 지나가던 사람이 들러서 걸터앉으려 한다. 즉 툇마루가 데이(出居)의 기능을 대신하고 있었다. 이 또한 기와라는 존재의 영향이었다.

벽이 보급된 것은 기와보다는 조금 오래됐다고 생각되지만, 이것도 차양이 벌어지고 처마 끝이 높아지고 나서 훨씬 그 효용이 높아졌다. 이전에는 빗물이 때려서 흙이 흘러내리기 쉬웠고, 이른바 황폐한 아바라야(あばら屋)54)의 흙벽에는 틈새가 판자보다 많았다. 흙벽을 잘 바르면 바람을 막는데 적합해서 추운 지방에서 많이 이용할 것으로 생각되지만, 실제로는 오히려 북쪽으로 갈수록 판자로 만든 벽이 많다. 그 이유는, 첫째 재료인 나무판자가 풍족했기 때문이다. 둘째 흙벽은 외부에서 들어온 기술이었기 때문에 여물을 잘라 넣어서 진흙을 이기는 정도의 단순한 기술이라 하더라도 손쉽게 생각해 낼 수 없었다.

미장이라는 이름은 어떻게 시작되었는지 모르지만, 이 미장이 직인들의 정착으로 인해 집이 조금씩 따뜻해지고 차츰차츰 좋아졌다. 결국 우리들은 언젠가는 돌로 지은 집에서 살 대비를 조금씩 하고 있었던 셈이다. 또 하나의 효과는 창문을 어떤 크기로든 자유롭게 만들 수 있게 된 점이다. 판자벽에도 창문을 만들 수는 있었지만, 실제로는 그 크기와 위치가 제한되어 있었다. 장지문과 유리문의 도입과 함께 창문의 형태가 흥미로울 정도로 다양화되었고, 작은 방 수도 많아졌다.

기와와 흙벽은 당연히 화재를 예방할 수 있었을 터이지만, 실제로는 아직 그 성과가 인정되지 않고 있다. 기와와 흙벽을 만든 다음부터는 이

---

54) 다 쓰러져 가는 황폐한 집.

른바 옥상을 제한하는 규정이 일찍부터 시행된 도(都)와 부(府), 그리고 흙으로 만든 광과 누리고메(塗籠)[55]가 늘어서 있는 시가(市街)가, 한 눈에 들어오는 붉은 불모지로 변했다. 지방에서는 큰 화재가 훨씬 자주 일어나고 있다. 소방 조직이 치밀해지고 소방기구가 정교해진 것도 명치·대정 시대의 특색이지만, 한편으로는 화재를 일으킬 수 있는 원인 또한 확실히 많아졌다는 것을 나중에 조사를 통해 알게 되었다. 여기에는 일종의 고야(小屋) 심리, 즉 집이란 불타기 마련이라는 사고 방식도 작용하고 있었던 듯하다.

고야가 진짜 임시거처였던 시대에는, 사실 이 고야는 땔감이 필요할 때의 장작과 같은 구실을 하기도 했다. 고야에 정착하여 살게 된 후에도, 일부러 불을 지르는 사람이 없었을 뿐 도시에서는 집에 불이 나는 것을 막으려는 사람이 거의 없었다. 화재를 알리는 경종(警鐘) 소리가 들리면, 바람이 부는 정도와 방향을 살피고서 조금 위험하다 싶으면 언제든 빠져나갈 준비를 했다. 옷을 넣는 고리짝이나 가고나가모치(籠長持)[56]는 모두 운반용으로 만들어졌고, 수레꾼의 다이하치 구루마(大八車)[57] 등도 화재용으로 발명되었다고 한다. 시골에서도 한 집만 타고 마는 일은 다행스런 경우였으며, 나중에 위문품과 복구로 그 피해를 줄인 것은 오늘날의 보험과 마찬가지였다. 재해도 여러 종류가 있긴 하지만 사람들이 이처럼 간단하게 체념하는 경우는 드물었다. 왜냐하면 도시에서는 타버린 것은 대용품을 바로 구할 수 있는 상품이었기 때문이다. 때문에 방심하여 살림살이까지 통째로 타버린 경우를 특히 불행으로 여겨 탄식했다.

도시에서 소방수한테 각별한 수고를 끼치는 것은 큰 돈이 드는 일이었다. 이 한 채는 절대로 불태우지 말아야겠다고 작정하고 소방수를 부르기

---

55) 화재에 견딜 수 있도록 두껍게 흙을 발라서 광처럼 만든 방.
56) 바구니처럼 짜만들어 옷이나 신변잡기 따위를 넣어두는 뚜껑이 달린 직사각형 모양의 고리짝. 흔히 운반용으로 쓰였다.
57) 두세 사람이 끌어야 할 만큼 큰 수레.

위해서는, 불이 난 그 절박한 상황에서도 주판을 놓아 볼 필요가 있었다. 그래서 세 들어 사는 대부분의 사람들은 도시 소방대를 부르지 않았다. 대체로 집에서 일어나는 화재에 대해 신경 쓰지 않는 사람들이 도시에는 매우 많았을 뿐만 아니라, 일부에서는 이를 호황으로 이해하는 사람도 적지 않았다. 큰 불이 나면 일시적이지만 많은 실업자를 구제할 수가 있었기 때문이기도 하다. 100년 전에 쓰인 『우타쿠 수필(羽栗随筆)』을 보면, 에도(江戸)에서는 소방수가 주로 토목공사 노동자였기 때문에 어떻게든 화재를 크게 만들려고 해서 곤란했다는 기록이 나와 있다. 말하자면 집이란 쉽게 불타기 마련이라는 고정관념 이전에 불타지 않을 것이란 신념을 가지고 지은 집이 애초부터 적었던 셈이다.

현재는 이사를 재미있어 하고 집이 불타는 일을 아무렇지도 않게 생각하는 부류의 세입자가 차츰 감소했을 것으로 생각되지만, 그 대신에 집에 대한 소유자의 애착을 어느 정도 담담하게 만든 보험이란 제도가 시행되고 있다. 보험료가 비싸서 불이 나지 않으면 손해지만, 불에 대해 실제 이상으로 안심하게 되었다. 때로는 이 집에 불이라도 나 주었으면 하고 바라는 일도 있다. 보험회사에서 이른바 초과보험이나 중복보험을 늘 경계했지만, 여전히 자기 집에 방화를 하는 기괴한 범죄를 근절시키기가 어려웠다.

집에서 사용하는 장작숯의 수요가 어쩌면 이 나라의 삼림 성장을 추월하는 것이 아닌가 하고 염려되었다. 또 한편으로는 계속해서 화재로 인한 건축 자재의 소비가 끝없이 이어져, 마침내 해외에서 많은 양의 건축 자재를 보충해야만 했다. 그러나 목재의 국내 가격은 여전히 비싸기 때문에, 모처럼 굵어진 나무를 가늘고 얇게 켜서 형태는 고상하나 약해 빠진 집을 지을 수밖에 없었다. 이런 외관을 지닌 집이 결코 명치시대 이전부터 존재했던 것은 아니다.

8. 정원 예술의 발생

집이 가진 목적은 다른 두 가지, 즉 의식(衣食)과 마찬가지로 개인적인 좁은 의미를 뜻하는 것만은 아니었다. 단지 각자가 추위와 더위, 비와 이슬을 피하고 밤에 잠을 잔다는 것 이외에, 옷과 음식으로 말한다면 특별히 애를 업는 포대기나 어머니가 만든 음식처럼 사랑하는 모든 사람들에게 효과가 있도록 해야 했다. 지금도 집에 오는 손님이나 멀리서 집을 바라보는 사람들을 위해서 약간의 불편함을 견디고서 집 주위의 아름다움을 고려하는 예를 많이 볼 수 있지만, 이전에는 더욱 광범위하게 고려하였으며, 그러한 고려가 얼굴을 마주하지도 않을 손자, 증손자에게까지 미치고 있었다. 그들의 후손이 조상들이 살았던 먼 옛날 세상의 판단이나 취향에 구속당했다고 한다면, 조상 또한 후손들을 위해서 자신들에게는 필요도 없을 여러 가지 준비를 했던 것이다. 더구나 미래의 행복이나 불행에 대해 확신을 갖기 어려웠기 때문에 미래를 예측하기 위해서 때때로 신비로운 방법에 의존했다. 집터 고르기나 풍수는 이름이 생소하긴 하지만, 그 같은 감추어진 법칙을 알고자 하는 사람들 마음의 자연스러운 표출이었다.

사람들을 드넓은 분지 한 곳에 모아두고 어디든지 자유롭게 마음에 드는 장소를 택지로 고르라고 했다고 하자. 그러면 적어도 일본인들은 그 장소 선정이 거의 일치했을 것으로 생각되는데, 지금의 여러 지방에서 볼 수 있는 예를 보더라도 이를 추측할 수 있다. 예를 들면 언덕을 북쪽으로 하고 남향으로 지은 집은 다른 방향으로 지은 집보다 일찍 생겨났다. 샘물이 나오는 곳에서 가까운 위쪽에 있는 집은 하류에 있는 집보다 널리 분포하고 있다. 그것을 통해 위쪽 지역이 훨씬 이전에 생겼다는 것을 짐작할 수 있다. 인구가 늘어나 원하는 대로 마음껏 땅을 구할 수 없게 된 뒤에도, 될 수 있으면 이전 조건과 가까운 땅을 찾았고, 부족한 점은 새로운 발명으로 조금씩 보충하였다.

연료를 쉽게 구할 수 있고 물을 끌어 쓸 수 있으며, 바람을 막아주고 햇빛이 든다는 것 외에도 집 뒤편에 산이 있다는 것은 외부 침입자를 경계하기 위해서 필요했다. 집 앞쪽에 논이 있고 대문에서 이어지는 한 줄기 작은 길이 그 사이를 지나고 있는 것도, 단지 논을 관리하기가 쉽고 가을철에 벼가 익는 광경을 즐길 수 있다는 것보다는, 처음에는 이곳을 요새로 삼아서 침입자를 방어하자는 것이 주된 목적이었을지도 모른다. 그런데 훨씬 옛날부터 흉악한 적이나 약탈자가 쳐들어오는 일이 없어졌다. 그렇지만 사람들은 여전히 이런 양식으로 된 집의 외관을 선호하고 집주인 또한 이를 만족스럽게 여기기 때문에 새로운 고통 수단이 미비한 것에는 신경 쓰지 않는 예가 많다. 이 점은 우리들의 주거심리가 매우 복잡하게 구성되어 있으므로, 자신도 의식하지 못하는 여러 가지 오래된 요소가 지금도 남아 있는 결과라고 할 수 있을 것이다.

말하자면, 이제까지의 건축에는 우리들이 편히 거주하는 데에 필요한 조건은 아직 고려되지 않았던 셈이다. 지금까지 이어져 내려온 여러 가지 상황에서 완전히 탈피했다고 생각했는데 어쩐지 무언가 아직 보충해야만 할 것 같은 느낌이 드는 것, 이것이 근대에 신축을 계획했던 사람들의 고민이었다. 교외의 문화주택에는 그 고민이 잘 나타나 있다. 이전에도 도시를 만들거나 평야에 마을을 개척했던 사람들이 이와 비슷한 여러 가지 타협과 절충을 시도해 보려고 했었다.

관동(關東)과 호쿠리쿠(北陸)[58] 지방의 여러 현(縣)의 경우, 산에서 약간 멀리 떨어진 저지대의 저택 뒤편에 삼나무·전나무 종류가 두성하게 숲이 우거져 있었던 것은, 단순히 바람을 막으려고 했다기보다 아마 일찍이 고지에 근거를 두고 있었을 때에 편안했던 마음을 잊을 수 없었기 때문일 것이다. 또 작은 시내가 졸졸 흐르는 소리 같은 것도 대수롭지 않

---

58) 도야마(富山)·이시카와(石川)·후쿠이(福井)·니가타(新潟), 네 개 현의 총칭.

게 여길 수도 있지만, 실은 마음을 기댈 수 있는 안식처이기도 했다. 이를테면 물이 항상 흘러가고 있다는 사실을 귀로 확인하던 수백 년 전부터의 습관이, 이렇게 우물을 파고 수도를 설치하는 시대에 이르러서도 여전히 우리들로 하여금 샘물 소리를 아끼도록 만들었던 것이다. 게다가 원래 일본인은 어느 민족보다도 물을 많이 사용하는 국민이었다.

항아리로 물을 길어 머리에 이고 운반하는 정도의 양으로는 만족할 수 없는 기질이었다. 대문 앞을 흐르는 물이 좋고 나쁨을 떠나서 언제나 이 물로 물건을 씻었다. 일본인은 높은 곳으로 올라가 먼 곳을 바라보는 일도 결코 싫어하지 않는 쾌활한 기질이었지만, 땅을 멀리하고서 사는 일은 물 때문에도 불가능했다. 이층 삼층집이 매우 적었던 이유는 제도로 금지됐기 때문도 아니고 건축 자재가 부족했기 때문도 아니었다. 화재나 지진으로 인한 불안함보다도 땅을 밟을 기회가 부족해지는 것을 싫어했던 것이다.

한편 초목의 성장에 대해 경제적 이유 이상으로 깊은 관심을 갖고 있었던 것도 생각해볼 만한 문제이다. 불과 몇 평 안 되는 땅에 둘러 심었던 나무도 모두 종류와 형태가 정해져 있었다. 이것은 처음에 늘어진 나뭇가지를 사다리 삼아 하늘에서 내려오는 신을 모시려 했던 민간신앙이 그 시초였으리라. 하지만 그런 신앙 행사가 중단되고 난 한참 후까지 정원에 푸른 소나무가 잘 뻗어 가는 모습을 집안의 길조와 연관지어 생각하는 풍습이 여전히 남아 있고, 많은 사람들은 이것으로 마음의 위로를 삼았다. 도시의 나가야(長屋)에서 궁핍한 생활이 시작된 후 차츰 화분이 성행하게 된 것도 그 때문이었다. 오늘날에는 화분을 가꾸는 기술도 대단히 발달해서 일본적 특징의 하나로 꼽을 수 있게 되었다. 나무의 가지 모양에 대한 기호나 그 가지를 바라보는 태도를 통해 전국의 도시와 시골의 일관된 정원예술의 흐름을 엿볼 수 있다. 이 또한 우리들의 주거 문화에서 도저히 빠뜨릴 수 없는 조건 중의 하나인 것이다.

제4장
풍경의 변화

1. 산수(山水)와 사람

산이 숲으로 우거지고 그 형태가 갑작스레 복잡해졌다. 벌채도 물론 옛날보다는 심하게 하지만, 놀려두는 땅이 그다지 남아 있지 않게 되었다. 강이나 늪 모두 될 수 있으면 폭을 좁게 조성하였기 때문에 수면 또한 색이 짙고 빛이 강하다. 또 사물의 그림자도 많이 비치게 되었다. 자연의 아름다움이 확대되어 온 것도 사실이지만, 인간에게는 이미 오랜 시간을 들여서 하는 여행이 없어졌기 때문에 이러한 것에 대해 인식하지 못한 채 지나치는 날이 많아졌을 뿐이다.

여행은 이제 안락하고 재미있는 일이 되었지만, 대신에 같은 곳으로 두 번 가는 사람이 적어졌으며, 조용히 서서 감상하려는 마음가짐도 줄었다. 유람을 목적으로 돌아다니는 사람이 이런 여행을 한다. 그 이외에는 바쁜 용무 때문에 쉴 새 없이 동분서주하는 사람이 많아졌을 뿐이다. 그만큼 풍경을 마주하고 깊이 음미하는 정서는 매우 담담해졌다고 말할 수 있다. 사람들이 애써 아름답게 만든 풍경이 아직 우리들의 여행의 정취를 북돋우는 데에는 이용되고 있지 않다. 때문에 수 년 만에 고향 땅을 밟은 사람이 저 민둥산의 보잘것없는 붉은 빛이라도 이제는 사라져서 두 번 다시 볼 수 없다는 것을 탄식하게 되었다. 그리고 크고 작은 많은 돌이 겹겹이 쌓여 있던 어릴 적 강 언덕을 그리워한다.

이 또한 사람들의 마음속에 담겨 있는 익숙해진 취향으로 인한 속박, 즉 새로운 자연에 대해 받아들일 태도가 준비되어 있지 않은 점과 연관시켜 생각할 수 있다. 이른바 환경이 시대의 흐름과 함께 바뀌지 않는다면, 그 환경에 둘러싸여 있는 인생은 황량할 것이다. 자연 환경을 오랫동안 황폐하게 놓아 둔 채 슬퍼하는 일이 우리들에게는 불가능했다. 또한 새로운 생활에는 반드시 주위 환경에 영향을 미치는 새로운 것이 있기 마련이다. 선(線)과 색채는 당연히 변해 가야만 했다.

속악(俗惡)이라는 말이 대개는 자신들이 열심히 몰두하고 있는 사업을 비웃고 욕하는 말이 된 것은, 아마 풍경을 인간이 만드는 것이라고 생각하지 않고, 주위 풍경이 우리 눈에 유쾌하게 비춰질 수 있는 이유를 찾는 일에 태만했기 때문일 것이다. 정감이 넘치는 여행을 하는 문예가는 어느 시대에나 자기 마음대로 비평을 남발하고 있다. 그들은 계절이나 시각, 또는 시시각각 변하는 자신의 기분에 따라 말도 안 되는 법칙을 세워 보려고 한다. 이러한 얼토당토않은 법칙이 자연에 대한 우리들의 태도를 무익하게 두세 갈래 또는 그 이상으로 나누어 버린 것은 생각해 보면 안타까운 일이 아닐 수 없다.

자기 나라의 고유한 예술은 낡은 것이고 밖에서 들어온 것만이 새롭다고 하는 오해도 반 이상은 이러한 것이 원인이 된다. 문학에도 실은 많은 규격화된 습작 과정이 있었다. 특히 언어라는 것은 그림 물감처럼 자유롭게 풀어서 칠하기가 어려운 것이었기 때문에, 시로 읊어지지 않는

인간의 감각은 그림으로 그릴 수 없는 풍경보다 더 많았다. 그래서 여행이 아주 자유스럽게 된 후에도, 정해진 명소라는 것이 영향력을 행사하고 있었던 것이다. 그림의 경우에는, 도코노마(床の間)[1]나 거기에 걸어두는 족자의 치수라든지, 그밖에도 이와 비슷한 규격화된 것들이 존재했다. 그 때문에 아름다운 것이 새로 생겼다고 해도 그 중에서 무엇이든 다 갖고 올 수는 없었던 것이다.

양화(洋畵)도 처음에는 당화(唐畵)가 중국 대륙의 풍물을 소재로 삼은 것처럼, 될 수 있으면 양화와 어울리는 제재만을 골라서 그렸지만, 그러던 중에 그림 그리는 기술과 마음가짐이 따로따로 수입됨으로써 이른바 쓰레기통 한쪽을 그림의 소재로 삼아도 괜찮다는 유파가 갑자기 대두하게 되었다. 이로 말미암아 화가가 새로 받아들인 호기심이라는 자극과 이에 이끌린 재능의 자각은 훌륭했지만, 그보다 중요한 사실은 서서히 규격화된 풍경관(風景觀)에서 해방되었다는 점이다.

옛 여행가가 시가나 문장으로 묘사해내고 전해 준 것이 풍경의 일부였다는 사실도 알게 되었다. 야지로베에(彌次郎兵衛),[2] 기타하치(喜多八)[3]와 같은 부류의 방랑자가 겪은 소박하고 단순한 여행에서 오는 격앙된 감정 속에는 이루 말로 표현할 수 없는 감명이 있었다는 사실도 알게 되었다. 이처럼 변화로 가득 찬 국토는 세계적으로 그 유례가 적고, 일본은 아름다운 자연의 나라라는 관광단의 상투어가 접대용 칭찬만은 아니라는 것을 알게 되었다. 사진의 경우도 기교를 부리지 않은 아마추어 사진이 그림 이상으로 새로운 풍경에 대한 발견을 촉진했기 때문에, 사람들

---

1) 방 한쪽을 더 높게 만들어 벽에 서화를 걸고 장식물을 꾸며 놓은 공간. 일본에서는 이 도코노마 앞을 상석으로 여겨 대개 손님을 이 앞쪽으로 앉게 한다.
2) 일본 근세에 성립한 골계본(滑稽本)이라는 소설장르의 한 작품인『도카이도추 히자구리게(東海道中膝栗毛)』에 주인공으로 등장하는 인물이다. 이 작품은 야지로베에와 기타하치(喜多八) 두 사람이 기행(奇行)과 실패를 거듭하면서 여행을 계속하는 익살스러운 내용으로 되어 있다.
3)『도카이도추 히자구리게(東海道中膝栗毛)』에 야지로베에와 함께 주인공으로 등장하는 익살스러운 인물.

은 어쨌든 풍경이라는 것을 마음 놓고 자유롭게 즐길 수 있게 되었다. 그것은 모두 명치·대정시대의 새로운 산물이라고 할 수 있을 것이다. 굳이 단점을 지적하자면 아직 많은 사람들이 이만큼 우리들 생활에 익숙하게 들어와 있는 자연풍경을 자신의 일이라고는 생각하지 않고 있다는 점이다.

사람들 중에는 의식(衣食)이나 주택을 편리하게 만드는 것처럼 자연을 인간의 힘으로 통제하는 것은 불가능하다고 체념하고 있는 경우가 아직 많다. 몇몇 사람만이라도 새로 생겨난 어떤 아름다움 때문에 잃어버린 소중한 것이 무엇인가에 대해 생각했으면 한다. 이런 단순한 무관심이 어쩌면 미래의 행복을 파괴하게 될지도 모른다. 특히 적극적으로 풍경을 만들어냈거나 아니면 풍경을 만들어내는 기술이 졸렬했음에도 불구하고 이로 인한 파괴력은 인구의 증가와 함께 더욱 극심해졌다. 그러나 이러한 파괴력에 맞서 대항하고자 하는 사람은 거의 모두 예로부터 내려온 취향에 사로잡힌 사람들로, 이들은 자연풍경이 새로 생겨나서 성장하는 것 자체를 싫어한다. 그래서 풍경에 대한 비평은 더욱 혼란스러워졌다. 어느 시대에나 여행에 열광하면서도 정해진 명소만을 찾아가는 사람이 많은 이유는 풍경을 관찰하는 방법이 번거로워서 배울 여유가 없었기 때문이다.

2. 도시와 옛 유적

이른바 철(鐵)의 문화라는 광대한 업적을 단순하게 살풍경하다는 한마디로 평하고 마는 것은 많은 민중들의 감각을 무시한 말이다. 예를 들어 지상에 있는 평평하고 낮은 모든 사물을 밀어젖히고 뻗어나가고 있는 철도와 같은 살풍경한 것일지라도, 멀리서 바라보며 독특한 정취를 맛볼 수 있다. 그뿐 아니라 철도가 지나는 지방의 순진한 사람들도 모두 이 평화의 교란자, 매연과 소음의 방출자에 대해 감탄을 연발하고 있다. 철도에 익숙해지게 되면 그러한 마음이 또 어떻게 변할지는 예측하기 어렵지만, 어쨌든 이 섬나라에는 곳곳의 큰 강을 제외하고는 이 철도와 같이 한 줄기 빛으로 끝없이 사람들의 상상을 자극하는 것은 없었다.

기소(木曾) 지방4)의 수력 발전은 이 골짜기의 오랜 전통을 깨뜨렸고, 어쩌면 이 산의 신령을 울리고 있는지도 모른다. 이 수력 발전에서 나오는 전기가 평야 지역의 경제활동에 또 다른 원천이 된다는 사실이, 산속 오지에 사는 사람들에게 얼마나 강한 인상을 주었는지는 글로 표현할 수 없을 정도이다. 지금까지 이런 유형의 변화를 하나도 겪지 않은 지방과 비교했을 때, 어느 쪽이 더 만족스러워 하는지는 새삼 물어 볼 필요도 없을 것이다.

도시는 영원히 도시에 눌러 살고자 하는 사람들이 많아지면서 활력이 생겨났다. 하나하나 따로 보았을 때는 보잘것없는 건축도 밀집해 있으면 별도의 정경을 이루게 되었다. 한쪽에 오래되어 황폐한 고가(古家)가 있고, 이가 빠진 듯한 공지(空地)가 있으며, 보기 흉한 곳을 억지로 감추고서 표면만을 단장한 듯한 도시의 위선적인 모습을 보고, 혹은 증오하는 사람도 있을 것이다. 그렇지만 긍정적인 사람은 이것도 도시의 성장력을 나타내고 있으므로, 이 기반 위에서 여전히 기품 있는 취향을 발휘할 수 있어야 한다고 여유 있는 태도를 보였다.

솔직히 말해 밝은 낮에 보면 눈에 거슬리는 것이 많이 있겠지만, 적어도 밤의 아름다운 등불 색만큼은 꾸밈없이 순수하다. 이 등불은 인간이 이 세기에 들어와서 노후해진 자연에 기증한 선물이라고 말할 수 있다. 이러한 도시의 매력은 많은 젊은 방문자를 향해서도 꽤 강렬하게 작용

---

4) 나가노(長野)현의 남서부에 위치한 기소가와(木曾川) 상류계곡 일대를 총칭하여 이렇게 부른다.

하고 있다. 사람들은 등불이 있기 때문에 오랫동안 놀 수 있고, 그 때문에 도시에 모여들어 더욱 그 도시의 경관을 꾸미려고 한다. 그러면서 일찍이 사랑했던 여러 가지 자연에 대한 옛 정서를 서서히 잊어가고 있다. 즉 도시의 경관 또한 변화하고 있는 것이다.

그런데 한편으로는 도시가 아주 오래되었다는 것을 오히려 자랑스럽게 여기는 것이 일반적인 풍습이었다. 조금씩 쇠퇴해 가는 도시가 옛 기념물을 보호하고 그것을 토대로 하여 멀고 가까운 곳에 있는 사람들을 불러들이려 하는 것 이외에, 도시를 급진적으로 새롭게 꾸미려는 사람들 역시 옛 유적이 자연스럽게 쇠퇴해 가는 것을 죄악처럼 생각하고 있기도 하다. 이 모순은 꽤나 재미있는 일로, 사실은 아직 시민 생활에 필요한 것을 추구하고 있지 않다는 사실을 암시하는 것이다. 이는 사람들로 붐비는 혼잡함 속에서 폐허에 대한 적요한 시적 취향을 맛보려는 듯한 무리한 바람만은 아니다. 옛 유적 또한 하나의 장식이자 배움의 공간으로 새로운 도시 구조 속에 넣어 둘 필요가 있었던 것이다. 때문에 옛 유적은 계속 보존되면서도 매일 끊임없이 현대화되고 있었다.

사람들은 조카마치(城下町)의 가장 화려한 목표였던 성의 흰 벽과 천수각(天守閣)[5]을 옛날을 그리워하는 심정으로 우러러 보았다. 많은 기행문이나 히로시게(廣重)[6]의 판화 등을 보더라도, 흰 벽이나 천수각이 소나무 사이로 슬쩍 슬쩍 보이는 광경은 그 도시의 기개를 가장 잘 나타내는 것이었다. 자신은 비록 작고 낮은 집에 사는 사람일지라도 무언가 자신이 살고 있는 도시에 관해 말하고자 할 때는 성(城)을 자랑거리로 삼았다. 나중 시대가 되면 성은 방어라는 본래 역할보다도 오히려 이와 같은 역

---

5) 일본 근세의 성곽 건축에서 중심 건물에 세운 가장 큰 망루. 전시에는 망루 또는 최후의 근거지가 되고, 평상시에는 영주의 권세를 표현했다.
6) 우타가와 히로시게(歌川廣重, 1787~1858). 에도 말기의 풍속화가. 무사 신분으로는 안도 주우에몬(安藤重右衛門)이라는 이름을 사용하였으며, 풍속화가로서는 이 히로시게라는 이름을 사용하였다. 대표작인 『도카이도 고주산쓰기(東海道五十三次)』를 출판하여 명성을 얻었다.

할이 중요했는지도 모른다. 폐번치현(廢藩置縣)[7] 정책이 완성되었을 때, 제제(膳所)[8]나 미나구치(水口)[9]처럼 여행가에게 가장 잘 알려진 오미(近江)[10] 지방의 고성이 훼손되었다. 히코네(彦根)성[11]도 같은 운경에 처해질 뻔했는데, 마침 천황이 그곳에 행차하였다가 아까우니가 허물지 말고 남겨두라는 명령을 내렸다. 그 때문에 지금도 기차 창 부-으로 아름다운 성을 올려다 볼 수 있게 된 것이다.

그 밖의 여러 성은 명치(明治) 22년 무렵까지 육군성어서 관리하고 있었지만, 쓸모 없는 성은 이 기간에 많이 황폐해졌고 이전에 연고가 있던 사람에게 성을 불하하게 되었다. 숱한 역사를 지닌 시즈오카(靜岡)·오다와라(小田原)·쓰(津)·후쿠이(福井), 오우(奧羽)[12] 지역에서는 시라카와(白河)·와카마쓰(若松)·야마가타(山形)·아키타(秋田), 서쪽 지역에서는 오카야마(岡山) 등을 포함한 43곳의 성이 민간소유가 되었다. 구 번주(藩主) 중에 여전히 재력이 있는 사람은 이를 자기 소유로 삼았지만, 다른 긇은 성들은 공공 단체에서 인수하였다. 그 지역의 역사에 대해 잘 아는 노인에게는 새로운 감회가 있었을 터이지만, 성의 관리는 사실 매우 어려운 사업이었다. 얼마 안 가서 성벽이 무너지고 해자(垓字)는 흙으로 메워저서, 이제 진짜 폐허로 놓아둘 수밖에 없는 성도 많았다.

도시의 공원 경영은 대개 이 옛 성터의 이용에서 시작되었다. 높은 언덕 위에 이 정도 규모로 토목공사를 일으킨다는 것은, 과거어 성을 쌓고

---

7) 명치 4년(1871) 7월에 시행된 지방제도의 개혁으로, 전국의 번(藩)을 폐지하고 현(縣)을 설치하여, 완전히 중앙집권화가 달성되었다.

8) 시가(滋賀)현에 있는 오쓰(大津)시의 한 구역.

9) 시가(滋賀)현 고가(甲賀)군에 있는 마을.

10) 지금의 시가(滋賀)현.

11) 히코네는 시가(滋賀)현 동부에 위치한 시(市)이다. 이곳에 있는 성은 이이(井伊)가문의 거성(巨城)으로 성을 완공하는 데에 20년이 걸렸다고 한다. 히코네성의 천수각(天守閣)이 국보로 지정되어 있다.

12) 옛 지명으로 후쿠시마(福島)·미야기(宮城)·이와테(岩手)·오-오모리(青森)·아키타(秋田)·야마카타(山方) 등 여섯 현을 총칭하여 부름. 현재는 일관적으로 동북 지방(東北地方)이라고 부른다.

관리하던 경험이 없으면 기획조차 할 수 없는 큰 일이었다. 더욱이 우연이라고만 할 수 없는 것은 성터가 지방 역사의 중심지였다는 사실이다. 따라서 이른바 나무 한 그루 풀 한 포기에 이르기까지, 예기치 않게 과거의 대 사건을 기념하게 되었던 것이다. 즉 오늘날 말하는 향토의식의 씨앗을 뿌렸던 셈이다.

조카마치(城下町)가 아닌 많은 읍리(邑里)에서도 이를 보고 배워서 언덕 위에 흙을 쌓고 다졌던 것은 진풍경이었는데, 그곳 또한 오랫동안 잊고 있던 전(前) 영주의 거처였거나 소규모의 사적이었을 것이다. 그러나 성터에 대한 기억을 오랫동안 계속 간직한 것은 소년들뿐이었다. 나이를 먹은 사람들은 소년들처럼 이런 높은 성터에 자주 올라갈 기회가 없었다. 관리하는 사람들이 학교나 위생 사무를 보면서 틈틈이 성터를 관리하는 것만으로는 부족했다. 이런 곳 역시 세월이 지나자 적당히 황폐하여 잊혀지거나, 그렇지 않으면 술을 마시는 장소가 되었다.

그러나 이러한 경험은 예전부터 있었던 것을 보존하는 일이 고향을 아름답게 만들 수 있는 하나의 수단이라는 사실을 가르쳐 주었다. 도쿄 같은 곳은 몇 번인가 큰 화재로 집뿐만 아니라 오래된 나무도 거의 없어졌다. 일찍이 이 지방의 문화이동을 암시했던 몇 그루의 큰 은행나무들은 겨우 한 그루밖에 남지 않았고 그나마 시들해졌다. 그 이외에 남아 있는 것은 야마노테(山手)13) 지역 두세 곳에 건재하는 신사(神社)가 있던 숲과, 에도 성의 축조와 관련된 것뿐이다. 숲이 더 적은 오사카(大阪)는 오늘날의 서양식 건축보다 더 위로 솟아 있는 숲이 거의 없다.

바위는 최초에 운반이 쉬워져서 집집마다 정원 조성에 사용하고 있다. 그렇지만 도쿄와 교토에는 300년 전에 가져와 다듬어서 성의 바깥 성문에 사용한 네모로 된 바위만큼 큰 것은 하나도 들어오지 않았다. 이런 바위를 옮기는 데에 얼마나 많은 사람들이 수고를 하였는지까지는 생각

---

13) 도쿄에서 분쿄(文京)·신주쿠(新宿) 부근 일대를 총칭하는 말이다.

하지 않더라도, 적어도 지방의 미관이라고 하는 것이 여러 사람의 의견을 모아서 비로소 성립한다는 사실만은 일깨워 주었다.

3. 바다 경치

항구의 성쇠(盛衰)와 그 경관의 변화만큼 외지 사람의 마음을 움직이는 것은 없을 것이다. 일찍이 바다 경치라고 하면 수심이 얕은 곳의 모래 위에 닻줄을 느슨하게 풀어놓고서, 뭔가 목적도 없이 그저 덮어놓았던 거룻배의 유장한 모습을 그림으로 자주 볼 수 있었다. 이제 그와 같은 경치를 볼 수 있는 곳은 길이 끊어진 곶(岬)의 그늘진 곳이나 지도에 이름조차 오르지 않았을 것 같은 해변뿐, 조금 이름 있는 지방에서는 가만히 바닷가에 묶여 있는 배가 거의 없어졌다. 기선(汽船)이 항구에 들르는 것은 실로 분주한 일로, 기항(寄港)을 준비하기 위한 작은 배의 수도 매우 증가했고, 언제나 무슨 일이라도 생긴 것처럼 우왕좌왕하고 있었다.

발동기선이 들어온 지 겨우 20년 정도밖에 되지 않았지만, 그 무렵부터 급속히 어촌과 항구가 가까워졌다. 즉 항구 근처에 있는 어촌이 많은 편의를 얻게 된 것이다. 출어(出漁)를 위한 재료를 항구에 와서 살 뿐만 아니라 아침마다 열리는 어시장도 보통 여기서 열렸기 때문에, 사실 어부들은 여기서 지내는 날이 많았다. 항구의 수면은 그 지방의 배로 뒤덮여 있었다. 때문에 여행가의 배는 이곳을 그냥 지나쳐 갔고, 이 항구를 숙박지로 삼는 사람이 적어졌다. 항구의 정경은 이미 이전과는 매우 달라졌다.

새로운 항구를 구축하려는 계획은 오래 전부터 각처에서 발표되었지만, 이 발표대로 바로 사람들이 어느 한 항구의 번영을 나누어 가지는 일은 쉽지가 않았던 듯하다. 대개 교통이 발전하고 난 후에는 번영하는 항구 수가 현저하게 줄어들었다. 드넓은 해변 마을들은 한결같이 지나치게 한적해졌다. 특히 작은 집이 많아졌고, 초목이 울창하고 바람이 강하게 부는 해변을 끼고 있는 마을은 얼마 안 가서 황량한 모습을 드러내기 십상이었다. 어촌에서 바다는 늘 보아 와서 익숙했으므로 그쪽으로는 창문도 열지 않았기 때문에, 집안은 농가보다 보기에는 안락한 듯해도 언제나 쓸쓸한 생활의 연속이었다.

두세 곳의 별장지나 해수욕장, 아니면 집 앞으로 차가 달리는 큰 도로에 인접한 장소를 제외하고, 그 밖의 많은 어촌은 쇠퇴해 갔다. 그 이유를 들자면 물론 일하는 곳이 바다라서 멀리 떨어져 있기 때문에 사람들이 밖에서 활동하는 시간이 길었다는 점도 있겠지만, 역시 이 지방에 대한 주민들의 애정이 아직 농촌만큼 싹트지 않았기 때문이었을 것이다. 한창 때인 남자들은 다른 좋은 지방이나 장소를 많이 알고 있었다. 남자들에게는 즐기는 방법이 아주 많이 있지만, 여자나 어린이, 그리고 일할 수 없는 노인들은 앞으로 점점 이 지방에서 살기가 힘들어질 것이다.

활기 있고 밝은 도시의 생활 모습은 언제나 농촌이 그 비교 대상이 되지만 실은 농촌도 평야의 교통 편의를 누리고 있는 일부 사람들에게는 이미 도시이자 교외 생활로 여겨졌다. 여러 가지로 농촌의 이점이 있다는 것 또한 알고 있었다. 지금보다도 수입이 많았더라면 아마도 외지를 부러워하지 않고서도 살 수 있는 방법을 찾았을 것이다. 항구와 인연이 줄어든 어촌 마을들은 도시와는 정말 표리 관계의 삶을 살았다. 이렇게 상이한 두 생활 양식을 조금이라도 서로 가깝게 하려고 하면, 그 때문에 항구도시의 생활이 거칠어졌으며, 게다가 일부 사람에게만 그 영향이 미치게 되었다. 현재는 교류가 줄어들었기 때문에 서로의 생활을 비교할 수 없게 된 것을 오히려 행복하게 여기는 실정이다.

풍경에 대한 문제와 직접 관련은 없지만, 이른바 지식계급에는 옛날부터 아마베(海部)[14]의 감각을 계승한 사람이 농부들보다도 훨씬 적었다.

어쩌면 전혀 없었다고 말할 수 있다. 그들 가운데는 내륙으로 들어와서 읍리(邑里) 사람들과 뒤섞이려고 했던 사람도 없었던 것 같다. 그들은 언젠가 과거에 대해를 건너서 이곳에 정착한 사람들의 후손이겠지만, 많은 일본인들은 바다 생활을 이향(異郷)처럼 여겼다. 어쩌면 그 원인이 신앙 때문이었는지도 모른다. 바다 부근에는 어민 아닌 많은 사람들이 마을을 이루고 살고 있었지만, 그들은 무슨 연유인지 바다에서 살아가는 기술을 배우는 일이 대개의 경우 늦었다. 거의 해안선 가까운 곳까지 경작을 하던 사람들도 바다를 두려워하고 꺼리는 심리가 강하여 바다에 친근감을 지니지 않았던 것처럼 보인다. 물론 산에서 멀리 떨어져 사는 사람들이 바다를 처음 보면 매우 신기해 하지만, 이들은 가까운 곳에 살면서도 이상할 정도로 바다를 두려워하고 있다.

강이나 호수에 사는 사람이라도 배멀미를 하는 사람이 매우 많고, 배를 다루는 사람 역시 매우 적다. 일본에서 해양문학이 발달하지 않은 점에 대해 의아해 하는 외국인이 많다. 해양 문학이 전혀 없었던 것은 아니지만, 대개 바다를 무뚝뚝하고 꺼림칙한 존재로 다룬 작품이 많고, 그 바다의 장려함을 찬탄하는 작품은 찾아보기 힘들다. 바다 소년(海人の子)이나 바다 소녀(あまとめ)는 옛날부터 시에서도 자주 읊어져 왔지만, 대부분의 시에서는 그저 가련한 내용으로 다루어지고 있을 뿐이다.

> 기사가타(象潟)여
> 이 세상은
> 이렇게 흘러가누나
> 어부의 판자집을
> 내 숙소로 삼은 채[15]

---

14) 야마토(大和) 조정에서 직할령에 속한 해안을 관리하고 조정에 해산물을 공납하던 시나베(品部). 시나베란 세습적인 직업으로 야마토 조정에 예속되어 있던 사람들의 조직을 가리키는 말이다.

15) 일본어 원문은 다음과 같다. "世の中はかくても経けり象潟や蜑の苫屋を我宿にし

이와 같은 31자로 된 시를 수도 없이 반복하여 감상하였다. 스마(須磨)[16]나 아카시(明石)[17]의 이야기에도 나오는 것처럼, 바닷가에 산다는 것은 유배가 아니면 임시 거처(寓居)일 뿐이었다. 언제나 우수에 찬 심정으로 바다를 바라보고 있었다. 바다 풍경을 묘사하거나 사랑하는 방법이 한쪽으로 치우치게 된 것도 당연한 결과였다.

그런데 바다의 풍경은 명치시대에 들어와서 실로 화려하게 변화하였다. 산 속에 철도나 광산이 열리거나 또는 임업이 성행한 곳은 주로 외관이 바뀌었지만, 바다는 그보다 더욱 활기가 넘쳤다. 대개 움직이는 것이 많아짐으로써, 잠자코 웅크리고 있는 일이 적어졌다. 전에는 배가 바람과 조류를 기다리는 날이 길어서 거의 반평생을 잠자듯이 지내는 것 같았지만, 이제는 배를 매어두는 것은 불행한 상황이었다. 어업에도 이전에는 계절 이외에 날씨의 제한이 있었기 때문에 먼 바다로 나가지 못하는 날이 며칠이고 계속되었지만, 힘있는 증기선이 등장하고부터는 가까운 곳에서 고기잡이를 하지 못하면 원양으로도 나가게 되었다. 배가 보이지 않아 해변이 쓸쓸해질 정도로 언제나 바다 위에서 일할 수 있게 된 것이다.

농촌과 다른 점은 해상(海上) 자체가 큰 길이기 때문에, 모든 구경거리가 한눈에 들어온다는 것이다. 배가 거대해진 결과 수평선이 멀어진 것이다. 천리 떨어진 건너편에서 대양을 가로질러 가까이 다가오는 이국선이나 전 국민이 세금을 내고 힘을 쏟아서 만든 군함과 비행기·비행선 등, 구조로 보나 만든 금액으로 보나 도쿄나 오사카의 어떤 큰 건축물보다도 뛰어난 배들이 끊임없이 눈앞에서 사라졌다가 다시 나타나는 것을 보는 장쾌한 기분은, 불과 반세기 전 시대 사람들은 꿈도 꾸지 못할 새

다."

16) 고베(神戶)시의 남서부에 있는 해안지.

17) 효고(兵庫)현의 남부에 있는 시. 아카시 해협을 사이에 두고 아와지시마(淡路島)를 마주보고 있다.

로운 현상이었다. 범선은 가키노모토노 히토마로(柿本人丸)[18] 시대부터 이미 한 폭의 그림처럼 아름다웠다. 일본에서 돛을 새하얀 색으로 썼던 것은 우연이 아닌 뭔가 깊은 이유가 있었다고 생각된다. 새하얀 돛이 짙고 옅은 녹색 바다에 선명한 자취를 드러내고 나아가는 모습은, 물결이 잔잔한 날이든 비바람이 치는 거친 날씨든 상관없이, 돛을 상하로 조종하는 사람의 고심에 대해 멀리 떨어져 보고 있으면서도 종정할 수 있게 만들었다.

그러나 대체로 흰 돛은 단조로웠기 때문에 좁은 해협에서 바람이 좋은 날은, 바다가 가득 찰 정도로 돛이 많이 보이더라도 모두 같은 형태에다 같은 방향을 향하기 쉬웠다. 그런데 이른바 서양식의 삼각 돛이 혼용되기 시작한 이후, 형태는 조잡했지만 재미있는 변화가 나타났다. 때로는 신기한 돛 색깔도 있었다. 가장 큰 변화는 돛의 수가 매우 많아졌다는 것이다. 더러 먼 바다를 지나는 큰 배 중에는 셀 수 없을 정도로 돛을 많이 단 배도 있었다. 망원경도 이미 구하기 쉬웠다. 도시와는 다른 양식의 문화가 이 청량한 바다 위로 차츰차츰 밀려오고 있는 것이었다.

그리고 아름다운 밤의 불빛으로 인해서 해상은 또 다른 정취를 풍기게 되었다. 항구는 본래 그 등불이 물에 비추는 빛으로 나방을 끌어들이듯 저녁녘의 밤배를 끌어들였지만, 현재는 오히려 해안 기슭에서 바다의 불빛을 볼 수 있게 되었다. 각종 연료의 공급이 자유로워져서 등불을 밝힌 고기잡이가 어느 곳이든 성행하게 되었다. 일본해(日本海, 동해)에서는 오래 전부터 특히 밤배를 이용한 고기잡이가 성행했다. 오징어가 한창일 때는 쓰가루(津輕)해협[19]에서 북쪽으로는 소야(宗谷)[20] 근처까지, 먼 곳에서

---

18) 보통 柿本人麻呂로도 표기함. 『만요슈(萬葉集)』의 대표적인 가인(歌人). 『만요슈』에 88수나 되는 많은 와카(和歌)를 남겼으나 그 경력에 대해서는 거의 알려지지 않았다. 후세에 야마베노 아카히토(山部赤人)와 함께 가성(歌聖)으로 여겨졌으며, 헤이안(平安) 시대의 가인(歌人)들은 히토마로를 와카의 신으로 추앙했다.

19) 혼슈(本州)와 북해도(北海道) 사이에 있는 해협.

20) 북해도 최북부의 지청(支廳) 이름. 여기서는 북해도 본도(本島) 북단과 사할린 사이

온 낚싯배들이 모여들었다. 그리하여 드넓고 어두운 바다에 뒤섞여서 불을 밝히고 있는 것이다. 그 풍경은 여행객들에게는 산에 한창 핀 꽃을 바라보는 것 같은 느낌이 들기도 했겠지만, 고기 잡는 방법을 이해하고 이것이 집집마다 가을수확이라는 사실을 아는 사람에게는 마치 농민이 노랗게 익은 벼를 대하는 듯한 상쾌한 기분을 느끼게 했을 것이다.

항구에 사는 사람 역시 이 화려한 불빛을 바라보고 각자 마음의 위안으로 삼을 수 있었다. 바다가 밝아진 것은 등대의 힘도 컸다. 어둡거나 흐린 밤, 마음이 쓸쓸해지는 때에 등대로 위안을 삼은 것은 바다를 지나는 사람만이 아니었다. 도시의 불빛처럼 바라보는 사람이 그 속으로 스며들어서 도취될 수 있다는 점은 결여되어 있었지만, 그 대신 무지개나 별, 그리고 노을에 물든 구름 등 바다에서 바라보는 풍경은 항상 장대했다. 시대가 그 장대함을 더욱 크게 느끼게 해준 것이다. 이는 옛날의 자연이 지니고 있던 경관은 아니었던 셈이다.

4. 전원의 새로운 색채

평지의 경관이 새롭게 복잡해진 것은 모두 무의식적인 인간의 힘이었다. 사람들이 야산에서 노는 모습은 기대하지도 않았던 아름다운 경관을 더해주었지만, 거기까지는 아직 인간과 자연이 서로 조화를 이루고 있는 모습이라고 할 수 있다. 농촌을 개조할 경우 의도적으로 인간과 자연의 조화를 기획했다 할지라도, 이 이상으로 숲의 자연과 원만하게 조화를 이루기는 어려웠을 것이다.

의 소야해협(宗谷海峽)을 가리킨다.

이전의 농촌은 그곳에 사는 주민들의 일상복처럼 수수해서 눈에 잘 띄지 않았다. 아니면 그 존재를 될 수 있으면 대수롭지 않게 보이도록 하는 것이 농촌의 안위를 꾀하는 방법이었던 시대도 있었다. 농촌에서 처음으로 높이 솟은 기와 지붕을 얹은 것은 평민 불교의 사원이었다. 그 밖의 종파에서는 어느 정도 속(俗)을 멀리하여 산그늘이나 숲 속에 사원을 만들었지만, 진종(眞宗)[21]만은 용감하게 띠로 지붕을 이은 농촌의 집과 섞여서 사원을 지었다. 그리하여 멀리서도 사원의 지붕 위에 아지랑이가 피어오르는 것을 볼 수 있었다. 이러한 정경이 보통의 작은 농촌에까지 퍼진 것은 에도(江戶)시대 말엽 무렵이었다.

그 다음으로 신흥 부자들이 흰 벽과 돌담, 그리고 마을에서는 유일하게 흙벽으로 된 광을 만들자, 주위의 작은 집들에게는 딱한 일이기는 했지만 마을의 외관은 축소된 조카마치(城下町)[22]처럼 되었다. 기와집은 머지않아 같은 종류의 기와집을 불러들였고, 기와집으로 근락이 만들어지면 약간 요란스러워 보이기는 했지만 그래도 추운 지방에서는 기와집이 큰 효과를 보고 있었다. 원래 기와는 추운 지방에서는 쓰지 않았었다. 나중에 적색 기와를 발명하여 사용하자, 일본해(日本海, 동해) 쪽 숲이 우거진 지방에서 새롭게 경쾌한 정취를 이어가게 된 것도 명치(明治)시대의 힘이었다. 그때까지 농촌의 지붕은 그저 다갈색이나 회색 단계에 지나지 않았다.

---

21) 정토진종(淨土眞宗)의 줄인 말이다. 정토진종은 신란(親鸞)이 개조(開祖)이며 정토종(淨土宗)에서 갈라져 나왔다. 신란(1173~1262)은 가마쿠라(鎌倉)시대의 승려이다.

22) 일본에서 근세 초기에 산지에서 평지로 내려온 성(城)을 중심으로 무사·상공업자 등으로 구성된 비농업적 성격을 지닌 도시를 가리킨다. 조카마치는 성(城)을 중심으로 삼은 무사들의 거주지와 마치야(町屋)라고 하는 상인이나 직인들의 거주 지역, 그리고 신사·절이 있는 지역으로 구획되었다. 여기서 무사들의 거주지는 상급·중급·하급으로 나누어졌으며, 마치야는 상인들의 거주지와 직인들의 거주지로 나누어졌다. 대개 성(城) 밑의 끝 지역에는 히닌(非人)이라 부르던 천민계급들의 거주나 유곽이 위치했다. 이 같은 신분계급에 따른 거주지의 구분으로 인해 무사계급과 상공업자계급 사이에 생활이나 의식면에서 차이가 생기게 되었다고 한다.

늙은 소나무를 이정표로 삼은 것은 오래된 관행이었지만, 꽃을 그 사이에 섞어 심은 것은 대부분이 명치시대이며, 대정시대에 들어오자 심는 나무의 키도 높아졌다. 복숭아나 자두 같은 과수밭도 지금은 농촌에서 밝은 조명과 같다. 목부용(木芙蓉)·협죽도(夾竹桃)·백일홍과 같은 종류의 빨간 여름 꽃을 선호하는 것도 유행하였으며, 지금은 그 꽃들이 일본의 시골에서 여름경치의 기조(基調)를 이루게 된 것이다. 그러나 뭐니 뭐니 해도 대규모의 풍경 개조는 논밭에서 이루어졌다. 들을 개척하여 보리밭으로 만들자, 그것만으로도 색이 진해졌다. 이어서 보리밭 사이에 유채꽃이 피게 되고, 더욱이 자랑이라도 하듯 논 곳곳에 자운영(紫雲英)을 재배하기 시작하였다.

자운영은 지방에 따라서는 그냥 '꽃'이라고 해도 통용될 만큼 농촌에서는 인상 깊은 꽃이었다. 도시의 교외에서 화초를 조금씩 기르기 전에, 이미 시골은 일제히 화원으로 변하고 있었던 셈이다. 여기에 이어서 차츰 작물을 자유롭게 선택하게 되었고 작물의 배합이 이루어졌다. 그 가운데에는 원래보다 조금 작아진 작물이 있는가 하면, 비스듬히 술이 교차된 줄무늬 모양의 진귀한 새 무늬가 생기기도 하였다. 비 내리는 삼밭에 안개가 자욱했던 이전의 정취는 이미 잊혀져 가고 있었다. 메밀도 오래 된 가을 경물(景物)로, 『바쇼 칠부집(芭蕉七部集)』[23]의 렌쿠(連句) 중에는 다음과 같이 묘사되어 있다.

---

23) 일본의 대표적인 하이쿠 시인 마쓰오 바쇼(松尾芭蕉, 1644~1694)의 대표적인 7권의 렌쿠집. 렌쿠(連句)란 하이카이 렌가(俳諧の連歌)의 별칭으로, 한 사람 혹은 여러 사람이 모여서 시 모임을 열어 앞의 시구에 이어서 지어 가는 것이다. 첫 번째 구(發句)는 5·7·5, 두 번째 구인 와키쿠(脇句)는 7·7, 세 번째 구인 다이산(第三)은 5·7·5, 이런 식으로 이어가다가 36구에서 끝나는 것을 가센(歌仙), 100구 째에서 끝나는 것을 햐쿠인(百韻)이라고 한다. 모든 시구 전체를 통해 일관된 시상(詩想)이나 사상은 없으며, 바로 앞 구와의 시적 교감 및 시적 변화를 매우 중요시한다. 렌쿠를 짓는 모임은 근세에 매우 활발하게 열렸으며 근세 시가의 중심적인 역할을 하기도 했다. 하이쿠란 이 렌쿠의 첫 번째 구, 즉 홋쿠(發句)가 근대 이후 독립한 것을 말한다.

울음 또 터트리는
술이 깨오는 무렵
바라다 보니
가을의 석양녘은
넓기만 하네
메밀 꽃 새하얗게
산허리 가득 피고[24]

이처럼 메밀을 소재로 재미있게 읊은 시도 있었지만, 지금은 그 메밀밭의 대부분이 뽕나무밭으로 변했다. 요즈음 뽕나무는 옛날과 달리 가지가 낮아져서 땅에 가깝고, 신록은 그 일대에 산뜻한 느낌을 준다. 바다나 호수 가까이 심은 뽕나무는 물빛에 비추어져 특히 부드러운 느낌이었다.

일본의 논밭을 작은 단위로 나누어 경작하게 되자, 각자 빠르거나 늦게 수확하는 품종을 정해서 재배함으로써 흥미로울 만큼 색채가 현란하게 되었다. 벼나 보리는 수확하기에 적당한 시기가 각기 달라서 작물의 색깔에 몇 가지 단계가 생겨났는데, 이것은 처녀들의 옷에 대한 기호에 대해서 생각하게 한다. 그것이 우연히 들판의 풀이나 나무, 물이나 구름의 색채와 배합되는 것을 보고 있자면, '시골도 멋스럽구나' 하는 생각이 들 정도이다.

대체적으로 땅을 평평하게 만들어서 멀리까지 바라볼 수 있게 된 것이 요즈음 농촌의 특징이다. 개간(開墾)으로 이웃 마을의 등불을 서로 볼 수 있게 되자, 마음도 통하게 되었다. 벌채된 숲에 교목(喬木)이 많이 남아 있는 모습도 더할 나위 없이 기쁘게 여겨졌다. 처음에는 그저 신령님이 계신 곳에 침범하지 못하도록 출입을 금한다는 의미를 가진 것이 숲이었겠지만, 그 숲에 이와 같은 농촌신앙의 기념물이 들어서게 되었다. 주위의 단순한 산림이나 잡종지(雜種地)가 밭이 되자, 오래된 숲의 아름다

---

24) 일본어 원문은 다음과 같다. "又泣き出だす酒の醒めぎは // 眺めやる秋の夕ぞだゝ 廣き // 蕎麥まつしろに山の胴中."

움은 더욱 빛났다. 기차를 타고 지나가 보면 곳곳에서 이런 모습을 발견할 수 있다. 얼마 안 되는 나무 사이를 통해서 한쪽에 푸른 밭이나 농촌의 연기, 그리고 꽃이 보이게 된 것은 전적으로 이 무렵의 일이긴 하지만, 결코 옛 것이 없어졌다는 느낌은 아니다.

사람들이 여행가의 눈을 조금이라도 기쁘게 하려고 기획한다든지 또는 자신의 취향을 과시하려 한 것이 아니더라도, 실제로 좋아진 풍경을 얼마든지 볼 수 있다. 그와 반대로 일부러 고심해서 풍경을 개조한 사업에는 실패도 꽤 많다. 기쁘고 만족스런 기분, 자유롭게 뻗어나가는 편안한 기분을 만끽하는 것이 우리들이 풍경을 사랑하는 근원이라는 사실을 잊어버린 사람들이 많기 때문일 것이다. 이러한 결과의 책임은 아마도 멋스럽지 못한 풍경을 억지로 강요한 사람에게 있을 것으로 생각한다.

5. 산마루에서 두둑으로

길가에 심어진 나무를 가로수라는 이름으로 부르고 나서는 그 효용가치가 조금 줄어든 듯 하다. 도시에 심었던 가로수가 이제야 겨우 크게 자란 반면, 하늘을 찌를 것 같던 해안도로의 소나무는 한 그루씩 말라 비틀어져 가고 있는 상황이다. 옛날에 여행을 하면서 보았던 길가에 심어진 나무의 정경을 기억하고 있다 하더라도 이제는 새로 심은 나무에 대한 정경을 머리 속에서 지워야 할 것이다. 누가 관할하고 있었는지는 모르지만, 가로수는 심어서 키우는 어려움보다도 그 미관을 오래 오래 계속해서 이어가는 일이 더 어렵기 때문이다. 가로수는 늘 뒤따라 다니며 돌보아 주어야 하는 동생처럼 처음부터 끝까지 관리하고자 하는 마음가짐이 필요했다. 번갯불이나 큰 태풍이 예고 없이 닥쳐오듯이 일부러 가로수를 잘라야 하는 날도 느닷없이 찾아왔다. 대부분 도로 개수나 확장 때문이었으므로 안타깝지만 다른 방법이 없었다. 그 중에서도 벚나무만큼은 어떤 경우에도 아쉬움이 더욱 남았다.

그러나 가로수를 몰아낸 주모자는 역시 시대의 변화였다. 도로 양식이 옛날 그대로이고, 도로의 폭 또한 변함이 없어야만 그대로 존속할 수 있는 게 가로수였다. 때문에 애초에 언젠가는 잘라내야 하는 것이라고 정해져 있는 것이다.

소나무는 도쿠가와(德川) 막부가 특히 신경 써서 보살폈던 나무로 요즈음은 보편적이 되었고 실제로도 여러 장점을 지니고 있다. 가지가 높이 솟아서 뻗은 모양이 멋있다는 점이 주로 평지에 있었던 관도(官道)와 어울린다. 소나무 숲에 길을 만듦으로써 마침 그 자리에 남아 있던 소나무를 가로수로 유용하게 이용했다. 나아가서 이 나무의 수명이 긴 것처럼 도로가 오래도록 존속하기를 기대했던 마음, 말하자면 평화주의의 표현이었다는 것에 더욱 큰 의미가 있다.

에도(江戸)시대 이전의 무가(武家)는 자주 길을 바꾸었고, 이 때문에 길가의 나무도 자주 베어내야만 했다. 팽나무를 처음으로 길가에 심은 사람이 오다 노부나가(織田信長)라는 설도 있지만, 실은 팽나무는 훨씬 전부터 가로수로 심었었다. 베어서 장작으로 사용하면 잘 타고 군진(軍陣)의 횃불로 적당했기 때문에 길가에 심어두면 편리했다는 식으로 해석하는 사람도 있긴 하지만, 어쨌든 이 나무에 길의 신[25]과 관련된 다양한 신앙이 존재했던 것은 오랫동안 가로수로 심은 결과인 듯하다. 오슈(奧州) 지방[26]의 큰 도로에는 꽤 오래된 적송(赤松)이 있지만, 곳에 따라서는 냇버들이 길게 심어져 있다. 이 냇버들을 심은 이유는 연료준비를 위해서라

---

25) 이 길의 신을 총칭하여 도소진(道祖神)이라고 부른다. 길의 경계가 되는 길목에 위치한 신으로, 여행자들이 여행의 안전을 빌며 공물(供物)을 바치는 풍습이 있었다. 도소진에 대한 야나기타 구니오의 논고로 「석신문답(石神問答)」(『柳田 國男全集』 26, 筑摩書房, 1990에 수록)이 있다.

26) 일본 동북(東北) 지방 전역.

기보다는 성장이 빠르다는 장점 때문일 것이다. 한 가지 덧붙이자면 물에 친숙한 나무라는 것도 하나의 장점이었다. 수양버들도 마찬가지이지만, 냇버들이 있는 곳은 맑은 물을 얻기 쉬운 곳이었다.

자야(茶屋)가 생기기 전에는 샘이 나그네의 쉼터였다. 때문에 자연적으로 만들어진 대부분의 도로는 샘이 있는 장소와 이어져 있었다. 따라서 다카시미즈(高淸水)・하코시미즈(箱淸水) 등과 같은 역 이름의 시작은 자야(茶屋)보다 더 오래된 것으로 볼 수 있다. 사이교(西行)법사[27]가 지은 "길섶에 맑은 물 / 흐르는 버드나무 / 그 그늘아래 / 잠시 동안이지만 / 머물러 쉬었어라"[28]에 등장하는 버드나무도, 그것이 유행(遊行) 버드나무 이야기로 문학작품 등에 등장하게 되기 이전에는 역시 이런 류의 냇버들이었는지도 모른다. 어쨌든 냇버들은 무척이나 높이 자라는 나무이며, 검은 나무껍질과 푸른 잎이 아름답게 반짝이는 나무이기도 하다.

야마시로(山城)[29]에 도읍이 있던 초기 무렵에는, 관도(官道)의 길가에 과수(果樹)를 심으라는 포고가 내려졌다. 하지만 과수를 가로수로 길게 죽 줄지어 심지는 않았을 것이다. 지금도 고갯길에 때로 늙은 밤나무와 호두나무, 배나무가 있기 때문에 여행하는 사람들이 그 그늘로 들어가서 쉬기도 한다. 하지만 정작 가로수가 필요한 곳은 이러한 산길이 아니었

---

27) 1118~1190. 헤이안(平安) 말기부터 가마쿠라(鎌倉) 초기에 걸쳐 활약한 가승(歌僧). 종교적인 이유로 많은 여행을 하면서 남긴 와카(和歌)는 이후에 많은 영향을 미치게 되었다.

28) 원문에서 저자는 "淸水流るる柳かげ" 부분만을 인용하고 있으나 뜻을 분명히 하기 위해서 전부를 번역하였다. 일본어 원문은 다음과 같다. "道のべに淸水流るる柳かげ しばしとてこそ立ちどまりつれ" 한편 이 와카는 나중에 일본의 가면극 노(能)로 극화되는 등 매우 유명한 우타마쿠라(歌枕 : 유명한 와카 시인이 읊은 와카나 고대로부터의 전설을 바탕으로 유명해진 와카의 명소로 특정한 산이나 나무・강 등이 있음)의 하나가 되어 후대 시인들이 꼭 가보고 싶은 유서 깊은 나무가 되었다. 이 책에서 야나기타가 자주 언급하고 있는 하이쿠 시인 바쇼도 1689년에 이 나무를 찾아가서 하이쿠를 읊고 있는데, 이에 대해서는 다음 번역서에 자세하다. 마쓰오 바쇼, 김정례 역주,『바쇼의 하이쿠 기행 1－오쿠로 가는 작은 길』(바다출판사, 1998) 참조.

29) 옛 지명으로 지금의 교토 남부 지역.

다. 넓은 평야를 가로지르는 길에서, 특히 바람을 막고 햇빛을 피할 때 가로수가 큰 도움이 되었던 것이다. 긴 둑길의 따분함을 없애기 위해서도 한 그루 씩 각기 개성이 있는 소나무가 잘 어울리기도 했겠지만, 그보다 중요한 것은 안개가 끼고 눈보라가 치는 날 소나무를 목표로 해서 길을 찾아가는 일이었다.

동북 지방에서는 넓은 들길에서 눈 속에 길을 잃고 죽은 사람이 있었기 때문에 그 다음부터 길잡이 구실을 할 가로수를 심도록 했다는 이야기도 전해지고 있다. 가로수가 있는 풍경은 인위적으로 일시즌으로 만들어진 것이 아닐지라도, 이러한 여러 가지 경험을 통해 비로소 가로수는 의지할 만한 것, 또는 어쩐지 정겨운 것이라고 우리들이 느끼게 된 것이다.

길을 가는 사람에게는 정신적인 양식도 필요하였다. 이전에는 길동무가 여행에서 무엇보다 소중한 것이었고, 길동무가 없을 때에는 성인 남자라도 불안을 느꼈다. 말하자면 신앙으로 길동무를 대신한 시기였기 때문에, 길가에 수많은 사당이나 불당 및 돌로 만든 신불(神佛)이 출현하게 된 것이다. 오랜 세월을 거치는 동안 이것들이 너무 복잡해졌기 때문에, 명치시대 초기에는 이것들을 치워 없애라는 명령이 내려졌다.

따라서 대부분이 정리되었지만, 또 다시 마두관음(馬頭觀音)과 도소신 (道祖神),[30] 그리고 관음상이 많이 세워졌다. 그리하여 새로 난 길 좌우에 가로수가 없어졌어도 사당이나 불당만큼은 이미 완비되었던 것이다. 그것을 만든 것은 여행하는 인마(人馬)의 안전을 위해서만이 아니고, 반드시 많은 사람들에게 볼 수 있게 하려는 목적에서도 아니다. 우리들의 마음이 가장 감동하기 쉽고 공감하기 쉬워지는 때를 겨냥하여, 도로라는 상설된 특별한 장소에 그와 같은 기념물을 갖다두는 것이었다.

세 번에 걸친 국제 전쟁[31]으로 자식을 잃은 부모들이 근대에 들어와

---

30) 일반적으로 사에노가미(サヘノカミ) 또는 도륙신(道陸神)이라고 부른다. 길의 악령을 막아서 행인을 수호하는 신.
31) 이 책이 쓰여진 것은 1930년이므로 청일전쟁(1894), 러일전쟁(1904), 제1차 세계대전

서 이를 이용하기도 했다. 그 전에는 습자를 배우는 스승을 위한 후데즈카(筆塚),[32] 혹은 이 지방에서 배출한 스모 선수의 돌비석(石碑), 말이 길에서 죽거나 쓰러졌을 때나 벌레나 역병의 피해를 물리치기 위해서 대염불(大念佛)[33]을 개최했다는 기념물이 있는가 하면, 구마노(熊野)[34]나 하구로산(羽黑山)[35]으로 참배를 다녀왔다는 것을 후대에 전하고자 했던 행인탑(行人塔)도 있었다. 실제로는 석탑이 너무 많아져서 눈에 거슬린다. 일손은 풍부하되 석수장이가 없었던 시대에는 석탑을 대신한 것이 무덤이었다. 무덤은 사람들에게 적당히 잊혀질 때까지, 작아지기도 하고 낮아지기도 했다. 어쩌다 무덤이 남아 있는 경우에도, 이와 관련된 전설은 대개 활발한 방향으로 변화하고 있다. 그래서 평야에 있는 길을 지나가는 사람들에게 또 한 가지 친절한 목표가 되기도 했던 것이다.

여행이 발달한 것처럼 풍경 또한 이런 식으로 변화되었다. 단순히 지금까지 없었던 윤곽과 색채가 생겨난 것뿐만이 아니라, 이를 보는 사람들의 관점 또한 달라졌다. 일본은 전체적으로 산의 흙이 흘러내려서 낮은 평지가 많아진 나라인데, 나중에는 평지를 지나는 도로도 평평해졌다. 언덕의 경사면을 따라 난 길이 있는가 하면 오래된 길은 반드시 조금 높은 곳에 있으며, 더 나중에 생긴 길은 그 아래쪽을 지난다. 그리고 최근에는 논 가운데를 곧장 뚫고 나간 길이 많아졌다.

한 가지 산수(山水)를 여러 각도와 여러 높이에서 바라볼 수 있는 즐거움은 줄어들었지만, 그 대신 산을 넘는 경우에 새로 난 고갯길에서는 더

(1914)을 의미한다.

32) 오래도록 쓴 붓을 공양하기 위해서 붓을 땅에 묻고 세운 무덤.

33) 여럿이 모여서 큰 소리로 염불을 외는 일.

34) 와카야마(和歌山)현의 남동부에서 미에(三重)현의 남부에 걸친 지역. 구마노산사(熊野三社)라 부르는 신사가 있는데, 옛날부터 영지(靈地)로 알려져 참배하러 오는 사람들이 많았다. 구마노산샤란 구마노 혼구대사(本宮大社), 구마노 하야다마대사(速玉大社), 구마노 나치대사(那智大社)를 총칭하여 가리킨다.

35) 야마카타(山形)현 서부에 있는 데와(出羽) 산지의 산으로 수험자(修驗者)들의 수행 장소로 유명하다.

다양한 풍경을 볼 수 있게 되었다. 하늘에서 비행기로 자유롭게 내려다 보면서 지나갈 수 있는 시대에는 모습이 또 많이 바뀔 것이라 생각한다. 어차피 한 국토이니까 한 가지밖에 볼 수 없을 것이지만, 이 시대는 아직 여러 가지로 풍경을 새롭게 만드는 기술을 지니고 있었다 명치·대정시대 60년 사이에는 분명 잃은 것보다 얻은 것이 더 많았다.

6. 무사시노(武藏野)의 새

관동(關東) 지방[36]은 평야로 이어져 있어 산이 멀었고, 대체적으로 넓은 조망을 확보할 수 없었다. 일찍이 오마치 게이게쓰(大町桂月)[37] 씨가 언급한 다마(多摩) 들판의 2대 경관, 백초(百草)로 유명한 송련사(松蓮寺) 언덕과 아라하타(荒幡)에 있는 신후지산(新富士山)도, 수십 군데의 시골 마을이 생겨나는 불과 얼마 안 되는 동안에 이미 느티나무 가로수에 덮여 버렸다. 느티나무는 예로부터 무사시(武藏) 지역의 특징이었다. 에도(江戶)에서 사방으로 내뻗친 열개 남짓한 가도(街道)에는 어느 가도에나 양쪽길에 나무숲으로 쌓인 농가가 있었으며, 그 농가들은 집 앞길에 느티나무를 심었다. 그래서 자연스럽게 느티나무가 한 줄로 이어진 가로수가 되었다. 무사시노(武藏野)[38]의 초창기 느티나무는 이곳을 개간할 때 처음으로 심었겠지만, 원래 이 나무는 동일본(東日本) 지역에서 옛날부터 유용한 나무였다.

---

36) 지금의 행정 구역으로 보면 도쿄도(東京都), 가나가와(神奈川)현, 사이타마(埼玉)현, 군마(郡馬)현, 도치기(栃木)현, 이바라기(茨城)현, 지바(千葉)현 등이 이에 해당된다. 북부 지역과 서부 지역에는 산지가 많고 중앙부에는 관동평야가 뻗어 있다.
37) 1869~1925. 시인이자 평론가. 뛰어난 기행문을 남겼다.
38) 도쿄와 사이타마(埼玉)현 양쪽에 걸친 관동 평야 남서부 지역.

오슈(奧州)에서 '쓰키'라고 부르는 나무도 느티나무인 듯 하며, 북 무사시(北武藏)에서는 쓰키(都幾)를 마을이나 강 이름으로 삼고 있는 지방도 있다. 교외에 주거지가 생기고 나서 가로수가 차츰 잘려나가 도시 중심부와의 연결이 완전히 끊어지고 말았지만, 밖으로 나가면 아직 몇 줄의 느티나무 행렬을 볼 수 있다. 이 나무들도 자주 베어지고 있지만 다행히도 아직 가로수가 있던 자리에는 나이 어린 나무가 약간 남아 있으므로 새봄의 신록과 가을 잎으로 일 년에 두 번은 아름다운 색을 띠고 있다. 부상목(扶桑)[39]의 전설에서 말하는 것처럼, 나무 위로 아침 해가 일찍 솟고 석양이 오래도록 남는 것이 잊을 수 없는 또 하나의 정취를 만들었다. 일찍이 도시 사람들이 쓴 문학 속에도 나와 있는 이 나뭇가지 끝에서 나는 겨울바람 소리는 광막한 대도시를 향하여 오랫동안 봄마다 새 울음소리를 실어 나른 길이기도 했다.

이전에 에도 주위에는 숲이 많았고, 그리고 커다란 저택이 있었다. 그 흔적은 최근까지 곳곳에 남아 있다. 크고 작은 조류가 그것들을 징검다리 삼아서 시민들의 작은 정원에까지 놀러 왔다. 서투른 아마추어 사냥꾼이 교외에 있는 농촌들을 돌아다니며 새를 도시 가운데로 쫓아준다는 이야기도 있었다. 그때 쫓겨와서 지금까지도 도시에 있는 것인지는 알 수 없지만, 어쨌든 이 새들이 이제 도시에 한 번 들어오면 나갈 수 없게 되고 말았다. 높고 낮은 열 십자 모양의 철사가 집집마다 하늘에 처져 있다. 이것 또한 일종의 신식 가로수였지만, 조류가 이동하는 데는 큰 방해가 되었다.

야산에도 대개 새가 없어져 버렸다. 우리들은 원래 새소리를 사랑한다는 점에서 보자면 어느 민족에게도 뒤지지 않았지만, 박제된 새가 일 년에 수백만 마리나 외국으로 수출되는 것을 기뻐하고 있는 사이에 갑자기 이렇게 쓸쓸한 나라가 되고 만 것이다.

---

39) 중국의 전설에서 동해의 해가 돋는 곳에 있다는 신성한 나무나 그 장소

찌르레기는 가장 흔한 새였다. 도시에 교목이 웬만큼 있고 집 지붕이 아직 낮았을 때에는 어디든지 무리 지어 날아 와서 얼마 안 되는 빈 터에 내려앉았었다. 그러나 높은 건물이 들어서서 유리와 돌이 반짝이고 전선에서는 불꽃이 튀며, 인력거 소리가 끊임없이 삐걱거리게 된 이후 그처럼 흔한 찌르레기도 찾아오지 않게 되었다. 제비가 돌아오지 않게 된 지는 20년 정도 되었을 것이다. 이 또한 집집마다 유리창을 만들어 제비가 대들보로 다니는 길을 끊어 버림으로써 제비를 거부했기 때문이었다.

제비들이 새로 걸린 전선에 줄지어 앉아 있는 모습은 명치시대의 새로운 풍물 중 하나로 여겨졌고, 화공은 그 모습이 아주 평범한 풍경이 될 때까지 열심히 그 모습을 그렸다. 그러나 제비들은 이제 그와 같은 전선 위의 곡예도 할 수 없게 되었다. 남아 있는 것은 옛날에 제비 둥지의 재료로 사용하던 길가의 진흙뿐, 그 진흙을 제비가 기모노 가게에 걸린 비단 위에 떨어뜨렸다는 에도 식의 홋쿠(發句)[40]는 이제 주를 달아서 설명하지 않으면 이해할 수 없게 되고 말았다.

모스(Edward Sylvester Morse)[41]의 『일본의 그 날 그 날』에는 까마귀가 날아 와서 인력거의 제등(提燈)에 있는 양초를 쪼아먹었다고 쓰여 있다. 도쿄에서는 까마귀가 마치 서양의 비둘기처럼 사람과 익숙한 생활을 하고 있다고도 쓰여 있다. 오슈(奧州) 지방을 여행할 때에는 여자가 강 위의 배에서 생선을 씻고 있는 것을 까마귀가 불과 서너 자 떨어져서 물끄러미 보고 있었다고도 적고 있다. 오슈의 까마귀는 지금도 여전히 그럴지도 모르지만, 도쿄에서는 까마귀와 비둘기는 비슷하지 않다. 첫째, 수가 훨씬 줄었다. 산바(三馬)[42]가 쓴 『우키요 목욕탕(浮世風呂)』[43]에는 설날 까마

---

40) 하이쿠. 5 · 7 · 5의 17음으로 되어 있다. 에도시대에 활발했던 렌쿠(連句)의 첫 번째 구이다.
41) 1838~1925. 미국의 생물학자이자 일본연구가. 다윈의 진화론을 일본어 소개하고 그 보급에 힘썼다. 특히 일본의 고고학·인류학에 큰 공헌을 하였으며, 저서로 『일본의 그날 그날(日本、その日その日)』이 있다.

귀 우는 소리가 '까악 까악' 하고 나오는데, 도시에서는 이처럼 설날 아침에 닭보다 까마귀 소리로 날이 밝았다. 그리고 이것은 명치시대가 되어서도 마찬가지였다. 그렇지만 그런 옛날 정취를 기대하고 있는 사이에 까마귀는 정월 초부터 굶게 되었다.

소리개가 날아다니는 일은 도쿄에서도 날씨가 맑아질 징후였다. 소리개 가운데는 분명 도시 가까이에서 자란 것이 있었으므로 날마다 이곳 하늘만을 날고 있었다. 강가 목재상의 통나무 꼭대기에는 까마귀가 오지 않으면 소리개가 날개를 쉬고 있었다. 도시를 청소하는 역할의 일부분은 그들이 맡고 있었던 셈이다. 실제로 죽은 쥐를 길 위에 던져놓으면 소리개가 날아 내려와서 물고 가는 일이 보통이었다. 이제는 이미 소리개가 없어졌는데도 쥐를 버려 두는 습관만은 그대로 남아 있다.

아직까지 우리 눈에 띄는 것은 참새와 갈매기뿐이다. 도시의 참새는 깃털이 더럽다. 서양 참새에 비해 흰털이 훨씬 많기 때문에 더러움이 특히 눈에 띈다. 이 새의 성질이 한층 곰상스러워지긴 했지만 그래도 갈 곳이 없는 탓인지 아직까지 이곳에 살고 있다. 참새는 원래 집 참새 또는 마을 참새로 불리우고 있을 만큼 여태까지 인가가 있는 곳에서 번식해 왔으므로 새로운 문화에 적응해 내는 힘도 강하다고 볼 수 있다. 갈매기는 지금도 뱃길을 도우면서 별 어려움 없이 대양 사이를 왕래하고 있다. 이런 갈매기를 '인사하는 붉은 부리 갈매기'라고도 하지만, 배를 타거나 큰 강의 기슭에 사는 사람들 이외에는 애초에 갈매기에게 큰 관심이 없었다.

그보다도 주목할 점은 박쥐가 오지 않게 된 점이다. 옛날에 도시의 저

---

42) 시키테이 산바(式亭三馬, 1776~1822). 에도(江戸)시대 후기의 게사쿠(戯作) 작가. 19세에 기뵤시(黄表紙)라는 대중소설을 지었으며 이후로 부업으로 고서점이나 약국을 경영하며 저술에 진력했다. 대표작으로 본문에서 소개한 『浮世風呂』 이외에 『우키요도코(浮世床)』가 있다.

43) 시키테이 산바가 지은 골계스런 내용의 작품. 서민들의 사교장인 공중 목욕탕을 무대로 당시 상인들의 생활을 묘사한 서민문학.

녁이 고요했다는 사실은 비단실처럼 가는 박쥐 소리를 기억하고 있는 사람이 많은 것만 보아도 알 수 있다. 박쥐도 그림으로 그려졌는데, 다리나 수양버들과 더불어 해질 무렵의 불안한 마음, 혹은 기다리거나 기다리게 하는 사람의 정서를 강력하게 암시하는 기호였다. 그렇지만 이제 그러한 기호도 통하지 않게 되었다. 박쥐 무리가 쇠퇴한 사실은 도시만의 현상이 아닌 듯하다. 박쥐도 돌아갈 고향이 없는 것은 참새와 마찬가지지만, 어두운 곳을 좋아하는 성질로 인해 세상이 밝아지자 살아갈 터전이 줄어든 것이다. 강가의 다리도 안쪽이 금속으로 만들어지고 창고가 돌이나 벽돌로 만들어지자, 우선 박쥐가 발톱으로 매달려 있는 것이 불가능해진 것이다. 나무와 동물의 서식(棲息) 사이의 관계는 나무가 잘려서 목재가 된 후에도, 변함 없이 이렇게 이어지고 있음을 알 수 있다.

사람들이 무의식적으로 자연의 균형을 깨트릴 결과는 이전에도 가끔 나타났다. 박쥐가 없어지자 모기가 많아지고, 너구리가 많이 포획되자 들쥐가 활개를 친다는 사실은 이미 많은 사람들이 알고 있다. 게다가 요즈음은 뱀을 모아서 약으로 파는 직업이 성행하게 되었다. 이것이 머지않아 쥐나 개구리의 번식을 초래할지도 모른다. 요코하마(橫浜)에서는 명치 초기 처음으로 서양식 건물이 지어졌을 때, 많은 작은 새들이 날아와서 유리창에 부딪혀 떨어져 죽었다는 기록이 남아 있다.

지금도 파리가 유리창 때문에 고생하고 있는 것은 이런 맑고 투명한 하늘과 같은 물건이 갑작스레 파리의 진로를 차단했기 때문이다. 외국문화에 비할 바가 아니었다. 그래도 어떻게 그 사실을 알게 되었는지 이제 그런 불행은 되풀이되지 않게 된 것은 신기한 일이다. 특히 항구 한쪽에서 반짝이는 빛은 그 무렵으로서는 새들을 불러들이는 강력한 요소였다. 여러 지방의 한적한 곳(岬)에 등대가 들어서자, 밤하늘을 날던 새가 이 불빛에 눈이 어두워져 감각을 잃고 무수히 떨어져 죽은 일도 신기한 사건이었다.

이렇게 민감한 새가 새로운 불안에 휩싸이게 되어 번식이 뚜렷하게 줄어든 것은 어쩔 수 없는 일이었다. 우리들이 아름다운 큰 도시에 살면서도 무언가 소중한 것을 잃어버린 듯한 마음이 자꾸 생기는 것은, 시각적인 것보다는 청각적인 것에 그 원인이 있었다. 도시에서 새로운 소음의 고통이 생기기 전부터 이미 자연스레 정리된 정겨운 소리가 많았다. 여름 대낮의 적막을 깨고 지나가던 모종 장수, 엔쵸(圓朝)[44]의 이야기에 등장하는 오미(近江)의 모기장 장수, 그밖에 여러 물건을 팔던 상인들이 내던 소리였다. 이제는 아무 쓸모도 없는 소리를 그리워한다는 것, 이 또한 우리들이 새를 사랑하는 점과 비슷하다.

7. 집에서 기르는 가축

근래에 유행하는 새 기르기가 바로 이 틈을 메우기 위해서 생긴 것처럼 생각하는 사람들이 있는데, 사실은 그렇지 않다. 우선 이러한 취미를 즐길 수 있는 사람이 얼마 되지 않았고, 그 중에서도 대다수는 반드시 야외의 새소리에 귀를 기울이고자 했던 사람들이 아니었다. 새 기르기의 역사에는 새의 진기함을 감상한다는 목적이 처음부터 수반되어 있었다. 옛날에도 지금처럼 새를 기르기 위해서는 외국에서 수입을 했다. 그러므로 이전에 우리들이 고향에서 흔히 들을 수 있던 것은 흔해빠진 새의 울음소리뿐이었다. 어린 아이가 지금도 참새 등을 새장에 넣고 싶어하는 것은 상대(上代)시대에 전쟁에서 잡은 포로(捕虜)를 살려두던 풍습에 가까울 것이다.

나중에는 국내의 새도 희귀한 종류를 산 속에서 잡아오는 경우가 있

---

44) 1839~1900. 라쿠고가(落語家)로 에도 태생이다. 정식 이름은 산유테 엔쵸(三遊亭円朝)이다. 「보탄도로(牧丹灯籠)」·「시오바라 다스케(塩原多助)」 등의 저작을 남겼다.

었는데, 휘파람새나 동박새처럼 흔한 새라도 차츰 우는 소리를 비교해서 더 우수한 품종을 귀하게 여겼다. 그런 경우에는 반드시 야외에 사는 흔해빠진 새를 경멸했다. 즉 사람들이 인위적인 의미를 부여한 특별한 새만을 사랑했던 것이다. 이 점에 있어서는 마치 야생조류를 소외시킨 대건축물의 예술성의 경우와 비슷하다. 특히 최근의 새 기르기 유행을 보면, 마치 축음기나 견직물의 유행에서 볼 수 있는 것과 같은 유사한 면이 있다.

사물에 익숙해진다는 것은 특별한 의미를 지닌다. 가축의 존재는 여기에서 시작되었다. 닭은 원래 오늘날 우리가 알고 있는 것처럼 기르는 새의 부류가 아니라 우리들의 기억 속에서 지울 수 없는 일종의 가족이었다. 일찍이 닭이 지니고 있던 신앙상의 역할, 즉 기원(祈願)이나 복점(卜)과의 깊은 관계[45]에 대해서 말도 안 된다고 생각하는 사람들이 많아지긴 했지만, 닭이 아침마다 시간을 알려 주는 일을 대신할 다른 방법은 없었다. 그 때문에 대개 집에서 기르는 닭의 수가 많았던 것이다.

그런데 외국에서 들여온 닭의 종류 중에 여러 진귀한 품종이 있었고 게다가 장점도 많았기 때문에, 수입 닭을 새처럼 기르는 취미가 생기기 시작했고 재래종 닭은 마침내 돼지나 소와 말처럼 다시 도살되는 처지로 돌아갔던 것이다. 육용 계란용의 닭은 시간을 알려주는 역할까지는 하지 않는다. 밤이 환해지고 집안이 따뜻해졌기 때문이기도 하겠지만, 닭이 초저녁이나 한밤중에 우는 일이 일상화되어 이제는 사람들이 이를

---

45) 일본에서는 설날에 닭 우는 소리를 들으면 장수를 하거나 부귀를 누린다고 한다. 그리고 마(魔)를 물리친다고 믿었다. 그 때문에 신성한 동물로 여겨져, 일본의 민담 등에서는 중요한 위치를 차지한다. 예를 들면 '지장정토(地藏淨土)', '닭의 보은(鷄報恩)' 등의 이야기에 닭 우는 소리로 오니(鬼)나 요괴를 퇴치하거나 위기에서 벗어나는 모티브가 보인다. 그뿐만 아니라 일본 각지에, 바위나 땅 속, 그리고 강 밑에서 황금닭이 우는 소리가 들린다고 하는 금계(金鷄)전설이 전해지고 있다. 이처럼 닭을 영험한 동물로 믿었던 신앙에 대해서는 일본의 일부 지역에서 닭을 식용으로 하는 것을 금지하고 있는 곳이 있는 것만 보아도 알 수 있다. 이밖에도 닭 우는 소리를 듣고 죽은 사람의 시체, 특히 물 속에 잠긴 시체가 어디 있는지를 알아보는 점복술이 전해지고 있다.

불길하게 여기는 일도 없어졌다. 그리고 시계가 닭 이상으로 충분히 제 역할을 다하고 있는 것이다.

고양이를 키우게 된 것은 닭의 경우와 달리 유행이었던 것 같다. 고양이는 고양이 집에 넣어두지는 않지만, 새를 기르는 방식과 비슷했다. 단지 기르고 있었다는 옛날 기록이 적을 뿐 아니라 일본에서 꼬리 없는 고양이를 본식(本式)으로 여기고, 또 삼색으로 얼룩진 수컷 고양이를 특히 귀하게 여긴 점 등은 모두 근대에 시작되었다고 할 수 있다. 고양이를 키우게 된 다음 이유로는 가옥 건축의 변화를 들 수 있는데, 이른바 천장이 만들어지고 수납 공간이 많아져서 실내에서 쥐가 번식하게 되었다는 것이다. 쥐는 뱀이나 휘파람새로는 다 퇴치할 수 없었다. 더구나 근래 보급되기 시작한 양잠에 해를 끼친다는 것과 페스트가 쥐벼룩에서 발생한다는 사실까지 더해짐으로써, 집집마다 고양이의 수가 지나칠 정도로 급증한 듯하다. 개와 고양이가 항상 사이가 나쁜 까닭은 개가 인간을 위해 일정한 일을 하는 데 반해 고양이는 아무 하는 일이 없이 살 수 있기 때문이다. 일본의 애완용 개인 진(狆)이나 서양개가 동물을 애호하는 사람들로부터 버림받은 것은 서글픈 일이다.

중국에서는 개가 식용이었기 때문이기도 하지만, 계견(鷄犬)이라고 해서 일찍부터 각자 집에서 길렀다. 그렇지만 일본에서는 오랜 동안 개는 각자 집에서 기르는 것이 아니라 마을 전체가 같이 기르는 것이라는 인식이 지배적이었다. 개가 될 수 있으면 먹을 것을 가장 많이 주는 곳이나 자기를 사랑해주는 사람에게 가는 것이 당연하기 때문에, 밤에도 개가 자는 집이 정해져 있을 터이지만, 주인이 누구냐고 물어보면 없다고 대답해야 할 개가 많았다. 그러다가 사냥 등의 필요 때문에 차츰 한 사람을 주인으로 받들고 주인 외의 다른 사람을 따르지 않게 되면서 차츰 개의 종류가 조금씩 개량되기에 이르렀다. 개량은 항상 이전의 존재에게는 불행한 일이었지만, 일본 개가 특히 원시적이었기 때문이었는지 개량에 실패하여 어느새 일본 개들은 모두 잡종으로 변하고 말았다. 개를 개인 집에서 기르게 되자 마을에서 떠돌아다니는 개는 돌보지 않았다. 마을에서 떠돌아다니는 개는 들개가 아닐 터인데, 쓸모 없어지자 차츰 이 개들을 장갑 만드는 가죽으로 사용하는 일이 놀라울 정도로 많아졌다. 만약 개를 가축으로 생각했다면 이는 실로 적절치 못한 방목(放牧) 방법이었다.

쥐는 장난이 지나치게 심하기 때문에 일찍부터 우리들의 애정을 잃고 말았지만, 지금도 집과의 관계가 때로 마을의 개보다 깊다. 쥐를 잡는데 고양이나 덫을 사용한 것이 오래된 방법이 아니라는 것은 쥐를 죽이는 일을 싫어하는 사람들이 많다는 점을 보아도 알 수 있다. 집에 쥐가 없어지는 일을 불길하게 여기거나, 쥐가 소동을 피우는 것을 뭔가 안좋은 일이 일어날 전조(前兆)로 여기는 것은 미신이겠지만, 새로 생겨난 미신치고는 너무 널리 퍼져 있다.

설날만큼은 쥐라는 말을 쓰지 않고 쥐를 가리켜 '며느님'이라 부르는 지방도 많다.[46] 보통은 초닷새나 초엿새 밤에 '며느님에게도 나이를 먹게 한다'고 해서 명절음식을 그릇에 담아 쥐가 다니는 통로에 먹을 수 있도록 놓아두는 풍습도 있다. 개나 고양이처럼 이미 인간의 집에서 살고 있는 동물은 물론이거니와 닭이나 소, 말에게도 이와 똑같이 대한 것을 생각하면 처음에는 집에서 기르는 가축과 집에서 같이 사는 동물 사이에 그다지 큰 구별을 하지 않았던 것 같다. 이것이 옥상의 까마귀나 처마를 엿보는 참새, 휘파람새나 올빼미를 보고 친근감을 느끼며 내일 날씨를 예상하고자 했던 이유이다. 이러한 새들은 특별히 깃이 아름다운 것도 아니고 소리가 듣기 좋았던 것도 아닌데도 오면 기쁘고 오지 않으면 어쩐지 쓸쓸한 생각이 들었다. 왜냐하면 한 마디로 말해서 그 새들이 우리들의 친구였기 때문이다. 그러나 도시는 조류 이외에도 많은 오랜 친구들을 잃게 만들어 버렸다.

---

46) 에도 중기의 하이쿠 문집인 『풍속문선(風俗文選)』을 보면 "쥐는 일명 요메가기미(よめが君), 또는 요메라고도 한다"라고 되어 있다. '요메'는 '며느리'라는 뜻이다.

8. 들짐승과 인간과의 관계

풍경은 원래 오늘날의 음식과 마찬가지로 색이나 형태 외에도 맛을 지니고 있었을 뿐만 아니라 여러 가지 향기와 음향이라는 잊을 수 없는 조건을 갖추고 있었다. 그 풍경을 한 장의 평평하고 정적인 그림으로 그리는 기술이 발달하게 되자, 그 그림 속에서는 우선 힘차게 움직이는 사물이 사라졌다. 옛날 그림에는 반드시 사람이 있거나 화조가 있는 구도가 마치 약속이라도 한 듯이 지켜졌었다. 그러나 나중에는 그것조차도 소용없는 것처럼 생각하게 되었다.

개개의 감각을 다른 것과 구별하여 별개로 적용시키는 일에는 학습이 필요하였다. 보통 사람에게는 아마도 무성(無聲)의 시를 상상하는 일이 어려웠을 것이다. 그 때문에 자연환경에 대한 우리들의 희열과 만족이 이름도 무엇도 없는 막연한 기분이 되었고, 최근에 자연환경의 변화로 인한 몇 가지 결점이 생긴 뒤에야 비로소 '저건 무엇인가' 하고 물어야 한다고 생각하게 되었다.

학교에 다니는 아이들의 이야깃거리가 변해갔고, 또 지방에 따라서도 달라졌다. 이는 어른들 또한 마찬가지로, 농촌에서 어른들이 매일 주고받는 화제는 변화무쌍한 자연에 대한 이야기 이외에 별다른 것이 없었는데, 명치·대정시대가 세상 이야기에 대한 막대한 이야깃거리를 제공했다. 그러나 그 대부분이 어린 아이들이 이해하기에는 어려웠기 때문에, 얼마 동안은 자기 주위에서 일어난 일이나 들새와 짐승 이야기를 자주 했다. 그 자연의 친구 중에는 장난기 때문에 어른들에게 항상 미움을 받고 있는 친구가 있는가 하면, 또한 함부로 행동하고 엉뚱한 친구도 있었다. 그런 친구들이 아이들의 생활을 둘러싼 풍경 속에 나타나서 웃기거나 놀라운 이야깃거리를 제공했던 것이다.

사람과 동물 사이의 관계가 조금 멀어지자, 오히려 이야깃거리는 많아진 듯하다. 짐승을 사냥해서 잡는 일은 일종의 전투였지만, 그 결과는 거의가 사람의 승리담, 즉 짐승의 패배담이었다. 이것이 오랜 옛날부터 단순한 사람들이 듣고 가장 재미있어 한 이야기이기도 했다. 그러나 그 이외에 친구로서의 동물 이야기도 많이 있다. 예를 들면 이리는 야수 중에서 특히 흉폭한 동물이었지만, 그 이리에게조차도 일찍이 밤길에 사람을 전송하고, 출산할 때 위문을 갔더니 답례를 하러 왔다는 이야기가 많이 있다.47) 이야기 속의 원숭이는 민첩하지만 자주 사람 흉내를 내다가 실패하고, 토끼는 사려가 부족하며, 족제비는 교활해서 물건을 자주 훔친다. 또 여우는 음울해서 복수심이 강하고 너구리는 악한이면서도 하는 짓이 언제나 엉뚱하다는 식으로 전개되는 이야기의 유형은, 결코 옛날 이야기를 그대로 이어받은 것만은 아니었다. 옛날 것을 잘못 전달했다고 할지라도 어쨌든 누군가가 새로 지어낸 이야기였다.

때문에 이러한 이야기에 아주 조금이라도 덧붙이거나 정정해야 할 필요를 느끼게 되면, 소년들이 세밀하게 관찰하고, 또 반드시 기억해서 다른 사람들에게 전했던 것이다. 이런 이야기들이 얼마나 신빙성이 있으며 과연 우리들에게 유익한가에 대해서는 음식과 마찬가지로 이것을 직접 확인한 사람은 적지만, 어쨌든 이것이 의식주 다음가는 그들의 네 번째 생활기술이었다. 외지에 나와서 고향과 외부와의 관계를 터득하기 이전에, 우선 자연 속에서 자신을 발견할 수 있는 길이 언제든지 이 같은 방식으로 열려 있었던 셈이다.

---

47) 본문에서 '밤길에 사람을 전송한다'고 언급하고 있는 부분은 일본에서 「집까지 보내주는 이리(送り狼)」라는 이름으로 알려진 민담이다. 이리와 관련된 일본의 민담 중에 「이리 보은(狼報恩)」이라 알려진 이야기를 한 가지 소개하기로 한다. 한국의 「호랑이의 보은」과 유사한 구조로 되어 있음을 알 수 있다. 어떤 남자가 산길에서 이리를 만나게 된다. 처음에는 해치려고 하는 줄 알았으나 가까이 가서 보니, 목에 생선 가시가 걸려서 괴로워하고 있었다. 남자는 용기를 내서 손을 이리 목안으로 넣어 가시를 빼주었다. 그 뒤부터 이리가 문 앞에다 꿩, 토끼 등을 잡아 다 놓고 갔다. 아니면 그 길을 가게 될 때 꼭 집 앞까지 데려다 주었다고 한다. 이에 대한 야나기타 구니오의 논고로 「狼と鍛冶屋の姥」(『定本柳田國男集』 8에 수록)가 있다.

어린 아이가 말을 배우는 과정을 주의해서 살펴보아도, 배우는 순서는 역시 의식주 다음으로 각자가 처한 환경에 대한 말이다. 그리하여 바깥 사람에 대해 배우기보다 먼저 자기 집과 그 주위의 동물에 대한 말을 배우게 되는 것이다. 야수와 야생의 새에 대한 이야기가 소설로 이미 만들어졌다는 것은 우리들에게 커다란 사건이었다. 명치시대에 태어나서 대정시대를 거쳐 나이를 먹은 사람들은 대개 눈앞에서 이렇게 변화하는 모습을 경험했다. 이리는 최근에 종(種)이 끊어졌다고 하지만, 반드시 믿을 수만은 없는 것은 미에(三重)현 남부 산에서는 아직 이리를 잡고 있다는 것만 보아도 그렇다. 단지 대부분의 지방에서 진짜 이리인지 전문가의 감정을 필요로 할 만큼 이리에 대한 지식이 희박해졌다.

영양(羚羊)은 일찍이 오우(奥羽) 지방의 여러 산에서 잡은 영양의 뿔을 가다랭이를 잡는 낚시바늘로 사용하였고, 도쿄 근처의 산에서도 불과 30년 전까지는 뿔을 파이프로 만들어 팔 정도로 흔했었다. 하지만 오늘날은 등산객이 영양을 발견했다는 기사조차 찾아 볼 수 없다. 사슴도 두세 군데 절이나 신사와 같은 신령한 장소에서 보호하는 이외에 총으로 쏘아 잡았다는 통계가 적어졌지만, 불과 50년 전만 하더라도 사슴을 어느 한 계절의 별미로 여긴 지방도 많았다. 멧돼지는 사슴에 비해 태어나는 새끼가 많은 탓인지, 지금도 여전히 멧돼지 피해를 걱정하고 있는 산촌이 있다.

특히 육지에서 떨어진 섬에서는 멧돼지가 밖으로 빠져나갈 출구가 없기 때문에 사람이 많아지면 바로 멧돼지가 방해가 되었다. 쓰시마(對馬)에서는 17세기의 겐로쿠(元禄)[48] 연간에 멧돼지 포획사업이 유명했는데, 현재는 마침 아마미 오시마(奄美大島)[49)]에서 멧돼지 포획에 매달려 올해는 적어도 1,500마리는 잡겠다고 벼르고 있다. 멧돼지는 집에서 기르던

---

48) 에도(江戶)시대 중기 히가시야마(東山) 천황 시대의 연호.
49) 아마미 제도(諸島)의 주된 섬으로 오시마(大島)의 통칭이다. 오시마는 면적이 709km^{2}이다.

돼지가 도망친 탓인지 모르지만 희한하게도 계속 그 수가 늘어나고 있다. 혼슈(本州)에는 그처럼 멧돼지가 극성인 곳은 하나도 없다. 멧돼지 피해가 있다고 하더라도 네다섯 마리 정도가 갑자기 나타나서 총에 맞는 정도로, 사냥꾼은 이미 대부분이 사냥을 그만 두었고, 남은 사냥꾼은 얼마 안 되는 작은 동물을 잡든가 아니면 아마추어 사냥꾼의 안내원 노릇을 하며 지내고 있다. 최근에 나도 아마기산(天城山)[50]의 사냥터에서 오랜만에 멧돼지 사냥을 해보았는데, 숙련된 몰이꾼이 없어서 나타난 짐승을 모두 놓칠 수밖에 없었다. 이 때문에 혹시 또 다시 짐승들의 과도한 번식을 초래하는 결과를 낳지 않을까 염려된다.

비둘기나 꿩, 산새도 모두 마찬가지이지만, 이전에는 짐승들의 수가 주기적으로 늘어났다가 줄어들었다. 환경이 좋아지면 잠깐 동안에 급속히 번식하고, 이윽고 짐승들의 피해가 심해져서 자주 포획하면 곧바로 감소되어 또 다음 기회를 기다렸다. 그러던 것이 어느 작은 섬처럼 한 동물이 단종되게 된 것은 결코 수렵가와 총 때문만은 아닐 것이다. 즉 인간의 무분별한 토지이용이 차츰차츰 짐승들의 서식을 불가능하게 만들었던 것이다. 마치 집에 살던 쥐의 경우와 마찬가지로, 말하자면 우리가 동물을 더욱 적대적으로 대하게 된 것이다.

그러한 적대감 이상으로 최근의 수렵제도가 우리들과 새나 짐승과의 사이를 멀어지게 만든 것도 사실이다. 총 사냥은 결국 오지의 신사들이 세금을 내고 즐기는 유희가 되고 말았다. 그 지방에서 태어난 사람조차도 그 포획과 상관없는 사람이 되고 말았다. 물고기와 벌레는 아직 가까이 대할 수 있는 친구이지만, 새와 짐승은 차츰 소년의 흥미 영역에서 벗어나고 있다. 천연기념물 보존법으로 그 근절을 겨우 방지하기 이전부터 짐승들은 이미 오래 전에 우리들의 '풍경' 속에서 사라진 셈이다.

---

50) 후지(富士) 화산대에 속하는 이즈(伊豆) 반도 중앙부에 있는 산.

제 5 장

고향과 타향

1. 들끓는 농촌

이미 도시로 나와 살게 된 사람의 고향관은 무라(村)[1] 생활의 깨끗함과 안락함, 그리고 즐거움에 대한 예찬이 앞서고, 고향에 남은 사람의 적막함과 무료함에 대한 배려로 이어졌다. 도시 생활을 처음 하는 데서 오는 불안한 마음이 도시로 이주한 시골 출신 사람들로 하여금 오래도록 고향을 그리워하는 나그네로 만든 것은 당연했다. 하지만 그들이 이처럼

---

1) 무라(村)라는 말은 여러 가지 의미로 사용된다. 일반적으로는 「농업·어업 등 제1차 산업을 기본적 생업으로 하는 사람들로 구성된 사회」를 가리킨다. 어원적으로는 무리를 뜻하는 일본어 '무레(群れ)'에서 비롯되었다고 한다. 주로 많이 쓰는 용례를 살펴보면, ① 많은 사람들이 모여 사는 촌락이라는 의미와 ② 지방행정 구역의 하나로 마치(町) 다음의 구역이라는 의미를 지니고 있다. ①은 한국어로는 마을이나 촌락, 그리고 농촌 등에 해당한다. 그리고 ②는 한국의 행정 구역 중에서 리(里) 정도에 해당한다.

고향에 너무 얽매인 결과, 도시는 언제까지나 불안한 마음으로 살아가는 사람들로 가득차게 되었던 것이다.

그런 경우가 학생들에게 특히 많았던 것 같다. 그들이 애독하고 있던 『국민의 벗(國民之友)』2)에는 여름 방학에 고향으로 돌아가는 젊은이들에게 '가을 바람을 타고 다시 상경하라. 돌아가서 농촌을 도쿄(東京)화하지 말아라. 도쿄를 농촌화하기 위하여 돌아오라'는 구호가 실리기도 했다. 그러나 이러한 성향도 결국 잠잠해지고 말았는데 왜냐하면 때로는 고향이 대도시보다도 빨리 변하고 있었기 때문이다. 고향에서 쓸쓸한 날을 보내고 있던 사람들에게 아무런 예고도 없이 고향은 변화해 갔다. 그 변화가 꼭 도쿄화되는 것은 아니라 하더라도 그들 마음속의 고향은 황폐해진 것이다. 그러나 사람들은 그러한 사실도 모른 채 귀거래사(歸去來辭)를 읊었다.

고향의 산하가 전보다 아름다워지고 좋아진 것이 사실일지라도 결코 예전 그대로의 고향이라고는 할 수 없었다. 고향에 대한 많은 기억들이 배반당하고 있다는 사실이 고향을 떠난 사람들에게는 영락한 느낌마저 들게 하였던 것이다. 조금 무리한 이야기일 수도 있지만 그들 마음을 가장 불편하게 했던 것은 세력의 중심이 옮겨가고 있다는 사실이었다. 옛날에는 대단하게 여겼던 것들이 지금은 시들해졌다. 이미 사라져 버린 것들이 아름답게 기억되는 것은 자연스러운 현상이지만, 때로는 옛날의 불결함 그대로의 것들마저 이상하게도 그립다고 여겨지게 되었다. 농촌이 쇠퇴해져 가는 소리는 이런 적막함을 느끼는 사람들에게 특히 뚜렷하게 들렸지만, 농촌이 경제적으로 쇠퇴하지 않았더라도 여전히 우리들의 마음속 옛 고향은 쇠퇴할 수밖에 없었다.

농촌의 새로운 변화는 한마디로 격렬한 흥분의 증가였지만, 여기에 영

---

2) 저널리스트이자 저작가인 도쿠토미 소호(德富蘇峰)가 1887년 2월에 창간한 잡지. 명치시대 중기의 종합잡지로 사회평론을 주로 하여 사상·정치 및 문학에 관한 논설이나 문학작품을 게재하였다. 민우사(民友社)에서 발행하였다.

향을 끼친 것은 고향을 떠나 있다가 때때로 돌아오는 사람들이 준 자극이었다. 옛날의 평상시 고향은 도시와 달리 잠들어 있었다. 모심기나 수확 때의 팽팽한 긴장, 본(盆)과 설날, 그리고 마쓰리(祭)의 준비, 가끔 있는 길흉(吉凶)과 관련한 행사를 제외한 나머지의 날들에는 단지 기분 좋은 피로와 조용한 회상만이 사람의 마음을 가라앉게 만들었다. 어떠한 계산이나 용기와 모험도 필요 없는 평화스런 나날만이 오랫동안 계속되고 있었다. 외지에서 일하다 돌아온 사람들은 고향의 이러한 평화로움을 고맙게 여겼었다. 그런데 신시대의 문화는 문자에 의해, 그리고 일정한 격식을 갖고 들어 왔다. 언제나 하오리 하카마(羽織袴)[3]를 갖춰 입고 격식을 차려 맞이해야만 하는 일들이 되풀이되었다.

많은 제도가 지금까지 불문율로 지켜오던 관습을 이어받은 듯 비슷하긴 했지만, 새로운 용어 때문에 다르게 느껴졌고, 제도나 관습 등에 대해 잘 알고 있던 사람들까지 긴장하며 새로운 것을 대하기 시작했다. 사무를 배우기 위해서 매일 조금씩 논의를 해야 했고, 이를 통해 점차 공식적인 용어를 사용하게 되었다. 이런 공식어가 일반 가정에서 사용하는 일상 용어와 융화되는데 30년이나 걸렸다. 적어도 공무에 관계된 일부 시골 사람들만은 도시 이상으로 연일 흥분을 맛보고 있었다. 초등학교와 우체국 및 병원과 그 밖의 공공기관, 각종 모임, 조합과 청년단 등 그 어느 것이나 이러한 절차를 밟으며 출현했다. 고향에는 그 외에도 유망한 일은 많았지만 민심이 흔들리고 있었다. 고향으로 돌아와 휴식을 취하려던 사람들은 이처럼 끊임없이 변화하고 있는 고향에 실망할 수밖에 없었던 것이다.

그러던 중에 마치(町)[4]·무라(村)의 결합이라는 것이 새롭게 시작되었

---

3) 하오리(羽織)는 일본 옷의 위에 입는 짧은 겉옷을 말하며, 하카마(袴)는 남자들이 입는 주름잡힌 하의(下衣)를 말한다. '하오리 하카마를 입는다'고 하면, 보통 격식을 갖춘 정장을 차려 입는다는 뜻이다.
4) 본문에서 자주 등장하는 마치(町)라는 말은 그 의미가 여러 가지이다. 주로 많이 쓰이는 용례를 살펴보면 다음 세 가지로 나눌 수 있을 것이다. ① 상점들이 늘어서 있는

다. 명치 22년에 시행된 시(市), 정(町), 촌(村) 제도 이전에도 세력이 약하고 작은 부락이 독자적으로 존립하는 것을 인정치 않으려는 방침이 있긴 했지만, 마침내 이 시기가 되어 시(市), 마치(町), 무라(村) 제도를 전국적으로 일제히 실행하게 되었다. 언제부터 있었는지 모를 17만 몇 천 개나 되는 무라(村)와 마치(町)를 대충 12,000개 정도로 통합했다. 그리고 그 결과는 대체적으로 좋았다. 그러나 어쨌든 하나의 큰 행정단위 안에 포함된 오아자(大字)[5]는 서로 대립하기 마련이었다. 나란히 이웃하여 있는 농촌 마을 중에서 이전에 하나였던 것을 분할한 경우는 전체의 1할도 되지 않았다.

하나의 행정단위로 통합해서 위니 아래니 동쪽이니 서쪽이니 했지만, 실제로는 각각의 촌락이 성립된 때와 사정이 대개 별개였다. 즉 띄엄띄엄 있던 오래된 농촌 사이로 새로운 촌락이 차츰차츰 성립된 것이다. 그렇기 때문에 바로 이웃한 촌락끼리도 서로 기질이 다르고 또 약간의 반감마저 있었다. 사정이 그러한 것을 지역을 기준으로 한 덩어리로 합쳐놓았기 때문에, 군대처럼 일사분란하게 통합되지 않았던 것도 무리는 아니다. 땅의 경계에 대한 논쟁 등은 합병에 의해 소용없게 되었지만, 무엇보다도 성가신 것은 공유지 문제였다. 나중에 만들어진 오아자(大字)에는 분명 장점이 있었지만, 연료를 구할 수 있는 장소가 마땅치 않고 공동이익을 취할 수 있는 권리[6]가 항상 불안정하다는 단점이 있었다. 각각의

번화한 지역. ② 인가가 많고 가까이에 상점 등 생활을 위한 설비가 잘 갖추어진 지역. ③ 지방행정 구역의 하나로 시(市)보다 작고 촌(村)보다 큰 구역. ①은 한국에서는 시내나 시가지에 해당하며, ②는 도시나 도회지에 해당한다. 그리고 ③은 한국의 행정 구역 중에서 군(郡) 정도에 해당하며, 이 경우에는 '조(町)'라고 읽는 경우도 많다. 여기서는 ③의 의미로 썼다. 앞으로 원문의 문맥에 따라 적절하게 ①과 ②, 그리고 ③의 의미로 나누어 번역하도록 한다.

5) 아자(字)란, 마치(町)나 무라(村) 속에 들어 있는 구획으로 한국의 리(里) 정도에 해당하는 규모이다. 오아자(大字)를 더욱 작게 나눈 것을 고아자(小字)라 하며, 일반적으로 아자(字)라고 하면 고아자(小字)를 가리킨다.

6) 원문에서는 이리아이(入會)라는 용어를 사용하고 있다. 이리아이(入會)란 일정 지역의 주민이 일정한 산림·원야·어장 따위에 들어가서 목재·땔나무·마초·거름풀·

마을에서 공유재산권상의 불균형이 두드러지게 나타나기도 했다. 이를 평균적으로 개량함으로써 새 행정 구역 덕분이라고 강조하였으나, 사람들을 설득하기는 힘들었다.

마을 소유의 삼림을 정리하는 데는 20년 이상의 세월이 걸렸다. 그래서 주식회사와 똑같은 방법으로 토지를 제공하지 않는 사람에게는 돈을 내게 하거나 노동력을 제공하게 하여 나무를 심었다. 또 토지 제공자 중에 그래도 손해라고 하는 사람에게는 일부를 되돌려 줌으로써 어쨌든 그 대부분을 공동의 소유로 했다. 하지만 그것을 정리하기까지는 잘못된 추측과 경계심, 그리고 개인 소유자와의 협상이 계속되었다. 간단히 말하자면 순박했던 시골 사람들의 성품이 나빠진 것이다. 토지 문제만큼은 시골 사람들도 예민했다. 따라서 이 문제에 긴장을 안 느낀 사람은 한 사람도 없었다고 말할 수 있다.

또 하나 어려운 문제는 새 행정 구역의 중심지를 어디를 할 것인가였다. 외부에서 온 사람은 누구와 다툴 필요도 없이 지형으로 판단해서 중심지로 삼을 만한 중요한 한 지점이 있다고 생각했는데 그것은 대개 구역 안에서 가장 나중에 생긴 곳이었다. 애초에 지역을 통합하는 계획 자체가 외부에서 제기되었고 도로도 일부러 그 계획에 따라 만들었기 때문에 현재 관공서가 있는 곳은 대부분이 새로 조성된 곳으로, 거기 사는 주민들은 여기저기서 몰려든 사람들이었다.

역사가 오래되고 중심이 되는 마을은 사실 아득히 멀리 산밑으로 들어간 곳에 있었다. 이것을 그 마을의 연혁과는 상관없이 교통이 편리한 곳으로 무작정 옮긴다는 것은 굉장히 반발할 만한 일이었다. 더 이상 반발이 일어나지 않고 안정되도록 하는 데에 집안으로 치면 두 세대, 햇수로 하면 명치·대정시대를 걸쳐 60년 정도나 걸린 것도 당연하다. 마침 도쿄(東京)를 전국적인 노력 끝에 농촌화하려고 한 것처럼, 쓸쓸한 새 농

물고기 등을 채취하여 공동으로 이권을 얻는 일을 말한다.

촌의 중심부도 여러모로 궁리 끝에 각 마을의 뜻을 받아들이게 되었다. 하지만 농가 쪽도 새로워졌다. 시골 사람들은 새로운 시대에 적응하고자 하는 사람들이 도시로만 모여들도록 하지 않겠다는 생각에서 앞다투어 도시 사람들과 똑같은 책을 읽고 같은 공부를 하려고 했다. 그러한 열렬한 마음이 어느새 시골 생활을 도시와 똑같이 만들었다. 게다가 모든 유행이 배후에 있는 큰 도시에서 조그마한 도시를 통해 흘러 들어갔다.

2. 가도(街道)의 인기

고향 생활은 이제 더 이상 조용하다고는 말할 수 없기 되었다. 가도(街道)는 시골 사람들을 자연스럽게 멀리 나가게 만드는 것과 동시에 생각지도 않았던 외지 사람들을 불러 들였다. 사람들의 이주가 계획적으로 이루어지게 된 것은 지리에 관한 지식이 어느 정도 확실해진 후의 일이다. 이전에는 식물의 씨앗처럼 우연히 운반되거나 또는 그저 떠돌아다니다가 자리잡고 사는 것을 보통으로 여겼다. 그러기 위해서는 먼 곳을 연결하는 비교적 곧게 뻗은 새 길이 필요했지만, 그보다 더 중요했던 것은 기름진 흙이나 양분이었다.

농촌에서는 절의 승려가 유일하게 외지인이었던 시대가 있었다. 승려는 수행을 하기 때문에 태어난 마을에서는 살지 않았다. 동자승으로 마을 절에 들어간 사람이라도 자라게 되면 마을을 떠나서 돌아오지 않았다. 멀리 떨어진 곳에 있는 것이 수행하기 편했던 것이다. 옛날 이야기에도 자주 나오지만, 떠돌이 승려가 주인 없는 산사(山寺)에서 하룻밤 묵은 것을 인연으로 거기 눌러 앉아서 오랫동안 살게 된 경우가 많았다. 승려들은 대부분 말수가 적었지만 세상 일에 대해서는 잘 알고 있었다.

다음으로 외부에서 들어온 사람은 의사였다. 이들이 한 지방에서 가업을 이어나가는 명의가 되기 이전에 원조(元祖)는 대부분 다른 지방에서 왔으며, 처음부터 그 마을 사람이었던 경우는 의외로 적었다. 데라코야(寺子屋)[7]의 기원도 오래 된 것이 아니다. 에도(江戸)시대 말 무렵 농부도 어느 정도 글자를 아는 편이 좋다고 생각하기에 이르자 글을 배우기 위해 도시 사람을 초빙해 오거나 나그네 중에서 지식이 있고 성품 좋은 사람을 마을에 머물게 했다. 그 시대에는 그런 사람들이 얼마든지 떠돌아다니고 있었기 때문이다.

지방에 따라서는 셈과 글자에 어두운 주민들이 대필해 줄 사람을 외부에서 고용해 놓은 곳도 있었다. 대서(代書)나 중재, 통역과 같은 일이 많아지자, 이런 사람들도 의사와 마찬가지로 중요하게 여겨졌다. 이런 사람들은 산요시(算用師)[8]라고 불리는 일종의 장인(匠人)이었지만, 의사나 승려가 겸하는 경우도 많았다. 작은 마을에서는 그러한 여러 가지 역할을 사람들이 일일이 따로 맡을 수 없었던 것이다.

마을 사람들에게 도움을 주는 사람들 이외의 외부 사람은 마을에 오래 머물러 있을 수 없었고 마을 사람들의 경계 또한 매우 심했다. 보통 장인(匠人)은 일 년에 한두 번, 정해진 때에 오는 것만으로 충분했다. 상인도 낯익은 상인이 이들을 필요로 할 만한 시기에 단골이라 부를 수 있는 집에 들를 뿐이었다. 안마사나 격이 높은 연예인[9]이나 기도사(祈禱師)[10]는

---

7) 일본 에도(江戸)시대에 보급된 서당.
8) 돈 계산하는 사람.
9) 원문에는 다유(大夫)라 나와 있다. 다유(大夫)란 노(能)·조루리(淨瑠璃)·가부키(歌舞伎) 등에서 계급이 높은 배우, 가부키에서 여자 역할을 하는 남자배우를 가리키기도 한다.
10) 여기서 말하는 기도(祈禱)란, 숭배의 대상인 신불(神仏)에게 소원을 빌어 성취하는 행위를 의미한다. 그런 의미에서 기도는 가장 기본적이고 보편적인 종교행위이다. 기도의 방법은 북이나 징을 치며 경문을 외우거나, 활·칼·염주 등의 도구를 사용한다. 기도하는 것을 직업으로 하는 종교적 직능자를 가리켜 기도사라 한다. 기도사는 신불이나 동물 등 여러 영적 존재와 통하는 특이한 능력이 있다고 믿어져 왔다.

가스미(かすみ)[11]라 불리는 넓은 구역을 세력 범위로 하고 있었지만, 그것도 그 구역을 어느 한 철에 황급히 순회할 뿐이었다. 근대로 접어들면서 이들 이외에 신상(身上)에 대해서 자세히 캐묻지 않으면 안 될 정체불명의 사람들이 매우 많이 들어 왔지만, 이 사람들의 여행 취지를 분명하게 알기까지 마을 사람은 쉽게 마음을 열려고 하지 않았다. 언제나 최소한의 응답을 하고 빨리 쫓아 보내려고 했던 것이다.

그러나 이렇게 먼 곳에서 오는 사람은 반드시 무엇인가 거래할 만한 것을 가져왔다. 거기에 다소의 흥미를 느끼거나 인연을 맺게 되면, 식사 때에는 밥을 먹였고 날이 저물면 잠자리를 빌려 주었다. 먼 곳에 있는 오래된 명문 집안 중에는 이런 부류의 나그네 다섯 사람 내지 열 사람 정도가 부엌 한 구석에서 밥을 먹지 않는 날이 없었다는 집도 있다. 그들의 반 이상은 마을에 눌러 살라고 하면 눌러 살 사람들이었지만, 웬만해서는 눌러 살도록 하지는 않았다. 나그네를 환대해서 보호하는 일과 거주권의 허가와는 별개였던 것이다.

잠자리를 빌려 준다는 것은 한 가정의 소비로 그쳤지만, 마을에 살게 하는 것은 자급자족의 부담이 되기 때문이다. 노동을 통한 자급자족은 철저한 것으로, 원래는 이렇게 외부로부터의 유입이 늘어나면, 같은 농업 생산으로 그만큼 부양해야 할 입을 늘이는 결과를 초래하기 때문에 이를 꺼려했던 것이다. 그러나 새로운 시대로 접어들면서 이러한 통제력을 유지하는 일이 곤란해졌고 그럴 필요도 점차 없어지게 되었다. 종류를 열거할 수 없을 만큼 많은 사람들이 들어왔기 때문에 그들을 타향 사람이라고 일일이 주시할 수조차 없게 되었다. 그리고 이 무렵에는 집을 떠나 있던 사람이 집에 돌아가서 우라시마 타로(浦島太郎)[12]에 등장하는

---

11) 일본어로 '가스미'란 봄에 끼는 안개를 의미한다. 여기서는 야마부시(山伏 : 산에서 수행하는 종교적 직능자)들이 경제적 기반으로 삼고 있는 세력범위를 가리킨다. 산을 거점으로 삼고 수행하는 야마부시들이 안개를 먹으며 산다는 속설에서 유래한 말이다.
12) 무로마치(室町)시대에 유행한 『오토기조시(お伽草子)』라는 동화의 한 종류로 그 내용은 다음과 같다. 단고(丹後) 지방에 사는 우라시마 타로(浦島太郎)라는 젊은이가 어

주인공처럼 놀라운 일을 겪는 것도 당연했다. 근대시대의 뚜렷한 특색은 외지인 중에 교원이나 의사, 그리고 경찰관처럼 꼭 필요한 사람도 늘었지만, 단지 자신만을 생각하고 고향 이외의 곳에 거주지를 정하려고 하는 사람이 증가한 것이었다.

마을에는 약간의 버린 땅이 있었으나 그곳에 오막살이를 짓는 것은 불행한 사람들뿐이었다. 그 밖의 장소에는 모두 주인이 있었고, 더구나 개인적으로 그곳을 고쳐서 이용하는 일은 허용되지 않았다. 그런데 항구나 조카마치(城下町)13)보다도 더 자유로운 거주지가 바로 코앞에 전개되었는데, 여기는 나그네라도 거의 무조건 발을 들여 놓을 수가 있었다. 그것은 명치시대에 닦은 새 길의 한쪽 옆이었다.

도로가 우리들의 고향을 개조한 힘은 대단하다고 할 정도로 컸다. 오래된 이야기라서 그저 간단히 늘어놓지만, 국가가 건설한 관도(官道)를 담당한 행정청의 업무는 원래 이렇게 길을 개통하기만 하는 것이 아니었다. 그 양쪽에 반드시 약간의 간격을 두고 길을 관리하는 민가(民家)를 배치해야 했다. 이것이 전시대의 공식적인 역체법(驛遞法)14)이었다. 처음에는 지시(地子)15)세금의 면제와 인마(人馬)의 부역이 맞물려서 어느 정도 주민에게 유리했지만, 나중에는 이 두 가지가 별개가 되자 말의 징발만으로 이어졌고, 더욱이 스케고(相鄕)16)까지 그 피해가 미치게 되었다. 때문에 옛날에 새 길을 다시 만든다고 하는 일은 가로수를 아끼기 때문이

느 날 고기잡이를 가서 거북이를 낚았으나 살려보낸다. 그 덕분에 용궁으로 가서 호화스런 생활을 하게 된다. 3년이 지나자 고향이 그리워져 돌아가려고 하자, 거북이가 변신한 여인이 상자를 건네주며 열어보지 말 것을 당부한다. 고향으로 돌아와 보니 이미 700년이 지나서 황폐해졌다. 우라시마가 상자를 열었더니 상자에서 구름이 피어오르고 우라시마는 노인으로 변하였다.

13) 봉건제 영주의 거성(居城)을 중심으로 그 근방에 발달한 시가지.

14) 명치 초기의 교통·통신에 관한 법.

15) 장원제(莊園制) 아래서 잇시키덴(一色田)이라 부른 영주직할지를 농민에게 소작하도록 해서 거두어들인 세금.

16) 에도시대에 역참(驛站)에서 상비한 전마(傳馬)·인부가 부족할 경우에 인마(人馬)를 부담해서 지원하도록 지정한 이웃 향촌(鄕村)을 가리킨다.

아니더라도 실제로는 하기 힘들었다.

명치 신정부는 우선 관청의 여비지급법을 바꿨다. 어떤 어용(御用) 마차라도 정해진 요금을 받았기 때문에 가도는 지방민의 일터로 변했다. 따라서 아무리 드넓은 경작지나 들판이라도 그곳을 뚫고 나가 새 도로를 만들면 언제 어디에서든지 거기에 사람들이 몰려들었다. 그것을 옛날식으로 관청이 장려하자 그 주변 사람들도 사람들이 몰려드는 일에는 그다지 신경 쓰지 않았다. 각 마을에 있는 현재의 상점가는 그 삼분의 일이 이렇게 해서 생겼고, 다른 삼분의 일은 이것 때문에 성장하였다. 나머지 삼분의 일은 철도로 인해 생겼다고 하면 대개는 들어맞을 것이다.

어느 정도 일손이 남아도는 마을은 상점가를 가장 먼저 이주할 곳으로 삼았다. 이전에도 농가에서 힘든 일을 맡을 가족이 쿠족한 경우 가도 옆으로 나와 자야(茶屋)[17]를 해보려고 했었지만, 크게 번성하지는 않았다. 자야(茶屋)에서 익힌 생선이나 소규모의 술장사라도 하려는 남자에게는 외부 세계에 대한 교양이 조금이라도 필요했다. 농사와 완전히 인연을 끊지 않으려면, 마부나 인부로 끌려나가는 것을 대신해 줄 전문적인 사람 즉 가도를 떠돌아다니는 외지인인 구모스케(雲助)[18]를 근처에 데려와서 살게 해둘 필요가 있었다.

그런데 교통업이 자유 직업이 됨과 동시에 신구(新舊) 가도 모두 생계 방법을 강구하기 위한 공진회(共進會)[19]가 열렸다. 그 지방에서 농사를 지을 수 있는 분가(分家)가 불가능하다고 판단되면, 분가는 단념하지 않은 채 가도에서 다른 직업을 시도한다. 자본력이 있는 사람이 가장 먼저 생각해낸 것은 술을 양조하여 파는 가게나 간장가게, 기름 가게 등을 여는 것이었고, 이것이 바로 오늘날의 작은 공장의 시초가 되었다. 그 다음부

---

17) 길가에서 휴식을 취하는 사람들을 위하여 차를 파는 집.
18) 에도시대에 역참(驛站)을 중심으로 일하던 뜨내기 인부.
19) 산업 진흥을 목적으로 농작물이나 공업제품을 출품하게 하여 일반인들에게 전람하고 품평·심사하는 제도. 명치정부가 각지에서 개최하였다.

터 운송업과 그와 인연이 깊은 비료 잡곡상도 나타나긴 했지만, 대다수
는 그만한 경제력이 없었기 때문에 적어도 한 집 정도는 소매점을 시작
했다. 이른바 잡화상은 특히 역사가 오래된 장사 중의 하나였다. 처음에
는 소규모였지만 안정된 직업이었을 것이다. 옛날에는 이만큼 주위에 아
는 사람이 많고 신원이 확실한 소규모 상인이 이 주변에는 없었기 때문
이다.

또 조금 전망이 있는 지방에서는 치과 의사, 약제사, 시계방, 마차 가
게 등의 일은 거의 모두 차남이나 삼남의 이상(理想)이자 그들의 모든 능
력이 시험되었다. 그렇지만 그와 같은 일을 하려면 동시에 외지인들과
경쟁해야 했다. 특히 단순한 노동을 공급하는 것은 외부 사람으로 대개
정해져 있었다. 설령 농촌의 노동력이 남아돌고 시내 쪽이 일하기가 편
하더라도 농민들은 원래 잡역은 좋아하지 않았기 때문이다. 따라서 이주
는 도로 주변에 한해서 완전히 자유로웠고, 세입자에 대한 다나우케(店受
け),[20] 요리오야(寄親)[21] 등의 소동도 없었다.

이른바 손님을 상대하는 장사는 찾아오는 손님에 따라 번창하기 나름
이라는 것은 말할 필요도 없다. 이 중심 구역을 빨리 차지한 사람들의
기질과 수완에 따라 농촌이 도시화되는 경향은 전국적인 현상이었다. 즉
손쓰기 힘든 몇 군데의 벽촌 이외에는 크든 작든 경제적 중심지가 반드
시 생겼고, 비록 그 발전을 바라지 않는다 하더라도 이를 억제하는 일은
불가능해졌기 때문이다.

고향을 떠나 오랫동안 외지에서 살면서 고향을 바라보는 사람들은 농
촌에 인심이 있다는 사실을 불가사의하게 생각했다. 인심이란 요컨대 세
상을 바라보는 눈, 그리고 생면부지의 타인에 대한 태도를 의미하겠지만,

---

20) 일반적으로 「店請け」로도 표기한다. 세 드는 사람의 보증을 서는 것을 의미함. 보증
설 때의 신원보증서를 가리켜서 다나우케조(店請狀)라 한다.
21) 주종 관계를 임시로 부모·자식 관계로 가정하여 맺은 것으로 주군(主君)을 요리오
야(寄親), 그 밑의 부하를 요리코(寄子)라 불렀다. 근대에는 일반적으로 고용 관계에
있어서도 고용인을 요리오야라 하고 피고용인을 요리코라 불렀다.

그것은 이미 변해 버렸다. 이전에는 모든 주민들에게 인심이 통일되어 있었겠지만 지금은 각양각색이 되었다. 특히 가도를 따라 밖에서 이주해 들어왔고, 나중에 어쩌면 다시 이 가도를 따라 다른 지역으로 이주해 갈 수도 있다고 생각하는 사람이 많을수록 그 인심이 진실하기보다는 표면적이 되는 것은 당연했다. 이것을 고향의 인심이라고 토는 쪽이 잘못된 것이다. 농촌은 오늘날의 신문화(新文化)에 대해서는 언제나 소비자의 입장이었다. 그래서 가도는 농촌 주민들에게 하나의 장식장에 지나지 않았다. 농촌에서 만들어낸 것은 그것이 유형이든 무형이든 아직까지는 여기에 진열되어 있지 않다.

3. 타향을 알다

이렇게 천하의 공공도로를 타고 차츰 고향에 들어온 사람들 중에 바람직한 친구가 많이 있었던 것처럼 세상에 대해 새로 알게 된 것 중에도 감사하게 생각해야 할 것이 여러 가지 있었다. 아무 힘도 없는 사람들이 외부에서 들어오는 것을 무조건 꺼리고 싫어하는 것은 손해는 아니더라도 무익한 일이었다. 우리들이 고향을 성장하는 하나의 생명체라는 인식 하에 사랑하고 지켜볼 수 있게 된 것 또한 실은 외부와의 교류를 통해 배운 것이었다. 자신이 잃어버린 행복한 과거와 고향을 뒤섞어서 생각하는 사람은 제외하더라도, 농촌을 떠나지 않고 살아온 사람조차도 이 점을 거울의 그림자처럼 확실하게 알기는 어려웠다.

그런데 오늘날에는 이렇다 할 경험이 없는 사람도 대부분 자기가 사는 마을의 형세를 설명할 수가 있다. 자기가 사는 마을을 이해하게 된 것은 다른 마을을 보았기 때문이다. 이웃하지 않은 먼 농촌과 비교하게 된 결과이다. 즉 고향에 대한 의식의 변화는 타향에 대한 흥미의 증가와 함께 나타난 것이었다.

이러한 경향은 의심할 여지없이 도시에서 생활하는 사람들이 불러일으킨 것이었지만 도시가 이렇게 되기까지는 그에 상응하는 훈련을 했다. 물론 자기 이웃에 다른 지방에서 온 사람이 살고 있다는 것만은 왠지 신경 쓰였지만, 그 때문에 처음에는 아무런 관계가 없는 듯이 거리가 멀게 느껴졌고 왠지 마음이 놓이기도 했다. 이처럼 이웃끼리 서로 냉담하게 지내는 일이 이전의 시골 생활에 비하면 쓸쓸했지만, 모르는 사람이 이웃이기 때문에 눈치볼 것 없이 경쟁할 수 있다고 생각하는 사람도 있었다. 그러므로 몇 안 되는 동향(同鄕) 사람이 더욱 친근하고 믿음직스럽게 생각되기도 했다. 이른바 같은 현(縣) 출신의 선배가 성공하면 자신이 성공한 양 힘이 솟았고, 성공한 선배를 세상살이의 방패막이로 삼고 항상 자신에게도 무언가 혜택이 오기를 기대하게 되었다. 그러나 이것도 일종의 고립감이 변형된 것으로, 이전에 잠깐 동안 번벌(藩閥)[22]의 결속이라는 이름하에 법칙화되어 행해지던 것과는 다르다는 것을 차츰 깨닫게 되었다.

번벌 체계는 당장에 세력을 보강하기 위해서 인연이 있는 사람들에게 사적인 은혜를 베풀었던 것이다. 반면에 동향 출신의 결속은 특별히 이렇다 할 목적이 없음에도 도움을 받고 싶은 사람 쪽에서 자주 상부상조를 요구했다. 부현(府縣)은 한 집단의 우두머리인 오야분(親分)[23]이 활동할 구역으로는 너무 넓었던 것도 사실이다. 여기서는 애써 동향(同鄕)임을

---

[22] 명치유신 때에 크게 활약한 사쓰마(薩摩)·조슈(長州)·도사(土佐)·히젠(肥前) 번(藩) 출신자를 중심으로 만든 정치파벌. 발족 직후에 명치정부에서 요직을 거의 독차지하였다. 이처럼 번벌이 지배하던 정치를 비판적인 의미를 담아 번벌정치라 불렀다.

[23] 일시적으로 오야(親)로 정해서 의지하는 사람을 말하며, 이에 대해 자식 같은 취급을 받는 사람을 가리켜서 고분(子分)이라 한다. 이 오야분과 고분의 인간 관계는 전통적인 일본사회의 여러 조직에서 찾아볼 수 있다. 동료 중에서 우두머리 역할을 하는 사람을 가리킬 때 사용하기도 한다.

강조하더라도 돌아서면 역시 타인이 될 수밖에 없었다. 그래서 결국은 향우회 등도 담담한 마음으로 특별한 목적 없이 모여 술을 마시는 정도의 모임이 되어 버렸다. 정말 실망스럽지만 어쩔 수 없는 일이었다.

특히 무사계급은 오늘날의 군인과 마찬가지로 이른바 가상의 적(敵)이 필요한 직업이었다. 따라서 그들은 이웃에 신원이 확실치 않은 타인이라는 존재가 살 수도 있다는 것에 대해서는 생각조차 해보지 않았었다. 에도(江戸)가 그들의 유일한 사교 장소였지만, 이전에는 항상 동향 사람들끼리만 모여 살고 있었기 때문에 밖에 나가면 항상 경계하는 듯한 말투를 사용하였다. 그러다가 갑자기 멀고 가까운 지역의 사람들이 뒤섞여 사는 세상이 됐다는 사실은 너무나 커다란 충격이었다. 사람이 서로 인접하여 살면서 함께 일한다는 것은 이론을 초월한 너무나 현실적인 느낌이었다.

잘 모르는 이웃에 대해 악의 없는 호기심이 먼저 발동하였기 때문에 언제까지나 울타리 너머로만 이야기하고 있을 수는 없게 되었다. 게다가 시대적으로 전국을 훑어보았을 때, 비슷한 처지에 있는 사람이 많았고 서로 인정받고 싶어하는 점도 일치하였다. 명치 초기 두렵 남북의 대도시, 그 중에서도 특히 몇 개의 관청이 설치된 곳은 그야말로 타향에 대한 지식의 교환시장과 같은 분위기였다. 도시의 상가도 어느 정도 자리를 잡고 발전하게 되면 극히 가까운 친척만이 제한적으로 교제를 하고, 외지에서 온 사람에게 쉽사리 교제를 허용하지 않았던 풍조는 농촌과 다를 바 없었지만, 이렇게 지위와 신원이 분명한 외지 사람들을 언제까지나 무시할 수만은 없었다.

그래서 지금까지는 자신들과 대등하지 않고 편하게 상대해 왔던 방랑문인이나 행각승(行脚僧)에게서 여담 삼아 부담 없이 들어왔던 세상 이야기가 갑자기 어떤 의미를 지니게 되고, 시간이 지남에 따라 사람들의 화제나 흥미도 증가하게 되었다. 신문은 때마침 그러한 도시인의 새로운 경향을 추종했고 동시에 이런 경향을 촉진하는 역할까지 하고 있었다.

옛날부터 세상 이야기를 좋아하는 사람들은 입버릇처럼 '뭔가 특별한 이야기가 없을까' 하면서 이야깃거리를 찾았는데, 어느새 이야기의 내용이 풍부해진 것이다. 물론 이 호기심의 확대 또한 아직 상대가 자신들과 같은 부류가 아니라고 생각했기 때문에 반드시 마음과 마음의 접근을 통한 공동의 시민관(市民觀)을 구축했다고는 말할 수 없다. 그렇지만 적어도 상호간의 이해가 증진되고, 이해가 필요하다고 인식하게 된 것은 도시 생활 양식의 경험을 통해서였다.

시골은 외지인의 수도 적고 다양하지 않았기 때문에 시골 사람들이 똑같은 경험을 할 기회는 적었지만, 가도를 따라서 멀리서 온 사람의 이야기는 무엇이든 놓치지 않으려고 했기 때문에, 의외로 일찍부터 배우고 심취할 수가 있었다. 그리고 그것은 어느 방면으로 보나 나쁜 유행은 아니었다.

그와 같은 현상을 자세히 들여다 보면, 외부를 안다는 것과 외부에 알려진다는 것은 별개이고 상호적이지 않다는 점이 단 하나 마음에 걸리는 일이다. 세상 돌아가는 것에 밝은 시골 사람은 발(簾) 안에서 밖을 내다보고 있는 듯한 모습이었다. 이쪽은 특별히 감추고자 하는 의도가 없었더라도 보여질 기회는 없었던 것이다. 이 점은 특히 외국과의 관계에 있어 모방이 부자연스러웠다는 사실에 잘 드러나 있다. 일본인처럼 구미(歐美) 생활의 부엌이나 침실까지도 상세하게 알려고 하는 국민은 거의 없으리라 생각한다. 게다가 그토록 오해와 엉터리 추측을 통해 받아들인 경우도 드물다. 저쪽에서 먼저 보여주겠다고 하더라도 이쪽에서 보는 것과는 성격이 다르기 때문에 이야기가 또 다른 곳으로 새게 된다.

즉 외국과의 교류는 지금도 여전히 도시가 성장하는 것처럼 자연스럽게 진행되지 못했다. 오늘날에는 믿기 어렵지만, 40여 년 전 외국인과 함께 거주하는 문제가 논의됐을 무렵에는 국민들의 경계심이 대단했다. 외국인과 함께 거주를 한다고 해서 망할 약한 국가라면 이대로 있더라도 오래 가지 않는다는 식으로 약간 과격한 의견마저 튀어나와 겨우 진정되었었다. 그런데 우리들이 예상하던 만큼 많은 외국인이 같이 살기 위해 오진 않았다. 오히려 지금도 아직까지 정부에서는 관광국(観光局)을 만들어 호텔 손님을 유치하려고 하는 실정이다. 그런가 하면 외국인에 대해 가지는 일본인의 호기심은 이러한 기회를 시초로 하여 극도로 달아올랐다.

오늘날 외국인과 함께 거주하는 배경에는 사상적인 면으로나 감각적인 면에서 뭔가 특별한 원인이 있겠지만, 어쨌든 외국인에 대한 일본인의 일방적인 흥미는 자유로운 도시 방식의 대등한 교류보다 드리워진 발 뒤 어두운 곳에서 밖을 내다보는 것과 같은 지나친 경계 태도가 버릇이 되어 버렸다. 이는 수줍어하고 부끄럼을 잘 타는 어린 아이의 심성[24]과도 비슷한 것으로, 비록 한 때의 잘못된 생각이 하나의 원인이 되었다 할지라도 그 근본 원인은 국민 기질의 깊숙한 저변에 있다고 생각된다. 단순히 일본인이 스스로를 비하하기 쉽고 무엇이든 신기한 것에 대해 우러러 보는 성향이 강하기 때문이라고 단정하는 것은 경계해야 할 것이다.

4. 세상을 보는 눈

일본 국민의 기질은 부끄럼을 타는 정서에만 한정된 것이 아니다. 그러나 아직 이 점에 대해 설명하는 것은 어렵기 때문에, 여기에서는 타향에 대한 지식과 관계가 깊은 '화낸다'라는 문제에 대해서만 언급하고 다음으로 넘어가기로 하겠다.

---

24) 원문에서는 이 같은 감정을 하니카무(ハニカム) 또는 와니루(ワニル)라는 말로 표현하고 있다. 하니카무나 와니루는 부끄러움을 탄다는 뜻이다.

최근에 가미야마 소진(上山草人)25)이 오랜만에 일본으로 돌아왔을 때, 왠지 도쿄 사람들의 눈매가 매우 무서워졌다고 말한 적이 있는데, 그 말이 일부 문인들 사이에서 논란이 되었다고 한다. 이런 느낌에는 개인적인 감정이 작용하기 때문에 여러 차례 거듭해서 보지 않으면 하나의 사실로서 받아들이기 어렵지만, 그것은 우리들에게 있을 법하다고 생각되는 변화이다. 눈매가 험하다는 것은 각각 사람 나름이라 한결같이 무섭다거나 상냥하다고만 할 수는 없을 터이지만, 실제로는 지방에 따라서, 적어도 외부에서 온 사람에게는 그렇게 느껴지기도 한다.

그래서 일본에서 양이론(攘夷論)26)이 겨우 잠잠해진 무렵에는 일본인들이 틀림없이 백인들에게 무섭게 보였을 것이라 생각되지만, 초기의 외국인 관광객이 쓴 몇 가지 일기에는 의외로 매우 온화한 모습을 하고 있다고 쓰여져 있다. 지금도 교통 요충지에서 약간 벗어난 시골에 가면 온화한 인상을 느낄 수 있으리라 생각되지만, 시골까지 가지 않더라도 대체적으로 소년과 노인, 그리고 여자들이 무서운 눈매를 하고 있다고 보고된 기억은 없다.

이 느낌을 언어로 정확하게 전달하기는 어렵다. 사진을 사용하지 않으면 외국인에게는 이해되기 어렵겠지만, 무섭다고 하더라도 해를 끼치려는 의도는 없었다. 단지 다른 사람을 좀 날카롭게 본다고 하는 정도의 의미였다. 지금까지는 친한 사람들끼리 특별히 신경 쓰지 않아도 되는 생활을 하고 있던 사람들이, 처음 만난 사람과 눈을 마주친다는 것은 실제로 많은 용기가 필요한 일이었다. 상대방을 알고자 하는 생각을 양쪽 모두가 갖고 있더라도 마음이 약한 쪽이 먼저 눈을 돌리기 마련이다.

대개 단체의 힘은 한 개인보다 강해서 동료가 많으면 처음 보는 사람

---

25) 1884~1954. 센다이(仙臺) 출신의 배우. 와세다(早稻田)대학 문과, 동경미술학교를 중퇴했다. 1920년에 미국에 건너가 할리우드 영화에 출연하고 일본에 돌아왔다.
26) 막부 말기에 대두한 외국을 배격하고 쇄국을 주장한 사상. 유교의 중화사상(中華思想)에서 유래하며 존왕론(尊王論)과 합류하여 존왕양이론(尊王攘夷論)으로 크게 힘을 떨쳤다.

도 태연히 쳐다보았고, 또 가끔은 누가 쳐다보면 그 사람을 빤히 마주 쳐다 볼 수 있을 만큼 성정이 강한 사람도 있었다. 이 용기는 의지의 힘이었고, 동시에 훈련을 통해 기를 수 있었기 때문에, 옛날 사람들은 눈싸움이라고 하며 일종의 경기로 여겼다. 이것이 오늘날의 눈싸움의 기원이다.

농민은 일반적으로 눈싸움이 서투르다고 인식되고 있었지만, 그래도 길 위에서 모르는 두 사람이 마주치면 필연적으로 승부가 정해지기 마련이었다. 대체로 주위에 아는 사람이 많으면 혼자서 걷고 있어도 기세가 당당했다. 여행하러 온 사람은 부드러운 눈을 해야 했다. 그런데 여러 지방 사람들이 뒤섞인 도시에서는 이러한 주객의 지위가 정해져 있지 않았다. 그래도 비교적 일찍부터 도시에 와서 살고 있던 사람들이 자신감이 있었겠지만, 그런 것은 다른 사람이 알 리도 없고 또 혼자서 당당히 다니는 배짱 있는 사람들도 도시에는 상당히 모여 있었다.

야무지지 않고서는 도시에서 살 수 없다고 생각하여 저쪽이 쳐다보았기 때문에 이쪽도 쳐다볼 뿐이라는, 말하자면 지지 않을 기세로 있었던 셈이다. 처음에는 그저 가깝지 않은 사람을 자세히 보고 싶다는 의도였을 것이다. 그러기 위해서는 사람을 두려워하지 않는 노력이 필요했기 때문에 상대방을 조심하려는 마음가짐이 없어지게 되었고 결과적으로 상대방으로서는 자신이 모욕을 당했다고 느껴졌기도 했을 것이다. '너는 왜 그렇게 내 얼굴을 쳐다보는 거야', '쳐다보면 어때' 하는 식의 시비는 싸움이 되기 십상이었다.

말하자면 원래 그다지 사람을 빤히 쳐다보려 하지 않고, 흔히 다른 사람이 자신을 쳐다보는 것에만 익숙했던 사람이 다른 사람을 알고자 작정을 하고 쳐다볼 때, 그 눈이 갓난아기와 같이 부드럽지는 않았을 것이다. 만약 도쿄 남자들의 눈매가 험해졌다고 한다면, 그것은 지식욕에 새롭게 눈을 떴다는 것을 의미할 뿐, 싸움이라도 불사하겠다는 강한 반발심의 표시는 아니었을 것이다.

게다가 그렇게 해서 생긴 싸움의 대부분은 일종의 변칙적인 사교술에 지나지 않았다. 사람들이 세상에 나가 이름을 떨치고, 새로운 다른 사람들과 얼굴을 익히기 위해서 굳이 그런 우회적이고 위험하기까지 한 수단을 취할 필요가 없다는 점을 깨닫게 되자, 실제로 근년에는 싸움이 현저하게 줄어들었다. 이것이 명치·대정시대에 나타난 도시적인 특징 중 한 가지였다. 싸움의 기원은 오래되었겠지만 그 필요성은 아마 나중에 더해졌을 것이다. 그러므로 지금 일어나는 싸움은 협박이나 습격, 그밖에도 계획이 음험하거나 동기가 복잡하여 오랫동안 원한 관계로 남게 되는 것이 대부분이지만, 당시에 일반적으로 유행하고 있던 싸움은 오히려 애교가 있는 것이었다.

우선 제례(祭禮)나 연극, 스모(相撲), 그 중에서도 벚꽃 구경[花見][27] 때는 반드시 싸움을 해야 하는 것처럼 생각했다. 대개는 술을 마셔서 흥분된 날인 데다가 싸움의 원인이라고 하는 것 모두 우연한 것이어서 나중에는 술기운이라고밖에 해석할 수 없는 것들이었다. 게다가 항상 중재하는 사람이 얼마든지 있을 만한 장소에서 싸움이 일어나는 경우가 많았다. 그러면 남녀노소 무리를 이루어서 구경했다. 무승부라든가 7 대 3 정도의 차이는 있어도 한쪽이 완패하는 싸움은 적었다. 약간의 부상자가 나오기는 했지만, 죽는 사람이 생길 만큼 죽을 각오로 싸우지는 않았다. 하지만 본래는 위험을 무릅쓰고 싸울 만한 그 다음의 효과를 기대했던 것이다.

---

27) 하나미(花見). 3월부터 4월에 걸쳐 봄날 하루 산이나 들로 나가 꽃을 보고 즐기며 행락(行樂)으로 하루를 보내는 일을 말한다. 일반적으로 오랜 전통이 있는 벚꽃이 만발할 무렵에 행하는 경우가 대부분으로 벚꽃 밑에서 연회를 즐긴다. 일찍이 일본에서는 개인이 즐기는 행사라기보다 공동체의 종교적 행사로서의 의미가 컸다. 따라서 마을 전체가 특정한 날에 전원이 참가하여 행하는 중요한 행사로 간주된 지역도 많았다. 원래는 민간신앙과 관련이 깊은 행사로, 봄철에 벼의 정령이나 논농사를 주관하는 신을 맞아들이기 위한 마쓰리의 일환으로 행해졌다고 한다. 신을 향응하기 위한 행사일 뿐만 아니라 사람들이 신과 함께 마시고 먹으며 즐긴다는 의미가 있다. 헤이안(平安)시대에는 벚꽃만이 아니라 매화, 등꽃, 국화 등도 하나미의 대상이었다고 전해진다. 하나미에 대해서는 이노우에 다다시(井上忠司)의 『현대 가정의 연중 행사(現代家庭の年中行事)』(講談社, 1993)에 그 유래 및 현대적 의미 등이 자세히 기술되어 있다.

밥보다도 싸움을 좋아한다고 하는 남자나 남의 싸움을 대신 해주는 사람도 있었다고 하지만, 싸움의 동기가 단순히 남자의 체면을 세우고 자신의 용기를 증명하는 것뿐이었다면 아마 그런 이기주의는 천박하게 여겨졌을 것이다. 그보다 중요한 것은 사회적인 효과, 즉 새로 아는 사람을 늘려 가는 즐거움이었다. 재주 좋은 중재인이 쌍방에서 존경받고 감사하다는 말을 들었던 이유도 거기에 있었다. 싸움은 사실상 당사자가 바라고 있던 일종의 사회적 기회로, 화해의 잔을 주고받는 일은 지금까지 타인이었던 많은 사람을 곧바로 친근한 관계로 연결해 주는 계기가 되었다.

고단(講談)[28]이나 소설에서 한쪽으로만 사람들의 동정이 쏠리게 하고 다른 한쪽을 완전히 사기사카 반나이(鷺坂伴内)[29]처럼 우습게 다루었기 때문에 점차 싸움의 중재 방식을 무의미하게 여기게 되었지만, 지금도 실제로 싸움의 대부분은 술잔과 담소로 끝이 난다. 매우 부조리스런 이야기임에는 틀림없지만, 싸움 이상으로 쉽게 서로의 가치를 인정함으로써 누가 이기고 졌다는 불쾌한 대결을 그만두고 서로 평등하게 교제하도록 하는 방법을 달리 찾을 수 없었던 시대가 있었던 것이다.

이렇게 번거로운 사교술이 시골에서 유행하지 않았던 것은 다행스러운 일이다. 농촌에서도 싸움이 전혀 없지는 않았지만, 여기에는 중재 대신에 다른 구성원들이 단죄하는 일이 있을 뿐이었다. 즉 누구나가 잘 알고 있는 쌍방의 평소 관계 때문에 새롭게 인간 관계를 개선해야 할 필요가 없었으며, 따라서 인간 관계 개선을 목적으로 싸울 필요도 없었다. 그런데 소수에 불과 하지만 다른 지역 사람이 들어와서 같이 일하게 되고 혹은 외부와 자주 접촉하게 되자 싸움이 일어나기 십상이었는데, 이것을

---

28) 만담 · 야담 등과 같은 종류의 한 가지. 작은 탁자를 앞에 놓고 앉아서 부채로 탁자를 두드리면서 낭랑하게 듣기 좋은 목소리로 이야기 등을 들려주는 화술. 내용은 군기(軍記) · 무용담 · 협객담 등으로 다양하다. 에도시대에는 고샤쿠(講釋)이라 불렸다.
29) 일본의 유명한 가부키(歌舞伎)인 『주신구라(忠臣藏)』에 등장하는 익살꾼 배우.

처리할 방법을 찾기가 어려웠다.

　종래의 질서 유지 방침을 지키고자 한 농촌의 다수와 유력한 중재자가 나타나기를 기다리자고 하는 외지인이 각기 다른 주장을 하였다. 게다가 당시까지는 도시에서처럼 중재자가 필요 없었기 때문에 농촌 안에는 적임자가 없었으며, 실제로는 오히려 중재에 적합하지 않은 사람이 참견하는 일이 많았다. 이러한 현상은 아무래도 싸움을 음성적으로 만들고 갈등 기간을 길게 했다. 게다가 이기지 않으면 패배라고 생각했기 때문에 논쟁을 매우 격렬하게 만들었고 주민들이 흥분하는 기간이 길어졌다. 흥분이 지속되는 것은 휴양의 적(敵)일 뿐만 아니라 동시에 흥분 그 자체를 무의미하게 만들어서, 마침내 생활에 대한 흥미를 무뎌지게 할 우려가 있었던 것이다.

5. 지방끼리의 경쟁

　도시는 어느 새 놀라울 정도로 커졌다. 이 상태로는 너무 비대하다고 생각될 만큼 성장하였다. 그런데도 지금까지 도시의 역할은 여전히 단순했다. 주로 소비의 표준지표를 알아보려고 한 것이 일반인과 정부의 일치된 계획이었지만, 소비재를 시골에서 가져와 사용하려고 하지 않고 가능하면 자신의 손으로 만들고 남은 것을 지방에도 나누려고 계획한 것은 이전과 다른 모습이었다. 나라를 움직이고 있는 모든 생산물도 일단은 도시에 모아서 필요한 만큼 소비하고, 나머지는 도시에서 정리해서 시골에 배분하겠다는 것이 이른바 경제 도시에 사람들이 부여한 임무였다. 우선 새로운 교통 체계가 이를 지원했다.

　이어서 여러 지방의 시골에서 이사 온 사람들도 이 계획에 동참하였다. 소비의 완급 및 적합과 부적합이 지방마다 다르다고 하여도 이를 총괄하고 지도한 것은 크고 작은 도시였다. 이 도시들이 개개의 생산력의 균형까지 생각할 수는 없었기 때문에, 도시 생활자 자신이 설령 살 수 없는 경우라 하더라도 필요한 물건은 들어와 있었다. 이것이 우리들의 빈곤감을 더욱 극심하게 만들었다. 도시는 농촌의 착취자라는 식의 무리한 증오가 여기저기서 터져 나온 것도 이런 결과를 보고 나서부터였다.

도시에서는 생산할 수 없는 상품을 농촌에서 생산하여 대항해 보려고 한 것도 일종의 궁여지책이었다. 그러나 대부분의 경우에는 오히려 도시에 이용당했기 때문에, 결국은 도시와 농촌의 힘없는 사람들만이 괴로움을 당하였다. 도시에서는 또 최근에 고향을 떠나온 사람들이 고향에 남아 있는 사람의 무정함을 원망하는 일이 많아졌는데, 이것단은 아무리 생각해 보아도 오해라고 할 수밖에 없었다.

도시를 전 국민의 힘으로 지탱해 가려고 한 것은 애초의 약속이었다고 볼 수 있다. 그 때문에 고향에서 남아도는 노동력을 분배하여 안심하고 도시로 내보낸 것이었다. 대외적으로는 지금도 도시의 건설과 위대한 팽창을 국외에 자랑하려 하는 사람들이 많이 있다. 도시를 너무 크게 만들어 유지하기가 곤란하다고 해서 실패라고 보기에는 아직 이를지도 모른다. 농촌과 항구도 몇 번인가 이런 단계를 거쳐 쇠약해졌다가 다시 발전되고 있다.

도시의 새로운 시도는 아직 한번도 비판받고 견제된 적이 없었다. 도시에 사는 사람들은 여전히 고향과 인연이 깊었기 때문에 이웃에 사는 다른 사람들을 자신과는 상관없는 타인으로 보았으며, 최근에 도시로 나온 지방 사람일수록 상대방의 고향을 무시하는 풍조가 심했다. 결국 서로 인연을 맺고 알아야 할 필요가 충분히 느껴지지 않았기 때문에 이제서야 변화가 진행되고 있는 것이다.

이렇게 아직 성장할 준비가 안 된 크고 작은 도시 사이에 생존을 위한 경쟁이 시작되었다. 기차가 대다수의 도시를 서로 연결시키게 되자, 도시와 도시 사이의 거리가 너무 짧다고 생각하게 되었다. 단순히 소비와 분배를 위한 도시라면 그렇게 많은 중심지가 필요 없었기 때문에 규모가 작은 도시가 고민하게 되었다. 일부 도시는 무언가 특산물을 개발하여 새로이 자기 영역을 개척하려 하고 있지만, 다른 대부분의 도시는 오히려 이 근소한 거리의 간격을 이용해서 인접 도시의 번영을 방해하려 한다. 이러한 취지에서 모방이 급격히 이루어지고 있는 셈이다.

이전의 조카마치(城下町) 등이 각자 갖고 있던 개성이 없어지고, 특색 있는 주위의 풍경과도 관련이 없어짐으로써 많은 도시들은 어느 한 도시만 있으면 충분하다는 식의 필사적인 경쟁에 빠져들었다. 여기에 중앙의 상업이 관여하게 되자 지방의 구(舊)도시의 긍지가 더욱 빠른 속도로 붕괴되었다. 현재 지방 도시들은 사업의 중심을 중앙 상품의 위탁 판매에 두고 있다. 자신들이 만들거나 또는 보존하여 세상에 보여주고자 하는 물건이 궁핍해진 것이다.

일본의 소도시는 단지 인구가 많이 증가한다는 것일 뿐, 각기 고유의 문화를 지니지 못했다는 점에서 유례가 적다. 대학이나 그 밖의 학교를 유치했지만, 이는 무척 단순한 자극이었기 때문에 이것을 자기 도시의 것으로 생각하지는 않았다. 특히 다른 많은 관청이나 병영, 혹은 도로나 철도를 유치하는데 보기 흉한 쟁탈전이 많았고, 그 참극은 지금도 여전히 계속되고 있는 것이다.

이 풍조는 전국적으로 소규모 도시의 경쟁을 현저하게 촉진하고 더 나아가서는 도시 문제에 대해 외부의 개입을 방해했다고 생각한다. 특히 신시대의 공공시설 건립이 거의 끝나고, 도시가 대충 그 성과물에 만족하고 난 후, 이보다 훨씬 소규모의 비슷한 경쟁이 도시와 농촌의 구석구석까지 파급되어도 별 도리가 없었다. 정당의 여러 폐단과 정치적 도덕성의 해이가 이 현상과 인과 관계에 있는 경우가 많았다. 도시의 성립은 원래 이런 종류의 인위적인 것으로 간신히 유지해야 할 번영을 기조로 하고 현재는 그것이 지나치다는 것까지도 인식되고 있다.

하지만 어떻게 보면 이러한 자극이 없었다면 쇠퇴했을지도 모른다. 도시끼리 각자 사활이 걸린 문제이기 때문에 기를 쓰고 경쟁한 데에는 이유가 있었다. 적어도 농촌에서는 급한 용무가 없고 실제로 다다수는 도시끼리의 경쟁에 실망하여 그냥 그대로 있는 것이었지만, 이를 부흥을 위한 방책으로 모방한 동기는, 첫째 말할 필요도 없이 쇠퇴하여 약해진다는 불안감에서였다. 그러나 굳이 모방하지 않았더라도 스스로의 활로가 별도로 있었다는 것을 요즘에 와서야 조금씩 알게 되었다. 둘째는 소도시와 농촌의 경제 중심, 즉 장사하는 사람과 외지인이 함께 만든 새 구획에 대한 희망이 일반인에게 공인되어 온 점이다. 셋째는 이것에 비례한 지주들의 땅값(地價)에 대한 욕심이었다. 땅값은 파는 사람이나 저당 잡히는 사람 이외에는 올라도 아무 소용없는 것이지만, 그 무렵부터 농민은 딴 마음을 갖게 되었다. 그래서 농촌도 언젠가는 시(市)가 될 것이라는 꿈을 꾼 것이다.

게다가 또 하나는 자신들이 이름 붙인 균점(均霑) 노력, 즉 각자가 평등하게 이익을 얻고자 하는 노력이 작용하고 있다. 여기에는 현 출신의 선배도 참여하였고 특히 국회의원을 목표로 한 사람들이 어느 정도 문제를 복잡하게 만드는 경향도 있었다. 일본에서는 토지 가난(土地貧乏)이라고 해서 사는 농촌에 따라 행복한 정도에 커다란 차이가 있다는 사실이 일찍부터 알려져 있었다. 처음에는 물론 그 불행을 보상받을 무언가가 없었다면 자기가 살 곳으로 선정했을 리가 없었겠지만, 시대가 지남에 따라 손해만 보고 있는 듯이 여겨지게 되었다. 그렇다고 그 농촌을 떠나서 달리 살 곳을 구할 수도 없기 때문에 계속 살면서 어떻게든 이것을 유리하게 만들려고 작정한 점, 이것이 근대의 농업 개량의 기조가 되었다.

인심은 이미 움직이고 있었던 것이다. 그들이 가장 신경을 쓴 것은 헌법에 보장된 평등한 세상에서 혹시 자신들이 모르기 때문에 국가 혜택의 일부분을 누리지 못하는 것은 아닌가 하는 것이었다 마치 아이들이 과자를 나눌 때처럼 언제나 다른 형제가 무엇을 얻었는가를 서로 놓치지 않으려 했던 것이다. 그것을 떠벌리고 다니거나 과장하여, 간혹 힘에 의해서 한쪽만 이득을 보는 방법이 있기라도 한 듯, 넌지시 시사(示唆)하는 악한도 있었다. 지방인의 정치적 의견이 눈앞의 현안에만 그친 것을 탓할 수는 없지만, 그 발단 또한 일종의 애향심이었다고 할 수 있다.

시대와 환경이 정한 생활 방식이 한 가지밖에 없다는 것을 결국은 믿지 않는 사람이 많아졌다. 변화를 시도해서 성공을 거두었던 사람도 있지만, 대다수는 그저 동요(動搖)를 일으키거나, 지울 수 없는 원한을 안은 채 오랫동안 이웃 마을을 노려보아야 했다. 원래 정부는 원칙적으로는 일시동인(一視同仁),[30] 기회균등(機會均等)의 방침을 취하고 있었다. 하지만 이 일시(一視)라는 것은 약간 무모한 시도로, 일본이라는 나라가 이만큼 복잡한 지형과 생리(生理)로 구성되어 있다는 사실을 고려하지 않은 점이 있다.

그러니까 농촌은 도시를 모방하기 쉬웠고 도시가 될 전망 있는 토지만이 주목을 받았으며, 그러는 동안에 전국적으로 보면 토지 생산이 저하해서 농업은 직업으로는 자립하기 어렵게 되었다. 번영하고 있다는 농촌에서 여행자 별장, 정거장과 같은 종류의 시설을 갖고 이를 즐거워하는 사람은 단 몇 사람에 불과했고, 이러한 지방끼리의 경쟁에서 패배한 지역의 사람들은 다 잡은 행복을 놓쳤다는 생각 때문에 그들과 골이 깊어졌다. 그래서 서로에 대한 이해가 늦어지고 있는 것이다.

---

30) 원래 묵자(墨子)의 사상으로 친소(親疎) 차별을 두지 않고 모든 사람들을 평등하게 보고 사랑을 베푼다는 뜻. 주로 일본에서는 천황이 국민들을 보는 시선을 가리켜 이렇게 표현하였다.

6. 섬과 고카야마(五箇山)

일본에서는 초등학교에서 지리를 자주 가르치고 있다. 지명과 지형을
아울러 알기 위한 정확한 육지 측량부의 지도가 있지만, 기묘하게도 각
농촌에서는 자신들과 같은 환경의 농촌이 전국에 만개 정도는 있을 것
이라고 잘못 생각하고 있다. 즉 각 농촌의 특수한 사정을 고려하지 않는
것이다. 이것이 지방끼리 경쟁할 마음을 쉽게 가질 수 있었던 두드러진
원인 중 하나였다. 시와 마치(町)도 특수한 내부 사정이 밖으로 잘 알려
져 있지 않았기 때문에 항상 고민이 많았다.

같은 마치(町)라도 휴가(日向)[31]에 있는 아부라쓰(油津) 지방처럼 처마의
낙숫물 떨어지는 곳을 경계로 삼고 있는 곳이 있는가 하면, 사쿠슈(作
州)[32]의 가쓰야마(勝山)처럼 심산 유곡을 포함한 곳도 있다. 촌락(村)에도
그 유형이 대여섯 가지가 있는데, 가장 일반적인 유형은 토지 면적으로
본다면 적었다. 한 개의 촌락(村) 안에 마을이 여러 개 있지만, 그 중 아
무도 거들떠보지 않는 수백 개의 섬 마을은 멀리 연기처럼 보이는 파도
를 사이에 둔 대양 위에 놓여 있었다. 이 잊혀진 섬들의 탄식은 옛날부
터 애절한 것이었다. 더구나 이런 마을들은 새로운 시대가 되어서도 위
로받은 적은 거의 없었다.

첫째, 발동선이 다니기 이전에는 나룻배였고, 불규칙하게 다니던 배가
외부에서 기항하는 정기선으로 바뀌었다. 배가 큰 만큼 운항 횟수가 오
히려 줄어들고 머물러 있는 시간이 짧아져서 나중에는 도리어 쓸쓸함만
이 남게 되었다. 작은 섬의 교통은 결국 정기선의 운행에 얽대이게 된
것이다. 둘째, 먼 바다를 지나는 큰 배와 희미하게 전해지는 신문화의 소
식이 파도가 거친 날에는 섬 사람들을 더없이 무료하게 만들었다. 내륙

---

31) 미야자키(宮崎)현의 옛 이름.
32) 현재의 오카야마(岡山縣)현 북동부에 해당하는 지역.

의 농촌도 외진 곳에 있어서 경쟁이 좀처럼 쉽지 않은 곳이 많지만, 섬은 대부분의 경우 아예 처음부터 경쟁을 생각조차 할 수 없었다.

곶(岬)의 바깥쪽에 있는 섬도 교통이 이와 비슷한 경우가 많았다. 또 '땅 섬'이라고 해서 육지와 마주보고 있는 섬도 일단 섬이라는 점에서 불안하긴 했지만 이들에게는 적어도 섬에서 탈출할 기회가 여러 번 있었다. 하지만 먼 바다에 고립된 외딴섬은 이런 커다란 불리함을 알면서도 자신들의 운명을 섬 밖에서 개척할 기회가 적었기 때문에 모두 함께 살 수 없을 정도로 인구가 많아졌다. 섬 마을은 안팎으로 억압에 시달리게 된 것이다.

결국 섬에서 사람들을 모두 포용하기가 거의 불가능하게 됐을 무렵부터 외지에 나가 돈벌이하는 이주자가 조금씩 생기기 시작하였다. 고향 땅에 대한 섬 사람들의 애착은 매우 강하기 때문에 애초의 계획은 모두 일시적으로 외지에 나가 돈벌이를 하는 것이었으나, 미국 등으로 이주하는 것과는 달리 실제로는 돌아오지 않는 사람이 많았다. 이미 살기 편한 바깥 세상을 경험한 사람은 이를 고향과 비교하기가 괴로웠고, 되돌아온다 하더라도 원래 자기의 자리는 이미 누군가에 의해 채워져 있었기 때문이었다. 섬 사람은 밖으로 나간 사람들과 연락이 수월하지 않았다. 그래서 자신들이 처한 상황을 올바르게 파악하는 것이 지금까지는 약간 어려웠다. 이익을 평등하게 취하고자 하는 섬 사람들의 균점(均霑) 노력은 평범한 것이었다. 주로 교통 방법의 개량이나 항로 보조금의 명목을 늘리는 것 등이었지만, 이것만으로는 장래가 아직 희망적이지 않았던 것이다.

최근 간신히 생각하게 된 것은 '섬이 아니면 할 수 없는 일은 무엇일까' 하는 점이다. 일본의 섬은 남쪽에 많기 때문에 기후 조건을 이용해서 야채의 조기재배, 과수재배라는 것을 가장 먼저 시작하게 되었다. 또 번식용 가축 기르기라든가 누에 종지(種紙)의 제조 등 사람의 섬세한 손길과 주의를 필요로 하는 작업은 이즈(伊豆)[33]나 오키나와(沖繩)에서도 점차로 외딴 섬에 맡기려 하고 있다. 이 외에도 섬에서만 할 수 있는 여러 가지가 남아 있는 것 같다.

어업은 수요가 적기 때문에 섬에서는 일반적으로 발달되지 못했다. 선박업은 자본이 필요해지자 섬 사람이 경영할 수 없게 되었다. 그러나 장래 국민의 일터는 바다 쪽으로 확장될 것이기 때문에 이 방면에서는 오히려 섬 사람들이 경쟁에서 유리하다. 문제는 다만 섬 사람들이 자주적으로 섬의 특징을 발견하기까지 또 얼마나 쓸모 없는 고민을 더 반복해야 하는가이다.

섬과 거의 비슷한 고립 상태에 놓여 있던 산촌도 많았다. 고카야마(五箇山)[34]와 같은 산촌은 단지 히고(肥後)[35] 깊은 산에 있는 헤이케다니(平家谷)[36]만이 아니다. 눈에 갇힌 하쿠산(白山)[37]의 서쪽 기슭과 엣츄(越中)[38]의 산 속에도 있는가 하면, 이름이 같지는 않더라도 지형이 같은 토지는 수십 군데 더 열거할 수 있다. 공통된 특징은 겨울철에 수천 척(尺)의 산봉우리를 넘어서 외지로 나가 돈을 벌어야만 가정의 생계가 유지된다는 것이다.[39] 또 밖에서 구입해야 하는 물건의 수가 많고, 운반할 수 있는

---

33) 현재의 시즈오카(靜岡)현 동남부의 옛 이름.

34) 도야마(富山)현 남서부, 기후(岐阜)현의 경계 부근에 해당되는 지역. 갓쇼즈쿠리(合掌造り)라는 가옥 양식으로 유명한 곳이다.

35) 현재의 구마모토(熊本)의 대부분에 해당된다.

36) 헤케(平家)란 다이라(平)라는 성을 사용한 일족을 가리킨다. 헤케다니란 이 헤케 일족이 몰락하여 그 잔당들이 숨어살았다는 전설이 전해지는 산간부락을 말한다.

37) 이시카와(石川), 기후(岐阜), 후쿠이(福井)의 세 현(縣)에 걸쳐 있는 료하쿠(兩白)산맥에 있다.

38) 현재의 도야마(富山)현 전역에 해당하는 옛 이름.

39) 이 시기 비참했던 일본 민중들의 실상을 이해할 수 있는 저서로 야마모토 시게미(山本茂實)의 논픽션 『아 노무기 고개(ああ 野麥峠)』(角川文庫, 1977)를 들 수 있다. 「野麥峠」란 1934년에 국철(國鐵) 다카야마선(高山線)이 개통되기 이전까지, 일본의 히다(飛彈) 지방과 시나노(信濃) 지방을 연결하던 중요 교통로에 위치한 고갯길을 말한다. 가난한 농가에서 태어난 소녀들이 열 한두 살 정도가 되면 이 고개를 넘어 스와(諏訪)에 있는 제사 공장으로 일하러 떠났다. 이 문제에 대한 역사학분야의 본격적인 연구서로는 나카무라 마사노리(中村政則)의 『노동자와 농민 - 근대 일본을 지탱한 사람들(勞働者と農民 - 日本近代をささえた人)』(小學館, 1998)을 참고하기 바란다.

수단이 인력(人力) 이외에는 없었다는 점이다. 이런 산촌의 경제는 개조하기 어려웠다. 임업과 농업의 형태가 변화하지 않는 한 가정을 유지하기 위해서 산촌 밖에서 할 수 있는 사업이 필요했다.

그리고 이런 상태의 산촌과 호응하여 서로의 결핍을 보충할 수 있는 지방이 아직까지는 어딘가에 있었다. 번(藩)40)의 경계가 견고했던 시대에도 이런 유형의 지방 교통은 방해를 받지 않았다. 그것을 조건으로 성립된 산촌이 많았을 뿐만 아니라 에도(江戶)의 노동력 수요도 대부분은 여기에 의존하고 있었던 것이다.

그런데 최근의 직업 소개 사업은 먼저 이 유서 깊은 눈 지방에서 나와 돈벌이하는 일을 없애려고 계획했다. 지방경쟁시대의 영향은 의외의 방면에서 나타나려 하고 있었던 것이다. 일찍이 고향의 전원(田園)에서 타향 사람을 경계하고 경시하던 습성을 그대로 도시에까지 가지고 와서, 더욱 새로운 불행의 씨앗을 뿌리려 하고 있다. 현(縣)과 현의 사이에는 오히려 구제(舊制)시대 이상으로 사람들이 서로 반목하는 사례조차 있다. 서로의 지방에 대한 지식이 정확하지 않을 뿐만 아니라, 때로는 오래 전 자신이 생활하던 모습을 생각할 여유까지 잃어버리려 하고 있는 것이다.

---

40) 번(藩)이란 에도(江戶)시대 다이묘(大名)의 영지·조직·구성원 등을 총칭하여 일컫는다.

제 **6** 장

신교통과 문화 수송자

1. 인력거의 발명

교통기관의 발달에 관해서는 여러 가지 흥미로운 이야깃거리가 많아서 그만큼 사람들이 어느 정도 잘 알고 있다. 그 중에서 특히 인력거(人力車)는 그 발전과 쇠퇴 과정이 너무 급격한데다가 명치(明治)·대정(大正)시대의 모습을 대표적으로 보여주고 있기 때문에, 지금 한 번 고찰해 보아도 좋을 성싶다. 인력(人力)이라는 명칭은 분명 수레꾼(車力)[1]에서 나왔다. 하지만 이전으로 거슬러 올라가면 가쿠리키(脚力),[2] 고리키(強力)[3]를 거쳐

---

1) 일본어로는 샤리키라고 한다. 다이하치구루마(大八車)라는 큰 수레를 끌며 하물 운반을 직업으로 삼던 사람이다. 본문에서도 설명하고 있듯이, 일본어에서 력(力) 자가 들어가는 직업은 힘을 쓰는 일을 직업으로 삼았던 사람을 가리키며, 근대 이전까지만 해도 이들은 사회적으로 차별을 받기도 했다.

2) かくりき. 급한 용무를 먼 곳에 가서 알리는 심부름꾼. 또는 사자(使者).

아시카가(足利)시대4)에 힘센 장사를 의미하던 리키샤(力者)에까지 이른다. 여기서 역(力)이란 힘쓰는 일을 직업으로 하는 사람을 뜻했다. 그러나 인력거는 사실은 요코하마(横浜) 부근에서 외국인들이 타고 다니는 마차를 보고 착상해냈다는 사실을 초기 인력거(人力車)5)가 옆이 길고 바닥이 평평했던 것을 통해 유추할 수 있다. 말(馬)을 대신해서 사람이 수레를 끄는 것에 대해 이제는 아무도 진보라고 생각하지 않을 것이다. 그렇지만 그 무렵에는 수레를 끄는 말을 얻기가 결코 쉽지 않았고, 반대로 인부는 넘칠 정도로 많았다. 인력거는 불과 한두 해 사이에 도로가 있는 곳이면 구석구석까지 보급되었는데, 이는 단순히 신기하다거나 타보고 싶어하는 사람들이 많아졌기 때문이 아니었다. 바로 인력거를 끄는 일이 그 시대에 알맞은 직업이었기 때문이다. 처음에는 구모스케(雲助)6)라는 실업자가 이 일을 시작했지만, 몰락한 무사 계급 중에서도 그저 완력밖에 남지 않은 사람들이 이 일을 하게 되었다. 농촌에서도 차츰 힘이 센 사람들은 외지로 나와 인력거를 끌었다. 비교적 세련된 노동이라고 인식되었음에도 불구하고, 인력거를 끄는 데에는 특별한 자격이 필요한 것도 아니었다. 당시에 유일한 자유업이었던 셈이다.

종업원이나 인력거꾼이란 계급이 형성되고 본격적인 조직이 생기기 전에는 지방마다 조합과 비슷한 조직이 있을 뿐이었다. 대개는 고참이 형님 역할을 하며 젊은 사람들을 이끌었고, 조직에 속해 있지 않은 사람들이 길가의 도처에 널려 있었다. 그러나 그 수가 차츰 늘어나서 경쟁이

---

3) ごりき. 등산가의 짐을 지고 안내하는 사람으로 본래 수도자의 짐을 지고 따라다니던 종을 의미한다.

4) 무로마치(室町)시대의 별칭으로 일본 역사에서 아시카가 막부(足利幕府)가 집권하던 시대(1338~1573)이다.

5) 사람을 태우고 차부(車夫)가 끌고 다니는 1인승 혹은 2인승의 이륜차. 1869년에 이즈미 요스케(和泉要助), 다카야마 고스케(高山幸助), 스즈키 도쿠지로(鈴木德次部) 등이 발명하여 다음 해 도쿄에서 개업을 시작한 데서 비롯된다. 대정시대 후기부터 쇠퇴하였다.

6) 에도시대에 역참(驛站)을 중심으로 일하던 뜨내기 인부.

심해지자, 값을 깎거나 바가지를 씌우는 등, 말이나 가마로 여행하던 시대 이래로 여행의 정경이 다시 흥미롭게 부활했다. 하지만 나중에는 대체로 운임표를 정해 두는 방향으로 발전하였고, 경쟁은 주로 수레 끄는 실력과 수레의 질에 따라 좌우되었다. 인력거를 만드는 제조업이 성행하고 그에 따라 인력거가 눈에 띄게 개량된 것도 그 결과로 생각할 수밖에 없다.

비 오는 날에 대비해서 마차의 포장을 만든 것을 비롯하여 덮개의 장착과 제거를 간편하게 하였고, 차양이나 얼굴 가리개로 사용하기 위해 만들어진 투명한 포장이 관동(關東) 지방에서는 일반화되었다. 차체도 여러 가지로 크기가 바뀜으로써 같은 것이 3년 이상 계속되는 일이 없었다. 게다가 수입 도료로 그린 연처럼 구름 속을 나는 용이나 구사 그림 등이 잠시 동안 거리를 활기차게 만든 적도 있었다. 그것이 너무 현란하게 여겨지자 이번에는 양초를 칠한 무늬 없는 천을 사용하거나 마키에(蒔繪)[7]와 가문(家門)의 문양을 넣어 옛날에 다이묘(大名)[8]들이 쓰던 도구와 같은 흉내를 냈다. 인력거의 회전축에는 몇 개의 방울을 끼워 짤랑짤랑하는 소리로 위세를 부렸으며, 큰 소리를 외치며 거리를 누비고 달리는 모습은 가도의 역참(驛站) 정경의 여운을 남기고 있었다. 나중에는 자전거와 똑같은 신호를 울리거나 자동차의 경적 소리를 신호로 사용하여 조용히 지나가게 되었다. 쇠 바퀴가 고무 달린 바퀴로 타꿔었고, 그것이 다시 공기를 집어넣어 데굴데굴 굴러가는 바퀴로 통일되자, 결국 먼 길은 달릴 수 없게 되었다.

한편 인력거는 짧은 기간에 용도까지 변했다. 예전에는 인력거가 유일한 여행 수단이었던 시대도 있었다. 먼 곳에 있는 논 속에 난 좁은 길까지 인력거가 들어 간 적도 있었다. 200리에서 250리나 되는 길을 하루만에 도착하는 건장한 인력거꾼도 얼마든지 있었다. 곳곳에 있는 다테바(立

---

7) 금·은 가루로 칠기(漆器) 표면에 무늬를 놓는 일본의 미술 양식.
8) 에도(江戶)시대에 봉록(俸祿)이 1만 석 이상인 무가(武家).

場)9)에서 바퀴를 연결하거나 교체하기도 하고, 급히 가야 할 경우에는 앞에서 끌고 뒤에서 미는 사람을 고용함으로써 여행길이 이전의 빠른 가마보다 훨씬 빨라졌다. 그러나 정기적인 승합 마차에 손님을 빼앗기게 되었고, 이어서 철도가 개통되자 이제 가도의 가로수 그늘을 달리는 인력거 모습을 볼 수 없게 되었다. 인력거의 전성기는 이 시기로 끝났지만, 그래도 여전히 한동안은 역 주위나 도시 안팎에서 너무 많다고 여겨질 정도로 인력거가 달려 다닌 적이 있었다. 그러다가 자동차가 출현하자 순식간에 모든 인력거가 역사 저편으로 사라져 버렸다.

유행과 변화가 이상할 정도로 빨리 이루어졌다. 예전에는 인력거에 대한 수요가 왕성해서 인력거를 만드는 떡갈나무의 자재 공급이 끊길 것을 걱정하거나 인력거 때문에 소용없어진 말을 다른 방법으로 이용할 수 있는 방법은 없을까 고민한 사람도 있었겠지만, 이런 결과는 아무도 예측하지 못했을 것이다. 한 시대에 부합하도록 고안한 물건이라고 할지라도 역시 멀리 내다볼 수는 없었던 것이다. 합승이 가능한 커다란 인력거의 발명 따위도 당시에는 기발한 고안이었다. 이것 역시 서양인의 생활에서 모방한 것이었지만, 그것을 우아하게 여기던 시대는 순식간에 지나가 버렸다. 왜냐하면 가장 먼저 이런 무거운 수레를 느릿느릿 끌어 줄 힘세고 우직한 사람이 사라졌기 때문이다. 가미가타(上方)10)에서는 시대에 뒤진 사람들이 이따금씩 이인승(二人乘) 인력거를 이용하고 있는 동안, 도쿄에서는 이미 게이샤(藝者)11)와 그 게이샤의 짐을 날라주던 하코야(箱屋)12)만이 인력거를 타고 다녔고, 그러면서 차츰 유행에서 멀어지게 되었다.

과도기에 보이는 문화 절충 속에는 항상 이런 천박하고 꺼림칙한 유행이 극찬되었으며, 그 배후에 이를 조장하는 힘이 작용하고 있기도 했

---

9) 가도(街道)에서 교군꾼들이 오가며 쉬던 곳. 역참.
10) 교토(京都)・오사카(大阪)를 중심으로 한 일본의 관서(關西) 지방.
11) 기녀(妓女), 예기(藝妓).
12) 기생의 샤미센(三味線)을 상자에 넣어 날라주던 남자.

다. 일본은 다행히 이를 빨리 극복하고 좀더 발전적인 유행으로 옮겨감 으로써 이전 것을 잊어버리게 되었지만, 예전의 흔적이 그렇게 쉽사리 사라지지는 않았다. 예를 들면 동양의 여러 항구에는 어디나 사람이 넘쳐서, 마치 일본의 명치시대 초기처럼 노동력이 풍부했다. 따라서 요리오야(寄親)[13]나 인력거 보관소처럼 남에게 건네줄 돈의 일부나 임차료로 먹고 살려고 작정한 사람들도 많았다. 그러니 만큼 우리가 인력거를 고안해서 수출해 준 일을 감사하는 사람도 적지 않겠지만, 그것은 결코 자랑할 만큼 유쾌한 일은 아니었다. 우리는 앞으로도 상당히 오랫동안 일본인이 발명한 좋은 본보기로, 곳곳에서 인력거를 끌고 다니는 모습과 마주치게 될 것이다.

일본은 예로부터 가축을 별로 이용하지 않는 나라였다. 따라서 대부분의 인력거꾼들은 사람이 소나 말을 대신하고 있다는 생각을 갖지 않았던 듯하다. 여자나 노인이 손님일 경우에는 일종의 간호인이나 보호자가 된 셈치고 태우고 가는 인력거꾼도 많았다. 시골에서는 손님과 유유히 세상 이야기를 하며 긴 여행을 하는 있는 인력거꾼도 자주 볼 수 있었다. 양쪽의 관계는 일시적인 주종 관계도 아니고 부자와 빈민의 관계도 아니었다. 하지만 외국인이 모여든 지역에서는 이러한 교제가 이루어질 리가 없었다. 특히 백인은 우마(牛馬)에 익숙해 있다. 그들은 사람을 수레를 끄는 소나 말 대신으로밖에 생각하지 않는다. 그러므로 발길질까지는 하지 않는다고 할지라도 마음의 채찍으로는 항상 인력거꾼을 따리고 있는 것이다. 결국 우리들은 참으로 엉뚱한 것을 유행시키고 수출함으로써 이웃 나라 사람들에게 폐를 끼친 셈이다.

---

13) 주종 관계를 임시로 부모·자식 관계로 가정하여 맺은 것으로 주군(主君)을 요리오야(寄親)라 하고 그 밑의 부하를 요리코(寄子)라 불렀다. 근대에는 일반적으로 고용 관계에 있어서도 고용인을 요리오야라 부르고 피고용인을 요리코라 불렀다.

2. 자전거가 농촌으로 들어오다

　단추를 장식으로 여기고 빈 맥주병을 꽃병으로 쓰는 일은 일본이 외국과 멀리 떨어져 있었던 만큼 오랫동안 지속되었다. 인력거는 국내에서 생산이 되었지만, 인력거가 귀했을 때에는 실용품 이상으로 소중하게 다루었고 한가한 사람이 타면 그 기분을 오히려 잘 이해할 수 있었다. 여행을 편리하게 만든 것은 인력거의 용도에서 보면 처음부터 부수적인 것에 불과했다. 지금의 자전거도 처음에는 역시 오락물로 수입되었다. 30여 년 전에 『자전거 전서(自轉車全書)』가 나온 무렵에는 자전거의 달인은 유명인사들 속에서 배출되었다. 기륜회(嗜輪會)라는 단체가 있었는데, 꼭 오늘날의 골프 클럽과 같은 것이었다. 나중에 자전거를 필수품 항목에 넣기 시작한 사람은 관리(官吏)였겠지만, 당분간은 의사나 변호사의 자가용 인력거와 같은 종류로 보여졌다. 또한 두세 명의 여학생이 긴 소맷자락을 펄럭이며 자전거를 타고 가는 모습이 눈에 띄면, 그 모습이 바로 『마풍연풍(魔風戀風)』[14]의 표지 그림이 되었다.

　시골에는 자전거가 곡예에 이용되는 구경거리로 먼저 들어왔다. 아마 추어들도 타는 것이 그다지 어렵지 않다는 사실을 알고 난 후에도 일반인들은 많이 타지는 않았다. 자전거를 좋아하는 이른바 애륜가(愛輪家)는 태반이 특별히 하는 일이 없이 노는 사람들이었다. 곧 자전거의 수입이 급증하게 되자 자연스럽게 국내에서도 제조가 시작되었다. 처음에는 장인(匠人)이 부품을 들여와 조립하는 것에서 출발하여 차츰 실용화할 수 있는 공장으로까지 발전해 갔다. 또한 수선과 교환 등의 업무가 되어 지방으로도 분산됨으로써, 마치 소나 말을 감정하는 사람이 말에 대한 지

---

14) 고스키 덴가이(小杉天外)의 장편소설. 1903년에 요미우리(讀賣)신문에 연재되었다. 명치 30년대의 새로운 사회 풍속으로 화제가 된 여학생의 생활을 생생하게 그렸던 사실소설이라고 하여 환영받았다.

식을 보급시켰듯이 지방에서 점점 화제를 풍부하게 만들어 갔다.

현(縣)의 자전거 대회나 경주 대회가 많은 구경꾼들을 불러들인 시대가 10여 년이나 지속되었지만, 이런 현상 뒤에는 항상 중개상의 남모르는 고충이 숨어 있었다. 자전거에도 취미라는 말이 조용되었다는 것은 지금 생각해보면 이상한 이야기일 것이다. 아마 중고 자전거의 처리나 국내 생산력의 활용 방법이기도 했겠지만, 자전거는 아주 짧은 기간에 누구라도 탈 수 있는 것으로 보급되었다. 도시에서는 주로 어린 점원이 이용하도록 하면 여러모로 효율적이었다. 상가의 견습생은 심부름으로 하루하루를 보내고 있었는데, 자전거의 이용으로 시간이 절약되고 도중에 딴전을 피우지 않게 되자 필요한 인원을 절반으로 줄일 수도 있게 되었다.

그 외 많은 직업의 경우에도 길 위에서 허비되는 수고가 줄어들어 사람들이 멀리 나가서 일할 수 있게 되었다. 하루 동안 갈 수 있는 거리가 배(倍)로 늘어나서 여관의 필요성도 훨씬 줄어들었다. 계산상으로 자전거를 사용하는 것이 이득이라고 생각하는 사람들의 수가 순식간에 증가했고, 지방에 따라서는 미용사나 산파(産婆)까지도 자전거를 타고 마을을 돌아다니는 세상이 되었다.

대부분의 농가 또한 실용적인 용도로 자전거를 사들인 것은 마찬가지였지만, 농촌은 논밭을 대체로 집 근처에 마련함으로써 될 수 있으면 왕복 시간이 절약되도록 일찍부터 노력했었다. 가끔 조금 떨어진 곳에 일터가 있다 하더라도 거기까지 가는 길은 자전거를 사용할 수 없는 곳이었다. 세 명에서 다섯 명이 같은 집에서 함께 나와 일하는 것이 하나의 특징이었기 때문에, 개인주의적 성격을 가진 자전거는 어울리지 않았다. 또한 농기구와 재료, 수확물 등 갖고 나갔다가 갖고 돌아올 물건이 아주 많았다. 농경 작업에서 삼분의 일은 운반이었으므로, 자전거가 편리한 것은 분명했지만, 자전거의 편리성에는 농촌의 이러한 점까지 고려된 것은 아니었다. 따라서 농촌에서는 자전거를 그저 보관히 두기만 하는 시간이 많았고, 더군다나 일하는 사람 수만큼 자전거를 비치할 수 없는 형편이었다.

지방세 중에서 자전거세(稅)만큼 간단 명료한 것도 적다. 이것으로 소유자가 누리고 있는 편리와 살림살이에 대한 여유를 측정할 수 있었고, 세금이 부담이 되어 자전거를 처분할 때는 집에서 개를 기를 때 무는 세금(畜犬稅)만큼의 미련도 없었다. 그러나 세금을 지불할 정도의 애착을 자전거 그 자체에는 갖지 않더라도 생활 정도의 표준으로 삼기에는 적당했다. 그리고 그 측정 계수도 정확하게 알려져 있기 때문에, 이런 이야기를 할 때에도 편하다. 도쿄 부근에 평지가 많은 현(縣)에서는 수만 명의 농민들이 각각 자전거세를 내고 있었다. 더러 논밭의 생산물 수입이 떨어지면 가장 먼저 이 세금이 비싸게 느껴졌다.

자전거세를 절약하려고 이웃간의 공용(共用)을 시도하기도 했다. 실제로 자전거의 공용은 이를 위한 조합까지 생길 정도로 같이 사용할 수 있었다. 신기한 것은 일본에서만 뒤에 수레를 단 자전거가 성행한 점이다. 이것을 리어카처럼 외국에서 들여온 것으로 생각하고 있지만, 이것도 일종의 인력거였던 셈이다. 손수레로 많은 짐을 날라야 하는 고장이나 뭔가 물건을 들고 다녀야 하는 사람이 아니라면, 자전거 뒤에 단 수레는 그저 이름뿐 그다지 중요하지 않았다.

하지만 일본은 보자기의 나라로 신사나 신분이 귀한 부인들도 무언가 손에 들 것이 없으면 허전하게 느끼는 습성이 있다. 이전에는 이런 부류의 사람들은 소매에 손을 넣고 걸었고 이 사람들을 대신해서 옆에서 물건을 들고 모시고 다니는 사람도 있었다. 길 위를 걸어 다니는 사람들은 아마도 수백 년 전부터 짐을 막대기에 걸치거나 등에 짊어졌고, 아니면 손에 들든가 머리에 이고서 맨몸으로는 걷지 않았다. 이러한 점 때문에 자전거는 옆에서 모시는 사람을 데리고 다녔을 법한 사람들에게 먼저 이용되었고, 얼마 안 가서 실용화되자 즉각 리어카를 필요로 하게 된 것이다. 이 리어카도 시중에서 유행한 것은 간단한 소형이었지만, 널리 농촌에 보급되고 나서는 길이 꽉 찰 정도로 대형이 되었다.

리어카의 조작법은 외국에서 들어온 것도 전수받은 것도 아니다. 일본인은 원래 혼잡한 길을 능숙하게 빠져나가는 기술을 잘 습득한 국민이긴 했지만, 수레 자전거를 통해 힘든 시도를 새로 하게 되었다. 달리는 힘과 앞을 지나가는 사람의 움직임, 지나갈 수 있을지 돌릴 수 있을지를 가늠하는 눈대중, 거의 엉덩이에 눈이 붙었다고 생각될 정도의 재치로 적당한 틈을 새롭게 발견하는 일 등은 학교에서 배우는 것 이상의 중요한 교육이었다. 시골 사람들은 이전에 수건 말[手拭馬]이라 해서 부부가 손을 잡고 거리에 나오면 웃음거리가 되어 당황하곤 했지만, 현재는 자동차나 정밀한 기계를 오히려 도시 사람보다 잘 다루게 되었다. 즉 아주 쉽게 동등한 시민 자격을 얻을 수 있게 되었지만, 그 대신 농촌에 살면서도 일찍부터 이런 힘든 연습을 해야 했던 것이다.

3. 순례 위주의 기차

농촌에 자전거가 들어오고 나서부터 젊은 사람들이 쓸데없이 돌아다니게 되었다며 큰일이라고 하는 노인들이 많아졌다. 하지만 이는 자전거 같은 여행 수단을 자기 집에 앉아서 일 하는 직업에 응용하게 되면 필연적으로 생길 만한 결과였고, 규모의 차이는 있지만 기차도 역시 마찬가지다. 철도의 역사는 항상 전문가의 손으로 이루어졌고 그 전문가는 모두 영업에 종사하는 사람이었던 까닭에 외부에서 그 영향을 생각해 보기가 힘들었다.

어떤 열차이든 두 종류의 감사하는 마음으로 타는 사람을 반드시 찾아볼 수 있을 것이다. 하나는 기차가 없었더라면 얼마나 힘들게 걸어갔을까 생각하는 사람이고, 또 하나는 기차가 통과하기 때문에 외부로 나올 수 있었다고 생각하는 사람인데, 지금까지는 아무래도 후자 쪽이 훨씬 많은 듯하다. 꼭 필요한 간선(幹線)의 부설(敷設)이 대략 마무리되면 각 지방은 대개 다른 지방의 전례(前例)를 참작해서 미래의 새로운 여행객 수를 미리 계산함으로써 발전 계획을 짰다.

이른바 자원의 개발이 계획대로 진행된 경우가 많았던 것처럼, 사람들이 계획된 유혹에 이끌려 유람객이 되는 경우 또한 매우 많았다. 게다가 지금까지는 자신이 살고 있던 지방에 틀어박혀 있는 것에 만족하던 사람들이 이렇게 해서 바깥 세상을 알게 됨으로써 손해를 본 것이 아니라고 한다면, 이것은 모든 국민들의 행복한 생활 증진 속에 포함될 중요한 사항이다. 그러나 한편으로는 여행이 자전거로 쓸데없이 여기저기 돌아다니는 것과 비슷해졌다. 말하자면 기차 여행은 옛날 여행과는 달라진 것이다.

일본에서는 순례가 재미있는 형태로 발달하였다. 먼저 구마노(熊野)[15] 순례자가 조금씩 감소하고 차츰 이세(伊勢)[16]에 있는 이궁(二宮)[17]만을 목

---

15) 와카야마(和歌山)현의 남동부에서 미에(三重)현의 남부에 걸친 지역. 구마노산샤(熊野三社)라 부르는 신사가 있는데, 옛날부터 영지(靈地)로 알려져 참배하러 오는 사람들이 많았다. 구마노산샤란 구마노 혼구대사(本宮大社), 구마노 하야다마대사(速玉大社), 구마노 나치대사(那智大社)를 총칭하여 가리킨다.

16) 옛 지방의 이름. 지금의 미에(三重)현의 대부분. 이세신궁(伊勢神宮) 소재지로서 발달하여 신도(神都)라고도 한다.

17) 이궁(二宮, 니노미야)이라 하면 일반적으로 일본 각 지역의 일궁(一宮, 이치노미야)에 위치하는 신사를 가리킨다. 여기서는 이세(伊勢)에 있는 이세신궁(伊勢神宮)을 의미한다. 이세신궁은 일본 황실의 종묘이며, 내궁(內宮, 皇大神宮)과 외궁(外宮, 豊受大神宮)으로 나누어져 있다. 내궁은 황실 가의 조신(祖神)인 아마테라스 오미카미(天照大御神)가 제신(祭神)이며, 외궁은 도요우케오가미(豊受大神)가 제신이다. 이세신앙(伊勢信仰)이라는 말이 있을 정도로 참배하러 가는 사람들이 많았으며, 이세신궁에 참배하러 가는 것을 이세마이리(伊勢參り)라 한다. 율령제(律令制) 아래서는 이세신궁이 국가 제사의 대상이었기 때문에 개인의 참배가 허용되지 않았으며, 널리 민중들이 참배하러 가기 시작한 것은 14세기 이후부터라고 한다. 참고문헌으로 사쿠라이 도쿠타로(櫻井德太郎)의 『일본민간신앙론(日本民間信仰論)』(1970), 니시가키하루쓰기(西垣晴次)의 『이세참배(お伊勢まいり)』(岩波新書, 1983) 등이 있다.

적으로 삼게 된 것은 단순히 신앙의 발달 때문이라고만 볼 수는 없지만, 이러한 변천 과정은 참고로 하기 힘들 만큼 그 흔적이 희미해졌다. 근대에는 수십 군데의 영험한 명소를 연결하여 일부러 그 참배 노적을 산만하게 하려고 한 흔적이 보이기도 했다. 참배의 의의는 오히려 여정에 있었다. 가는 김에 교토 구경, 나라 등지의 야마토(大和) 순례, 고토히라(琴平),18) 미야지마(宮島)19)도 들러 왔다는 식의 여행이 신앙심에 근거한다는 이유로 허용되었던 것이다. 하긴 이런 순례자들 사이에 섞여 고독한 순례를 하며 의식(衣食)을 해결한 행자(行者)도 있었다. 육십육부(六十六部) 납경자(納經者)20)라 칭하고서, 일생을 절의 문전(門前)에서 보낸 사람도 있었지만, 다른 대부분의 사람들은 오늘날의 기차 여행과 마찬가지로 단체로 함께 걷는 것을 주목적으로 여겼다.

지방에 따라서는 명산에 올라 참배하는 일을 성년식처럼 생각하기도 했다. 누구라도 일생에 한 번쯤은 순례를 해야겠다는 생각에 적당한 나이가 되면 무리를 해서라도 이 여행 단체에 참가했다. 먼 곳이 아니면 처녀들도 참가했다. 즉 이런 특수한 방법으로 다시 한번 내부의 결속을 다지고자 한 것으로, 세상을 알자는 것은 그 다음 다음의 일이었다. 이 행락(行樂)의 즐거움은 매우 인상적인 것이었기 때문에 명치시대에 들어와서도 순례는 결코 쇠퇴하지 않았다. 시코쿠(四國)21) 지방에서는 쓸쓸한 편로(遍路)22)의 모습이 크게 줄어들었지만, 그 대신 날씨가 화창한 봄날 한창 때의 남녀들이 즐겁게 걷고 있는 모습을 볼 수 있다. 세트나이카이(瀬戸內

---

18) 가가와(香川)현에 소재한 마치(町).

19) 이쓰쿠시마(嚴島)의 별칭. 국자나 쟁반 등의 목공 세공물로 유명하다.

20) 여러 지방을 도는 순례 방식의 한 가지. 서사(書寫)한 화엄경을 전국의 66군데 영험한 곳에 바칠 목적으로 여러 지방의 절이나 신사를 돌아다닌 행각승(行脚僧)을 가리킨다. 가마쿠라(鎌倉)시대 말기부터 시작되었다. 에도시대에는 속인도 이를 행하였다.

21) 아와(阿波)·사누키(讚岐)·이요(伊豫)·도사(土佐)의 네 지방. 지금의 도쿠시마(德島)·가가와(香川)·에히메(愛媛)·고치(高知)의 네 현.

22) 고보 대사(弘法大師)란 이름으로 널리 알려진 구카이(空海)가 수행한 유적이 있는 시코쿠(四國) 지방의 유적지 88군데를 순례하는 일이나 또는 그 사람.

海)[23]의 섬과 연안에서는 새로 '사흘 길 하루 코스'라는 영험한 명소가 생겼고, 간토(關東)·도카이(東海) 지역에도 지방에 한정된 삼십삼소(三十三所)[24]·팔십팔개소(八十八個所)[25]가 많이 생겼으며, 사도(佐渡)[26]에는 주로 섬을 대상으로 한 순례자가 매년 순례하고 있다. 이러한 순례에서 신앙을 빼고 동료를 자유롭게 선택한다면 오늘날의 명소 순례가 되는 셈이다.

이 여행은 아마 여수(旅愁)의 정취가 지금보다 훨씬 깊을 무렵, 이를 쓸쓸하고 힘들게 여겼던 사람들이 차츰 고안한 것일 것이다. 지금은 기차 안에서 특히 단체의 힘을 빌려 기세 등등하게 감히 고향에 있을 때에는 할 수 없었던 일을 마음대로 하는 사람이 많아졌다. 거리낌 없이 행동하고 마치 이동하는 잔치와 같은 여행이 많아졌다. 이런 식의 여행은 혼자서 여행하는 사람에게도 조금씩 파급되어, 가능하면 집에서와 똑같은 생활을 하는 것을 교통의 편리함이라고 생각하는 사람도 드물지 않다. 자거나 책을 읽고 있는 사이에 저절로 도착했다는 것을 너무나도 만족스럽게 생각하는 사람만을 기차가 가득 실어 나르고 있는 것이다. 여행은 적어도 그 목적과 효과에 있어서는 50년 전보다도 훨씬 단순해졌다.

유람 위주의 여행은 일본의 교통기관을 다소 비효율적인 것으로 만들고 있는 것도 사실이다. 일 년 중 특정한 계절에 집중되는 승객을 위해서 마련한 설비가 연중 절반은 방치된 상태로 있게 된다. 특히 호쿠리쿠(北陸)[27]와 오우(奧羽)[28] 지방처럼 눈이 많은 지방에서는 이용이 격감하고

---

23) 혼슈(本州)·시코쿠(四國)·규슈(九州)에 둘러싸인 긴 내해(內海).

24) 관세음(觀世音)상을 안치한 서른세 곳의 영험한 곳. 관세음 삼십삼신(三十三身)에 근거를 두고 있다. 각 곳마다 영가(詠歌)가 있어서 순례하는 사람은 반드시 이를 읊었다. 지치부 삼십삼소(秩父三十三所), 에도 삼십삼소(江戶三十三所) 등이 있었으나, 일반적으로는 서국 삼십삼소(西國三十三所)를 가리킨다.

25) 시코쿠 팔십팔개소(四國八十八個所)를 가리킨다. 시코쿠(四國) 지방에 있는 여든여덟 군데의 고보 대사(弘法大師)와 관련된 영험한 곳. 다른 지역에도 이를 모방한 팔십팔개소가 있다.

26) 옛 지방의 이름. 호쿠리쿠(北陸) 지방의 북쪽 부근. 동해(東海)의 최대의 섬. 니가타(新潟)현에 속해 있다.

27) 옛 지방 이름인 호쿠로쿠도(北陸道)의 새 이름. 현재의 후쿠이(福井)·이시카와(石

유지비가 증가하기 때문에, 이중의 손실을 각오하고 예산을 짜야 한다. 눈 때문에 생기는 문제로 일본과 같은 경험을 하고 있는 나라가 아마 없을 것이라 생각한다. 이 다습한 온대 지역에 산처럼 눈이 많이 내리고 쌓여서 철로를 가로막는 장애에 대해서 서양 참고서에는 그다지 언급되어 있지 않다. 하지만 더 많은 터널을 만들기보다는 역시 상식적으로 제설 인부를 모아서 눈을 치우는 것이 효과적이었기 때문에 눈을 호경기의 징조로 여기는 노동자의 무리가 새로 생겨났다. 이런 영구적인 낭비에서 벗어나지 못한다 하더라도, 철도가 일본의 절반 이상 지역에 걸쳐 새로운 생활 양식을 전달해 준 힘만은 위대했다.

따뜻한 남쪽에서 옮겨온 탓인지, 우리들의 눈 속 생활에 대해서는 아직 연구가 충분하지 않았다. 특히 산 속에서는 조금이라도 돈벌이를 하고자 하는 사람이 추위에 지지 않으려고 애쓸 뿐 대다수 사람들은 옛날부터 해온 동면을 당연하게 여겼고 마을에서 밖으로 나가는 교통은 거의 끊겨 있었다. 여행을 하는 사람은 이 같은 상황을 예견하고 빨리 경계 밖으로 나가든지, 그렇지 않으면 어느 집 화로 주변에서 눈사태가 없어질 때까지 기다려야만 했다. 이러한 상황에서 전국적으로 똑같은 교육제도를 실시함으로써 우선 아이들을 외부로 나오게 한 것은 뛰어난 결단이었지만, 실제로는 아직 자연과 풍토의 제한을 극복할 만큼의 방도가 강구되지 않았다. 여름에 와 보면 별로 다른 점이 눈에 띠지 않지만, 나뭇잎이 떨어지고 나면 완전히 다른 세계로 도시에서는 상상도 할 수 없을 정도의 옛 생활로 돌아갔던 것이다. 그런데 기차는 눈 피해에 무척 고심하면서도 어쨌든 한 줄기 새로운 생기를 불어넣었다.

이것은 매우 커다란 변화였다. 이미 자연의 적막함에 무척 지쳐 있던 주민들은 이 외부의 자극을 선의로 해석하고, 겨울에도 일할 수 있는 기회가 왔다고 기뻐했다. 꼼짝 않고 눈 속에서 생활할 준비를 했던 사람들

___

川)·도야마(富山)·니가타(新潟) 등 각 현의 총칭.
28) 관동(關東) 지방의 북쪽, 혼슈(本州) 북동부 지역.

도 차츰 따뜻한 지역의 활동적인 사회에 가담하게 되어 눈이 쌓인 지역은 갑자기 활기를 띠었다. 썰매가 성행하고 스키가 새로 들어오자 사람들의 왕래도 자연히 많아지게 되어 이제야 겨우 산 속 마을이 밖에 알려지게 되었으며, 최근 여러 차례의 총선거에서도 보았듯이 일본은 비로소 한 겨울에도 어디나 같은 생활을 하는 나라가 되었다. 이것은 전신 전화의 힘도 무시할 수 없지만 주로 기차가 가져온 커다란 효과였다. 또 한 편으로는 유람 단체가 제멋대로 다니는 여행만으로는 아직 국내의 각 지방을 근접시킬 수 없다는 것도 알게 되었다.

4. 수로의 변화

기찻길을 만들어서 험한 산간의 교통까지 개척하고 있는 동안에 수상 운송에 대한 사람들의 불신은 오히려 옛날보다 더 늘어났다. 지금까지는 큰 배가 먼 곳으로 다니는 일에만 열중하고 가까운 곳은 잊고 있던 탓도 분명 있지만, 또 다른 이유는 바다가 거칠었기 때문이다. 그래서 바다와 싸울 힘을 키우려고 하지도 않은 채 지금까지 지내 온 것이다. 항해가 성행했던 범선시대에는 지금 우리들이 상상도 할 수 없는 느긋함이 있었다. 나가사키(長崎)에서 외국 무역이 일 년에 딱 한 번 있었던 것에서 알 수 있듯이 우리들의 선편은 늦봄에 바다가 잠잠해질 무렵에 시작해서 늦가을에 바람의 변동이 심할 무렵에 끝을 맺었다. 항구도 선원도 그 기간을 제외하고는 일이 없었다는 것은 추운 나라의 농업과도 비슷했다.

일본 해상은 중세 이래로 알려진 오래된 바닷길이었지만, 겨울 바다는 아주 거칠어서 파도와 하늘뿐이었다. 일 년에 두 번은 다닐 수 없었을 뿐만 아니라, 가을에 출발이 조금 늦어지면 월동까지 했다. 마음이 느긋

하지 못하면 배편은 이용할 수 없었다. 그러다 다행히도 기선을 이용하는 세상이 되고 나서부터 지금까지 다니던 수로를 마음대로 다니게 되었다고 기뻐했지만, 여기에는 이전에는 경험하지 못한 여러 가지 새로운 장애가 있었다. 그래서 이 장애를 해결하려고 하는 사이에 기차 쪽이 눈에 띄게 부쩍 발전했던 것이다.

어쩌면 필요 이상으로 육지 쪽에 너무 의지했는지도 모른다. 지도를 펼쳐 본 사람은 일단은 모두 의아하게 생각할 것이다. 이렇게 자유로운 바다를 지닌 섬나라인데 철도는 극히 한정된 예를 제외하고는 전부 연안선과 병행하여 깔려 있다. 횡으로 내륙을 관통해서 양측 바다²⁹⁾를 가깝게 만든 것은 이해되지만, 그보다는 남북으로 된 종선(縱線) 쪽이 소중히 다루어지고 있다. 어떻게든 이웃 섬으로 건너야 할 경우에도, 돌고 돌아서 선착장이 있는 곳까지 나가지 않는 한 배를 타지는 않았다. 이렇게까지 하지 않으면 안 될 정도로 과연 일본의 바다가 거칠었는지 의문이다. 어쨌든 그 결과 많은 항구가 쓸모 없게 되었고 해변에 세우려 했던 몇몇 산업이 쇠퇴했다. 지금도 기차로 인해 황폐해진 항구가 닳다. 하긴 이전 그대로 바다를 이용했다 하더라도 항구는 반드시 쇠퇴할 수밖에 없었다.

범선시대에는 바람이 멈추면 배가 해변에 정박하니까 부득이하게 기항지(寄港地)도 많이 생겨났고, 같은 바람일지라도 앞쪽에서 불어오는 바람은 쓸모가 없었기 때문에, 곶(岬)이 불거진 곳은 대개 바람을 기다리는 항구였기 때문에 그 지방도 번창했던 것이다. 하지만 기선시대가 되자 그런 곳에는 상륙하려고 하지 않았다. 조금이라도 중앙에 가까운 만에 접근해서 정박하기를 원한다. 따라서 근대에 들어서면서 점점 잊혀져 간 항구가 많아졌고, 곶(岬)은 거의 모두 섬 이상으로 벽촌이 되어 버렸다.

해상 교통에는 육상 교통과는 다른 특색이 있다. 그 중은 고갯마루의

---

29) 태평양과 동해 쪽 바다를 의미한다.

양쪽 기슭에 있는 두 역(驛)과 닮았는지도 모른다. 하지만 육상 교통이 단지 꼭 지나치게 되는 출입구일 뿐이라고 한다면, 해상 교통은 한층 더 짙은 인정(人情)으로 결속되어 있었다. 환락가가 항구에 먼저 생긴 것도 한가지 이유 때문이었다. 이전에는 매년 같은 숙소를 찾거나 일생을 같은 항로에서 보낸 선장들이 매우 많았다. 따라서 한쪽의 문화가 파도처럼 몰려와서 그 해변에 흔적을 남겼다.

동쪽으로 도는 항로는 아라이 하쿠세키(新井白石)[30] 이후 생겼다고 하지만, 그렇더라도 기슈(紀州),[31] 시슈(志州)[32]와 이즈노하나(伊豆の鼻),[33] 아와(安房)[34]와 이시노마키(石卷)[35] 등이 칠도(七島)[36] 사이보다도 더 가까웠다. 우선 왕래하는 배 숫자가 무척 많았고 따라서 사람들의 관계도 긴밀하게 이어졌기 때문이다. 공식기록에는 나와 있지 않지만, 구마노(熊野) 지방 주민들의 연안 무역은 그 범위가 상당히 넓고 오래된 듯 하다. 아키타(秋田)와 쓰가루(津輕), 호쿠리쿠(北陸) 각지 사이의 교통은 지금도 매우 선명한 흔적을 남기고 있다. 그러던 것이 기차가 생겨 바다를 장벽처럼 간주하게 된 것은 허전한 일이다.

그래도 결국에는 또 세토나이카이(瀨戶內海)나 마쓰우라(松浦)[37]의 여러 섬처럼 차츰 자기 배를 이용한 교통이 부활해 갈 것이다. 가령 지금까지

---

30) 1657~1725. 에도(江戶)시대 중기의 유학자. 어릴 때부터 학문을 즐겨 했고 30세 무렵에 유학자인 기노시타 준안(木下順庵)의 문하생이 되었다. 나중에 도쿠가와 쓰나토요(德川綱豊)의 유신(儒臣)으로 영입되어 쓰나토요가 쇼군(將軍)직에 오르자 그 핵심 참모로 활약하였다.

31) 기이(紀伊) 지방의 별칭. 지금의 와카야마(和歌山)현 대부분과 미에(三重)현의 일부 지역.

32) 시마(志摩) 지방의 별칭. 지금의 미에(三重)현의 시마 반도 지역.

33) 옛 지방의 이름. 지금의 시즈오카(靜岡)현의 동부, 이즈(伊豆) 반도 및 도쿄도(都) 이즈 제도(伊豆諸島).

34) 옛 지방의 이름. 지금의 지바(千葉)현의 남부 지역.

35) 미야기(宮城)현의 동북부에 있는 시(市).

36) 가고시마(鹿兒島)현에 있는 도카라(吐噶喇) 열도를 가리킨다. 도카라 열도는 규슈(九州)에서 남쪽으로 130km 떨어진 곳에 위치한 화산군도(火山群島)이다.

37) 나가사키(長崎)현 북부에 있는 시(市).

이용하던 항로를 되찾지 못하더라도 발동기선의 이용은 이제 새로운 항구를 연결해 가리라 생각한다. 이세만(伊勢灣)의 연안에서는 발동기선이 화물자동차의 역할을 하게 됨으로써 구마노(熊野)에 있는 많은 포구에도 영향을 미치려 하고 있다. 이요(伊代)[38]나 아마쿠사(天草)[39]섬에서는 발동기선을 타고 때때로 지나해(支那海)까지 나가는 모험가도 생겼다. 이는 일본인의 해양이용의 미래를 든든하게 해주는 징후라 해드 좋다.

호수의 항로도 현재는 크게 쇠퇴했지만, 이도 일부분은 회복될 듯이 보인다. 오미(近江) 지방의 오쓰(大津)는 기차가 성행한 곳으로 호숫가가 철도로만 둘러싸여 있지만, 히타치(常陸)[40] 지방의 가스미가우라(霞浦)는 아직 한쪽이 수상 운송으로 연결되어 있다. 그러나 강을 운항하는 배를 이용한 교통은 기차와 대항해서 항상 지기만 했다. 하천의 개수사업이 물길을 정리해 주었지만 제방이 높아져 도시와 연안이 갈라진 곳이 많아졌다. 그리고 한쪽을 철도가 지나가게 되자 도시의 형태가 변해 이전의 역할을 할 수 없게 된 것이다. 일본의 노동에서 가장 역사가 오래된 것 중하나인 밧줄로 얕은 여울에 있는 배를 끌어올리는 모습은 이제 오늘날의 생활과는 조화를 이루기가 어렵게 되었다. 기발한 프로펠러선이 이를 대신해서 이곳저곳의 물결에서 운항되고 있지만, 이것도 언젠가는 사진으로만 남아 다음 세대로 전해지게 되는 것이 아닌가 하는 생각이 든다.

---

38) 옛 지방의 이름. 지금의 에히메(愛媛)현.
39) 구마모토(熊本)현에 있는 지명.
40) 옛 지방의 이름. 현재의 이바라키(茨城)현의 대부분. 조슈(上州).

5. 여행과 상업

철도가 산맥의 여러 곳에 큰 터널을 만들고 자동차가 높은 봉우리를 오르내리는 시대에, 한편에서는 짐을 짊어지고 운반하는, 천 년 이전부터 이어져 오는 방법(負搬法)을 그대로 사용하여, 때로는 짐을 운반하는 사람들이 한 고갯마루 입구에서 합류하는 경우도 있다. 일본이라는 나라를 특히 의미 깊게 생각하도록 만드는 것은 바로 이러한 점에 있다. 그것을 자세히 설명하는 것은 조금 번거로운 일이지만, 그 중에서도 봇카[41]라는 짐꾼에 대해서는 이야기해 볼 만하다. 등산을 좋아하는 사람들이라면 많이 보았겠지만, 미노(美濃), 히다(飛驒), 시나노(信濃)의 산간 마을에서는 생선·소금·쌀 종류를 구하러 북쪽 지방 해안의 저지대(低地帶)로 다닐 때, 기차가 없으면 이 봇카와 같은 방법에 의지했다.

봇카의 행색은 두루마리 그림에 등장하는 고야 히지리(高野聖)[42] 등과 가깝다. 높은 짐에 햇빛 가리개를 쓰고, 등짐을 거는 끈을 양쪽 어깨에 걸치고 괘를 짊어지고 있다. 손에 쥔 지팡이가 짧고 끝이 두터워 마치 야구 배트 같았으며, 책을 당목(撞木)[43] 삼아서 그 위에 짐을 받치고 선 채로 길가에서 쉰다. 수입이 많으면 20관 가까운 물건을 등에 지고 반드

---

41) 한자로는 '步荷'로 표기한다. 산을 넘어서 짐을 옮기거나, 산 속의 오두막 집 같은 곳으로 물자를 운반하는 일을 직업으로 삼던 사람을 말한다. '봇카(ボッカ)'라는 말은 주로 일본의 주부(中部)·호쿠리쿠(北陸) 지방에서 사용하던 호칭이지만, 같은 방식의 운송 형태가 다른 지방에도 존재한다. 사람이 등에 짐을 짊어지고 운반하는 방법은 물자를 운송하는 방법 중에서 가장 원초적인 형태이다. 봇카는 일본에서 중세까지 물자를 운반하는 주력으로 활약하였으며, 근세 이후로는 소나 말 등을 이용하는 운송이 발달하자 보조적인 존재가 되었다.

42) 중세에 기부금 등을 거둘 목적으로 고야산(高野山)에서 여러 지방을 돌아다니던 하급승려를 말한다. 행상인이 되기도 하고 나쁜 짓을 저지르는 경우도 있었다. 이즈미 교카(泉鏡花)의 『고야히지리(高野聖)』는 이 '고야히지리(高野聖)'를 소재로 한 소설이다.

43) 불교 도구의 하나. 주로 절에서 종이나 징을 칠 때 사용하는 나무막대로 대부분 한자의 정(丁)자처럼 생겼다.

시 하루 사이에 봉우리를 넘었다. 등산할 때 짐을 운반해 주는 사람도 고야 히지리 사이에서 나왔고,[44] 지금도 봇카들의 고향어서는 조그만 여자아이들까지 이런 식으로 물건을 운반하고 있다. 이들이 보통의 짐꾼과 다른 점은 손익계산이 자신에게 달려 있다는 점이다. 산에서 짊어지고 나오는 것은 주로 삼실(麻絲)이 많았지만 그 삼실을 작물 주인으로부터 값을 정해 인수받고, 도시에서 들어오는 해산물이나 잡화도 그때 그때의 시세로 수수료를 받고 주문한 사람에게 건넸다. 그들은 소규모지만 독립된 상인이기도 했던 것이다.

달구지꾼과 마부도 이와 같은 방식으로 장거리 운송을 자영업으로 삼았던 시대가 오랫동안 지속되었다. 하지만 지방에 도매상이 많아짐으로써 바깥소식을 듣게 되자, 그들은 차츰 도매상에게 고용되어 오늘날의 짐꾼이 되었다. 요컨대 문자의 힘, 즉 기록이나 서신에 의해서 바깥 세상을 알게 된 사람이 오히려 현실의 여행자를 통제한 셈이지만, 또 한편으로는 판로가 널리 개척된 결과 도저히 인부 한사람의 힘만으로는 물건을 공급할 수 없게 되었기 때문이다. 그래서 배의 운송에는 가장 일찍부터 그 배후에서 지시하는 사람이 등장하게 되었다.

절이나 다이묘(大名)들이 감합(勘合)[45] 도장을 쥐고 중국 해안에서 교역을 하도록 허용한 무렵부터 선원들은 화물주를 위해서 간지 심부름 다니는 역할만을 하고 있었다. 그래도 아직 약간의 부수입, 즉 선원의 직거래라는 것이 묵인된 것 이외에도 사정을 잘 모르는 멀리 떨어진 항구까지 가면 운송인 개개인의 판단과 교섭에 교역을 일임하지 않으면 안 될 문제가 많았다. 그래서 이런 먼 바다를 항해하는 선장은 어디에서나 소중한 존재로 여겨졌고, 또 이에 걸맞게 경험을 쌓은 이른바 도량이 큰 인물이었다. 하지만 이에 반해 육상 교통은 편의상 얼마든지 중개상을 만들고 감독할 수 있었기 때문에 차츰 운송 거리를 짧게 하여 누구라도

---

44) 제6장 앞부분에 등장하는 강력(强力) 등을 참조
45) 무로마치(室町)시대에 외국으로 보내는 쇼군(將軍)의 문서에 주닌(朱印)을 찍는 일.

그 역할을 할 수 있었다. 따라서 육상운송에서는 산을 넘거나 그 외 특수한 경우를 제외하고는 일찍부터 행상이 쇠퇴하고 말았다.

일본은 좁고 사람이 많은 섬나라였기 때문에 대상(隊商)이 크게 발달할 기회를 얻지 못했던 셈이다. 소나 말도 거간꾼이 멀리 나가 매매할 경우를 제외하고는 이제 소나 말을 끌고 여행할 필요가 없게 되었다. 따라서 지금은 소나 말을 재우던 숙소의 외양간이 없어지려 하고 있지만, 예전에는 이 설비가 시장의 중심이 된 적도 있었다. 옛날에는 이 일을 농촌의 재능 있는 젊은이들이 세상을 배우는 인생 공부로 생각하거나 운명을 개척할 원정이라 생각하고 모르는 타인 속으로 돌진해 간 것도, 말하자면 농업에서는 얻을 수 없는 운송의 이득에 대해 기대감이 있었기 때문이다. 지금도 소나 말을 모는 사람들 사이에서는 조금도 거리낌없는 솔직한 태도가 느껴지는 것도 그 흔적일 것이다.

짐을 운반하는 말이 주요 가도의 도매상의 통제에 귀속되고 나서부터 농촌의 교역업은 갑자기 수동적으로 변해 버렸다. 약간의 채소를 도시로 가져오는 사람 이외에 거의 대부분의 상인은 도시 사람이었기 때문에 농촌 사람들이 스스로 나가 바깥 세상을 알 기회를 잃어 버렸던 것이다. 현재 농촌을 돌고 있는 행상 중에 보테후리(ぼて振り)[46]라 하는 행상이 있는데, 이들은 멜대 양끝에 바구니를 늘어뜨리거나, 그들 중 오래된 방식을 고수하는 사람 중에는 베로 된 커다란 자루를 어깨에 짊어지고, 각 집에서 남아도는 농산물을 사 모으려 한다. 사람들은 그들이 자본력이 딸리기 때문에 싸구려 여행꾼(三百旅人)[47]이라고 경멸하면서도 이상하게도 언제나 이들이 돈을 벌 수 있게 해주었다. 누에고치를 중매(仲買)할 때 쓰는 저울대와 먹통을 허리에 꽂고, 하얀 잠방이를 입고 돌아다닌 사람들도 같은 부류였다.

---

46) 멜대를 메고서 물건을 팔고 다니는 일. 또는 그런 사람.
47) 산뱌쿠(三百)는 산뱌쿠몬(三百文)이 줄어든 말이다. 얼마 안 되는 금액이란 뜻으로, 비천하고 가격이 낮은 것이란 뜻으로 사용된다.

농촌에서 자전거의 왕래가 빈번해지고 상점가가 동서남북으로 아주 많이 생겨나도, 농민들이 이를 이용하지 않고 거꾸로 행상들에게 이용당한 데에는 근간에 깊은 원인이 있었다. 판매와 구매를 위한 조합 사업이 일어나자 이 가운데 약간의 폐습은 정리되었지만, 그와 동시에 농촌이 한층 더 깊숙이 고립되었다는 느낌을 지울 수 없었다. 이것이 능촌의 본래 생활이라고 생각해야만 한다는 것은 쓸쓸한 일이다.

이른바 유람 여행의 발달로 도시와 명소가 번영하게 된 발단은 이 방면에서도 생각해 볼 수 있다. 외부에서 농촌을 방문하는 사람이 바깥 세상의 발전과는 반대로 조금씩 단조로워지고 있었다. 행상 중에서 가장 활발했던 사람은 농촌에서 농촌으로 왕래했던 달구지꾼이나 마부로, 그들은 산 너머 건너편 이야기를 들려주고 바다와 깊은 산 속에 있는 신기한 생활을 가르쳐 주었다. 그들은 전쟁터에서 돌아온 병사와 마찬가지로 항상 귀를 기울이며 자신의 이야기를 들어줄 사람들을 이상하그 자기가 다닌 곳의 인상을 채집했던 것이다.

그 다음에는 세상 물정과 인정에 통달했다고 할 수 있는 진짜 여행객이 들어왔다. 그들이 어디서 왔는지에 대해서는 정확히 말할 수 없었을지 모르지만, 그 대신에 그들은 여러 지방을 거치며 각 지방의 모든 변화에 정통해 있었다. 그리고 그들은 원래 아주 적은 자본으로 하루하루 생계를 이어가고 있었기 때문에 말만큼은 가장 능숙하게 얼다든지 그 지방 사람들의 비위를 맞출 수가 있었다. 또한 이들은 거짓말도 잘 하기 때문에 방심할 수 없다는 것은 익히 알려져 있었지만, 실은 그들이 농촌 사람들을 그렇게 자주 속여야 할 필요는 없었다. 고야 히지리(高野聖)의 뻔뻔스러움은 속담으로까지 만들어졌지만, 그럼에도 몇 백 년 간이나 끊임없이 시골을 돌아다니고 있었다. 그들이 가지고 다닌 상품은 궤 속 한쪽에 놓일 정도로 간단한 견직물과 고마모노(小間物)[48] 같은 자잘한 물건

---

48) 부인용의 화장품이나 장신구 따위의 자잘한 물건.

이었지만, 이 두 종류만큼은 일찍부터 장사 품목이었다.

　비단 옷감도 미쓰코시(三越)와 시로키(白木)⁴⁹)의 선조가 삼백 년 전에 에도의 어느 큰길 옆에 노점을 냈었다. 이를 고후쿠 히지리(吳服聖)라고 부른 것을 보면 그들 역시 고야산(高野山)의 무리들이었던 것 같다. 히지리(聖)라는 여행객에는 무수한 종류가 있는데, 그 중에서도 하급에 속한 것이 거지였다. 더욱이 직접 토지를 관리하는 농민 이외에 의식(衣食)재료를 갖고 있는 사람이 없었다는 점을 고려하면, 먹을 것을 주는 데도 오지 않았던 떠돌이 여행자는 원래 한 사람도 없었을 것이다. 단 문제는 떠돌이 여행자가 의식을 제공받는 대신에 농민들에게 무엇을 주었느냐 하는 것이었고, 그 예로서 간진(勸進)⁵⁰)이나 축언(祝言)과 같은 무형(無形)의 것이 농민들에게 일종의 상품으로서 받아들여졌던 것이다. 떠돌이 예능인인 가도즈케(門附け)⁵¹)가 농촌을 돌아다니며 생활을 꾸릴 수 있었던 것도 농촌에는 그런 것이 거의 없었기 때문이다. 이전에 시골을 돌아다니며 장사를 했던 사람들은 후세의 행상인들이 억지로 물건을 팔았던 것과는 달리, 시골 사람들이 찾을 만한 것을 가지고 오려고 했다. 농촌사람들로서는 밖에서 배울 만한 점이 많았던 것도 당연하다.

　떠돌이의 역사는 일본에서는 놀라울 정도로 오래 전부터 시작되었다. 중세 이후 그들 대부분은 히지리(聖)라는 이름으로 종교에 의지해 비교적 안락한 여행을 하려고 했지만, 실제로는 그들 중 절반은 장인(匠人)이자 상인이었다. 그들은 도처에서 토착민에게, 땅을 경작하지 않고서도 생활하는 여러 가지 방법이 있다는 것을 실증해 보이기도 했다. 어느덧 그럭

---

49) 일본의 대표적인 비단 옷감 가게(五服屋).

50) 원래는 사람들에게 불도에 입문하기를 권한다는 의미였으나, 나중에 신사나 절(社寺)・불상 등의 건립이나 수선을 목적으로 금품을 모으는 일을 가리키게 되었다. 예를 들어 간진즈모(勸進相撲)라고 하면 에도시대에 간진의 목적으로 행해지던 스모를 의미한다.

51) 걸립(乞粒). 인가(人家) 앞에 서서 노래를 하거나 예능을 연기하며 금품을 받으러 돌아다니는 일 또는 그 사람을 가리킨다. 가도즈케에 관해서는 박전열의 『가도즈케의 구조(門付けの構造)』(弘文堂, 1988)를 참조

저력 천 년이나 되었지만, 그동안 그들이 항상 무언가 새로운 것을 가져와 농촌에 불어넣은 감화는 매우 컸다. 농촌과 농촌 사이에 교역을 위한 여행이 시작된 것도 아마 이런 사람들로부터 배운 방법일 것이다.

숫자로 말하자면 국민의 8~9할이 예로부터 내려온 능민이었던 시대도 있었지만, 이 생활은 일본 전국에서 똑같이 고정되어 있었다. 농사에 싫증이 나도 스스로 변신할 기회가 적었기 때문에, 여기에 가끔 색다른 자극을 주어 마침내 오늘날 같은 복잡한 농촌이 된 것은 다른 데서 원인을 찾을 수 없다. 즉 일본 문화가 계속해서 꾸준히 전개되어 온 데는 일부 방랑객이 많은 역할을 했다고 할 수 있을 것이다. 하지만 세상이 바뀌어 감에 따라 그들 방랑객의 직업은 괜찮아 보이는 것부터 차츰 빼앗기게 되었다. 도시가 많이 생겨나자, 곧 바로 그 속에 편입되어 번창했다.

책에 적힌 도시의 상공업 발달사란 모두 그 배경에 이전의 떠돌이로부터 소중한 밥벌이를 빼앗은 것이 전제되어 있다고 할 수 있다. 그것은 물론 국가 전체적으로 볼 때 행복한 정리(整理)라고 인정해야 하지만, 적어도 농촌의 사회교육에 있어서는 떠돌이를 대신할 자극의 보충이 필요하게 된 하나의 손실이었다. 떠돌이라는 우리들의 유서 깊은 이동 학교는 쇠락하고, 부랑인(浮浪人)은 경찰의 단속이 필요한 악한의 별명처럼 되었다. 그래서 여행의 가치가 싸구려가 되어 버린 것이다.

6. 쇠퇴해진 여행길

서양의 책에는 흔히 쓰여 있지만, 일본에서는 아직 오타리쇼쿠닌(渡り職人)[52]이라는 사람의 행방에 관해 고찰한 사람이 없는 듯하다. 장인(匠人)이 하는 여행을 수행이라고 했지만, 그들은 한 지방에 눌러앉아 있는

것이 이익이라는 사실을 알면서도 여전히 떠돌아다녔기 때문에 그들의 여행은 관례라 할 수밖에 없을 것이다. 가장 큰 이유는, 집에 눌러 앉아 있어서는 생활하기에 충분한 만큼의 일을 얻을 수 없었기 때문이라 할 수 있다. 도시가 아직 여기저기에 건설되지 않았던 시대에 장인들은 스승과 함께 일했다.

에도시대에 들어서 지방에 자리잡기 시작한 것이 대장간이었지만, 그들 일부는 지금도 여전히 떠돌며 하는 일을 원칙으로 삼고 있다. 석공은 그 뒤부터 조금씩 마을을 만들어 정착하기 시작했지만, 아직 완전히 그 지방에 적응했다고 할 수 없는 사람이 많았다. 목재상 같은 직업은 명치시대가 되고 나서 각지에 조그만 마을을 만들기 시작했다. 목수나 미장이의 여행은 가끔 장래의 거주지 선정을 목적으로 한 경우가 있는데, 거촌(居村)이 있더라도 절반은 거기서 자지 않았다. 통을 만드는 직업은 특히 새로운 것이어서 가는 곳마다 대접을 받았고, 그들의 일터 구역은 매우 넓었다. 따라서 그들은 이야기 또한 재미있게 잘하는 수완꾼이기도 했다.

근세에 처음 생긴 우산인 박쥐우산(蝙蝠傘)[53]의 수리, 또는 깨지거나 이가 빠진 그릇을 수리하는 직업에는 소비자의 수요가 한정되어 있는 만큼, 떠돌아 다녀야 했기 때문에 도시에서도 좀처럼 상설점을 열 수 없었다. 게다가 일반적으로 이런 사람들이 정착하기에는 물건이 고장나는 경우가 적은 세상이 되어 버렸기 때문에, 대개는 어느 한 지방에 정착하고 있는 가정이 있었고 국세(國勢) 조사를 할 때는 그 가정이 있는 지역의 직업으로 분류되었다. 이곳 저곳을 돌아다니는 직공에 비하면 돌아다니는 지역이 한정된 직공은 전해 줄 견문이 적었고, 나중에는 그 지방 사람들과 같은 시선으로 세상을 바라보게 되었다. 이처럼 직공들이 차츰 정착하게 되자, 외부에서 농촌으로 보급되는 세상에 관한 지식이 현저하

---

52) 목수·미장이 따위의 일을 하던 떠돌이 장인(匠人).
53) 우산을 폈을 때의 형태가 박쥐와 닮았기 때문에 이런 이름이 붙여진 서양풍의 우산.

게 제한되는 결과를 초래하였다.

마지막으로 또 하나, 명치시대 문화가 여행의 내용을 바꾸고 지방 상호간의 지식 교환을 불리하게 만든 예를 들자면, 여관이 너무 단순해졌다는 점이다. 이전에는 여행하는 사람이 밤에 잘 수 있는 곳으로 야숙(野宿)이나 길가의 작은 불당을 제외하고도 적어도 세 가지 방도가 있었다. 이는 주로 숙소의 주인과 여행객 사이의 관계성의 차이이므로 상·중·하라는 계급별로 인식해도 좋을 성싶다.

그 하나는 제3장에서도 서술한 임시 거처 방식(お假屋式), 혹은 본진(本陣) 방식이라 부를 만한 것으로, 자기가 사는 집 한쪽을 대여하면서 일부러 집주인이 손님에게 뵙기를 청하는 정중한 숙박 방식이다. 일찍이 다이묘(大名)나 귀인이 그 방식을 시작해, 명치유신 때부터 차츰 이 방식이 모든 상류계급으로 확대되기 시작했다. 사투리를 사용하는 먼 지방의 사람들은 모두 이런 대우를 예상하고 온다. 처음에는 한정된 중심가도(街道)에만 있었는데, 차츰 농촌의 크고 작은 숙박지까지 이 방식을 모방하게 되었다. 그러나 이 방식은 이른바 팁[54] 문제 때문에 비용면에서 여행의 발달을 상당히 저해하고 있었다.

두 번째 방식은 도매상(問屋)식 혹은 단골 여관(定宿)식이었다. 이것은 여러 과정을 거치면서 오늘날의 단골 여관(定宿)과 비슷해졌다. 이것이 쇠퇴한 주된 이유는 같은 사람이 그렇게 자주 오지 않는다는 사실, 즉 단골여관(定宿)이 이름뿐이 되었다는 사실이다. 이는 동시에 여관 주인이 그 여행객에 대해 흥미를 느끼는 일이 적어진 것으로 해석할 수도 있다. 이전에는 여행객의 상거래에 관계되는 일은 여관 주인이 공동으로 하는 작업이었기 때문에 임시 가족과 같은 느낌을 주었다. 장인이나 고제(瞽女),[55] 자토(座頭)[56]와 같은 개인적인 일의 경우에도 잠자리를 제공한다는

---

54) 일본에서는 이를 가리켜 '자다이(茶代)'라 불렀음.
55) '고제(瞽女)'라는 말은 '盲御前'을 줄인 말로, '고(瞽)'는 맹인을 의미하는 한자이다. 샤미센 연주에 맞춰 이야기를 하거나 속요(俗謠)와 노래를 부르며 떠돌아다니던 맹인

것은 그 일에 여관 주인이 관여하는 것처럼 생각했던 것이다. 이런 숙박자는 대개는 적당히 잘 아는 사람을 행선지에 두고 있었다.

항구의 도매상에서 해마다 바다를 건너는 선원을 맞이할 경우, 우대는 했지만 단순한 숙박객에 지나지 않았다. 유녀(遊女)가 특히 항구에서 발달한 것도 원래는 단골 여관의 한 형태였다. 즉 일정 기간 동안 가족처럼 지내는 것이 주된 목적으로, 이에 대한 보수는 아마 유녀가 벌어들인 소득의 분배였을 것으로 짐작된다. 이 조직이 자야(茶屋)식으로 변해가자, 유녀와 같이 떠돌이 여행을 매일 매일의 일상 생활처럼 하던 사람들은 하루 여정 이상의 먼 거리를 돌아다니기 어렵게 되었다.

세 번째 양식도 쇠퇴하기는 했지만, 이것은 아직 약간은 시중의 생활 속에 남아 있는 모양이다. 여기에서는 임시로 공덕여관(善根宿)[57]식 또는

여성을 가리킨다. 떠돌아다니면서 문전걸식(門付け)을 하고, 큰길이나 신사·절의 문전, 일반인들의 집을 돌아다니며 노래를 불렀다. 무로마치(室町)시대의 『칠십일번 직인우타아와세(七十一番職人歌合)』에는 비와호시(琵琶法師)와 한 쌍이 되어 땅에 앉아서 『소가 모노가타리(曾我物語)』를 이야기하는 모습이 그려져 있다. 그 옆에 짚신과 지팡이가 놓여 있기 때문에 항상 걸어서 떠돌아다니는 예능인이었다는 것을 알 수 있다. 근세에 들어 와서는 여러 번(藩)에서 신체장애자가 예능을 하며 살아갈 수 있도록 조카마치(城下町)에 집을 주어 보호하고 여러 가지 부역을 면제해 주었다. 따라서 차츰 조카마치에 고제(瞽女)들의 집단이 형성되었다. 고제 집단에서는 우두머리 고제(瞽女頭)가 있어서 집단을 통솔하였다. 이 고제는 일본의 『예능사·구승문학사 연구』에 있어 중요한 위치를 차지한다. 야나기타 구니오도, 「女性と民間傳承」(『定本柳田國男集』 8에 수록)에서 민간전승에서 차지하는 고제의 역할을 주목하고 있다. 주요 참고문헌으로 나카야마 타로(中山太郎)의 『일본 맹인사(日本盲人史)』(1934), 사쿠마 준이치(佐久間惇一)의 『여자의 민속(女の民俗)』(1983) 등이 있다.

56) 삭발한 맹인으로서 비파(琵琶)·샤미센(三味線)을 타거나 안마·찜질 등을 업으로 하던 사람을 가리킨다. '자토(座頭)'라는 말은 비와호시(琵琶法師)의 별칭이다. 일본의 남북조(南北朝)시대에 성립한 헤이쿄쿠(平曲, 비파를 연주하며 『平家物語』를 이야기하는 것)를 읊었던 비와호시들의 조직(座)에 검교(檢校), 별당(別當), 구당(勾當), 자토(座頭)라는 네 계급이 있었는데, 이 중에서 자토가 비와호시의 별칭으로 사용하게 되었다. 이들이 무언가 주술적 능력을 지니고 있었음을 시사하는 전설이 일본 각지에 전해지고 있다. 히젠(肥前) 지방에 전해지는 우메노 자토(梅野座頭)나 사쓰마 맹인승(薩摩盲僧)의 개조로 여겨지는 인물에 얽힌, 큰 뱀을 퇴치했다는 전설이 대표적이다. 이러한 사례로 볼 때 맹인이 신의 세계에 가까운 존재로 생각되고 있었음을 추측할 수 있다.

셋타이(攝待)[58]식이라고 불러 두지만, 그 기원은 반드시 신앙심에서 비롯된 것만은 아니었다. 집안의 격식 혹은 관례에 따라 타성에 젖어서 계속 이어가고 있는 경우가 보통으로, 무언가 특별히 기원할 것이 없는 한 이를 새로이 시작할 사람은 거의 없을 것이다. 게다가 농촌에서는 이익을 남기기 위해 손님을 받는 장사를 한다는 것은 불가능했으므로 누구라도 하룻밤 묵을 숙소를 찾고자 하는 사람은 이런 집을 찾기 마련이었다. 이는 가족의 일원이라는 의미보다는 오히려 피보호자 관계였다

　식구가 적은 집이라면 집안의 밥을 나누어 먹었지만, 하인이 많은 집에서는 하인들과 같은 불을 쬐고 그들이 먹는 음식을 먹어야만 했다. 이런 스스럼없이 나누어주는 불과 밥을 예상할 수 없었다면 많은 떠돌이 여행객들은 애초에 돌아다니는 것 자체를 단념하지 않으면 안 되었을 것이다. 오늘날의 여관에는 소개가 필요하고 안주인이 시중을 드는 단골 여관(定宿)식이 조금 남아 있긴 하지만, 객실에서 손님을 모시는 방식은 거의 같아졌다. 설사 다이묘(大名)처럼 위세를 부리려고 하지 않는 손님일지라도 역시 여관주인에게 명령을 하려고 한다. 따라서 여행은 중국인의 혼인과 마찬가지로 돈을 모으지 않으면 계획할 수 없게 되었고, 어떤 여관 주인이라도 돈 이외의 호의나 이익을 여행객에게 기대할 수 없게 되었다.

　이제 일반 사람이 아무 연고 없는 시골로 들어가 보는 것은 거의 불가능해졌다. 가도에는 눈이 흐려질 만큼 매연을 내뿜는 자동차 왕래가 활발해졌지만, 샛길에는 대개 아는 얼굴들만 걷게 되었다. 어쩌다 오는 외부 사람에게는 방심할 수 없는 일만 많아졌고, 다른 지방의 사정을 차분하게 이야기해 주는 사람도 없을 뿐만 아니라, 우리 지방의 사정에 대해서 다

---

57) 떠돌아다니던 신도(信徒) 또는 나그네에게 무료로 숙박시켜 주는 공덕(功德)을 베푼 숙소
58) 불가의 보시(布施)의 하나. 뜨거운 차를 준비하여 노상을 왕래하는 사람들에게 대접하는 일. 대개의 경우 음력 7월에 행하였다.

른 사람에게 들려줄 수 있을 정도로 우리들의 사정을 알고 나가는 외부 사람도 거의 없다. 값싼 숙소와 무료 숙박소라는 긴박한 사정말고도 사람들이 일상적으로 서로 만나 이야기를 나눌 기회를 어떻게 해서든 새로 만들지 않으면 이 여행길은 쇠퇴하고 그로 인해 잃어버린 것은 보충할 길이 없을 것이다. 이러한 사정은 대도시나 중소 도시도 농촌과 다를 바 없다. 게다가 우리들의 호기심은 한쪽으로 치우쳐 있기 때문에 중앙의 소식만이 지방으로 일방적으로 급격하게 흘러 들어오게 된 것이다.

제 **7** 장

술

1. 사교에 필요한 술

술은 우리 시대에 들어와서 분명 그 용도가 다양해졌다. 술은 원래 마시지 않는 사람들도 꼭 필요한 것으로 인식하고 있긴 했지만, 어느 틈엔가 술이 지닌 의미가 바뀐 것 같다. 도시가 술 마실 기회를 많이 만들었다고 하는데, 그 이유는 대개 다음과 같다. 모르는 사람과 사귈 기회, 게다가 친분이 없는데도 가깝게 지내야 할 경우가 갑자기 늘어나자 이 오래된 술 마시는 방식을 이용하기 시작했던 것이다.

명치시대에는 서먹서먹한 다른 지방 사람과 바로 내일부터라도 같이 손잡고 일해야 하는 것이 사교였다. 이른바 각 번(藩)[1]의 지사들이 무릎

1) 에도시대에 지방 영주인 다이묘(大名)가 지배하던 영지 및 그 지배 기구를 가리킨다. 번(藩)이라는 말은 본래 고대 중국의 봉건제에서 천자가 제국(諸國)에 책봉했던 왕후

을 맞대고 마주앉아 국사(國事)를 논하던 무렵에도 이미 술의 필요성은 크게 인식되고 있었지만, 그 무렵에는 아직 마음이 안정적이지 못했다. 그러다가 태평시대가 되자 술을 마실 때의 온갖 장애가 없어지고, 또 술 마실 상대가 계속해서 바뀌어 갔다. 물론 이러한 술자리 중에는 쓸 데 없는 구실로 마련된 것도 많았겠지만, 술자리가 활성화된 근본 원인은 다른 지역 출신의 사람들이 서로 알게 될 뿐만 아니라 전국적으로 생활감각을 통일하려고 꾀하던 데에 있었다. 따라서 세상에 대한 지식을 쌓는 수업료라고 생각하고 제3의 생활비 지출이 늘어나는 것을 꺼려하지 않았던 것이다. 다만 한 가지 아쉬운 점이 있었다면, 술에 관한 한 굳이 보수적인 방법을 신봉하여 다른 방법을 찾아보려 하지 않았다는 것 정도일 것이다.

적어도 사고 방식의 순서만큼은 거꾸로 되어 있었다. 우리들은 오랫동안 긴장이 풀려 있다가 뭔가 새로운 일을 시작하거나 아니면 일상 생활에서 좀처럼 일어나지 않는 특히 엄숙한 일을 하려고 할 때에 때때로 술을 이용하여 기분을 전환할 필요가 있었다. 제례나 그 밖의 비일상적인 특별한 날의 의식은 그 자체가 사람들을 흥분시키는 힘을 지니고 있었지만, 짧은 시간에 많은 사람들의 기분을 사로잡기 위해서 술로 일종의 이상심리를 만들어 내는 일이 늘 있어 왔다. 잘 취하지 않는 사람에게는 소용없는 계획인 듯하지만, 취하면 거의 대부분의 사람들은 흥이 나기 마련이었다.

아마노 이와토(天の岩戶) 신화[2]에도 나오듯이, 재미가 있다는 것은 사

의 영역을 의미했다. 에도시대에 이를 본따서 유학자들을 중심으로 도쿠가와 장군(德川將軍) 집안에 복속하고 있던 다이묘 집안을 번(藩)이라 부르게 되었다.

[2] 일본 건국 초기의 신화. 『古事記』 신화 부분의 기록에 따르면 일본 천황가의 조상신인 아마테라스 오미카미(天照大御神)가 동생 스사노오노 미코토(須佐之男命)가 저지르는 난폭한 행동을 견디지 못하고 아마노 이와야(天の岩屋)라는 동굴에 숨어 버리자 천지가 캄캄해져 버렸다. 여러 신(神)들이 모여 의논한 끝에, 제물을 바치고 음악을 울리며 아마노우즈메노 미코토(天宇受賣命)가 동굴 앞에서 춤을 추었더니, 아마테라스 오미카미가 동굴에서 나와 세상이 다시 밝아졌다는 줄거리로 되어 있다. 이 신화에 대

람들이 모두 모여 한쪽 방향으로 큰 빛줄기를 바라보는 것과 마찬가지였다.[3] 즉 인심이 일치되는 일이었다. 인심의 일치라는 말이 오늘날과 같은 어느 한 가지 내용을 가리키게 된 것은 경험 때문이다. 그런데 새 시대는 인심이 일치해서 시작되었다. 싸울 작정으로 모여든 사람은 한 사람도 없고, 더욱이 새로 시작한다는 마음가짐이 도시와 시골 모두에 넘쳐 나는 동안 세상은 거의 날마다 비일상적인 특별한 날이었다. 그래서 그런 세상으로 나가는 사람들은 모두 긴장하고 있었다. 이제 술에 취하여 인위적으로 흥분을 부추겨야 할 필요가 없어진 셈이다. 이 같은 상황은 계획이라기보다 오히려 타성이었다.

이렇듯 평소에는 별로 친하지 않던 사람들이 만나서 술을 마셔야만 하는 새로운 풍속에 대해 사람들은 일부러 옛날 이론으로 설명하려 했다. 술의 남용은 꼭 명치시대가 처음은 아니었다. 옛날에도 전혀 흥분할 필요가 없는 사람들이 아무 때나 술을 마시곤 했다. 혹은 지나친 흥분을 가라앉히기 위해 술을 마시는 사람들도 많이 있었다. 명치시대의 이른바 사교를 위한 술은 대개 이런 쪽에 가까운 듯하다. 지방에서는 취해서 행동을 걷잡을 수 없을 만큼 오랫동안 술만 마시는 사람도 있다.

보통 때는 말수가 적고 자기 생각을 잘 표현하지도 못하는 사람, 외부로부터의 사소한 충격에도 견디지 못하는 사람들이 억눌린 자신을 표출하는 수단으로써 술을 예찬하기도 했다. 이러한 사람들이 새로운 시대의 사교에 적응해야만 했던 것은 딱한 일이다. 게다가 술 때문에 목숨이 단축되었다는 사람이 갑자기 늘어난 것도 유감스러운 일이다. 술을 좋아하

해서는 지금까지 여러 가지 해석이 가해졌다. 주요 해석을 소개하면, ① 태양과 태풍에 관한 자연 신화, ② 야마토(大和) 조정과 이즈모(出雲) 씨족 사이의 대립을 반영, ③ 오하라이(大祓い)와 관련한 신앙을 반영, ④ 나라의 주권자인 천황의 본질을 반영, ⑤ 분묘, 진혼제와 관련한 고대 일본인의 영혼관을 반영이라는 해석 등이 있다. 이 신화에 대한 연구는 야나이 기유사쿠(柳井己西朔)의 『天岩戸神話の硏究』(櫻風社, 1877)에 집대성되어 있다.

3) 『고지키(古事記)』에는 이 부분이 '수많은 신들이 함께 웃었다(八百万の神共に咲ひき)'로 되어 있다.

지도 않는 사람이 술을 배워서 동료들 사이에 끼어든 경우도 적지 않다. 오로지 상대방을 잔뜩 취하게 하기 위해 일부러 자신의 잔은 교묘하게 엎질러 버리는 경우도 상당히 많았다. 이리하여 일본의 술 소비량은 인구증가와 더불어 놀라울 정도의 수치를 기록하게 된 것이다.

한편 혼자 술 마시는 일은 분명 명치·대정시대에 늘어났다. 술은 원래 여럿이 같이 마시기 위해 생겨난 것으로, 얼마 전까지는 한 항아리 속에 들어 있는 술로 신과 인간이 함께 취한다는 것이 술 마시는 재미의 근간이었다. 또 술 마실 때의 예법 중에는 오늘날의 안목에서 보자면 번거롭게 느껴지는 것이 여러 가지 있었는데, 그 또한 평소에는 쉽게 느낄 수 없는 재미를 느끼게 했다. 이세 사다다케(伊勢貞丈)[4]의 연구에 따르면, 술 마시는 예법은 너무나 복잡하여 무가(武家)들의 간소한 방침에 맞지 않았기 때문에 아시카가(足利)시대[5]에는 이를 생략하여 삼삼구헌(三三九獻)[6]으로 했다고 한다. 짐작컨대, 언제나 좌석의 서열이나 의례적으로 주고받는 인사 등이 있었기 때문에 말석에서 침을 삼키며 기다리고 있는 사람에게까지 술잔이 돌아오는 일은 쉽지가 않았을 것이다.

원래는 멋진 술잔 한 개로 참석한 모든 사람들이 순서대로 돌려가며 마시는 것이 법칙이었다. 그러다가 유곽에서 술을 마시며 노는 것이 유행하게 된 무렵부터 입에 댄 술잔을 상대방에게 건네거나 마음이 가는 사람에게 잔을 권하는 풍습이 시작되었다. 때로는 정해진 순서의 중간

---

4) 에도(江戶)시대 중기의 유식고실(有識故實 : 조정이나 무가의 옛 예법·법령 등에 관한 정형 및 그것을 연구하는 학문) 연구가. 에도시대 사람으로 호는 안사이(安齋)이다. 무가를 중심으로 한 제도·전례 등을 연구하였다.

5) 무로마치(室町)시대의 별칭으로, 일본 역사에서 아시카가 막부(足利幕府)가 집권하던 시대(1338~1573)이다.

6) 삼삼구도(三三九度)라고도 한다. 출진(出陣)이나 결혼식 등에서 잔을 드는 의례이다. 특히 전통 혼례식에서 신랑과 신부가 술잔을 나누어 마시는 의례라는 의미로 많이 사용된다. 신랑과 신부가 부부의 인연을 맺는 정표로 술 석 잔을 나누어 마신다. 첫 번째 잔은 신부가 먼저 한 모금을 마시고 신랑에게 건네주면 신랑이 한 모금 마신 뒤에 다시 신부에게 건네준다. 두 번째 잔은 신랑이 먼저 마신 뒤에 신부에게 건네주면 신부가 마시고 다시 신랑에게 건네준다. 세 번째 잔은 첫 번째 잔과 같은 방식으로 진행한다.

단계를 건너뛰는 경우도 있었는데, 그러면 중간에 생략된 사람은 꼭 화를 냈다. 특히 여성과 관련된 문제였기 때문에, 술잔으로 시작된 논쟁 끝에 무기로 사람을 죽이는 등, 살벌한 일화가 자주 생겨났던 것이다.

지금도 '취한 사람에게는 손들었다'라든지 '새로 술자리를 갖는다'는 고풍스러운 말을 하는 사람들이 있다. 그렇지만 도쿠리(德利)[7]가 사용되고 도자기로 만든 작은 개인 사기잔이 각자의 상 위에서 하얗게 빛나게 되자, 연회 분위기가 편해졌다. 그리고 자기가 독작(獨酌)하여 훨씬 자유롭게 술을 마시게 된 것이다. 이런 사람들이 예로부터 내려오는 민속을 설명한다든지 술의 절제에 대해 주장한다는 것은 사실은 우스운 일이었다. 이런 방식으로 술을 마시게 된 것은 명치시대 이래의 새로운 풍습이라고 할 수 있다.

술을 마시더라도 술에 휘둘리지는 말라는 말을 훌륭한 시구처럼 말하는 사람들이 지금도 여전히 있지만, 실제로는 사람을 마시는 것이 술의 힘이었다. 예를 들어 손님을 취해 쓰러지게 만들지 못한 연회는 결코 성공했다고는 보지 않았다. 익히 알려진 사실이지만 술맛이나 술의 색깔이 아름다워진 것은 근대에 시작된 일로, 그 이전에는 취하기 위한 목적 이외에 술맛이나 술의 색깔, 그리고 술의 향기를 즐기는 일은 없었다. 그런데 이처럼 술에 대한 취향이 발달하게 된 것은 마시는 사람의 입장에서 보자면 혼란스러운 문제였다. 더욱이 일단 이 취중의 정취를 잘 알고 있는 사람이 어떤 술맛이나 색깔이든 그리워하게 되는 것은 압생트(absinthe)[8]와 같은 양주의 경우를 보아도 알 수 있다. 혈기왕성한 젊은이가 장식으로 큰칼을 차는 것처럼 될 수 있으면 술을 더욱 아름답게 하고 더욱 맛있게 하려고 했던 것이, 오늘날의 청주(清酒)를 이 정도까지 개량시킨 힘이

---

7) 주둥이가 가늘고 길쭉한 술병으로 청주를 담는 데에 사용한다. 목이 긴 옷을 가리키는 말로도 사용되며, 일찍이 한국에서도 일본어의 영향으로 이런 옷을 가리켜 '도쿠리'라는 말이 사용되기도 하였다.

8) 프랑스어. 주로 쓴 쑥을 향미료로 사용하고 알콜 성분이 약 70도인 녹색의 양주이다.

되었다는 사실은 부인할 수 없다.

연회를 개량시킨 것도 이와 마찬가지이다. 술을 이전보다 훨씬 맛있게 하고 취기가 돌 때 유쾌해지도록 노력했던 것이다. 동서고금을 통해서 술에 대한 미덕을 칭송한 문학작품은 매우 많다. 그리고 그 작자는 모두 술을 마시는 사람들이었다. 특히 일본에서는 연회의 효과를 높이기 위하여 주인을 대신하여 사람들을 취하게 만드는 기술이 발달했다. 그 한 가지는 가요로, 오랫동안 좋은 음색이 악기와 더불어 술자리에 수반되었다. 일찍이 술이 쓸모 없다고 생각했던 사람들도 이러한 가요에 이끌려서 때로는 취한 사람들의 무리에 들어왔다. 이 점을 술 파는 사람들이 놓치지 않고 활용한 것은 교묘하면서도 약간 교활한 선전 방법이었다.

다른 이를 술에 취하게 하는 두 번째 기술도 일본에서는 여전히 사용되고 있다. 그것은 조금도 취하지 않고 많은 술을 마시는 것이다. 이런 재주를 가진 사람이 선수나 그 지방의 영웅처럼 존중된 이유는, 적수(敵手)를 취하게 해서 지게 만드는 힘이 있었기 때문이다. 정작 본인에게는 전혀 내키지 않는 일임에도 불구하고 수련을 쌓고 소질을 발휘하여 사람들에게 칭송을 받을 만한 자리에 기꺼이 나갔다. 그들은 미인의 노래를 능가할 만큼 가끔 주연의 흥을 돋구었다. 그리하여 음주를 경제적인 것과는 상관이 없는 일로 여기게 만들었던 것이다.

2. 술집에서 마시는 술

귀한 손님에게는 술을 권하는 사교 방식은 술의 저장을 조건으로 삼는다. 술을 저장하는 일은 이전부터 전혀 없었던 것은 아니지만, 근대에 들어와서 특히 그 효과를 보고 있다. 모두 함께 술을 마시던 시절에는

또 한 가지 제약이 있었는데, 커다란 술잔이 순서대로 돌아오는 것을 기다리고 있을 때처럼, 새로 담근 술이 익을 때까지 기다려야 하는 지루함이었다. 마을마다 열리는 마쓰리(祭り)⁹⁾가 가을철인 9월로 정해지게 된 이유는 술이 없이는 신을 맞이할 수 없었기 때문이다. 이는 동시에 논에서 수확한 곡식을 거두어들일 때까지, 오랫동안 술을 마실 수 없었음을 의미한다.

이전에는 술 빚는 방법이 의외로 간단하였다. 누룩 만드는 데에 이틀, 감주(甘酒) 만드는 데에 이틀 밤을 보내면, 남은 삼사일 사이어 이미 술 항아리에서는 술이 부글부글 끓고 있었다. 마치 멀리서 울려오는 북소리를 듣듯이 이 술 항아리 속에서 나는 희미한 소리에 귀를 기울이는 것이 곧 집집마다 마쓰리를 기다리는 마음이었다. 마쓰리 당일에는 새로 걸른 술의 향기가 항아리 속을 채웠을 때 모든 준비가 마무리 되었다. 그 술을 신에게 바치고 곧장 마쓰리를 끝내고 나서, 취해 쓰러질 때까지 양껏 마시지 않는다면 술이라고 할 수 없었던 것이다.

마찬가지로 규모가 큰 축하연회도 술 빚는 일로 준비가 시작되었다. 전에는 상가(喪家)에서도 쌀을 찧어 술을 빚어야 했다는 사실이 오랜 기록에 남아 전해지고 있다. 원래는 이러한 순서를 밟지 않으면 간단한 탁주(濁酒)에도 취할 수가 없었다. 옛날에는 독작(獨酌)하는 풍습은 없었다. 정월 또한 많이 마시는 달이기는 했지만, 정월에 두 번이나 술 빚을 계획을 세우는 일은 점점 줄어들게 되었다. 이는 집집마다 술을 준비하지 않아도 일반적으로 대가(大家)의 데이(出居)¹⁰⁾에서 모두가 새해를 축하하는 술을

---

9) 마쓰리(祭り)라는 일본어에는 여러 가지 의미가 담겨 있다. 한국에서는 보통 '축제' 라는 말로 번역하는 경우가 많지만, '축제'와는 거리가 있다. 예를 들어 일본의 『광사원(廣辭苑)』 사전에는 다음과 같이 설명되어 있다. ① 제사 지내는 일. 제사. 제례. 하이카이(俳諧)에서는 특히 여름 마쓰리(夏祭)를 말한다. ② 특히 교토 가모(賀茂) 마쓰리를 칭한다. 아오이 마쓰리(葵祭). ③ 근세 에도(江戶)에서 행한 2대 마쓰리. 히요시 산왕신사(日吉山王神社)와 간다묘진(神田明神)의 마쓰리. ④ 기념·축하·선전 등을 위해 여는 집단적 행사. 제전. 일반적으로 마쓰리라고 하면 ①과 ④의 의미로 사용하는 경우가 많다.

대접받았기 때문일 것이다. 어쨌든 규모가 큰 가정에서만큼은 가을철에 술 빚는 항아리 수를 배로 늘려 새해의 이 즐거움에 미리 대비해 둘 필요가 있었다. 즉, 술을 저장하는 일은 여기에서 시작되었던 것이다.

지금도 구가(舊家)의 자랑거리 중에는 된장이나 쓰케모노(漬物)[11] 만드는 법이나 독특한 음식 조리법이 있긴 하지만, 술은 그 중에서도 특히 주부가 고심한 품목이었을 것이다. 여기에는 가전(家傳)이 있고 머릿속에 기억해 둔 기량이라는 것도 있겠지만, 그보다 소중하고 신기하게 생각되었던 것은, 지금이라면 대수롭지 않게 여길 술 빚는 방법에 있어서의 차이다. 술 빚는 방법이 집집마다 서로 달랐기 때문에 어디에서도 맛 볼 수 없는 좋은 술이 더러는 구가(舊家)의 명성을 높여 주었던 것이다. 특히 술을 빚는데 적합한 샘물을 고와시미즈(强淸水)[12]라고 하는데, 보통 신을 모신 신사의 한 구석에 있기 때문에 신사와 인연이 깊은 집안에서 이를 관리하고 있었다.

원래는 단지 가문의 영예로 생각했을 뿐, 사람들에게 따로 돈을 받고 팔 생각은 없었겠지만 이렇게 유달리 뛰어난 술은 자연스럽게 많이 저장되었고, 사람들도 오래 숙성된 술 향기를 높이 샀기 때문에 나중에는 이것이 부귀영화의 한 징표가 되었을 것이다. 지방에서 존경받는 명가가 술 빚는 일에 기꺼이 종사해 온 것이 좀 이상하게 생각될지 모르지만, 이 일 또한 처음에는 그 배후에 민간신앙이 존재했다.[13] 그러다가 분가

---

10) 신덴즈쿠리(寢殿造)라는 일본의 가옥 양식에서 주로 침전의 동북쪽 또는 서북쪽에 설치한 방. 응접실로 사용했다.
11) 한국의 김치에 해당하는 것으로 채소를 소금이나 된장 따위에 절인 것.
12) 땅 속에서 샘솟는 깨끗한 물.
13) 민속학적 견지에서 볼 때 술은 단순한 기호품이 아니다. 본문에서도 언급하고 있는 것처럼 일찍이 술을 마실 기회는 제일(祭日)에 한정되어 있었으며, 술은 신에게 바치는 공물이라는 인식이 지배적이었다. 이 신에게 바치는 술을 '오미키(神酒)'라고 한다. 오미키를 빚는 일은 대개 그 지방의 유력한 집안에서 담당하였다. 예를 들면 시마네(島根)현 가시마(鹿島)에 있는 사타(佐太)신사에서 행하는 진자이사이(神在祭)를 들 수 있다. 이 제의는 대대로 이노우에(井上) 집안에서 빚은 이치야고스이(一夜御水)라는 술이 오미키로 사용된다.

(分家)가 유행하게 되자, 술 빚는 일은 농사 이외에 자본을 정식으로 투자하여 운영하는 도매업으로 분리된 것이다.

만약 주조업이 각 마을에서 유력한 사람이 겸해서 운영하는 것이 아니었다면 아마 지금처럼 보편적이고 전국적인 상품, 각 지방마다의 특색을 지닌 토속주가 더욱 발달했을지도 모른다. 하지만 이 같은 변화는 결국 시간의 문제였다. 에도(江戶)시대 중엽이 지나자 이미 일본의 주조용 항아리 수는 매우 많아졌다. 쌀이 부족한 해에는 그 항아리 중 몇 할인가를 개봉할 수 없게 하여 강제로 쌀의 소비를 줄인 사실이 기록에도 나와 있다. 그러나 이 술들은 주로 부근에 있는 농촌으로 공급되었으며, 술을 빚는 큰 통이 자유롭게 만들어질 때까지 항아리를 가지고 먼 곳으로 나가 팔 수가 없었다. 그 무렵에는 술집에서 마시는 술이 가장 품위 없는 것이라고 천시되었지만, 그럼에도 불구하고 여행객들은 여행지에서 그 지방의 유명한 술을 찾아 일부러 들러서 술을 마시곤 했다. 명주(銘酒)라는 말이 술을 즐기는 사람들의 마음을 움직이기 시작한 것도 이 무렵부터의 일이었다. 이러한 과정을 거쳐 술은 마시고 싶을 때 언제든지 구할 수 있는 것이 되었다.

서로 술을 주고받는 일은 각 지방의 명주(銘酒)가 세상에 알려지고 나서 일시적으로 일본의 한 풍속이 되었지만, 오늘날에는 더 이상 필요 없어졌다. 빨갛게 칠한 선물용 술통은 이제 의식을 치를 때에도 좀처럼 볼 수 없게 되었다. 그 대신에 최근 교통 수단의 발달로 국내운송이 아주 쉬워지자 동시에 지금까지 지방끼리 경쟁해오던 것과는 달리 술만큼은 전국적으로 통일되는 방향으로 진행되었다. 나다자케청주[14]의 개발에 이어서 요시노(芳野)산에 있는 삼나무로 네 말들이 술통을 만들게 되고부터, 해를 거듭할수록 해상운반을 통한 술의 보급이 활발해진 사실은 유

---

14) 효고(兵庫)현 나다(灘) 지방에서 생산하는 청주. 무로마치(室町)시대 이후, 특히 에도(江戶) 중기가 되자 좋은 쌀과 좋은 물, 그리고 우수한 기술이 어울려서, 각지에서 생산된 청주 중에서도 최상품으로 여겨졌다.

명하다. 그렇지만 에도(江戸)에는 오늘날까지도 아직 '내려온다'15)라는 표현이 남아 있다.

각 지방의 토속주는 이러한 상황 속에서도 오랫동안 일부 사람들의 취향을 이어갈 수 있었다. 토속주의 특색이 반드시 싸다는 것만은 아니었다. 토속주에는 또 다른 취향이 있었을 뿐만 아니라, 그 고장과 관련된 많은 것을 연상시켰다. 게다가 동서의 큰 도시 사이에는 운송 방법이 어느 정도 완비되어 있었지만, 벽촌까지 술을 운송하는 일은 사치 이상으로 어려운 일이기도 했다. 따라서 진정한 술의 의의를 이해하지 못하고 이를 일종의 사교용으로만 여긴 소비자들 사이에서는 질 나쁜 가짜 술이 계속 나돌고 있었다.

이를 단속하기 위해 정부도 꽤나 고생했지만, 그보다 훨씬 위력이 있었던 것은 이른바 세원(税源) 확보를 위한 정책이었다. 술 마시는 사람들이 아무리 술값 계산에 신경 쓰지 않는다고 해도 음주를 금지하는 것이 목적이 아닌 이상 지금의 주세는 너무 비싸다. 술을 만드는 사람들의 주세 관련 수납을 쉽게 하기 위해서는 될 수 있으면 값이 비싸면서도 팔기 쉬운 술을 만들게 할 필요가 있었다. 그래서 가짜는 엄중히 단속하는 대신 비싸면서도 잘 팔리는 술을 만드는 일은 크게 장려했던 것이다. 그동안 대장성(大藏省)16) 기사들이 십수 년에 걸쳐 노력한 끝에 '내려온다'라는 말을 거의 무의미하게 만들었다고 해도 좋다. 이제 전국 방방곡곡에서 나다자케(灘酒)와 흡사한 맛과 색깔을 지닌 술이 얼마든지 만들어지게 되자, 토속주는 점차 그 자취를 감추어 가고 있다. 그런가 하면 부자와

---

15) 여기서 '내려온다'는 표현은 일본어의 구다루(下る)를 의미한다. 이는 원래 '교토에서 지방으로 내려간다'는 의미로, 본문에서는 교토나 오사카 지방의 술이 에도(江戸)로 내려간다는 의미로 사용되었다. 이런 술을 가리켜서 일본어로 '구다리자케(下り酒)'라 불렀다. 일본어로 '내려오지 않는다(下らない)'라는 말은 '시시하다', '가치가 없다'라는 의미인데, 교토나 오사카 지방에서 유명한 물품이 에도로 내려가는 데 비해, 별 가치가 없는 시시한 물품은 에도로 내려가지 않았던 데서 유래한 말이다.
16) 일본의 정부 조직 중 국가의 재무·통화·금융·증권 거래 등을 담당하는 행정기관.

가난한 사람 모두에게 술처럼 골고루 소비되고 있는 상품도 없을 것이다. 이것이 명치시대 이후에 명주(銘酒)가 거친 변천 과정이다.

게다가 더 큰 성과를 본 개혁은 술을 병에 넣은 일이었다. 네 말들이 술통은 운송이 불편할 뿐만 아니라, 자본으로 보아도 작은 가게에는 어울리지 않았다. 그런데 이렇게 작은 술병으로 나눌 수 있게 되자, 길가의 과자 가게에서도 술을 진열해 놓을 수가 있었다. 따라서 아무리 외진 산속 마을일지라도 술이 떨어지는 일이 없어졌다. 더욱이 병어는 지금도 약간 이국적인 정취가 남아 있고, 게다가 술을 담을 그릇이 없이 빈손으로 가게에 왔다 하더라도 술을 사갈 수가 있다. 이전에 도쿠리(德利)가 발명되었을 때와 비교하면 술병의 경우에는 안이 들여다보이는 만큼 상당히 자극적이다. 하지만 한편으로는 술을 마셨을 때의 기쁨은 조금도 커지지 않고 오히려 마실 수 없는 날의 고통이 점점 커지게 되었다. 이와 같은 상황은 어느 쪽으로 보든 일본 고유의 오래된 관습은 아니었다.

3. 탁주 밀조라는 지옥

이전의 주세법(酒稅法)에는 옛 관습에 따라 제사용이나 의식용으로 쓰기 위해 빚은 술에는 과세하지 않는다는 부칙이 있었다. 현재는 이미 그와 같은 조항이 필요 없을 정도로 신사(神社)나 민가 모두 똑같이 병 속에 든 술을 마시고 있다. 실제로 이 오랜 관습의 유무에 대해서는 간단하게 사실을 증명할 수 없었을 뿐만 아니라 사고 싶어도 살 수 없는 특별한 술을 꼭 빚어서 마시는 지방이 그렇게 많지도 않았다. 그러나 만약 오랜 동안의 관습이 옳고 그름을 따지지 않고 받아들여도 좋은 것이라면, 일본에는 아직 일 년 중 어느 계절에 한해서는 반드시 집에서 빚은 싼 술을 배가 터지도록 마셔야만 성이 차는 지방이 있었다. 동북(東北) 지방과 그 밖의 지방에서 발생하는 탁주 밀조는 자타가 공인하는 범죄이기는 했지만, 그렇다고 도시에서 때때로 발각되는 것처럼 탈세로 생기는 이득에 현혹되어 저지른 나쁜 짓은 아니었던 듯하다.

누구나 알 수 있는 것은 매년 발생하는 탁주 밀조 위반사건이 주로 동북 지방의 가장 가난한 시골, 아니면 산인(山陰)[17] 지역의 외떨어진 산촌에서 발생하고 있다는 사실이다. 이는 감추기가 비교적 쉽다는 이유도 있겠지만, 실제로는 세관원이 특히 소문난 지역을 전문적으로 경계하고 있기 때문에 적발율이 높은 것이다. 이 지방의 검거 사건의 배후에는 비참한 일이 늘 반복되고 있다.

거의 불가사의할 정도로 이전의 징벌을 두려워하지 않고 매년 같은 지역에서 같은 위반이 행해지고 있다. 혹은 미리 죄를 뒤집어 쓸 사람을 정해 놓고서 공동으로 술을 빚고 있다는 이야기도 있고, 여자나 아이들까지 마치 전투라도 치르듯이 밀주가 발각되지 않도록 고심하고 있다는 소문도 들린다. 이들은 다른 일에 있어서는 단순한 촌민으로 탁주 밀조 이외에는 다른 죄를 거의 범하지 않는 사람들이라는 사실을 고려한다면, 단순히 관용만 베푸는 것보다 이들을 위반자로 만드는 원인을 찾아보아야만 할 것이다.

탁주 밀조에서 주목해야 할 특징은 밀조를 감추는 기술만이 해가 갈수록 발전한다는 점이다. 현재는 이전처럼 쓰레기 더미에 감추어 두는 것뿐만 아니라 땅 속에 저장할 곳을 판다거나 깊은 산 속에 감추는 등, 술을 감추기 위해서 비상한 지혜를 짜내면서 고생을 하고 있다. 그럼에도 불구하고 그들이 빚은 술은 옛날 그대로의 술이라고도 말할 수 없을 만큼 조악한 탁주이다. 말하자면 팔아서 돈을 마련할 전망이 없는 것이

---

17) 일본의 주고쿠(中國) 지방의 북부 지역으로, 돗토리(鳥取)현, 시마네(島根)현 및 야마구치(山口)현에서 일본해(동해) 쪽에 인접한 지역을 가리킨다. 교토(京都)・효고(兵庫)현 북부를 포함하는 경우도 있다.

다. 이러한 술이 벽촌에 사는 궁핍한 사람들에 의해 빚어진다는 사실은 아마도 도시에서 파는 술이 너무 비싸고, 질이 좋은 술에 대한 그들의 완고한 반감 때문일 것이다.

실제로 술통에 담은 술이나 병에 담은 술 종류는 이런 벽촌에까지 오다 보면 도시와는 비교할 수 없을 정도로 값이 비싸진다. 가령 그 공급을 원활하게 하더라도 밀조에 대한 유혹을 뿌리치기는 어렵다. 술이란 취하는 것이 주목적이라고 생각했던 옛날 방식에서 보자면, 외부에서 공급된 술은 맛이 좋기는 하지만 술의 부류에는 들어가지 않는 것이다. 백년 남짓 동안에 유행한 고급술은 전국적으로 술에 대한 취향을 무리하게 고급스럽게 만들기는 했지만, 여전히 일부 서민들이 갖고 있는 오랜 관습을 그만두게 할 수가 없었다. 오늘날의 주조에 관한 세법이 그것을 무시했기 때문에 애처로운 범죄자들을 양산하게 되었던 것이다.

술에 대한 취향의 통일 때문에 생긴 희생은 대도시 안에도 있었다. 조금 싼 가격으로 취할 수 있는 술이 없을까 하는 기대감이 탁주의 양조를 오늘날까지도 지속시켰다. 하지만 결국 탁주를 빚기 위한 준비나 그 과정이 번거로운 것에 비해 주조한 주인에게는 그다지 이득이 없고, 값이 싼 것에 비해 세금에 대한 부담이 컸기 때문에 탁주에 만족하는 사람은 점점 줄어들었다. 이를 대신하여 출현한 것이 전기(電氣) 브랜디[18]와 같은 부류의 혼성주(混成酒)였다. 경찰은 특히 그 가운데서 조악하고 유해한 것만을 금지했지만, 색깔이나 용기(容器), 이름 등을 자꾸 바꿀 수 있었기 때문에 도저히 혼성주의 유해함을 하나하나 조사할 수는 없었다. 메칠알콜 같은 것일지라도 마셔서 취할 수 있다면 마셔 볼까 하는 사람이 있는 한, 이러한 술은 어떤 형태로든 세상에 퍼지기 마련이었다. 즉 범죄에

---

18) 브랜디 풍의 조잡한 술의 상표명. 명치 20년(1887) 무렵에 동경 아사쿠사(淺草)에 있는 술집 주인인 가미야 덴베에(神谷伝兵衛)가 만들기 시작하였다. 명치 36년(1903)에 개업한 신타니 바에서 판매하여, 대정시대 중기에 걸쳐 전성기를 맞이하였다. 전기밥솥이 진귀했던 시대의 이름이다.

해당되지 않는다면 자신의 몸이 망가지는 것 따위는 개의치 않았다는 것이다. 술이 그것을 마신 사람으로 하여금 망아(忘我)의 경지로 유혹하는 것은, 특별히 최근에 시작된 악덕(惡德)도 그 무엇도 아니다. 최근에 시작된 현상은 술집에서 마시는 술과 독작(獨酌), 주연의 연속, 그리고 술맛이 좋아지고 비싸진 점이다. 게다가 국가가 이전에 서민들이 무엇을 마시고 있었는지 그만 깜박 잊어버리고 만 점이다.

더욱이 오늘날처럼 술을 극단적으로 과음하게 된 이상, 가령 주조가의 반대를 물리치고 토속주나 탁주를 집에서 자유롭게 양조할 수 있도록 허용하고 적은 돈으로 술에 취할 수 있는 방도를 부여했다고 할지라도, 그것으로 대중을 만족시킬 가능성은 없다. 규슈(九州) 남부 지방에는 주세법이 생긴 초기부터 이른바 가부소주(株燒酒)[19]의 제조가 성행하게 되었고, 농가에서는 조합에 따라 자신들이 생산한 고구마나 쌀을 사용하여 싼 술을 만들고 있다. 일체의 판매 경비를 생략한데다 원료나 노동력은 자신들이 제공하며 주정(酒精)도 많기 때문에, 최근에 조합에서 시작한 간장 만들기 이상 이익이 있다. 그들은 다른 지방이 탁주 밀조 때문에 처한 지옥 같은 상황에 대해서는 전혀 모른 채 자기들이 직접 빚은 합법적인 술을 즐기고 있다. 하지만 그 대신 음주가 거칠어져서 그 폐해는 누가 보더라도 현저해졌다.

일을 해야 할 사람의 기력이 쇠퇴하고 아이들의 체질이 차츰 쇠약해지는 등, 요즈음에는 마시는 사람 본인도 그 사실을 깨닫게 되었다. 조합소주라는 편법만 생기지 않았더라면 이 같은 비참한 결과는 생겨나지 않았을 것이라고들 한다. 이 같은 상황은 술을 마실 수 없어서 죄를 저지르는 사람의 경우와는 정반대이지만, 이 두 가지 경우의 결과로 초래된 각각의 불행은 어느 것이 더하고 덜하다고 할 수 없다. 이에 대해서

---

19) 순무(蕪)로 빚은 소주. 일찍이 일본의 동북 지방이나 일본해(동해)에 인접한 화전 지역에서는 피(稗)와 순무를 섞어서 밥을 짓거나 죽을 쑤었다. 원문에서는 순무(蕪)에 해당되는 한자로 발음이 같은 가부(株)를 사용하고 있다.

는 술을 마시지 않고서는 견딜 수 없다는 근본 원인으로 거슬러 올라가 고찰해 보아야 할 것이다.

4. 술 안 마시는 날

관동 대지진[20]이 일어난 9월 1일을 기념하여 전국적으로 술 안 마시는 날을 확대하려고 한 운동은 분명 한 가지 사회 현상을 민첩하게 포착한 일이었다. 술을 마시는 대부분의 사람들의 심리는 이론보다도 오히려 이런 암시에 따라 마음이 움직이기 쉽기 때문이다. 그러나 이 운동이 지닌 결점은 이 운동이 펼쳐짐과 동시에 나머지 364일은 술을 마셔도 되는 날이라고 승인받은 것처럼 해석된 점이었다. 술을 매일 마시는 것은 오래된 예의범절도 아니고 더욱이 일본 고유의 풍속은 아니었다. 오히려 예전부터 다른 사람에게 피해를 주지 않는 음주일지라도 분명 나쁜 습성의 하나로 여겨졌다. 이에 대해서는 지금도 몸보신을 위해서 혹은 의안을 삼기 위해서라든 등 변명을 늘어놓는 사람들이 많을 정도이다. 그런데 음주를 아주 당연시하고 불과 하루만 술 안 마시는 날로 권장한 것은 술을 좋아하는 사람들에게는 매우 기쁜 일이겠지만, 안타까운 일이기도 하였다. 어쩌면 이렇게 함으로써 하루씩 술을 그만두게 할 책략으로 보이기도 하지만, 그렇다면 9월 1일 술 안 마시는 날의 의미는 없을 것이다.

대체적으로 오늘날의 금주운동은 근대에 나타난 나쁜 습성을 고치려는 사고 방식보다는 수천 년 동안 이어진 일본의 음주 풍습에 과감하게

---

20) 1923년(대정 12) 9월 1일 오전 11시 58분에 도쿄를 중심으로 한 관동 지방에서 발생한 지진으로 인한 재해. 그 피해는 사망자가 9만 9천 명, 행방불명된 사람이 4만 3천 명, 부상자가 10만 명을 넘었다.

대처해야 한다는 잘못된 인식 때문에 실패한 경우가 많았다. 처음 일본에 온 우호적인 외국인이 우리들이 술 마시는 것을 보고서 눈살을 찌푸리며 어떡해서든 우리들의 음주를 막아 보려고 한 배후에는 그들이 역사적으로 일본의 음주 풍속에도 변천이 있었다는 사실을 몰랐다는 점도 작용했을 것이다. 그렇지만 그 후 각지에서 그들의 뜻을 이어 받아서 음주 풍습에 비판을 가하던 사람들이 비교적 친한 사람들에게까지 신랄한 비판을 가했던 폐해만큼은 피할 수 없었다. 그 결과 금주를 달갑지 않게 생각하는 사람들 편에서는 "저 사람들은 예수쟁이니까 그런 말을 하는 것이다"라고 하면서 그들이 금주라는 수단을 통해 우리들이 원래 지닌 신앙심을 아주 깨부수려는 시도를 하고 있다고 악평을 했다.

그것이 사실이든 아니든 간에 적어도 신에게 올리는 술[21]을 제사 의식의 중요한 제물로 바치는 사람의 입장에서 보자면 경계해야만 할 상황이었다. 그 때문에 술을 좋아하는 사람들 중에는 무리한 이론을 강구하여 취한 사람과 애국자를 동일하게 여기는 편견까지 관대하게 보아 넘기려는 경향이 있었다. 그렇기 때문에 소수이긴 했지만 불교도들 사이에서 금주운동이 일어나고, 또 어느 종파하고도 관계없이 새롭게 금주에 대한 사회적 의의를 강구하고자 하는 단체가 출현했다. 이들 단체가 전국적인 연맹을 만들어냈다는 사실은, 결합력이나 영향력이 아무리 미약할지라도 어쨌든 대단히 큰 사건이었다. 그들의 금주 운동 때문에 동서 문화나 종교에 대한 불필요한 오해가 없어졌고, 금주에 대한 앞으로의 활동이 매우 자유로워진 것이다.

금주 단체는 최근에 1,400여 개 생겼고, 회원 수는 약 20만 명으로 추산되고 있다. 술을 안 마시는 것을 신념으로 하는 사람들이 이만큼 생겼다고 할지 모르지만, 효과는 단순히 수량적인 면에만 그치지 않는다. 이것이 전국적인 금주로 진행될 것인가는 놓아두더라도 어쨌든 술에 관한

---

21) 이를 오미키(御神酒)라 한다.

문제가 이처럼 주의를 끌게 된 것이다. 이전에는 술을 마실 때 뭔가 생각한다는 것은 금물처럼 여겨지고 있었는데, 생각하면서 술을 마시는 사람들이 갈수록 많아지고 있다. 아무리 가난한 사람이라도 한번 마시기 시작하면 잔뜩 마셔서 불경기에도 술 판매고에는 영향이 없는 것으로 여겨졌는데, 금주운동의 결과 상당히 영향이 있었다. 각지에서 끊임없이 주조량을 제한하였음에도 가격 저하를 막을 수 없었다 그 결과 주조가들이 터무니없는 애주운동을 일으키기 시작했다. 이렇게 우스꽝스러운 애주운동이 일시적이기는 하지만 각지에서 끊임없이 일어났다. 이 같은 현상은 적어도 연합적인 금주운동의 효과가 나타나기 시작한 결과라고 할 수 있을 것이다.

단 미성년자에 대한 금주법은 처음부터 일부 위선적인 것을 묵인하는 방식으로 만들어졌다. 나이 어린 많은 사람들로 하여금 술을 취급하는 일에 관여하게 하고 주연(酒宴)에서는 접대부로 나서는 것을 인정하면서, 이들의 음주는 범죄가 되는 법률을 만드는 일은 마치 탁주 밀조를 조장하는 경우와 같았다. 즉 미성년자가 쉽게 숨을 수 있고 당국의 검거를 피할 수 있으리라는 것을 알면서도 이 법이 시행되었던 것이다. 예상했던 것처럼 그 법의 적용은 매우 느슨했다. 국가에서 위반해도 되는 금지령을 내리는 일은 커다란 모순이었다. 더욱이 제한 연령을 25세까지 올리고자 하는 최근의 계획은 더욱 허황된 시도 같다. 원래 이 일은 권력으로 강압할 만한 성질의 것이 아닌 듯하다. 특히 선악에 대한 판단이 가장 예민할 나이의 사람들에게 술에 관한 한 스스로 결정할 기회를 부여하지 않는다는 것은, 지금까지 유행에서 비롯된 폐단을 경험해 온 만큼 장래가 더욱 염려되는 것이다.

그러나 다른 관점에서 보자면 술에 대한 타성을 쉽게 깨기는 힘들기 때문에 이 같은 모순된 법률을 통해서라도 간접적으로 방향을 바꾸는 계기를 만들고자 했는지도 모른다. 예를 들면 위반을 하그 단속을 피한 사람이 있을지라도 적어도 그 행위가 나쁜 짓이라는 점을 공인하게 하고 싫었는지도 모른다. 25세 이하 사람들의 음주를 처벌하는 법이 실제로 시행된다면, 이제 더 이상 군대에 술을 파는 매점을 둘 수 없고 학생들은 실수로 저지른 행동을 술 탓이라고 변명할 수 없게 된다. 술의 효용은 좋은 쪽으로든 나쁜 쪽으로든 언제나 모두 집단 안에서 가장 잘 발휘되어 왔다. 따라서 개인에게 금주를 권장하는 일은 대개 무익한 수고였다. 사회에서 이 문제에 대해 고려하도록 만들기 위해서는 우선 개개인이 속한 소규모 단체에서 실행할 필요가 있다는 점만은 인정해야 한다.

그러한 의미에서 학생배주연맹(學生排酒連盟)은 세상 사람들의 흥미를 유발하는 힘을 지니고 있다. 이 자발적인 단체가 앞으로 어느 정도로 성장하고 그 성과를 후세에 남길 것인가 하는 점은 사회적으로 중요한 실험이다. 다른 많은 금주회(禁酒會)는 술에 질려서 술이 싫어진 경험을 가진 사람들이 소속되어 있는 데 반해, 이 연맹은 그렇지가 않다. 술로 성공해서 출세한 몇몇 사람의 경우는 차치하더라도, 이번에는 술 없이 앞으로 50년 동안을 살아보겠다는 것이다.

앞 시대 사람들의 억측이 잘못되었으며, 술이 없어도 필요한 때에 유쾌한 기분을 느낄 수 있고, 공동체 안의 대다수가 활기에 넘쳐 나고, 인정이 순박해져 사소한 개개인의 이해 관계가 없어지고, 소박하고 순진하게 서로가 마음속을 내보일 수가 있으며, 피로에 지친 기분을 바꾸어 계속해서 다른 지방의 사정에 관한 지식을 추구해 갈 수 있는 것일까. 이 점에 대해 분명히 대답할 수 있다면 사회의 전체적인 금주가 가능해질 것이지만, 아직 분명한 대답을 할 수 없다면 금주란 역시 술 안 마시는 날처럼 일부 사람들의 참여만으로 만족해야 할 것이다. 게다가 이 실험은 개인차원에서는 거의 불가능한 일이다. 마을이나 한 부락의 전체 의견을 수렴했을 때 비로소 금주할 수가 있었다는 사실은, 금주에 얽힌 정황을 말해 주는 것이다. 술을 마시는 일은 원래 마을 공동의 일이었기 때문이다. 결국 개인적으로 금주하는 사람이 늘어나는 것만으로는 이 문제를 해결할 수 없는 것이다.

5. 술과 여성

다음으로 여성들이 금주운동에 관한 논의에 참가하는 것은 어머니 또는 아내라는 입장에서 볼 때 이해 관계가 있고 그 효과도 크다 할 수 있지만, 오늘날에는 이를 주제넘은 간섭처럼 생각하는 경향이 많다. 마치 초기의 종교적 금주운동가의 경우처럼, 간섭하면 여자이기 때문에 그렇게 말한다고 아예 사람들이 귀담아 들으려고도 하지 않았다. 아니면 사실은 집집마다 간섭이 심했기 때문에 오히려 애주가들이 역선전을 하는 구실을 제공하였는지도 모른다. 어쨌든 현재는 몇몇 부인을 제외하고 대다수 여성들이 자신은 술에 대해 의견을 말할 권한이 없는 것처럼 생각하고 있다. 그렇지만 눈앞의 여러 폐해 때문에 가장 많이 고민하고 가장 많이 골치가 아픈 것도 여성들이기 때문에 이 문제에 대해 완전히 신경을 끊을 수도 없다. 우리들의 입장에서 보면 결국 이러한 상황은 여성들이 술에 대해 조금 부자연스러울 만큼 냉담해진 결과인데, 그 점이 또한 한 시대의 새로운 소산일지도 모른다.

물론 여자들은 옛날에도 남자들처럼 술을 마신 것은 아니었지만 술좌석에는 반드시 참석했다. 이는 물론 술좌석을 감시하기 위해서도 아니었고 연회 자리를 빛내기 위해 불러들이는 일시적인 생각에서 비롯된 일도 아니었다. 부인들이 술좌석에 참석하기 시작한 것은 매우 오래되었는데, 그 이유를 한 마디로 말하자면 술이란 것을 원래 여성이 관리했기 때문이다. 도지(刀自)[22]라는 말은 지금은 도지(杜氏)라고 해서 산촌에서 외지로 나와 일하는 남자를 가리키게 되었지만, 원래는 안주인을 가리키는

---

22) 가사를 담당하는 여성. 주로 나이 든 여성에게 경의를 표해서 부르는 말이다. 이름 뒤에 붙여서 쓰였다. 도지(杜氏)의 어원은 이 도지(刀自)라는 말에서 나왔다고 한다. 도지(杜氏)는 지연이나 혈연으로 맺어진 일꾼들을 데리고 겨울철에 다른 지방으로 나가서 술을 빚는 일을 하던 기술자 집단이다. 이에 관해서는 제11장의 주를 함께 참조

말이었다.

　이것은 집집마다 주부가 술을 빚는 일에 관여했던 흔적이다. 더욱이 조정이나 각 지방의 큰 신사(神社)에서도 술을 빚는 일은 반드시 여자들이 하는 일이었다는 점을 고려하면, 그저 주부였기 때문에 술을 빚었던 것이 아니라 처음에는 여성이 해야만 했던 큰 이유가 있었던 듯하다. 주전(酒殿)[23]의 가구라우타(神樂歌)[24]에는 도네리메(舍人女)[25]라고 나오기도 하지만, 궁중에서도 마찬가지로 도지(刀自)라고 불렀다. 집집마다 도지들이 술을 여유 있게 빚어서 밖에 나가 팔았다는 이야기는 『료이키(靈異記)』[26]에도 나와 있다. 이후 교겐(狂言)[27]에 등장하는 「우바가사케(姥が酒)」[28] 무렵까지 술 빚는 일은 여전히 여자가 하는 부업으로 정해져 있었던 것이다. 지방에 커다란 술 창고가 세워지게 되고 술을 빚는 일이나 그에 대한 명칭도 남자가 하는 일로 바뀌었지만, 각 지방의 토속주에는 나이 든 여성이 빚은 술이 많았으며 술을 사는 일이나 저장하는 일에 남자는 간섭하지 않았던 시대가 얼마 동안은 계속되고 있었다. 또한 어떤 주연(酒宴)이라도 여자가 자리를 같이 하는 일이 필수적이었다. 이 관습이 이상한 변

---

23) 일본어로 사카도노(さかどの)나 사카도(さかど)라 한다. 신에게 바칠 술을 빚기 위해 지은 건물을 말한다.
24) 가구라(神樂)란 본래 궁중에서 신에게 올리는 무악(舞樂)을 말한다. 가구라우타(神樂歌)는 가구라를 연주할 때 부르는 노래이다.
25) 도네리(舍人)란 율령제 아래서 천황이나 귀족의 잡무·호위를 담당한 하급 관리를 말한다. 도네리메(舍人女)란 이런 일을 담당한 여자 관리이다.
26) 정식 이름은 『니혼료이키(日本靈異記)』이다. 일본에서 가장 오래된 불교 설화집으로 822년 무렵에 성립되었다. 모두 세 권으로 이루어졌으며, 민간에서 내려오는 오래된 전승, 인과응보 설화 등 116화를 연대순으로 배열하였다.
27) 일본의 전통 연극 장르 중의 하나인 노가쿠(能樂)를 상연할 때 그 막간에 상연하는 희극이다.
28) 일반적으로 '큰어머니의 술(伯母酒, おばが さけ'이란 제목으로 많이 알려져 있다. 교겐(狂言)의 제목으로 그 줄거리는 다음과 같다. 술장사를 하는 큰어머니가 술을 마시지 못하도록 하자, 조카가 탈을 쓰고 오니(鬼)로 변장하여 큰어머니를 위협하여 술을 마신다. 술을 마시는 데에 탈이 방해가 되자, 벗어서 무릎 위에 올려놓고 마시다가 술에 취하여 잠이 들고 만다. 결국 큰어머니에게 정체가 탄로 나게 된다는 이야기다.

형을 거듭하여 지금도 그 흔적이 남아 있다. 술을 따르는 것은 여자의 일이었지만 원래는 천박한 의미가 아니었다. 이전에는 그것이 오히려 각 가정 주부들의 의무라기보다 특권이었다.

> 보통 사람이
> 되어서 평상복을
> 입고 앉아서
> 저녁 무렵 부산하게
> 술을 따라 주네
>
> 말의 숙소
> 어제는 시나노(信濃)
> 오늘은 가이(甲斐)[29]
>
> —『아라노(阿羅野)』[30]

서일본(西日本)에 있는 몇 군데 섬에서는 지금도 남녀가 함께 술을 마시는 경우에만 주연이라고 부르고, 남자들끼리만 마시는 경우에는 특별한 이름이 없다고 한다. 많은 에마키(두루마리 그림, 繪卷)[31]에서도 자주 볼 수 있는 것처럼, 이와 같은 것이 상하를 막론하고 옛날부터 내려온 주연 방식이었다. 이것이 무의식적이긴 하지만 아직 농촌에는 전해지고 있다. 그런데 여자가 술을 따르는 것이 불가능했던 유일한 곳이 군대였다. 여자가 없으면 어쩔 수 없었으므로 소년 중에서 특히 우아하게 생긴 사람에게 술을 배급하는 임무를 대신하게 한 풍습이 시작되었다.

임시 거처를 만들어서 여행중인 귀한 손님을 묵게 하는 경우에도 딸

---

29) 옛 지명으로 지금의 야마나시(山梨)현에 해당한다.
30) 야마모토 가케이(山本荷兮)가 편찬한 하이카이집(俳諧集)으로 세 권으로 구성되어 있다.
31) 서화를 옆으로 길게 이어서 만든 마키모노(卷物)에 그려진 회화 작품이다. 내용에 스토리, 설화적 성격, 기록성이 있는 것을 가리킨다.

을 불러내서 술을 따르게 했다는 이야기는 종종 나오지만, 그것은 동시에 그 딸이 임시거처의 도지(刀自)라는 의미였기 때문에 함부로 술자리에서 시중들게 할 수는 없었다. 손님이 머물 거처를 집 한쪽에 만들어서 빈번하게 주연을 열게 되면서부터 도코노마(床の間)32) 앞자리가 누구 자리인지 불분명해짐으로써 주부는 임무수행이 매우 어렵게 되면서 차츰 다른 사람에게 그 임무를 양보하게 되었고, 결국에는 여성의 지위가 부엌에서 술안주 걱정만 하는 것으로 퇴보하고 만 것이다.

말하자면 집 구조의 변화가 언제부터인가 부인들을 사교적인 활동에서 퇴보시키려고 했던 셈이다. 여기에는 물론 근대의 무가(武家) 기질, 즉 될 수 있으면 여자 손을 빌리지 않고 임시 거처 방식의 생활에 익숙해지려고 하는 경향이나, 여자는 나서는 것을 삼가고 보이지 않는 곳에 있는 편이 좋다는 사고 방식 등도 일조했을 것이다. 그러나 그와 같은 경우는 일부 상류층의 표면적인 교제였고, 보통 가정에서는 서로 친밀한 왕래를 할 때 오랫동안 주부가 주연에 관한 일을 관장하고 있었다.

그런데 데아이(出會い)33)라고 하는 연회 방식이 출현하면서 비로소 각 가정의 안주인이 술을 배급하는 일에서 완전히 배제되게 되었고, 안주인을 대신하여 전문적으로 이런 일을 하는 여성들이 나타난 것이다. 임시 거처를 보통으로 여긴 에도(江戸)나 오사카(大阪) 사람들이 자야(茶屋)34)와 거기서 일하는 여성들을 이용한 것은 부득이한 일이었는지도 모른다. 그렇지만 그 뒤에 벌어진 일은 분명히 남용이었다. 즉 집에서 마셨다면 이미 다 마셨을 정도의 양을 집과는 관계가 없는 장소에서 마셨기 때문에 사람들이 밤새도록 마시고 놀았던 것이다.

단순한 역사의 발견은 지금으로서는 무익할지도 모른다. 가령 술을 관

---

32) 도코노마(床の間)란 방 한쪽을 더 높게 만들어 벽에 서화를 걸고 장식물을 꾸며 놓은 공간. 일본에서는 이 도코노마 앞을 상석(上席)으로 여겨 대개 손님을 이 앞쪽으로 앉게 한다.
33) 우연히 서로 만남, 마주침, 교제, 남녀의 밀회 등의 의미가 있다.
34) 휴식을 취하는 사람들을 위하여 길가에서 차를 파는 집.

리하는 권한이 원래는 여성의 일이었다는 점을 인정한다 하더라도 이를 회복할 방법은 이미 없을 뿐만 아니라 회복을 시도할 용기도 없을 것이다. 단 생각해 보아야 할 것은 술이 왜 집안을 위해 필요한 것이고 어떤 방식으로 술을 제공하는 것이 가장 사교적으로 유리한가에 대해 일찍이 가장 잘 이해하고 있던 사람이 주부였으며, 동시에 오늘날 술에 대해 가장 냉담하고 가장 무관심한 사람 또한 주부라는 점이다. 술에 대한 폐해 때문에 포괄적으로 이를 배척해 버린다면, 이전에 술을 이용하여 거두어들인 생활의 편의는 앞으로 무엇을 이용하여 같은 효과를 볼 수 있을 것인가 하는 점 또한 생각해 둘 필요가 있다.

우스운 것은 사람들이 서양식 연회의 장점을 부러워하고 모방하지만, 그보다 더 충실하고 친숙한 연회가 이전에는 일본의 보통 집안에서 유일하게 행해진 유일한 주연이었다는 점이다. 최근에 그 주연 방식을 가정 밖으로 몰아내자, 사회적으로 주연을 남용하는 결과를 초래하게 되었다. 어쨌든 술과 가정주부와의 인연이 그처럼 간단히 끊길 수 있는 것이 아니었다는 것을 이제서야 깨닫게 된 것이다.

제 8 장

연애 방법의 변천

1. 비(非)오가사와라 류(小笠原流)의 혼인

　일본에서 여성이 술이 지닌 신비로운 힘을 처음으로 맛 볼 수 있었던 기회는 원래 혼인을 서약할 때 마시는 술이었다. 서약은 혼인에 대한 약속을 굳게 한다는 의미였을 것이다. 그렇지만 동시에 신부의 새로운 인생을 안정시키고 그 감정이 멋대로 흔들리는 것을 막는 결과도 되었기 때문에, 보통 신부들이 그들의 평범한 일생에서 그렇게 마음이 긴장되고 충실한 순간은 경험할 수 없었다. 따라서 오랫동안 이 혼인서약의 술이 지닌 무형의 가치를 무시할 수가 없었던 것이다.

　사랑, 즉 '고이(戀)'의 단어적 의미 또한 본래는 혼인서약의 술을 다 마시고 나서 그 사람이 느끼는 여러 가지 감정을 총괄하는 말이다. 일반적으로 혼인이라는 결심을 하기까지는 약간의 준비와 정리, 그리고 희망과 불안이 교차했기 때문에 이 또한 일상 생활과는 매우 달랐다. 하지만 애초에 이 같은 감정을 표현할 말이 없었기 때문에, 언제부턴가 '고이'라는 한 단어를 가지고 사랑과 혼인이라는 양쪽의 의미로 사용하게 되었다. 그리하여 차츰 술과 사랑과의 관계를 혼란스럽게 하는 요인을 만든 것이다.

남자 쪽에는 혼인서약의 술을 마시기까지 특히 마음 설레며 기다리는 기간을 표현하는 단어가 있었다. 일찍이 쓰마마키(妻覓き), 또는 쓰마도이(妻問い)[1]라고 불렀던 말로 방문혼(訪問婚)을 뜻했다. 여자는 그저 남자가 찾아오면 이에 대응했을 따름이기 때문인지, 특별히 이와 대립되는 단어는 없다. 일본의 명치시대 문화사는 이 세상의 많은 '대응하는 사람', 즉 신부 후보자들이 이윽고 눈뜨게 된 자아각성에 기반한 의혹의 목소리 속에서 새 시대가 시작되고 있다. 다른 지방 사람들과의 교유(交遊)가 빈번해졌다는 사실이 쓰마도이의 기회를 줄어들게 하였으며, 실제로는 쓰마도이 준비 기간을 장기화시켰을 뿐만 아니라 이것 저것 문제를 더욱 복잡하게 만들고 있었던 것이다.

조혼(早婚)이 안전한 이유는 가정의 선택이 가장 쉽게 이루어진다는 점이었다. 조혼은 이미 장가들 수 있는 여자 집의 수가 한정되어 혼인이 자유스럽지 못한 부분도 있었지만, 오랫동안 토착해서 살아 온 사람들끼리는 서로의 집안에 대해 잘 아는 만큼 별다른 노력이 필요하지 않았다. 크고 작은 도시들이 새로 성장하여 임시로 거처하는 생활이 서로 인접하게 되자, 이전에 잠시 시행되고 있었던 부형(父兄)이 대신해서 혼인을 약조하던 방식은 지속하기가 곤란해졌다. 말하자면 혼인에 대한 책임의 일부를 다시 당사자들에게 되돌려줘야 했기 때문에 결혼 적령기는 당연

---

1) 남녀가 동거하지 않고 남자가 여자 집을 찾아가는 것을 말한다. 남편이 아내와 함께 살지 않고 아내가 살고 있는 처가를 방문하는 형태의 혼인을 쓰마도이 혼인(妻問い婚)이라고 한다. 쓰마도이 혼인은 가요이 혼인(通い婚)이라고도 부르며, 얼마 동안 쓰마도이를 계속하다가 최종적으로는 부부가 동거하는 일시적인 쓰마도이 혼인과, 일생 동안 쓰마도이가 계속되는 혼인, 두 종류로 구분된다.

히 조금씩 늦추어지게 되었던 것이다.

일본의 혼인관습이 지방과 직업에 따라 여러 갈래로 나뉘게 된 한 가지 원인은, 사람들이 다른 지방 사람에게 딸이나 누이를 주게 되었기 때문이다. 마을공동체란 것도 원래는 신에게 제사를 지내거나 또는 농사를 짓기 위해 모여서 같이 사는 것이 편리했기 때문에 생겼겠지만, 그보다 오래 된 동기는 사람 수를 늘리기 쉬운 점, 즉 모여 살면 배우자를 발견하기가 쉬웠기 때문이었을 것으로 생각된다. 여자가 전부터 살던 곳에 그대로 머무르면서 혼인을 해도 거처를 옮기지 않았던 옛날 방식은, 여기에서 나왔을 것이다. 쓰마도이는 대부분의 이 세상 남자들에게는 여행이자 새로운 이주 방법이었다. 마을이 여러 성씨로 이루어지는 것도 그 때문이며, 양자를 맞아들이는 관행도 여기에 근거하여 성행하게 된 듯하다. 하지만 대부분 사람들은 같은 지방에서 같은 시대에 태어난 남녀끼리 혼인을 서약하는 술을 주고받았다.

그러다가 세월이 흘러 마을도 좁아지고 더 이상 혼인할 수 있는 집안이 늘어나기를 바랄 수도 없게 되자, 우선 멀리까지 알려진 이름 있는 집안에서부터 차츰 자녀를 마을 밖으로 내보내게 되었다. 그렇게 해서 자연스럽게 공동의 이해 관계를 지닌 혼인 구역을 넓히게 되었겠지만, 무가(武家)들이 이른바 정략결혼을 꾀하게 된 것은 일종의 혼인을 응용한 방식이었다고 생각한다. 어쨌든 이전이라면 사위를 멀리 떨어진 지역에 사는 진객(珍客) 중에서 맞아들일 수 있었던 명문가 정도라면 혼인을 맺을 가문의 선택 범위가 확대됨에 따라 수반되는 가문의 혈통이나 격식을 따지는 일을 귀찮게 여기게 되었다.

이렇게 되자 가령 여자에게 상당한 사려분별이 갖추어져 있어도 혼인에 관한 판단을 누군가에게 맡기지 않으면 안 되게 되었다. 따라서 혼인에 응하는 여성의 능력이나 기술을 이용할 곳이 거의 없어졌다. 게다가 조혼이 안전하다고 여기는 풍조가 생겨나고 어려서부터 양쪽 부모끼리 정하는 혼약2)이라는 것도 필요하게 되자, 여성의 감각이 충분히 성숙할 때까지 기다릴 수도 없는 경우가 많아졌다. 그래서 흔히 혼인을 서약하는 술을 부형(父兄)이 대신 마시는 경우가 있었다. 따라서 비록 옛날부터 전해 오는 혼인 방식이 그 형태만 남게 되는 것은 어쩔 수가 없었다.

새로운 시대에 촉진된 다른 지역과의 교류를 통해서는 그저 단순히 혼인을 할 수 있는 지역만이 확장됐을 뿐이다. 어쩌면 오히려 판단의 오류라든가 불안감을 많이 만들었다고 말하는 것이 맞을지도 모른다. 그런데 한편에서는 이전에 상류층 사이에서 행해지던 결혼식을 정식으로 생각하는 풍조가 강해져서, 그렇지 않은 혼인은 어쩐지 빈약하게 여겼다. 전시대의 이른바 오가사와라 류(小笠原流)[3]의 혼례는, 부분적으로 가장 불행한 혼례, 적어도 인고의 생활이 시작되는 것을 의미하고 있었지만, 그렇다고 해서 진짜 축복받을 다른 방식의 혼례를 생각해 내는 일도 쉽지 않았다. 때문에 여전히 여자들은 이미 혼인을 약속해 버린 뒤에, 다시 한번 무엇 때문인지도 모를 혼인서약의 술을 신랑과 얼굴도 마주하지 않은 채 와타보시(綿帽子)[4] 밑에서 반복해서 마시고 있었다. 이에 대해서는 말로 표현은 안 하더라도 이상하게 생각하는 사람이 많았을 것으로 생각되지만, 그에 대한 의문이 간단하게 풀리지는 않았다. 아마도 옛날부터 일본에서는 이렇게 했다는 것과 무슨 까닭인지는 모르지만 어느 집에서나 이렇게 하기 때문이라는 것이 가장 유력한 설명이 되어 있는 듯 하다. 그렇지만 사실 이 두 가지 모두 본래는 그렇지 않았다.

오늘날의 오가사와라 류는 약간 변형되긴 했지만 매우 중요한 점에서 이전에 행해지고 있던 일본 전통의 혼인과는 세 가지 이상 달라졌다. 마을 내부에서도 아주 최근까지는 대개 이와 같은 방법으로 혼인을 거행

---

2) 이를 일본어로 이이나즈케(いいなずけ, 許婚)라 한다.
3) 무가예법의 한 유파로 일본에서 무로마치(室町)시대에 오가사와라 가문에서 정하여, 에도 막부의 예법으로 채용되었다. 나중에는 민간으로도 보급되었으며, 특히 가정 내의 예의범절을 중심으로 여자들이 몸에 익히는 교양의 일종이 되었다.
4) 여자들이 머리에 쓰는 풀솜으로 만든 쓰개로 혼례 때에 신부가 머리에 쓴다. 옛날에는 방한용으로 사용되었다.

했지만 거기에는 약간의 결점도 있었기 때문에, 명치시대에 들어와서부터 점차 이를 그만두고 지금은 이 같은 먼 지역과의 혼인에서 비롯된 신식 혼인을 따르게 된 것이다. 일단 새로운 것과 옛 것 중에서 어느 쪽이 뛰어난가는 이미 정해졌다고 말할 수 있지만, 바꾸려 해도 바꿀 수 없는 것이 있는 것이다. 이러한 것은 역사를 통해 다시 한번 비교해 보아도 좋을 것이다.

우선 첫 번째 변화는 혼인이 신랑쪽 집에서 시작된다는 점이다. 즉 시집에 들어간다는 의미의 '요메이리(嫁入)'5)가 이루어지지 않은 한, 아직 혼인이 성립하지 않은 듯이 생각하는 사고 방식이다. 오늘날의 민법에서 동거 의무에 대한 해석이 이를 지지하고 있으므로, 이제는 거의 움직일 수 없는 사실이 된 것 같다. 그렇지만 이전에는 신부가 시댁으로 오기 전에 먼저 신랑이 처가로 가는 풍습이 있어서, 때로는 그 기간이 2~3년 계속되었다. 아직 정식 주부가 되지 않은 며느리라고 하는 존재, 즉 두 번째 중요한 변화가 여기에 수반되어 있었음을 생각하게 한다. 며느리가 시어머니와 같이 한 집에 살면서 서로 충돌하는 일은 새로운 현상도 아니지만, 적어도 이전에는 가능한 한 이를 피하려고 노력하고 있었던 셈이다.

지금도 지방에 따라서는 며느리를 맞이하는 시점에 시부모가 다른 집으로 이사하거나 며느리에게 살림을 넘겨주는 것을 통례로 하는 곳도 있다. 그렇지 않으면 아이가 태어난 후까지, 여자가 여전히 친정 부모 집에 머물고 남자는 잠을 잘 때에만 여자 집으로 오는 지방도 있다. 혼인한 딸의 방은 가옥의 본채6)와 독립해서 별채로 되어 있는 경우가 많다. 그런데도 여전히 고부간의 갈등으로 가정이 복잡해지는 것을 꺼리는 곳에서는 마을 안에 공동으로 된 신혼부부의 숙소를 만듦으로써 며느리를 곧바로 시부모 밑으로 맞아들이지 않았다.

---

5) 신부가 되어 남편 집으로 들어가는 것. 또는 그 의식을 가리킨다.
6) 이를 일본의 가옥 구조에서는 오모야(母屋)라 한다.

요메이리를 혼인의 첫째 날로 여기는 풍습은 멀리 떨어진 지역 사람과 혼인을 맺을 필요성에서 나온 것이다. 혼가(婚家)가 먼 지역이었을 경우의 무코이리(聟入り)[7]는 차치하고라도, 앞에서 말한 신방에서의 생활을 오래 지속할 수가 없기 때문이다. 그러나 친정부모가 딸의 노동력을 다른 사람에게 주는 것을 아까워하여 조금이라도 더 오래 이 노동력을 붙들어 두려고 생각한다면, 자신들이 살고 있는 곳으로 사위를 맞이하는 방법도 있었다. 그렇지만 딸을 빨리 시집보내고 안심하려는 마음이 강해지면 급하게 서둘러 딸을 맡겼으므로 결국 요메이리를 혼인의식의 중심으로 삼게 된 것이다. 그 결과 지금은 무코이리가 그 형태만 남게 되었다. 대부분의 시골에서는 지금도 신부가 가마를 타고 시댁으로 오는 당일 아침에 신랑이 중매인의 안내로 신부집에 가서 신부쪽의 친척들과 대면하는 술잔을 주고받으며, 그 중에는 자신이 직접 신부를 데리고 돌아가는 예도 있다. 하지만 새로운 혼인의식에서는 이것마저도 생략하고 신부가 시댁으로 바로 들어간 뒤 친정으로 가는 날에 신랑이 동행하여 갔다 오게 되었다. 친척들끼리 주고받는 술잔도 친정 부모들이 요메이리를 따라 가서 한 번에 끝내는 경우가 많아졌다.

부모의 동의라는 측면에서 보면, 전에는 딸을 주는 쪽의 승낙을 얻기 어려운 시대도 있었지만, 지금은 딸을 며느리로 받아들이는 시댁 쪽이 더욱 중요해져, 며느리가 시어머니를 경쟁하던 주부권과 관련한 문제는 생각할 수 없게 되었다. 어쩌면 이 점 또한 가정의 규모가 작아지고 사람들 수가 너무 많아진 결과라고 할 수 있을지 모른다. 어쨌든 요메이리가 혼인의 요건이 되고, 이에 따라 혼인등록이 행해지게 되었기 때문에, 사실혼 관계에 있어서도 신랑의 부모가 인정하지 않으면 신부는 그늘에 숨어사는 생활을 해야만 했다.

---

7) 결혼 후에 남편이 처음으로 처가에 가는 일, 또는 그 의식을 가리킨다. 무코이리 혼인(聟入り婚)이라 하면, 혼인의례를 아내 집에서 올리고 그 후 일정 기간은 신방을 처가 쪽에 차리고 생활하는 혼인 방식을 말한다.

2. 혼인 중매업의 변천 과정

한 가지 더 커다란 변화는 앞에서 부분적으로 언급한 바와 같이 쓰마도이(妻問い)의 방법이 매우 불편해진 점이다. 사람들이 인생의 중대사인 혼인을 서약하는 술잔에 입을 댈 때까지 서로 얼굴조차 자세히 못 본채 통례로 행해졌던 것이다. 사람들 중에는 이러한 상황에 불안을 느끼고 그냥 조용히 순종할 수 없게 된 경우가 많아졌지만, 자유롭게 혼인할 상대를 선택할 수 있다고 할지라도, 오늘날과 같은 사회조직 속에서는 여전히 탁상공론에 가깝다. 너무 신중하게 생각하게 되면 한편으로 거부할 수밖에 없는 것이다.

마치 우리들이 고향에서 서로 다른 사람을 잘 알고 있다고 생각하는 것과 마찬가지로, 남녀가 단지 개념상으로 상대에 대해 알고, 또한 알려져 있을 뿐이었기 때문이다. 그러한 상황에서도 혼인에 별로 지장이 없던 시대가 일찍이 한번 있기는 했지만, 이제 그런 경우는 찾아보기 힘들어졌다. 무가(武家)와 각 마을의 명문가에서 지지를 받고 있던 혼인 방법이 큰 폐단 없이 최근까지 이어지는 것은, 지금은 이미 희미해져 가고 있는 과거의 두 가지 특색이 혼인제도에 수반되어 발달해 왔기 때문이었다.

그 한 가지 특색은 여성의 심정적 동화력(同化力)이라 말해도 좋을 것이다. 즉 혼인을 일종의 교육 수단으로 삼아서, 새로운 환경에 적응해 가는 과정이 손쉽게 진행되었다는 점이다. 대부분의 조혼자들은 늦게 성장한 지적 능력이 오랫동안 계속되었다. 성숙하지 못한 꽃봉오리 같았던 그들의 연애 생활은 혼인을 서약하는 술을 주고받은 이후에는 오히려 매우 아름답게 전개되었다. 일본의 기혼여성들에게는 개성이 없다는 둥 그녀들에게 억울한 평가를 내린 사람도 있었지만, 이는 결혼 생활의 시작만을 평한 것으로 오히려 젊은 부인들이 학문과 감화(感化)의 여지를 지니고 시집왔다는 것은 대개의 경우 행복한 일이었다. 단지 남편이 도둑이나 악인이어서, 신부의 학문과 감화력이 결혼 생활을 파경에 이르게 하는 곤란한 경우도 있었다.

두 번째 특색도 같은 비난을 받았다. 그 이유는 각 집안의 가훈에 이렇다 할 차이가 없고, 항상 어느 한 가지 표준을 지향해서 여성을 교육하려고 했기 때문이다. 남자들에게는 더러 일부러 독특한 것을 추구하는 교육법을 적용하기도 했지만, 여자들에게는 세상의 일반적인 방식으로 살라고 하는 것이 늘 강력한 구속으로 작용했다. 여자에게 조금이라도 특별한 자랑거리가 있다면 그것은 오히려 혼인에 걸림돌이 되었다. 따라서 여자가 멀리 떨어진 지역에 살아도 그 가문과 자산, 나이와 건강, 그리고 부모의 성격 정도를 대충 확인하고 나면, 그 외에는 대개 무방했다. 그러나 오늘날에는 더 이상 그와 같은 것은 바라기 어렵게 되었다.

혼인할 상대가 가풍에 어울리는가에 대해서는 이전에도 때때로 따졌지만, 가풍이 얼마나 차이가 있는지는 확인해 보아도 잘 알 수 없었고, 실제로는 너무 현대식 풍조를 따르는 것을 비난하는 말로 쓰이는 정도에 지나지 않았다. 이른바 현대식 풍조에는 가풍이라 부를 만한 것이 거의 없었다. 각 집안의 생활 양식이 대부분 달랐을 뿐만 아니라, 한 집안에서 같이 사는 경우에도 날이 갈수록 그 취향이 달라졌다. 이러한 가정 환경에서는 남녀를 불문하고 각자 개성을 갖춘 개인으로 성장하는 것이 당연해서, 그 사람들이 자기 나름의 사회관과 계획을 갖고 새로운 가정을 만들려고 했을 때, 지금까지 단순히 외부에서 짐작하고 결정했던 일들이 커다란 모험처럼 느껴지는 것은 어쩔 수 없는 일이었다.

태평양 건너편으로 이주해 사는 사람이 아닐지라도, 상대방의 사진을 혼인하기 위한 유일한 단서로 삼는 경우가 많아진 것은 이 신구(新舊) 두 가지 사정의 부조화를 어떻게든지 상쇄해 보려고 한 노력의 산물이다. 결과적으로 일본 전통의 쓰마도이 풍속은 매우 진기한 쪽으로 변했다. 그림이나 사진 속의 모습을 보고 젊은 남녀의 성정(性情)이나 기질을 읽어내는 능력은 어느 나라에서도 찾아볼 수 없을 정도로 발달했다고 생각한다. 또한 이러한 점은 반드시 책을 통해 다른 지방을 이해하고자 했던 노력과 매우 흡사하다.

그러나 어느 시대이든 이와 같은 혼인 방식에는 늘 회의적이 될 수밖에 없다. 일본은 이혼이 많은 나라로 알려져 있지만, 그 이유를 너무 간단한 이혼 절차 덕분에 이혼하고 싶은 사람들 모두가 이혼할 수 있기 때문이라고 해석해 버리는 것은 조금 곤란하다. 이혼하는 대신에 참고 사는 사람들이 얼마나 되는지 자세히는 모르지만, 아직 많이 남아 있는 것은 분명하다. 단지 조금 더 잘 알아보고, 그리고 잘 생각하고 나서 합환주를 마셨어야 했다는 사실을 뒤늦게 깨달은 사람들이 매우 많을 뿐이다. 그렇지만 그 원인이 무모하게 멀리 떨어진 지역과 혼인을 한 데에 있다고 생각하는 사람은 적다. 옛날부터 소규모의 사회 내부에서 작용해 온 중요한 기능 중의 하나는, 적당한 배우자 선정에 대한 가능성이었다는 사실을 언제부터인가 간과하고 있었다. 지금도 지방에 따라서는 실제로 통혼권(通婚圈)이라고 인식되는 구역이 있지만, 근대에 들어와서 그 기능이 두드러지게 약해진 이래, 이를 총괄적으로 대신할 것은 하나도 없었다. 새로운 풍습이 조금씩 시작되는가 싶다가 곧 다시 없어졌다. 예를 들면 상인이나 장인(匠人)이 자기 밑에서 오래 일한 고용인 중에서 후계자를 골라 뒤를 잇게 하거나 딸과 혼인시킴으로써 주종 관계를 초월하는 것도 그 한 예이다. 아니면 유녀(遊女)에게서 진실된 애정을 느끼고 무리를 해서라도 부부가 된다든지 하는 것도 그 예이지만, 이제는 그런 마음을 좋게 보는 사람조차 없어졌다. 그리하여 새삼스럽게 인연이라는 말의 신비함을 핑계삼아 그저 그때 그때 이루어진 인연에 따라 행운을 잡으려고 애쓰고 있다. 어쩌면 차츰 실망하는 사람들이 많아지는 것도 어쩔 수 없는 결과일 것이다.

말하자면 이 시대는 혼인 중매업이 필요한 세상이 되었다. 장례식을 관장하는 절에서 죽은 사람의 사후 미래를 책임지지 않는 것 이상으로,[8]

중매회사는 자신들이 소개해서 결혼한 사람들의 결혼 후의 생활에 대해서는 책임을 지지 않는다. 그들은 오히려 이혼자가 많아서 중매 건수가 더욱 많아지는 것을 부당하게 생각하지 않고, 이를 바랄 수도 있다. 선을 보는 자리에서 전혀 모르는 사람끼리 결혼이라는 단 한 가지 목적을 위해 만나기 때문에, 연애 기술이 서툴고 맞선이 더러 보기 흉하게 끝나는 것은 자연스러운 일이었다. 말하자면 너무 번잡스럽고 노골적인 쓰마도이에 비유할 수 있다. 예전에 중국에서는 매파(媒婆)가 천한 직업이었다. 그저 엽색가들에게 그 방법을 제공하는 일 말고 일반가정과는 상관이 없었다.

그런데 일본에서는 옛날에 이런 종류의 직업이 없었음에도 불구하고, 근대에 들어와서 매우 중요한 지위로 여겨지게 되었다. 중매인은 부모 다음으로 존경받고, 흔히 대부 대모와 같은 관계로 맺어지기도 한다. 명사(名士)의 중매로 해서 결혼하고 싶다는 희망은, 이른바 규벌(閨閥)9)을 능가할 정도이다. 이 혼인 중매업이라는 것이 어딘가 고상하고 공적인 성격의 직업이라도 되는 것 같은 느낌을 주는 것도 그 때문이다.

옛날부터 일본의 중매인은 양쪽으로부터 부탁을 받고 중매를 하는 경우는 좀처럼 없었다. 대개는 한쪽에서 적극적으로 희망할 때 그를 도와서 조금 곤란한 혼담이나 때로는 불가능에 가까운 혼담을 성혼시킴으로써 그것을 자신의 공적으로 삼거나, 사람들로부터 칭송을 듣기도 했다. 중매인 중에는 간혹 교활한 사람도 있어서, 쌍방이 모두 혼인할 의사가 있으면서도 이를 표현하지 못하고 있다는 사실을 알아차리고, 스스로 나서서 중매하는 역할을 맡아 쉽게 성사를 시키는 경우도 있었다. 그렇지만 그런 경우는 특별히 존경받지는 못했다. 다른 대부분의 경우에는 중매인이야말로 끈기 있게 사람을 설득하는 기량을 지니고 있어야 한다고

---

8) 일본에서는 사람이 죽으면 대개 장례식을 절에서 불교식으로 치르기 때문에 이 같은 표현이 나왔다.

9) 여자 쪽의 친척을 중심으로 세력을 형성하는 일.

여겨졌다.

특히 집안과 집안의 결합을 중요하게 여긴 경우에는 두 집안 사이의 균형을 맞추기가 어려웠다. 한쪽에서 크게 만족할 만한 혼담은 반드시 다른 한쪽이 조금 주저하는 혼담이었다. 이 경우에 혼인에서 가장 중요한 것이 무엇인지를 설득하고, 친족들의 의견은 그다지 중요하지 않다는 점을 이해시키는 일은 평범한 듯 보이지만 실은 매우 힘든 일이었다. 그런 일을 하기가 지금보다도 훨씬 곤란한 시대도 있었기 때문에, 마침 그 시대에 중매인의 역할에 대한 사람들의 신망이 높아졌다.

그 가운데서도 특히 마을 사람끼리 하는 옛날 방식의 혼인과 멀리 떨어진 지역과 혼인하는 새로운 방식이 서로 저촉되는 경우에는 이를 처리하기가 힘들었다. 부형(父兄)의 대리권이 가장 우선적으로 지켜지고 시집갈 사람의 심정은 묻지도 않았던 가정에서는, 때로 이 이중의 쓰마도이가 한꺼번에 생기는 경우가 있었다. 이 경우에는 무엇보다 중매인이 힘써 주기를 기대하고, 중매인에게 크게 감명을 받게 되는 것도 이 경우였다. 일을 성사시키기 위해서는 가끔 중매인의 위치를 벗어나서 전적으로 한쪽 편을 들어 일하는 경우도 드물지 않았다. 이러한 행동은 그저 일개 얼굴마담 역할을 하는 사람의 지혜나 힘만으로는 할 수 없었다. 이를 가리켜 상식이라 말하든지 또는 사물의 도리라 말하든지 간에, 어쨌든 배후에 이 혼인을 지지하는 사람들이 있어서, 그 사람들의 여론을 적절하게 표현해내는 것이 중매인의 역할이었던 것이다. 예전에 일본에서 남녀 사이를 맺어주는 여자를 중매인이라 부른 적이 있기도 했지만, 요즈음의 혼인 중매업은 그것과 이름은 같을지라도 전혀 별개의 역할을 한다. 동북(東北) 지방에서 시난(指南)[10]이니 사이노가미(幸神)[11]라고 부른 것은 이름은 달라

---

10) 시난(指南)이란 말 그대로 남쪽을 가리킨다는 의미로, 일본어에서 사람들에게 사물을 가르치는 역할을 하는 사람을 시난야쿠(指南役)라고 한다.
11) 도소신(道祖神)·사헤노가미(サへノカミ)·도륙신(道陸神)이라고도 부른다. 길의 악령을 막아 지나가는 행인을 수호하는 신이다.

도 하는 일이 여기에 가까웠다. 하여튼 오늘날 우리들이 말하는 중매인은 단순히 매파(媒婆)가 성장한 것이 아닌 것은 분명하다.

3. 연애 방법을 교육한 구시대의 기관

혼인은 각 가정에 한정된 사적인 일이지만, 혼인만큼 이러쿵저러쿵 세 상사람들의 입에 오르내리는 것도 드물었다. 사람들이 새로운 혼인 방식 을 택하지 못하고 항상 시대의 관습이라는 것에 얽매이는 듯이 보이는 이유도, 혼인한 부부의 행·불행을 좌우하는 듯한 주위 사람들의 평판이 여전히 영향력을 발휘하는 것처럼 생각하고 있기 때문이다. 과연 지금도 그러한가에 대해서는 확인해 보아야 알 수 있겠지만, 적어도 이전에는 이 같은 공론(公論)기관이 마을에 조직되어 있어서 쓰마도이 시기까지 그 영향을 미치고 있었던 것이다.

어느 세상이나 청춘남녀가 망설임 없이 올바른 판단만 내리던 시대는 없었을 것이다. 손윗사람에게 일체의 판단을 맡기는 사람은 별도로 하더 라도, 자신의 생각이나 감정을 조금이라도 혼사에 반영시키고 싶은 사람 에게는 반드시 뭔가 수련을 거치거나 자신을 지도해줄 수 있는 기관의 도움이 필요하였다. 다행히 마을에 총각 그룹인 '와카렌주(若連中)'나 처 녀 그룹인 '무스메렌주(娘連中)'라고 하는 조금은 간섭이 지나친 젊은이들 의 모임이 있었기 때문에, 자신의 뜻대로 자유스럽게 혼인을 하여 어울 리는 부부를 많이 만들 수 있었다.

젊은이 그룹 '와카모노구미(若者組)'12)라는 것이 마을에 왜 생겨났는가

---

12) 지역 사회에서 젊은 남자들로 조직된 연령 집단이다. 이 말은 학술 용어로 실제로는 와카모노구미라고 부른 예가 많지 않다. 지역에 따라 본문에도 나오는 와카·렌주(若連

에 대해서는 너무 오래된 일이기 때문에 다 알 수가 없다. 그러나 발생 동기 중의 하나는 혼인이 그 목적이었을 것이라고 추측할 수 있다. 혹은 집단 혼인을 하던 먼 옛날부터 계속 이어져 온 것이 아닌가 하고 생각해 볼 수도 있지만, 지금은 적어도 풍속이 매우 문란한 두세 곳을 제외하고는, 일부일처제를 열렬히 지지하는 그룹이 바로 이 젊은이들이다. 본래 농촌에는 젊은이들로 이루어진 이러한 단체가 없더라도, 남녀가 함께 일을 하며 서로가 상대방의 인품을 알 수 있는 기회가 많았다. 그렇지만 상대방을 직접적으로 평가하고 등급을 매길 수 있는 기회는 서로 마음을 터놓고 지낸 이 미혼자들의 모임에만 있었던 것으로 보인다.

이를 위해서 대부분의 마을에는 남녀가 각각 머무는 숙소가 만들어져 있었다. 이를 네야도(寢宿)[13]라고 하여 신혼집으로 유용(流用)하는 경우도 있었다. 하지만 지금 남아 있는 대부분의 네야도는 단지 또래의 청년들이 밤일을 함께 하고 이야기를 나누면서 밤을 새는 장소일 뿐이다. 물론 그들이 모이면 남자들은 여자에 대해서, 여자들은 남자에 대해서 이야기한다고 해서 놀림을 받기도 했지만, 차츰 이성에 눈뜨기 시작한 젊은이들이 이보다 무해한 방법으로 세상을 배우는 경우는, 오늘날에도 결코 없을 것이다.

中)를 비롯하여 와카이슈(若い衆) 등으로 불렀다. 이 와카모노구미는 근세부터 명치시대 후기까지 일본의 혼슈(本州)에서 규슈(九州)에 이르기는 전 지역에 존재했다. 조직이나 활동 내용에 있어서도 지역차가 컸다. 대체적으로 동 일본 지역에서는 활동이 미약했고 서남 일본 지역에서 두드러진 활동을 보였다. 그리고 오키나와 지역에는 와카모노구미라 할 만한 조직이 명확한 형태로 존재하지 않았다. 와카모노구미에 가입하는 연령은 전국적으로 15세 혹은 17세이다. 가입 형식은 부모가 청하는 곳도 있고 와카모노구미 쪽에서 해당자에게 가입을 권유하는 곳도 있었다. 그 어느 경우나 연초에 첫 집회가 있을 때에 술을 지참하고 인사를 한 후에 가입하였다. 명치시대 후기에는 청년회(靑年會)나 청년단(靑年團)으로 재편되기에 이르렀다. 특히 정부의 지도로 전국적으로 청년단이 조직되는 과정에서 대부분의 와카모노구미는 해체되었으며, 현재는 겨우 제례나 민속예능을 담당하는 예가 있는 정도이다.

13) 근세 이후에 젊은 남녀가 사회인으로서 수양을 쌓기 위해서 합숙을 하던 숙소를 말한다. 남녀가 교제하는 장소로 이용되었다. 다른 말로는 나카야도(中宿), 고야도(小宿)라고도 한다.

다양한 종류의 교육기관이 생겨났어도 실제로 배우자를 고르는 문제만큼은 사실상 각자의 판단에 맡기고 있다. 그렇지만 인생에서 가장 확실하게 배워야 할 것, 나아가서 열심히 배우려고 했던 것은 자기와 맞는 배우자를 고르는 일이었다. 연애 방식이라는 말은 범위가 조금 넓긴 하지만, 그렇게 이름을 붙여두지 않으면 오히려 오해가 생긴다. 오늘날에는 연애를 일부 사람들의 전문적인 재주로 볼 정도로 보통 사람들의 일상에서 멀어졌다. 그리하여 특별히 기묘한 인연에 흥미를 갖게 하는 소설 이외에는 이 문제에 대해 설명해주는 참고서가 없다.

하지만 옛 제도인 처녀회(處女會)에서는 그저 '이런저런 사람과 혼인해서는 안 돼' 하는 식으로 경계하는 결의에 그치지 않고, 더 나아가서 용감하게도 어떤 남자를 사랑하면 좋을지에 대해서까지 토의하려 했다. 사랑이란 게 마치 트리스탄과 이졸데(Tristan und Isolde)[14]와 같이 태어나기 전부터 사랑할 상대가 반드시 정해져 있는 것이라면 상관없겠지만, 만약 각자의 마음대로 연애 상대자를 정해야만 한다면 미리 법칙을 배워두는 것이 안전했다.

그것이 만약 인간미가 없는 단순한 이론이었다면 혹시 응용하는데 실패했을지도 모른다. 하지만 이는 실제 경험을 언어로 표현한 것이거나 또는 언어로는 표현할 수 없는 방법으로 하나하나 실제로 해설하는 오랜 경험의 축적이었다. 보통의 감각과 기억력을 가진 젊은이가 오랫동안 이 첫 번째 단계에서 배웠던 것을 이용할 수 있었던 것은, 아마도 문자나 산술에서 배운 것 이상이었을 것이다.

이는 남자들 단체에서도 마찬가지였는데, 대개 각 마을에서 좋은 처녀나 좋은 젊은이라고 평가하는 기준에는 생김새, 대인 관계, 재치, 적당한 혼기, 남을 배려하는 마음 씀씀이 등 일일이 다 열거할 수 없을 정도로 세밀한 조항이 포함되어 있다. 이러한 사실을 통해서 보았을 때, 젊은 남

---

14) 「트리스탄 이야기」에 등장하는 인물. 트리스탄 이야기는 켈트민족의 설화에 기원을 둔 중세 유럽의 대표적인 사랑이야기이다.

녀에 대한 평가가 전적으로 가정이나 노인들의 교훈에 근거한 것만이 아니었다는 사실을 추측할 수 있다. 재산이 많으면 뭐든지 할 수 있는 오늘날과 같은 시대와는 달리, 서로 마음에 드는 이성을 만나는 것은 매우 중요한 일이었다. 한 민족의 기풍을 만드는 기초인 각 마을의 도덕이 발달하는 중요한 계기가 이처럼 악의 없는 단체에서 주고받는 야화(夜話) 속에 있었다는 것은 사실 조금도 이상한 일이 아닌 것이다.

게다가 와카모노구미(若者組)·무스메구미(娘組)의 혼인에 대한 역할이 결코 이것으로 끝나는 것이 아니었다. 이 모임에서는 매우 적절한 중의(衆意)에 따른 평가가 개개인의 실제 문제에 대해서도 가차없이 내려졌다. 예를 들면 두 명의 혼인 대상 중에 어느 쪽을 선택해야 할지 결정하기 어려워서 어쩌면 이쿠타 강(生田川)15)에 몸을 던져야 할 경우뿐만 아니라, 주변을 돌보지 않고 맹목적으로 남녀간에 가까워지려고 하는 경우에도, 한 번쯤은 옳고 그름에 대해 주위 사람들의 평을 참고로 했다. 주위 사람들은 항상 본인들이 살펴보지 못한 주위의 사정이나 앞으로 생길 법한 장애물 몇 가지를 생각해 냈다. 당사자들의 행동에 동의하는 사람에게나 동의하지 않는 사람에게나, 핵심 문제는 과연 젊은 한 쌍이 오래도록 함께 해로할 수 있을 것인가 하는 것이었다.

일반적으로 중도에 파탄이 나는 것을 매우 싫어했던 것은 의미 깊은 현상이었다. 당사자는 당연히 이를 두려워했을 뿐만 아니라 미리 그 같은 상상을 하는 것조차 수치로 여겨서 동료들 앞에서 여러 가지 서약을 했다. 당사자들의 믿음만 확인되면 대체적으로 본인들의 자유스런 의사가 승인을 받았고 나아가서 열렬하게 지지를 받았다. 말하자면 중매인의 활약은 이 여론을 대표하는 데 있었으며, 혹은 젊은이들 중에서 우두머

---

15) 이쿠타 강은 고베시(神戶市) 중앙구(中央區)에 있다. 이 강줄기는 마야산(摩耶山)에서 시작하여, 누노비키 폭포(布引瀧)가 되고, 고베 시가지를 거쳐서 고베항으로 흘러나간다. 두 남자에게 청혼을 받은 아시야(葦屋)의 딸이 그 어느 쪽으로도 정하지 못하고 이 강 속으로 뛰어들자, 나머지 두 남자도 뒤를 따랐다는 이야기가 전해진다. 이 이야기는 『야마토 모노가타리(大和物語)』라는 고전 작품에 수록되어 있다.

리 격인 사람이 스스로 중매인의 역할을 맡기도 했다. 마을에서 이루어진 혼인이 대체로 평탄했던 이유는, 이처럼 혼인서약 술잔을 주고받기 이전에 충분히 신경을 써서 준비했기 때문이다. 혹시 별다른 이유 없이 이혼하려는 사람이 있다면, 그것은 무엇보다 단체에 대한 배신이었다. 그 때문에 이혼한 사람들 대부분은 마을에서 살아갈 수가 없었다.

이 관습은 매우 오래 전부터 행해졌던 것으로 보인다. 그렇지만 이 같은 관습이 마을 전체를 전적으로 지배하고 있는 지방은 이미 명치 초기에 상당히 줄어들었다. 한편 마을에서 중요한 위치에 있는 몇몇 가정이 멀리 떨어진 지역에서 신부를 맞는 새로운 관례를 받아들이자, 다른 가정에서도 차츰 이를 모방하려고 했다. 같은 또래의 젊은이가 모이는 남녀 단체에 가입하지 않고, 사전에 결혼 상대에 대해 전혀 알지 못한 혼인 생활을 하게 된 사람들이 많아졌다. 이러한 세태가 조금 가혹한 는평거리가 된 것은 당연한 일로, 여성들도 이 논쟁에 얼마간 참여하고 있었다.

> 사위가 온다네
> 팽나무 마장(馬場)으로
> 말을 타고 오는지
> 방울이 울리네[16]

이런 본우타(盆歌)[17]의 작자는 여자였다. 대개는 그 지방에서 행세하는 집안이었기 때문에 젊은이들도 이 집안의 혼사에 직접 항의하거나 방해할 만큼의 용기는 없었다. 그렇지만 적어도 항의하고 방해하는 시늉을 하고, 나아가서 자신들의 동의를 얻어 혼인이 이루어진다는 형식적인 절

---

16) 일본어 원문은 다음과 같다. "聟が來るそうな榎の馬場へ / 馬で來るそうな鈴が鳴る."
17) 본 오도리(盆踊り)에 맞추어 부르는 노래. 본(盆)이란 음력 7월 15일을 중심으로 여러 가지 음식을 조상에게 공양하고 아귀(餓鬼)에게 주는 등 조상의 명복을 빌고 그 고통을 구제하기 위한 목적으로 행하는 행사이다. 이때 조상의 혼령을 달래기 위한 춤인 본오도리(盆踊り)가 성대하게 행해진다.

차를 요구했다. 요메이리 도중에 관문을 만들거나 돌을 던지며 돌로 된 지장보살을 들고 오거나, 술을 달라고 조르고 인사를 요구하는 등 마을에 따라서 방식은 가지각색이지만, 어쨌든 혼인을 가만히 지켜보기만 하는 곳은 드물었다.

사위는 이리무코(入婿)[18]든 겐산무코(見參婿)[19]든 괴롭힘을 당하는 것이 보통이었다. 마찬가지로 다른 지역에서 시집오는 신부도 조용히 맞이하지 않았다. 요메미(嫁見)라고 해서 신부의 옷을 내보이게 하거나 또는 장지문을 열게 하고서 구경꾼들이 정면에서 신부를 평하기도 했다. 물론 그 구경꾼들 가운데는 여자들이 들어 있었다. 이런 관행은 언뜻 보기에는 와카모노구미(若者組)라는 혼인과 관련된 단체와는 별 관계가 없는 듯이 보이지만, 와카모노구미에 속한 성숙한 미혼자 전원이 알지 못하는 혼인은 있을 수 없다는 생각이 저변에 깔려 있었다. 먼 곳끼리 이루어진 혼인이라도 일단 이루어지면 그 혼인을 지지하고, 또 그 혼인이 영속되도록 보증해줘야만 한다는 오랜 관습이, 여전히 이런 새로운 방식의 혼인의례에까지도 적용되었던 것이다.

오늘날 새로 생긴 청년단과 처녀회가 여러 가지 나쁜 풍습을 단번에 근절시키고 조잡하고 난폭한 관행을 폐지시킨 것은 좋았지만, 그 대신에 혼인 문제에 대해서는 조금 냉담한 태도를 취하게 되었다. 혼인 문제가 그들에게 커다란 사건이라는 것을 알면서도 공개적인 자리에서 모두 함께 배우자에 대해 평가해 보고자 하는 용기를 내지 않으며, 그 혼인이 좋은 결과를 거두도록 서로 보증하려는 노력도 없었다. 농어촌에서 배우자를 구하기 어려운 것이 단순히 배우자 수가 부족하기 때문만은 아니라는 사실이 이번 국세 조사에서도 분명해졌다. 여자든 남자든 자신이

---

18) 다른 집안에 들어가서 그 집 사위가 되는 일이나 그 사람. 데릴사위.
19) 겐산(見參)이란 일본의 관동 지방, 동북 지방에서 신랑이나 신부 또는 그 근친자가 혼례 후에 처음으로 상대방 집을 정식으로 방문하는 것을 의미한다. 겐산무코란 혼례 후에 처가를 처음 방문하는 사위를 가리킨다.

살고 있는 지방에서 배우자를 구하려고 하는 예가 차츰 줄어들고 있을 뿐이다.

4. 임시 부부

근대소설에서는 정식 부부가 애정을 잃고 그저 경제적으로만 같이 살고 있는 사례를 소설의 소재로 삼아 그리고 있지만, 실제로 그런 일은 외국이나 일본의 이전시대에서도 심심찮게 있었다. 명치시대 일본의 혼인생활이 조금 더 바뀌었다고 할 수 있는 것은 이른바 내연의 처가 점점 증가한 것이다. 그 원인을 단언하기는 어렵지만, 여기에도 오십 년 사이에 걸친 점차적인 변화가 있었을 것으로 생각된다.

처음에는 부모들의 동의를 얻기가 어려운 경우에 요미이리나 입적(入籍)도 모두 불가능했기 때문에 이러한 혼인 절차를 단념하고 사실상의 부부가 된 사람, 혹은 함께 있는 것이 곧 혼인이라고 잘못 생각하고 별도로 법률상의 절차를 밟는 것이 불필요하다고 여겼던 사람들이었는지 모른다. 그렇지만 그것만을 원인이라고 생각한다면 해가 지남에 따라 이런 사람들이 증가하지는 않아야 할 것이다. 호적 절차는 매우 간단하고 등록하는 데에 반드시 부모의 동의가 없어도 된다. 그 사실을 알면서도 여전히 이 같은 내연의 관계를 만든다는 사실의 이면에는 생각해 볼 여지가 있는 복잡한 동기가 있었다.

우선 남자들이 비교적 염치없는 생각을 갖기 쉬웠다는 점을 생각해 볼 수 있다. 구시대부터 용인되고 있던 여러 가지 행동 유형에 비추어 보아도 외형은 어찌되었든 상관없다는 구실 아래 장래에 대한 결정을 미리 편하게 해두려는 의도가 감추어져 있는 경우가 없다고는 할 수 없다. 단지 변한 것은 여자 쪽의 마음이라고 할 수 있을 것이다. 여자들이 이처럼 불안한 자신의 지위를 인식하고 있으면서도 상대방의 마음을 이리저리 가늠해 보지 않고 남자의 집으로 들어가게 된 데에는 현대의 시대상이 몇 가지 복합적으로 반영되어 있지만, 자세히 들여다보면 무엇이 문제인지는 바로 알 수 있을 것이다.

예를 들면 단순히 세상 물정을 모른다는 것 이상으로 여자들에게도 스스로 의지할 곳이 생겼다는 점, 또 재산이 많거나 생활력을 가지고 있다는 점이 자연스럽게 여자들의 마음을 든든하게 만들었다. 남자에게 매달리지 않아도 된다는 용기를 지니거나, 혹은 남자가 너무 까다로우면 이쪽에서 집을 나가도 좋다고 생각할 정도로 남자에게 정이 떨어진 여자도 없잖아 있다. 그것을 시험적 결혼이니 우애적 결혼이니 하는 말로 표현하면 왠지 매우 새롭게 들리기도 하지만, 실은 서양 사람들은 훨씬 이전부터 그 같은 준비가 때로는 필요하다고 생각하고 있었던 듯하다. 버림받는다고 하는 표현은 그 어감 자체가 잔혹해서, 여자들이 이를 극도로 두려워하고 탄식했던 시대에는 설령 버림받지 않을지라도 여자들의 마음은 항상 조마조마할 수밖에 없었다. 부모들의 애정은 이 어려움을 구제하기 위해서 지금까지 오랫동안 여러 방면으로 작용하고 있다. 또 억지로 남자에게 호적에 입적시켜달라고 요구하는 일은 그다지 효과가 없다는 것도 경험했다.

어떤 상황에든 인상 깊은 말을 붙이고자 하는 오늘날의 사람들은 이렇게 유약하고 모호한 밀고 당기기까지도 남녀의 투쟁이라고 불렀지만, 어찌 보면 이것도 남녀가 사이좋게 오래도록 살고자 하는 하나의 책략에 불과했다. 이른바 연애 방법에서 보자면, 그 기술을 외부에서 빌려와 쉽게 연애를 이루려고 하는 것은 조금 불순하다는 정도의 변화이다. 때문에 자신이 있는 사람은 외부에서 배운 특별히 이렇다 할 방법이 아니더라도 애정의 힘만으로 상대의 마음을 붙들어 둘 수 있다고 생각했다. 혹은 좀더 강력한 방법으로 나를 떠날 자신이 있으면 떠나 보라고 말하는 사람이 있었을지도 모른다.

어쨌든 간에, 호적에 입적되어 있다는 사실에만 의지할 수밖에 없는 관계는 이미 끝장이라고 생각하는 사람들이 많아졌다는 것만은 의심할 여지가 없다. 사실 이런 식으로 생활하면서도 무사히 일생을 마친 사람도 꽤 있었다. 호적제도의 효력에는 지장을 주었지만, 법령은 이 부부 관계의 현실을 인정하지 않을 수가 없었다. 게다가 아이들이나 주위 사람들은 대개 부부가 법적으로 등록되어 있는가에 대해서까지는 알 수 없었던 것이다.

그러나 단지 이러한 이유만으로 부인을 일부러 호적에 넣지 않고 방치해 둔 까닭을 설명하기는 조금 부족하다. 이 이외에 뭔가 혼인을 취소하기 쉬운 상태로 놓아두고자 하는, 훨씬 더 적극적이고 암묵적인 합의와 같은 것이 애초부터 있었던 것은 아닐까. 기간이 정해져 있는 혼인이란 상상할 수 없는 일이다. 대개 혼인할 때에는 '천 년에 이를 학과 거북'[20]이라는 말로 축복을 해주긴 했지만, 개중에는 이혼의 이유가 발생하기 쉽거나, 머지않아 이혼할 것이라고 예상할 수 있는 혼인이 옛날부터 결코 적지는 않았다. 또 아이를 낳지 못하는 여자가 집에서 쫓겨났던 것처럼 매우 흔해 빠진 이유를 이혼조건으로 삼았던 일은 근대에도 일어났던 일이다.

예를 들어 근대 초기에 도쿄의 임시거처에서 생활하던 시골 출신 명사들이 첩이라는 이름으로 도쿄 여자들을 아내로 삼아서 살다가, 나중에 시골의 조강지처가 찾아와도 태연한 얼굴로 한 곳에서 같이 살았다. 당시에는 오늘날의 내연의 처와 달리, 호적에 넣어달라고 요구하는 첩들도 많았는데, 첩들의 그 같은 희망은 그 시대 호적제도에 반영되기도 했다. 사회적으로 남녀간의 대등한 조약이 이루어지기 직전에 남자들은 서둘러서 표면적으로는 그 첩들과의 관계를 정리했지만, 도시는 한동안 딴

---

20) 일본의 혼례식에 학과 거북 모양의 장식품이 등장하는데, 이는 신랑 신부의 건강과 장수를 기원하는 의미가 담겨 있다. 혼인을 축하할 때 자주 쓰이는 말이다.

살림을 차린 집으로 가득했다. 나쁜 풍습이었지만 교활한 남자들은 이를 모방했다. 그리고 무엇 때문에 이런 짓을 하고 있는지도 몰랐다. 물론 이 경우도 일종의 내연의 처이기는 했지만, 그 기간은 갈수록 짧아졌고 결국은 같이 사는 기간을 개월 수로 세는 사람조차 있었다.

명치 24년(1891)에 어느 신문의 사설에는 '말로는 지당하지만 실행하기 어려운 것이 일부일처제'라는 논설이 나왔다. 그러나 그 무렵부터 사람들은 이 일에 대해 별로 입에 담지 않게 되었고, 차츰 그저 선례가 많았던 나쁜 일 정도로 생각하게 되었다. 그런데 한 고비가 지났는가 싶더니, 이제는 새로 지배하게 된 식민지에서 첩 대신에 완사이(湾妻)21) 등과 같은 말이 생겨날 만큼 문제가 자주 일어났다. 완사이란 단지 타이완에서만 아내 노릇을 하는 사람으로 거의 전부가 일본에서 건너간 여자들이었다. 말하자면 타이완 밖으로 나가면 관계가 소멸되어도 상관없는 혼인인 셈이다. 관동주(關東洲)나 한반도에서도 사람들이 장난삼아 한 말인지는 모르지만, 때때로 비슷한 말이 나왔다.

여자들은 기차나 기선을 타고 남자들이 돌아다니는 만큼 멀리까지 나가지 않기 때문에 고향에 있을 때처럼 정확한 선택을 하기가 어려웠다. 지금 내연의 처라고 부르는 사람 가운데에도, 이 같은 임시 계약의 현지 처라고나 불러야 할 여자들이 섞여 있었다는 것을 쉽게 추측할 수 있다. 그런데 애정에는 불가사의한 힘이 있어서 본처보다도 임시 아내와 훨씬 다정하게 생을 마감하는 경우뿐만이 아니라 여행자를 그가 돌아다닌 지방에 붙들어두는 예를 고금을 통해서 많이 볼 수 있다. 부모 자식과 부인까지 모두 데리고 식민지로 함께 이주하는 경우는 오늘날에도 그다지 많지 않다. 제2의 고향에서 장래 한 집안의 원조(元祖)가 될 사람들은 난잡한 혼인제도를 거쳐야만 했는지도 모른다.

---

21) 타이완 아내란 뜻으로, 본문에 설명이 나와 있는 것처럼 일본이 타이완을 식민지 통치할 때 타이완에 거주하던 일본 남자가 본처와는 별도로 일본에서 불러들여 같이 산 여자를 가리킨다.

5. 동반 자살을 소재로 한 문학의 탄생

여자가 우부스나 신(産土神)[22]의 사랑을 받고 자신이 태어난 지방을 번영시키기 위하여 집에 머문 것은 오래 전부터 있었던 일이었다. 그러다 조금씩 집 밖으로 나가 세상을 경험하게 되고 요즈음처럼 시대상이 변하게 된 것은 단지 요메이리 방식이 바뀌었기 때문만은 아니었다. 유녀(遊女)가 약간 기발한 일본문화의 특징으로 상징화되면서 역사의 귀퉁이를 장식하게 된 것도, 원래는 일반 여염집 여성들은 여행을 하지 않는다는 관습에 근거하고 있다. 따라서 여염집 여성들에 대한 그 금지사항이 풀어지자, 노래와 춤의 보살이라 불리었던 유녀의 생활도 차츰 원래 모습을 간직할 수 없게 되었다. 일찍이 유녀들은 전국의 항구나 나루터, 역에서 유일하게 떠돌아다니는 여자로 알려졌었다. 따라서 유녀는 남자가 접근하기 가장 쉬운 존재로서, 많은 여행자들의 쓰마도이에 응한 것도 사실이다.

그러나 기록으로 증명할 수 있는 범위 안에서 보자면 유녀의 직업은 노래하고 춤추는 것이었다. 그리고 유녀는 다른 많은 더돌이 예능자의 무리와 마찬가지로, 오직 떠돌아다니면서 그 생계를 유지하고 있었다. 그러다가 유녀가 근대의 유리(遊里)[23] 조직으로 편입됨으로써 갑자기 여행하기 가장 힘든 여성으로 바뀌었다. 이름만은 이전대로 유녀이지만 그 처지는 이미 이 시기에 바뀐 것이다.

유녀가 떠돌아다니는 이유는 어쩌면 신분과 신앙이 다르다는 것이 가장 큰 이유이지 않을까 생각된다. 적어도 다른 일반 가정의 여자들과 비

---

22) 그 사람이 태어난 지방을 수호하는 신. 우부스나(産土)란 사람이 태어난 출생지란 의미이다.
23) 유녀가 있던 유곽. 일본의 근대에는 이 유리(遊里)를 배경으로 한 문학작품이 많이 창작되었다.

교해보면 취향이나 감정 등에서 현격한 차이가 보이는 것이다. 그 여성들이 속한 단체에는 배를 집으로 삼았던 사람들이 많았고, 일찍부터 유리(遊里)가 생겨난 곳도 각 지방의 항구였기 때문에, 혹은 이전의 떠돌이 습성을 버리고 토착한 해녀들의 후예들이 아닌가 여겨지기도 한다. 그렇지만 그 점에 관해서는 아직 확실한 증거가 없다.

지방에 따라서는 오히려 보통 주민 중에 예쁘게 생긴 처자들이 스스로 유녀라는 새로운 직업에 종사하게 된 예도 드물지 않았다. 그러나 적어도 이처럼 간단한 여행자의 혼인 방식은 유녀에게서 배우지 않고서는 저절로 만들어지기가 어려웠을 것으로 생각된다. 둘 사이에 뭔가 연관이 있었다는 것을 상상해 보는 것은 크게 잘못이 아닐 것이다.

어쨌든 이것은 예기치 않은 배우자를 맞이하게 된 것에 대한 문제였으며, 한편으로는 슬퍼해야만 할 혼인 방식의 타락이기도 했다. 그렇지만 그 시초는 분명히 일종의 내연의 처이거나 아니면 지방의 현지처일 것이다. 그 중에서도 가도(街道)는 일찍부터 왕래가 빈번해져서 같은 여행객이 다시 찾아오는 경우는 적었기 때문에, 이른바 하룻밤을 같이 하는 여자와의 덧없는 인연이 많을 수밖에 없었다. 바다의 항구에는 해를 거듭해서 찾아와서 오랫동안 머무는 뱃사람들이 있었다. 지금도 그런 사람들을 단골이라고 부르고 있다. 이별을 소재로 한 많은 가요가 구슬프게 불리어지고 실제로 한번 떠나면 다시 찾아오지 않는 이별도 있었지만, 소식은 오랫동안 주고받을 수 있었다. '유녀의 진심'이라든지 '본심'이라는 말이 적어도 문학 속에서만큼은 오랫동안 그 흔적을 남기고 있었던 것도, 유녀들에게 그 같은 도덕성이 요구되던 시대가 한 번쯤은 있었기 때문이다.

그런데 가장 먼저 그것이 불가능해진 원인은, 유녀를 하녀로 삼아 유녀의 자유를 빼앗았기 때문이다. 그 풍습은 물론 도시에서 먼저 생겨나 차츰 시골까지 퍼져 나갔다. 남북의 유명한 몇 군데 항구에서는 최근까지 여전히 유녀가 읍내에 있는 자기 집에 살면서 쓰마도이를 맞이하는

방식으로 손님들을 자기 집에 살도록 한 풍습이 있었다. 그러나 법령으로 그 풍습을 일제히 금지하면서부터 지금과 같이 남자가 여자를 데리고 사는 방식으로 바뀌었다. 그리고 또 유녀를 데테(てて)라 부르며 딸처럼 집에 살게 하는 지방도 있었다. 하지만 이것도 그 여자들의 수가 많아지자 결국에는 보통 여자를 데리고 있는 사람들과 아무런 차이가 없어지게 되었다. 그것은 마침 이 무렵에 생겨난 예기(藝妓)를 양녀로 삼는 문제와 비슷했다.

뚜쟁이라는 직업이 활발하게 활동을 시작하고, 이어서 각 가정에서 딸을 팔아 넘기는 비극이 생긴 점에 대해서는 참고할 책이 너무 많기 때문에[24] 여기에서는 설명하지 않겠다. 단지 그런 일이 마치 나라(奈良)시대 이후부터 쭉 이어져 온 것처럼 생각하는 사람만 없으면 된다. 이 시기의 두 가지 큰 변화는 유녀가 당하는 고통이 늘어났다는 것과 연애가 한낱 어리석은 유회로 퇴보했다는 것이다. 주위의 요구가 경박해졌다는 것이 그 원인이기도 하지만, 외부의 요구를 받아들이는 것을 넘어서 유녀가 일부러 이를 유도한 것은, 어떤 방법으로든 돈을 벌어야만 했던 도시 생

---

24) 이 분야에 관한 필독서로 논픽션 작가인 야마모토 시게미(山本茂實)의 『아! 노무기 고개―어느 제사 여공의 애사(ああ野麥峠―ある製絲工女哀史)』, 여성사 연구가인 야마자키 도모코(山崎朋子)의 『산다칸 팔번창관(サンダカン八番娼館)』을 참고하기 바란다. 『아! 노무기 고개―어느 제사여공의 애사』에는 명치시대에 생사(生絲) 수출이 무역에서 차지한 압도적인 위치 등을 예로 들어, 생사가 일본의 문명개화와 부국강병의 근대화를 지탱하는 큰 힘이 되었다는 점이 강조되어 있다. 야마모토 시게미는 이 생사는 「어디서 누가 만들었는가」를 주목하고, 당시 제사공장에서 일했던 여공들에 대한 인터뷰조사(聞き取り)를 하여 이 시기 여공들의 생활을 전체적으로 파악하고자 하였다. 『산다칸 팔번창관』은 저자가 취재여행 동안에 아마쿠사(天草)에서 만난 한 노파의 생애사를 통해, '가라유키산(からゆきさん)'의 생활상을 생생하게 전달하고 있다. '가라유키산'이란 '가라히토유키(唐人行)' 또는 '가란쿠니유키(唐ん國行)'라는 단어가 줄어든 것으로, 외국인 남성을 상대로 매춘을 하던 일본인 해외매춘부를 가리키는 말이다. 이들은 막부(幕府) 말기부터 명치(明治) 시기를 거쳐 대정(大正) 중기까지 사이에, 북쪽으로는 시베리아나 중국대륙에서 남쪽으로는 동남아시아 여러 나라를 비롯해 인도나 아프리카 방면까지 진출한 적이 있다. 야마자키 도모코는 이들 여성들과의 인터뷰를 통해, 당시 이 지역 여성들이 처해 있던 사회적·경제적 처지를 주목하고, 왜 이들 여성들이 해외로 나가서까지 매춘을 해야 했는가를 묻고 있다

활의 황폐함 때문이었다.

도시의 유곽에는 옛날부터 내려온 몇 가지 혼인의례가 모두 우스꽝스럽게 과장되어 보존되고 있다. 그러한 의례를 뒷받침하는 감각이 다 없어지고 나서는 그런 외형만의 연출이 신기하게 여겨졌기 때문에, 평범한 보통 집안의 결혼식에서는 그것과 유사한 점을 애써 피하려는 경향이 강해졌다. 술이 유녀와 같은 여자들이 즐겨 마시는 것으로 인식되고부터 부부간에 주고받는 술잔이 무의미하게 된 것도 그 두드러진 한 예이다. 이른바 연애 방식에서 일찍이 양쪽에 공통적이었던 것이 한편으로는 사라지고 한편으로는 비정상적으로 발달했다.

사람들의 마음을 우아하게 만든 노래나 연애편지가 이제는 천박하게 여겨져 성실한 사람은 이를 이용하지 않게 되었다. 연애하는 사람 이외에는 사용하지 않았던 여러 가지 말이나 풍류는 대부분 없어지고 노리개감으로만 남았다. 자연스러움과 겸손을 도리로 삼은 양가의 규수들은 이 때문에 이중으로 우와나리우치(うわなり打ち)[25]를 겪고 있었던 셈이다. 그런데 유녀들도 이제는 완전히 지쳐 있다. 자본의 온갖 요구에 견디지 못하고, 이 퇴폐한 유희에도 거의 종사할 수 없게 되었다. 남은 것은 그저 가볍게 즐기고자 하는 사람이 놀고자 하는 생각뿐, 그것은 더욱 더 새로운 유희장을 찾아 그 하나 하나를 황폐한 성터로 하지 않으면 끝날 기미가 보이지 않는다. 이것이 당대 화류계의 음산하고 처참한 운명이다.

근대 도시에서 유행한 남녀 동반자살을 소재로 한 문학, 즉 신주문학(心中文學)의 배경이 대개 유곽인 데에는 원인이 있었다. 근대의 가부키 조루리 대본의 대가 지카마쓰(近松)[26] 이래의 사랑과 의리 사이의 갈등이라는 전통도 덧없는 것이 되었고, 유명한 문구는 형식만 남아 질리게 하

---

25) 일본에서 무로마치(室町)시대부터 에도(江戶)시대 초기에 걸쳐, 남편이 재혼하였을 때에 그 전처가 친지들과 같이 미리 예고하고 후처의 집을 습격하여 살림살이를 때려 부수던 풍습.

26) 1653~1724. 정식 이름은 지카마쓰 몬자에몬(近松門左衛門)이다. 에도(江戶)시대 중기의 조루리(淨瑠璃)와 가부키(歌舞伎)의 각본을 쓰던 작가.

는 시대가 되었지만, 아직도 정사(情死)만큼은 단순히 모방하는 것이 아니라 실제로 자주 일어나고 있다. 도저히 살아서 견뎌내기엔 힘든 사정이 새로 생겨났기 때문이다. 일찍이 유곽이라는 별천지에서 인생을 살아가는 사람들은, 어려서부터 보통 사회에서 격리시켜 특수한 분위기 속에 가둬두고자 하는 계략이 있었다. 그러다 어느 시기에 갑자기 유곽이 번창하여 성인이 된 여자를 지방에서 보충하게 되자, 일반적인 유녀의 기질이 변화할 수밖에 없게 되었다.

이전에도 부평초 같은 신세라든지 흘러 다니는 몸이라는 말이 많이 사용되어, 이런 유곽 생활에 관련된 사람이 여생을 보내기 위한 장소를 정하기 어려운 모습을 나타내는 것을 여러 노래에서 찾아볼 수 있었다. 그렇지만 이는 오늘날 보면 진짜 신세 한탄이 아니라 그저 하나의 연애 방식에 불과했던 듯하다. 가령 그 여자들을 영원히 지속되는 혼인을 통해 평온한 보통 가정에 묶어두었다면 어떨까.

> 해변의 물떼 새
> 날아가는 곳의
> 끝이 있다면
> 노을 녘의 뜬 구름
> 저 아득한 곳일레라[27]

과연 위의 노래와 같은 심정을 갖고 있는 사람이 편안히 만년을 즐길 수 있었을지 의심스럽다. 화려한 한 시기의 혼인을 위해서 젊은 시절을 다 바친 사람은 아마도 그 노후가 분명 무료하고 적막했을 것이다. 더욱이 누구나 상상할 수 있는 평범한 만년이 아니었다.

그런데 여염집에서 자란 여자들이 울면서 부모 형제와 헤어지는 신세

---

27) 일본어 원문은 다음과 같다. "浜千鳥飛び行く限りありければ夕居る雲をあはとこそ見れ"

가 되었을 경우에는 언제까지고 그저 세상 풍파 속에서 몸을 의지할 만한 안식처를 생각해야만 했다. 연극에서 자주 보는 가난 때문에 몸을 파는 경우, 또는 속아서 이런 고통 속으로 떨어졌다고 생각하는 사람은 그때부터 절반은 세상을 믿지 않게 되었다. 그러다가 그나마 실낱만큼 남아 있던 희미한 꿈이 짓이겨지고 다시 가정으로 돌아갈 수 없게 되면, 훨씬 쉽게 절망하고 마는 것이다. 실제로 평범한 바깥 세계의 생활과 비교해 보면, 비교할 수도 없을 만큼 잔인하고 가혹한 일이기도 했다. 그리하여 오늘날의 사회는 여전히 옛날 방식대로 유곽의 여자들을 어두운 세계의 한 구석에 가두어 두고 다른 사람과 섞이는 것을 막으려고 애쓰고 있다. 자유폐업이라는 새로운 사회 운동도 단지 자본의 족쇄에서 일단 구제되었다는 것뿐, 나머지 생활이 반드시 자유로워지는 것은 아니었다. 지금도 자신만은 무엇이든 해낼 수 있다고 여기는 몇몇 사람들이 여러모로 형태를 바꾸어가며 여전히 그 고통스런 일을 계속하고 있는 것이다.

아마도 일본인의 혼인 양상은 너무 간단하게 정리되었던 것 같다. 사람들의 왕래가 이렇게 빈번해지고 각기 서로 다른 처지에 놓인 사람들이 이웃해서 살아가게 되었는데, 남녀간의 관계는 이전에 정해진 단 한 가지 절차에만 의지해야 한다면 당연히 여러 잡다한 내연 관계가 나타나고, 그 방법 또한 해가 갈수록 천박해졌을 것이다. 그 중에서도 도시는 특히 사람들이 서로 알기 어렵고 동시에 치레가 많았던 새로운 거주지였다. 그리하여 이곳에 사는 사람들의 기질도 각자 변할 수 있는 만큼 변하려 하고 있다. 그 점이 사람들의 마음을 경박하게 하고 통찰을 둔하게 했으므로 감각을 절실하게 만드는 술이라는 위력 있는 음료를 사교 생활의 단 하나의 수단으로 삼을 수밖에 없게 했던 것이다.

생각해 보면, 술이 행복한 혼인의 적인 것처럼 술을 못하는 것이 사윗감의 조건으로 여기게 된 것도 커다란 변화이다. 이른바 독신으로 살아가는 이유도 나날이 증가하고 있지만, 이 또한 자유로운 의지에 근거하는 경우는 사실 매우 적다. 배우자를 구하다가 못 구한 사람과 마음에도 안 맞는 배우자와 결혼해 어쩔 수 없이 참고 사는 사람들이 제멋대로 새로운 혼인관을 만들어 내고 있을 뿐이다. 이는 그 사고 방식을 비판하기 전에 그 사람들이 처한 처지를 동정할 일일 것이다.

제 9 장

집안의 영속에 대한 염원

1. 가장(家長)의 속박감

신문에는 진기한 사실이 종종 전해진다. 지금부터 꼭 일 년 전 『아사히신문』에는 이런 기사가 실려 있었다. 후쿠오카현(福岡縣)에 있는 모지(門司) 시에서 찬 비가 내리는 12월 중반의 어느 날, 95세 된 노인이 혼자서 우산도 없이 터벅터벅 거리를 걷고 있어서 경찰서에 데리고 가 보호를 했는데, 노인의 짐은 등에 진 보퉁이 속에 든 45개의 위패뿐이었다는 것이다. 이렇듯 늙은 방랑자에게도 어떻게든 꼭 제사를 지내야 하는 조상이 있었던 것이다. 우리들의 조상이 혈연으로 이어지는 자손으로부터 공양을 기대하고 있었던 것처럼, 이전에는 우리들도 그것을 조상들의 당연한 권리라고 생각하고 있었다.

우리들 부모들은 언제부터인지 죽어서 자신의 피를 나눈 사람이 제사를 지내주지 않으면 사후의 행복은 얻을 수 없다는 사고 방식을 가지고 있었다. 집안의 영속을 염원하는 것도, 언젠가는 가야 하는 저승에서 자신의 평안을 위해서는 후손이 지내주는 제사가 무엇보다 필요했기 때문이다. 이것은 한 혈족의 무언의 약속으로, 대부분의 경우에 제사를 지내주는 것은 자손이었기 때문에 당연히 자손이 제사를 지내주는 것으로 생각했고, 그것을 기대할 수 없는 영혼은 쓸쓸하다고 여겨졌던 것이다.

혈식(血食)[1]이라는 말은 중국에도 옛날부터 있었다. 불교에서는 그 궁극적 소원을 성불(成佛)하는 것이라고 가르치고 있지만, 우리 집안의 돌아가신 조상의 영혼, 이른바 호토케 사마[2]는 분노하거나 원망하지 않는 망령이다. 해마다 본(盆)[3]과 히간(彼岸)[4]에는 조상들의 영혼이 이승으로 돌아와서 언제까지나 이 속세에 대한 애정으로 시종일관 후손들을 보살펴 왔다고 생각했다. 그리고 연고가 없어 혈식이 끊긴 혼령이 받을 수 있는 공양은 언제나 부족했기 때문에, 그것을 한탄하고 원망하는 연고 없는 혼령은 간접적으로 각 집안의 행복을 파괴한다고 믿고 있었다. 따

1) 산 제물을 종묘(宗廟)에 바치는 일. 또는 자손이 계속해서 선조의 제사를 지내는 것.
2) 佛樣. 죽은 사람 혹은 그 영혼을 가리키는 말.
3) 음력 7월 15일을 중심으로 여러 가지 음식을 조상에게 공양하고 아귀(餓鬼)에게 주는 등, 조상의 명복을 빌고 그 고통을 구제하기 위한 목적으로 행하는 행사. 현재는 양력 8월 13일부터 16일까지 전국적으로 행사가 행해진다. 이는 불교 행사인 음력 7월 15일의 우라본에(盂蘭盆會)에서 유래하였으며, 이 말이 생략되어 본(盆)이 되었다. 13일에 조상의 혼령을 맞아들이는 행사를 시작하여 16일에 혼령을 다시 저 세상으로 보내는 행사를 하는 것이 일반적이다. 조상의 혼령이 돌아온다고 하기 때문에 조상을 모시는 제단인 쇼료다나(精靈棚)를 따로 만들어 꽃이나 음식을 바치고 제사지낸다. 조상의 혼령이 다시 돌아갈 때에는 많은 지방에서 풀이나 종이로 배를 만들어 강이나 바다로 띄워보내는 행사를 거행한다. 또한 조상의 혼령을 달래기 위한 축인 본오도리(盆踊り)가 성대하게 행해진다. 이 무렵에는 도시에서 사는 사람들이 본을 맞이하여 고향(주로 남편의)으로 돌아가는 대이동이 시작된다. 본은 종교적인 의미만이 아니고, 귀성해서 조상께 제사지내며 가족이나 친척, 친구 등과 훈훈한 옛 정을 나눈다는 점에서 한국의 추석과 비슷한 성격이 있다.
4) 춘분과 추분의 전후 각각 3일 간을 포함한 7일 동안을 히간(彼岸)이라 하는데, 이 기간 중에 절에서는 히간 법요(法要)가 행해진다. 따라서 불교 행사가 집중적으로 행해지고 성묘도 행해진다. 태양이 정확히 동쪽에서 떠서 정확히 서쪽으로 지기 때문에, 민속적으로는 태양과 관련된 행사가 많다.

라서 세가키(施餓鬼)[5]라든가 미타마의 밥[6] 등 연고 없는 혼령에게 바치는 여러 가지 공양은 살아 있는 사람을 위한 것보다도 훨씬 정성스럽게 행해지게 되었다. 그러나 간혹 이러한 공양이 부족하면 좋은 혼령도 원혼이 귀신이 되어서 나타났다. 또는 일부러 원귀가 되려는 결심을 하고 무시무시한 유서를 남기고 죽는 사람도 자주 있었다. 전쟁이나 기근 후에는 이러한 원혼에 대한 불안이 특히 많았고, 실제로도 역병이나 병충해 등의 재난이 자주 일어났기 때문에 원혼을 달래기 위한 정중한 법회 등이 생겨났다.

그러나 사람들은 자신들만은 그러한 일을 당하고 싶지 않아서 백방으로 집안의 평안을 기원했고, 하루라도 빨리 자식이 생기고 손자가 태어나기를 바랐다. 지금은 이미 망각 속에 묻혀 버렸지만, 젊어서 미혼으로 죽은 사람들의 슬픔에 대해서 말로는 표현할 수 없을 만큼 배려하고 있었다. 토지를 이용하는 직업이 중시된 것도 단지 그 집안의 영속을 보장하는 식량을 생산한다는 의미에서 뿐만 아니라, 토지를 기반으로 하지 않는 혼인과 조상에 대한 제사가 분리되는 위험을 방지하기 위한 것이기도 했다. 따라서 95세 노인에게는 위패의 방랑이라고 하는 것이 단지 몸 하나만의 불행이 아니었던 것이다.

집안을 부유하게 하고 싶은 염원의 저변에도 역시 이 혈식사상이 자

---

5) 아귀도(餓鬼道)에 빠져 기갈(飢渴)에 괴로워하는 아귀(餓鬼)를 위해 음식을 베푸는 법회. 수행을 끝마친 덕이 있는 승려에게 먹게 함으로써 비로소 음식이 아귀도에 있는 사자(死者)의 입에 들어간다고 믿는 신앙이다. 승려가 먹고 있는 것처럼 보이지만, 승려의 입을 통해 아귀의 입에 들어간다고 해석한다. 일본불교의 진언종(眞言宗)·정토종(淨土宗)·선종(禪宗) 등에서 수시로 개최되었지만, 지금은 일반적으로 우라본에(盂蘭盆會, 제1장 역주를 참조)에 진종(眞宗) 이외의 종파에서 연고자가 없는 사자나 선조의 공양을 위해 행해진다.

6) 미타마(御靈)란 신령(神靈)이나 죽은 사람의 영혼이란 의미이다. 미타마 마쓰리(御靈祭)라고 하면, 섣달 그믐날에서 정월초에 걸쳐 이 미타마에게 제사를 지내는 것을 말한다. 그리고 이때 바치는 밥이나 떡을 미타마노 메시(御靈の飯)라 한다. 키 위에다 주먹밥이나 달걀모양의 떡, 경단 등을 나열하여 바친다. 그 장소로는 불단(佛壇)이나 가미다나(神棚), 도코노마(床の間, 제4장 역주를 참조) 등이 이용된다.

리잡고 있었다. 훌륭한 장례식, 성대한 불교의례를 치러주는 것이 이미 먼저 가 있는 선조와 언젠가 갈 자신들의 행복을 한층 더 확고히 할 수 있으리라는 생각을 갖는 것은 당연한 일이었을 것이다. 원래 고인의 영혼이 그 자리에 서서 보고 있지 않으면 소용이 없다고 여기던 공양은 지금도 많이 행해지고 있으며, 그 고인도 살아 있을 적에 그 같은 공양을 기대하고 몇 번인가 그 날을 상상 속에 그리고 있었다. 예를 들면 관동(關東) 지방의 시골에서는 장례식 때 동전을 뿌리는 풍습[7]이 근래까지 성행했는데, 노인들은 대부분 일찍부터 장례식 때 뿌릴 동전을 모아두고 있었다.

하얀 가운을 입은 간호원이 어느 시대의 순교자처럼 자신이 돌보다가 죽은 사람의 장례행렬 뒤를 따라가는 일 등도 사상적으로 볼 때 반드시 새로운 유행은 아니었다. 장례식은 이미 죽은 사람이 가질 수 있는 최후의 공식적 행사이므로 훌륭하게 치러 달라는 유언을 남기고 죽는 사람도 많았다. 그러면 친했던 사람들이 옷을 제대로 갖추어 입고서 장례를 치렀고, 꽃이나 방조(放鳥)[8]를 위한 화려한 새 바구니가 진열되었다. 이러한 것이 살아남은 사람에 대한 위로라고는 아무도 생각하지 않았다. 옛날 풍습은 어쩌다 때를 만나 되살아났지만, 그것을 새로운 문화에 비추어 보고 바로 잡아 보려는 사람은 없었다.

그러한 의식 절차는 아무 것도 아니라고 생각하는 사람이 많아졌지만 죽어 가는 사람이 간절히 바랬던 일만큼은 마음속 깊이 남아 있었던 것이다. 이미 돌아가신 부모님과 그 윗대 선조들이 얼마나 기뻐할까 하는 것을 언제나 상기한다. 이는 번영해 가는 집안들이 내심 자랑하는 것이기도 했지만, 반대로 역경에 처한 사람들에게는 차마 말하기 힘든 고민거리이기도 했다. 살아 있는 가족들끼리의 단순한 결합이라면 보기 싫은 상속

---

7) 이를 가리켜 '마키센(撒錢)'이라 한다. 장례식 이외에도 집을 상량(上樑)할 때에 집주인이 축하의 의미로 참석자들에게 뿌리는 풍속이 있다.
8) 방생회(放生會)나 장례식을 거행할 때 공덕을 쌓기 위하여 잡은 새를 놓아주는 일.

싸움이라도 어떻게든 해결해 나갈 실마리가 있었지만, 많은 온순한 가장들은 자신을 조상과 연결된 긴 사슬 속의 일원이라고 생각했기 때문에 항상 조상에게 받은 은애(恩愛)의 기로에서 헤매야만 했다.

먼저 태어난 자식에게 많은 재산을 남기고 손아래 남동생들은 그에 종속된 것처럼 간주하는 것은, 가령 어머니가 달랐을 때 일어나는 이해(利害)의 충돌은 아니라 하더라도 부모의 마음으로서는 안타까운 일이었다. 하지만 원래 집안에는 조금 냉혹한 법도가 있어서 형제들에게 재산을 균등하게 나눔으로써 집안의 힘이 약해지는 것을 허락하지 않았다. 그러다가 농촌에서부터 조금씩 그 같은 법도에서 자유로워졌고, 더러 거의 평등한 분가가 이루어지기도 했다. 그런 와중에 결국 재산으로 인한 분쟁이 심해지고 성쇠의 차이가 점점 뚜렷해짐과 동시에 결국에는 소농(小農)이 일본의 명물로까지 되어 버렸다. 오래 전에 번성했던 집안은 이제 겨우 그 명맥만 이어가고 있다.

2. 영혼과 토지

돌아가신 조상을 모셔두는 곳은 요즘 사람들이 상상하고 있는 것처럼 문자를 새긴 차가운 석탑이 아니었다. 시체는 언젠가 썩어 없어지는 것으로 생각하여 멀리 사람이 없는 해변이나 계곡 깊은 곳에 숨겨 자연의 품으로 돌려보내고 있었다. 상가(喪家)에서 며칠 간 슬픈 생활을 끝내고 돌아오면 글을 모르는 사람들은 단지 그 주변의 나무 가지의 모양이나 바위의 형태를 보고 그 장소를 기억하고, 그 시기에 피는 꽃을 바치고 눈물을 흘리기도 했지만, 그러한 마음이 점점 변해감과 동시에 결국에는 잊어버리는 것은 당연한 일이었다. 지금도 화장터나 장지까지 배웅하던 노베

오쿠리(野辺送り)[9]의 장소로 생각되는 토지가 산 속 여기 저기에서 발견될 뿐만 아니라, 지방에 따라서는 죽은 사람의 명복을 빌기 위해 다련한 화장터인 산마이(三昧)[10] 하나를 계속해서 사용한 곳도 적지 않았다.

조상의 영혼을 모시고 공양하기 위해서는 따로 임시 제단을 만들어 설치했고, 대부분의 사람들은 보통 각자의 피 속에 흐르는 어떤 것을 영원한 유품이라고 생각했던 것 같다. 어느 시기부터인가 절에서 죽은 사람의 영혼을 관리하기에 이르자, 일본의 묘지제도는 일부 개조가 이루어졌다. 스님은 죽음의 부정(不淨)을 꺼리지 않기 때문에 절 안에 매장하는 것이 허용되는가 하면, 상설묘지를 관리하기 위해서 암자나 도장(道場)을 짓고 거기에서 살았다. 보통 사람들을 위해 석비를 만들게 된 것은 300년 정도 이전의 일로 보이는데, 그 이전에는 적어도 글자를 새긴 것은 남아 있지 않다. 그것도 처음에는 영혼을 모시는 것이 독적이었기 때문에 죽은 사람을 저승으로 보내는 노베오쿠리와는 별개의 지역에 있는 것이 많았다.

토지 이용이 점차 활발해져서 자유로운 장지 선정이 곤란하게 되자, 언제부턴가 묘지는 마을 근처에 자리하게 되었고, 사람들의 묘지에 대한 생각 또한 약간의 변화를 보였다. 옛날에 묘지는 일종의 망각을 위한 것이었지만, 나중에는 영구적인 기념물이 되어서 사람들이 앞 다투어 크고 작은 돌을 세워 각자 선조를 매장하는 토지를 점유하게 되었다. 묘비의 크기는 이전부터 조금씩 커지는 추세이긴 했지만, 명치시대에 들어서부터 갑자기 집안의 재력이 허락하는 한 어떤 거대한 돌이라도 가져올 수 있게 되었다. 그리하여 짧은 세월 동안에 공동묘지는 좁아졌고 토지에 대한 권리는 매우 강화되었기 때문에, 가난한 사람들은 죽은 후에도 편

---

9) 죽은 사람을 묘지나 화장터로 운반하는 일이나 그 장례를 가리킨다.
10) 긴키(近畿) 지방 및 그 주변에서는 일반적으로 묘지를 가리키지단 화장터를 가리키기도 한다. 여기서는 화장터란 의미로 사용되었다. 이 산마이를 관리하는 일에 종사하던 사람을 산마이 히지리(三昧聖)라 한다.

히 쉴 장소를 얻기 어려워졌다.

일본에서는 현재뿐만 아니라 예로부터 묘지제도가 각 지역의 고민거리 중의 하나였다. 묘를 잘 꾸미는 풍습은 사실상 통제하기 어렵고, 그 풍습이 일단 퍼지기 시작하면 원래대로 되돌리는 것은 쉽지 않다. 처음에는 단지 부와 권력이 있는 사람만이 땅을 점유하여 장지(葬地)를 정하는 데에 만전을 기했지만, 점차 누구든지 능력의 한도 내에서 최대한으로 이러한 풍습에 따르려고 했다. 특히 죽은 사람을 화장하는 연기가 날로 많아지고 사람들의 정서가 화장터의 광경을 못 견디게 되자, 화장터를 가능한 청정하게 바꾸려고 하였다.

먼 황야나 적막한 산에 자신이 사랑하는 사람의 시신을 버리는 것은 더욱 견딜 수 없었기 때문에, 언제부터인가 집 부근에 있는 예배당(禮拜堂)11)에 매장하는 관습이 생긴 것이다. 명치시대 초기, 경작지 부근에 함부로 시신을 매장해서는 안 된다는 경고문이 나온 것도 이 관습을 금하기 위해서였지만, 당시에는 이미 뿌리 깊은 관습이 되어 있었던 듯하다. 지금도 규슈(九州) 남쪽 지방이나 관동(關東) 지방, 동북(東北) 지방 산촌의 민가에 근접한 공터 한 켠에는 오래된 장지가 남아 있다.

단순히 흙으로 쌓은 무덤이라면 무너지기까지, 또는 무덤 위에 나무를 심는다면 그 나무가 성장하여 큰 나무가 되기까지, 자연의 망각은 조용히 찾아왔다. 그러나 돌로 쌓은 무덤은 참혹할 만큼 인간의 기억을 멈추게 했다. 그 중에는 후손이 끊긴 집안의 연고 없는 영혼들의 한스러움이 스며있는 것이 많아졌다. 자장(自葬)을 금지하고 영구묘지를 한정한 것은 새로운 시대에 들어서 힘을 쏟아 계획한 묘지 정리법이었지만, 이것은 단지 이전의 매장법을 소홀히 하는 원인이 되었을 뿐, 거대한 석비가 새롭게 난립하는 것을 막을 수는 없었다. 특히 세 번을 전후한 해외 전쟁12)

---

11) 여기서 말하는 예배당이란 절과 신사와 같이 신불(神佛)에게 기원하는 곳을 가리킨다.
12) 야나기타가 이 책을 집필한 것은 1930년으로, 여기서 말하는 전쟁은 청일전쟁(1894), 러일전쟁(1904), 제1차 세계대전(1914)을 일컫는다.

은 많은 전사자의 기념탑을 길가에 세우는 풍습을 만들었고, 묘의 구조를 훌륭하게 꾸밀 필요성이 점점 일반화되었으며, 석비는 개인마다 반드시 하나씩 만들어야 하는 것이 되었다.

지금에 와서 묘지는 뭔가 대책을 세워야만 하는 사회 문제가 되었다. 어째서 이렇게 되었는가를 물을 필요가 있지만, 이 문제에 대해서도 역시 도시 생활의 영향을 생각할 수밖에 없다. 에도에서는 교토의 고산마이(五三昧)13) 같은 차마 눈뜨고 보기 힘든 복잡한 상황에 질려서, 아마도 일부러 공동묘지를 교외에 설치하지 못하게 했을 것이다. 그리고 여기저기에 데라마치(寺町)14)를 구획하여 주민의 가구 수에 비해 너무 많다 싶을 만큼 절을 짓게 한 다음, 각 사찰에 약간의 공터를 부여하여 그곳을 묘지로 사용하였다. 그러자 각 지방에서 새로 생겨는 조카마치(城下町)는 에도의 이 제도를 흉내냈다.

보리쇼(菩提所)15)를 장지로 하면 당연히 석비가 세워지게 돈다. 절에서는 미관상 또는 면적을 절약하기 위해서 만 2년까지는 꼰드시 돌로 묘를 세울 것을 권장했다. 그래서 사람들에게 매장은 점점 부담이 되었고, 도시는 에도(江戸)시대 300년 동안 도시에서는 이것을 지탱하기 어렵게 되었다. 그래서 어쩔 수 없이 새로이 공동묘지를 만들게 했는데, 이것이 또 50년도 지나지 않아서 좁아져 버렸다. 그리하여 묘지는 단지 재력이 풍부한 사람만이 자리를 잡을 수 있는 장소가 되어 버렸다.

화장은 수십 세기 이래로 이어져 온 일본의 공식적인 장례 방법이었음에도 불구하고 의외로 널리 보급되지는 않았다. 이것이 새로운 장묘문화의 필요성 때문에 점점 널리 채용될 즈음에는 이미 우리들이 묘에 대

---

13) 일본의 헤이안(平安)시대에 긴키(近畿) 지방에 있던 다섯 곳의 유명한 산마이를 말한다. 그 다섯 곳은 야마토(大和), 야마시로(山城), 가와치(河内), 이즈미(和泉), 셋쓰(攝津)이다.

14) 근세에 조카마치(城下町, 제2장 역주를 참조) 등의 외곽 지역에 사원이 몰려든 구획.

15) 보리사(菩提寺)와 같은 의미이다. 일가가 대대로 귀의하여 장례식, 추선공양(追善供養 : 죽은 사람의 명복을 빌며 불공을 드리거나 추모 행사를 하는 일) 등을 거행하는 절.

해 갖는 생각도 바뀌어 있었다. 두세 곳의 큰 도시에서는 외지에서 들어온 생활자의 유골을 절에 맡기고 묘를 마련하지 못하는 사람이 매우 많기 때문에 결국에는 인수자가 없는 유골이 쌓여서 어떻게 처리해야 좋을지 몰라 골머리를 앓고 있다. 그 중에는 물론 고의적으로 떠맡긴 경우와 극도의 불행 때문인 경우도 포함되어 있긴 하지만, 대부분의 경우는 유골을 맡은 사람이 제1의 고향과는 인연을 끊고 제2의 고향은 아직 찾지 못한 채 거주지를 너무 자주 옮기기 때문에 이를 어디에 두는 것이 좋을지 계획이 서지 않은 나머지 그대로 방치해 두는 경우도 있는 모양이다.

태어난 고향과 혼인의 연결고리가 느슨해졌다는 것은, 선조의 묘지로 돌아갈 수 없는 영혼이 객지에서 선조와의 관계를 새롭게 정립하는 생각을 갖도록 한다. 많은 위패를 등에 진 채, 어떻게 선조의 뜻을 마음대로 이을 수 있을 것인가에 대해 고뇌해야 하는 시대가 도래하고 있는 것이다.

3. 명치시대의 신도(神道)

묘와 장지를 사찰에 부속시키게 되고 나서 불교가 영혼을 관장하는 영향력이 갑자기 커졌다. 더구나 근대의 개종(宗門改め)[16]제도는 살아 있

---

16) 에도 막부(江戶幕府)의 종교제도 기독교 금지의 한 수단으로 영민(領民)의 종지(宗旨)를 후미에(踏繪 : 에도시대에 기독교 신자인가 아닌가를 식별하기 위하여 밟게 했던 그리스도·마리아상 등을 새긴 널쪽 또는 그 널쪽을 밟는 일)·데라우케(寺請 : 에도시대에 서민들이 기독교 신도가 아닌, 일정한 절에 속한 사람이라는 사실을 그 절에서 증명하도록 한 제도) 등의 방법으로 검열하던 것을 말한다. 전국에 걸쳐 해마다 영민 한 명 한 명에 대해, 종내인별장(宗內人別帳 : 마을마다 개종 결과를 기록한 장부로,

는 사람까지 절에서 통괄하려고 했기 때문에, 이윽고 불교만이 대대로 이어지는 선조와의 관계를 이어주게 되었고, 따라서 사람들은 점차 우부스나(産土)[17]라는 오랜 사상을 잊어버리게 되었다. 집안의 보리소(菩提所)와 같은 종파의 절이라면 여행 중 불의의 사고를 당하더라도 이곳에 자신의 영혼을 맡길 수 있다는 사실은 나가야(長屋)[18]에 임시로 거처하며 일생을 끝내야 하는 사람들에게 든든한 위안이 되었지만, 한편으로는 고향의 씨족신인 우지가미(氏神)[19]를 받드는 제의(祭儀)가 조금씩 소홀해져 가는 것은 어쩔 수 없었다.

봄과 가을의 첫 보름날 즈음에 각 집안에서 조상의 영혼을 맞이하여 모시는 관습[20]은 일찍이 일본의 상고시대부터 있었던 것이었지만, 일본인들이 조상의 영혼은 호토케(佛)라는 것을 알게 된 다음에도, 새로운 종교인 불교의 교법(敎法)은 그 기이하고 정기적인 영혼들의 여행을 설명해 내지 못했다. 그래도 염불을 주로 하는 민간 종파부터 나서기 시작하여 가을의 본(盆)은 완전히 승려가 담당하는 제의(祭儀)가 되었지만, 이와 달리 정월 대보름의 제의[21]는 지금도 각 집안의 호주와 주부, 혹은 특별히

후에는 인구 조사를 목적으로 하는 인별장도 겸해 집집마다 호주·가족·부리고 있는 사람의 이름·연령·종지·소속된 절 등을 기재하여 호적부의 역할을 했다)에 기재하고, 소속된 절에 불교 종파의 귀의자인 점을 증명하도록 했다. 1873년에 폐지되었다.

17) 우부스나(産土)란 그 사람이 태어난 출생란 의미이다. 그 지방을 수호하는 신을 가리켜 우부스나 신(産土神)이라고 한다.

18) 한 용마루 밑에 칸을 막아서 여러 가구가 살 수 있도록 길게 지은 집. 에도(江戶)시대 말기부터 명치시대에 걸쳐서 도시로 인구가 집중하여 나가야에 사는 사람들이 급증하였다. 특히 나가야에 세를 들어 사는 사람 중에는 행상인이나 일용직 노동자 등, 대부분이 하층의 서민들이었다.

19) 일반적으로는 지역을 수호하는 신을 말한다. 원래 다이카(大化) 전대에 성립한 부계의 혈연 동족으로 이루어진 씨족집단의 수호신으로서 족장이 모시는 신을 말한다. 조상신[祖神]을 우지가미로 하는 예는 많았는데, 어떤 기연(機緣)이나 지연에 따라 한 집안의 씨족이 공동으로 모시는 우지가미의 예도 있다.

20) 여기서는 고쇼가쓰(小正月, 음력 1월 4일~1월 16일 사이)와 본(盆, 음력 7월 15일)을 의미한다.

21) 정월 대보름을 가리켜 고쇼가쓰(小正月)라 한다. 이 말은 주로 동일본(東日本) 지역에서 많이 사용되며, 그 외에도 와카도시(若年), 여자 정월(女正月) 등의 명칭이 있다.

뽑힌 그 해에 해당하는 띠에 태어난 남자[22]가 이를 주관하고 있었다. 그리고 시간이 지남에 따라 두 개의 제의는 아무 관계도 없는 것처럼 생각하게 되었다.

일본인들은 원래 인도 사람처럼 윤회전생(輪廻轉生) 법칙을 전적으로 따르는 것은 아니었기 때문에 안팎의 두 개의 신앙을 연결시키는 데는 어려움이 있었다. 죽으면 다시 태어나 곧바로 다른 가정에 속하게 된다거나 인간 세계가 아닌 다른 세계로 떠나게 된다는 영혼관을 받아들일 수 없었다. 눈에는 보이지 않지만 고향의 산천초목에는 집안의 조상들이 깃들어 쉬고 있고, 조상들도 생전에 함께 했던 현세의 생활을 그리워하며 지켜보고 있을 것이라고 생각했기 때문이다. 그런데 불법(佛法)으로 말하자면 그것은 방황하는 혼백이었다. 때문에 올바르게 공양을 받는 혼백은 본(盆)의 이틀 밤 동안 10만억토 밖의 저승에서 돌아온다고 배우게 되자, 부르면 언제라도 나올 것 같은 혼령은 한순간도 방심할 수 없는 무서운 간섭자인 것처럼 생각하게 되었다. 절대적인 공력(功力)을 가진 부처여래 외에 불교수행을 방해하는 악마퇴치를 기원하는 십일면관세음(十一面觀世音), 특히 나락에 떨어진 영혼을 구제하는 지장보살 등을 모시는 일이 성행한 것도 그 때문이었다. 우부스나(産土)의 숲에서는 그 지역에서 가장 명망 있는 집안의 조상신을 중심으로 제사의식을 통일하는 것이 예로부터의 관습이었던 모양이지만, 이것도 나중에는 하치만(八幡)[23]・덴만(天

야나기타 구니오는 『민간력 소고(民間曆小考)』에서 모내기를 하는 달의 직전 보름날을 매우 중요하게 생각했다. 즉 실제로 농사일을 시작하는 4월 무렵이 일 년의 시작이라는 생각을 지녔다. 그러다가 중국에서 역법(曆法)이 도입되자, 일 년의 시작이 4월 15일에서 1월 15일로 바뀌게 되었다고 주장한다. 고쇼가쓰 행사에 농경의례적인 요소가 짙게 반영되어 있는 것은 그 때문이라고 설명한다.

22) 이를 도시오토코(年男)라고 한다. 설을 맞이하기 위한 준비에서 제의(祭儀) 전반을 관장하는 역할을 하며 다른 말로 와카오토코(若男)・세치오토코(節男)라고도 부른다. 일본의 민속에서는 도시오토코로서 어떤 역할을 수행하느냐가 중요한 문제이다. 오늘날에도 세쓰분(節分) 행사에서 도시오토코가 콩을 뿌리는 역할을 담당하고 있는 것을 자주 볼 수 있다.

23) 하치만 궁(八幡宮)이나 하치만 신(八幡神)의 약자이다. 하치만 신은 전국의 하치만

滿)[24] 등 영혼을 통제하는 힘이 가장 크다고 생각되는 신들을 새롭게 맞이하여 주종 관계에 두는 방식으로 일반화되었다.

하지만 그 제례에 봉사하는 사람은 여전히 그 지방 구가(舊家)의 조상신과 가장 친근할 만한 사람이 임명되었다. 이러한 신앙은 항상 학문을 통해서 연마되고 발전하기 때문에 나중에는 복잡한 여러 가지 해설이 덧붙여지기는 했지만, 그것이 결코 모든 주민의 일반적인 사고 방식까지 변화시킬 수는 없었다. 가을에 수확한 것으로 밥을 짓고 술을 빚어서 조상의 영전에 바친 다음 그것을 음복하는 연회를 여는 마음가짐은 각기 자기 집안의 선조들이 지닌 힘을 함께 공유한다는 원래의 마음과 크게 바뀌지 않았다고 생각된다. 고향을 떠난 사람들은 겨우 이 가느다란 끈으로 고향과의 인연을 이을 수 있었다. 마을제사 때까지는 고향에 돌아오라고 하거나 고향에서 함께 설을 쇠자고 하는 걱정 어린 말들은, 지금도 이러한 생각이 한 켠에 뿌리를 내리고 있기 때문에 전해지고 있는 것이다.

이렇게, 지키면 즐겁고 행복하지만, 지키지 않더라도 그저 마음이 허전할 뿐인 여러 가지 관습과 행사들에 대해 종교라는 이름을 붙일 수 있는 것인가에 대해서는 아직 논쟁의 여지가 있다. 그렇지만 적어도 천 년 이상 이어져온 세계적인 종교의 힘으로도 일본에는 침투할 수 없었던 이유가 여기에 있고, 종교를 자유롭게 전도(傳道)할 수 있는 현 시대에 들어와서도 조상에 대한 관념이 오히려 더욱 약진하여 신국면을 전개했다는 것은 무시할 수 없는 저력이었다. 가미(神)라는 단어는 일본에서는 매우 넓은 의미로 쓰인다. 간혹 경멸하여 부르는 야부가미(藪神)[25]라는 식

신사에 모셔져 있으며, 활과 화살의 신으로써 숭배된다. 이 신의 발생지인 오이타(大分縣)현 우사(宇佐)에서 교토 이와시미즈(石淸水)로 권청(勸淸)된 이래로 이 신이 오진(應神) 천황이라는 신앙이 퍼져 나갔다.

24) 헤이안(平安)시대 초기의 학자이자 정치가인 스가와라노 미치자네(菅原道眞)를 신격화 한 것으로, 이를 모신 신사를 덴만궁(天滿宮)이라 한다. 오사카에 소재한 덴만궁에서 7월 25일에 거행하는 덴진마쓰리(天神祭)는 전국적으로 유명하다.

의 말투 속에는 때로 수목동물(樹木動物) 등도 포함되어 있었다. 그러므로 사람의 영혼이 신으로 모셔진다는 것은 너무 당연하다고 생각하기도 했다. 그러나 그 경우는 이전 시대에는 보통은 진수대신(鎮守大神)[26]의 위력만으로는 제어하기 어려운 영혼들을 특별히 그 영혼과 인연이 있는 지역에 모셔 위로하는 것이었다.

그런데 명치시대에 증가한 대부분의 지방신은 요즘 말로 하자면 인격숭배를 주로 하는 것으로, 반드시 그 위력이 영험하여 재앙을 내린다는 두려움이나 기도하면 반드시 복을 받는다는 기대를 바탕으로 모셔진 것이 아니었다. 번(藩)의 무사가 모시고 있던 주군의 곁을 떠나 다른 지방으로 떠날 때 주군의 시조(始祖)를 신사에 모신 것 등은 그 단적인 예이다. 하지만 어느 경우도 연고가 있는 지역을 벗어나게 되면 더 이상 신이 아니었기 때문에 이와 같은 예는 여전히 이전의 관습을 따른 것으로, 말하자면 인신(人神)사상의 일차적인 확장이었다. 그리고 이차적인 확장으로는 지역 연고를 떠나서 사람의 영혼을 나라 전체의 신으로 숭배하게 되었다는 점을 들 수 있다.

동경의 초혼사(招魂社)[27]에는 세이난전쟁(西南戰爭)[28] 직후에 전사한 병

---

25) 야부(藪)란 숲・덤불이란 의미로 대나무 숲 등을 제사지내는 장소로 한 데서 이 명칭이 붙여졌다고 해석되고 있다. 사원이나 궁전에서 제사 지내는 신에 대해, 신격(神格)이 낮은 잡신이라는 의미를 지녀, 조왕신(荒神)・지신(地神) 등을 야부가미로 칭하는 경우와, 야부가미가 고유한 제신의 명칭으로 된 경우가 있다. 어느 쪽이나 제사 지내는 곳을 훼손하는 등의 불경스런 행위를 하면, 질병과 같은 재난을 내리는 재앙신(祟り神)이 된다는 신앙이 있다.

26) 왕성(王城)・토지・사원 등을 역병이나 재앙으로부터 수호하는 신이다. 원래 대승불교의 호법선신(護法善神)사상에 의해 사원의 수호신으로서 권청(勸請)되었으며 대부분은 사원의 건립 이전부터 존재했던 지주신(地主神)을 새롭게 모셨다.

27) 야스쿠니신사(靖國神社)의 전신. 명치시대 초기에 전몰자의 위령을 위해 설립한 신사(神社). 초혼사는 나중에 호국신사(護國神社)라는 이름으로 바뀌어 일본 각지에 세워졌다.

28) 1877년에 사이고 다카모리(西鄕隆盛) 등이 일으킨 반란. 명치정부에 대한 불평을 지닌 토족들이 일으킨 최대 규모이자 최후의 반란으로, 사이고 다카모리가 정한론에 패배하여 관직을 그만둔 후, 가고시마(鹿兒島)에 설립했던 사학교의 학생들이 중심이 되

사들을 모신 것이 그 시초였는데, 그것이 오늘날의 규모로 확립된 것은 그보다 수십 년 후에 일어난 애국전쟁부터였다. 나라를 위해 싸우다 죽으면 국가의 신이 된다는 장렬한 각오는 실제로 전쟁에 임한 사람의 정신을 얼마나 고무시켰는지 모른다.

> 21년 세월 동안 내 손으로 키웠거늘
> 3개월 못 본 사이 나라의 신이 되었네[29]

이런 종류의 가요는 러일전쟁 즈음에도 많이 유행했다. 고풍을 존중하는 많은 일본인들의 마음 저변에 오랫동안 잠재해 있던 영혼에 대한 이 같은 관념은 신국가주의의 발전과 함께 순식간에 우부스나의 좁은 한계를 벗어나 하루아침에 커다란 단결정신을 만들어냈다. 사람들은 이 나라 곳곳의 청산(青山)을 자신이 뼈를 묻어도 될 묘지로 생각하고 어디에서든 일하고 잠들 수 있다는 생각을 가지게 되었다. 이것은 또 하나의 커다란 힘이 되었다.

신사(神社)가 과연 종교인가에 대해서도 지금이라면 확실히 문제삼을 수 있다. 고유신앙의 특징은 교리가 적힌 경전이 따로 없고 각자 마음속에 새겨진 교리에 따랐기 때문에 시대의 변화와 더불어 해석이 달라지는 것이었다. 더구나 수십 대를 거치며 거듭 유전(遺傳)되는 동안 국민 기질의 일부가 된 것은 쉽사리 없어질 수 없었다. 외래 종교가 그 유신앙을 열어제치고 침투해 온 것처럼 생각하는 것은 지금까지 역사가들의 정설이었지만, 사실상 불교는 본지수적(本地垂迹)[30] 사상이 생긴 옛날부터 삼

어 2월에 거병했다. 구마모토성(熊本城)을 공략하지 못한 사이에 정부군의 반격을 받아 패배했다.

29) 일본어 원문은 다음과 같다. "二十一年わが手で育て三月見ぬ間に國の神."

30) 일본의 신은 본지(현세 사람을 구하기 위해 신의 모습으로 나타난 부처·보살의 본체)인 부처·보살이 민생구제를 위해 모습을 바꿔서 나타난다고 하는 신불동체(神仏同体)사상. 헤이안(平安)시대에 시작되어 명치시대의 신불분리(神仏分離) 정책에 따라 쇠퇴하였다.

라만상을 용인함으로써 보급되었다. 예수교가 가령 생명력이 있는 가족의 영혼관장에서 앞으로든 뒤로든 한 걸음 나아가기 위해서는 반드시 기존 종교와의 대립과 타협 중에 양자택일을 해야 했을 것이다.

이처럼 일본인들의 종교 생활은 그 실상을 들여다보면 매우 복잡하다. 소학교에 설치한 가미다나(神棚)[31]는 문제가 되었지만 각 집안의 가미다나는 당연히 허용되고 있다. 지금도 일반인들 중에는 죽은 사람을 위한 장례 절차는 불법에 맡기고, 자신은 신사에 모신 신에게 참배한다는 사람들의 수가 가장 많다. 이 같은 혼란이 생긴 가장 큰 원인은 거주지의 이동에 따른 우부스나(産土)사상의 분해에 있을 것이다.

4. 사족(士族)과 집안의 이동

사족(士族)[32]이라고 불리는 집안은 수십만에 달하지만, 부득이하게도 그들 모두가 고향을 단념해야 하는 시대에 직면하게 되었다. 이전에도 번(藩)에 따라서는 여러 차례 번주(藩主)가 바뀌는 일이 있었기 때문에 전혀 낯선 상황이라고 할 수는 없겠지만, 그 경우에는 서둘러서 새로 이주한

---

31) 신사에서 받아온 부적을 모셔 두는 집안의 공간.
32) 명치유신(1868) 후에 이전의 무사계급에게 주어진 신분 호칭. 1869년 6월에 공경(公卿)·제후(諸侯)를 화족(華族), 지위가 낮은 무사를 사족(士族)으로 삼았다. 같은 해 12월에는 구 막부의 신하도 포함하여 모든 무사의 신분을 사족 또는 졸(卒)로 정하여, 종래에 무사계급에게 지급되던 녹봉에 따라 가록(家祿)이 지급되었다. 1972년에는 졸이 폐지되어, 모든 국민은 화족·사족·평민이라는 세 가지 신분으로 구분되었다. 사족·평민 사이의 법적·신분상의 차이는 없어지고, 나아가 질록처분(秩祿處分 : 이전부터 내려오던 세습적인 녹봉 폐지)·폐도령(廢刀令 : 무사가 칼을 차는 것에 대한 금지령) 등으로 옛날에 누렸던 특권도 폐지되어, 대부분의 사족이 몰락하고 사족 반란이 일어나기도 했다. 그 후 신분으로서의 사족은 형식적으로만 남게 되고, 1947년 호적법의 전면적인 개정에 따라 사족이라는 호칭도 소멸되었다.

지방과의 친화를 도모했을 뿐만 아니라 어떤 경우에든 뜻을 함께 하는 집안끼리 행동을 같이 하고 있었다. 그러나 명치시대의 번 폐지는 절대 이주를 강요하지는 않았지만, 각자에게 지나친 선택의 자유가 주어졌다.

그러면서 애초에 사람들로 하여금 고향에 집착하게 만드는 중요한 요소를 없앰으로써 고향에서의 생활을 무의미한 것으로 만들어 버렸다. 그 때문에 한 세대라고 하는 짧은 기간 동안에 시대적 흐름에 적극적인 사람부터 순서대로 고향을 떠나 이주한 곳에 정착하여 살게 되었으며, 어쩌다 고향에 남은 사람에게도 내 고향이라는 의식은 갖지 못하게 되고 말았다. 게다가 떠나간 대부분의 사람들도 쉽사리 제2의 고향을 정할 수 있는 것은 아니었다. 말하자면 이렇게 많은 집안들이 새롭게 일본의 유동인구로서 표층에 떠오른 것이다.

이것은 명치·대정의 새로운 세상(世相)에서 대단히 큰 사건이었다. 그리고 그 결과는 대체로 좋았다고도 말할 수 있다. 처음에 중앙 정부는 번을 떠난 무사계급의 동요(動搖)를 염려하여 미리 여러 가지 계획을 세워 두었다. 서적을 통해 사족에 대한 연구를 시도한 정치가의 추측에 의하면, 사족은 원래 농민이었던 사람이 칼을 몸에 차고 나와서 행세했던 사람들이기 때문에, 그들에게서 칼을 거두어 버리면 농민으로 돌아갈 것이라고 생각했다. 그러나 그들은 지난 3세기 동안 경작법을 잊어버리고, 단지 농민을 내려다보는 기풍만을 몸에 익히고 있었다. 그리고 또 그들의 귀농을 마냥 기다리고 있을 만큼 많은 공지(空地)도 없었다.

순리(純理)에 따라서 전원으로 들어간 얼마 되지 않는 사람들도 그리 오래는 견디지 못했다. 동북 지방이나 홋카이도 등 희망에 찬 새로운 땅을 지급받았던 사람 중에서도 운 좋은 사람만이 지주가 되어 성공했고, 나머지는 토지를 팔고 다른 업종으로 옮겨갔다. 둔전병(屯田兵)[33]은 따로

---

33) 평상시에는 농업에 종사하는 병사. 여기서는 홋카이도(北海道)의 경비와 개척을 위해 만들어진 둔전제의 병사를 말한다. 1875년(명치 8)에 설치되어 1904년(명치 37)에 폐지되었다.

부하의 가래와 괭이를 관리할 사람을 필요로 했지만, 노동자는 새로운 개척지까지는 오지 않았다.

지금까지 사족에게는 부동산에 가까웠던 봉록권(俸祿權)34)이 일종의 동산으로 변한 것도 큰 변화였다. 이것을 이용할 수 있는 기회는 물론 도시에 많았고, 더구나 그들 중 대다수는 애초부터 도시인이었다. 이른바 '사족의 상법'35)이라는 말은 사족과의 경쟁에 대해 불안해하던 사람들이 과장해서 퍼뜨린 풍설(風說)에서 시작된 모양이다. 사족 중에는 완전히 실패해 가난해진 사람도 있었지만, 오히려 이 사람들에 의해 새로운 기업이 제안되었는가 하면 그것을 실제로 시도한 경우도 많았다. 이것은 정부가 염려하고 있던 사족들의 동요 속에서 진행된 일이긴 했지만, 그 동요는 결과적으로 건전한 방향으로 진행되었다.

우리들은 일생을 방랑으로 끝낸 떠돌이 여행자, 언제나 경멸만 당했던 이전 시대의 그 떠돌이 여행자들에게서조차도 새로운 생활 방식을 여러 개 전수받았다. 그것은 예로부터 사람을 설득하는 힘을 가지고 자신을 위해서 우선 자신의 안위에 관한 계획부터 세워야 했던 사람들이, 오랜 시대를 거치면서 알게 된 방책이었다. 사족의 경험 중에는 설령 한 번 실패했다 하더라도 충분히 이용될 만한 것이 많았다. 새로운 문화의 전개에는 좋든 싫든 간에 사족의 고군분투가 암암리에 작용했다고 말할 수 있다.

가장 큰 영향은 우리 사회 속에서 급속하게 봉급 생활자라는 계층을 만들어낸 것이다. 특히 관리의 경우는 마치 정부가 뭔가 의도를 가지고 특히 실업자들에게 일할 기회를 만들어 준 것이 아닌가 생각될 만큼 그 수(數)와 직급이 풍부하게 많았다. 지금도 대수롭지 않은 일을 마치 피라미드라도 쌓는 것처럼 각 부서(部署)에서 정연(整然)하게 수행해 내는 관

---

34) 직무에 대한 보수로 주어지는 쌀이나 돈을 봉록이라 하며 그 권리를 말한다.
35) 명치유신 후에 사족이 상업 등의 사업을 하다가 실패한 일이나 그 장사 방법. 넓은 의미로는 상업에 부적절한 사람이 장사를 하는 것을 비유해서 사용한다.

습은 아마도 일손이 많았던 그 시대의 잔재일 것이다. 현재 그 임무를 잇는 것이 사족의 후손만은 아니지만, 이즈음에 대개 사족들이 자리를 잡았다. 대단히 잘난 체 하긴 했지만 품위가 있었고, 전임자에게 책임을 전가하긴 했지만, 전횡을 휘두르는 일은 적었다는 것이 출신 직업과 상관없이 일관되게 나타나는 일본 관리의 바람직한 특징이었다.

실제로 새로운 시대의 정치는 그들의 가담 없이는 도저히 완성해 낼 수 없었다. 하지만 예기치 않은 오랜 폐습이 이와 더불어 이어진 것 또한 어쩔 수 없는 일이었다. 정실(情實)이라는 문자가 그다지 혐오감 없이 더러 사용되고, 혹은 봉건시대의 어은제도(御恩制度)[36]가 그 형태를 조금 변형시켜 지금까지 통용되고 있으며, 이른바 파벌과 계파에 따른 차별을 다른 많은 자유직업에까지 유포시킨 것은 오늘날의 행정이 막부(幕府)시대 이래의 정치 능력을 필요로 했기 때문이다. 어찌됐든 사족은 이 방면에서 활발하게 활동하고 있는 것이다.

이전에 누렸던 특권을 잃어버린 농민·상인·공업 종사자도 그 운명은 사족과 거의 같은 상황이었다. 이 사람들과 사족의 공통된 특징은 농업으로 돌아가 정착하지 않은 사람들의 경우라 하더라도 조상의 영혼에 대한 사랑과 그리움이 이주와 동시에 쇠퇴해 버린 것이 아니라는 것이다. 이것은 아마 고향에서 이주해 나온 동기가 부득이한 사정으로 갑자기 마을을 뛰쳐나온 사람들처럼 절박하지 않았기 때문일 것이다. 그들의 처지가 갑자기 돌변하였고 게다가 대개 풍부한 월급을 받을 수 없었다는 것 또한 일본에서는 오히려 바람직한 결과를 낳게 되었다.

명치·대정시대의 입신 출세자는 대부분 가난한 사족의 자지와 고학생이었다. 문무(文武)관리뿐만 아니라 정치·학문·기술 등 어느 방면이든지 뛰어난 사람에게는 누구든 그 배후에 자신을 엄청나게 자극하는 사람이 있었다. 다른 사람에게 지지 않겠다는 다짐을 선조에게 바칠 단

---

36) 봉건사회에서 주군이 신하에게 내리는 은혜. 은지(恩地 : 무가시대에 공적에 따라 하사받은 토지) 등이 이에 속한다.

하나의 공물(供物)로 생각하고, 어떻게든 참고 이겨내서 집안의 이름을 빛내는 것이, 일본에서 가장 흔한 입지전(立志傳)의 유형이었다. 그 대신에 고향 사람들이 이것을 찬탄하고 때로 지나치게 칭찬했던 점은 일본어로 번역되어 널리 읽힌 영국의 『자조론(自助論)』[37] 등과는 그 경향이 매우 다르다.

일본의 명사(名士) 중에는 스케일은 작더라도 영웅형이 많고, 곧 누구누구 전(傳) 등을 써서 외부에서 영웅형으로 만들려는 경향이 있는 것도 대개 좋은 효과를 가져오고 있다. 단, 어찌됐든 이것이 어느 한 시대의 특별한 현상이었던 것만은 틀림없다. 즉 아직 사라지지 않은 무사의 기백을 새로이 태어난 문화에 응용해 낸 과도기에 가장 눈부신 성과를 보인 것일 뿐, 성공할 수 있는 기회는 시대와 더불어 점점 그 가능성이 희박해져 갔고, 설령 성공한 사람의 발자취를 그대로 따라가 본다 한들 과연 같은 목표에 도달할 수 있을지는 알 수 없는 일이었다. 이른바 고학생의 고생은 이전보다도 훨씬 고달파졌고, 입신출세를 위한 장애물 또한 그만큼 많아진 것이다.

5. 직업의 해체

농민이 집안을 중시하는 정서는 더러 무사보다도 강했음에도 불구하고 근대에 들어와서 집안이 흩어지거나, 조상 대대로 살던 땅을 떠나게

---

37) 영국의 저술가로서 스코틀랜드 출생의 스마일(Samuel Smiles, 1812~1904)이 쓴 저서. 이 책에서 그는 성실, 근검, 자학(自學) 등을 강조했는데, 수많은 명구가 들어 있어 빅토리아 왕조 때 계몽서로서 여러 나라에서 번역되기도 했다. '하늘은 스스로 돕는 자를 돕는다'는 유명한 문구는 여기 나오는 구절이다.

되는 경우에는 조금이라도 빨리 과거의 인연을 벗어 던져 버리려고 했다. 사족이 집안의 이름을 등에 업고 새로운 경지를 개척하려고 했던 것과는 달리, 농민은 별도로 새로운 집안의 선조가 되려는 희망을 갖는 것을 보통으로 여겼다. 농민에게는 토지가 생존의 필수조건이었기 때문에 이를 떠나가는 데는 그만큼 각오를 하는 것이 당연했다고 할 수 있지만, 그들이 마을을 떠나는 것은 사족의 경우와 달리 항상 좀더 행복한 생활을 찾으려 하는 동기가 저변에 있었기 때문이었다.

농민이 집안을 계속 이어간다는 것은 원래 상당한 희생을 필요로 하는 일이었다. 무사 집안에서도 집안의 영속을 위해 자식과 의절하거나 주인에게 강제 할복을 당하는 일조차도 있었지만, 그것은 어쩔 수 없는 이상 사태가 발생한 경우의 일이었다. 이에 반해 대부분의 집안에서 구성원들이 무리하게 인내를 강요당했다. 한 집안이 구세력(舊勢力)을 유지하기 위해서는 주인의 노력과 고생은 물론이고, 나아가서는 이것을 돕는 사람의 완전한 순종, 때로는 자유에 대한 제한조차도 필요했다.

많은 남녀가 정식으로 혼례를 치르지 못한 혼인 생활을 해야 했던 것은 결코 히다(飛驒)[38] 지방의 시라카와촌(白川村)[39]만은 아니었다. 그들은 노비는 아니지만 의식(衣食)은 노비와 흡사했고, 때로는 소박함 이상의 열악한 생활을 감수하고 있었다. 언젠가는 집안의 주인이 될 맏자식이 이렇게 열악한 공동 노동을 하는 것은 그렇다 치더라도, 차남 차녀 이하에 이르러서는 그마저도 희망도 없었다. 부근에 아직 개간되지 않은 남은 토지가 있다면야 기회를 보아서 개간할 계획을 세우거나 아니면 자식들이 인연을 찾아 나가는 것도 점차 허락되기는 했지만, 대부분은 집에 머물면서 착취당하는 생활을 해야만 했다. 새로운 시대의 변화는 우

---

38) 옛 지명으로 지금의 기후(岐阜)현 북부 지역에 해당한다.
39) 기후(岐阜)현 북서부 오노군(大野郡)에 위치한 산촌. 대가족이 기리쓰마 갓쇼즈쿠리(切妻合掌造り : 가옥 형태가 마치 합장하는 듯한 형태로 되어 있어 붙여진 이름)라는 가옥에서 공동 생활을 한 것으로 유명하다.

선 이 집단성의 해체로 시작되어야 했다.

가장(家長) 중에는 집을 통솔하는 능력과 덕망을 오랫동안 터득한 사람도 있었겠지만, 그를 지탱해 주었던 것은 주로 시대의 대세였다. 그런데 전쟁을 비롯하여 그 밖의 외부 세계와의 접촉이 이루어지자 개인적인 경향이 강해졌다. 게다가 세상의 모습이 조금씩 알려지게 되자, 자유로운 다른 직업이 얼마든지 있을 것 같다는 생각을 할 수 있게 되었다. 깊은 산촌에만 옛 집안의 생활 조직이 남아 있다는 것은 이에 관한 지식의 유입이 늦었다는 것을 의미한다.

개개의 결혼 생활 속에서 이 영향이 조금씩 나타나고 여자의 지혜가 어느 정도 남자를 움직일 수 있게 되자 독립하여 생활하고자 하는 계획이 머리에 떠오르게 되었다. 이것이 생산경제의 개혁에 편승함으로써 집안의 분열은 우선 고향 땅에서 시도되기에 이르렀다. 처음에는 한 가문의 단결을 통한 보다 큰 효과를 단념한다는 것이 어쩐지 불안했던 모양이다. 토지 재산의 분할을 단호하게 시행했던 경우에도 부모들은 자기 자식들을 모아놓고 장래 영원히 사이좋게, 특히 분가(分家)에서 성실하게 본가(本家)를 도와야 한다는 것을 맹세하게 했다. 혼처도 일부러 가까운 곳에서 찾으려고 했고 일하러 내보내는 자식도 가능한 한 멀리로 보내지 않으려고 했지만, 시대는 언제까지나 그럴 수 있게 놓아두지 않았다.

농민 출신의 고용살이는 대개 형제가 타인이 되는 출발점이었다. 집에는 이미 나누어 줄 만큼의 논밭이 없는데, 본인이 농사를 잘 짓고 조용한 시골 생활을 좋아할 경우, 어딘가 일손이 모자란 집을 찾아서 새로운 주종 관계의 인연을 맺을 수밖에 없었다. 하지만 이웃이나 근처에서 그러한 집을 찾는 것은 매우 어려운 일이었다. 한 지방에는 반드시 나름의 농법과 관행이 있는데, 그것을 터득하게 되면 이미 그 지방 사람이 되는 것이다. 고용살이의 계약 기간이 있다 하더라도 15세부터 25세까지, 대략 10년 정도의 시간을 들여 일을 터득하고 난 후에 자신의 고향으로 돌아가려는 사람은 좀처럼 없었다. 게다가 장래에 주인의 비호 아래 정착하는 것이 목적이었기 때문에 배우자를 반드시 고향의 어렸을 적 친구 중에서 찾아야 할 이유는 없었다. 자신이 태어난 고향, 그리고 부모의 농가와는 무관한 새로운 농민이 되는 것은 어쩌면 필연이라고 해도 좋았다.

근래에 고용 기간을 계약하고 고용살이 일꾼이 되어 외지로 돈 벌러 나가는 것은 이름은 같지만 성질은 다른 것이다. 단촐한 생활의 시조 격인 집안 대대로의 고용살이 일꾼 집안은 이제 모두 독립해 있지만, 그들이 대부분의 경우 각 마을에서 수가 적을 뿐이지 기원은 매우 유사하다. 이 경우는 부모가 처음부터 자식에게 호적을 건네주었기 때문에 매우 행복한 경우라고도 할 수 있지만 실제로는 버려지는 것에 가까웠다. 이를테면 부자간, 또는 형제간의 인연을 끊는 분가였다. 도쿠가와 막부(德川幕府)는 이를 매우 잔혹하다 하여 법령으로 금했지만, 아이를 버리는 비상 수단으로 내 자식을 아무런 조건이나 대가 없이 다른 집의 고용살이로 보내는 경우는 명치시대가 되어서도 끊이지 않았다.

집안의 규모가 작아도 살아갈 수 있다는 안도감, 오로지 농사만을 짓기 위해서 그렇게 많은 사람이 모여 살 필요는 없다는 경험들이 결국은 집안을 최소한도까지 해체시켰는데, 무사 집안이나 상인 집안에 비해 농민에게는 그 시기가 훨씬 늦게 왔던 것이다. 이러한 경향이 나타나기 시작하자, 그런 사실을 알면서도 억제하고 있었던 사람들의 마음은 결코 편했을 리 없다. 그래도 한편으로는 예로부터 번창했던 집안에 대한 긍지, 또는 불시의 재난에 대한 두려운 불안 때문에 밖으로 내보내지 않으려는 경우도 있어서, 당사자 입장에서 보면 분가할 수 있는 기회는 정말로 적었다.

농촌의 교육은 오늘날과는 정반대로 지나치게 농촌 생활에만 유용한 교육이었다. 타향에 나가서 일을 하려면 뛰어난 소질뿐만 아니라, 조금은 특별한 준비를 해야 했다. 그래서 시골에서 내보내는 것을 안타까워할 만큼의 훌륭한 청년이 아니면, 자신이 스스로 타지로 나가 보려는 결심을 하기가 어려웠던 것이다. 이러한 몇 가지 원인으로 인해서 시골에서는 집안의 분열이 다소 억제되었고, 일손이 조금 남아돌 만큼 풍부했다. 그러던 것이 새로운 시대의 교통해방에 의해 어떤 벽지에서도 다투어서 바깥 세계에 나와 진로를 찾으려고 하기에 이르렀다. 혹시 조금은 지나치다 싶을지 모르지만 그것은 당연한 대세였다. 오늘날의 상황으로 보자면 사실 농민은 다른 직업으로 전업할 수도 있다. 전업하려고 시도한 결과 성공한 경우와 그렇지 못한 경우 두 종류가 있기는 하지만, 현재 그들이 농촌에서 나와서 참여하지 않은 사업은 하나도 없다. 일찍이 사족이 성공한 정도의 일에는 모두 성공하여, 바다나 광산, 기계 등 전혀 몰랐던 기술에 종사하고 있을 뿐만 아니라, 매춘부와 같은 특수한 근로자까지도 지금은 그들 중에서 많이 나온다.

선택은 매우 자유로워졌다. 게다가 시도하면 모든 일이 가능하고 무엇이든지 될 수 있다는 이러한 자신감이 직업의 선택을 얼마간 손쉽게 만들었고, 또 도중에 자주 직업을 바꾸게 만든 것도 어쩔 수 없었다. 그들은 이전의 처지에 지나치게 익숙해져 있어서 직업의 고정을 불행이라고 여기거나 직업에 대해 준비하는 훈련 및 수양 과정을 없어도 되는 것으로 생각하는 잘못된 경험을 갖고 있었는지도, 집안의 존속이라는 점에서 생각한다면 그들의 전업은 대단히 불리한 것이었다. 적어도 다음 세대에 대한 계획, 즉 내 자식들을 기르는 데 있어 편리한 몇 가지를 포기해야만 하는 불이익을 감수해야 했기 때문이다. 눈에 보이지 않는 대대로 이어진 조상의 은혜, 예를 들면 집안에 전해 내려온 기질과 감수성을 활용할 수 없게 된 것이다.

하지만 이 농민 출신들의 약간 무모한 진출에 바탕을 두고, 일본의 사회상이 급속하게 복잡해지고 흥미진진해진 것도 사실이었다. 아마 어느 나라에서든 문화가 급변하면 이렇게 되는 것이라고 그 순서가 정해져 있지는 않으리라고 생각한다. 이른바 새로운 삶의 방식을 논할 자격이 있고, 그것을 절실하게 강구할 필요가 있는 사람들은 근래에 들어서 지방에서 쫓겨 나와 도쿄에서 살고 있는 사람들밖에 없다. 어느 한 직업이 구제받는 것에 의지하지 않고 외부의 원조도 바라지 않으면서 독립해서 일가의 생존을 지켜내는 데에는 과연 얼마만큼의 조건을 필요로 할 것인가 하는 것이, 이러한 사람들의 새로운 문제가 되었기 때문이다.

농업뿐만 아니라 옛날부터 있었던 산업 중에서는 그러한 문제에 대해 생각하지 않아도 되는 것이 많았다. 집안을 지탱하기 위한 집안 구성원들의 협동에는 때때로 직업의 통일이나 간섭이 필요 없는 것이 있었다. 예를 들면 모든 노동력을 어장이나 탄광에 돈벌이하러 보내거나, 자녀를 다양한 고용살이에 내 보내서 얻은 수입을 가계에 보충하는 관습은 농업과는 전혀 별개의 것이었다. 근래 문제가 되고 있는 외국 이민자들의 국외송금 또한 예기치 못한 또 다른 형식이었다. 이것들은 모두 집안을 지키기 위한 예로부터의 관습 그대로인데, 한마디로 가계에는 힘을 보태더라도 그 방식이 반드시 농업을 통한 것은 아닌 것이다. 그리하여 지금 농업은 크게 진보하고 있지만 농가의 규모는 쇠퇴할지도 모를 시대에 직면해 있는 것이다. 집안이 해체되어 부부와 자식만으로 구성된 최소의 규모가 되면, 이미 그 안에서는 농업 이외의 방법으로 집안을 위해 희생할 수 있는 사람을 그다지 기대할 수 없기 때문이다.

6. 가족애의 성장

인구의 증가와 더불어 집안은 차츰 분화되었다. 사람들이 사로운 집안의 시조(始祖)가 되려고 했던 기세로 옛날과 마찬가지로 생기 넘친 부모의 사랑을 회복한 것은 매우 바람직한 새로운 세상(世相)이라고 해야 할 것이다. 일본을 어린이의 낙원이라고 평한 외국인의 평가도 요즈음 빈번히 일어나는 일가족 동반자살로 인해 어느 정도 폄하될지는 모르지만,

이것 또한 자식을 사랑하는 부모의 안타까운 파탄의 유형일 것이다. 무지와 심약함의 원인은 다른 데 있다 하더라도, 어찌됐든 부모가 이 정도까지 자기 자식의 장래에 대해 골똘히 생각하게 된 것이다.

자식을 생각하는 마음은 새나 짐승도 마찬가지라고는 하지만, 인간의 자식 사랑은 훨씬 복잡하고 그 시대의 이성과 지혜를 바탕으로 하고 있었다. 결국은 내 자식을 위하는 것이 된다는 교훈 중에는 간단하게는 설명하기 어려운 준엄한 형식을 갖춘 것들이 있었다. 게다가 집안의 존속을 목적으로 한 다른 많은 사항들이 함께 작용하고 있었다. 가족의 구성이 지금보다 훨씬 복잡했을 즈음에는, 가족의 질서를 도덕 규범으로 장려할 필요가 있었기 때문에 집안의 가정교육이 때때로 징벌을 동반하는 경우가 있었다. 그러나 집안이 부모 자식만으로 구성되자, 이제 그렇게까지는 할 필요가 없었고, 또 징벌을 가할 만한 문제가 일어나는 일도 드물었다.

자녀를 각자 미래의 생활에 적합하도록 기르는 일은 이전에도 물론 부모들의 본분이기는 했지만, 안타깝게도 그들이 미래에 할 수 있는 일은 처음부터 매우 제한되어 있었다. 특히 농가는 식량의 생산액이 생계를 구속했기 때문에 가족 구성원 수를 증감할 필요가 더러 있었고, 따라서 교육 방법이 한층 부자유스러울 수밖에 없었다. 성장한 남녀가 외부로 나가서 돈을 벌어야 하는 때는 곧 연소자가 정해진 기간 동안의 고용살이에 내보내지는 때이기도 했다. 고용살이는 곧 그들 부모들이 교육권을 양보한다는 것을 의미했다.

부모가 자식을 사랑하는 마음에서 자기 자식이 일해야 하는 집의 가풍이나 직업의 종류 등은 면밀하게 고려한다 하더라도, 일단 보내진 후의 교육 효과에 대해서는 거의 모든 책임을 나이 어린 당사자 본인에게 지울 수밖에 없었다. 더구나 그것은 또 주인집의 이해(利害)를 기준으로 한 교육이었던 것이다. 다행히 이전에는 친부모 이외에 부모(親, 오야)라는 이름이 붙은 사람은 주종 관계에서 맺어진 요리오야(寄親)[40]든 또는 임시로 부모처럼 믿고 의지하는 오야분(親分)이든 각각 부모로서의 정과 의무감을 가지고 있었기 때문에 어느 정도의 기본적인 역할을 할 수는 있었지만, 그래도 분명 자기가 낳은 자식과 같은 대우를 받지는 못했다. 따라서 일찍부터 각자의 일생이 결정되어 있었다.

어린 자식을 다른 사람에게 주는 것은 민간에서는 일반적인 관습이었다. 그것이 그 아이의 장래를 보다 희망에 찬 것으로 만들어주는 경우도 있었지만, 처음부터 자식의 장래를 염려하는 목적으로 보냈던 경우는 거의 없었다. 대개는 자식이 너무 많거나 양육할 만한 사람이 없어서 다른 사람에게 그 임무를 맡게 한다는, 조금 현실적인 동기가 우선했다. 집안의 존속을 본위로 한 교육법은 때로는 이렇게까지 자식의 이익을 부차적인 것으로 여겼었다.

동경에서는 근래 북쪽 지방의 가난한 마을에서 여늣은 명의 소녀를 데려와 예능인으로 양성하려고 했던 사람이 문제가 되었다. 오사카(大阪)에서도 어느 공장주가 지방에서 어린 아이들을 많이 모아와서 잔인하게 부려먹다가 발각되었다. 이러한 사건은 오늘날에는 세상의 이목을 끌기에 충분한 문제이지만, 지방에 따라서는 이것이 근래까지 이루어진 가장 통상적인 이주 양식의 하나였다. 예를 들면 동북 지방의 어느 도시에서는 매년 수십 명의 어린 고용살이 일꾼(奉公人)을 인솔하여 따뜻한 지방으로 데리고 나오는 것을 직업으로 삼은 노파가 있었다. 가도(街道)에 접해있던 농가의 경우에는 아이들 중에서 건강해 보이는 아이를 선정하여 연한을 정하여 고용했다. 그리고 그 부모에게 약간의 봉급을 먼저 건네주고, 노파는 잡비와 수수료를 그 농가에서 받았다.

에치고(越後) 지방과 신슈(信州) 지방 사이에서는 이 게이안(桂庵)[41]이라

---

40) 주종 관계를 임시로 부모·자식 관계로 가정하여 맺은 것으로 주군(主君)을 요리오야(寄親), 그 밑의 부하를 요리코(寄子)라 불렀다. 근대에는 일반적으로 고용 관계에 있어서도 고용인을 요리오야라 하고 피고용인을 요리코라 불렀다.

41) 에도(江戶)시대에 교바시(京橋)에 사는 야마토 게이안(大和桂庵)이라고 하는 의사가 중매를 잘 한 데서 유래한 말이다. 혼인이나 고용살이 등을 소개하는 사람이란 뜻으로

고 부르는 고용살이 소개업이 최근까지도 성행하고 있다. 이렇게까지 해서 가족의 노동력을 이용하지 않으면 일가의 생계가 보장되지 않는다면 어쩔 수 없는 일이지만, 대체로 조금 지나치게 자식을 부려먹는 경향이 있었다. 이른바 인정본(人情本)42) 소설류에서 부모로부터 팔려간 딸이 효행의 표준이라고 말하고 있는 바보 같은 기풍(氣風)이 생겨난 데에는 이러한 유래가 있었다. 자식을 보물이라고 하는 옛 속담을 오해했던 것이다.

현재의 부모들도 자식의 효행을 기대한다는 것은 마찬가지이지만, 이미 교육을 명목으로 자식을 이용하는 일은 없어졌다. 그리고 교육은 분명하게 어린이 위주가 되었고, 자기 자식의 행복한 장래가 가장 중요한 가정의 논제(論題)가 되었다. 집안의 요구와 기대를 개의치 않고 얼마간 반동적으로 직업이 정해진다기보다도, 가능한 한 길게 그 선택을 보류해 두고 당사자가 선택할 수 있는 자유를 주려고 하고 있다. 바로 이것이 굉장한 생활의 전환, 집안의 이동을 심화시키는 결과로 이어진 것이다. 대개의 경우 집안에서 지금까지 가업으로 하고 있었던 일 이외에 누군가 이미 성공한 길을 가려고 했기 때문에, 신기하고 단순한 각종 봉급생활업의 경쟁률은 언제나 무서울 정도로 높았다. 그리고 거기에서 실패한 사람은 마지못해 제2, 제3의 직업을 선택하게 되었고, 실상은 상당히 성장한 뒤까지도 전혀 직업을 정하지 못하고 교육만 시켰던 것이었다.

오랫동안 직업교육이 이루어지고 있었던 일본에서 근래 들어 교육의 실제화를 외치기 시작하는 것은 이상한 것 같지만, 근대의 교육이 무엇이 될 것인가를 정하지 않은 상태에서 이루어지기 때문에 실제로 필요한 것보다는 이것저것 쓸데없는 것을 많이 가르칠 수밖에 없었다. 가장 열심히 뭔가를 모방할 수 있고 강렬한 인상을 받을 수 있는 청소년 시절

사용된다.
42) 근세 후기에 에도(江戶)에서 유행했던 소설의 한 장르를 말한다. 책의 형태는 중본 (中本)이라 하고 내용은 입본(泣本)이라 한다. 분세(文政) 초기에 에도 사람들의 연애 생활을 다룬 것에서 시작하여, 덴포(天保) 시기에 다메나가 슌스이(爲永春水)라는 뛰어난 작자가 등장하여 전성기를 이루었다.

의 교육은 어느 쪽인가 하면 봉급 생활자의 준비 과정에 어울렸다. 예전에 시골 사람들이 실제적인 교육을 필요로 했던 이유와 명치시대 초기의 사족들이 독서와 계산, 글씨에 힘을 쏟았던 것은 모두 우수한 서기직 관리그룹을 양성하기 위해서였다. 오늘날은 물론 무엇이 되든지 간에 위의 항목은 필수적으로 배워야 하는 것이지만, 여전히 옛 관습이 남아 있어서 성적이 좋은 사람은 지금도 서기직 관리로 키우고 싶어하기 때문에 오랫동안 직업을 정하지 못하게 되는 것이다.

가업을 이어가려고 하는 사람에게는 일반적으로 학고교육이 필요 없었지만, 그 중에서도 손발을 움직일 필요가 있는 직업, 특히 농업처럼 옛날부터 소년기의 전습(傳習)을 필요로 했던 직업은 더러 소학교 교육의 효과가 너무나 뚜렷한 것을 한탄해야 할 경우가 있었다. 때로는 자식사랑이 깊은 부모들이 가정교육을 통해, 한쪽의 누락을 브충하기 위해 학교 교육에까지 파고드는 경우가 있을지 모른다. 하지만 제3의 교육, 즉 장로(長老) 교육은 소학교와 공로를 다투려 하지 않았다. 더구나 소학교는 전국의 일반지식을 주로 하는 것에 반해, 장로교육은 향리의 특수 사정의 실제에 대해서 가르친 상당히 중요한 옛 기관이었다. 부모가 새로이 이만큼의 임무를 수행한다는 것은 실제로 불가능하였다. 결국은 소학교 교육 기간 동안에 농사에 관한 직업적 지식만이 탈락하게 되었다. 이것이 이른바 세상에서 말하는 선택의 자유라는 것을 은암리에 지배하게 된 것이다.

마지막으로 고아(孤兒)에 관한 문제를 조금 생각해 볼 필요가 있다. 고아는 어떤 경우든지 각 집안의 전통으로부터 부자연스럽게 차단당한 사람이라는 사실을 놓고 보면 동일했지만, 시골에는 아직도 그들을 위한 기회가 조금은 남겨져 있었다. 부모가 알고 지내던 사람들이 곳곳으로 흩어지고, 혼자서는 이들을 도울 만큼의 힘이 없을 뿐만 아니라 이들을 키워볼 만큼의 흥미를 가진 사람도 없게 되자, 그들의 처지는 더욱 비참해졌다. 다행히 유산이 있다 하더라도, 토지처럼 관리 방법이 공식적이지 않은 유산은 성장 후까지 남아 있는 경우가 많지 않았다. 하물며 아무것도 갖지 않은 사람이 무사히 성장한다는 것은 고향 이외의 타지에서는 상상할 수 없어졌다. 이전에도 아이가 있기 때문에 차마 죽지 못하고 고생을 한다는 여자들이 많았던 모양이지만, 불행히 고아가 되더라도 시골에서는 나름대로 성장하여 나중에는 다시 집안을 일으키는 경우도 종종 있었다.

그러나 오늘날에는 자신이 죽고 싶기 때문에, 자기가 죽기 위해서는 먼저 가장 사랑하는 아이를 죽여야만 하는, 듣기에도 처참한 일을 저지르게 되었다. 고아를 감싸주고 그들이 살아갈 방도를 강구할 수 있게 해주는 시설을 만드는 일도 급하지만, 한편에서는 이러한 가정의 고립을 촉구한 최초의 원인, 즉 이동과 직업 선택, 집안의 불행 및 여기에 동반된 혼인 방법의 자유 등, 오늘날 당연시되고 있는 것들 속에서 가정의 유지를 위한 어떤 필요조건이 결핍되어 있는 것은 아닌가 하는 것에 대해서도 생각해 보아야 한다. 우리들이 생활하는 방식에는 반드시 심사숙고하여 선택했다고만은 할 수 없는 것이 많다. 거기에 숨겨진 병폐가 있다고 하더라도 결코 이상한 일이 아니다. 문제는 어떻게 하면 이것을 빨리 깨닫고 조금이라도 빨리 건전한 방향으로 전환시킬 수 있는가에 있다. 이것을 인간이 할 수 있는 영역을 넘어서는 일이라고 치부하고 외면해 버리는 것은 아직 현재와 같은 단계에서는 너무 성급한 결론이라고 말할 수 있을 것이다.

생산과 상업

1. 본업과 부업

전에는 가업과 직업의 구별이 꽤 명확했다. 직업이란 각자 자신의 기술에 의지하여 살아가는 것이기 때문에 재능이 많은 사람이라면 몇 번이고 직업을 바꾸어도 상관이 없었다. 예를 들면 가네우치히지리(鉦打聖)[1]의 일곱 가지 변신과 같이 매일 일곱 가지 직업을 병행했던 사람도 있었다. 장사에서도 떠돌이 상인만큼은 적어도 직업인데 속했다. 그러다

---

1) 가네우치슈(鉦打衆)·가네우치보즈(鉦打坊主)라고도 한다. 근세에 주로 일본의 관동 지방에 분포한 종교 예능인이다. 머리에 두건을 쓰고 승복을 입었으며, 동으로 만든 징(銅鉦)을 목에 걸고, 염불을 하거나 춤을 추어 사람들로부터 희사를 받았다. 또한 죽세공, 부적 파는 일(札賣), 엿장수(飴賣), 냄비·가마솥 같은 동이나 철로 만든 그릇을 땜질하는 일 등을 겸하기도 하였다. 불교의 지슈(時宗)라는 종파에 소속되었지만 정식 승려는 아니고 절반은 승려이고 절반은 속인과 같은 존재이다.

가 의술의 경우처럼 집안에 전해지는 비술(秘術)이 많아지게 되면, 차츰 가업(家業)에 가까워졌다. 오늘날 이른바 장인(匠人)들이 각지에 토착하게 되면서부터는 그들도 같은 필요성에서 부모의 직업을 이어받게 되어 직업과 가업을 더욱 구별하기 힘들게 되었다. 그렇지만 아직 농사짓는 일을 가업이라고 말하는 사람은 없다. 농업은 직업으로 치자면 매우 잡다한 직업이었다. 그리고 여느 직업보다도 새로운 직업이기도 했다.

사농공상(士農工商)을 사민(四民)의 기준으로 삼은 것은 명치시대 초기에 생긴 사고 방식으로,[2] 오늘날과 같은 사회계층 대립의 시초이기도 하다. 가업의 종류를 면밀하게 고찰하지 않은 결과, 어민이나 선원과 같은 일본의 중요한 가업이 사민(四民)에서 빠진 것과 마찬가지로 농업에 대한 조사 또한 다소 허술히 이루어지고 있었다. 가장 곤란한 것은 농민이란 논밭을 경작하는 사람 아니면 벼를 재배하는 직업으로 인식되는 일이었다.

경험이 풍부한 늙은 농부(老農)·농사일에 밝은 농부(精農)라는 호칭은 옛날부터 있었다. 아마도 원래는 농촌 생활에 관해서 깊이 생각하고 경험을 쌓은 사람이라는 의미였을 것이다. 그렇지만 나중에는 개개의 작물 재배에 뛰어나고, 공진회(共進會)[3]에 나가서 일등상을 받는 부류의 사람이란 뜻으로 해석되었는데, 이것으로 인해 점차 곤란을 겪게 되었다. 일찍부터 중요 농산물의 품목이 정해졌다는 것도 불행한 일이었다. 농업 생산량이 일시적으로 증가하자, 일본은 농업면에서 아무런 문제가 없다

---

2) 사민(四民)이란 에도(江戶)시대에 일본사회를 구성하는 기본적인 신분인 무사·농민·직인·상인계급을 가리킨다. 본래 이 말은 중국의 「한서(漢書)」에서 유래하며, 에도시대에는 유학자와 같은 지식인들을 중심으로 당시의 신분제도를 가리키는 말로 정착하였다. 에도시대는 병농분리(兵農分離)라는 방침에 따라 통치를 담당하는 무사계급이 농사를 짓는 농민과 수공업이나 상업에 종사하는 직인·상인계급을 지배하던 체제이다. 사농공상은 사회체제를 유지하는 유용한 수단으로 간주되었다. 이 사농공상 이외의 일을 하던 사람들은 사회적으로 무용한 존재로 간주되어서 유민(遊民)이 되어 떠돌아다닌 경우가 많으며 사회적으로 차별과 배제의 대상이 되었다.

3) 산업진흥을 위한 목적으로 농작물이나 공업제품을 출품하도록 하여 일반인에게 전시하고 심사·품평을 하던 모임. 명치정부가 각지에서 개최하였다.

고 기세등등해 있었던 것이다. 국가에서는 통계상의 수치를 보고 안도했을 뿐만 아니라, 지방에서도 각 농촌마다 이 수치를 갖고 서로 경쟁하려고 했다. 전문적인 농업이 강조되어 전업농가(專業農家)를 양성하기 위해 고심하였으며, 농민들의 노동력을 열 가지 정도의 생산물에 집중시켰다. 그리하여 양잠과 제사 산업은 놀라울 정도로 발달하였다. 과수 재배나 축산업도 국가의 막대한 소득원이 되었다.

한편 이 사이에 가업으로서의 농업에서 여러 가지 것이 빠져나갔다. 밭에서 삼(麻)을 재배하지 않게 된 무렵부터 외부에서 조금씩 옷을 들여왔기 때문에, 이 현상은 억제하려고 했더라도 소용없었을지도 모른다. 하지만 목면은 재료를 사들이고 있었다. 그것을 실로 뽑다 베를 짜는 동안에 일손을 필요로 했던 것은 염색상뿐이었다. 겨우 이 정도의 일도 지금은 모두 공장에 맡겨져서 원래 그 일을 하던 여자들의 일손이 남아돌았으며, 이렇게 남아도는 일손은 대부분 다른 종류의 공장으로 보내졌다.

옷감을 사와서 바느질하여 옷을 입을 때까지의 작업은, 일이라고 해도 절반은 즐거움이었는지도 모른다. 어쨌든 재봉 일은 아직 가정에 남아 있고 농가 소녀들이 받을 교육의 하나가 되었지만, 이것도 재료와 형태가 조금 변했다. 예를 들면 양복(洋服)이 작업복이 되고 난 후에도 여전히 집안 여자들이 손수 옷을 만들어 입을지는 의문스럽다. 짚은 대개 어디에서든 남아도는 재료로, 비가 와서 밖에 나갈 수 없는 날이나 밤에 적당히 소일거리 삼아 필요한 물건을 만드는 것이 오랜 관습이었다. 대부분의 신발은 이렇게 만들어 신었지만, 이제 필요하다면 사서 쓰게 되었고, 그보다 훨씬 편리한 고무신이나 지카다비(地下足袋)⁴를 신게 되었다. 따라서 이를테면 짚을 가공하여 물건을 만드는 일이 누군가의 직업일지라도, 그 방법과 목적이 전과 달라졌다.

---

4) 고무 장화처럼 생긴 작업용 신발. 튼튼한 천과 두꺼운 고무 밑창으로 만들어져 있으며, 일본 버선인 다비(足袋)처럼 엄지발가락과 다른 네 발가락이 따로 들어갈 수 있도록 나뉘어져 있다.

비료나 사료를 사는 데에 돈이 너무 많이 드는 것이 문제가 되고 있다. 그렇지만 그 점은 사람들의 음식도 마찬가지여서 된장이나 간장, 그리고 쓰케모노(漬物[5])와 같이, 현실적으로 재료가 있고 집에서 만들 수 있는 것일지라도, 집안 식구가 적어지게 되자 귀찮다는 이유로 점차 만들지 않게 되었다. 경단이나 찰밥을 만드는 것도 재봉일과 마찬가지로 아직 집에서 절반은 즐거운 마음으로 만들기도 하지만, 기호가 차츰 변했기 때문에 과자라는 이름이 붙으면 사먹고 만다. 건축 재료나 나무가 주재료인 가구 등도 훨씬 전부터 사서 쓰는 물건 축에 들게 되었다. 연료 채취는 초여름에 하는 풀베기 작업과 함께 상당히 비중이 큰 농가의 일거리였지만 그마저도 현재는 농업 외의 일이 되었고, 사들일 물건의 목록 속에 늘 땔감이 포함되었다. 실제로 땔감을 사지 않으면 겨울을 날 수 없는 것이 농촌의 풍경이 되어 버렸다.

옛날 방식에 익숙한 사람은 이런 전반적인 현상에 대해 일률적으로 사치스럽다고 평가했다. 겨우 이 정도의 물건을 돈으로 샀다고 해서 생활이 실제로 향상되지는 않았다. 단지 농가에서 금전 지출이 이전보다 많아졌을 뿐이고 적어도 현재까지는 경제적 여건이 이를 허용하고 있는 것이었다. 사치란 원래 일반적으로 같은 처지에 있는 사람들이 감히 하지 않는 것을 한다는 의미였지만, 오늘날에는 이미 일반적인 풍조가 되었다. 그런데 노인들이 말로 표현할 수 없었던 불안 중에서 한 가지만은 근거가 있는 불안이었다.

지금까지 농가에서는 일 년 내내 안팎으로 뭔가 소득원이 있었다. 그래서 겨우 검소한 생활을 유지할 수 있었던 것이다. 그런데 과연 한정된 주요 생산물만을 생산하기 위해 일을 하고, 다른 때는 손을 놓고 있어도 생활을 유지할 수 있을 것인가 하고, 한번쯤 이전 생활과 비교해 본 사람이라면 의문을 품지 않을 수 없었다. 예를 들면 밤에 만들어서 썼던

---

5) 한국의 김치에 해당하는 것으로 채소를 소금이나 된장 따위에 절인 것.

와라지(草鞋)[6]나 조리(草履)[7]를 이제는 낮에 밭에서 일한 수익으로 사서 쓴다. 긴 여름날에 틈틈이 짜서 입었던 겨울옷은 가을철에 분주하게 추수한 곡물로 바꾸어 입는다. 이처럼 몇 종류 안 되는 생산물을 가지고 일 년 동안에 필요한 수많은 물건을 사는 비용을 충당할 수 있을까 하는 점이 그들에게는 불안하게 생각되었던 것이다.

옛날부터 농가에서는 일감이 항상 있는 것이 아니라는 것을 잘 알고 있었다. 특별히 눈이 많이 내리는 지방이 아니더라도 한 겨울에는 거의 이렇다 할 정해진 일이 없었다. 아마 예전에는 겨울이면 그저 놀고 지내던 시대도 있었을 것이다. 그렇지만 조금이라도 나은 생활을 영위하려는 마음이 생기자 여러 가지 경험을 쌓고 미룰 수 있는 일은 뒤로 미루고서 겨울철 돈벌이를 생각해 낸 것이다. 여자는 집안에서 실을 짜는 일, 남자는 밖에 나가서 사냥을 하거나 물고기를 잡는 일 외에, 숯 굽기·종이 뜨는 일 등 농사와는 관계없는 일까지 해야만 가계를 운영할 수 있었다. 그러다가 명치시대가 되자, 다시 상고시대처럼 한 두 철 힘들게 일해서 일 년 동안의 생계를 유지할 수 있다는 사실이 어쩐지 기적처럼 생각된 것도 일리 있는 일이긴 했다.

이른바 농한기에 사람들이 많이 한가해졌다는 사실은 몇 가지 기뻐할 만한 결과를 가져오기도 했다. 우선 농한기를 통해서 청년들이 책을 읽고 세상을 알게 되었다. 술을 조금 헤프게 마시게 되었는지는 모르지만, 외부로 나가 세상 돌아가는 이야기를 듣고 사람들과 교류를 했던 것도 농한기에 이루어진 일이었다. 단지 공상만 하던 시간을 뭔가 시도하는 기회로 만들었다고 할 수 있을 것이다. 겨울철에 외지에 나가서 돈벌이를 하는 일은 전부터 해왔지만, 외지로 돈벌이 나가는 일을 결심하기 쉽게 만든 것은 결코 도로나 철도가 개통된 때문만은 아니었다.

---

6) 일본식 짚신을 말한다. 짚으로 발 모양을 짜고 발가락 끝에 있는 두 개의 가는 새끼 줄을 좌우 가장자리에 있는 고리에 끼워서 발을 묶는다.
7) 일본식 짚신의 한 종류. 볏짚·대나무 껍질·골풀 등을 엮어서 만든다.

농촌에서 일이 없었기 때문에 백만 명에 가까운 농촌 출신의 젊은 여자들이 멀리 떨어진 지방의 공장에서 특수한 기술을 배울 수 있게 되었다. 오늘날 부업이라 부르는 것 가운데는 이처럼 가족이 외지에서 번 수입은 보통 계산에 넣지 않는 경우가 있다. 이는 도시 주민들이 내직(內職)이라고 하는 것에 반해 외직(外職)이라고 부를 만한 일로, 적어도 아직까지는 가업분화의 직접적 요인이라고 할 수 없다. 즉 농업을 순화시키고자 했던 운동이 한편으로 이처럼 의외의 부업을 많이 만들어냈던 것이다.

　　농민들에게 직업의식이 새롭게 생겨난 만큼 부업은 아직 완전하게 발달하지는 않았다. 농민들 사이에서는 쌀을 파는 사람과 사는 사람, 어느 한 종류의 생산에만 전적으로 관계하는 사람과 무엇이든 조금씩 관계하고 있는 사람 사이의 상반된 이해 관계가 도시에서 떨어진 곳에 산다는 단 한 가지 공통점을 통해 인식되고 있었다. 따라서 무엇 때문에 가업을 통해 집안을 이어가는 것이 어려워졌는지, 그 원인을 농민들 스스로의 입장에서 발견하는 데까지는 이르지 못했다.

　　그 중에서도 지주는 특히 복잡한 가업 조직을 갖고 있는 농민이기 때문에, 농사가 직업화되어 가는 것이 자신의 이해 관계에 저촉된다는 것을 깨달았다. 그렇지만 현재는 아직 쌀을 파는 주인이라는 점 때문에 당연히 다수의 생산자와 같은 입장에 있다. 같은 입장을 공유한다는 점이 이 문제에 대해서 항상 공동으로 대책을 강구하게 된 커다란 이유이기는 했지만, 어쨌든 농사짓는 사람들의 열정은 쌀값 쪽으로 집중되는 경향이 있었다. 그 이유는 쌀을 생산하지 않는 사람들에게까지 쌀을 공급한다는 것이 일찍부터 그들의 자부심이었으며, 더욱이 근대적인 농업 권장 방침이 쌀 생산을 가업의 중심으로 만들었기 때문이다.

2. 농업의 한 가지 강점

직업의 순화(純化)라는 것은 자연스럽게 진행된 것으로 반드시 정부의 명령을 통해서만 이루어진 것은 아니었다. 또한 직업의 순화로 인해 오래전부터 이어져오던 가업에 몇 가지 틈이 생긴 것도 결코 농업에만 한정된 것은 아니었다. 단지 한 가지 차이점은 다른 직업의 경우에는 그 틈을 바로 메워줄 수 있는 것이 존재했던 것에 반해 농업에서는 그런 것이 없었다는 점이다. 겨울이나 밤을 이용해서 하던 일이 외부로 빠져나가게 되었지만 나중에 그 시간을 보충할 만한 일은 찾을 수 없었다. 자연히 다른 기간에 경작이나 목축을 하여 빠져나간 만큼의 몫까지 채우게 되어, 전업에 대한 책임이 점점 무겁게 된 셈이다. 원래는 꿈도 꿀 수 없는 일이었지만, 경우에 따라 점차 가능해짐으로써 이제 밤늦게까지 일하지 않아도 전혀 곤란하지 않게 되었다. 즉 일본의 생산 정책은 성공을 거둔 것이다.

이 사실은 사람들에게 안일한 생각을 품게 했지만, 실제로는 아주 보기 드문 기회였다. 여러 가지 좋은 조건이 한꺼번에 갖추어져 있었다. 그 조건들을 열거해 보면 빠뜨린 것이 몇 가지 있을 것이지만, 그것을 꼽아 보면 다음과 같다. 첫째, 농민들이 정치 혁신에 적극적인 태도를 보였다는 점이다. 물론 여기에는 농민들이 자신의 처지를 개선하고자 하는 강한 희망이 수반되어 있었다. 새로 개방된 외국문화가 조금 과장되게 소개되면서 호기심을 자극한 면도 있었지만, 적어도 생산 분야에서만큼은 기대치를 충족시켰다. 마침 이 외국문화를 받아들이기이 적합할 정도로 농민들의 지식 수준이 성장해 있었던 것도 한 가지 이유일 것이다.

눈 깜짝할 사이에 여러 가지 기술이나 방법을 알게 되었으며, 특히 새로 알게 된 작물 종류는 그 수가 상당했다. 더욱이 활력이 된 것은 논밭을 마음대로 경작하도록 한 새로운 제도였다. 예를 들면 쌀 경작을 그만

두고 논에 골풀이나 토란을 재배하든지, 아니면 논을 밭으로 만들어 판로의 전망에 따라 목화나 뽕나무를 심어도 상관없게 되었다. 농민들의 사업 계획이 갑자기 대담해지고 교묘해진 것이다.

둘째, 농민들의 지식 수준 발달이 확실히 일의 능률을 크게 향상시켰다. 기계사용은 이전부터 이미 늘어나고 있었다. 일에 흥미가 생기고 작황이 눈에 띄게 좋아졌기 때문에 힘들지 않게 많은 일을 할 수 있게 되었다. 당연히 휴일은 줄어들었다. 게다가 인구가 서서히 증가되었다. 인구가 증가했다는 것은, 직접적으로는 농장에서 일할 수 있는 노동력이 풍부해졌다는 것을 의미했고 동시에 외지에서 논밭의 생산물을 기다리고 있는 사람들이 해가 지날수록 많아졌다는 것을 의미했다. 언제든지 수요가 충분하기 때문에 안 팔릴 염려가 없다는 생각은 당연히 생산증가라는 한 방향을 향해 매진하게 만들었다.

일본에서는 근대에 대흉작이 여러 번 발생하여,8) 농민들도 항상 식량 부족에 대한 불안감을 안고 있었다. 하물며 도시에 살고 있어 사정을 자세히 알 수 없는 소비자들은 항상 식량 부족을 걱정할 수밖에 없었다. 실제로는 곡물이 남아도는 해도 자주 있었지만, 곡물시장에서 값이 오르면 예민하게 반응하는 것이 오늘날까지도 습관이 되었다. 이러한 점 또한 농민들로 하여금 주요 농산물생산에 매진하게 만들었으며, 나아가서는 이것만으로도 집안을 꾸려나갈 수가 있다는 자신감을 갖게 만든 것이다.

일본은 쌀 생산에 있어 언제나 수치에만 신경 쓰는 나라이지만, 항상

---

8) 대표적인 사례로 덴메이 기근(天明の飢饉)과 덴포 기근(天保の飢饉)을 들 수 있다. 덴메이 기근은 덴메이 2년(1782)부터 덴메이 7년(1787) 사이에 발생한 대기근이다. 특히 아사마산(淺間山)이 분화한 영향으로 일어난 냉해(冷害)피해로 오우(奧羽) 지방에서는 많은 사람들이 굶주려 죽었으며, 이 때문에 각지에서 농민 반란이 발생하여 막부(幕府)나 번(藩)의 지배체제가 위기를 맞게 된다. 덴포 기근은 덴포 4년(1833)부터 덴포 7년(1836) 사이에 발생한 전국적인 규모의 대기근이다. 쌀값이 폭등하고 굶어죽는 사람들이 속출하여 막부에서 구제한 사람만도 70여 만 명이 되었다고 한다. 이곳 저곳에서 농민 반란이 발생하여 막부 붕괴의 위기가 심화되었다.

그 통계가 매우 부정확했다. 실제 수확량은 공식적으로는 보고되지 않고, 단지 해마다 생산된 수확량의 증감을 대비해 가늠하는 정도였다. 하지만 그 내부 사정도 오랜 시간을 거치면서 변화했다. 반보(┴步)[9]에서 평균 한 가마 일곱 말이나 여덟 말을 수확하는 농촌은 이제 어디에도 없다는 사실이 공식적으로 인정되고 있다. 그렇지만 갑이라는 마을에서는 지금도 기존의 생산량에서 약 3할 정도밖에 증산시키지 못한 것에 반해, 을이나 병 마을에서는 계속 노력하여 생산을 배 가깝게 약진시킨 경우도 있다. 어쨌든 60년 전과 비교할 때 생산량이 훨씬 증가한 것은 분명하다. 하지만 생산량의 증가에 비해 경작 면적은 그다지 크게 늘지 않았다.

이 같은 사실은 개간이 진척되지 않았기 때문이 아니다. 인구수를 늘리기 위해서는 먼저 땅을 개간하라는 방침은 명치유신 이전부터 꾸준히 이어져 왔지만, 요즈음 들어서 땅을 개간하려는 노력은 배가 되었다. 설마 저런 곳에서 경작이 가능할까하고 생각되는 고지(高地)까지도 물을 끌어올려서 모두 논으로 만들고 있다. 예를 들어 홋카이도(北海道)에서 벼농사를 짓는다는 것은 무모한 일이라고 비난하던 사람들이 많았지만, 30년이 지나자 연간 생산량 300만 석을 기념하는 축하회까지 개최되었다. 개간을 장려할 때는 보조금이 나오므로 일단 보조금 배정을 받으면 반드시 개간에 성공한다. 그런데도 논의 총 면적이 언제나 거의 같은 이유는 도로나 다른 토목공사로 인해 없어진 농지가 많았다는 것과, 불시에 찾아온 재해나 손실 때문에 다시 황폐해진 농지가 있었기 때문이다.

밭에서 벼를 경작하는 경우가 확실히 증가했지만, 그것을 제외하더라도 이제까지의 경작지에서 생산된 수확량은 이미 내부 통계표에서 두드러지게 증가했다. 더욱이 쌀 수확량의 증가가 다른 모든 농업의 발전을 조금도 저해하지 않고 성과를 거둔 점은 경탄할 만 하다 좁쌀이나 피와 같은 재래 곡물 중에는 생산이 조금 줄어든 것도 있기는 하지만, 이는

---

9) 논밭의 면적을 단(反, 段)을 단위로 나타내는 말. 일 단(反)은 300보(步, 坪)로 약 991.7평방미터이다.

우리들에게 이런 곡식에 대한 필요성이 희박해졌기 때문에 특별히 그것을 보충하기 위한 노력을 하지 않을뿐더러 그것을 대신할 작물이 마련되어 있는 것이다. 신종 작물 중에서 조금이라도 유리한 것은 그 어느 것이나 대단한 속도로 전국적으로 보급되었다. 그와 더불어 쌀은 이렇게까지 좋은 성과를 거두었다. 개개의 토지 이용 기술로서는 아마도 이 이상 뚜렷한 효과는 없다고 말할 수도 있다. 따라서 이런 상황 속에서도 농업이라는 가업이 여전히 집안을 꾸려가기에 충분하지 않다고 한다면, 그 원인은 아무래도 외부에서 찾아야만 할 것이다.

본래 농업은 작물 종류가 많았기 때문에 원래는 사람들이 자유롭게 작물을 선택할 수 있었던 시절이 가장 번성했던 시기였다. 때때로 흉내를 내다 터무니없이 손해를 본 사람이 있기는 했지만, 진기하다는 작물이나 재배법을 채택한 경우에는 많은 고심이 따른 대신에 다른 사람들이 부러워 할 만큼의 이득이 있었다. 그런데 새로운 작물의 개발이나 연구는 농가에 아무런 이익이 없다고 생각하게 되고, 오로지 모방을 하여 평범하게 작황의 안전성만을 확보하려고 하게 되자, 갑자기 과다하게 경작하는 현상이 발생했다. 일찍이 필수품 공급에 자부심을 가졌던 농업이 동업자끼리 격렬한 경쟁을 하게 된 것이다. 하지만 농업처럼 경쟁에 안 어울리는 산업은 없다는 점에 대해서는 경제학 서적에도 자주 등장한다. 외딴 벽지에 사는 사람은 경쟁에서 당연히 지게 되어 있었다. 그렇지 않으면 이긴 편 사람의 수익이 땅값으로 흡수되어 버리기 때문이다.

최근 들어 겨우 생산을 통제할 필요성을 인식하게 되었지만, 부(府)나 현(縣)끼리 서로 상처를 입히며 판로 쟁탈을 벌인 것은 꽤 오래 전부터의 일이다. 통계수치를 너무 중요시 한 것이 그 원인의 하나였지만, 또 하나는 농민들이 각자 위험을 무릅쓰고 경험을 쌓음으로써 계획을 진행시키려고 하지 않고 보조금이나 보상금과 같은 부자연스러운 수단에 이끌리는 사람들이 많아졌다는 사실이다. 개인은 생산량이 과잉 상태인지 아닌지를 직접 부딪혀 보지 않으면 알 도리가 없다. 국가가 직업을 순화시키고자 했지만 이처럼 뜻하지 않은 경쟁과 조우함으로써 타격을 입기 쉬운 농가를 양산케 했던 것이다.

실제로 일 년에 단 한번 생산한 작물이 팔리지 않을지도 모른다는 것은 커다란 불안이었다. 그러나 쌀만큼은 그런 독특한 사정 때문에 지금까지는 우선적으로 그 같은 불안에서 보장받고 있다. 원래 일본인의 쌀 소비량이란 그때그때의 경기 상태와 시장에 따라서 늘거나 줄어드는 성질을 지니고 있었다. 그럼에도 불구하고 언제부터인지 쌀 생산량을 통계상으로 역으로 추산하여 한 사람 앞에 평균 약 한 말이라는 식의 기준이 세워진 것이다. 그리하여 일반인들은 일본의 국내 총생산량이 필요한 양에 비해 항상 약간 부족한 것처럼 믿게 되었다. 일부러 그런 책략을 꾸민 사람은 없었겠지만, 우연하게도 그러한 믿음이 생산을 뒷받침하는 유력한 버팀목이 되어, 지금까지는 전국의 논 경작자들이 과다한 생산에 대해 조금도 걱정을 하지 않고 벼 재배기술에 전념할 수 있었다.

물론 때때로 일시적인 공급과다로 돌연히 쌀값이 폭락하는 경우도 있었지만, 그것은 일반적인 현상이 아니므로 그 시기만 참고 넘기면 다시 원래 가격 이상으로 뛰어오를 것이라고 믿는 사람들이 많았다. 또 실제로 그렇게 기다리고 있으면 쌀값이 오르기도 했다. 그 결과 토지의 매매 가격이 1874~75년 무렵에 계산된 시세보다도 지금은 몇 배나 비싸졌다. 그래서 토지를 사들인 사람들은 쌀값이 싸면 손해를 보아야 했기 때문에 있는 힘을 다해 쌀값의 안정을 유지하려고 함과 동시에, 한편으로는 소작인의 몫이 줄어드는 경우가 있어서 지주와 소작인 사이에서 분쟁이 자주 일어났다. 그러나 다수의 자작농들은 그 같은 분쟁과 상관없이 오랫동안 쌀값의 시세 변동에 따른 이득을 볼 수 있었다.

그리하여 농가에서 예로부터 여가시간에 하던 복잡한 부업을 내버림으로써 농민들이 돈으로 사야 하는 물건의 종류가 급속히 증가하고, 지금까지 농사일에만 쓰던 시간의 많은 부분을 놀기 위한 시간으로 바꾸어 놓았음에도 불구하고 여전히 어떻게든 생활이 유지될 수 있었다. 하지만 과연 이 상태가 언제까지 계속될 것인지에 대해서는 이미 조금씩 문제가 되기 시작했다. 그 이유는 음식에 대한 개인의 취향이 갑자기 뚜렷하게 인식되었다는 점 때문만은 아니다. 원래 쌀 소비의 일부분은 생활 방식이 어떠한가에 따라 결정될 수 있다. 지금은 단지 그 기호를 쟁탈하려고 하는 일이 전보다도 약간 많아졌을 뿐이다. 자기 집에서 소비하지 않는 것을 많이 생산하고, 생산하지 않는 물건을 많이 소비하게 된 농민은 점점 상인에 가까워졌다. 그렇지만 땅이라는 자연의 구속이 있고, 오랫동안 그러한 변화에 대한 대비를 소홀히 하고 있었던 만큼 농민들의 불안은 상인보다도 크다. 따라서 그 불안에서 벗어날 방도가 빠른 시간 내에 강구될 것으로 보인다.

3. 어민의 가업에 대한 불안

농업이 너무 지나치게 정치적인 문제가 된 데 반해서, 수산업은 중요한 문제를 지나치게 소수 사람들에게만 내맡기고 있다. 지금은 명치시대 후기의 농업이 그랬던 것처럼 수산업이 융성해지는 시기에 접어들고 있다. 지금은 수산업이 막다른 골목에 부딪치기 전에 그에 관한 문제점을 찾아 해결 방도를 모색할 수 있는 소중한 기회이다. 농업과 수산업은 여러 가지 면에서 매우 비슷하다. 특히 중요한 공통점은 농민과 어민의 각성이 때마침 외부를 통해 유입된 여러 가지 편의에 의해 촉진되었다는 점이다. 새로운 기술과 자연에 대한 지식이 때마침 그것을 얻고자 하고 이해하고자 하는 사람에게 부여되었던 것이다.

일본에서는 그토록 풍부했던 연해 부근의 고기를 거의 다 잡아버렸거나 어업 종사자가 너무 많다는 사실을 깨닫게 되자, 고기잡이 세력은 서서히 건너편 한반도 쪽으로 뻗어나갔고, 조선의 바다로 고기잡이 나가는 일을 마음대로 하게 되었다. 북양(北洋)어업[10]은 유럽 사람들에 의해 고래 등 바다 포유류 사냥만 이루어지고 있었는데, 이곳은 오랫동안 홋카이도(北海道) 어장의 어획량이 부진함을 염려하고 있던 어민들에게 갑자기 옛 경험을 응용할 기회를 제공했다. 이 같은 어장의 확대는 어느 경우나 국제교류에 따른 우연한 결과에 불과한 것이다. 일찍이 연근해 어업에 대한 계획을 세웠더라도 이 이상으로 좋은 환경을 만들 수는 없었을 것이다.

특히 다행스러운 일은 어민들이 차츰 차츰 누구하고도 이해 관계가 부딪치지 않는 드넓은 대양에 진출하여 활약하고 있다는 점이다. 이전에는 목숨을 걸고서도 왕래할 수 없었던 거친 바다 멀리까지, 날씨를 보아서 하루만에 다녀올 수 있게 되었다. 발동기라는 매우 간순한 장치 덕분이지만, 이 장치도 어민들이 만들어낸 것은 아니다. 그들의 공적은 그저 빨리 이 장치를 응용해서 능숙하게 잘 사용한 것뿐이다. 또한 예전에는 고기가 있는 곳을 발견하는 기술이 어획량의 절반 이상을 좌우하기 때문에 이 기술을 익히기 위해서는 매우 고생해야만 했다. 그렇지만 요즈음은 이미 비행기와 무선통신을 이용하여 훨씬 간단하게 고기가 있는 곳을 알아내는 지방도 있다. 일본은 조만간 어떻게 해서라도 어업 방면으로 진출해야만 할 나라라고 할 수 있지만, 시대의 추세와 능력이라는 두 가지 여건의 조우 없이 그저 기다리고만 있었다면 이 정도로 비약적인 생산은 이룰 수 없었을 것이다.

어촌의 개발이 농촌보다 약간 늦어진 것도 사람들이 일부러 기다리고 있었기 때문이라고 생각된다. 수산업 쪽은 바로 지금이 새로운 수산업 종류와 방법을 자유로이 선택할 수 있는 시대이다. 사람들이 지금까지

---

10) 오호츠크해·베링해·브리스톨만(灣) 등의 북태평양의 공해(公海)에서 이루어진 각종 어업을 가리킨다. 주로 연어와 송어를 어획하기 위한 모선식(母船式) 어업 등이 이루어졌다.

손을 뻗치지 않았던 방면으로 각자가 궁리해서 진출하는 일이나 이미 실험이 끝난 분야에 나중에 참가하여 서로 이익을 다투는 일 모두 당사 자가 마음먹기에 달린 일이 되었다. 그렇지만 대체적인 경향은 이른바 유망한 사업 쪽으로 대다수가 모여들어서 빨리 이익을 얻고자 하는 방향으로 가고 있는 듯하다. 따라서 개인끼리의 싸움뿐 아니라 인근 지방끼리 과도한 경쟁을 하게 되는 경우도 있어서, 함께 몰락할 위험성이 조금씩 늘고 있다.

풍부한 천연산물도 처음에 생각했던 것처럼 경쟁으로 인한 고통을 완화시킬 수는 없었다. 일시적인 어획량 과잉은 때때로 계획을 소용없게 만들었다. 어획량 과잉으로 인해 보존과 배송 방법이 강구되는 한편 우리들의 소비 능력이 한없이 확장되어 가는 것은 쌀 생산 상황과 아주 비슷한 현상이다. 현재는 오직 수요를 늘리는 방법으로 생산과잉으로 인한 어려움을 일시적으로 지연시키고 있다. 그렇지만 여기에는 쌀 시세를 지탱하는 것과 같은, 예의 사회적 심리가 아직 전혀 작용하고 있지 않다. 더구나 대용품의 가치가 근접해 있기 때문에 소비 정책을 바로 잡기가 쉽고 잉여 생산은 당연히 시가 하락을 촉진하게 된다. 이러한 사실은 국민들의 영양 문제를 아주 간단히 해결해 주는 반면, 동시에 장래의 어업 정책은 더욱 복잡하게 만들고 있는 것이다.

지금까지 우리는 신경도 쓰지 않았지만, 일본인의 미각이 해산물에 대해 특히 발달해 있었다는 것은 분명한 사실이다. 근대에 들어 갑자기 물고기를 날것으로 먹는 사람들의 수가 늘어나서 어쩌면 조금은 원시적인 시대로 되돌아갔는지도 모르지만, 원래는 매우 일반적인 경험에 따라 각어류의 특성과 가치를 판별하고 있었다. 어류 하나하나에 관한 기호의 구분은, 육류처럼 몇 안 되는 조리 방법으로 구분되는 것과는 달리 간단하지가 않았다. 여기에 문어·오징어·새우·게·조개류까지 더하면, 우선 그 종류가 다양하다는 것부터 시작해서 다른 음식 조리법과는 비교할 수가 없다. 더욱이 일본의 영토가 남북으로 길게 뻗어 있는 점을 감안하면 각 지방마다 달라지는 맛의 기호는 더욱 다양했다.

개개의 수산물에는 각각의 수요층이 따로 있었으며, 게다가 먹는 방법은 각종 바다 생물의 습성과 고기잡이 방법에 근거하여 하나하나 별도로 연구되고 개량된 것이었다. 일본에서는 어민들을 경쟁이 없는 많은 단체로 분립시키는 일이 그다지 어렵지 않았다. 바다를 작업장으로 삼는 일 중에서도 소금을 만드는 일이나 해조류 채취는 일찍부터 분파를 이루었고, 더욱이 조개류를 이용하여 진주를 양식하는 새로운 사업도 출현했다. 잉어나 장어, 그리고 자라 양식의 성격은 농업 쪽에 훨씬 가까웠다고 할 수 있다. 미노(美濃)[11] 지방의 아케치(明知)나 호키(伯耆)[12] 지방의 네우(根雨)처럼 양식업을 독립된 산업으로 하고 있는 사람들도 많다. 강이나 호수에서는 이미 물고기를 부화시켜 치어를 방류하는 사업이 시작되었고, 바다에서도 이미 어업자들 사이에서도 양식의 필요성이 인식되고 있었다.

동물학에 대한 지식이 더욱 정확해짐에 따라 어업의 절반이 목축화되는 일도 상상할 수 있었다. 근래에 아카시(明石)[13] 지역이는 실제로 문어 양식장이 만들어졌으며, 굴이나 회패(灰貝)류 등은 훨씬 이전부터 양식되고 있다. 그리고 조만간에 도미나 가다랭이 알이 방류될 시대도 올 것이라고 예측할 수 있게 되었다. 이렇게 되면 오히려 쌀에 해당하는 주요 수산물이 없었다는 것을 불행하다고만 여길 수는 없는 셈이다.

어업이 농업과 다른 점은 어업이 일찍부터 하나의 직업이었다는 사실이다. 그물은 낚시보다도 약간 늦게 생겼고 게다가 많은 사람들에 의한 협동 작업을 조건으로 했지만, 이 일을 하는 사람들은 다른 분야의 생산과 다르게 교역을 통해 의식(衣食)의 재료를 사들여야만 했다. 뿐만 아니

---

11) 옛날의 지명으로 지금의 기후(岐阜)현 남부 지역에 해당한다.
12) 옛날의 지명으로 지금의 돗토리(鳥取)현의 서부 지역에 해당한다.
13) 효고(兵庫)현 남부에 위치한 시. 아카시 해협을 사이에 두고 아와지(淡島)와 마주한 교통의 요지이다.

라 어획기술이 세분화되어 낚시는 낚시 나름대로 점차 발달하였으며, 해녀는 그에 관한 일을 전문적으로 훈련했다. 어민들의 생활이 개선됨에 따라 오히려 순수 어업과는 멀어지게 되었는데, 어민들이 여러 종류의 어획 방법을 겸해서 배우게 되고, 약간의 자갈밭까지 경작하게 되었다.

그래서 어민들이 농민들처럼 이제는 복잡한 가업을 이루어가려고 했는데 뜻하지 않게 세상이 변했다. 어민들의 일거리에서 빠져나간 것은, 농민들의 조리(草履)·와라지(草鞋)·된장·간장처럼 한 구석을 차지하던 작은 부분이 아니었다. 외부에 넘겨 준 것은 경영 그 자체였고, 그것은 농가로 치자면 토지에 해당하는 것이었다. 이전에도 선주가 있었기 때문에 어민들 사이에는 어획량의 분배가 균등하지 않았지만, 선주란 물고기가 있는 곳을 발견하는 사람이나 배의 키를 잡는 사람의 역할과 마찬가지로 그들 조직에서 특별히 중요한 역할을 하는 사람을 의미하는 정도였다. 그런데 어업이 순수한 자본투자사업으로 바뀌게 되자 이제 개개 어민들의 집안의 영속까지는 고려할 수가 없게 되었다.

수산 기업은 이제 다른 많은 사람들이 도전하기 힘들 정도로 불필요하리 만큼 비대해졌다. 따라서 안전성을 위해서 과잉생산의 결과 일어난 가격하락을 참고 견디며, 될 수 있으면 이미 안전성이 검증된 방법으로 어업을 집중시켜 서로 이익을 가로챌 책략을 꾸미게 되었다. 이제 어민 중에서 스스로 일을 계획하고 선택할 수 있는 사람은 점점 줄어들고 있다. 어민들의 가업에는 새로운 틈이 생겨났다. 이 같은 외부의 자본가가 없어도 될 만큼 아직 어민들의 조직력은 성장해 있지 않다. 이 점으로 보면, 근래의 수산업 발달은 역시 너무 이른 것이 아니었던가 생각해볼 수 있다. 어획량에 대한 총괄적인 통계 수치에만 의지해서 해안에 있는 여러 어촌의 번영을 점쳐보는 것은 농촌의 경우보다 훨씬 더 어려운 일이다.

4. 과잉 생산

일본의 생산 정책은 아직까지도 자연물을 채취하던 행복한 시대의 환상에 사로잡혀 있는 흔적이 보인다. 산에서 버섯을 캐고 그물로 새를 잡던 사람들이 잡은 것을 집에서 다 먹지 못하고 이웃에게 나누어주고도 남을 만큼 많았던 시절의 행복했던 기억을 평생 동안 자랑거리로 여기고 두고두고 늘 이야기한다. 농업이나 수산업에서도 때때로 그 같은 목적을 위해서만 일하고 있지 않나 싶을 때가 있다. 풍작이나 풍어 때는 생산자의 심리가 평소 때와는 아주 달라져서 갑자기 낭비하게 되는 경향이 있는데, 이 점 또한 옛날부터 내려온 습성 중의 하나이다. 풍작과 풍어를 신의 은총이라 생각하고 삭막한 농어촌 생활에 대한 보상으로 여겼던 것은 우리들이 이해할 만 했다.

옛날 이야기에 나오는 장자(長者)의 재산이란 것도[14] 그저 옷감이나 술이 한도 없이 쌓여 있는 것이었다. 장자에 관한 이야기의 즐거움은 옷감이나 술이 물이나 공기와 마찬가지로 사용해도 바닥이 나지 않는다는 점에 있었던 듯 하다. 이 같은 사고 방식은 옛날 이야기가 이미 세상에서 사라지고 난 이후에도 의외로 오랫동안 계속되었다. 초기의 공장운영에서 느낀 커다란 매혹도 실제로는 여기다 뿌리를 두었던 것으로, 반드시 새로운 품목이나 새로운 방법에 대한 흥미가 농업이나 수산업의 경우처럼 우리들을 고무시킨 것은 아니다. 단지 지금까지 각 가정에서 어렵게 만들어 쓰던 물건이 매우 간단하게 대량으로 만들어지는 사실에 대해, 실은 자기 일을 빼앗겼는데도 자신의 일처럼 기뻐했다. 청일전쟁과 러일전쟁이 끝날 무렵이나 그 조금 후에까지도 진기한 물건은 모두

---

14) 일본의 옛날 이야기에는 장자(長者)가 등장하는 이야기가 매우 많다. 유명한 것으로 「숯구이 장자(炭燒長者)」, 「마를 캐는 장자(芋掘長者)」, 「원숭이 장자(猿長者)」, 「장자의 보물 겨루기(長者の宝比べ)」 등의 이야기가 있다.

외국에서 건너온 것으로 생각하고 있었다. 일본 국내 공장에서는 그저 평범한 상품을 많이 만들기를 기대했었던 듯 하다.

자본의 불가사의한 힘에 절실하게 감동받고, 자신이 살고 있는 지방에 자본을 가지고 온 사람을 존경했던 것도 결코 이기심 때문만은 아니었다. 처음에 각 가정의 힘을 모아서 지방에 소규모의 제조공장을 설립한 사람들은 그것만으로도 벌써 일의 능률이 비약적으로 늘어나고 사무가 간편해질 수 있다는 것을 알게 되었다. 그렇지만 이러한 일에도 기계를 제공해 주고 이를 개량해 줄 자본가, 예를 들면 들판을 개간하는 사람에게 식량을 제공하고 바다로 진출하기를 희망하는 사람들에게 배를 만들어서 빌려주는 것과 마찬가지로, 그런 자본가를 새로운 동업자로 받아들이고 그 몫을 배당해야만 했다.

판매할 직물과 염색물의 생산을 시작하거나 견사를 만드는 공동 작업을 시작했을 때에는 그 지방에 사는 옛 생산자를 규합하는 공공사업처럼 생각했다. 그 중에는 순진한 지방민들에게 종래의 가업을 직접적으로 침식하지 않고 그 가업을 가지고 다른 곳으로 진출할 세력을 만드는 것처럼 공공연히 선전하고, 나중에는 생산과 판매에 대한 실권을 장악하려는 기업가도 있었다. 그 과정에서 자본에 종속시켜야 할 사람이 반드시 생겨났고, 결국 자본의 우월함이 고착되게 되면 자본주 마음대로 그 공장을 유리한 곳으로 옮기기에 이르렀는데, 이때서야 비로소 지방 사람들은 그것이 자신들이 하는 사업의 경쟁자였다는 사실을 깨닫게 되었다. 때문에 지금도 여전히 이를 대신할 것이 다시 출현하기를 절실하게 기다리고 있다.

새로운 제품의 종류가 조금씩 늘어나고 자유로운 제품 선정이 시작된 것은 공장의 자본력이 몇 번인가 교체되고 차츰 지방과의 연관성이 희박해지고 난 뒤의 일이다. 그것도 처음 단계에서는 농업·어업·임업·광업처럼 주위에 있는 원료의 이용법을 높이고 판로를 개척해 나갈 수 있는 사업, 즉 그 지방 사람들에게 감사받을 만한 것이 중심이었다. 그런데 그것으로는 지방 특색에 따라 계획이 제한되어 충분한 성장을 예상할 수 없기 때문에, 차츰 교통 편의에 주안점을 두고 적당한 장소를 결정하게 되었다.

지방과의 관계는 교통을 고려하는 과정에서 우연히 내친걸음에 맺어지는 경우 외에는, 단지 인력을 구하기 쉽다는 것 때문에 생겼다. 그러나 외지 돈벌이나 이주가 차츰 쉬워지자, 결국에는 교통만 편리하다면 상관없다는 식으로 오히려 청소년 공장 근로자의 양성을 위한 여건이 좋은 큰 시가지 부근을 선택하는 것을 당연하게 여기게 되었다. 마침내 공장은 완전히 도시의 지배하에 놓이게 되었고, 옛 생산자와 대립할 수밖에 없게 되었다.

대부분의 나라에서도 그랬는지는 모르지만, 일본에서 제조업자라는 계급은 원래 견습생도 따로 없었고, 특별히 제조업자의 소질을 갖춘 사람도 없었다. 온갖 직업을 가진 사람들이 지혜와 자본을 갖고 모여들어 짧은 기간 동안에 소수의 제조업자가 급격히 생겨났으므로 그 중에는 사족이나 농민 출신도 있었다. 그리고 제조업과 가장 관계가 깊은 장인(匠人)은 대부분 제조업자가 고용했다. 이런 제조업자가 무엇을 만들어야 할 것인가에 대해서는 물론 전통적인 구속이란 없다. 왠지 전망이 좋은 사업이라고 생각되었기 때문에 가까이 있는 농가의 부업을 수용했다. 그러나 그 일이 거의 포화 상태가 될 즈음에는 조금씩 대담한 계획이 세워졌다.

최초의 발상은 물론 수입 품목에서 얻었다. 이미 일본 국내에서 이 정도의 수요가 있는 이상, 만들어 내더라도 손해 보지는 않을 것이라는 생각에 바탕을 둔 이론이기는 했다. 그렇지만 실제로는 토지 이용이나 특수 기능, 또는 대량생산의 편의 등에서 보았을 때, 일본제, 즉 일본에서 제조한 물건은 생산비가 더 비싸게 들거나 대개는 품질이 떨어졌다. 수입품은 관세로 억제하고 일본제는 관대하게 받아들이면서 어쩌됐든 국산품 애용을 공공연하게 외칠 수 있기까지, 이와 같은 좋은 성과를 거둔 것은 대단한 노력이었다. 하지만 그렇게 되기까지는 일반 소비자들이 나라의 생산력 발전 과정을 마치 꽃이 피어나는 것을 지켜보는 것 같은 애틋한 마음으로 늘 지켜보았던 태도에 힘입은 바가 크다.

그러나 수입에는 본래 주문을 받는다는 관습이 없었다. 지역적으로 멀리 떨어진 곳과 이루어진 무역의 경우, 견본을 먼저 보내서 상대방 측의 구매의사를 물어 보는 것마저 쉽게 이루어질 수 없었다. 그래서 당연히 중요하게 여겨진 것이 물건을 수입하는 나라 국민들의 기호를 알아내는 방법이 가장 우선적인 것이었고, 그 다음에는 풍부한 자극을 통해 새롭게 상대방의 기호를 만들어 내는 방법이었다. 일찍이 서양에서 술이나 담배, 천 조각, 반짝이는 금속 도구를 미개국으로 가지고 가면 항상 교역에 성공했던 것처럼, 동양에서도 처음에는 약간 쓸모 없는 상품의 소비에 치우치고 있었다는 사실은 명치시대 초기의 수입 품목을 보아도 알 수 있다. 분명 실례되는 이야기이긴 하지만, 이는 서양과의 교류에서는 어쩔 수 없는 순서로, 실제로 일본은 아직도 그런 식의 교류를 하고 있다. 뱃사람들은 특히 유치한 기호를 지닌 여행자이지만, 뱃사람들이 기꺼이 사 가지고 갈 물건을 미국을 대상으로 한 제품, 인도 혹은 남양(南洋) 지역[15]을 대상으로 한 제품을 각각 정해서 거래를 진행시켜 간 것이다.

나가사키(長崎)[16]는 에도시대에 자유 무역항으로 개방되어 있었는데 지난 삼백 년 동안 계속된 이곳 나가사키 지역의 무역도, 지금 생각해보자면 네덜란드나 중국이 거의 이런 식으로 시종일관 무역을 주도했다. 그 중에는 정성들인 주문품도 조금 있었지만 그 밖의 대부분은 이른바 무역품이었다. 따라서 이 같이 외국에서 들어온 물건을 표준으로 삼아 국내의 제조업을 선정하게 되면, 곧바로 사람들의 수요에 맞추어 공급할 수 있는 소비재 쪽으로 제조업이 치우치는 경향은 피할 수가 없었다.

쌀이나 어류, 그리고 그 외 몇 가지 부식처럼 오랫동안 수요가 유지되

---

15) 태평양 중에서 적도(赤道)의 남북에 위치한 바다 및 섬들을 가리킨다.
16) 규슈(九州) 지방 서부 지역에 위치한 현. 1571년 포르투갈에 개항한 이후 발전을 거듭하여 쇄국 후에도 일본에서 유일하게 외국과 무역을 주고받는 항구로 번영하였다.

는 품목은 그렇게 많지 않다. 사람들의 취향이란 지금처럼 유행이 급격하지 않더라도 이전부터 점차 바뀌어 가는 것이었다. 국내 제조업이 갖는 한 가지 장점은 이 유행의 추세를 일찍부터 간파할 수 있다는 것이었으며, 이 점이 판매에서 외국제품보다 앞설 수 있는 단 한 가지 무기였다. 그 대신에 항상 가장 선두에 서서 주위를 둘러보아야 했다. 다른 사람이 이룩한 사업을 일찍 모방하는 것도 필요했지만, 오히려 많은 사람들과 함께 나아가는 생산 산업에 한 발이라도 먼저 들여놓을 필요가 있었다. 단지 개개인이 대량생산의 이점을 바랐던 것이 아니라 일반 제조업자들이 모두 함께 과잉생산을 했던 것이다. 국가의 공업은 새로운 특수 품목을 생산하는 사람은 몇 안 되고 대부분의 사람들은 모두 동일 품목을 생산함으로써 오랫동안 중복된 생산품이 넘쳐흐르는 가운데, 스스로 함몰되어 신음하고 있었다.

제조업의 기획은 무엇이 국민들에게 필요한가 하는 방향으로는 이루어지지 않았다. 그보다도 잘 닦인 한쪽 길로 재빨리 나아가는 것이 안전하다고 생각했다. 발명을 위한 고생은 존중되었지만, 그 발명도 대개는 이미 만들어진 물건의 범위 안에서 모양을 조금 바꾼 것이 많았다. 이런 제조업자들이 마침내 막다른 길에 이르러 각자가 생산을 기획한 일부를 단념하고 과잉생산에 대한 벌금제도를 만들어서 조업 단축을 합의할 때까지, 이 단조로운 생산통계의 증가를 사회가 번영하는 징조라도 되는 것처럼 여전히 타성에 젖어 지켜보고 있었다. 이른바 실업가라는 사람들은 아마도 이 때문에 힘들어하는 것일 테고, 그에 못지 않게 이 세상 또한 적지 않게 힘들어하고 있다.

5. 상업에 대한 흥미 및 폐해

이 생산 제한은 사실 아쉬운 일이었다. 처음부터 알고 있었다면 그 추진력을 다른 분야로 나누어서 기획해도 좋았을 사업이 아직 얼마든지 있으며, 사람이나 설비를 바꾸기 위해서 쓸모 없는 손실과 어려움을 견디지 않아도 되었을 것이다. 그런데 해당업자들이 어쩔 수 없이 생산 제한의 필요성을 승인하기까지는, 그들은 동원할 수 있는 모든 방법으로 현재 상황을 유지하려고 아주 오랫동안 애를 썼다. 정보가 조금 불명확한 외국으로 수출이 활발히 이루어지기도 했지만, 그보다도 국내 보급에 더욱 힘을 기울였다. 상업은 대대적인 선전을 통해 우리들에게 소비를 권장했던 것이다.

사람들이 어떤 물건을 구매해야겠다고 마음먹은 경우에는 이미 그 물건이 남아 있지 않을 지경이었다. 대개는 100년 이전의 국제무역과 마찬가지로, 누군가 말해주어서 그 물건의 존재를 알게 되었고, 권유받아 사용해 보고서야 비로소 그 편리함을 이해한 물건들이 차츰 많아졌다. 근검절약과 저축을 권장한 정부 내각은 많았지만, 아무리 불경기를 안타깝게 여기는 정당일지라도 일본의 산업 발전을 위해서 낭비의 필요성을 강조하지는 않았다. 하물며 지방에서는 여전히 금전의 입출금을 가능하면 억제하고자 하는 풍조가 남아 있다. 그럼에도 불구하고 조금 넘치는 듯한 전국의 과잉 생산을 어떻게 해서든 최근까지 지탱하고 있었던 것은 농촌이었다. 농촌은 조금만 여유가 있으면, 어떤 제조업에든 힘을 보탰던 것이다.

이렇게 된 데는 농촌에서는 일반적으로 어떤 생산품이든 항상 쓸모가 있었기 때문에 주어지면 기꺼이 받아들였던 관습이 작용했는지도 모른다. 더욱이 농민들의 경우 소비자의 입장에서 적극적으로 자신들이 필요한 물품의 생산을 주문하여 구입하는 경우가 적었던 것도 그 원인이 된 듯 싶지만, 그보다도 큰 원인은 역시 근대 상업의 발달이었다. 일본 제조업의 역사를 보면 상인이 제조업에 가담한 경우는 비교적 나중의 일로, 초기의 자본은 토지 제공자 아니면 구시대 무인(武人)의 저산 등을 기반으로 나온 것이었다. 그런데 차츰 먼 곳에서 들어온 기술과 기계는 상인을 통해 운반할 수밖에 없었기 때문에 필연적으로 상인 세력이 인정받게 되었고, 따라서 기업의 이동이 해마다 두드러지게 되었다. 이 새로운 사람들이 회사를 크게 만들고, 일찍이 본 적도 없는 넓은 타지역과의 교류를 개척했을 뿐만 아니라 판매에 우수한 기량을 지니고 있었기 때문에, 기존의 경영자들도 그 기술을 배워서 조금씩 상인화할 수밖에 없었다.

가령 제조업자라는 직업이 이전에 이미 생겨났다고 해도, 그것은 주로 상인이 제조업자로 바뀐 것이었다. 게다가 아직도 많은 상인이 제조업자를 겸하거나 자신의 자본을 제조업에 투자하고 있기 때문에, 생산을 위한 경영에서는 어떤 주주보다도 힘 있는 발언권을 갖고 있다. 아무리 정확한 국세 조사에서도 상공업의 경계를 명확하게 한다는 것은 현재로서는 거의 불가능하다고 해야 할 것이다.

이후에 어쩌면 농업이 독립하여 존재해야 할 정도로 제조업이 상업과 대치하는 일이 있을지도 모르지만, 그것은 섣불리 예언할 수 있는 일이 아니다. 적어도 오늘날에는 공업이 상업에 의해 통제받고 있다. 단지 상업의 후원에 의존하지 않으면 제조업의 이익을 보장할 수 없는 만큼, 오히려 상업적 방침에 따라 제조업이 이끌려가고 있는 것이다. 아직 공장이라고 할 만큼 성장하지 않은 개개의 장인(匠人)이나 각 가정의 부업이 원래부터 상업에 종속해 있었으며, 외부의 자본이 어업이나 임업에 투입된 경우도 대개 상업적 목적 때문이었다. 따라서 농업단은 아직 적어도 재배할 작물 품종의 선정에 관해서는 상업의 간섭을 받지 않는다는 것을 제외하고는 매매 이익이 일본 생산 산업의 주요 동력이 되고 있다. 소비자 자신의 주문은 미약하지만 상인의 기호만큼은 충분히 반영되어 있는 것이다.

이러한 일이 상업 자체를 위해서도 반드시 좋은 결과만을 초래하지는 않았다는 사실은 바로 알 수 있다. 상인들은 원래 상업이 오늘날처럼 위대한 발전을 보지 못했던 시대에는 거의 상품의 종류에 대해서는 관심을 기울이지 않았었다. 그보다도 오히려 고의적으로 변화를 만들어서 새로운 이익을 도모하는 것이 일반적이었다. 도시마다 상설가게가 세워지고 업체가 조금 안정되어 특수한 지식의 전습으로 직업이 세습화되었지만, 점포에서 취급하는 품목이 많았고, 뭔가 그 가게만의 명물이 만들어지기까지는 특별히 한 품목을 고집하지 않았다. 따라서 가게를 연 상인은 아무 때나 생산자의 동반자가 될 수는 없었고, 의도적으로 부분적인 전업을 되풀이했다.

또 새로운 시대의 풍조를 눈여겨보다가 어떤 종류의 제품을 생산해 보려는 생산 품목을 신중하게 선정하지 못하고 한쪽으로 치우치기 십상이었다. 이는 언제나 전체적인 이익의 과다에 치우쳐 산출한 계산의 결과이다. 평생을 한 가지 물품을 만드는 데에 보내고자 하는 사람에게는 이것은 전혀 도움이 안 되는 지도 방법이었다. 특히 이 무렵에는 재고정리나 폐점세일처럼 이미 그 품목의 판매를 끝내고자 할 때에 오히려 가장 열심히 판매하게 되는 얄궂은 현상도 적지 않았다. 그렇지 않더라도 생산비와는 관계없이, 아니면 생산비를 침식하는 다른 경비가 매우 높은 비율로 들어갔기 때문에, 확장하고자 하는 목적이 겨우 달성되는 정도였다.

소매업이 지방 전업자(轉業者)의 첫째 목표가 된 데는 몇 가지 원인을 별도로 꼽을 수 있지만, 그 중 대표적인 것은 과잉 상품을 처리하기 위해서 많은 수수료가 주어졌다는 것이었다. 소매에 따른 이윤은 벽촌의 가장 빈약한 매상으로도 한 가정을 지탱할 만한 정도였다. 그러므로 도회지에서 조금이나마 대량으로 물건을 팔아치울 전망이 있는 경우에는 상품 선전을 위해 상당히 힘을 기울이는 일은 쉽게 찾아볼 수 있게 되었다. 상업은 어떤 직업보다도 흥미로운 직업이 되었던 것이다. 명치시대 말엽부터 새로운 사회상의 한 모습으로 도시가 일반적으로 아름답고 밝아졌다는 것은 도매가격이 비싸지지 않은 대신 결국은 스비자들이 깨닫지 못한 채 그 경비를 부담하고 있었기 때문이었다. 최근 백화점의 지방 진출이 문제가 된 근본적 이유도 역시 이 부자연스러운 판매 조직에 있었다.

이런 종류의 상업투쟁은 대개의 경우 제조업과 제조업에 종속되어 있는 사람들의 불운한 인내로 귀착되었다. 단순히 생산액이 증가했다는 보고서로 그들의 행복이 증진했다고 해석할 수는 없다. 손해를 보며 판다는 말이 거짓이라 할지라도, 적어도 제조업자의 고통이 생산증가와 함께 오히려 많아진 것을 추측할 수 있는 예는 드물지 않다. 스비자 입장에서 보자면, 쇼핑을 일종의 도시 진출 심리, 즉 쇼핑을 산이나 들로 놀러 나가는 것과 비슷한 즐거움으로 생각하고 있는 옛 풍습이 지금도 약간은 남아 있는 이상, 이 같은 매매를 손해라고까지 생각할 것은 없다. 그런데도 차츰 소비 생활의 변화를 꾀하는 소비자들이 많아짐으로써, 생산자와 직접 거래하는 것이 유리하다는 것을 인식하기 시작했다.

요즈음 도시에서 시작된 공·사설 시장 가운데에는 쓸데없이 이전의 소매제도를 복잡하게만 만들어 놓은 것이 있는 듯 하지만, 산업조합의 연합을 통해 중간상인을 생략할 수 있다는 것을 몸소 체험하고 있다. 특히 농촌의 구매조합이 애초에 사들여야만 할 제조품의 품목과 수량을 정하고 있다는 사실은, 앞으로의 공업에 대한 한 가지 사로운 지침이 될 것이다. 사람들이 단조로운 생산업의 중복과 낭비를 깨닫는다는 것은 자칫 쓸모 없게 될지도 모를 노력과 지혜, 그리고 자본의 흐름을 전환하여 그것을 필요로 하는 기업에 투자할 수 있는 단서를 제공하는 것이기도 했다. 상업에 지나치게 비중을 많이 두었던 지금까지의 자본가는 그동안 변화를 준비하지 않았던 것을 크게 후회해야만 할 입장에 놓여 있는 것이다.

제 11 장

노동력의 분배

1. 외지로 나가는 노동력에 대한 통제

최근에 산업합리화나 국산품 애용에 대한 목소리는 자주 들리지만, 그 생산품의 대부분이 외지로 반출되는 일에 대해서 생산자가 직접 간여하는 경우는 지극히 적었다. 따라서 여기저기서 생산품을 만들어 내게 되자 자본 경쟁은 더욱 극심해지고, 과잉생산과 노동력의 분배 문제도 여전히 해결되지 않은 고민거리로 남아 있게 되었다. 산업합리화 과정에는 반드시 기업의 축소가 수반되어야 하지만, 우선 그 전에 다음에는 무엇을 만들어야 할 것인지를 고려해야 하는 것이다. 그렇지 않으면 노동력 과잉이 초래하는 불행으로 국민들의 생활은 끊임없이 암울해질 것이다.

일본의 노동자 중에는 어제까지는 농민이었으며 내년에는 다시 농민으로서 농사일을 하게 될지 모를 사람들이 많다. 만약 이렇게 외지로 나가서 일하는 노동자[1]의 노동력 분배 문제를 해결하려 하지 않고서 단지 농촌 사람들이 도회지로 유입되는 것만을 저지한다면, 도시와 농촌 노동자들의 경쟁은 더욱 격렬해질 뿐만 아니라 일본의 노동력 분배도 순조롭게 진행되지 못할 것이다. 지금까지는 노동조합도 이 점에 대해서는 해결책을 찾지 못하고 고민할 수밖에 없었다. 노동력의 분배가 이전에는 어떤 상황에서 어떤 방식으로 이루어졌었는가. 이에 대해서는 일단 외지로 나가 돈을 버는 현상에 근거하여 역사적으로 고려해 볼 가치가 있다.

명치시대의 농업 방식은 토지를 최대한 이용하는 것이었다. 농촌에서는 휴일도 없애버릴 만큼 노동력이 최대한 이용되었지만, 그래도 남는 잉여 노동력은 오랜 전통 아래서 맹목적으로 이용되지는 않았다. 오히려 자연스럽게 이용되었다. 적어도 그 잉여 노동력을 무리하게 이용하는 일은 거의 없었던 셈이다. 돈을 벌기 위해 외지로 나가는 일은 단순히 농촌의 동요 때문에 일어난 현상이 아니다. 집안의 영속을 위해서 남은 노동력을 유용하게 이용해야만 했기 때문에 이루어진 것이다. 다시 말하자면 외지로 돈벌러 나가는 풍습은 일을 하고 싶어도 충분한 일거리가 없는 산간지방이나 눈이 많이 내리는 지방에서 성행했던 것으로써, 그것은 집안을 꾸려나가기 위한 일상적인 일이지 결코 특수한 현상이 아니었다. 이른바 겨울철 고용인이라 부르던 사람들은 바로 이런 사람들이었다.

단바(丹波) 지방의 백일남(百日男),[2] 에치고(越後) 지방의 사카오토코(酒男),[3] 아사구치(淺口) 지방의 도지(杜氏)[4] 등 그 능력이 뛰어나다고 인정받

---

1) 이를 일본어로 데카세기(出稼ぎ)라고 한다. 생활의 본거지를 떠나서 일정한 기간 동안 멀리 떨어진 지역에서 일하는 것이나 또는 그 사람을 가리킨다. 현재는 농업에 종사하는 사람이 농한기를 이용해서 하는 경우가 많다. 11장 본문에 자주 등장하는 말로 본문에서는 문맥에 맞게 적당히 풀어서 번역하도록 한다.

2) 단바(丹波)는 현재의 교토(京都)부 대부분 지역과 효고(兵庫)현 일부 지역이다. 백일남(百日男)은 사카오토코(酒男)와 비슷한 의미이며, 겨울철에 대략 100일 정도 외지로 나가 술을 빚는 일을 한 데서 붙여진 이름이다.

3) 사카오토코는 사카도지(酒刀自)라고도 한다. 술을 빚는 일을 하던 남자를 의미함. 에치고 지방의 사카오토코가 유명하게 된 기원이나 배경에 관해서는 명확하지 않다. 에

은 사람들, 오늘날에는 술을 빚는 양조장측이든 겨울철 고용인측이든 반드시 필요한 그들일지라도 생겨난 동기는 역시 같았다. 그밖에도 다지마(但馬)[5] 지방에서 두부를 만들던 사람이나 뗏목을 타고 강을 넘나들던 사람, 차 팔던 사람, 나라(奈良)·도야마(富山)·시가(滋賀)·가가와(香川) 지방의 약 장사[6]나 에치고(越後) 지방에서 해독제를 팔러 다니던 사람 등, 여러 종류의 행상인들 대부분도 그러했다. '시골뜨기'니 '철새'니 하는 말은 그다지 좋은 느낌을 주지는 않지만, 외지로 나가서도 자신의 집안과 인연을 끊지 않고 다시 돌아오곤 하던 그들의 모습을 잘 나타내고 있다.

특히 소규모 독립 생산자가 많아짐으로써 이전처럼 일용직만으로도 생활이 보장되던 시대가 지나가자, 집안의 영속을 위해서라도 외지로 나가 돈을 벌 필요성이 더욱 절실해졌다. 아직 예전 방식대로 농사를 짓는 주고쿠(中國)[7] 지방의 산간 지역의 대규모 농가에서는 특히 큰 규모의 모내기나 벼를 베는 계절에만 필요한 일손을 항상 가까이에 준비해 두었다. 대규모 농업시대가 아닐지라도 일본의 농가에는 모내기라는 매우 분주한 시기가 있다. 농기구 개량기술이 진보해도 노동력을 줄이는 기계는 작업의 일부에만 적용되기 때문에 모내기 일손을 줄일 수는 없는 것이다.

게다가 모내기 때만 임시로 타지 사람을 쓰려고 하면 여러 가지 불안

치고는 지금의 니가타(新潟)현 대부분이 해당된다.

4) 도지(杜氏)란 지연이나 혈연으로 맺어진 일꾼들을 데리고 겨울철에 다른 지방으로 나가서 술을 빚는 일을 하던 기술자 집단이다.

5) 현재의 효고(兵庫)현 북부에 해당된다. '다지마 쇼(但馬牛)'라고 해서 일본 소의 대표적인 품종이 이 지방에서 만들어졌다.

6) 이를 가리켜 구스리우리(藥賣り) 또는 바이야쿠(賣藥)라 불렀다. 일본에서 약장사가 성행한 지방으로는 본문에 소개된 현(縣)이외에도 오카야마(岡山), 사가(佐賀)현을 들 수 있다. 에도시대에는 행상인들이 자가 제조한 약을 갖고 전국을 돌아 다녔다. 이들 행상인들은 읽고 쓰는 능력이나 산술(算術)이 가능하고, 약이나 의학에 관한 지식이 밝아서 사람들의 건강을 지켜 주었기 때문에, 단골로 이용하는 농촌 사람들의 신용이 두터웠다. 도야마 지방 약장사의 경우는 늘 약을 팔아주던 집을 가케바(懸場)라 부르고 1년에 2번 찾아가는 것을 원칙으로 했다.

7) 일본 혼슈(本州)의 서부 지방을 가리킨다. 현재의 오카야마현(岡山縣)·히로시마현(廣島縣)·야마구치현(山口縣)·시마네현(島根縣)·돗토리현(鳥取縣)이 여기에 해당됨.

한 일이나 곤란한 일이 생긴다. 그러나 점차 고향을 떠나 외지로 나가는 사람들이 많아지자, 일손이 부족해서 밤까지 횃불을 밝히고서 모내기를 해야 하는 곳도 생기게 되었다. 그 때문에 모내기가 집안을 결속하게 함과 동시에 사람들을 고향과 연결시키게 되었고, 농촌을 떠난 많은 사람들을 일 년에 한 번 고향을 찾는 '철새'처럼 만든 것이다. 생계를 위해 외지로 나가지 않고도 지낼 수 있다면 평화로운 고향에서 살고 싶은 것이 사람들의 마음이다. 따라서 농촌에서 노동력에 대한 수요가 항상 있었다면 그 수요에 응할 사람들 또한 꾸준히 존재했을 것이다. 그렇지만 그러한 상태가 언제까지나 계속될 수는 없었다.

모내기의 경우나 찻잎 따기, 누에치기 등의 일을 보면, 지방에 따라 그 계절이 다르다. 이러한 특성이 사람들로 하여금 이동할 기회를 제공했고, 외지로 나가 돈벌 방법을 만들어 주었던 것이다. 처음에는 거주지 부근에서 한정되다가 차츰 멀리까지 그 통로가 만들어지게 되었다. 예를 들면 미에(三重)현이나 규슈(九州) 방면의 찻잎 따는 시기에는 계절에 따라 일손을 돕는 일이 성행했고, 찻잎 따는 시기가 서로 다르기 때문에 차츰 강 밑에서 강 위쪽으로 기후를 좇아 차밭을 돌아다니는 풍조가 성행했다. 이 현상은 누에를 치는 지방에서도 볼 수 있었다. 특히 풀베기 같은 작업은 초여름 일주일 동안에 날씨를 보아서 순시간에 해치워야 했기 때문에, 해마다 많은 사람들이 사누키(讚岐)[8] 지방에서 오카야마(岡山) 지방으로 일손을 거들러 간다. 그리고 이러한 분위기 속에는 공동으로 일한다는 재미와 흥분 덕분에 조금은 축제 같은 즐거움도 느낄 수 있었다. 말하자면 한 마을 내의 상호부조 조직인 유이(結い)[9]가 가까운 이

---

8) 지금의 가가와현(香川縣)의 옛 지명이다.
9) 상호부조·협동노동의 한 형태로 일반적으로 노동의 교환을 의미하는 용어이다. 단 기간에 집중적으로 노동력을 필요로 하는 작업에서 노동력의 교환이라는 형태로 노동력을 보충하고 확보하려 했던 방법이다. 모내기·벼베기·탈곡 등의 농사일 이외에도 집 수리나 지붕을 갈아 이는 작업에도 유이가 이루어졌다. 오키나와 지역에서는 여기에 해당하는 상호부조 조직으로 모아이(模合)가 있다. 상호부조제도이 관한 야나기타 구니

웃 농촌으로 확대되고, 차츰 더 멀리 떨어진 지방으로 돈을 벌러 나갈 수 있는 길을 열었다고 할 수 있다.

그렇지만 도지(杜氏)10)와 같이 특별한 기술을 갖고 있는 사람이 해마다 거르지 않고 돈을 벌러 나가다보면 결국 그 수요에 응해서 먼 지방으로도 가게 되었고, 나아가서는 집안의 협동을 유지한다기보다 더욱 발전된 의미의 직업이 되었다. 그러나 이러한 상황에는 상당한 불안감이 따랐다. 도지(杜氏)나 뗏목을 부리는 인부, 또는 홋카이도(北海道)나 가라후토(樺太)11)로 고기잡이 나가는 어부 모두 그 일이 정기적으로 이어지는 직업의 의미를 갖게 되자 일이 영속적으로 보장되지 않으면 굉장히 불안해졌던 것이다. 원래는 집안을 보전하기 위한 일일지라도, 하나의 직업으로써 그 일을 추구하게 되면 그 안정성을 강화하기 위한 조직이 필요하게 된다. 오야카타 제도(親方制度)12)란 말하자면 현재의 자주적인 조합을 대신한 조직이었다. 특히 외지로 나가서 하는 노동이 도지(杜氏)처럼 농사일과 거리가 멀어지거나 집에 돌아와서는 별로 소용이 없는 기술로 이어지게 되자, 이 오야카타 제도가 갖는 영향력은 더욱 커졌다.

요리오야(寄親)13)가 전반적인 일거리를 관장하던 시대는 상당히 길었

오의 논고로는 「오야와 노동(オヤと勞働)」(『柳田國男全集』 12, 1990에 수록)이 있다.
10) 지연이나 혈연을 통해 끌어모은 일꾼들을 데리고 겨울철에 다른 지방으로 나가서 술 만드는 일을 하던 기술자 집단이다.
11) 사할린의 일본 이름이다.
12) 오야카타(親分)란 한국에서도 가끔 들을 수 있는 오야분(親分)이란 말과 같은 의미이다. 흔히 오야카타·고카타(子方) 관계 혹은 오야분·고분(子分) 관계 하는 식으로 같이 사용한다. 원래 부모·자식 사이가 아닌 사람이 일정한 절차를 거쳐서 마치 부모·자식과 같은 관계를 맺는 것을 의미한다. 학술적으로 이 관계를 보자면, 그 사회적 의의를 세 가지로 나누어 이해할 수 있다. 첫째, 이 같은 관계가 고분 쪽에서 볼 때 사회적으로 열등한 위치에 놓인 상황을 극복하기 위한 목적에서 맺어진다. 둘째, 이 같은 고분의 열등한 위치는 가족 구성원을 통해서 극복되지 않고, 가족 이외의 사람을 오야분으로 모심에 따라 극복된다고 생각되었다. 셋째, 이 관계는 항상 사회적으로 상하 관계로 설정된다.
13) 임시로 부모·자식 관계로 가정하여 주종 관계를 맺은 것으로 주군(主君)을 요리오야(寄親), 그 밑의 부하를 요리코(寄子)라고 불렀다. 근대에는 일반적으로 고용 관계에

다. 농촌에서 가장 연장자였던 오야지[14]는 원래 가리오야(假親)[15]였겠지만, 동시에 알선업자의 원조이기도 했다. 이 요리오야가 외지로 나가 돈벌이하기를 원하는 사오십 명의 지원자를 이끌고 노동력의 룬배에 기여했던 것은, 오늘날 생각해 보면 커다란 역할이었다. 요리오야 중에는 영향력이 미약한 존재도 있었겠지만, 발전된 형태의 요리오야는 결코 조잡하지 않고 오히려 매우 조직적이었다.

요리오야가 도시에서 살게 되자 고용인을 알선해주는 사업이 생기고, 농촌에서는 그를 의지해서 도시로 나간 사람뿐만 아니라 요리오야와 개인적인 안식이 없는 사람조차도 혜택을 볼 수 있게 되었다. 즉 그동안 집안에 얽매여서 외지에 나가 일했던 대부분의 노동자들이 이 오야카타 제도로 인해 차츰 집안으로부터 독립하게 되고 적절히 분배되었던 것이다. 믿을 만한 요리오야가 없는 외지 고용인은 예를 들건 막느동이나 하인 일을 하는 조선인이나 중국인, 러시아인 행상처럼 항상 마음이 불안할 수밖에 없었다. 오야카타 제도가 없는 오늘날, 이를 개신할 유력한 그 무언가가 생기지 않는다면 외국인만이 아니라 우리들도 그 같은 불안을 느끼지 않을 수 없다.

2. 집안의 힘과 이주

현재 약 90만의 일본인이 집에 송금을 하거나 그게 아니라면 무언가

있어서도 고용인을 요리오야라고 하고 피고용인을 요리코라고 불렀다.
14) 일반적으로는 아버지나 나이가 든 남자를 친근하게 부르는 말이지만, 여기서는 오야카타(親分)라는 의미로 사용되었다.
15) 일시적으로 부모 역할을 하는 사람, 또는 몸을 팔거나 다른 집으로 일하러 가는 경우에 여러 가지 사정으로 명목상 그 사람의 부모가 되는 사람을 말한다.

집안에 도움이 되고자 하는 마음으로 외국에 나가 돈벌이를 하고 있다. 또한 일본 국내에서는 대다수 사람들이 제사(製絲) 공장과 방적공장의 남녀 노동자를 필두로 해서 하녀나 하인·사환이 되어 대도시로 흘러 들어가는 사람, 탄광으로 돈벌이 가는 사람, 방직공장 단지로 떠나는 사람, 주조장에 고용되는 사람, 목수·벌목꾼 등의 떠돌이, 막노동·일용직 노동자 또는 약장수, 그 밖의 행상인이 되어 고향을 떠나 바깥 세상으로 나가고 있다. 그 중에는 고향에서 조용하고 한가로운 생활을 하던 사람들도 많았다. 오미(近江) 상인, 이세(伊勢) 상인 등 출생지를 브랜드로 하여 외지로 나가 돈벌이를 한 대표적인 사람들은 고향에 있을 때는 아무것도 하지 않고 멋진 집에서 한가롭게 지내고 있다.

근대에 해외로 나가 돈벌이를 한 상인의 출신지 중에는 이와 비슷한 곳이 조금 있었다. 유명한 기슈(紀州)의 시오노미사키 촌(潮岬村),[16] 미오 촌(三尾村)[17] 등도 한가로운 생활을 한다는 점에서 오미(近江) 지방의 난보 쿠고카노쇼 촌(南北五箇庄村)[18] 등과 비슷하다. 중국의 광동(廣東) 지방 주변 등 외지 돈벌이가 성행한 지방과 마찬가지로, 외지로 돈벌이 나간 사람이 이주자가 되어 결국 고향으로 돌아갈 기회를 잃게 되었다 하더라도 고향에서는 그 송금에 의지해서 생활하고 있었다. 어쩌면 해외로 웅비하여 떠났던 사람들이 존재하던 시대의 이상(理想)은 바로 이러한 점에 있었는지도 모른다. 고향은 해외에서 분투하던 사람들이 나중에 편히 쉴 장소, 즉 묘지를 만들 곳이었기 때문에, 그 땀의 결정이 고향으로 보내졌던 것이겠지만 한편으로는 이 풍조가 오랫동안 진정한 이주를 저지하는

---

16) 시오노미사키는 기이 반도(紀伊半島) 남쪽 끝에 있는 곶(岬)이다.
17) 와카야마(和歌山)현에 위치하며 현재의 미하마(美浜) 정(町)이다. 일찍이 이곳의 어부들은 대형어선을 구입할 자본이 없어서 소형어선으로 고기잡이를 했지만, 주변에 깎아 자른 듯한 바위가 많아서 고기잡이가 변변치 못해 생활이 무척 곤란했다고 한다. 그 결과 이곳 사람들이 외지로 돈벌이를 떠나는 경우가 많았다. 명치 21년(1888)에 요코하마에서 밴쿠버로 건너간 구노 기헤이(工野儀兵衛)에 관한 일화가 유명하다.
18) 현재의 시가(滋賀)현 고카쇼(五箇庄) 지역을 말함.

경향이 있었다는 사실을 생각해 볼 수 있다.

이주(移住)는 명치·대정시대 이전에는 없었던 커다란 현상이기는 했다. 이주는 어느 한 철 동안 외지로 나가서 하는 돈벌이와는 전혀 다르고 대부분은 일가 모두가 고향을 떠난다. 따라서 집안의 대(代)가 바뀌거나 집안에서 소외되는 문제가 꼭 수반되었기 때문에, 사람들은 이를 불행으로 여겼다. 실은 대부분의 이주자는 집안을 떠난다는 의미보다는 외지로 돈벌이하러 떠나는 심정으로 이주를 했던 것이다. 어쩌면 여행을 하는 동안에 넓은 들판을 발견한 사람이 변변히 경작할 곳도 없는 고향의 현실과 비교해 보고 나서 이곳으로 이주하고자 하는 결심을 굳히고, 처자를 데리고 온 경우가 있을지도 모른다. 하지만 이주가 이루어지기 전에는 일단 자기 혼자 시험삼아서 왔을 것이다.

홋카이도(北海道)는 과거 60년 동안에 위대한 발전을 이루었다. 그 과정 중에는 당국의 적극적인 소개와 장려가 있었으며, 빈곤한 농민이나 사족(士族) 등의 단체 이동과 둔전병(屯田兵)19)제도 또한 경향을 끼친 바가 클 것이다. 그렇지만 여전히 일가가 이주하기 전에는 외지로 돈벌이 나가는 것과 같은 심정으로 잠깐 동안 머물던 사람들이 많았다. 물론 나중에는 먼저 이주한 고향 선배의 상황을 보고 안심하고, 그 선배를 의지해서 이주하는 사람도 많아졌다. 그 발전은 이전 이주자들의 노력의 산물이었다. 이러한 홋카이도로의 이주는 러일전쟁 이후에 다시 증가하여, 대정시대 이후에는 인구 증가율이 도쿄에 이어서 전국에서 두 번째로 높을 만큼 융성함을 보였다. 그러나 사람들의 교체도 심했다. 홋카이도에서 일본 본토 방면, 특히 고향으로 돌아가는 사람들 또한 청년부터 장년에 이르기까지 적지 않았다. 인구가 이처럼 증가하면서 그 가운데는

---

19) 둔전(屯田)이란 병사를 멀리 떨어진 지방에 정착시켜서 평상시에는 농업에 종사하게 하고 비상시에는 전쟁에 참가하도록 한 제도. 본문에서 말하는 둔전병은 홋카이도의 경비와 개척을 위해서 만든 둔전병을 의미한다. 이 제도는 1875년에 설치되었다가 1904년에 폐지되었다.

홋카이도에 정착해 자리를 잡은 사람도 많았겠지만, 다시 귀향해서 주거를 옮긴 사람도 적지는 않았다. 말하자면 홋카이도는 일본인들이 이주 연습을 하기 위한 땅이었다고 할 수도 있다.

식민(植民)을 목적으로 한 이주는 외지로 돈벌이 나가는 것과는 성격이 다르기 때문에 대가족으로 북적이던 집안을 쓸쓸하게 만들기는 했지만 어쨌든 당면 문제를 해결할 수 있는 방안이었다. 말하자면 집안 일에 도움이 안 될 경우에는 집에 돌아오는 일이 적었다. 여자라면 혼인을 통해 어떻게든 해결되었지만, 남자는 뾰족한 수 없이 언제까지고 집안의 힘에 의지하던 사람도 많았다. 그러한 경우는 외지에서 집에 돈을 보내고 나이가 들면 돌아왔다. 대체로 부모가 살았던 시절의 고향보다는 이주지의 상황이 좋지 않았기 때문에, 정착을 위한 이주를 하지 않고 단순히 외지로 돈벌이 나가는 사람도 있었던 것이다.

반면 외지로 그저 돈벌이하러 갈 작정으로 나갔다가 이주를 하게 된 사람도 있었다. 즉 돈벌이 나간 곳에서 죽거나 이유가 있어서 고향으로 돌아올 수 없게 된 사람, 또 최근에는 혼인으로 외지에 정착하게 된 사람, 혹은 돈벌이 나간 그 외지의 규제력이 고향의 규제보다 강화되었기 때문에 부득이 하게 이주하게 되는 경우도 있었다. 해외 이주도 원래는 잠깐 돈벌이 나갔다 온다는 생각으로 이루어진 경우가 많았다. 돈을 많이 벌어 금의환향할 심산으로 외지로 나가는 경우가 보통이었으며, 그 때문에 현지에서 진정한 의미의 이주민이라고 여겨지기보다는 떫은 표정을 지으며 대했던 것도 무리는 아니었다.

한편 이주를 포기해야만 하는 일도 일어나기 쉬웠다. 예를 들면 도회지에서 얻은 병 때문이었다. 평안하고 맑은 공기 속에서 자란 젊은이가 자극이 많은 도회지나 타향 생활에서 병에 걸려 귀향하는 경우도 적지는 않았던 것이다. 이런 사람들은 곧 바로 집안의 근심 덩어리가 되었고, 혈육이기 때문에 오히려 서로 불행을 감수해야 되는 날이 계속되는 일도 있었다. 그렇지만 대부분의 사람들은 이런 선례를 보면서도 주저하지

않고 가족을 위해서 고향을 등지고 떠났으며 외지에서 돈벌이를 하는
와중에도 여전히 가족을 못 잊어했다.

3. 여성의 노동

여성의 노동력도 대단했다. 만약 여성들이 제대로 일하지 않았다면 쌀
경작은 어려웠을 것이다. 젊은 여자가 들로 점심을 내 가는 광경은 일종
의 아름다운 의식이었다고 할지라도, 그 외에도 모내기를 위해서는 어떻
게 해서든지 처녀들의 노동력을 많이 동원해야만 했다. 모내기를 잘하는
사람은 대부분이 부인이었으며, 그들은 노래 잘하는 사람이나 미인과 마
찬가지로 존경받는 사람이었다. 젊은 여자가 공장으로 일하러 나가서 농
촌이 쓸쓸해졌다는 목소리가 높은 이유 중의 하나는, 힘들었지만 처녀들
의 활기로 즐거웠던 이전의 모내기 광경이 눈에 선하기 때문이 아닐까.
한편 남자가 외지로 나가 돈벌이하는 경우가 많은 섬이나 해안 마을
에서는 결과적으로 부인들만 남게 되었고, 빈 마을을 지켜가기 위해서
여자 소방대 조직이 생겨나는 경우도 드물지 않았다. 이렇게 여자들은
남자들과 대등한 일을 했다. 여성이 노동을 하게 되면 가정이 파괴되지
않겠느냐 하는 걱정은 오히려 기우이다. 베를 잘 짜는 하치조지마(八丈
島)[20] 여성들의 노동은 단순히 남자들의 일을 보충하는 정도가 아니었다.
해녀들의 노동도 마찬가지다. 현대사회라면 독신여성만이 할 수 있을 법
한 일을 직업을 가진 기혼여성들이 해냈다. 더욱이 가사와 육아는 복잡

---

20) 이즈(伊豆) 지방 남부에 위치한 화산으로 된 섬이다. 도쿄에서 남쪽으로 약 300km
   떨어져 있다. 이곳에서 생산하는 견직물을 가리켜 하키조기뉴(八丈絹)·하치조지마(八
   丈縞)라 부르며 직물생산으로 유명하다.

했으므로 여성이 독립된 노동을 많이 해야 하는 곳에서는 여유가 없었던 것이다.

여성의 결혼은 여공이 생겨나기 이전부터 외지로 돈벌이 나가는 일을 쉽게 하기 위한 이주로 이어지는 경향이 두드러졌다. 즉 산에 들어가거나 배를 타는 일을 직업으로 가진 사람은 대부분 여성을 데리고 갔다. 여자가 일하지 않고 부양을 받는다는 생각은 아주 부유한 가정에서나 있는 것으로, 보통은 옛날부터 여성이 일하는 것이 당연했고 여성들이 일에 관여하지 않는 경우는 매우 드물었다. 일을 잘 하지 못하더라도 일하고자 하는 생각은 여성들의 마음속에 분명히 자리 잡고 있었다.

명치시대 이후에 가장 두드러진 현상은 여공의 출현이었지만, 비단 여공만이 아니라 앞에서 언급한 것처럼 찻잎 따는 여자도 그 활약이 눈부셨으며, 가정부 또한 차츰 이런 경우의 한 예가 되었다. 가정부는 원래 일을 해야 한다는 의미에서 다른 집의 일을 했던 것이 아니다. 교육과 일자리가 그 목적이었는데, 차츰 자기 집의 가계를 유지하기 위해 일을 해서 돈을 버는 방식으로 정착한 것이다. 그렇지만 대부분은 옛날 방식의 고용 관계가 지켜져 생활이 보장되었고, 적어도 고용주의 가족에 준하는 구성원으로 대우받았으며, 때에 따라서는 시집갈 준비까지도 고용주가 해주는 경우가 있었다.

오늘날에도 어떤 지방에서는 본(盆)[21]을 경계로 하여 가정부가 바뀌는

---

21) 음력 7월 15일을 중심으로 여러 가지 음식을 조상에게 공양하고 아귀(餓鬼)에게 주는 등, 조상의 명복을 빌고 그 고통을 구제하기 위한 목적으로 행하는 행사. 현재는 양력 8월 13일부터 16일까지 전국적으로 행사가 행해진다. 이는 불교 행사인 음력 7월 15일의 우란분에(盂蘭盆會)에서 유래하였으며, 이 말이 생략되어 본(盆)이 되었다. 13일에 조상의 혼령을 맞아들이는 행사를 시작하여 16일에 혼령을 다시 저 세상으로 보내는 행사를 하는 것이 일반적이다. 조상의 혼령이 돌아온다고 하기 때문에 조상을 모시는 제단인 쇼료다나(精靈棚)를 따로 만들어 꽃이나 음식을 바치고 제사지낸다. 조상의 혼령이 다시 돌아갈 때에는 많은 지방에서 풀이나 종이로 배를 만들어 강이나 바다로 띄워보내는 행사를 거행한다. 또한 조상의 혼령을 달래기 위한 춤인 본오도리(盆踊り)가 성대하게 행해진다. 이 본 무렵에는 도시에서 사는 사람들이 본을 맞이하여 고향(주로 남편의)으로 돌아가는 대이동이 시작된다. 본은 종교적인 의미만이 아니고, 귀

관습이 남아 있는 곳이 있다고 한다. 가정부나 보모와 같은 고용살이는 집안의 일과 아주 깊이 연관되어 있었기 때문에 대부분의 경우는 농촌에서 가장 즐거운 때, 즉 셋쿠(節供)[22]나 본(盆), 그리고 설이 지나고 나서야 남의집살이를 하러 떠났다. 고용살이를 한 젊은 여성은 특히 도시 부근에 위치한 농촌에 많았다. 이른바 제1차 세계대전에 따른 호황기에는 임금이 높은 여공에 지원하는 사람이 많아서 그 수가 상당히 감소했지만, 여성의 노동력 분배에서 보자면 오늘날에도 여전히 어느 정도 고풍스러운 집안의 연계를 유지하는 중요한 역할을 하고 있는 것이다.

해녀의 노동은 그 노동량부터가 경이로웠다. 물질을 못하는 여자, 즉 바다 속에 들어가 일을 하지 못하는 여자는 굉장히 무시당했다. 아침에 일어나서 빨래를 하고 밥을 지은 뒤 논밭에 나가 일을 하고, 낮부터는 바다에 나가 전복이나 해조류를 땄다. 저녁에는 집으로 들어와 가사·재봉·아이들 뒷바라지에서 마을의 공사나 회의에 이르기까지 남편을 대신해서 출석해야 하는 매우 과중한 노동을 견디며, 바다에 나가 있는 남편을 도와서 일가를 지탱했다. 남편은 늘 바다에 나가 있어서 세상물정을 잘 몰랐기 때문에 부인이 마을 모임에 참석하는 곳까지 있다.

대체로 바닷가에 사는 여성은 이렇게 과중한 노동을 했다. 남자에게 지지 않을 만큼의 거친 일을 해낸 여성들이 많았던 것이다. 항구나 정류장 구내에서 화물을 쌓고 내리는 노동자 중에도 이 같은 여성들이 많은 역할을 차지하고 있다. 현재 여자 하역 인부는 각지에 매우 많이 존재한다. 트럭이나 수레꾼에 의해 운송 방법이 변하자, 이 여자들은 그 일에도

성해서 조상께 제사지내며 가족이나 친척, 친구 등과 훈훈한 옛 정을 나눈다는 점에서 한국의 추석과 비슷한 성격이 있다.

22) 신에게 제물을 바치고 마쓰리(祭り)를 여는 계절의 경계가 되는 날. '세쓰(節)'라고 하는 것은 원래 1년 중에 찾아오는 중요한 시점을 말하는 것으로 기본적으로는 신께 제사를 올리는 날을 의미했다. 1월 7일, 3월 3일, 5월 5일, 7월 7일, 9월 9일의 다섯 셋쿠(節供)는 중국으로부터 전래되어, 일본에서는 10세기 전후에 귀족사회를 중심으로 행해졌으며, 에도(江戶)시대에는 민간인들 사이에도 널리 퍼졌다.

과감히 끼어들어 남자들과 경쟁하고 있는 것이다. 또한 그들 중에는 일할 준비를 제대로 갖추고 동료끼리의 규율까지 정해 놓은 일종의 직업 부인 단체로 존재하고 있는 경우도 적지 않았다. 특히 행상인은 무슨 까닭에서인지 옛날부터 여성들이 많았다. 이른바 히사메(販女)[23]라고 하는 여자행상들은 매일 70리나 80리를 돌아다니며 물건을 팔았다.

이 모습을 보면 여성은 몸이 약하기 때문에 친절하게 돌보아 주어야 한다는 말이 통용되지 않는다. 적어도 같이 일하는 동료끼리는 남성이나 여성 할 것 없이 체력이나 능력면에서 아무런 차이가 없었다. 노동이 아무리 힘들지라도 여성들은 이처럼 강건하게 견디어 온 것이다. 오로지 남자만이 할 수 있는 거친 일은 별로 없었다. 그렇지만 이와 반대로 여자가 아니면 할 수 없는 일은 많았다. 직업 부인이라는 명칭이 생긴 것은 극히 최근의 일이고, 따라서 직업 부인이라는 존재 자체가 새로운 것처럼 생각되는 경향이 있지만, 여성이 일을 했다는 사실은 이처럼 아주 일반적인 것이었다.

4. 직업 부인의 문제

외지로 돈벌이 나간 노동자 가운데 여공들이 특히 많은 숫자를 차지하고 있다. 일본의 산업이 일찍이 여자들의 일이었던 제사·방직 부문에서 눈에 띄게 발전을 이룬 것은 흥미로운 역사이다. 일본의 공업은 말하자면 이처럼 여성노동의 연장선상에서 발달했다고 해도 과언이 아닐 것이다. 그러나 유감스럽게도 그 과정에서 여러 가지 불행이 수반되었다.

---

23) 히사기메(ひさぎめ)라고도 하며 물건 파는 여자나 행상하는 여자.

여공 생활로 인한 여성의 성격 변화가 고향의 농촌 사람들을 실망시켰고, 그로 인해 여공 자신들도 부당하게 차가운 냉소를 받았던 시대이기도 했다. 그렇지만 그 같은 냉소는 서로의 동정과 이해로 점차 완화되어 갔다. 그보다 더욱 불행했던 일은 기계적인 산업 노동이 육체에 미친 영향이었다.

이제까지의 노동에는 그토록 강건하게 견디어 온 여성들의 몸도 근대의 새로운 노동에는 견딜 수가 없었던 것이다. 새로운 일이 몸에 새로운 영향을 끼쳤을 것이다. 기혼여성 노동자 육성의 부조화라는 문제는 놓아두고라도, 많은 여공들이 호흡기 질환에 걸린 사실은 농촌에 일시적인 대공황을 불러일으켰을 뿐만 아니라, 아직도 여전히 우려해야 할 상황이다. 대체로 호흡기 질환은 도회지 사람보다는 공기가 좋고 평온한 농촌에서 자란 사람들이 걸리기 쉬웠다.

태어날 때부터 오염되지 않은 환경에서 자란 사람은 대체로 매우 건강했지만, 호흡기 질환에 대해서만큼은 면역이 갖추어지지 않았을 것이다. 실제로 공장 안의 설비를 개선함으로써 이 호흡기 질환으로 인한 희생을 얼마나 줄일 수 있었는지는 아직 확실하지 않다. 현재 병에 걸려서 고향으로 돌아가는 사람이 3할을 넘는다는 지방이 있으며, 병고에 시달리는 젊은 여성들을 어떻게 구제할 것인지에 대한 연구에 몰두하고 있는 지방도 있다. 그렇지만 이제 와서 그에 대한 연구를 시작한 것은 시작하지 않는 것보다야 낫겠지만 이미 적절한 시기를 놓쳐버린 것이기 때문에 탄식하지 않을 수가 없다.

여공 학대라는 서글픈 소리가 들렸던 적도 있다. 이런 희생이 따랐음에도 불구하고 다수의 젊은 여성들이 집안을 구하기 위해서 매우 흔쾌하게 외지의 여공 모집에 응했다는 사실은 결코 갑자기 일어난 현상이 아니다. 이미 그 전례가 충분히 있었기 때문에 이런 풍조는 일본 특유의 기숙사제도를 생겨나게 했다. 예를 들면 양잠이나 찻잎 따기와 같은 일의 경우에는 계절에 따른 여성들의 교체를 유지하여 어느 기간까지 일하게 하고 돌려보내는 풍조를 만들었고, 이 계층을 계속 일종의 종속적인 존재로 만들었다. 현재의 대다수 여공은 이처럼 한시적이라는 점에서 폐해가 많았다.

여성들은 남자 노동자처럼 오랫동안 일을 하며 그곳에서 지위를 쌓아갈 수가 없었고, 한시적이었던 만큼 결국 외지에 나가서 하는 일시적인 돈벌이였던 셈이다. 더욱이 오랫동안 오야카타나 조합도 없었기 때문에 그 역할을 해온 사람은 공장경영자 자신이었다. 따라서 기숙사제도도 공장에 부속된 시스템으로 발달하였다. 최근에 여공보호조합이란 것이 생겨서 여공을 주선하는 일을 하고 있긴 하지만, 이것은 일종의 특별한 오야카타 제도로 오늘날과 같은 자주적인 조합과는 상당히 거리가 멀었다. 그 때문에 여공보호조합의 여공들은 노동자에게 가장 큰 힘이 되어 주는 연합체에는 가입하기 어려웠다.

그러나 여차 여차해서 그 조합의 구성원이 되고자 해도 언젠가 고향으로 돌아갈 생각을 가지고서는 조합과 저절로 거리가 생기게 된다. 명절에는 명절을 쇠러 고향으로 돌아가고, 농번기에는 될 수 있으면 일손을 도우러 고향으로 돌아가려는 사람조차 있다. 근대산업이라는 입장에서 보면 집안에 대한 집착 때문에 열매를 맺지 못한 꽃도 많았다. 그러나 이런 풍조는 집안의 독립을 유지하기 이전부터의 관습을 그대로 이어받은 것으로, 반대로 생각하면 그 때문에 많은 여공들이 생겨났다고 말할 수 있다.

산업이 갑작스럽게 발달하자, 청일전쟁 이후로 여공만이 아니라 점차 여성노동자나 직업 부인의 수가 증가했다. 여성의 노동은 금전적인 가치가 적었기 때문에 자본주의가 농촌 부인들의 지위를 낮게 만들었다고 한다. 그렇지만 이미 기혼여성들의 노동력 배치는 이전보다 늘어났고 상당히 확대되었다. 처음에는 여자도 쉽게 할 수 있는 일에 종사하다가 차츰 여자 신문배달원이나 우유배달원, 이발사, 최근에는 여자 선장까지도 생겨나 여성들의 직업전선이 매우 확대되었다. 사실 최근에는 남자들만 하던 일을 침식해 들어가는 경향도 현저하게 느낄 수 있게 되었다. 따라서 집안을 지탱해 가기 위해서 혼자서 일하던 사람이 이제는 둘이서 일한다는, 말하자면 일할 사람의 수가 두 배나 필요하게까지 되었다.

남자 양잠 교사를 몰아내고 여자 교사가 그 자리에 진출하는 경우도 적지 않았다. 그리고 그러한 현상이 이어지는 가운데 차츰 여자가 낫다는 경우도 생겨날 뿐만 아니라 많아지게 되었다. 즉 교원이나 유치원 보모, 간호사, 그리고 산파 쪽에는 일찍부터 직업 부인이 활발하게 활동하고 있었다. 또한 최근에는 전화 교환수, 여자 점원, 그밖에도 무수히 많은 직업 부인이 활발하게 세상에 공헌하게 되었다. 이러한 경향으로 여성들이 더 잘할 수 있는 직업 전선이 늘어나고, 부인들이 그 일들을 자신들의 천직으로 여겨 최선을 다할 수 있게 된다면 이 세상이 아주 유쾌해질 것이다.

젊은 여성들은 직업의식에 훨씬 더 많이 눈을 뜨게 되었다. 이윽고 전문학교 학생이나 여학교의 상급생이 여름방학을 이용해서 무언가 일을 해보고자 하는 경우도 많아졌다. 학교가 혼인을 위한 편의를 제공해 주고, 그저 여대 출신의 현모양처 양성을 목적으로 하던 시대에서 보자면 그동안 조금씩 이루어지던 변화가 쌓여 이 같은 커다란 변화를 이루었다고 말할 수 있다. 그래서 이전에 농촌에서 볼 수 있었던 힘들지만 즐거웠던 모내기 날의 노동처럼, 남녀가 함께 사회 생활을 하며 유쾌한 성과를 거둘 수 있는 날도 가까운 장래에 찾아올 것이다. 일찍이 열악한 노동 환경에서 시들었던 꽃이 국토에 다시 피어나고, 사람들이 서로 기뻐하며 건전한 국가건설을 위해 바삐 움직일 날도 멀지 않을 것이다. 자주와 협력이라는 기쁨이 우리들을 찾아올 때, 우리들은 반드시 행복해질 것이라고 믿는 것이다.

5. 오야카타 제도의 붕괴

외지에 나가서 하는 돈벌이는 지금까지 그저 번잡한 현상처럼 보였지만, 실은 계통과 조직이 갖추어져 있었다. 오야카타는 장인(匠人)이나 농민에게 뿐만 아니라 모든 일반 노동자에게도 있었다. 안에서 보면 요리코이고 밖에서 보자면 외지에서 돈벌이하는 사람(出稼ぎ人)에 해당하는 이들에게도 오야카타는 있었던 것이다. 오야카타는 요리오야와 같은 존재였으며 각 농촌의 지오야(地親)24) 역시 기원이 같았다. 요리코는 이 오야카타에 의해 생활을 보장받는 대신 노동력의 지배를 받고 있었다. 외지에 나가 돈벌 수 있는 일이 정해져 있는 동안에는 그것은 곧 집안에 대한 공동의 노동이었다. 그렇지만 그 일이 한결같지 않으면 매우 불안하였다.

외지에서 일자리를 구할 수 없게 되면 그 노동력이 남아돌게 되고, 특히 고향에서 주로 하는 일과 별 관계없는 일을 해 왔던 사람에게는 고향에서 필요로 하는 일에 다시 편입할 수도 없게 되어 차츰 고독한 떠돌이 같은 느낌을 갖게 되었다. 이러한 점이 오야카타 제도의 필요성을 더욱 크게 만들었던 것이다. 요리코는 도시에 있는 요리오야를 믿고 농촌을 떠나 그곳에 가서 일을 얻을 수가 있었다.

요리코는 시대에 따라 차이가 있었으며 종류도 많았다. 구사마 야소오 (草間八十雄)25) 씨가 지은 『수상 노동자와 요리코의 생활(水上勞働者と寄子

---

24) 지주를 말한다.

25) 1875~1946. 나가노(長野)현 출신으로 화불법률학교(和仏律學校, 현 法政大學)를 졸업한 후 4년 정도 경시청에 근무하다가 저널리즘의 세계를 전전하였다. 마지막으로 동경시의 사회국에 근무하였다. 1920년대에서 1930년대 사이의 동경 지역 사회사업 조사 연구에서 빼놓을 수 없는 인물이다. 특히 부랑자 및 매춘부 연구의 제1인자로 평가된다. 본문에서 소개한 저작 이외에도 『부랑자와 매소부 연구(浮浪者と賣笑婦の研究)』(1928), 『밑바닥 사람들(どん底の人達)』(1936), 『도시 생활의 이면 고찰(都市生活の裏面考察)』(1936) 등이 있다.

の生活』이란 책에는 머리 따는 일을 하는 직인, 염색집 국수 만드는 사람, 요리사, 초밥 만드는 사람, 튀김 만드는 사람, 소고기를 다루는 사람, 과자 만드는 사람, 기녀, 마부, 미장이 등 많은 종류의 직업이 적혀 있다. 그 가운데서도 비옷 만드는 장인이나 하리모노(張物)26) 장인, 간장 만드는 장인이나 정미소 기술자 등은 시대가 변해 그 기술을 필요로 하지 않게 되자 마침내 쇠퇴하여 없어졌다. 하지만 그 대신 사환 같은 직업에 종사하는 요리코가 생겨나 그 방면의 오야카타가 새로 생겨났다.

오야카타는 의협심과 관용을 바탕으로 전혀 모르는 사람도 환대할 수 있어야 했고, 사람을 알아보는 능력도 갖추어야 했다. 이들 오야카타는 일용직 조직이나 소방수, 혹은 야시(香具師)27) 등의 무리에도 존재했는데, 유독 이런 특정한 무리에만 강한 단결심과 올바른 예의가 있었던 것처럼 생각되는 것은 그들이 눈에 띄는 사람들이었기 때문이다. 오야카타는 결코 일부 사람들만의 특별한 조직이 아니었으며, 대도시 특유의 조직도 아니었다. 지방에서도 알선업자가 오야카타로 불렸으며 그 예는 오늘날에도 널리 존재한다. 물론 이는 이전에 장인들이 오야카타가 운영하는 헤야(部屋)28)에서 묵고 신세를 진 흔적일 것이다.

이 제도가 오늘날의 게이안(桂庵)식29)으로까지 변화한 과정에 대해서는 잘 알려져 있다. 요리오야가 주인을 의뢰하는 손님만을 소중히 여겨 종래의 요리오야로서의 덕목을 잊고 경박해지자, 자연히 요리코에게 무

---

26) 천을 씻어서 풀을 먹여 판자에 널어 말리는 일.
27) 데키야(てき屋)라고도 부른다. 신불(神佛)과 이 세상의 인연이 강하다고 여겨지는 날(緣日)에 신사나 절로 참배를 가거나 제례가 행해지는 날에 사람들이 많이 모여드는 곳에서 흥행을 하여 물건을 팔던 사람. 데키야라는 명칭은 명치시대 이후부터 사용되었다고 하며, 옛날부터 야시(香具師)나 고구시(香具師)라는 명칭이 사용되었다.
28) 보통명사로는 '방'이란 의미로 사용되지만, 여기서는 오야카타가 운영하는 합숙소라는 의미로 사용되었다.
29) 에도(江戸)시대에 교바시(京橋)에 사는 야마토 게이안(大和桂庵)이라고 하는 의사가 중매를 잘 한 데서 유래한 말이다. 혼인이나 고용살이 등을 소개하는 사람이란 뜻으로 사용된다.

책임해졌다. 그로 인해 오늘날 많은 폐해를 자아냈지만, 그러나 한편으로 막노동, 토공 일을 하는 사람들 사이에서 오베야(大部屋) 격으로 세력을 떨친 유명한 몇몇 요리오야 조직은, 피를 나누지는 않았어도 대대로 그 기량을 이어받아 의협심에 넘치는 명예로운 오야카타의 통솔 밑에서 커다란 발전을 이루었다. 이렇듯 유서 깊은 조직은 오늘날에도 여전히 많이 존재한다. 이밖에도 많은 요리코 조직은 오야카타 제도가 폐지된 오늘날에도 헤야(部屋)에 소속된 사람으로서 긍지를 바탕으로 직인으로서의 업무를 자신감 있게 수행하는 것을 보면, 오늘날처럼 직인의 양성이 미약한 때에는 오히려 매우 믿음직스럽게 생각된다. 그러나 초밥 만드는 법조차 모르는 사람이 초밥집을 하는 시대가 되자, 이에 분개하는 초밥 조리사들의 목소리는 서글퍼졌다. 새로운 직업이 생겨남에 따라 신구 교체가 일어나게 되고, 따라서 이 오래된 장인의 수행 방식이 무너지고 만 것은 어쩔 수 없는 일이지만, 결국에는 이것이 오야카타 제도의 붕괴를 촉진한 것이다.

의식주에 있어 어느 정도 오야카타의 보호를 받는 것은 물론 고마운 일이기는 했지만, 한편에서는 오야카타가 고분(子分)[30]에 대한 통제력이 강하고 수수료가 다른 데에 비해 많으며, 품삯을 받는 방식에 문제가 있다고 이의를 제기하여 분규를 일으키려는 기운이 일었다. 그러자 새로운 직업을 동경하는 사람들이 오야카타의 속박을 꺼려하여 오야분·고분의 인연을 끊고 속칭 고무카이(こむかい)[31]가 되어 자유롭게 행동하려는 경향을 보인 것은 어찌 보면 매우 자연스러운 현상이었다. 일의 종류가 이전 그대로 변하지 않았다면 오야카타 제도는 아직 붕괴되지 않았을지도 모른다. 그렇지만 이 오야카타 제도는 시대가 변하는 속도를 따라갈 수가

---

30) 흔히 오야카타(親方)·고카타(子方) 관계 혹은 오야분(親分)·고분(子分) 관계 식으로 같이 사용하는 경우가 많다. 원래 부모·자식 사이가 아닌 사람들이 일정한 절차를 걸쳐서 부모·자식과 같은 관계를 맺을 때에 자식에 해당되는 위치에 있는 사람을 가리킨다.
31) 오야카타 제도에 구속되지 않고 자유롭게 일을 하던 사람을 지칭하는 속어이다.

없었다.

그래서 오야카타 제도에 의지하지 않는 자유로운 노동자의 존재의 자극을 받아 이 제도는 붕괴된 것이다. 특히 중간 규모 이하의 영세한 고용주들은 이 오야카타와 같은 중개자를 상대하는 교섭보다도 교섭이 편한 고무카이를 환영하게 되었고, 차츰 요리코가 감소하게 되자 오야카타의 위력도 약해졌다. 중개 역할을 하는 오야분의 존재는 점차로 불필요하게 인식되고, 신농단(神農團)[32]과 같은 특수한 조직을 제외하고는 사회적으로 세력이 약화되었다. 그렇지만 옛날 대규모 세력을 이루었던 흔적은 지금도 여러 곳에서 찾아볼 수가 있다. 그리고 이 알선업자의 고용인으로써 노동자를 끌어오는 일을 하는 사람이 제멋대로 이른바 모구리(も ぐり)[33]라는 악랄한 수단을 사용하여, 오니(鬼) 알선업자[34]라고 하는 말이 세상에 떠돌게 되었다. 그러자 요리코의 주위에는 더욱 어두운 그늘이 드리워지게 되었다.

특히 짐꾼으로 일하는 인부의 임금이 봉급제도로 바뀌게 되었고, 청부제도의 폐지로 탄광의 광부는 탄광에서 직접 관할하는 인부가 되었으며, 또 한편으로는 청부제도하에서 일하던 광산 노동자에게 일당제도가 실시됨으로써 하루에 열 시간 일하는 제도 등이 행해지게 되자, 오야카타 제도는 제도로서는 존재한다 하더라도 그 관리를 받는 고분(子分)에게는

---

32) 신농(神農)은 중국의 신화·전설에 등장하는 제왕으로, 신농이라는 이름은 중국에서 태고시대에 처음으로 농구를 만들고 사람들에게 농경법을 가르쳐주었다는 데서 유래한다. 본래 민간신앙에서 농경신으로 받들어졌으나 나중에는 의약·상업·역술의 신으로까지 확대되었다. 일본에서는 한방(漢方)의 세계에서 신농을 의업(醫業)의 시조로 간주한 데서 한방의를 가리키는 말로도 사용되었다. 또한 본문에 소개되어 있는 야시(香具師)들의 사회에서도 야시 그 자체를 가리키는 말로 사용되었다. 신농단(神農團)이란 즉 야시들의 조직을 의미한다.

33) 어느 특정한 지방 이외의 사람이나 어느 집단에 속해 있는 사람이 아니면서, 신분을 감추고 같은 집단에 속한 사람인 것처럼 행동하거나 그 사람.

34) 알선업자가 마치 오니(鬼)처럼 무섭고 가차없다는 점을 비유적으로 표현하여 사용한 것. 오니란 한국의 도깨비와 유사한 존재로, 일본에서는 잔인하고 무자비한 사람을 가리켜서 흔히 '오니와 같다'라는 표현을 사용한다.

아무런 의미가 없어졌다고 말할 수 있다. 토목공사의 청부를 입찰 방식으로 채택하게 되자, 이른바 중개자의 친분이나 능력은 무시되었고, 설령 뒷전에서 협상이 있었다 할지라도 오야분이 지금까지 하던 식으로 일할 수는 없었다. 그리고 오야카타 밑에서 일하는 사람들이 요즘의 상황이 힘들어서 그렇게 말할지도 모르지만, 고용주보다 오히려 오야카타 쪽이 나쁘다고 말하는 경우도 많아졌다. 예를 들면 감옥방(監獄部屋)35)과 같은 존재는 최악의 오야카타 제도일 것이다. 결국 오야카타 제도가 노동력을 균등하게 분배하는 역할을 하던 힘을 잃고, 폐해를 남기게 된 것도 무리가 아니다.

한편 훨씬 전부터 오야카타가 필요 없는 자유로운 계약 방식도 존재했다. 즉 히토이치(人市),36) 오토코이치(男市),37) 무스메이치(娘市)38) 등이 그것으로, 지금도 행해지고 있는 곳이 있다. 그러나 이 방식도 외부에서 그 도시의 물정을 모르는 사람이 들어와서 노동력을 팔게 되자, 차츰 악한에게 쉽게 이용당하는 경우가 많았기 때문에 이런 풍조도 점차 줄어들었다. 이렇게 오야카타 제도와 인력시장이 없어져 버리면 무엇이 이를 대신하여 그 역할을 할 것인가. 외지로 돈벌이 나가는 풍조가 없어지지 않는 한 무언가 그 역할을 대신해야만 할 것이다. 우리들은 당연히 오야카타 제도를 대신할 역할을 노동조합에 기대하고 있지만, 노동조합은 계급투쟁으로 바빠서 이 중요한 일을 쉽게 할 수 있는 형편이 아니다. 일본의 노동 문제는 외지로 돈벌이 나가는 사람들의 거취 문제를 도외시하고서는 해결할 수 없다. 직업소개소는 이런 통제가 어렵다. 따라서 노동조합에는

---

35) 감옥처럼 한번 들어가면 쉽게 빠져나올 수 없고, 또 사람들을 냉혹하게 다룬 데서 유래한 말. 명치·대정시대에 오야카타(親方)의 손에 의해 노동력이 공급되던 때에 존재했다.
36) 본인이 원하는 기간만큼 고용주와 계약을 맺고 일을 하는 사람을 고용하기 위한 인력시장.
37) 남자들의 노동력을 사고 팔던 인력시장.
38) 여자들의 노동력을 사고 팔던 인력시장.

반드시 조합이 해야만 할 이처럼 중요한 임무가 남아 있었다.

6. 바다로 나가 돈벌이하는 사람들의 장래

　살고 있는 현(縣) 밖으로 나가서 하는 돈벌이가 항상 그 지역의 노동 단체의 힘을 약화시키거나 파괴하는 결과를 초래한다면, 국가적 차원에서 보았을 때 바람직한 노동력의 분배는 생각할 수 없을 것이다. 오늘날 조업시간 단축이나 불경기 때문에 농촌이 고향인 사람들에게 귀농(歸農)을 권장하더라도 정작 농촌에는 이들을 받아줄 일자리가 없다면 고향의 집안에서는 근심이 늘어날 뿐이다. 특히 이 같은 실업자의 귀향으로 인해 어느 지방에서는 현(縣) 밖에서 온 노동자들을 몰아내는 결과를 초래했다고 한다. 이렇게 내몰린 사람들은 다시 어딘가로 가야만 했다. 따라서 각 지역에서 될 수 있으면 그 지역에 사는 노동자를 우선적으로 고용하자는 말도 나왔지만, 그 지역 사람만을 고용하는 것으로 분규를 잠재울 수 있다면 사태가 그처럼 악화되지는 않았을 것이다.

　그들은 고향에서 일손이 남아돌았기 때문에 밖으로 나간 것이다. 부(府)나 현(縣)에서 각 지역에 남아도는 인력을 모두 고용할 수만 있었다면, 애초부터 대도시에서 농촌 노동자를 받아들이지 않는다고 불평하는 소리도 들리지 않았을 것이다. 더욱이 오늘날에는 각지를 떠돌아다니는 사람들이나 도카이도(東海道)[39]를 걸어서 고향으로 돌아가고자 하는 실업자가 그다지 줄어들지 않은 상황이 되었다. 결국 뭔가 이제까지 존재했던

---

39) 에도(江戶)시대의 다섯 가도(街道) 중의 하나. 도쿄(東京)에서 교토(京都)에 이르는 해안선을 낀 도로이다. 에도 막부(幕府)에서는 도쿄에 있는 니혼바시(日本橋)와 교토의 산조오하시(三條大橋) 사이에 모두 53개의 역을 설치했다.

오야카타를 대신할 단체를 조직하여, 이 이동하는 대규모 노동력을 지도하고 통제하지 않으면 안 될 필요성이 생긴 것이다. 단순히 임시로 사업을 벌여서 그 쪽으로 이 노동력을 투입하는 것은 결국 근본적인 해결책 모색을 미루는 것에 불과하다.

조합조차도 이 문제의 해결보다는 각 지방에 존재하는 경쟁자를 경계하고 있을 뿐이다. 이는 최근에 일어난 노동력의 이동이라는 현상이 옛날부터 필요하였으므로 해마다 끊임없이 반복되어 왔다는 사실을 고려하지 않았기 때문이 아니겠는가. 보다 근본적인 문제는 노동력의 이동보다는 이주 여부에 따른 정착 문제이다. 먼 장래의 일은 어찌되었던 간에, 현실적으로 농업 노동력은 계절에 따라 일시적이고 집중적인 수요를 필요로 하고 있다. 더욱이 집집마다 그 일을 해낼 방법이 없기 때문에 외지로 돈벌이 갔다가 농번기에 다시 고향으로 돌아오는 일부 노동자들의 이동을 당장은 막을 수 없을 것이다. 특히 앞으로도 만약 노동력에 대한 지방의 수요가 일정하지 않고 변할 것이라고 생각했을 때, 이주가 집안의 안정을 보장할 수는 없을 것이다. 그렇기 때문에 일본에서는 이미 백년 전부터 요리오야 제도가 필요했던 것이다.

적어도 현재의 상황에서 보자면, 집안의 영속을 위해서는 돈벌이를 위해 외지로 나가야 한다. 더구나 해마다 제대하는 군인을 농촌으로 들여놓을 수 없게 된 오늘날도 외지 돈벌이는 빼놓을 수 없는 생활의 수단임에도 불구하고 어려운 것이 되어 버렸고, 그것을 통제할 기관과의 연결조차 끊기고 만 것이다. 이래서는 일할 수 있는 능력을 갖춘 재능 있는 낙오자가 생겨나는 것은 오히려 당연했다.

그렇지만 이제 일본 국내에서는 더 이상 많은 사람들이 외지로 나가 돈벌이할 여지가 없다고 한다면 다른 방법이 꼭 필요하다. 그래도 다행스러운 것은 사람들이 그러한 대안을 찾을 방도가 널리 열려 있다고 믿고 있다는 점이다. 그것은 바로 원대한 장래성을 지닌 어업이다. 아직도 그 분야에 대한 개선은 매우 미흡함에도 불구하고, 수산업은 이미 세계적으로 전망이 좋은 대규모 산업이 되었다. 특히 원양어업 작업이 이루어지는 지역은 사람들이 도저히 영주할 수 없는 장소가 많기 때문에 어업을 하기 위해 다른 지역에서 이곳에 온 사람들이 앞으로도 이곳에서의 조업이 계속 유지될 것이라고 믿고 일하는 것은 믿음직스럽게 생각된다. 더구나 단체 생활과 공동 작업을 통해 그로 인한 즐거움을 충분히 경험해 본 제대군인같이 아주 튼튼한 젊은 노동력이 농촌으로 유입될 수 없어서 스스로 오야카타가 존재하지 않는 조합을 동료들끼리 조직하여 해양으로 원정을 간다면, 단체 행동에 대한 민주적인 제도의 실현은 쉽게 이루어질 것이다. 오늘날에는 점차 단체 생활에 대한 자주적인 통제가 가능하게 되었다. 특히 해변에서 꽤 먼 농촌에 살았던 젊은이조차도 원양어업에서 일용직 노동자로 충분히 능력을 발휘해 왔다. 이에 관한 실험은 이미 끝났다. 단지, 이러한 조합이 그들의 직업을 자주적으로 만들긴 했지만 그 이용은 아직 전반적으로 미치지 못했기 때문에, 게잡이 배(蟹工船)[40]나 감옥방(監獄部屋)[41]과 같은 참사가 여전히 존속해 온 것이다.

과거의 원양어업은 위대했다. 따라서 그 장래도 크게 기대된다. 원양어업 초기에 소규모 항해가 발달하자 그것을 보조하는 똑딱선 사용이 성행하게 되었고, 나아가서 용감한 어부가 신천지를 개척하는 데에 이용되어 원양어업의 융성이 시작되었던 것이다. 그러나 원양어업의 큰 발전은 어민을 단순히 자본가의 고용인으로 전락시키기도 했고, 현 밖으로 진출한 조업선과 그 지역 어민들의 이해 관계가 충돌하여 여러 가지 문

---

40) 북태평양에서 게를 잡아 배 안에서 바로 통조림 등으로 가공할 수 있는 설비를 갖춘 배를 가리킨다. 노동자들이 열악한 환경과 처우 속에서 노동력을 착취당했다. 이 문제를 제재로 삼아 고바야시 다키지(小林多喜二)라는 프롤레타리아 작가가 1929년에 『전기(戰旗)』에 『게잡이 배(蟹工船)』란 제목으로 작품을 발표하였다. 이 작품은 당시의 프롤레타리아문학의 이론적 수준을 가장 잘 반영한 것으로 평가되고 있다.

41) 도로공사나 철도공사 그리고 광산에서 일하던 일본인들의 합숙소를 말한다. 감시가 심하고 비인도적인 대우를 받은 데서 이런 이름이 붙여졌다.

제를 낳기도 했다. 어장 침입, 저인망선 문제들이 바로 그것이다. 현과 현 사이를 드나드는 일이 매우 빈번해졌고, 특별한 고기잡이 기능을 지닌 사람들은 아주 멀리까지 나가게 되었다.

예를 들면 중부(中部) 지방42)에서 서쪽에 위치한 각 현의 어선들이 산리쿠(三陸)43)보다 남쪽에 위치한 먼 바다로 원양어업을 나갔다. 특히 도시 사람들은 수시로 먼 바다까지 어군을 쫓아 나가고, 슨슈(駿州)44) 야이즈(燒津) 지역 어부들은 지시마(千島)45)의 먼 바다까지도 원정을 갔다. 와카야마(和歌山) 어민들은 가고시마(鹿兒島)나 그 밖의 규슈(九州) 방면으로 멀리 나갔다. 해상 생활이 어떠한지 겪어보지 않고는 알 수 없었음에도 불구하고, 분고(豊後),46) 나가토(長門)47) 어민들의 원정 등, 각지의 어장에는 전국 각지에서 돈벌이 온 사람들이 뒤섞였고, 특히 쓰시마(對馬) 주변에서는 다섯 현 내지 일곱 현에서 온 어부들이 그 기량을 다투고 있었다. 긴카 산(金華山)48) 입구의 가다랭이 어장에서는 전국에서 수백 척이나 되는 어선이 한데 모여서 성황리에 가다랭이잡이 쟁탈전을 벌이게 되었다.

그 때문에 그 지역의 여러 해변에 사는 어부들의 기량이 아무리 뛰어나다 할지라도, 다른 현에서 온 우수한 배들 틈에서 살아남기는 힘들었다. 지역 어민들이 점차 압박을 받고 비운을 탄식하게 된 것은 조선 어

---

42) 일본 혼슈(本州)의 중앙 부분에 위치한 지역. 행정상으로 니가타(新潟)·도야마(富山)·이시카와(石川)·후쿠이(福井)·야마나시(山梨)·나가노(長野)·기후(岐阜)·시즈오카(靜岡)·아이치(愛知) 등 아홉 현으로 나누어진다.

43) 리쿠젠(陸前)·리쿠추(陸中)·무쓰(陸奧) 지방을 총칭하는 말이다. 리쿠젠은 현재의 미야기(宮城)현 대부분과 이와테(岩手)현 일부 지역이다. 리쿠추는 현재의 이와테현 대부분과 아키타(秋田)현의 일부가 해당된다. 무쓰는 현재의 아오모리(青森)현 전체와 이와테현 북부가 해당된다.

44) 옛 지방의 이름으로 스루가(駿河)와 같은 말이다. 지금의 시즈오카(靜岡)현의 중앙부에 해당한다.

45) 홋카이도(北海道)의 옛 이름으로 지시마 열도(千島列島)의 약칭이다.

46) 옛날 지명으로 현재의 오이타(大分)현의 대부분이 이에 해당한다.

47) 옛날 지명으로 현재의 야마구치(山口)현의 서북부가 이에 해당한다.

48) 미야기(宮城)현 오시카 반도(牡鹿半島)의 남동쪽 끝에 위치한 섬이다.

민들도 마찬가지였는데, 말하자면 쓸데없이 경쟁을 하고 있었던 셈이다. 마침내 어느 지방에서는 자기 현의 어민들 부담을 줄이기 위해서 다른 현에서 온 어선으로부터도 어업에 따른 세금을 거두어야 한다는 진정서도 제출되었다. 이처럼 각 현이 마치 각기 하나의 산업국인 것처럼 생각한다면 개선은 결코 쉽지 않을 것이다. 하지만 수산업을 국가 산업으로 본다면 개량할 수 없는 것은 아니다.

그렇지만 원양어업의 범위는 갈수록 확대되어 이미 지바(千葉) 지역의 어민들이 오호츠크해로 대구잡이를 가는 것도 기획되었다. 타이완을 향한 도약은 다카오(高雄) 항구를 중심으로 남지나해(南支那海)부터 남양(南洋)[49] 각지, 그리고 위임 통치를 하는 여러 섬에서 새로운 어장을 개척하였다. 야마구치(山口)·나가사키(長崎)·사가(佐賀) 지방 어민들이 조선(朝鮮)의 바다로 진출한 일은 이미 유명하지만, 일본인 이주 어민들이 그 지역의 어부들을 어려움에 빠트리기 시작하던 차에, 최근에는 아이치(愛知)·히로시마(廣島) 어민들이 조선의 전라남도로 이주하려는 계획이 세워졌다. 북양(北洋)으로의 원정은 잠시 접어놓고 생각해보더라도, 어쨌든 남방의 바다로의 원양 어업은 자꾸 영구적인 이주로 이어지려고 하고 있다.

이 같은 어민들의 해외 이주가 이루어지는 지역은 조선만이 아니다. 최근에 들어서는 타이완의 스오(蘇澳) 항구가 크게 보수됨에 따라 이 방면으로도 이주가 시도되어 시코쿠(四國) 지방의 많은 어민들이 진출하고 있다. 그곳의 기후와 풍토가 일본과는 크게 다름에도 불구하고 최근에 상당히 좋은 성과를 올리고 있다. 또한 북(北) 보르네오에 위치한 시아미르 섬에서는 대정시대 말기부터 도사(土佐) 지역 어민들이 근거지를 만들고, 가다랭이·참치어업에 종사하여 보르네오 부시(ボルネオ節)[50]를 일본

---

49) 태평양 중에서 적도(赤道)의 남북에 위치한 바다 및 섬들을 가리킨다.
50) 가쓰오부시(鰹節)라는 말을 모방하여 만든 말이다. 가쓰오부시는 가다랭이를 쪄서 익힌 후에 불을 쬐어 곰팡이가 슬게 하여 만들며 주로 국물을 우려낼 때 쓴다. 보르네오부시란 보르네오 지역에서 잡은 가다랭이를 사용하여 현지에서 만든 가쓰오부시를 의미한다.

국내 시장으로 보내왔다. 네덜란드 령(領)인 암보이나(Amboina)섬[51] 부근에도 어장으로 유망한 곳이 있다고 해서 가고시마(鹿兒島)현에서 수백 명이 보내졌다. 이주가 되었든 외지 돈벌이가 되었든, 어부들의 활동 무대는 실로 넓다.

이전부터 어민들이 원정을 가서 많이 진출한 곳은 사할린, 캄차카 쪽이다. 이 외지 돈벌이는 봄에 가서 가을에 돌아오는 계절적인 이동으로, 아키타(秋田) 지방 등에서는 매년 8,000명에서 10,000명을 원양 어업에 내보내고 있다. 이 고기잡이 돈벌이는 아키타현 이외에도 주로 홋카이도(北海道)·아오모리(青森)·도야마(富山)·이시카와(石川) 등의 여러 현에서 온 사람들로 이루어졌다. 이들은 이른바 게잡이 어선(蟹工船) 등에서 일하지만, 외지 돈벌이 어부 공급조합이나 외지 돈벌이 노무보호조합의 손을 거쳐, 러일 어업 또는 러시아 아코 회사에 조업 기간 동안만 몸을 의탁했다.

이는 지금도 여전히 오야카타가 개입하여 사람 수에 따라 일을 분배하여 차액을 챙기고, 이 과정에서 생긴 악습으로 어부가 손에 쥐는 금액은 매우 적었지만 이 같은 일은 노동력의 공급이 개선됨과 동시에 어느 정도 완화되었을지 모른다. 하지만 최근까지도 여러 가지 꺼림칙한 풍문이 전해지고 있는 실정이다. 외지 돈벌이 문제를 연구하기에 좋은 많은 사례나 문제점이 제공되고 있지만, 다행인지 불행인지 북양(北洋)의 보고(寶庫)와 관련된 어업 중에는 앞에서 언급한 것처럼 시도해볼 가능성까지 우리들에게 보여주고 있다.

바다에서의 돈벌이는 원래 사람들이 한 배에서 공동 생활을 하기 때문에 조직적인 행동을 필요로 했으므로, 처음에는 배에 탄 사람들의 출

---

51) 반다해 북단을 이루는 세람섬 남서쪽 끝에 위치해 있다. 현재 이름은 암본(Ambon)섬이다. 17세기 초에 일본이 이곳으로 진출하여 영국편에 서서 '암보이나 사건'을 일으켰다. 현재 암본은 천연 항구를 이용한 근해어업의 중심지이며, 인도네시아의 해군기지와 공항이 설치되어 있다.

신 지역과의 이해 관계로 인한 충돌이 있었다. 하지만 협정을 맺거나 외지로 돈벌이 나간 사람과 그 가족의 보호에 관한 개선점을 고려하게 되면서 그 충돌도 점차 없어졌다. 원양어업이 한층 더 발전하여 북해 어업이 분명하게 개척된다면 외지 돈벌이 업계는 큰 활동 무대를 얻게 될 것이다.

그 외지 돈벌이가 계절에 따른 일이었다는 것은, 그것을 확대하는 일이 바로 외지에서 돈벌 기회를 증가시켜 주는 중요한 원인이 될 수 있다는 것을 보여준다. 세계 최대 어장 중의 하나를 이 건전하고 자주적인 돈벌이를 위해 널리 개방한다면, 반드시 농촌의 사회 문제를 해결할 수 있을 것이라고 생각한다. 이는 일본의 노동력 분배 상태를 원활하게 하고 산업발전을 기할 수 있게 하는 한편, 그들에 의해 조직된 자주적 조합을 통해 지금까지의 공동 작업에서 느꼈던 즐거움을 유지하면서 이를 더욱 효과적으로 이용하여 가능한 한 외부의 지식을 받아들이고 기회를 포착하는 계기를 제공하게 될 것이므로, 그렇게 된다면 이 나라는 안정된 일꾼으로 가득 차게 될 것이다.

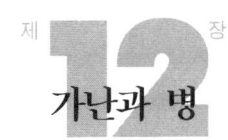

제 12 장

가난과 병

1. 집안의 몰락과 가난

가난에 대한 우리들의 태도가 변한 것 또한 하나의 시대 상황이라 볼 수 있을 것이다. 이른바 부를 얻고자 하는 노력과 같은 것으로, 이는 소수의 야심가에게만 한정된 현상은 아니다. 정도의 차이는 있지만, 여러 분야에서 대부분 아직 부자가 되지 못한 사람들 사이에 널리 퍼져 있는 현상이다. 이전 시대에 비해 가장 두드러진 것은 가난을 견디지 못하는 마음, 가난에 맞서 싸우고자 하는 마음, 그리고 우선 가난의 근원을 밝히고자 하는 마음이었다. 그렇지만 이는 모두 국민들이 앞으로 나아가기 위한 강력한 동력으로 작용하여, 결코 가난이라는 단어가 의미하는 바와 같은 음울한 인상만을 주는 것은 아니다.

게다가 가난에 관한 문제를 논할 때에 필요한 많은 사실 가운데에는 지금도 아직 명확히 알아차리지 못한 것이 많다. 첫째, 객관적으로 볼 때 진짜 가난하다고 말할 수 있는 사람이 이전에는 훨씬 많았다는 사실, 둘째 그 가난함의 정도가 오늘날과는 비교가 되지 않을 만큼 극심했었다는 사실이 잊혀지려 하고 있다. 기록 문학에는 이른바 청빈하게 살았다는, 이색적인 사람의 생활에 관한 것이 많지만, 보통 사람들일지라도 지금처럼 가난에 대해 신경 쓰지는 않았던 것이다.

세상 사람들이 모두 한결같이 화려한 생활을 하고 있지는 않았으니까 하고 말할 수도 있지만, 그렇게 말하는 사람들 또한 가난한 정도를 비교하는 것에는 아주 냉담하였다. 이는 절망스러울 만큼 가난에 대해 심각하게 생각한 결과도 아니고, 더욱이 수양의 덕분도 아니었기 때문에, 결국은 그저 가난한 생활에 익숙했던 사람들이 적지 않았기 때문일 것이다. 그만큼 오랫동안 가난한 생활이 집집마다 계속되었다. 현재도 가난한 생활이 완전히 없어지지 않았다. 가난하게 만드는 참혹한 원인을 없애기가 차츰 어렵게 되었기 때문이다.

가난에서 오는 어려움을 본격적으로 견디기 어렵게 된 원인은 집안의 몰락에서 찾아볼 수 있다. 이전에는 지금보다 훨씬 좋은 생활을 했고, 게다가 이렇게 하면 더 좋아질 수 있다는 꿈을 지니고 있던 사람이, 갑자기 자신의 집안에만 닥친 불행한 일 때문에 잘 사는 많은 친구들과 떨어져, 모든 면에서 궁핍한 생계를 꾸려가야만 한다는 사실은, 특히 주위 사람들이 이 점에 대해 아무렇지도 않게 생각하는 경우에 더욱 더 견디기 힘들었을 것이다. 명치·대정시대의 세상 변화는 그 과정에서 몰락하는 집안을 많이 만들었다. 사족(士族)[1]은 모두가 전업을 강요받은 계급이었

---

1) 명치유신(1868) 후에 이전의 무사계급에게 주어진 신분 호칭. 1369년 6월에 공경(公卿)·제후(諸侯)를 화족(華族), 지위가 낮은 무사를 사족(士族)으로 삼았다. 같은 해 12월에는 구 막부의 신하도 포함하여 모든 무사의 신분을 사족 또는 졸(卒)로 정하여, 종래에 무사계급에게 지급되던 녹봉에 따라 가록(家祿)이 지급되었다. 1872년에는 졸이 폐지되어, 모든 국민은 화족·사족·평민이라는 세 가지 신분으로 구분되었다. 사족·평민 사이의 법적·신분상의 차이는 없어지고, 나아가 질록처분(秩祿處分 : 이전부터

지만, 그 가운데는 전업을 제대로 선택하지 못한 사람도 있었다. 대체로 전업할 필요가 있다는 것을 미리 예상하지 못하고 이에 대한 대책을 소홀히 한 사람은, 가장 편한 처지에 놓여 있던 집안에 많았다고 할 수 있다. 아마도 이런 집안일수록 가난에서 오는 어려움이 매우 극심했을 것이다.

다음으로 사족의 경우처럼 급격하게 나타나지는 않았지만, 개개의 직업에서 단 하나의 강점이었던 전통적인 기술이 쓸모 없어지자, 오랫동안 한 지방에서 살아 온 유서 깊은 집안 사람들을 고민하게 만들었다. 이 경우도 결국은 전업을 피할 수 없었기 때문에, 발 빠르게 전업을 시도한 사람이 지금은 오히려 그 선견지명을 자랑하게 되었다. 그 때문에 얼마 동안은 청년들이 불필요한 마음의 동요를 겪어야 했다. 농가의 경우는 어느 쪽인가 하면, 원래 지닌 농사기술을 그대로 간직하고 있어도 상관 없는 직업이었음에도 불구하고, 새로운 기회를 발견하고 바깥 세상으로 나가서 이 기회를 잡으려다 실패한 사람이 있었다. 그 점이 또 한 가지 몰락의 원인이 되었다.

직업의 종류는 없어진 것보다도 새롭게 생겨난 것이 몇 십 배나 많다. 특히 도시에서는 어떤 종류의 직업이라도 생겨났으며, 실제로 얼마 전에 시행한 국세 조사에서는 도쿄 지역의 직업 종류가 6,000여 가지라는 보고가 있었다. 그렇지만 실은 그 대다수 직업이 또한 영세한 직업, 겨우 가난의 고통을 이겨내는 정도의 일시적인 방편에 불과했다. 조금이라도 더 나은 직업을 발견하면 곧바로 그만둬도 좋을 만한 것으로, 집안 내력과는 아무런 관계도 없는 직업이었다. 게다가 일단 직업을 바꾸게 되면 이전의 가업과는 인연이 끊어져, 가령 집안을 구하고자 하는 뜻을 가진

내려오던 세습적인 녹봉 폐지)·폐도령(廢刀令 : 무사가 칼을 차는 것에 대한 금지령) 등으로 옛날에 누렸던 특권도 폐지되어, 대부분의 사족이 몰락하고 사족 반란이 일어나기도 하였다. 그 후 신분으로서의 사족은 형식적으로만 남게 되고, 1947년 호적법의 전면적인 개정에 따라 사족이라는 호칭도 소멸되었다.

사람이 있더라도 그 수단은 직접 의식(衣食)을 해결하는 정도로 다른 방도가 없었다. 외부 세계와 고립된 가난은 항상 이 같은 순서로 다가왔던 것이다.

그런데 농촌은 그 자체가 일종의 직업 집단으로 비록 고립되어 있는 개인의 힘은 약하더라도 서로 구제할 수 있는 힘이 아직 갖추어져 있었다. 이전에도 농촌에서는 집집마다 특별한 사정 때문에 가난으로 몰락할 뻔한 위험한 경우가 결코 드물지 않았다. 그 가운데서 특히 빈번한 것은 가족의 병, 가장이 일찍 죽거나 은퇴하게 되어 뜻하지 않게 노동력이 결핍되는 경우였다. 논은 여자나 아이만으로는 도저히 경작을 계속할 수가 없었다. 이런 재난이 닥친 집의 가족은 큰 고통을 받았지만, 그 고통은 대개의 경우에 개인의 불행으로 끝났다. 집안을 영구토록 가난의 고통에 시달리게 하지 않는 경우가 많았다.

근대의 입지전적 인물이 주로 새롭게 집안을 일으킨 것과는 반대로 근대에는 다수의 비범한 인물이 집안의 부흥을 위한 역투로 이름을 남겼다. 가난한 집의 소년이 그 강건한 체질과 강한 의지를 유일한 무기로 삼아서 일생 동안 고군분투해서 마침내 번영의 기초를 쌓아 올렸다는 등의 이야기가, 유서 깊은 집안에서는 대개 한 가지씩 전해지고 있다. 일반적으로 기록으로까지는 써서 남기지 않지만, 그들이 이처럼 크게 고군분투하게 된 배경에는 이전에 집안이 번성했던 시대의 여러 추억, 조상의 유언을 실행하지 못한 회한, 인정의 변화, 세상의 평판 등 언제나 잡담이나 푸념의 형태로 이들을 격려하거나 훈계하는 사람이 많았다는 것을 짐작할 수 있다.

이는 원래부터 가난했던 평범한 집에는 해당되지 않는 고통이기도 했지만 동시에 일종의 사회적 신분이 고정되어, 평범한 집안 사람들이 언제까지고 신분상승을 할 수 없었던 서글픈 원인이 되기도 했다. 그들도 기원을 거슬러 올라가면 역시 먼 옛날에 영락한 집안이었을지도 모르지만, 한번 영락하게 되면 다시 일어설 기회를 얻기 어렵고, 나중에는 혼인이나 그 밖의 다른 원인으로 해서 가난을 대수롭지 않게 생각하는 무리 속으로 편입된 듯하다.

이렇게 새롭거나 오래된 두 종류의 가난이 출현한 것은 물론 명치시대보다 훨씬 이전부터이다. 구가(舊家)의 몰락은 가업의 해체, 특히 농지를 차츰차츰 분할하면서도 일정한 격식만큼은 잃지 않으려고 고심한 것에서 시작되었다고 말할 수 있다. 이 때문에 밖으로 나가서 새로운 일을 시도해 보아도 몰락했으며, 가만히 있어도 역시 몰락했다. 만물의 덧없는 변화는 에도(江戶)시대 후반부터 이미 해가 지날수록 뚜렷해졌다. 명치시대는 오히려 차남(次男)과 삼남(三男)이 성공한 시대로 자유로운 분가 방법이 증가했지만, 그럼에도 여전히 시대적 추이를 거스를 수는 없었다.

사족이나 조닌(町人)2) 집안 중에서 새로 몰락한 사람이 생겨나서 지방에서는 한때 이런 종류의 이야기가 넘쳐났던 적도 있다. 그런데 결과를 놓고 회고해 보면 이는 희망적인 가난이었던 셈이다. 단지 재산이 몰락한 명문 집안에서 분발하여 집안을 다시 일으켰다는 것뿐만이 아니라, 그 본보기는 가난한 집안 또한 기회가 있음을 가르쳐 주었다. 적어도 가난은 오랫동안 체념해야 할 것이 아니라는 사실을 사람들이 널리 깨닫게 만든 원인이 되었다. 그리하여 세상의 도리가 고정되어 가운(家運)의 기복이 조금 완만해지자, 한 번 집안이 쇠퇴하면 그대로 끝나버릴 것 같은 걱정이 생겨남과 동시에, 또 다시 크게 고민하기 시작한 것이다.

---

2) 에도(江戶)시대에 도시에 거주하던 상인·직인 등 서민을 총칭하여 부르는 말. 이전의 가마쿠라(鎌倉)시대에도 조닌(町人)이라는 말은 있었지만, 전국시대(戰國時代)에 조카마치(城下町) 등에 상인이나 직인을 정주시킴에 따라 조닌의 원형(原型)이 성립했다. 조닌은 영주의 군사력이나 생활 유지, 나아가서 영내의 필수품 생산과 유통을 담당했다. 조닌 사회가 발전해 가는 과정에서 도시에 집단적인 생활 문화 현상이 생겨났다. 명치시대 이후에는 조닌이라는 말을 쓰지 않게 되었다.

2. 새로운 종류의 재난

초기의 가난이 지금보다 훨씬 심했음에도 불구하고 그 가난을 견뎌낼 수 있었던 또 하나의 이유는, 간단히 말하자면 똑같이 가난한 사람들이 많았다는 점이다. 이전에 누구나 한결 같이 의식주가 힘들었던 시대에는, 극소수의 사람들만이 가난에서 벗어날 방법을 찾아 차츰 행복을 누릴 수 있었다. 반면, 대다수 사람들은 가난에서 벗어날 방법을 몰랐거나, 가난한 상황에서도 실제로는 그다지 힘들게 느끼지 않고 지낼 수가 있었다.

생활 수준이 지금처럼 세분화된 것은 사람들이 어느 정도 자유롭게 소비를 하게 된 다음에 벌어진 일이다. 따라서 도시에는 빈곤한 사람이 수없이 존재하는 듯이 보였지만, 시골에서는 비록 표면적이기는 하지만 그 차이가 드러나지 않았다. 그렇지만 가난이 사람들을 뒤흔들어 놓는 악마라는 사실은 시골이라도 변함이 없었다. 시골에서는 순진하게 가난의 피해를 깨닫지 못한 사람이 많아서, 그 비참한 피해가 오히려 도시보다도 컸다고 말할 수도 있다. 그 처한 상황을 빨리 알아차리고 진로개척에 고심하는 사람이 많아졌다는 것은 결코 새롭게 나타난 불행한 현상으로 볼 수가 없는 것이다.

시골에서 사람들이 가난의 비참함에 대해 가장 절실하게 느끼는 때는 화재나 풍수해 등의 천재지변을 당한 경우이다. 그렇지만 천재지변을 당해 보고서야 깨닫는 사람은 대개의 경우 이미 때가 늦었다. 천재지변으로 갑자기 가난한 사람들이 많이 생겨나는 것은 사실이지만, 이를 완전히 예방할 수 없을 뿐만 아니라, 전부터 천재지변의 원인은 다른 깊숙한 곳에 존재했다. 따라서 사태가 벌어지고 나서 이루어지는 구제는 일반적으로 가장 불행한 사람보다는 그 다음으로 불행한 사람을 돕는 것이 되고, 그것도 충분하지 않아서, 그 다음에 재해가 일어났을 때에 고통받을 사람을 남겨두게 되었다. 덴메이(天明)·덴포(天保)시대에 걸친 두 번의 기근3) 때에 쌀을 사려고 해도 어디에도 쌀을 파는 곳이 없었기 때문에, 금화 자루를 등에 짊어지고 굶어죽은 사람이 있었다는 이야기도 전해지고 있다. 그렇지만 이는 이례적인 경우로 일반적인 예가 아니었기 때문에 널리 구전되었던 것이다. 보통 먼저 죽는 사람은 가난한 사람으로 정해져 있다. 극단적으로 궁핍한 시기가 찾아오기 이전부터 이미 영양 상태가 나빠져 멀리 나가 일할 힘을 잃었고, 이 상태를 오랫동안 견딜 수가 없었던 것이다. 새로운 시대에 교통기관이 거의 완비되고 나서도 몇 번인가 작은 규모의 기근이 여러 곳에서 발생했다. 특히 동북 지방에서는 1902년과 그 다음 다음 해에 나타난 두 번의 흉작 결과, 의외로 옛날과 같은 기근이 몇 군데의 농촌을 덮쳤다. 구제를 위한 가장 빠른 수송 대책이 강구되었음에도 불구하고 때를 맞추어 구제하지 못해 죽고만 사람들이 많았다.

이 같은 커다란 재난에서 살아남은 사람들에 대해서는 옛날에도 충분히 구제의 손길이 미쳤다. 특히 향리 사람들이 재난을 극복하고자 시도했던 노력에는 전쟁 때보다 더한 최선의 협동심이 발휘되었고, 재난의 고통을 함께 나눈 기억이 이웃 간의 정을 새로 깊게 만들었던 것이다. 그러나 눈앞에서 재난을 당한 순간만큼은 인정도 별개여서 우선 본인 가족들의 안전을 꾀했기 때문에, 아무래도 구호물자가 균등하게 분배되

---

3) 덴메이(天明)는 에도(江戶)시대 중기의 고카쿠(光格) 천황의 연호로 도쿠가와 이에하루(德川家治)・도쿠가와 이에나리(德川家齋)의 시대를 말하며, 덴포(天保)는 에도시대 후기 닌코(仁孝) 천황의 연호로 도쿠가와 이에나리(德川家齋)・도쿠가와 이에요시(德川家慶)시대를 말한다. 덴메이 2년(1782)에서 8년(1788) 사이에 대기근이 발생하였다. 특히 덴메이 3년에 아사마산(淺間山) 분화의 영향으로 생긴 냉해(冷害)로 오우(奧羽)지방에서는 아사자가 많이 발생하여, 농민 반란이 일어나 막부나 여러 번(藩)의 지배가 위기에 처하기도 하였다. 덴메이 8년에는 교토에서 큰 화재가 발생하여 교토시내 대부분을 태우고 3일 만에 진화되었으며, 소실된 마치(町) 수는 1,424町, 가옥 수는 36,797채, 사원은 201개소, 신사 37개소에 달했다. 사망자는 1,500명이라고도 하며 1,800명이라고도 한다. 덴포시대의 기근은 덴포 4년에서 7년 사이에 발생한 전국적인 규모의 기근이다. 쌀값이 폭등하고 아사자가 속출하여 여러 곳에서 농민 반란이 일어나, 막부의 지배를 위기에 빠뜨렸다.

지 않았다. 기근은 반드시 일부 가난한 사람들의 목숨을 앗아갔기 때문에 옛날부터 두려워했다. 물론 아무도 기근을 바라는 사람은 없었지만, 기근으로 인하여 나라의 인구가 정리되고 기근 상태에서 가장 적응하지 못한 집이 사라졌기 때문에, 후일의 번영과 식량이나 노동력에 있어 자연스럽게 균형이 이루어진 예는 고금을 통해 상당히 많았던 것으로 생각된다.

혹은 이전부터 일부 지역에 한정된 일종의 만성적인 흉작이라고도 부를 만한 사태가 벌어지기도 했었다. 주로 산촌 지역에서는 경작지가 조금씩 부족하고 인구는 차츰 많아졌는데도 외지로 돈벌이 나갈 방도가 아직 없었다. 일찍이 두세 가지 부업을 하다가 그만 둔 산촌마을에서는, 영양이 매우 부족하고 기력이 쇠진한 사례도 발견되고 있다. 산촌이 아니라도 징병검사 결과가 특정 부락에 한해서 특히 열등하거나 아니면 여자만 자주 태어나는 지방 등이 있었다. 그 원인은 대부분 식량사정이 좋지 않았거나 생활 환경이 열악한 데에서 찾아볼 수 있다. 이런 경우는 상황이 매우 다급해지기 이전에 미리 대비하려는 사람은 없다. 그보다도 사람들 사이에서 훨씬 잊혀지기 쉬운 것은 특히 어느 일가에 한해 닥친 기근이었다.

처음에는 단지 일할 사람이 줄어든 정도일지라도, 땅을 제대로 경작하지 못해 식량이 충분하게 생산이 되지 않으면 자연히 먹을 것이 줄어들어 마침내 일을 감당할 수 없게 되고, 점차 가족의 수명이 줄어들어, 이것이 집안의 대가 끊어지는 가장 큰 원인이 아니었을까 생각한다. 도시는 물론이고 농촌에서도 재난이 발생했을 때에 일정한 방식으로 서로 구제를 했지만, 이처럼 서서히 찾아오는 불행은 알고서도 도와줄 방도가 없고, 게다가 대개는 이 정도까지 불행이 심하리라고는 예측하지 못했다. 가난을 방심할 수 없는 이유는 바로 여기에 있었다.

오늘날에는 한편으로 대비책이 강구되고 혹은 미리 그 불행의 원인을 없애고자 하는 사람이 생겼지만, 다른 한편으로는 특히 가난한 사람을 위협하는 재해도 증가하였다. 더구나 공동으로 가난을 구제하고자 하는 대책은 오히려 이전보다 못한 것이 분명하다. 예를 들면, 집안을 부흥시키고자 분투하는 사람 가운데에는 더러 비슷한 처지에 있는 사람을 가엾게 보지 않는 사람이 생겨났다.

3. 많은 병에 대해 알게 되다

가난의 원인을 전부 어느 한때에 가장이 저지른 부도덕함의 결과로 생각하려 했던 시대도 있었다. 혹은 반대로 그 책임이 전부 다른 사람에게 있는 것처럼 생각하려는 사람도 많아졌다. 어느 쪽으로 생각하든지 당면한 피해를 막기 위한 노력만큼은 외부에 맡기고서 마냥 기다리고만 있을 수는 없었다. 무엇보다 곤란한 점은 일단 가난에 빠져들면 여기서 벗어날 기회가 차츰 줄어들고 있었다는 사실이다. 특히 오늘날의 직업교육을 유용한 출세의 수단으로 믿고 있는 사람들은 이 기회가 몇몇 여유 있는 집안의 자제들에게만 독점되어 있는 것을 못마땅하게 여기고 있다.

지금 와서 생각하면 그다지 기대할 만한 기회도 아닌 듯 하지만, 직업교육이 물론 균등한 이익을 제공하고 실제로 유용한 것이라면, 필요한 사람들에게 더 많이 활용할 수 있도록 하는 것이 당연하다. 그러나 그 이전에 장애물이 가로막고 있다. 대개 가난한 사람들에게는 아이를 키우는 일이 해가 갈수록 큰 부담이 되고 있다. 그 중에서도 특히 아이를 일 잘하고 잘 배운 젊은이로 키워내는 일은 좀처럼 쉽지 않은 대사업이 되었다. 이전부터 일본은 유아 사망률이 높은 나라였지만, 그 사망률의 원인을 다 해결하지 못한 상태인데 새로운 원인이 더 생겨났다. 그저 부모들을 슬프게 만들거나 힘들게 하기 위해서 세상에 태어난 듯한 아이들이 매우 많다. 사망할 위험에서 겨우 벗어나고서도 좀처럼 탈 없이 성장하지 않는다. 아이들은 그냥 내버려두어도 저절로 자라는 법이라고 생각하던 때가 있었다. 자연적인 놀이터와 놀이 친구들이 차츰 줄어들고 부모가 지켜보고 있어야만 할 때가 많아졌지만, 그것만으로는 외부에서 침투하는 여러 질병을 조금도 방어할 수가 없었다.

일본의 공중위생에 관한 행정은 최근까지 그저 여섯 종류의 전염병하고만 싸우고 있었다. 이 전염병은 예전부터 매우 무서운 적으로, 특히 콜레라는 몇 번이고 전쟁 이상으로 국가에 손실을 끼쳤다 일본 고유의 질병 수도 많고 아직 그 질병 중에서 하나라도 퇴치했다고 할 만한 것이 없는 상황에서 외국에서 몇 가지 질병이 새로 들어왔다는 사실은 섬나라로서는 더욱 유감스러운 일이었다. 전염병 중에서 콜레라와 페스트가 유행하면 바로 박멸할 만한 준비가 되어 있기 때문에 외부에서 새롭게 침입하는 적이라 생각하고 이를 경계하면 충분하지만, 다른 질병은 아무래도 이미 정착해버린 듯 하다. 그래서 질병에 대한 국민들의 저항력이 여전히 새 땅에 씨를 뿌릴 때처럼 미약하기만 한 것이다.

옛날에는 외국에서 들어 온 유행병에 대해서 특히 신쿨(神佛)의 가호에 의지하는 외에 이렇다 할 방도가 없던 시대가 있었다. 혹은 지금도 아직 질병을 극복할 자신감이 부족한지 모르겠지만 대체로 우리들의 체질이 유행병에 굴복하기 쉽다. 역사가 가장 오래된 천연두만큼은 충분히 젠나(善那)[4]의 공적을 이용할 수가 있어서 이미 마마 자국이라는 말조차 쓰지 않게 되었지만, 남은 서너 가지 유행병은 여전히 그 해독이 심하다. 특히 티푸스가 활발하게 유행하여 건강한 젊은이들만이 사망한 것은 아무리 생각해도 참담한 일이었다. 이 유행병이 각 집안에서 가업을 계승하는

---

4) Edward Jenner(1749~1823)를 본문에서 한자로 이렇게 표기하고 있다. 영국의 외과의사로 우두(牛痘)에 감염한 사람이 천연두에 면역성이 생긴다는 사실을 발견하고서, 1796년에 우두종두법(牛痘種痘法)을 발명하였다.

것을 방해하고 가난에 대한 불안을 심각하게 만들고 있는데, 나라의 위생 정책이 편향되어 있음을 탓하고만 있을 수도 없을 만큼 절박한 상태이다.

폐결핵은 이전에 편안한 생활을 하던 집에서 일종의 과역(課役)처럼 여겨지기도 했던 적이 있었다. 시골 사람들은 이것을 도시 생활의 해악 중의 하나로 여기고, 폐결핵은 적어도 피하려면 피할 수 있는 것으로 생각하고 있었다. 그런데 이미 그 같은 허망한 생각을 품을 수가 없게 되었다. 농촌에서는 다른 지역으로 여공을 내보내면 그 가운데 일부가 반드시 이 병을 안고 돌아왔다. 산간에서 맑은 공기를 마시며 자란 사람의 폐가 섬유 먼지 등을 들이마셔서 특히 병균이 침투하기 쉬웠는지, 아니면 이런 새로운 병에 대해서 아무런 준비도 안 된 체질과 영양 상태 때문이었는지, 어쨌든 대개는 회복하지 못하고 죽어갔다. 원래 돈이 드는 병으로 알려져 있던 폐결핵이 가난한 가정에까지 침투한 것은 대단한 사건이었다. 게다가 이제부터 왕성하게 일하려고 하는 사람들을 일부러 골라서 병들게 한 듯한 것은, 각 집마다 더할 나위 없는 장애물이었다.

가난이 404가지 병 중에서 가장 힘든 병이라는 말은 지금도 자주 하는 오래 된 속담이다. 가난 때문에 생긴 병의 종류는 이처럼 점점 많아지고 또 견디기 어렵게 되었다. 이전에도 요양이라는 것은 그저 경제적으로 여유가 있는 사람만이 하는 것처럼 여겨지고 있었지만, 가난한 사람들 사이에서는 그런 말이 없었을 따름으로 사람들은 항상 무의식적으로 스스로를 지키고 있었다. 예를 들면 유행병이 돌 때에는 극단적으로 사람과의 왕래를 제한하거나, 특정한 종류의 병은 신의 경고로 여겨서 몸을 삼가고 두려워하였다. 미신이라 일컬은 여러 치료 방법에도 기본적인 체험은 있었다.

실제로는 오랜 세월 동안 병이 유행한 결과 저항력이 강한 사람만이 살아남았는지도 모르지만, 젊은 사람이 병에 지지 않으려는 자신감도 꽤 강했다. 그래서 약물치료법은 말할 것도 없고 주술적 기도의 효과에 대해서도 지금보다는 훨씬 두터운 신임을 하고 있었다. 그러나 병을 막기 위한 이 같은 방법들은 어느 것이나 재래의 지식 범위 안에 한정된 것으로, 특히 돌연히 외국에서 들어온 병에 대해서는 불안감을 느끼지 않을 수가 없었다. 지금까지 들어 본 적도 없는 여러 가지 어마어마한 병명(病名) 때문에 갑자기 사람들이 병에 약해지고, 기운을 잃고 완치가 늦어진 점은 분명 통계상으로는 드러나지 않는 새로운 손실의 하나였다.

물론 한편으로 새로운 의학의 공적은 매우 크다. 알 수 없는 병이 많이 늘어났음에도 불구하고 병에서 구제받은 사람이 오히려 훨씬 많아졌다. 단지 우리들이 일생 동안에 병으로 고생하는 시간만이 길어진 것이다. 예를 들면 맹인은 일본에서 흔히 볼 수 있는 일종의 명물로, 원래는 어떤 마을이고 한 사람이나 두 사람 정도 맹인이 살지 않는 곳이 없었을 정도였다. 그런데 차츰차츰 맹인이 된 원인을 알게 되어 그 불행에서 벗어나는 사람들이 많아지고, 지금도 맹인의 수는 줄어들고 있다. 그와 동시에 새로 알게 된 점은 실은 애초에 시력이 약한 사람이 매우 많았다고 하는 사실이다.

지역에 따라서는 소학교 학생의 반 가까이가 트라코마(Trachom)[5])에 걸려 있는 것을 발견한 곳도 있었다. 그 다음으로 청년이 근시가 되기 쉬웠던 것은, 어두운 불빛과 세밀한 작업이라는 어울리지 않는 두 가지 것이 만난 과도기적 현상일지도 모른다. 혹은 이전부터 이런 상태였는지도 모른다.

코는 원래 병에 걸릴 것처럼 생각되지 않았지만, 때마침 그 분야의 전문의가 나타난 무렵부터 일본인들도 코를 치료할 필요성을 느끼기 시작했다. 지금 와서 생각해 보면 일본인은 옛날부터 코에 신경을 쓴 민족이기는 했다. 아이들은 대부분이 누런 콧물을 흘리고, 코가 나오는 것은 몸이 튼튼한 증거라고까지 말하는 사람이 있었다. 어른이 되어서도, 아주

---

5) 결막염. 만성으로 오래 갈수록 악성이 된다.

예의바른 사람일지라도 남 앞에서 코를 풀거나 훔치며 신경을 썼다. 만약 이러한 습관이 상고시대 이래부터 생긴 것이 아니라면 무언가 자연환경과 생활상의 접촉에서 생겨났다는 것만은 추측할 수 있다. 그렇지만 그 점에 대해서 아직 아무도 해답을 찾아내지 못한 사이에, 이 코와 뇌 관련 병, 특히 두뇌의 작용과 관계가 있는 듯하다는 사실을 깨닫고, 모처럼 알게 된 지식이 또 하나의 새로운 짐이 되었다.

그 다음에, 비교해 보면 어느 정도 문제가 분명해지지만, 이가 나쁘다는 점도 근대에 들어와서 갑자기 주의를 끌게 되었다. 이것도 이를 나쁘게 하지 않으려는 경계심에서 시작되었을 뿐으로, 아직 그 원인이 무엇인지 밝혀내는 연구로까지 진행되지는 않았다. 그저 드러난 병과 열심히 싸우려고 할 뿐이었다. 기록에는 나와 있지 않지만, 우리들의 수많은 충치는 아무래도 이 나라가 처음 생긴 이래부터의 일관된 특징은 아닌 듯싶다. 옛날에도 의치를 끼어 넣는 사람은 없었어도 이가 빠진 노인은 있었을 것이다. 그 정도로 아프고 고통스러운 것이라면 그 방면의 의술이 조금 더 빨리 발전해 있었을 터이다.

제2장에서도 이미 언급한 바와 같이, 이 무렵이 되자 식습관의 변화가 갑자기 심해졌다. 식습관과 구강 건강의 인과 관계에 대해서는 일반적인 상식으로도 상상만은 할 수 있다. 따라서 그 근본적인 사회적 치료에 관해 조금이나마 연구되면 좋으련만 현재는 기껏해야 임시방편일 뿐이다. 아니면 약간의 흥미를 끌고 있다는 정도이다. 금니는 남녀 젊은이들이 금으로 된 반지에 이어서 금테 안경 이상으로 하고 싶어 한다. 금니를 할 수 없는 형편에 놓인 사람들로서는 안팎으로 겪는 괴로움이라 말할 수도 있다.

4. 부족한 의사

의학은 이 곤란한 문제의 해결을 위해 대단히 기대를 받고 있었다. 옛날부터 내려온 기술이나 예능은 대개 소홀히 다루어지는 경향이 있었으나, 서양에서 들어온 것 중에 의학만큼 전적으로 신뢰한 경우도 드물었다. 그 신뢰가 또한 일본에서 서양의학이 급속히 발전한 힘이기도 했다. 그러나 어느 연구나 그러하듯이 첨단 의학이 이미 놀라울 정도로 진보했어도, 아직 그 혜택이 국민들에게 골고루 미치기는 일렀다.

의사 중에 특히 뛰어난 명의도 앞 시대와 비교해서 몇 배나 늘어났지만, 실제로 이들에게 치료를 받을 수 있는 사람은 연줄 있는 매우 소수의 사람들뿐이다. 게다가 이미 병을 치료할 수 없게 된 상태가 아니면 의사를 찾아오지 않았다. 하물며 병에 걸릴지 모르니까 불안한 정도인 상태에서는 돌팔이 의사라도 찾아가는 일이 불가능했다. 그래서 가난에 신음하는 대부분의 사람들에 대한 구제는 실은 구제 시기가 매우 중요한 것이었다.

의술과 생리에 관한 지식만큼은 일반인도 대략적으로 알아두는 편이 좋을 것이라는 생각에서, 학교에서도 이를 가르치고 또 여러 가지 통속적인 책도 나왔다. 일찍부터 건강에 대비하려는 사람은 시간을 투자하여 의학 서적을 뒤지거나 아니면 의학에 관한 엉터리 지식에도 귀를 기울였다. 의학에 관한 지식은 일반적으로 아주 많이 보급된 듯이 보인다. 그러나 그 가운데서 가장 많이 읽히는 의학 서적은 마침내 어느 병에 걸리고 나서야 하는 치료법, 아니면 간단하게 혼자서 치료하고자 하는 비법 같은 것이다. 의사가 쉽게 와 주지 않거나 의사를 찾아가지 않고서도 치료가 가능하다면 그렇게 하고자 했던 사람들에게, 이 서적이 특히 인기가 많은 것도 어쩔 수 없다. 그 다음에 증상에 따라서 무슨 병인가를 알기 위한 참고서가 유행했는데, 이 참고서로 인한 폐해가 크다.

병에 관한 진단은 그 방면의 전문가조차 헷갈리거나 오진을 할 수 있는 법이다. 어느 특정한 병이라고 생각할 수 있는 증상은 얼마든지 있다. 거기다 제멋대로 진단을 하거나 미리 걱정을 하게 되면, 말하자면 참고서가 표본과 같은 존재가 되는 것이다: 예전에 의사 중에서는 실을 이어 놓고 옆방에서 진맥을 했다는 이야기도 있고, 거기까지는 아니더라도 혀를 보고 진단을 하는 사람이 있었다고 한다. 그렇지만 지금은 이와 정반대로 환자가 의사에게 자신의 몸 상태를 말하는 것이 매우 중요한 절차가 되어, 의사 중에는 재판관처럼 환자의 증상을 듣고 이것으로 거의 병을 판단하려는 사람도 있다. 그리고 그 판단자료의 삼분의 이는 환자가 가정의학에 관한 책을 읽고 응용한 자기 방식의 관찰인 것이다. 이것은 의사 쪽에서도 간접적으로 일종의 혼란의 씨앗이 되고 있다.

게다가 환자를 줄이기 위한 의학 지식은 그다지 구체적으로 많이 제공되어 있지 않다. 의학 서적에 나열되어 있는 병의 원인도 주로 직접적인 것으로, 병에 대한 경계는 될지라도 안심할 수 있는 힘이 되어 주는 것이 적다. 건강을 유지하는 데에는 결국 시간을 많이 투자해 요양을 할 수 있는 계층만을 대상으로 하는 경우가 많고, 그 가운데는 안정을 취하면서 영양분을 충분히 섭취하라는 등, 그럴 수 없는 사람으로 하여금 오히려 고민하게 만드는 조건이 적지 않았다. 게다가 지금까지 생각해 보지도 않았던 여러 가지 병고가 새롭게 불행 속에 포함되어, 결국 사람들이 건강에 약간의 이상만 생겨도 항상 이를 신경 쓰게 되었다. 병과 무병의 꼭 중간에 위치하는 신경쇠약이라는 것이 언제까지고 따라 다니는 생활이 많아졌다. 이 점이 의학이 발달함에 따라 가장 먼저 알게 된 사실이었다.

더욱이 또 한 가지 불안은 병이 늘어난 데 비해서 아직은 의료기관이 완비되어 있지 않은 점이다. 최근의 의사 수는 육만 명이 조금 못되는 정도이다. 전국적으로 나누어 보면 300여 가정에 거의 한 사람 꼴이다. 의사가 이 정도 있으면 이제 충분하다는 주장도 있지만, 그것은 일본 전체를 평균으로 나누었을 경우의 이야기로, 결코 각 지방마다 필요한 만큼 의사가 골고루 존재하지는 않다. 도(都)나 부(府)와 같은 대도시에서 조금 떨어진 한적한 현(縣)에서는 그 평균을 훨씬 밑돌 뿐만 아니라, 그마저도 가능한 한 도시 가까운 장소에 밀집해서 개업하고 있다.

의사가 없는 곳이 50내지 70군데나 된다는 것은 사실이다. 원래는 공의(公醫)를 임명하여 급료를 조금 지불하기도 했지만, 그 제도도 우수한 의사를 벽촌으로 끌어들이기에는 여전히 역부족이었다. 의사는 전체적으로 의술의 우열에 따라 수입에 매우 차이가 나는 직업이었기 때문에, 어떤 의사든지 기회를 보아 도시로 나가려 하고, 결국 도시와 그 주변 지역에서만 무리한 경쟁을 할 정도로 의사들의 수가 넘쳐 났다.

의사협회의 진료비 담합이라고 하는 것이 최근에는 사회 문제의 하나가 되려 하고 있다. 이것도 부당한 경쟁자를 억제하지 않으면 천박해져서 의사가 신용을 잃는다는 것이 그 이유였지만, 현재는 진료비를 인하해서 조금이라도 병원을 번창하게 만들고 싶어하는 의사가 점점 많아졌다. 물론 그렇게 하기보다는 생활이 곤란한 사람에게는 무료로 진료해 주는 편이 낫다고 하는 반대 주장도 강하다. 그렇지만 환자들은 무료나 할인의 혜택을 바랄 만큼 곤란하지는 않았고, 단지 지금 상태로는 진료비가 너무 비싸서 고심하고 있는 환자와 그 가족들이 가장 많았다. 때문에 의사가 많은 대도시에서조차 의사의 처방 없이 약을 사서 쓰거나 기도(祈禱)[6]까지 성행하고 있다. 의사가 사망증명서를 발급하는 것에 불만을 느끼는 사람조차 생겨났다.

실비만 받는 진료소나 순회 진료반이 활동할 수 있는 여지는 충분히 있다. 그런데도 의사 협회는 이제까지 실제 경쟁자도 아닌 봉사활동 하는 사람들을 적대시하며 그 발전을 달가워하지 않았다. 간이 보험회사에서 그 이익을 보호하기 위해서 보험가입자의 건강상담을 하는 것까지,

---

6) 신불(神佛)에게 병을 낫도록 해달라고 비는 것. 흔히 가지기도(加持祈禱)라는 말로 같이 사용한다.

자신들의 업무를 방해한다고 생각해서 꺼려했다. 절의 중이 단카(檀家)[7]에서 초상이 나기를 기다리고 있다는 악평은 이전부터 있었지만, 의사 단체도 그와 비슷한 억울한 누명, 즉 일부러 주위 사람들의 건강이 좋아지는 것을 방해하고 있다는 식으로 잘못 생각되고 있는지도 모른다.

그런데 세상에서는 그 같은 풍문과는 별도로 척척 자가 치료를 시작하고 있다. 그저 조금만 유연하게 의술을 이해하면 금방이라도 약을 구해서 손을 쓸 수 있는 방법이 도처에서 행해지고 있다. 파는 약에 부과되는 세금이란 액수가 뻔한 것이었지만, 그 세금이 폐지되자 약을 취급하기가 편리해지고 그 선택이 훨씬 자유롭게 되었다. 옛날부터 지방에서 전해지던 평판이 좋은 약 중에는 점점 구석으로 밀려난 것이 많지만,[8] 그 약을 대신해서 나온 것도 대개는 이전의 약과 비슷했다. 단지 대규모 생산과 선전효과, 그리고 또 한 가지는 오늘날의 의학상식과는 반대로 오히려 비전(秘傳)에 대한 매력과 같은 성격이 있어 팔리고 있다. 일본의 의학은 힘들게 이 정도까지 진보했지만, 실제로 대다수 국민들의 치료를 맡고 있는 것은 치료에 대한 책임을 질 수 없는 의술뿐이다.

약을 쓰지 않는 치료법과 건강 증진을 위한 방법이 두드러지게 발달했지만 그 지식을 전부 새로운 의학에서 구하고 있지 않다. 게다가 정통 의술에서는 그런 약이 효과가 있을 리가 없다고 단언하고 있는 약 중에, 실제로 효험이 있다고 크게 기뻐하는 사람이 매우 많다는 사실은 흥미롭다. 이는 단순히 사회의 대다수 계층이 의사와의 접촉이 없어서 병을 앓고 있기 때문만이 아니다. 또한 새로운 의학이 받아들인 의술에도 때때로 실패가 있기 때문이라는 이유만도 아니다. 훨씬 미묘한 각 개인의 심리작용이 아직 의외로 병을 치료하는 데에 많은 영향력을 발휘하고

---

7) 일정한 절에 속하여 시주를 하며 절의 재정을 돕는 집. 또는 그 사람. 단카에서 상을 당하면 소속된 절의 승려가 맡아서 장례를 치렀다.

8) 이런 약 중에는 행상하는 사람들이 각 마을을 돌아다니며 파는 경우가 많았다. 그 중 대표적인 것이 도야마(富山)현의 약 행상인이다. 도야마현에서는 단골로 약을 사는 집을 가케바(縣場)라 불렸으며, 1년에 두 번 약 행상인이 방문하는 것을 원칙으로 했다.

있다는 사실을 추측할 수 있을 것 같다. 이전에 일본인기 병에 대해 상당히 강했던 이유, 그 점이 약간 형태를 바꾸어 아직까지도 인정되고 있다는 사실은 오히려 감사하게 생각해야만 한다. 실제토 오늘날 가난의 밑바탕에는 너무 빠른 체념, 아니면 자신에 대한 과소평가가 자리 잡고 있다. 그것을 바로잡은 것만으로도 이 경험은 쓸모가 있었던 셈이다.

5. 고립된 가난과 사회병리

우리들의 생활 양식이 개별화되고 의식주나 그 생산 방식에 있어서도 개인의 생각에 따라 제각기 분화되는 시대가 되자, 공동으로 겪는 재해가 차츰 줄어들었다. 가난이 개인적인 고립된 형태가 되고, 가난에 대한 방어도 혼자 힘으로 해야만 하게 된 점은 어쩔 수 없다. 게다가 경제 분야에서는 공동의 적으로 간주해야 할 존재가 있어서 그것만 극복하면 일시에 행복해지는 것처럼 주장하는 사람들이 많아졌다. 그렇지만 거기까지 나아가기에는 아직 우리들의 이해 관계가 규합되지는 않은 상태이다. 한편으로는 적어도 자기 가족만큼은 먼저 가난에서 구제되기를 바라는 사람들이 많음과 동시에, 다른 한편으로는 가난이 자기 한 사람에게만 집중되어 있는 것처럼 생각하고 세상을 원망하고 있는 사람들도 매우 많다. 다른 지방이나 타인에 대해 조금 더 정확하게 알게 되어, 자신의 처지와 비슷한 가난이 지역을 달리하고 시대를 전후해서 자주 출현한다는 사실을 깨닫는 것이 지금으로는 자신을 구제하기 위한 첫 번째 순서가 될 것 같다.

이는 단지 병에 시달리는 경우만도 아니지만, 의술도 지금까지는 인간의 불행을 조금 개별화하려 한 측면이 있다. 유전이나 체질에는 이웃에 사는 사람들이 알 수 없는 점이 많겠지만, 원인 모르게 돌연히 생긴 병이란 것은 한 가지도 없다. 적어도 일본인이기 때문에 면할 수 없었던 타성, 다른 사람도 알아차리지 못한 동안에 깜빡 저지른 부주의, 자신이 스스로 생각하고 한 일이 결국 다른 사람을 흉내낸 것, 즉 세상의 유행이라는 것이 눈에 보이지 않는 원인이 되었다. 꺼림칙한 성병이 외국에서 건너와 잠깐 동안에 일본 전국으로 퍼진 것도, 말하자면 사람들이 담합한 결과이다.

가장 큰 사례는 기생충 문제이다. 이 문제도 우리가 주의를 기울여 조사하기 전에는 이렇게까지 유행하고 심각할 것이라고는 예측하지 못했다. 따라서 일부 사람만이 조심하여 치료하면 곧 완쾌될 수 있을 것으로 생각하고 의사에게 의지하고 있었다. 그런데 이를 원인부터 퇴치하려고 하자, 그런 일시적인 방편은 효과가 없어졌다. 일부 사람들만이 기생충의 위험에서 벗어났다는 사실은 조금도 그 위험에서 벗어난 것이 아니다. 그 대신에 만일 공동으로 기생충을 박멸한다면 앞으로 태어날 자손들의 건강까지도 어느 정도는 보장되므로, 의사는 개인에게 받는 진료비 이외에 널리 사회 전체로부터 진료비를 받아도 좋을 것이다.

이와 동시에 일본인의 특별한 장점, 어느 특정한 종류의 병에 대한 저항력도 같은 관점에서 발견하고 이를 활용할 수가 있다. 예를 들면 모스 (Edward Sylvester Morse)[9]는 명치시대 초기에 쓴 일기에서, 일본은 여름에 이처럼 햇살이 강한데 왜 일본인들은 머리 중간 부분을 밀고 삿갓도 쓰지 않는 채 걸어 다녀도 일사병에 걸리지 않는가 하고 놀라고 있다. 물론 발달된 생리학으로 이를 설명할 수 있겠지만, 이는 일본의 여름은 모스의 나라와는 달라서 대기 중에 습기가 많이 있고, 게다가 허리띠를 매우 느슨하게 매 신진대사가 편했기 때문이라 생각된다.

---

9) 1838~1925. 미국의 생물학자이자 일본연구가. 다윈의 진화론을 일본에 소개하고 그 보급에 힘썼다. 특히 일본의 고고학·인류학에 큰 공헌을 하였으며, 저서로 『일본의 그날 그날(日本, その日その日)』이 있다.

그런데 이처럼 풍토가 서로 다른 점에 대해서는 아직 생각이 미치지 못한 사이에, 마치 일사병도 저쪽 나라를 모방해 보려는 듯이 사람들이 다투어서 모자를 쓰고, 두터운 천으로 된 고쿠라복(小倉服)[10]을 입고 있기 때문에, 지금의 병사나 청년 단원은 결코 이 병에 면역이 되어 있지 않다. 집이나 음식에도 이와 비슷하게 실패한 사례가 많다. 이런 종류의 잘못된 생각은 병 이외의 다른 문제에도 존재하지만, 우선 그 당연한 사실을 깨닫게 해준 것은 의학 연구 덕분이다. 용기나 신앙심이라고 하는 이미 쇠퇴해 버린 투병 방법을 조금이라도 부활시킨 것도 군중들의 덕분이다. 아니면 군중 속에 있으면서 많은 사람들을 위해서 대신 궁리해 준 어느 특정한 사람의 덕분이라고 말해도 좋다.

　　일본에서 매년 자살하는 사람이 수만 수천 명에 이른다. 요즈음 도쿄에서만도 하루에 5명씩 죽어간다. 가장 큰 이유는 병고이지만, 그밖에도 생활고 때문이라는 이유가 포함되어 있는데, 대개 건강상의 이유가 그 통계 숫자 안에 들어가 있다. 자살하고 싶은 생각도 없는 처자에게 동반 자살을 강요하여 집안 자체를 없애버리려고 하는 생각 속에는, 말로 설명하기 힘든 고립감이 작용하고 있었던 것이다. 이 사람들에게는 이미 생활에 대한 흥미가 끊겨 있었다. 가령, 주위 사람들의 만류로 더 살아 있었다 해도 그 힘을 모아서 세상을 개량할 수 없었다. 역시 초기에는 그 불행이 이 세상에 널리 퍼져 있어서 새로운 지식과 방법을 동원하여 총괄적으로 이 불행을 구제할 수 있다는 점을 깨닫게 하는 수밖에 없었던 것이다.

---

10) 후쿠오카현(福岡縣) 기타큐슈(北九州)에 있는 고쿠라(小倉) 지방에서 산출되는 여러 겹의 씨실로 두껍게 짠 옷감으로 만들어 입은 옷.

제 **13** 장

동료를 그리워하는 마음

1. 단체의 자치와 상호 관계

사람들이 단결하는 목적은 애초부터 공동의 행복을 추구하는 데 있었다. 명치유신의 개혁은 계급 사이의 차별이 없는 집단을 계획하고 있었다. 사농공상 사이의 간격을 메우고 사민(四民)[1] 평등을 간판으로 내건 새로운 국가제도를 향한 준비 작업을 했던 셈이다. 그렇지만 국민들이

---

1) 사민(四民)이란 에도(江戸)시대에 일본사회를 구성하는 기본적인 신분인 무사·농민·직인·상인계급을 가리킨다. 본래 이 말은 중국의 「한서(漢書)」에서 유래하며, 에도시대에는 유학자와 같은 지식인들을 중심으로 당시의 신분제도를 가리키는 말로 정착하였다. 에도시대는 병농분리(兵農分離)라는 방침에 따라 통치를 담당하는 무사계급이 농사를 짓는 농민과 수공업이나 상업에 종사하는 직인·상인계급을 지배하던 체제이다. 사농공상은 사회체제를 유지하는 유용한 수단으로 간주되었다. 이 사농공상 이외의 일을 하던 사람들은 사회적으로 무용한 존재로 간주되어서 유민(遊民)이 되어 떠돌아다닌 경우가 많으며 사회적으로 차별과 배제의 대상이 되었다.

새로운 사회에 대한 불안을 느껴 누군가의 뒤를 따라갈 필요성을 느낀 점과, 법령으로 사회제도가 만들어지는 것처럼 오인했던 정부의 방침으로 인해 실로 많은 단체가 새롭게 난립하였다. 한편으르는 우연한 기회와 능력의 차이로 인한 개인의 성공을 눈앞에서 목격했으므로, 무수한 여러 단체가 스스로의 목적을 잃고 자칫 소수의 야심가가 이용하는 기관으로 전락하는 경향이 있었다.

대체로 이들 무수한 단체가 창설될 때에 직접적으로나 간접적으로 지도하는 중요한 임무를 맡은 사람은 신국가주의의 선두에 서서 새로 정부관리가 된 옛 사족(士族)들이었다. 그렇지만 그들 사족들은 일찍이 번(藩)[2]이라고 하는 커다란 하나의 조직 이외에, 그 조직 안에서 더욱 개별적인 단체를 만드는 일을 규제받았다. 때문에 다른 농·공·상 계층이 일찍이 각자의 계층 안에서 운영하고 있던 구시대의 자치 단체의 성쇠에 대해서는 그다지 이해하지 못했다. 원래 상태를 답습해도 전혀 지장이 없는 단체, 또는 더욱 발전시켜야 할 많은 단체까지, 아무런 논의도 없이 헌신짝처럼 내버렸다. 뿐만 아니라 그 대신에 창설된 단체가 적합한지 그렇지 않은지가 가장 중요한 문제였음에도 불구하고, 관계자들의 연구를 위해서 이에 관한 기록을 남겨 놓지도 않았다. 그래서 정부에서 지시를 내려 단체의 세세한 규정까지 만들어 준 것은 한편으로 쓸데없이 단체의 의뢰심을 조장한 결과가 되었고, 일찍이 단체가 공동으로 단결하여 갖추고 있던 자치 능력을 더욱 더 미약하게 만들고 말았다.

이렇게 해서 무분별하게 만들어진 단체가 점점 늘어나, 나중에는 한 농촌 안에 열 개고 열다섯 개고 서로 다른 단체가 병립하는 양상을 보이게 되었다. 우선 청년단(靑年團)[3]이나 처녀회(處女會),[4] 부인회, 소작인조합

---

2) 에도시대에 지방 영주인 다이묘(大名)가 지배하던 영지 및 그 지배 기구를 가리킨다. 번(藩)이라는 말은 본래 고대중국의 봉건제에서 천자가 제국(諸國)에 책봉했던 왕후의 역을 의미했다. 에도시대에 이를 본따서 유학자들을 중심으로 도쿠가와 장군(德川將軍) 집안에 복속하고 있던 다이묘 집안을 번(藩)이라 부르게 되었다.

3) 공민교육을 목적으로 러일전쟁 뒤에 정(町)·촌(村)을 단위로 결성된 청년 단체. 와카

등은 그렇다 하더라도, 농사와 관련된 소규모 조합이 무슨 일이 있을 때마다 새로 만들어져, 나중에는 정리하기가 곤란할 정도로 조합 수가 늘어났다. 게다가 농회(農會)[5]에는 현(縣) · 군(郡) · 정(町) · 촌(村) 단위로 각기 단계별 지부가 있고, 부인들을 위해서도 그런 모임을 하나 더 만들고자 하는 준비모임까지 결성되어 있다.

대체로 농회에는 농회법(農會法)이라고 하는 정부법령에 따라 단체의 구성원이라는 의식조차 확실하지 않은 사람들이 모여들었기 때문에, 처음부터 그 조직에 많은 것을 기대할 수 없었다. 그러다가 언제부터인가 농회를 지주가 좌지우지했기 때문에, 지주의 마음 씀씀이가 좋지 않으면 농회가 어떤 식으로든 변질되었다. 따라서 별도로 비슷한 성격의 조직을 만들려고 하거나 또는 그 조직을 쓸모 없다고 하는 냉소적인 의견이 나온 것도 이상한 일은 아니었다. 실제로 조직의 수가 한 사람의 머리로는 다 기억할 수 없을 정도로 많았다. 농민조합의 구성만 해도 이미 그다지 단순하지 않은 듯하다. 이를 제외하더라도 자작농조합, 크고 작은 농사개량조합에서부터 작업경기회(作業競技會), 그밖에도 부업 개선을 위한 모임, 오락회, 경로회, 웅변회, 도로공진회(道路共進會), 공동이발소, 공동목

모노구미(若者組, 제7장 역주 참조)는 마을에서 제례집행, 노동, 혼인매체의 기능을 하는 단체로서 존재하여 각각의 활동을 통해서 연령질서에 입각한 교육기능을 지니고 있었다. 청년단은 와카모노구미의 활동 기구를 계승하면서도 성(性)이나 오락에 관한 관여를 줄이고, 도서관 같은 국민교육에 관련된 사업, 야경(夜警), 위생, 군인지원 등 주로 자치에 관한 일을 수행하게 되었다. 이처럼 청년단이 수행해 온 역할에 대해서는 공민교육기관인지, 파시즘체제를 지탱한 군사교육기관인지는 그 역사적 평가가 다르다.

4) 대정(大正)시대에서 소화(昭和)시대에 걸쳐 만들어진 것으로, 13세부터 결혼 전까지의 젊은 여자들이 마음이 맞는 사람끼리 모여 같이 일하거나 본오도리(盆踊)를 개최한 모임.

5) 촌 · 정 · 부(府) · 현(縣), 전국 규모 단위의 단계적이고 계통적인 조직으로 구성된 농업 단체. 1884년에 대일본농회(大日本農會)에서 전국 농사대회를 개최하여 농회의 전국적 · 지방적 결성을 결의하였다. 그 결과 부현마다 농회 준칙에 따른 농회가 결성되기 시작했다. 1899년의 농회법, 농회령에서 전국 조직, 회원 강제 가입, 회비 강제징수권을 인정하지 않고, 대신에 국고보조금의 지출을 규정했다. 1923년에 신농회법이 시행되어 회비의 강제징수권이 인정되었다.

욕탕, 전일본로쿠샤쿠(六尺)[6]연맹, 소방조합 등에 이르기까지 셀 수 없이 많았다.

특히 그 중에서 주의를 끄는 것은 산업조합[7]이다. 이십 몇 억 엔이라는 거액의 자금과 이만 개의 조합, 그리고 삼백만이라는 조합원 수는 실로 이 시대의 일대 장관이다. 그렇지만 과거 30년 동안에 숫자상으로는 이처럼 성공했고 또한 많은 일을 해왔음에도 불구하고, 여전히 그 효과는 예상에 미치지 못하고 있다. 즉, 구제받아야 할 사람들이 자치적으로 결합되어야만 비로소 그 목적이 달성되는 것인데도, 이러한 점을 고려하지 않은 결과 오히려 비교적 가난에 시달릴 위험이 적은 사람부터 먼저 국가의 지원을 받게 되고, 그 사람들은 행정기관의 지도에 순순히 따르는 대가로 행정기관을 이용해서 이처럼 외부로 세력을 떨칠 수 있었던 것이다. 산업조합을 가리켜 이른바 '공적인 탈세회사'라 칭한 악평은 어느 정도 일리가 있다.

보험도 상호간에 조직적으로 운영하는 것이 필요하다고 인식되었지만, 법률로 그 조건을 너무 제한했다. 그래서 복잡한 절차를 밟고서 정부의 인가를 받은 회사가 아니면 보험사업을 할 수 없도록 정해서, 당시에 조금씩 발달하기 시작한 각종 공제사업이 이 조건을 충족시키지 못했기 때문에 모두 해산된 것은 실로 애석한 일이었다. 이전 시대의 협동으로 인한 실질적인 이익을 기억하고 있던 사람들은, 오히려 새로운 제도하에서 단지 오래되었다는 이유 때문에 아무런 논의도 없이 제도를 폐지해 버리는 일에 불복했다. 그렇지만 정부에서 단체를 통괄한다는 방침을 세

---

6) 로쿠샤쿠(六尺)란 리키샤(力者)란 말에서 와전되었다. 힘을 쓰는 일이나 잡역에 종사하던 사람으로 가마꾼이나 청소하는 일을 하던 사람을 가리키는 갈로, 이런 일을 하던 사람들이 모여서 결성한 단체.

7) 소농민들의 협동조합. 소농민들이 자치촌락을 단위로 하여 형성하였다. 주로 유통·신용면에서 상인자본, 급전대출자본을 배제하고 스스로 상품경제에 적응하고자 한 조직이다. 1943년 농회(農會)와 함께 농업회로 통합되었으며, 제2차 세계대전 후에는 농업협동조합으로 재편성되었다.

위 오히려 유력한 지방의 유지들에게 새로운 사업을 부여하기에 급급했기 때문에, 특징 있는 각종 단체의 발전이 저지되었다. 한편 무수히 신설된 단체에 참가하기를 강요받은 사람들은 갈수록 종래의 자치 능력을 상실해 갈 수밖에 없었다.

그러나 이처럼 많은 폐해를 안고 있기는 했지만, 단체를 통해 공동으로 극복하는 방법 외에는 고립된 가난을 극복할 수가 없었다. 이와 같은 폐해로 인해 인심이 멀어졌지만, 최근에 겨우 새로운 자치활동의 기운이 태동하여 많은 실패를 거듭하면서도 한발 한발 앞으로 나아가는 징후를 보이고 있는 점은 축하할 만한 상황이라고 할 수 있겠다. 산업조합 내부에서도 소비조합은 새로 두드러진 활약을 하기 시작했다. 게다가 소비조합에서 출발하여 공동취사를 목표로 하는 조합마저 생겨나려 하고 있다. 의식주를 조정하는 데에는 의견도 분분하고 여러 가지 곤란한 문제도 있지만, 무엇보다도 사람들이 단지 생산 방법으로만이 아니라 별도로 소비경제에 대한 고찰을 통해 생활의 개선이 기약된다는 점을 진지하게 생각하기에 이른 것은, 기뻐할 만한 새로운 사실이다.

노동조합도 또한 이 새로운 단체의 하나로, 더욱이 법령에 의지하지 않고 자발적으로 만들어진 생동감 있는 협동 단체이다. 그렇지만 자연스럽게 성립된 단체인 만큼, 조합의 관계자 자신도 예측하지 못한 문제, 이 정도로 풍부한 기록 속에도 써서 남겨둘 수 없었던 문제가 있었다. 그것은 제11장에서 이미 언급한 것처럼 이동해 가는 대량의 노동력을 분배하는 문제이다. 본업과 매우 거리가 있는 겸업이나 전업을 하고자 하면 할 수 있는 것이 일본 노동자들의 두드러진 특징이었다. 막노동·구로쿠와(黑鍬)[8] 내지는 그 이상으로 전문적인 수련이 필요한 노동일지라도, 농촌 사람들이 쉽게 배워서 이 일들을 할 수가 있었다. 농업 기술은 갈수록 전문화되어서 다른 직업에서 농업으로 전업하기가 거의 불가능해진 것

---

8) 오늘날의 토건청부업(土建請負業)에 해당하는 노동집단으로 근세에는 각지의 개간, 배수·용수의 축조, 저수지 공사, 돌담·제방·수문(水門) 등의 설계와 조성에 종사했다.

과는 반대로, 농업에서 다른 직업으로 전업하는 일은 쉬웠던 셈이다.

실제로 지금 공장에서 일하고 있는 사람들의 절반은 농촌 출신이다. 새로운 노동 후보자도 뒤에 대기하고 있다. 그 같은 경쟁을 전적으로 없애려고 한다면, 그것은 단지 도시와 농촌 사이에 서글픈 반목을 초래할 뿐만 아니라, 부(府)·현(縣) 및 각 군(郡) 단위의 노동자 사이에서도 서로 돕는 것을 불가능하게 만드는 결과가 된다. 이를 해결하기 위해서는 경쟁이 필요 없는 구역의 개척, 즉 바다를 일터로 삼는 사람들이 많이 증가하기를 기대하는 편이 나았다. 이 점에 관해서도 이미 부분적으로 언급했지만, 오늘날처럼 해상노동이 자치와 거리가 먼 상태에서는 우리들이 안심하고 동포들을 이 방면으로 떠밀 수가 없다. 이 해상 노동을 빨리 자주적인 것으로 만들어서, 과잉 노동력이라는 난제에 조금이라도 해결의 실마리를 제공할 필요가 있다.

헛되이 투쟁만 일삼는 단체는 자칫하면 지배받는 단체가 되기 쉬웠다. 그래서 단체 구성원 개개인 사이에 정이 없어지고 새로운 오야카타(親方) 제도의 폐해를 탄식하는 결과를 낳기 쉬웠다. 사실, 지금까지는 지나치게 대표자나 관리자에게만 일을 맡겨 두었다. 그 때문에 단체가 소수 유력자의 명리(名利)를 위해서 이용되어 항상 올바른 방향을 잃고, 기본적인 정쟁(政爭)도 전개할 수 없는 세계로 표류하는 경우가 많았다. 새로 생긴 단체는 이미 그 같은 폐해를 알아차리고 그 폐해에서 벗어나고자 스스로를 정리하기 시작한 듯 하다.

2. 고(講) 조직에서 금융 조직으로

무시당했던 옛날 단체 가운데는 그 이름이 잊혀지는 것은 차치하고, 그 정신만큼은 그냥 잊혀져 가는 것이 너무 아쉬운 단체가 있었다. 그러한 단체들은 대부분 다른 사람이 만들어 준 것이 아닌 단체가 많았다. 그 중에서 역사가 가장 오래되고 오랫동안 이어진 것으로 고(講)9)라는 것이 있었다. 고는 원래 신앙을 매개로 한 동료들의 단체였다. 현재 목수·나무꾼·벌목꾼·석공 등의 단체인 다이시고(太子講)10)는 일찍이 다른 직업에서도 널리 행해진 흔적이 있다. 지금은 '다이시(太子)'란 쇼토쿠 태자(聖德太子)11)를 가리키는 말로 생각되고 있지만, 실제로는 신의 아들이라는 의미이다. 동지(冬至)란 서양의 크리스마스와 마찬가지로, 말하자면 그 신의 아들이 강탄(降誕)한 날이라는 신앙이 존재했던 듯 하다. 이것이 나중에 여러 형태로 변해서, 예를 들면 고보 대사(弘法大師)12)를 중심으로 하는 단체도 생겨났다. 단체의 공동 관심사는 역시 생활이나 일에 있었다.

이세코(伊勢講),13) 미쓰미네코(三峯講)14)와 같은 유형의 단체가 여러 지방에 많이 존재했던 이유도, 모두 공동의 신앙이 매개가 되어 차츰 세상

---

9) 일종의 결사 집단으로, 크게 분류하여 경제적 동기로 결집한 다노모시코(賴母子講), 무진코(無盡講), 모아이코(模合講), 유이코(結講) 등과, 종교적·신앙적 목적을 달성하기 위한 신앙적 고(講)집단이라는 두 가지 형태로 나눌 수 있다. 전자는 후자의 발전 과정 속에서 출현한 이차적인 것이다.

10) 에도시대부터 존재하였으며, 목수·미장이·통장수 등이 모여서 쇼토쿠 다이시(聖德太子)를 제사지내고 먹고 마시면서 임금계산 등의 협의를 하던 고(講)를 말함.

11) 574~622. 요메이(用明) 천황의 아들로, 어머니는 아나호베노 하시히토(穴穗部間人) 황후이다. 국내외 학문에 정통해 있었으며 불교에 깊이 심취했다. 나중에 스이코(推古) 천황이 즉위하자 황태자가 되어 섭관(攝官)으로서 정치를 하였다. 헌법 17조를 만들었으며, 견수사를 파견하고 불교의 흥륭(興隆)에 진력하여 수많은 사원을 건립하였다.

12) 774~835. 헤이안(平安)시대 초기의 승려. 일본의 진언종(眞言宗)의 원조 사가(嵯峨) 천황으로부터 히가시데라(東寺)를 하사받았고, 그 다음 해에는 대승정(大僧都) 직을 맡았다. 후세에 서민 신앙의 대상으로 널리 존경받은 인물이다.

13) 전국적으로 유행한 이세(伊勢)신앙을 중심으로 결성된 고(講). 대표로 참배할 사람을 보내어 이세신궁(伊勢神宮)에 참배하는 다이산코(代參講) 형식과, 단지 정해진 날에 고(講)에 소속된 사람이 숙소에서 모이기만 하는 형식이 있다.

14) 미쓰미네(三峰)신앙을 중심으로 결성된 고(講). 미쓰미네 신앙은 승냥이를 신격(神格)으로 하는 산악(山岳)신앙이었지만, 중세 이후에 야마부시(山伏)라는 수행자들에 의해 농업신(農業神)으로서 농촌에 전해지게 되었다. 에도 조닌(町人)들의 풍부한 경제력에 의해 근세에 비약적으로 발전하기에 이르렀다.

일을 논하는 단체로 발전하고, 또 일상적인 생활을 협조하는 기회도 되었기 때문이다. 일반적으로 매년 혹은 석 달에 한 번씩 순서대로 대표자를 두 명씩 뽑아서 유명한 신사로 참배하러 보내고, 디들이 여행하면서 본 세상 구경거리를 듣는다. 단체의 대표라고 하는 존재는 이미 이 시기에 시작된 것이다. 오늘날 기차나 기선으로 하는 여행과는 갈리, 이 두 사람은 고개를 넘고 계곡을 돌아서 고향과는 풍토가 다른 시골이나 도시를 견학하고, 여행에서 오는 고단함을 맛보면서 새로운 지식을 지니고 고향으로 돌아왔다. 고(講)에서는 견학할 사람을 세상으로 내보내 새로운 견문을 습득하게 했으므로, 지방의 이해 관계에 대한 판에 박은 듯한 이야기만을 하고 있지는 않았다. 말하자면 이는 일종의 연구 단체였던 셈이다.

'게이야쿠'라는 말이 동북 지방에서는 친구를 부르는 말로 사용되고 있다. 원래는 게이야쿠코(契約講)의 동료라는 의미에서 같은 고(講)에 속한 사람을 부르는 친밀한 의미를 지니고 있었다. 이 말은 마치 같은 병영 생활을 했던 사람들이 서로 친밀하게 부르는 말과 아주 비슷해서 단어 안에 친밀한 애정이 담겨 있었다. 상대방에게 존경을 표해 오야지라고 부르는 곳도 있다. 어부들이 서로를 고테(ごテ)라고 부르는 것도 고테(御亭)[15]를 가리키는 것인지 아닌지 알 수 없지만, 원래는 같은 고(講)에 속한 동료에게 친밀감을 나타내는 말이었음이 틀림없다.

고(講)가 동료의 어려움을 구제하는 일종의 공제조합으로 변모한 것은 자연스러운 현상일 것이다. 그리고 그 일시적인 제도가 차츰 상설화된 제도로 바뀐 것도 또한 그 같은 필요성이 있었음을 추측할 수 있다. 다노모시(賴母子)[16]를 모야이(もやい)[17]라고 말하는 지역도 있지만 원래는 고

---

15) 고데슈(ご亭主)를 간략하게 나타낸 말로, 유곽에서 아게야(揚屋, 요정)나 자야(茶屋)의 주인을 일컫는 말이기도 하다.

16) 민간에서 상호부조를 목적으로 한 금융 조직. 오야(親)라고 불리는 발가인(發起人)과 슈주(衆中)·고주(講中) 등으로 불리는 몇 사람에서 수십 명에 이르는 동료들로 고(講)가 조직된다.

(講)였다. 그것이 영속되기를 바래서 무진코(無盡講)18)라고도 하고, 혹은 만인코(萬人講),19) 우마코(牛馬講)20)라고 부른 것도 신앙적인 배경에서 비롯된 것이다. 무진코에는 처음부터 일치된 목적이 있었다. 역시 기원은 신사나 절로 기원하러 가거나 참배하러 가는 데에 드는 비용을 마련하기 위한 것이었는지 모른다. 그런 경우가 아닐지라도 누군가 집을 지을 때라든가, 돈이나 우마가 필요하다든지 할 경우에는 무진코가 생겨났다. 어느 한 사람에게 힘을 모아주는 것이 주된 목적으로, 그래서 요리가시코(寄貸講) 등의 명칭도 여기에서 비롯된 것이다.

같은 고향사람끼리는 관혼상제도 일종의 무진코였다. 즉 한 번의 도움으로 끝나는 것이 아니었기 때문에 차츰 서로간의 규약이 면밀하게 만들어진 것뿐이다. 유이(ゆい)21)라는 제도도 지금은 한정되어 있지만, 일찍이 공동 작업 전반에 영향을 미치고 있었다. 그리고 모야이(もやい)라는 말의 의미도 이에 가깝다. 집안이 해체되어 개개의 생계가 어려워진 후에도, 여전히 담합하여 힘이 닿는 한 옛날부터 해온 공동협력을 지켜왔기 때문에 특별히 새로 생겼다고 보기는 어려울 듯 하다.

그런데 그 무진코가 오랫동안 계속되는 동안에 주된 목적이 금전 거래로 바뀌자 고(講)의 효용성은 가장 직접적이 되었지만, 새로운 방식으로 고를 이용하게 된 데에 따른 폐해가 나타나게 되었다. 에도(江戶)시대 말기에는 돈이 필요한 사람들만이 무진코로 모여들어 무진코를 돈을 빌

---

17) 유이(ゆい)와 같은 의미이다. 상호부조・협동노동의 한 형태로 일반적으로 노동의 교환을 의미하는 용어이다. 단기간에 집중적으로 노동력을 필요로 하는 작업에서 노동력의 교환이라는 형태로 노동력을 보충하고 확보하려 했던 방법이다. 모내기・벼베기・탈곡 등의 농사일 이외에도 집 수리나 지붕을 갈아 이는 작업에도 유이가 이루어졌다. 오키나와 지역에서는 여기에 해당하는 상호부조 조직으로 모아이(模合)가 있다.
18) 일정한 인원과 금액을 정해 놓고, 가입자를 모아서 정기적으로 부금을 지불하게 하여 추첨이나 입찰에 의해 금품을 타던 고(講). 다노모시코(賴母子講)와 같다.
19) 다노모시코(賴母子講)의 별칭.
20) 다노모시코(賴母子講)의 별칭.
21) 주 17 참조. 상호부조제도에 관한 야나기타 구니오의 논고로는 「오야와 노동(オヤと 勞働)」(『柳田國男全集』 12, 1990에 수록)이 있다.

리기 위한 한 방편으로 삼았다. 입찰 무진코라는 것도 생겨났다. 입찰 방법은 그 자체가 새로운 것도 아니고, 또한 불건전하다고만 할 수도 없었다. 선거라고 하는 말이 낯설기 때문에 그 사상도 새로운 듯이 생각되었지만, 옛날부터 이 같은 투표 조직은 존재했다.

마을에서 누군가에게 제재를 가할 때 이름을 드러내고 발의(發意)하기 어려운 때에는 대개 입찰과 마찬가지로 이름을 써서 내는 방법을 통해 대부분의 사람들의 뜻이 어디에 있는지 확인했다. 어느 한 사람의 소행에 대해 찬반 의견이 여러 가지로 나뉠 경우, 아니면 도둑질한 혐의가 거의 결정적일 때에, 대다수의 견해가 일치하면 굳이 증거를 찾으려고 하지 않고 이에 따랐다는 사실은, 이전 시대의 유기쇼(湯起請)[22]나 텟카쇼몬(鐵火證文)[23] 등과 비슷한 성질을 가진 셈이다. 실제로 그 대용으로 자주 이용되고 있었다.

단지 이것을 다노모시(賴母子)에 응용하게 되자 그 성격이 전적으로 변해버린 것이다. 즉 다수의 중의는 모아지지 않고 강하고 단독적인 개인의 의견만이 통하게 되었다. 동료들은 그저 자신들의 이익을 위해서 가장 손해를 감수하는 사람에게 모아진 돈을 빌려주게 되어, 농촌에 사는 약간 여유 있는 사람들이 고리(高利)에 대한 흥미를 느끼게 되었다. 중간에서 돈의 대출을 소개하는 일이 차츰 한 직업으로 인식되고 나중에는 다노모시코와 비슷한 금융 조직[無盡業]이 생겨난 것은 고(講)의 목적이 새로 추가된 것으로, 따라서 고라고 하는 단체가 지닌 애초의 목적에서 멀어졌다.

그런데 이 변화가 너무 서서히 진행되었기 때문에 지금도 그 차이를

---

22) 끓는 물에 손을 집어넣어 피부의 짓무른 상태를 보고 옳고 그름을 판별하는 방법. 민속으로서는 천지의 근원인 물과 불의 성성(聖性)·주성(呪性)을 중시하여 정결하게 하고 제를 올리는 정원에서 물을 끓여 신에게 바치고, 사람도 물을 뒤집어써서 생명을 맑게 하는 의례가 생겨났다.
23) 전국(戰國)시대에 죄의 유무를 시험하기 위하여 신사(神祠)의 정원 앞에서 뜨겁게 달군 철을 쥐도록 한 일. 뜨거움을 견디지 못하고 집어던지면 유죄로 간주했다.

깨닫지 못하는 사람들이 있고, 여전히 이를 마을 공동체의 미풍으로 보려고 하지만, 거기에 무리가 있다는 점은 이를 단속하는 법규만 보더라도 알 수 있다. 이전에는 오히려 그 같은 법규보다도 더 강력한 제재가 상호부조제도를 밑에서 지탱하고 있었다. 동료간에 사이가 좋다고 하는 신용조합에서도 느끼기 힘든 동료에 대한 의리, 한 사람이 나머지 다른 동료들을 속여서는 안 된다는 약속이, 주최자의 중개와 모르는 사람들과의 결합에 의해 점점 그 힘이 약해지고 있다. 다른 몇몇 단체도 모두 마찬가지지만, 각 구성원은 그저 중심 역할을 하는 두세 명과 연결되어 가끔은 이 사람들에게 사부(師父)와 같은 깊은 친밀감을 느끼는 경우도 있으나, 구성원 상호간의 교제는 매우 미약하다. 상호간에 받아들일 수 없는 이해 관계가 있다는 점을 알아차리지 못하거나, 아니면 알고서도 모른 척 하거나, 아니면 혼자서 이에 대비한다든지 한다. 그 때문에 조합은 더러 이름만 있고 항상 분열될 위험성에 노출되어, 언제나 다음에 나타날 더욱 힘 있는 사람을 기대하고 있어야만 했다.

3. 청년단과 부인회

청년단(靑年團)[24]의 발달은 새로운 일본의 장래를 훨씬 밝게 만들었다.

---

24) 공민교육을 목적으로 러일전쟁 뒤에 정(町)·촌(村)을 단위로 결성된 청년 단체. 와카모노구미(若者組, 제7장 역주 참조)는 마을에서 제례집행, 노동, 혼인매체의 기능을 하는 단체로서 존재하여 각각의 활동을 통해서 연령질서에 입각한 교육기능을 지니고 있었다. 청년단은 와카모노구미의 활동 기구를 계승하면서도 성(性)이나 오락에 관한 관여를 줄이고, 도서관 같은 국민교육에 관련된 사업, 야경(夜警), 위생, 군인지원 등 주로 자치에 관한 일을 수행하게 되었다. 이처럼 청년단이 수행해 온 역할에 대해서는 공민교육기관인지, 파시즘체제를 지탱한 군사교육기관인지, 그 역사적 평가가 다르다.

특히 최근 들어 믿음직스럽게 생각되는 점은, 청년이 아닌 사람의 지도에 대해서 조리 있게 거절하는 현상이다. 그것도 단순한 이론이 아니라 차츰 자주적인 실천에 의해 입증하려고 한다. 이전에는 이 자주적인 역량에 대해서 청년들조차 의문을 품고 있었다. 그렇지만 의외로 쉽게 그 의문이 해결되기에 이르렀다. 그렇다고 해서 아직은 결코 완성된 것이 아니다. 여전히 많은 어려움이 우리 앞을 가로막고 있다. 그렇지만 이른바 지도자 중심주의가 물러나고 나서 어쨌든 모든 단원들의 협력이 눈에 띄게 확고해졌다. 그래서 이윽고 모두가 협력하고 연대하는 일이 결코 간단치 않다는 사실을 단원들도 알게 되었다.

문제는 해를 거듭함에 따라 어려워졌다. 지금까지 이 청년단이 보여준 첫 번째 장점은 바로 일을 한다는 점이었다. 도로 개수, 식목 아니면 구조 작업 등에서 늠름하고 쾌활하게 일하는 모습을 보여주었다. 활짝 갠 마음으로 일하는 공동 작업의 유쾌함은 단원들에게도 건전한 흥미이며 자극이기도 했다. 이런 나이와 이런 위치에 있는 사람에게만 한정된 강건한 신체를 자유롭게 과시하고 또한 찬미를 받기에 좋은 기회였다. 이와 같이 넘쳐흐르는 기운이 소학교로도 퍼져 한편으로는 이미 청년시대가 지난 선배들까지도 움직여서, 소년단·장년단의 조직 활동이 가능해지기 시작한 지방도 많다.

청년 훈련소도 그 편향된 지도 방법에는 문제가 있지만, 모두 같이 공동 작업을 하는 기풍을 고취시킨 점에 있어서는 상당한 효과를 인정할 수 있다. 이것을 보고 이전에 어느 서양인은 노동에서 오는 고단함을 듣기 좋은 함성이나 박수로 달래는 것은 흥미로운 국민성이라고 평한 적이 있다. 실은 그런 국민성이 조금씩 쇠퇴하려는 것을 새롭게 청년들이 부활시켰던 것이다. 공동 작업에서 느끼는 유쾌한 기분은 이런 곳에서도 나타나고 있었다.

청년들 사이에서 자치정신이 발달한 것은 더 나아가 종래의 중앙 집권주의에 대한 반발로 이어지고, 새로운 사물에 대한 이해의 폭도 크게 넓어져서 종래와 같이 오직 중앙에서 유행하는 것을 맹목적으로 받아들이는 듯한 태도는 없어지려 하고 있다. 아무런 목표도 없이 사람들을 설득하고자 연설을 시도한다든지 대표를 내보내던 것은 옛날 일이 되었고, 지금은 우선 목표를 확인한 뒤에 그 방법을 문제삼아야 한다는 생각을 하기에 이르렀다.

이전에 농촌마다 와카슈구미(若衆組)[25]가 존재했던 주된 이유는 혼인에 있었던 듯 하다. 그런데 일부 계급 사이에서 생긴 혼인제도의 변화로 갑자기 연애하는 기술이 쇠퇴하고, 차츰 이 와카슈구미가 존속하는 의의를 잃게 되어, 그 폐해만이 인정 없는 사람들의 비판의 표적이 되었다. 새롭게 청년단이 생겨난 것은 마침 그 무렵의 일이다. 처음에는 한 마을에서 와카슈구미와 청년단이 대립하여 서로 반목을 일삼은 적도 있었다. 그렇지만 그 와카슈구미도 마침내 새로운 청년단으로 흡수되어 갔다. 따라서 현재의 청년단은 이전의 와카슈구미의 전통까지 이어받은 셈이지만, 사회적 이해 관계와 부딪치게 되는 곤란한 문제에는 아직 충분히 대처하지 못하고 있다. 그럴 수밖에 없는 것이, 깊이 생각해보고서 준비해야만 할 취업, 집안의 쇠퇴를 방지할 대책이 아직 충분히 마련되어 있지 않기 때문일 것이다.

---

25) 와카모노구미(若者組)와 같은 의미로 지역 사회에서 젊은 남자들로 조직된 연령 집단이다. 이 말은 학술 용어로 실제로는 와카모노구미라고 부른 예가 많지 않다. 지역에 따라 본문에도 나오는 와카렌주(若連中)를 비롯하여 와카이슈(若い衆) 등으로 불렸다. 이 와카모노구미는 근대부터 명치시대 후기까지 일본의 혼슈(本州)에서 규슈(九州)에 이르기까지 전 지역에서 존재했다. 조직이나 활동 내용에 있어서도 지역차가 컸다. 대체적으로 동 일본 지역에서는 활동이 미약했고 서남 일본 지역에서 두드러진 활동을 보였다. 그리고 오키나와(沖繩) 지역에는 와카모노구미라 할 만한 조직이 명확한 형태로 존재하지 않았다. 와카모노구미에 가입하는 연령은 전국적으로 15세 혹은 17세이다. 가입 형식은 부모가 청하는 곳도 있고 와카모노구미 쪽에서 해당자에게 가입을 권유하는 곳도 있었다. 그 어느 경우나 연초에 첫 집회가 있을 때에 술을 지참하고 인사를 한 후에 가입하였다. 명치시대 후기에는 청년회(靑年會)나 청년단(靑年團)으로 재편되기에 이르렀다. 특히 정부의 지도로 전국적으로 청년단이 조직되는 과정에서 대부분의 와카모노구미는 해체되었으며, 현재는 겨우 제례나 민속예능을 담당하는 예가 있는 정도이다.

처녀회(處女會), 여자 청년단의 출현은 남자 청년단보다도 훨씬 늦게 시작되었다. 이들 단체는 미래의 가정 계획 이상으로 적절한 공동의 문제가 없었기 때문에 재빨리 혼인 개량이라는 문제에 주의를 기울이기 시작했다. 결혼식을 사치스럽게 과시하며 할 필요가 없다는 식으로 반성적인 결의를 한 예도 많았지만, 대개는 좀더 근본적인 문제에 관심을 가졌다. 배우자로 삼기에 적절하지 못한 남자를 지적하고, 술버릇이 나쁘거나 성병에 걸릴 염려가 있는 남자를 결혼 대상자에서 배제해야만 한다고 결의했다. 이를 실행하기가 힘들어서 처음부터 만족스럽지 못한 결혼을 하는 사람이 있지는 않은지, 아니면 이를 경계하다가 혼기를 놓치는 일은 없는지 하는 염려도 있었지만, 일시적인 부화뇌동이 아니었다고 한다면, 다음에는 당연히 새로운 시대의 여성이 어떤 방식의 혼인을 가장 바라는지를 적극적으로 고찰하게 될 것이다. 적어도 많은 집에서 가난의 원인이 마음 내키지 않는 혼담으로 인해 비롯되지는 않았는가 하는 문제에 주의를 기울일 수 있는 단서가 되기 때문에, 그 효과는 단지 청년들의 좋지 않은 행동을 비판하는 데만 그치지 않을 것으로 본다.

　주부회·어머니회가 단결하는 목적은 실은 처음부터 조금 제한되어 있었다. 그 모임에는 비교적 문제가 적은 사람들이 모여서, 될 수 있으면 자신들이 가슴 아파해야 할 내용은 건드리지 않는 범위 안에서 공동으로 행동하려는 경향이 있었다. 명사를 초청하여 강연을 듣지 않을 경우에는 반드시 명사의 강연에도 뒤떨어지지 않을 몇몇 회원들의 웅변에 귀를 기울이고서야 폐회를 했다. 실행가능성이 많은 토론의 주된 내용은 육아법으로, 이것만은 각자가 확고한 자신감을 갖고, 적어도 장애가 있는 사람을 천재(天災)로 여기는 듯한 미신만큼은 없애려고 했다. 부인들의 참정권 문제와 관련하여, 다수의 주부들이 항상 고민했던 것은, 과연 자신들이 가정 이외의 일까지 조사하고 생각해 볼 여유가 있을 것인가 하는 점이었다.

　옛날부터 전해지는 정부(貞婦)와 열녀(烈女) 중에는 자기 한 몸을 집안의 번창을 위해 기꺼이 희생한 사람들이 많지만, 다행히 집안이 평안한 경우에는 그 능력을 사회를 위해 봉사할 기회가 매우 적었다. 이번에 새로 그 가능성을 시험해 보려고 한 셈이지만, 익숙하지 않은 일이기 때문에 아직은 자신감이 결여되어 있는 듯하다. 그렇지만 그것은 많은 시간을 들여서 일부러 배워야 할 정도의 지식이 필요한 것은 아니다. 크든 작든 어느 가정에서나 항상 아내나 어머니가 생각하고 있던 문제가, 실제로는 국가와 시대가 공동으로 안고 있는 문제였다는 사실을 알아차리지 못한 여성들이 많았을 뿐이다.

한 사람이 고안해 낸 좋은 생각이 전체에 응용될 수 있음과 동시에, 만약 이 고안이 사회적인 해결 방법이 될 수 없다면 가정에서도 쓸모가 없다. 그 같은 이치를 깨닫게 해주는 것도 역시 단체 생활의 경험밖에는 없었다. 단지 오늘날까지는 너무 많은 말을 하는 사람과 너무 묵묵히 듣고 있는 사람이 뒤섞여 있었기 때문에, 자칫하면 지식의 교환이 제한되어 시류(時流)를 논하는 일은 남자들의 독점물처럼 되었다. 그렇지만 실제로는 남자들 또한 주부들에게서 배운 점이 많았다.

여성 단체가 훨씬 활발하게 활동했더라면, 어쩌면 오늘날보다 더욱 평범한 사회가 되었을 것이라고 염려하는 사람도 있다. 남자들 중에도 이른바 대세에 민감하여 대다수 사람들이 하는 일은 무조건 옳은 것이라고 속단하는 사람이 매우 많다. 게다가 각자가 모두 같은 생각을 하고 잠시 얼굴을 마주 보며 머뭇거리고 있는 동안에, 어느 나서기 좋아하는 한 사람의 생각이나 아니면 일찍이 준비를 했던 몇몇 사람의 계획이 그대로 만장일치로 통과되는 경우뿐이다. 그 가운데서도 여성들은 특히 다른 사람과 똑같이 처신하기를 좋아하여 일부러 이의를 제기하기를 꺼리는 경향이 있다.

오른쪽인지 왼쪽인지 판단할 때는 주저하지 않는 사람일지라도, 하나밖에 없는 제안에는 비판할 여지가 없다. 나중에는 자신의 의견을 감추고서 대세에 순응하며, 자신의 예상대로 되었다며 위안을 삼으려하기 십

상이다. 단체의 회원수는 항상 그 단체의 세력을 의미하지만 그 중에는
거기에도 대세에 따라 가입하는 사람이 적지 않았다. 일본에서 단체를
창설하는 일을 직업으로 삼는 사람이 나타난 것도, 실제로는 단결심이
약한 사람들이 많았기 때문이다. 대부분의 부인 단체는, 항상 생활력이
약하다는 이유를 들어 단체가 자신에게 직접적으로 도움이 안 된다는
것을 깨닫게 하고, 따라서 단체를 개조할 필요성이 있음을 우리로 하여
금 체험하게 만든 공적이 있다.

4. 유행에 대한 여러 가지 종류의 경험

유행을 따르는 취미는 대개 생활에서 가장 무해한 부분에서 시작되었
다. 그러나 이른바 쓰키아이(つきあい)[26]라 부르는 교제는 서로간에 상당
한 불편을 감수해야 하고, 다음에 기리(義理)[27]가 되면 때로는 괴로울 정
도의 복종이 뒤따른다. 그런데 그 정도로 공동 생활을 하고 있으면서도
여전히 개인적인 고립감과 불안감에서 벗어나고 싶어한다는 점에서 섬
나라 민족의 특징도 엿볼 수 있다. 일본에서는 개인의 취미가 농후한 사

---

26) 교제권(交際圈)으로서의 쓰키아이의 범위는 서민들의 사회 관계의 발전 과정에 따
라서 다르다. 훨씬 옛날에는 일족이나 친족 관계에 있는 사람들 사이의 일이었지만,
이윽고 지연적인 관계를 기반으로 한 공동 생활이 증가했기 때문에, 이웃끼리의 조직
또는 더 넓게 마을 조직 안에서의 교제가 중요하게 되었다.
27) 일본의 전근대적 신분사회에서 교제의 중심이 되었던 도덕 규범을 말한다. 이것은
원래 사람이 걸어가야만 할 길이라는 개인의 수양에 머무르는 것이었지만, 그 후에 특
히 서민들 사이에서는 교제나 쓰키아이(つきあい)라고 부른, 대인적·사회적인 인간
관계로 이해하게 되었다. 기리(義理)에는 일가친척들 사이의 것과 마을 전체에 관련된
것이 있고, 그것이 구체화되는 것은 관혼상제, 연중 행사 때 선물을 주고받는 일이나
지붕 수리, 집이나 도로건축 공사, 모내기 등의 일손 돕기이다.

회성을 지니고 있다는 점은, 어쩌면 인류의 자연사라고 이름 붙여야 할 것이다. 처음에 우리들의 마음가짐이 마치 무리지어 날아다니는 새와 같이 동일했던 시대에는 유행이란 동시에 각 개인의 취미였을지도 모른다. 그렇지만 현대와 같이 사람들의 취향이 다르고 각자의 경험이 다른 시대에는, 사람들이 유행 그 자체를 개인의 취미로 여기지 않는다면 도저히 각자의 취미가 이렇게까지 일치할 수는 없을 것이다. 그렇지 않다면 우리들이 취미라고 하는 말을 잘못 해석하고 있는 것이다.

이 사실은 불과 얼마 전의 경우를 생각해 보면 잘 알 수 있다. 농촌에서 아직 생산이 활발했던 당시에는 사람들이 조용히 내 처지에 맞는 취미를 지니고 있었다. 적어도 오늘날처럼 나라의 남쪽 끝과 북쪽 끝에서 일시에 같은 유행을 따르며 기뻐하는 것과 같은, 이상한 현상은 볼 수 없었다. 그러다가 농촌에서 생산한 생산물의 대부분을 자본을 갖춘 상인에게 건네주게 되자, 갑자기 모든 기호가 상인들의 생각대로 정해져서, 많은 농민들이 소장하고 있던 미술품이 그저 몇 사람의 호사가가 찾아다니는 물건이 되고 만 것이다.

촌스럽다거나 볼품 없다는 말에 신경을 쓰는 사람은 오히려 농민 중에 많아지게 되었다. 일찍이 취미가 고상하다고 했던 지방으로도 도시에서 시골 사람들에게 어울릴 만한 물건이 들어온다. 그것이 지방 사람들의 분노와 반감을 샀기 때문에 오히려 도시화를 장려하기가 쉬워졌던 것이다. 시골 사람들에게 어울린다는 것은 유행에 조금 뒤져 물건이 약간 싸고 품질이 좋지 않다는 의미이기도 했다. 만약 생산이 순조롭게 진행되었더라면 그렇게 많은 불량품이 생길 리가 없었다. 하지만 실제로 그렇지 않았기 때문에 항상 물건을 고르는 능력이 조금 떨어질 것으로 생각되는 시골을 찾아다니면서 처분해야만 했던 것은 실로 유감스런 일이었다.

마가이(まがい)[28]라고 하는 말이, 가짜라는 말 대신에 활개를 치며 돌아다니기 시작한 것은 명치시대부터이다. 양은(洋銀)이란 것은 은이 아닌

금속이었지만 은이란 이름이 붙었기 때문에 많이 팔렸다. 신견직물(新縮緬)이란 명칭은 견사로 된 직물이 아닌 것을 많이 팔기 위해서 붙인 선전용 이름이었다. 대정시대에 들어서부터 많은 물건이름 앞에 반드시 문화라고 하는 두 글자를 붙였던 것은 시대적 현상의 하나였다. 물건을 사고 싶은 욕망을 보편화하기 위해서, 도시에서는 온갖 힘을 기울여서 지방 사람과 개인의 각자 다른 취미를 덮어서 감추고자 했다. 그것을 가능하게 만든 커다란 무기는 다른 지역에서도 많은 사람들이 이 취향을 좋아한다는 풍문이었다. 원래 일본인은 이런 점에 있어서 딱할 정도로 순종적이었다.

이렇게 해서 유행의 변화는 항상 도회지에 끌려 다녔다. 지방에서는 그 사실을 알아차리기가 더딘 경향이 있었기 때문에, 말하자면 언제나 유행의 뒤치다꺼리만을 하게 되고, 유행에 따른 부작용까지도 감수하는 역할을 떠맡았던 것이다. 이 현상이 자연적으로 발생했다 할지라도, 여전히 회한의 감정을 억누를 수가 없었다. 사실은 옛날부터 뒤에 숨어서 유행을 조장하는 사람들이 있었고, 그 사람들이 또한 머잖아 유행이 수그러들 것을 예상하고 있었던 것이다. 명치시대 이전의 유행은 반드시 도시에서만 생기지 않았고, 각 지방의 개성 있는 취향까지도 도시에서 간섭하려고는 하지 않았다. 그런데도 약 60년째에 행하는 이세 신궁(伊勢神宮)29)의 오카게마이리(お蔭參り)30)의 배후에는 일종의 계략이 담겨 있었

---

28) 진짜를 흉내내어 만든 것을 말한다. 섞어 놓으면 구별하기 힘든 것.

29) 미에현(三重縣) 이세시(伊勢市)에 소재. 이세신궁은 일본황실의 종묘이며, 내궁(內宮, 皇大神宮)과 외궁(外宮, 豊受大神宮)으로 나누어져 있다. 내궁은 황실가의 조신(祖神)인 아마테라스 오미카미(天照大御神)가 제신(祭神)이며, 외궁은 도요우케오가미(豊受大神)가 제신이다. 이세신앙(伊勢信仰)이라는 말이 있을 정도로 참배하러 가는 사람들이 많았으며, 이세신궁에 참배하러 가는 것을 이세마이리(伊勢參り)라 한다. 율령제(律令制) 아래서는 이세신궁이 국가 제사의 대상이었기 때문에 개인의 참배가 허용되지 않았으며, 널리 민중들이 참배하러 가기 시작한 것은 14세기 이후부터라고 한다.

30) 에도(江戶)시대에 출현한 이세신궁(伊勢神宮) 참배로, 60년마다 6회에 걸쳐 민중들이 집단으로 행하였다.

다고 전해진다.

최근의 계략은 이익을 얻고자 하는 동기가 노골적이라는 것뿐으로, 이 기술은 분명히 옛날부터 전승되었다. 곧 그 내용이 공개되겠지만, 현재로는 아직 비전(秘傳)처럼 되어 있다. 최근에 서양에서 들여온 새가 유행하는 현상을 예로 들어보자. 처음에 가장 사람들의 이목을 끄는 방법으로 다섯 번인가 일곱 번 정도 터무니없이 비싼 값으로 거래를 주고받기만 하면, 그 다음부터는 세상에서 저절로 평판이 만들어지고, 얼마 안 가서 믿기지 않는 비싼 시세가 형성되어 일찍이 새를 사들였던 사람은 큰 돈을 벌었다. 그래서 결국에는 가장 순진하고, 그리고 가장 늦게 유행에 가담한 사람만이 손해를 보게 되는 것이다.

서양의 새가 가치가 없어질 무렵에 다시 한번 만년청(萬年靑)[31]을 유행시키려고 계략을 꾸민 사람이 있었지만, 이것은 그다지 성공하지 못했다. 왜냐하면 약 40년 전에 이것의 유행으로 해서 크게 낭패를 본 기억이 남아 있었기 때문일 것이다. 실제로 만년청 이전에는 무서울 정도로 유행이 퍼져 나갔다. 서양의 새가 유행하기 직전에는 토끼가 유행하였다. 토끼 중에도 진귀한 품종이 계속 나와서 중개상이나 선전업자가 가장 이득을 보았다. 유행의 진짜 배경을 알고 있는 사람만이 유행이 쇠퇴할 무렵에 때맞추어 잽싸게 발을 빼면 인위적인 경기는 갑자기 하락하고, 남는 것은 그저 순진한 사람들이 간교한 상인에 대해 분개하는 목소리뿐이었다.

시골에서 돼지를 많이 기르게 된 기원도 일본에서는 역시 이 유행 때문이었다. 붉은 돼지가 태어나면 천 냥에 산다고 하자, 농민들이 그것을 기대하고 얼마든지 새끼 돼지를 낳도록 했다. 붉은 돼지가 태어나기도 전에 사료 값이 바닥나서 밤에 몰래 산 속이나 멀리 떨어진 섬 등으로 돼지를 데리고 가서 버렸다. 그 이후에도 동물이 유행하는 데에는 어느

---

31) 백합과에 속하는 다년초(多年草). 서일본 산지의 음지에 자생한다.

경우나 조금씩 선전이 동원되었지만 선전만으로는 목적을 달성할 수가 없었다. 반드시 이 선전과 함께 한편에서 호응하는 사람, 즉 자신도 이익 볼 것을 기대하고서 주변 사람들에게 전하는 사람이 많이 끼어들어야 했다. 스스로 만족해하며 유행의 노예가 되어 가면서도, 유행을 새로 생긴 취미인 듯 즐거워하고 기뻐하는 사람이 없었다면, 이 같은 희한한 세상이 출현했을 리가 없다.

순진하게 다른 사람의 말을 그대로 받아들이는 행복한 기질이 우리들을 힘들게 하고 있는 것이다. 많은 사람들이 참여하는 사업인데 손해를 볼 리가 만무하다는 추측, 혹은 훨씬 가벼운 마음으로 관단을 다른 사람에게 맡기고 본인은 이 한 무리의 쾌락에 자신을 망각하고 즐기고자 하는 생각은, 오늘날과 같은 사회가 되기까지 꼭 통과해야만 할 한 과정이었다. 일본은 하나로 통일되었다고 하는 점을 의외로 새롭게 깨달았기 때문에, 이 같은 공동 생활에서 오는 즐거움이나 폐해까지도 이제 와서 한꺼번에 겪어야만 했던 것이다.

5. 운동과 군중

단체 행동으로 생긴 새로운 유쾌함의 성격은, 장이 서는 날과 마쓰리(祭り)가 행해지는 날을 같이 합쳐 놓은 것과 같았다. 이전에도 집에 모르는 사람이 많이 모이면 영문도 모른 채 아이들이 좋아했다. 그 일이 어느 한 가지 흥미로운 사실, 혹은 훨씬 더 진지한 협동이 되면, 자신이 하고 싶어하는 일을 이렇게 많은 사람들이 모두 함께 바라고 있다는 든든한 마음으로 해서, 단체의 규모와 그 구성원들의 다양함 이상으로 우리들을 기쁘게 했다. 도시의 신비한 매력도 여기에 있었다. 고향에서 늘 보

아 낯익은 사람들 가운데 섞여 있으면, 나라가 크고 강해졌다는 사실도 단순히 머릿속의 추리에 불과하지만, 바깥 세상으로 나와 보면 우리들이 직접 경험할 수 있었다. 싸움도 일종의 사회 생활이라고 말했던 것은 해로움보다 이로운 경험 쪽이 컸기 때문이다.

도(都)나 부(府)와 같은 대도시에서 문물(文物)에 대한 국가의식이 강화된 것도 어쩌면 정치가들이 오래 전부터 의식하고 계획했던 일이었다. 그런데 국민들은 그 같은 여러 종류의 엄연한 제도에서 벗어나 자신들도 또한 스스로 그 같은 기회를 얻고자 하였다. 제례(祭禮)나 장날과 같이 특히 필요성이 있는 것 이외에도, 무언가 기회만 있으면 거의 우연을 가장하여 많은 사람들이 모여들어서 모두 함께 재미있는 광경을 만들려고 했다. 그 가운데 특히 난잡하고 제멋대로 행동하는 것은 구경꾼 무리이지만, 이 구경꾼과 비슷한 존재는 그 이외에도 여러 가지 있었다.

서양 사람들에게는 일찍부터 행렬이라는 즐거움이 있었다. 일본에도 행렬은 옛날부터 있었지만 적극적으로 가담하는 사람은 그저 소수였고, 다른 대부분의 사람들은 서서 구경을 하거나 뒤에서 순서 없이 무리 지어서 따라갔다. 이렇게 행렬을 짓게 만든 것은 군대 생활의 영향이 아닌가 싶다. 학교에서 일찍이 줄서는 법을 받아 들여, 지금은 매우 많은 사람들이 행렬을 지어서 거리를 걷게 되었다. 헌법이 반포된 이래 자주 찾아온 국경일에는 제등 행렬이나 깃발 행렬이 있는 것이 보통이고, 행렬의 아름다움은 단체 행동에 대한 애착마저 생기게 했다. 우리들은 오랫동안 역사를 통해 전해진 대사건을 항상 이런 방법으로 접했을 뿐 아니라, 여전히 때가 되면 자신들의 생활도 가능한 한 이런 형태로 만들어서 조망하려고 했다.

봄과 가을에 산에서 하던 놀이는 매우 흥청거리고 활기가 넘치는 운동회로 바뀌어, 특히 소년들이 기뻐하는 행사가 되었다. 술이나 샤미센(三味線)32)과 같은 소수 사람들이 즐기는 것은 집에서 하고, 발로 차거나 뛰거나 하는 천진난만한 놀이가 많이 생겼다. 운동이라는 말은 원래 놀러 나간다는 의미로도 쓰이고 있었으므로, 이 운동회도 그런 이유에서 보급된 명칭인지도 모른다. 어쨌든 처음에는 누구나 운동회 날만 나와서 경기에 참가하였지만, 하레(晴)33)라는 느낌이 강해져서 이윽고 이 방면에 대한 전문적인 훈련이 성행했다. 즉 선수라 불리는 사람을 훈련시키기에 이르렀다. 외국에서 하는 대부분의 경기 방식에 일본인은 이상할 정도로 빨리 익숙해졌다. 그래서 자연스럽게 사람들의 무리가 둘로 나뉘었다. 그 기량을 사람들에게 과시하고자 하는 몇 안 되는 사람들과, 꼼짝 않고 구경하면서 그저 감탄의 목소리를 내는 사람들로 나뉘었다. 이 점 또한 다른 대부분의 사회운동과 비슷한 것이다.

문부성(文部省)에서 자주 조사하고 있는 농촌오락이라는 것도 바로 우리들의 눈앞에서 변화가 일어난 오락이 많았다. 노래나 무용은 원래 많은 사람들이 같이 하는 것으로, 가령 올해는 참가하지 않더라도 10년 전에는 참가했던 사람, 아니면 5년 후에는 참가해야만 될 성질의 것이었다. 그런데 솜씨가 뛰어난 사람이 나타나서 큰 갈채를 받게 되자, 애석하게도 다른 다수의 사람들은 구경꾼의 위치로 물러서고 만다. 그리고 그것이 직업으로 변했는지 그렇지 않은지는 별개로 하고, 여하튼 특수한 기예단(技藝團)이 성립되어 지금까지 존재했던 단체는 선수를 응원하거나 지원하는 모임으로 바뀐 것이다.

각지의 학교에서 끊임없이 일어나고 있는 선수제도의 존폐에 관한 논쟁이란 것은, 즉 단체가 그저 백분의 일 정도에 불과한 천재를 양성하는 기관으로 변해도, 여전히 이를 두고 체육을 장려하는 방법이라고 말할 수 있는지에 대한 문제로 귀착된다. 골프나 스키, 오늘날의 등산과 같이 돈과 시간이 충분한 사람만이 즐길 수 있는 종목과 비교하면, 운동 쪽은

---

32) 일본의 대표적인 현악기. 샤미센 반주에 맞추어 부르는 노래를 샤미센 우타(三味線歌)라 한다.
33) '하레(ハレ)'는 특별한 날에 입는 옷을 하레기(晴着)라고 부르는 것처럼, 제례, 연중 행사, 관혼상제 등이 행해지는 특별한 시간과 공간을 의미한다.

분명히 누구나 참가하고 있다. 단지 그 참가 방식이 뛰어난 선수들만이 단체의 역량을 대표하는 상황에서는 이를 보고 운동 단체라고 말할 수는 없었던 것이다.

6. 구경꾼 심리

이와 거의 비슷한 종류의 문제는 경마에도 있었다. 국민들이 말을 사육해야 할 필요성에 대해서는 육군에서 가장 심각하게 느끼고 있었다. 경마는 군대에서는 필요도 없는 승마술이다. 그렇지만 경마라도 보급시켜보면 국민들 사이에 말을 사육하고자 하는 생각이 성행하게 될까 하는 의도에서 일본에서 단 하나뿐인 공개 도박장을 설치했다. 단속을 많이 하여 그 폐해를 방지하고 경마장 수도 제한했지만, 원래부터 편협한 수단이었기 때문에 경마장이 산마조합(産馬組合)[34]을 대신할 수는 없다. 말이라도 길러서 직업으로 삼으려던 사람은 경마장에 가 있을 시간이 부족하고, 경마장을 수련장으로 삼았던 많은 말 감식가들은 무슨 의미인지는 모르지만 구멍[35]이라는 단어만을 문제삼고 있다. 나쁜 말에 서투른 기수가 타서 어쩌다가 승리하는 것에만 커다란 흥미를 지니고 있다. 그래서 지방에 경마장을 만들어서 크게 번창시키고자 하는 바람만이 지금

---

34) 명치 41년(1908) 현재의 홋카이도(北海道) 도와다(十和田)시(市)에 산마축산조합(産馬畜産組合) 사무소가 개설되었다. 명치 43년(1910)에 가축시장법이 공포되자, 이곳에 현립 중앙 마시장(中央馬市場)이 개설되어 도와다시는 일본을 대표하는 말의 산지가 되었다. 도와다시는 군마(軍馬)의 산지로 유명하다.

35) 구멍이란 단어는 일본어로 '아나(穴)'라고 하며, 이는 불완전한 곳, 과실, 결점이란 뜻으로 사용된다. 특히 경마나 경륜(競輪) 등에서는 예상을 뒤집어 놓는 승부를 가리키는 뜻으로 사용된다. 이런 말을 가리켜서 일본어로 아나우마(穴馬)라고 하며, 영어의 dark house와 같은 의미이다.

도 불타오르듯 강렬해진 것이다. 그렇지만 그런 대부분의 지방에서는 대개 말을 기르고 있지 않았다.

 단순히 군중의 흥미가 한 곳으로 모이게 하기 위해서라면, 실제로 이 정도까지 할 필요가 없었다. 경마 도박은 영국 신사들의 오랜 악습으로, 일본에서는 그저 좋게만 생각하고 흉내를 냈을 뿐이지만, 도박이 배제된 경마라면 일본에서도 옛날부터 있었다. 3월 3일에 하는 도리아와세(鷄合せ)36)에 대항하여, 5월 5일에 하는 우마구라베(馬競へ)37)라는 제례가 그것이다. 스모(相撲)나 샤테키(射的)38)도 원래는 마찬가지였을 것으로 생각된다. 자신들의 동료 중에서 가장 뛰어난 사람을 뽑아서 그 기량을 겨루게 하여, 그 결과에 따라 신께서 내려 주는 혜택이 어느 쪽에 더 많은가를 점치던 방법이었다.

 처음에는 그저 안장을 얹지 않은 말을 달리게 한 여도 있다. 그 이상 사람들의 승마 기술이 승부를 좌우하게 되면 복점(卜占)으로서의 성격이 미묘해지기 때문에, 교토에 있는 가모 신사(賀茂神社)39)에서는 지닌(神人)40)이 이 말을 타고 달렸다. 도박은 아닐 지라도 구경꾼들은 일 년의 행복을

---

36) 닭싸움, 투계(鬪鷄)라고 한다. 당나라의 현종 황제가 청명절(淸明의 節)에 닭을 싸우게 했던 고사에서 유래했다. 일본의 궁중에서는 3월 3일에 셋쿠(節句) 행사로서 행해졌다.

37) 말을 달리게 하여 승부를 다투는 경기로, 5월 5일의 절회(節會) 때에 경마가 행해진 예는 이미 문무(文武) 천황 시기인 710년에도 있었고, 중세 이후 조정의 행사로서는 쇠퇴했지만, 고사(講社 : 신불에 참배하기 위해 만들어진 단체) 등에서는 지금도 행해지고 있다.

38) 옛날 무로마치(室町)시대에 중국으로부터 전해져, 에도시대에서 명치시대까지 유행했던 양궁이나 바람 총(짧막한 화살을 대통에 넣고, 입으로 불어 쏘는 두기 또는 그 화살) 등과 같은 계통의 놀이. 명치시대 무렵에는 크고 작은 연극용 인형이나 완구가 표적이 되어, 명중하면 연결된 금속이 벗겨져 인형이나 완구가 떨어지는 장치로 되어 있었다.

39) 가모와케이카즈치 신사(賀茂別雷神社) 및 가모미오야 신사(賀茂御祖神社)의 총칭이다. 가모와케이카즈치 신사는 가미가모 신사(上賀茂神社)라 부르고, 가모미오야 신사는 시모가모 신사(下鴨神社)라 부른다.

40) 중세에 신사에서 일하며 그 보호를 받음으로써 종교적·신분적 특권을 누린 사람으로 과세를 면제받았다.

여기다 걸고 있었다. 투우·투견 등과 같은 조금 잔혹한 경기도, 정부가 억제해도 그만두지 않는 지방에서는 오랜 관습이 있었으므로, 재미있다고 하는 것의 기원에는 그 배후에 관중들의 열렬한 성원이 있었던 것이다. 승부에서 지게 되면 그저 도살당하고 마는 가련한 말일지라도, 경기장에 들어서기까지는 주인처럼 받들었다. 소나 말은 초식동물이란 것을 알고 있으면서도, 소나 말에게 달걀이나 뱀 고기를 먹여서 끌고 나오는 사육자도 많았다.

소나 말이 이겼을 경우에 구경꾼들이 이들에게 크게 감사해 하는 모습은 몇 번인가 눈물나는 장면을 연출하기도 했다. 명예라고 하는 단어는 일찍이 이런 때를 위해서 만들어지기라도 한 것처럼 적절한 단어였다. 유명한 씨름꾼이 한 마을을 대표하면 마을의 영예, 부(府)나 현(縣)을 대표하면 부나 현의 영예라고 한 것은 이 같은 사정에서 비롯되었다. 학교의 대표 선수는 실제로 학교의 명성을 대표한다. 하물며 그 선수가 나라 전체에서 선발되어 이기기 위해 외국으로까지 나갈 때에는, 갑자기 그 사람의 지위가 한 사람의 젊은 영웅으로 바뀌는 것은 너무나 당연했다.

후원자가 있는 선수의 생활은 활력이 있었다. 첫째, 이제까지 이름도 몰랐던 동지들이 여기저기서 나타난다. 그리하여 순식간에 후원 단체가 만들어진다. 선수는 후원자로부터는 순수하게 후원을 받을 뿐만이 아니라, 연애나 결혼과는 달리 질투에 대한 고민이 없고, 오히려 후원자들이 고마워한다. 때문에 만약 후원해 줄 사람이 없으면 일부러 후원할 만한 사람을 찾는다. 배우나 그 밖의 연예인들은 이것을 생명처럼 여겼다. 거물 정치가마저도 약간 손을 써서라도 후원회가 생기기를 바랐다. 사람들이 무언가를 계기로 결합하고자 하는 마음은 흔히 목적보다도 먼저 생겨났던 것이다.

모임이나 단체가 무제한으로 출현하여 하나로 만들어지면 다시 둘로 나누어지는 경향도, 말하자면 원래 쓸쓸한 고독감 때문이었다. 고향을 번영시키거나 빈고(貧苦)에서 벗어나고자 하는 유형의 절박한 필요성에서, 다수의 힘이 아니면 성공할 수 없다는 사실을, 마침 이 같이 단결심이 왕성해졌을 때에 일본인들이 느낄 수 있었다는 것은 아주 좋은 기회였다. 단 한 가지 염려되는 것은 이것도 수많은 모임들이 그렇듯이, 생겨나서는 다시 나누어지는 보통의 여느 단체처럼 하찮게 보고 달려드는 사람이 적지 않은 점이다. 일본은 모임이 만들어지기 쉽다는 점에서는 세계에서도 유례가 없지만, 그 모임이 없어지거나 활력이 없어지고 만다는 점에서도 이혼이나 불행한 결혼에 비할 바가 아니다. 현재는 오히려 많은 무의미한 단체를 억제해서 일단은 개인을 자유롭게 하는 것, 그 점이 쓸모 있는 조합을 성립시키고 예정대로 사업을 완수하게 만드는 수단이라고 말할 수 있다. 오직 단결심이라는 관점에서만 본다면 일본인들은 결코 그것에 서투른 국민은 아니었다.

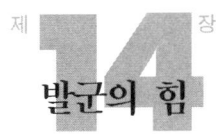

제 14 장

발군의 힘

1. 영웅을 기다리다

　　무리 중에 핵심적인 존재가 없으면 단결을 지속할 수 없다는 점에 대해서는 이미 개미나 벌의 사회를 통해 알게 되었지만, 사람들은 이에 대해 더 깊이 생각하지는 않았다. 오히려 우리들은 단체 행동을 더 흥미롭게 만들기 위해서, 억지로 쓸모 없는 영웅을 불러들이려는 경향조차 있었다. 큰 인물이 나오기를 바란다는 표현은 일찍이 정치계의 상투어였지만, 이 말은 지금 존재하는 무리들이 모두 평범하다는 의미의 반어적 표현이었는지도 모른다. 그러나 적어도 평범함만으로는 일을 할 수 없다는 것을 애초부터 깨닫고 있었다는 점은 개미나 벌의 사회와 마찬가지이다. 즉 통나무가 되었든 황새가 되었든,[1] 누군가 자신들을 통제해 줄 존재를 필요로 하는 경우가 많았다. 더욱이 그 적임자가 지금까지 자신들의 동료 가운데에 파묻혀 있었다는 사실은 별로 달가워하지 않았다. 영웅은 조금 색다른 말을 타고서 구름 저편에서 출현해야만 했다. 그러나 현실적으로는 어려운 주문이었던 것이다.

모든 학문예술의 분야에서도 천재는 항상 이런 모습으로 발견되었다. 세상에 스스로를 희생한 천재에 대한 존중이 없었다면, 단체 생활은 이처럼 밝은 미래를 보여줄 수가 없었을 것이다. 가령 천재들의 일생이 혹 사되고 그들 인생의 말로가 적막한 빈 껍데기 같은 것이 되고 말지라도, 천재들이 이룩한 일은 여전히 사회 안에서 살아 움직이는 셈이다. 그러나 실제로 천재를 만나기란 쉽지 않았다. 이미 우리들의 주문이 지나치게 기이함을 선호하는데다가, 따로 배울 필요가 없는 태어날 때부터의 영웅이라는 사람이 그렇게 많이 존재할 리가 없기 때문이다.

게다가 한편으로는 사람들이 공동으로 느끼는 흥미가 갈수록 늘어나기 때문에, 이를 총괄할 만한 사람에 대한 수요도 갈수록 많아졌다. 얼마든지 가짜가 출현해서 태연스럽게 사람들 사이에서 떠받들어지고 있는 현상과 잘 어울리는 시기인 것이다. 혹은 상황이 자연스럽게 변하리라고 생각하고, 변변치 않은 사람이라는 것을 알면서도 그 사람을 내세운 경우도 있었다. 문학에서는 비평 방법을 이용하여 누군가를 위대한 존재로 만들어서 중심으로 삼고자 도모하고 있는 듯 하다. 영웅 자신의 자기 도취는 별개로 하더라도, 사회에서 필요한 존재로 영웅을 맞아들이는 경향이 이미 나타나고 있다.

선수 양성에 관한 체육계의 새로운 풍습이 이 문제에 대한 장래를 암시하고 있다. 처음에는 많은 평범한 청년들 중에서 그 능력이 약간 뛰어난 점을 보고서 전도유망한 사람을 발견했다고 기뻐했다. 다음에는 이

---

1) 『이솝 이야기』에 나오는 「임금님을 얻은 개구리들」 이야기를 언급하고 있다. 이 이야기의 줄거리는 다음과 같다. 옛날에 개구리들이 자기들에게도 임금님을 내려 달라고 신에게 빌었다. 그러자 신이 통나무를 내려보냈더니, 개구리들이 시시하다고 반발을 했다. 다시 황새를 보냈더니 개구리들이 모두 기뻐했다. 그런데 황새는 개구리들을 모두 잡아먹고 말았다.

사람에게 가능한 한 편의를 제공하고 온갖 격려를 하여, 우선 그 자존심을 기르게 한다. 그리고 선수의 승리가 화려하게 지속되고 있는 한은, 대다수 사람들이 기꺼이 그를 칭송하며 그 선수에게 방해가 되는 일은 조금도 하지 않을 뿐만 아니라, 때로는 마치 심복이라도 되는 듯이 경애하는 눈초리로 우러러 보려고 하는 사람도 많았다.

이 사실은 일본의 영웅숭배주의가 국민성의 밑바닥에까지 깊숙이 뿌리를 내리고 있음을 말해준다. 가령 그 상대가 국기관(國技館)[2]의 스모 선수처럼 단순하고 순진하여 나중 일을 생각지 않는 사람이 아닌 한은, 그 지위를 얼마든지 이용할 수 있게 되어 있는 것이다. 최근에 빈번히 단결에 성공하지 못한 점이나, 조합의 단체 행동을 무의미하게 만들었던 원인은, 그 대부분이 우리가 아직 이 새로운 선거제도에 철저할 수 없었던 약점에서 출발하고 있다. 그리고 과도기의 혼란은 뜻밖에도 오래 계속되었다.

스모는 처음부터 선수들이 각자의 지방을 대표했기 때문에 전국적인 통일을 이루기가 어려운 경기였다. 지금도 선수들의 계급을 나타내는 반즈케(番付)[3]에는 스모 선수가 태어난 지방 이름이 앞에 나오고, 선수 이름은 고향의 산이나 강 이름을 따서 지음으로써 여러 지방이 할거해 있던 옛날 모습을 남기고 있다. 지방을 순회하는 간진즈모(勸進相撲)[4] 경기

---

2) 일본스모협회가 설립하여 경영하는 스모 경기를 위한 상설경기장이다. 1909년에 도쿄의 료고쿠(兩國)에 처음 세워졌으며, 일본의 스모를 가리켜 국기(國技)라 부르게 된 것은 여기에서 출발한다.

3) 혼바쇼(本場所)라는 공식스모대회가 끝나면 스모 선수들의 성적에 따라 새로 계급을 정하는데, 이들 스모 선수들의 계급을 순서대로 적어놓은 것을 반즈케(番付)라 한다. 반즈케는 일본스모협회의 공식기관인 반즈케 편성회의에서 정한다. 반즈케에는 리키시의 이름, 계급, 출신지 등을 계급 순서에 따라서 동서 양쪽으로 위에서 아래로 다섯 단으로 나누어 적는다. 이때 계급이 높은 리키시의 이름을 가장 크게 적고, 아래로 갈수록 글씨가 작아지며, 같은 계급의 리키시가 동서 양쪽에 위치하게 되는 경우, 동쪽에 상위의 리키시 이름을 적는다.

4) 간진(勸進)이란 원래 불교 용어로, 신사(神社)나 절의 건립이나 수리에 필요한 자금을 염출(捻出)하기 위하여 여는 행사란 의미다. 이를 목적으로 여는 스모를 간진즈모

는 옛날부터의 관습이었지만, 그 경기는 일종의 도전이며 대부분이 정복을 기도한 것이었기 때문에, 갑자기 경기에 참가한 괴상한 스모꾼에게 유명한 스모 선수가 지고 돌아갔다고 하는 이야기가 많이 전해지고 있다. 여러 지방의 유력한 다이묘(大名)[5)가 많은 비용을 들여서 스모 선수를 후원했다고 하는 것도, 말하자면 일종의 선수 양성 방법이었다.

시대가 바뀌어 스모 선수의 특별한 후원자들이 손을 떼자, 국민들이 자유롭게 후원할 사람을 고르게 되어 인기의 중심이 대중 쪽으로 옮겨간 점은, 일시적으로 이 경기의 성쇠와 관계가 있었던 듯이 보인다. 그런데 그렇게 되자 헤야(部屋)[6)와 헤야 사이의 대립이라는 것이 무의미해졌다. 첫째, 스모협회가 곤란을 느낀 점은 많은 예비 선수들의 양성이었다. 개개인은 기분에 따라 후원을 했기 때문에, 좀처럼 인내심을 가지고 어느 한 선수가 크게 성장하기까지 기다려 주지를 않는다. 스모는 관람료를 유일한 자원으로 삼았으므로, 같은 헤야에 속한 선수들을 동서로 나누어 자주 겨루도록 함으로써 조금이라도 구경꾼들의 호기심을 끌려고 했다. 이 때문에 언제랄 것도 없이 후원자 단체가 붕괴되고 말았다. 이른바 승부조작에 대한 의혹이 스모의 인기를 떨어뜨린 것은,[7) 말하자면 스

라 한다. 그러나 시대가 변함에 따라 차츰 간진(勸進)이라는 본래의 목즤과는 상관없이, 간진(勸進)을 명분으로 하여 흥행만을 목적으로 한 상업적 성격의 스모가 많이 행해지게 되었다. 간진즈모의 사무를 관장하거나 리키시(力士)의 양성을 담당하던 사람을 도시요리(年寄)라 불렀는데, 오늘날 노인을 뜻하는 '도시요리(年寄)'라는 일본어는 여기서 유래한다고 한다.

5) 에도(江戶)시대의 지방 영주를 가리킨다.

6) 여기서 헤야(部屋)란 스모베야(相撲部屋)를 가리킨다. 스모베야란 스모 선수들이 오야카타(親方)라 부르는 스승 밑에서 함께 기거하고 훈련하는 선수양성소이다. 스모 선수는 일단 어느 스모베야에 소속하게 되면, 그 스모베야가 없어지거나 독립하기 전에는 소속을 바꿀 수 없다. 스모베야는 대개 연습장, 거실, 식당, 리키시들이 거처하는 방, 오야카타의 방으로 이루어졌으며, 연습장이 리키시들의 주요 생활공간이다. 스모베야의 생활은 철저히 계급 순서에 따라 이루어진다. 대체로 아침 4시쯤이면 계급이 낮은 리키시가 일어나서 연습장의 바닥을 고르고 훈련을 시작하며, 계급이 높은 리키시는 아침 8시쯤에 나와서 후배들과 훈련을 시작한다.

7) 일본의 스모에서 사전에 짜고 승부를 조작하는 것을 가리켜서 야오초(八百長)라 한다.

모 선수가 개인이 아닌 단체에 속해 있다는 사실을 망각한 결과였다.

각 학교의 체육설비가 처음에 어떤 목적에서 생겨났는지를 알고 있는 사람은, 오히려 이제 와서야 선수제도의 존폐 여부가 문제가 되는 것을 의아하게 생각할 정도이다. 그렇지만 한편으로는 서로 대항하는 경기만큼 군중의 흥미를 집중시켜 단체의식을 견고하게 만들고, 따라서 구성원들이 흔쾌히 복종하도록 만드는 수단은 없었다. 단, 대부분의 경우에 그 수단이 두세 번째 목적으로도 이용되고 있었다. 그 점이 일단은 애초의 목적으로 되돌아가, 그 단체의 본질을 다시 성찰하고자 하는 사람에게 문제점으로 파악되게 되었다.

이러한 일에는 일반적으로 논리적 결점(缺點)이 있게 마련이었다. 그러한 논리적 결점이 발견될 때마다 이전에 있던 단체는 대부분이 해체되고, 대신에 또 다시 새로운 단체의 전횡이 나타나지만, 여기까지는 가장 흔한 순서가 되었다. 즉 인간이 혼자서 행동하지 않는 심리, 특히 자신은 선두에 서서 활동을 하기에 적당치 않다는 생각이 대부분의 협동사업을 언제까지나 그저 단순한 후원회와 같은 성격으로 만들고 만다. 현재 상황에서 말하자면, 사람들은 결합할 필요성을 느끼고 있다기보다는 오히려 나폴레옹 같은 영웅을 그리워하고 있다고 보는 편이 타당하다. 적어도 어느 단체의 중심인물이 된다는 것은 유쾌한 일이며, 또한 개인으로서도 적지 않은 이익이 있었다. 이 점이 매번 총선 때마다 우스꽝스런 후보자들이 난립하는 동기이기도 했다.

이 점은 개인의 교양이 훨씬 더 진전되어 누구라도 지명되면 맡은 역할을 다할 수 있게 되지 않는 한, 당분간은 여전히 피할 수 없는 폐단이었다. 특히 지방에서는, 다른 지방에 관한 지식이 조금씩 더해짐에 따라, 멀리 떨어진 곳에 있는 사람이 능력이 뛰어나다고 인식되어, 동료 중에는 그처럼 뛰어난 사람이 있을 리가 없다는 불신감이 일반적으로 팽배해져서, 자치(自治)의 기풍이 오히려 조금 쇠퇴하려 하고 있다. 이전에는 이와 반대로 자신들의 내부에서가 아니면 큰 인물을 구할 방도가 없었던 것이다. 자연스럽게 문벌이나 재능을 갖추고 있는 사람을 발견하는 경우도 있었지만, 이후 그 사람을 양성하는 것도 큰 힘이 되었다.

대개는 대중들의 희망에 따라 추천되었다는 감격, 그리고 많은 사람들이 자기에게 기대하고 있다는 의식이 갑자기 그 사람의 인격을 크게 만들어, 다른 동료들이 할 수 없는 일을 감행하게 했다. 이러한 사실은, 옛날에 존재했던 유명한 의민(義民)[8]과 열사가 원래는 평범한 농가의 일개 호주였다는 사실을 상기해 보아도 알 수 있다. 이와 같은 사람들의 궐기는 항상 그 집안의 파멸을 의미했다. 왜냐하면 그런 사람 중에는 명예와 이득에 대한 욕심은 조금도 없을 뿐 아니라, 자신만의 지획이나 포부도 없이 단지 단체가 하고자 하는 일을 해낸 데 불과한 사람이 종종 있었기 때문이다. 그러나 그런 사람을 발견해서 키워갈 만한 인내심이 없었기 때문에, 그런 사람이 있을 법하다고 주변만 둘러보게 되었고, 차츰 황새의 왕이 하늘에서 내려오게 되었다. 그들 중에도 가짜가 많아지자, 단체는 그들을 위한 상품으로 변하고 말았으며, 자신들의 공동 계획은 유명무실해지고 사람 머릿수는 흥정을 위한 부속물처럼 여겨지기에 이르렀다.

2. 선수 양성

현재의 교육은 터무니없이 세분화되고, 사람들의 재능에 차등을 두려하고 있다. 그렇게 해서 어디에 쓸 것인가는 정해지지 않았지만, 어쨌든

---

8) 일반적으로 에도(江戸)시대에 일어난 농민 반란의 지도자를 가리킨다. 우명한 인물로 사쿠라 소고로(佐倉惣五郎)가 있다. 사쿠라 소고로는 영주인 호리타 마사노부(堀田正信)가 부과한 과중한 세금에 시달리는 촌민들을 위해 대표가 되어 에도로 가서 쇼군(將軍)에게 직소하였다. 나중에 체포되어 가족과 함께 처형당했다.

위대한 사람이 되라는 교훈은 가정에서도 학교에서도 되풀이되고 있다. 사람을 사무원으로 만드는 학습과목이 많았음에도 불구하고, 한편으로는 특별히 우수하지도 않는 보통 사람들이 사회적으로 성공한 사례가 상당히 많기 때문에, 이를 교육의 힘으로 해석하지 않을 수가 없었던 것이다. 처음부터 평범한 부류에 편입된 사람은 오히려 편했다. 일본에서는 다른 사람보다 조금 뛰어난 사람들이 매우 방황했다. 그러나 결국은 비슷한 처지에 있는 사람들이 걸어간 길로 참고 따라간 사람에게 때때로 좋은 운이 돌아왔다.

자신감이 아주 강하고 기대와 격려를 한 몸에 받았던 청년들은 분투하는 생활 속으로 들어가야 했다. 마침 영웅을 추대하는 운동이 가능한 시대가 그들 앞에 전개되었다고 하는 사실은 국가를 위해서도 결코 다행스러운 일이 아니었다. 단결의 필요성은 새롭게 증가했지만 그 중심이 될 인물을 외부에서 구한다고 하는 것은, 실은 처음부터 쉬운 일이 아니었다. 즉, 뛰어난 재능을 가지고 있는 인물을 미리 그 동료들 속에서 양성하고자 하는 준비 없이, 느닷없이 외부에서 누군가 나타나서 스스로를 천거했던 것이다.

어떤 인물에 대한 평가가 자주 집회의 화제가 된 것도 명치시대 문화의 한 상징이었다고 말할 수 있다. 이는 반드시 종래의 전기(傳記) 방식에 따른 역사학의 영향 때문이라고는 말할 수 없다. 역사학은 그 인물의 활약이 이미 끝나고 난 뒤에 상세하게 그 잘잘못을 물으려 했던 데에 반해서, 인물평은 이른바 한창 활동 중인 인물이 흥미를 끌었으므로, 그 가운데는 너무 빨리 사람들의 눈길을 끈 부류도 있었다. 명사(名士)라는 이름이 붙는 사람이 너무 많아진 감이 있다. 명사들의 앞날은 예언 때문에 번거롭게 되는 경향이 있었지만, 대개는 명사를 추대하는 몇몇 사람과의 관계 때문에 실제로는 필요가 없어도 단결해야 했다.

모임이 무의미해지는 바람에 꼭 필요한 때에는 진정한 가담자를 구하기가 어려워도, 어쩔 수 없는 경우가 있었다. 게다가 모임의 창립자니 전무이사니 하는 사람과 모임과의 관계가 지나치게 밀착되었다 그 밀착된 관계를 떼어놓으면 그들은 쇠퇴했을 뿐 아니라, 그들이 사라지면 또한 모임도 궤멸하는 경우가 많았다. 모임에 재산이라도 있으면 대개는 창립자나 전무이사가 자금운영에 관해 의심을 받았고, 이 재산을 비난받지 않고 관리해 가는 일이 나중에는 거의 유일한 업무가 되고 만다. 그래서 이 재산을 다음 이사에게 맡기는 것을 탈취 당했다고 말하는 사람조차 있었다.

이 같이 미약한 조직력밖에 지니지 못한 모임을 일반적으로 무슨 무슨 회(會)라고 부르는 관습이 있었기 때문에, 새로운 단체는 뭔가 훨씬 듣기 좋은 명칭으로 차별화할 필요가 있었다. 그렇지만 그 조직 방법과 지도 정신을 외부에서 구하는 한은 동맹이라 부르든지 연맹이라 부르든지, 사람이 커다란 구성요소가 된다는 점은 피할 수 없다. 그 사람이 자신을 위해서가 아니라 일시적인 기관으로서 필요한 동안만 일하고, 다음에 중심이 될 사람을 양성해 두기를 바랐지만, 이것이 생각대로 되지 않은 경우가 많았다. 실제로는 같은 정도의 능력과 명성을 가진 사람이 많을수록 단체가 믿음직스러울 터이지만, 그런 경우에는 지위를 놓고 뺏고 빼앗기는 일이 생기기 쉽고, 이에 대한 끝없는 경계와 방어로 단체 내부를 어렵게 만드는 경향이 있다.

논의는 보통 대동소이(大同小異)하다고 할 정도로 의견이 일치했을 때 시작된다. 마지막까지 완전히 일치할 만큼 의견이 같다는 것은 기대할 수 없다. 분열은 이미 피할 수 없다고 생각한 사람들은 그것을 자세히 비교해 보고자 했다. 설령 어떤 방법을 써서 일시적인 파탄을 막을 수 있었다고 해도, 이미 이 상태에 이르러서는 실제 성과는 올릴 수 없었다.

선출제도의 유행은 분명 단체의 결합력을 강화시켰지만, 동시에 어느 정도 우리들의 영웅을 보잘것없이 만들었다. 나라에서도 외투와 일을 도모하고 있는 동안에는 자연히 내부의 조그마한 경쟁을 중지하고 우선 눈앞의 주요 불안에서 벗어나고자 한다. 그와 마찬가지로 공동의 적수를 발견함으로써 언제 해결해도 좋을 문제를 연기시키고, 크게 문제가 없을 정도의 인물을 내세우기 위해서 각자의 비평을 억제하게 된다. 아직 다 완성되지 않은 뜻밖의 천재를 발견하거나, 또는 그 천재에게 많은 자유를 부여해서 한껏 능력을 발휘하게 하려는 것도 대개는 이러한 때이다.

우리들의 고향을 사랑하는 마음이 성장하는 데에는 괴로운 압박의 기억이 수반되어 있다. 사람들의 희생에 대한 존귀함이 느껴지는 것은 개개인의 자연적 힘만으로는 경쟁에서 이길 수 있는 전망이 없는 경우로, 가난한 집에 효자가 난다는 속담 그대로이다. 그 대신에 내부 단결 대신에 생겨나는 고립에는 어떡하든 견디어야 했다. 혹은 될 수 있으면 서로 의지하고자 하는 생각을 확고히 하거나, 또는 오랫동안 지속시키기 위해서 일부러 필요도 없는 강적을 남겨두는 경우도 있었다. 일부러 주위의 이해 관계와 저촉되는 것만을 문제시하여, 외부에 대한 불신감을 크게 조장하는 듯한 경우도 없지는 않았다. 특히 스스로를 추천한 우두머리들의 웅변은, 보통 이 점에 가장 역점을 두었다.

지방의 작은 요구 때문에 국가정치가 혼란스럽게 된 원인은 대개 중간에서 일부 관계자에게 잘 보이고자 하는 사람들이 동시에, 이를 자신들이 출세할 기회로 삼기 때문이었다. 그 결과 한 지역의 단결이 그저 그 지역만의 급한 일로 인식될 뿐, 외부에 대해서는 오히려 서로 반발하는 힘으로 작용하게 되었다. 그리고 어쩌다 협동을 통해 비로소 해결할 수 있을 것 같은 문제가 있더라도, 전혀 힘이 미치지 않게 되는 것이다.

나라를 하나로 만들어 크게 뭉치기 위해서는 정부에서 가능한 한 공평하게 원조의 손길을 내밀어야 하지만, 현재는 아직 그 속에서 자연스럽게 구심점을 형성할 만한 준비가 갖추어져 있지 않다. 매우 주목할 만한 단체 행동인 만큼 이 단체 행동을 통솔할 지위를 다투는 사람들이 무수히 나타나서, 중의(衆意)가 모아지는 방향으로 결론을 내리려고 하면, 반드시 단체가 분열하는 결과를 만들었다. 그 때문에 지금은 타당치 않은 기교를 이용해서 겨우 외형적인 일치를 유지하도록 하고 있는 것이다. 그렇지만 이런 경우에는 표면상으로 결의를 할 수 있어도, 장래에 뭔가 이것 이외의 다른 방법으로 따로 그 희망을 실현시킬 필요가 있다는 사실을 공인하도록 한 데 불과했던 것이다.

모처럼 지방에서 많은 희생을 치르고 애써 양성해 온 대표자가, 자신이 너무 왜소하다는 점을 체험하고 돌아가는 것이 그나마 스확이었다. 게다가 한편으로는 이상적인 대영웅이 출현했다고 해도, 이 영웅에게 현재의 사회병을 치료할 만한 충분한 위력을 부여할 수 있을지 없을지 하는 것도 문제가 되어 있다. 영웅은 이미 신에게서 멀어진 존재가 되고 말았다. 영웅들이 우리들의 순진한 신뢰를 얻을 수단은 적어지고, 해가 지날수록 우리들에게 평가받을 기회만이 많아졌다.

3. 오야분(親分)의 할거

오야분(親分)의 자질은 반드시 아주 떨어진 것만은 아니다. 그들이 인심을 수렴하는 수단은 지금도 옛날과 다를 바 없이 뛰어난 인내심이었다. 가리오야(假親)[9]·에보시오야(烏帽子親)[10] 등의 관습은 없어졌지만, 사람들이 자신을 낳아준 부모 이외에 누군가의 보살핌을 받아야만 할 필요성은 오히려 봉건시대보다도 늘어났다. 따라서 오야분이 수완을 발휘해야 할 경우도 결코 줄어들지 않았다. 이 경우 가장 중요한 일은 직업

---

9) 일시적으로 부모와 같은 역할을 하는 사람.
10) 에보시란 오늘날의 성인식에 해당하는 겐푸쿠(元服)를 치른 남자가 머리에 쓰는 모자이다. 일본에서 나라(奈良)시대 이래로 서민들 사이에서도 널리 사용되었으며 계급이나 연령에 따라서 그 형태나 모양이 달랐다. 에보시오야란 무가(武家)사회에서 겐푸쿠를 거행할 때에 에보시를 씌어주는 역할을 맡은 사람을 의미한다. 겐푸쿠오야(元服親)라고도 한다.

에 대한 지도이지만, 현재처럼 직업을 새로 찾아야만 하는 사람들이 많아지면 전적으로 오야분의 힘에 의지해야 한다. 이 이외에도 혼담을 거들거나 임시 거주지를 돌보는 일, 빚을 정리하는 일 등이 이전보다 많고, 부탁을 받으면 싸움을 말리는 일도 오야분들이 했다.

대개는 기질이나 성격, 아니면 일종의 타성과 같은 것으로, 일부러 보상을 바라고서 이 일을 하는 사람은 없지만, 그 일이 상당히 큰 힘이 되어 돌아오는 것이 예로부터의 법칙이었다. 일본에서는 세상이 변화해도 이 점만은 변하지 않는다. 어쩌면 시대가 필요로 하고 있기 때문에 이 점을 어느 정도 강화시키고 있는지도 모른다. 적어도 다른 방면에서는 이미 쇠퇴했기 때문에 이 관계만이 눈에 띄게 되었다.

은의(恩義)라고 하는 말은 이 무형의 보상을 의미하고 있다. 은혜를 잊어버리는 일은 빚을 갚지 않는 이상으로 나쁜 행위로 인식되었다. 은의에는 정해진 형식이란 것이 없지만 우선 요구하는 것을 들어준다는 요건이 있었다. 동기의 선악에 대해서는 문제삼지 않고, 필요하다면 오야분을 도와야만 한다. 다행히 일반적으로는 그 같은 일을 요구받지 않지만 경우에 따라서는 나쁜 일이라도 거들어야만 할 때가 있다. 적어도 영원한 복종만큼은 당연한 일로 인식되고 있었다. 때문에 많은 사람들을 돌볼 수 있는 사람은 영웅이었다.

만약 수령이 되어 볼 생각이 있다면, 자신이 돌보아 줄 사람들 대부분이 자신을 떠받들어 준다는 점만큼은 예상할 수 있었다. 그런데 실제로는 그 오야분의 지위를 이용하고자 하는 사람들이 점점 줄어들고, 오히려 그 힘을 새로운 은의를 위해 유용하게 쓰고자 하는 쪽으로 기울었다. 여기에는 대개 오야분이 나이가 들어서 새삼스레 새로운 계획을 세울만큼의 기력이 없어졌다는 것도 원인이 될 것이다. 또는 처음부터 그 같은 창조성이 없고 사람을 돌보는 것 이외의 활약에는 어울리지 않는다는 점도 있었을 것이다. 그것보다 더 큰 이유는 이 전환이 실은 쉬운 일이 아니었다는 점이다.

구성원 사이의 모든 은의를 교묘하게 통괄해 보았지만, 여전히 유력한 한 단체를 완성하기에는 부족했다. 첫 번째 어려운 점은 아랫사람들의 일치단결이었다. 그들이 상호 관계를 유지하기 위해서는 새로운 노동이 또 필요했다. 그것이 번거롭기 때문에 대부분의 오야분은 단념했다. 즉 사업이 너무 복잡해진 것이지, 오야분의 힘이 꼭 이전보다도 쇠퇴한 것은 아니다.

　야심 있는 소영웅 후보자 중에서, 이 방법을 시험해 본 사람은 모두 실패했다. 적어도 성공을 이루기 전에 중지했다. 처음부터 동기가 약간 노골적인 점이 사람들로부터 경멸을 받았을 뿐만 아니라, 독적이 있는 사람에게는 이것이 좀 어설픈 수단이었기 때문이다. 오랫동안에 쌓은 인연을 돈으로 사들이려고 하는 사람이 존재했던 것은 이상한 일이 아니다. 또는 자신도 한 사람의 의뢰자가 되어, 이 선배가 지니고 있는 은의를 일부분만이라도 이용하고자 했다.

　과연 그 일이 가능한지는 근래에 치러진 몇 번의 촌선거에서 경험했다. 어느 선거구에서 모 인사를 포섭하면 대략 몇 백 표 정도는 얻을 수 있다는 것은, 자신의 얼굴로 표를 모을 수 있는 오야분이 존재하고 있다는 것을 의미한다. 혹은 외지에서 들어온 후보의 경우, 약간의 돈만 있으면 출신지와 상관없이 당선을 기대할 수 있다는 식으로, 가끔은 융통성이 지나친 거래도 있었다. 그렇지만 대개는 돈으로 환산할 수 없는 인정을 가로채려 하는 것으로, 지반(地盤)이란 그 새로운 선물이 담긴 그릇의 이름이었다. 개개인의 표를 돈으로 사는 것을 경계하는 것만으로는 아직 선거가 자유롭게 행해지고 있다고 단정할 수 없는 이유는, 이 같은 크고 작은 몇 가지 선거가 단 한 사람의 중심인물의 변덕에 따라서 좌우될 수 있었기 때문이다.

　이러한 상황이 오늘날보다 훨씬 더 폐해가 많아질지라도, 아마도 여전히 없앨 수가 없을 것이다. 얼굴마담 역할을 하는 사람은, 지금도 그를 필요로 하는 많은 사람들에 의해 존경받는다. 그들의 의협심이 어려운 사람들을 자주 도와주었을 뿐 아니라, 그들의 상식은 은연중에 주위 사람들의 생활 기준이 되었다. 단지 직접적으로 은의를 입어서 구속받고 있는 사람만이 아니라 평소에 그 힘을 알고 있던 사람은, 결정하기 힘든 어려운 문제가 있을 때마다 항상 오야붕의 태도를 보고 참고하려고 했다. 특히 별로 나서지 않고 남들이 하는 대로 하는 것을 안전을 위한 방도처럼 믿고 있는 사람에게는, 마치 새나 물고기 무리가 앞서가는 우두머리의 통솔을 받는 것처럼 자연스럽게 한 덩어리가 되어 움직였다.

때문에 보통선거의 시행으로 선거인 수가 격증하고, 오야붕의 세력권 밖에 있는 자유스런 사람들에게 투표하도록 해보아도, 별도의 통제를 받고 있는 공장지대 몇 군데를 제외하고는 대체적으로 결과가 이전과 달라진 점이 없었다. 즉 우리들은 고독감을 견디지 못해서 아직 자신의 가난에 대한 문제조차도 혼자서 궁리해 볼 힘을 지니지 않았던 셈이다. 또는 같은 처지에 있는 대다수 사람들과 어떤 방법으로라도 결합하지 않으면 해결할 가능성이 없다는 것은 알았지만, 그 방법에 상당한 가치의 차이가 있다는 것까지는 알지 못했다.

단 최근에 은의(恩義)는 차츰 오야붕을 교육시키는 쪽으로 작용하려 하고 있다. 모처럼 자신들과 같은 생활을 경험하고 보통 사람보다 뛰어난 감각을 지니고 있는 사람을, 단지 뚜렷한 견해가 없다고 해서 선거에 나서지 못하도록 하여 쓸데없이 그 힘을 다른 야심가에게 위임하는 것은, 아까운 일이라고 생각하는 사람이 많아진 것이다. 실제로 오야붕이 현명해진다는 것은 호랑이가 날개를 다는 격이었다. 그들이 그때그때 처리해야 할 일을 알고 인심을 이해하게 되면 단결은 쉬운 일일 뿐만 아니라, 그것이 헛되게 끝나버릴 염려도 없었다.

그렇지만 여기에는 또 몇 가지 장애가 놓여 있었다. 무엇보다 그를 떠받들고자 하는 사람 가운데에 개인 이익을 기대하거나 각자 자신의 계획에 이용하고자 하는 사람이 있었다는 사실이다. 그들은 오야붕이 별로 총명하지 않고 때로는 남들이 치켜세우는데 연연해서 자기 도취에 빠지거나 아니면 쓸데없이 지기 싫어하는 고집불통인 것, 말하자던 오야분에게 우물안 개구리 식의 고립이 계속되기를 은근히 기대하는 심리가 강했다. 그렇기 때문에 오야분을 양성해서 시대에 어울리는 활약을 하도록 할 수가 없었다. 의로운 마음은 지금도 개인에 대한 도덕으르밖에 해석되지 않는다. 협력은 때로 사사로운 욕심을 채우는 데에 이용되었다.

장사(壯士)[11]라고 하는 말이 일본에서 쓰이기 시작한 지 이미 40년을 조금 넘었다. 그 장사들은 모두 생사를 도외시하고 나라와 정의를 위해 일하겠다고 공언했지만, 그 실제 양상은 달랐다. 오야분이 분립되어 있기 때문에 모두 견해가 달랐다. 나중에는 장사들이 터무니없이 많아져서 자기들끼리 항상 대립했다. 연합하면 매우 큰 힘을 발휘한다는 것을 인식하면서도, 많은 사람들은 자신을 보호할 필요성에서 언제까지고 일부러 국내에 적을 남겨두어야만 했다. 실제로는 큰 영웅은 필요하지 않았고, 자잘한 천재들에게만 끝없이 좋은 기회가 주어졌다. 더욱이 자잘한 천재들만이 넘쳐 나서 사람들은 실망 속에서 반생을 허비해야 했다. 따라서 타향에서 서로 아는 일이 드물다는 점을 오히려 편하게 여기는 듯한 경우만이 많아진 것이다.

4. 낙선자의 행방

화려한 영웅의 생활 절반에는 언제나 희미하게 어두운 고독감이 따라다녔다. 오히려 세상의 절정기에 돌연히 죽어 버리면 괜찮지만, 불행히도 오래 산다면 그 말로가 대개는 비참했다. 특히 오늘날처럼 유행이 짧

---

11) 일반적인 의미로는 혈기가 왕성한 젊은이를 가리키는 말이지만, 본문에서는 명치시대에 자유민권운동을 하던 청년활동가를 가리키는 의미로 사용되었다.

은 시대에는 영웅이 그저 혹사당한 데 대해 약간의 보상을 받는데 그칠 뿐, 나머지 생애는 책임을 분담하려는 사람이 아무도 없고, 영웅은 그저 자기 대신 출현한 사람의 명성만을 들으며 지낼 뿐이었다. 잊혀지지 않고자 하면 궐기해서 투쟁해야 했고, 급기야는 패배하고 만다.

일본은 실로 신동(神童)을 떠받드는 나라였다. 신동의 출현에 군중들이 경탄했고, 일단은 이 신동을 지혜로운 문수보살처럼 떠받들지 않고서는 배기지 못했다. 대개의 신동이란 일종의 조숙한 현상이었기 때문에 스무 살을 지나면 평범한 사람이 되는 것이 당연했다. 그렇지만 정작 본인은 그만큼 인생을 준비할 기회가 없었으므로 대개는 세상을 헤쳐 나갈 길을 잃고, 오히려 보통 사람들의 평범한 성장을 부러워해야만 할 경우가 많았다. 스모(相撲)나 그 밖의 힘쓰는 일로 이름을 떨친 사람도, 오노노 고마치(小野小町)[12]나 서시(西施)와 마찬가지로 젊은 시절을 절정기로 하여 나머지 반생은 지겨울 정도로 길었던 것이다.

그 같은 사례는 옛날부터 자주 있었다. 누구라도 절정기 한 때에만 자신의 생명력을 집중하는 사람은 없다. 그래서 현재의 지위를 이용해서 오랫동안 일신의 보전을 강구하고자 하는 마음이 드는 것이다. 영웅의 이기심은 의외로 구차스러웠다. 그 점이 조금이라도 추종자들의 눈에 띄면 금새 영웅을 교체하기 위한 경쟁이 일어나게 되었다. 교체가 이루어지기 어려운 상황이면 반드시 분열이 일어났다. 대부분의 오야분들은 이 같은 비참함을 싫어했기 때문에 처음부터 사업을 단결시키는 데에 과감히 나서지 않았던 것이다.

그보다도 훨씬 더 딱한 것은 수많은 낙선자들의 처지였다. 그들의 선거 계획에는 처음부터 오류가 있었겠지만, 그것을 깨닫지 못했기 때문에 열심히 선거준비를 한다. 선거는 그 가운데서도 특히 속기 쉬운 것이었다. 다른 많은 협동사업에서도 반드시 실망하는 사람들이 조금씩은 나오

---

12) 헤이안(平安)시대 전기의 가인(歌人)이다. 흔히 절세의 미인을 가리키는 대명사처럼 사용된다.

기 마련이다. 망자(亡者)13)라고 하는 조금 잔혹한 말이 너무 조절하게 이에 해당된다. 애초에 선거에 나가고자 하는 의도도 없었고 또 필승할 수 있다는 자신감이 없다면 다시 마음 편하게 복종하는 사람의 지위로 돌아갈 수 있었다. 그렇지만 우선 떠받들던 일부 사람들이 그것을 허락하지 않는다.

가장 큰 불행은 때를 놓친 사람이 다시 평범한 길을 걸을 수 없는 경우였다. 거기에는 사람들의 품성이나 기질도 작용해서 대개 통솔하는 기량이 있다고 인정받은 사람은 다른 쪽으로는 융통성이 없게 마련이다. 그리하여 명치시대의 교육은 아무런 목적도 없이 그저 이 같은 인물을 대량으로 만들어 내고 있었다. 뜻을 이루지 못한 사람은 원래 있던 지방에 머물러 있지 않았다. 갑이라는 단체에서 실패하면 을이라는 곳에서 더욱 시도해 보려고 한다. 도시에서 실패하면 농촌으로 돌아가서 소규모 단체를 좌지우지하고자 기도한다. 이 점이 잠깐 동안에 전국적으로 인물들을 분포하도록 만들어서, 각자 지방에 적합한 새로운 사업을 시작하게 했다. 바람직한 결과를 낳기도 했지만 동시에 이해 관계의 분란을 낳는 원인이 되기도 했다.

성공이라고 하는 명치시대의 새 단어는 순진한 대다수 소년들에게 꿈을 제공해 왔지만, 실제로는 오히려 이들 실패자들의 후일담을 의미하기도 했다. 낙선자의 인내심은 그다지 오래 지속될 수 없었다. 그 중에는 일생을 망자(亡者)와 같은 생활로 끝낸 사람도 있겠지만, 대개는 변신하여 이제까지와는 다른 인생을 살아가려고 힘썼던 것이다. 그 두 가지 처세 방법에는 약간 지나치게 자유로운 선택이 있었고 더게 성급하고 조금 조잡스런 경우가 많았다. 게다가 이들은 여전히 이것을 자신들의 평생 직업으로 삼고자 하는 결심이 없었기 때문에, 이런 사람들 때문에 무책임하고 무계획적인 일들이 자주 제안되었다.

---

13) 일본어로 '모자(亡者)'라 하면 ① 죽은 사람, ② 돈이나 색욕에 집착하는 사람을 의미한다. 여기서는 선거에 집착하는 사람을 가리켜서 망자에 비유했다.

물론 그 대부분은 그저 계획으로 끝났지만, 그 중에는 제안한 당사자 자신도 의아해 할 정도로 성공한 경우도 있었다. 회사 제조업이라고도 부를 만한 불확실한 직업이 새로 유행한 데에는 이 같은 원인이 있었다. 근대 정치는 무익하게 비용만 드는 일이 매우 많다는 것이 특징이지만, 이것이 그 비용의 일부분을 지탱하고 있었다는 것은 우연의 성과라고 생각할 수 있을 것이다. 그렇지만 실제로 효과를 본 경우가 적었으므로, 결국은 무익하게 축적되어 있던 자본을 세상에 방산(放散)한 정도의 명분을 제공하는 데에 그친 경우가 많았다.

이전에도 천재가 때를 놓치거나 전락하여 고민하는 경우는 드물지 않았다. 그렇지만 드물게 히라가 겐나이(平賀源內)[14] 류의 인물을 제외하고는, 이 같은 상황에서 벗어날 수가 없었다. 대개는 세상을 등졌다고 하면서 남의 눈에 띄지 않으려 하거나, 아니면 일부러 기행(奇行)을 일삼아서 또 다시 명성을 얻으려고 했다. 그러나 그것도 대부분의 경우에는 몰락하는 것을 어느 정도 늦추어주었을 뿐, 쓸데없는 효과밖에 얻을 수 없었다. 그런데 현대에 있어서는 그 같은 사람까지도 성공했다. 적어도 그들이 말하는 사회평론이란 것이 상당한 무게를 지니고 경청되고 있다. 그들의 사회평론이 세상이 한쪽으로 치우치는 것을 견제하고, 성찰과 토론을 함으로써 무익하게 열광 속으로 빠져들지 않도록 한 공적은 적지 않다. 단 그 비평은 일반적으로 소극적이어서, 언제나 단체 행동의 위력을 비관했던 폐해는 피할 수 없었다.

지난 에도(江戶)시대의 한 유물로, 지금도 많은 사람들이 흥미를 느끼는 낙수문학(落首文學)[15]은 그 형태를 약간 바꾸어 시민들 사이에서 행해지고 있다. 예를 들면 정치가가 지나치게 금전을 좋아하고 자본이 있는

---

14) 에도(江戶)시대 중기의 박물학자이자 게사쿠(戲作)라는 문학장르의 작가이다. 국학·네덜란드학(蘭學)·본초학 등을 연구하였다. 한난계(寒暖計)를 만들었으며 광산을 개발하기도 하였다. 나중에는 게사쿠 창작에 몰두하였다.

15) 낙수(落首)란 한 수의 낙서(落書)라는 의미이다. 풍자·조롱·비판하는 뜻을 담았으며 봉건시대에는 정도(政道)를 비판하는 수단으로 자주 이용되었다.

사람은 이와 결탁하여 늘 그 사욕을 채우려고 하는 사실 등은, 그 문제가 법정 문제로 논해지기 이전에 이미 오랫동안 풍문으로 서상에 퍼져 나갔다. 게다가 그 같은 행위가 특별히 괴상하게 여겨지지도 않았을 뿐만 아니라, 오히려 은밀하게 거래를 완수하고 흔적을 전혀 남기지 않은 것은 대단하다, 하는 식의 부당한 평판까지도 자연스럽게 유포되었다. '사회에는 그 이면이 있으며 인생은 도리만으로 살아갈 수 없다' 하는 식의 말을 마치 격언처럼 말하는 사람도 있다. 이런 종류의 뒤바뀐 도의(道義) 관념의 존재를 인정하고, 더욱이 거기에 절망도 투자도 하지 않은 채 자신은 자신대로 살아가고자 하는 평안한 사고 방식이 도시 사람들 사이에 있었다. 그렇지만 여기에도 이른바 영웅운동에서 실패한 사람들이 그 분개를 터뜨릴 만한 곳을 찾고 있었던 것이다. 대체적으로 세상 모든 것을 비아냥거리는 일은 모반(謀反)보다도 유해한 것이었다. 그런데 묘하게 여기에는 동정하는 사람이 있고 많은 모방자가 있어서, 옛날부터 실패한 사람들의 좋은 은신처가 되었다. 이 점이 동양 고유의 반동취미였는지, 아니면 특히 언론의 자유가 없던 시대에 사람을 이 같은 대나무 숲 안으로 몰아넣은 것이 오랫동안 타성이 되어 세상에 남게 되었는지는 모른다. 어쨌든 그들의 그러한 동기에는 애석할 만한 또는 슬퍼해야 할 만한 것이 있었기 때문에 사람들이 그 방종을 질책하지 않을 뿐 아니라, 이것을 고상한 유희처럼도 이해했던 것이다.

그러나 현재는 그 폐해가 이미 나타나고 있다. 아무런 장점도 없는 평범한 무리까지도 단지 선악에 대한 비판을 초월하여 속여 가며 살 수 있으면 그렇게 살려고 하고 있다. 억지로 다른 사람의 행복과 불행에까지 신경을 쓰는 일은 무익하다는 것을 강조하고 있다. 자신의 일생을 무사하게만 끝낼 수 있다면 나라의 미래에 대해서는 논할 필요도 없다는 식의 개인 향락적인 인생관에 친숙해 있는 것이다. 그 같은 생각을 가진 사람들이 이미 너무 많고, 게다가 실제로는 그들이 예기한 대로 무난하게 인생을 끝낼 수 없게 되었다.

실패한 사람들의 개인적인 자위 방법이라는 것 이상으로 폐해가 널리 퍼져 있다. 즉 우리들의 단체 생활은 이제 더 이상 많은 무뢰한들을 세상에 내보내지 않도록, 뭔가 그 대표자를 양성할 방법을 개혁해야만 하게 된 것이다. 그것은 단지 낙선자의 불행을 구제하기 위함만이 아니라, 그들이 괴로운 나머지 세상으로 흘려보내는 해악을 제거하는 일도 필요하게 된 것이다.

5. 악당의 쇠운

사람들이 나쁜 일에 흥미를 느끼게 만든 것 또한 우리의 실패였다고 말할 수 있다. 인간의 재능과 노력이 이렇게까지 많이 낭비되는 일을 경계하거나 정리할 수 없었다고 하는 것은, 생각해 보면 부끄러운 문화적 오점이다. 특히 오늘날 사법경찰의 능력은 때때로 범죄 기술에 추월 당하는 경우가 있었다. 모처럼 나쁜 짓을 근절시킬 만큼 준엄한 형법이 만들어져도, 나쁜 죄를 적발하고 검거하는 비율이 낮으면 범죄자들은 계산상 이 행위를 수지맞는 일로 여길지도 모른다. 즉 예방과 사후 퇴치만으로는 아직 이 문제를 처리할 수가 없는 것이다.

이 같은 비열한 짓을 하지 않으면 그밖에 자신이 살아갈 방도가 없는 듯이 여기는 그들의 인생관을 없애는 것이 근본적인 주된 과제이다. 그렇지만 그러기 위해서는 현재와 같이 영웅이 되고자 하는 욕망이 왕성하고, 게다가 그 욕망을 억제하거나 충족할 수 있는 수단이 결핍되어 있는 사회를 어떻게 해서든지 개선하는 것이 자연스런 순서이다.

애초에 사기나 도둑질을 좋아했던 사람도 있을 것이다. 혹은 사람에게 해를 끼치는 일이 나쁜 짓이라는 것을 병적으로 느낄 수 없는 사람도 있

을 것이다. 그렇지만 다른 대부분의 경우는, 이 같은 소행에도 성공에 대한 욕망이 있기 때문에 그 나쁜 버릇을 점점 키워간다. 에도시대에 화재를 호경기의 기회로 삼는 나쁜 습성이 있었던 것처럼, 거인이나 부호가 도둑을 맞으면 냉담한 사람도 많았다. 가와다케 모쿠아미(河竹默阿彌)[16]의 시라나미모노(白浪もの)[17]만이 특히 도적의 생활을 이해한 것도 아니었다.

네즈미고조(鼠小僧)[18]의 돌비석에 향이나 꽃을 바치는 일이 끊이지 않고, 밤중에 비석 모퉁이를 깎아 가는 사람이 많아서 난처하기도 했다. 그가 어린 나이에 붙잡혀 형벌을 받을 때에는 많은 조닌(町人)들이 연도에서 이를 구경하였고, 그 이후에도 고단(講談)[19]에서는 그를 일종의 의적처럼 이야기하지 않으면 인기가 없었다. 뿐만 아니라 구로이와 루이코(黑岩淚香)[20] 이래로 서민들이 탐독한 탐정소설이라는 것은, 주로 지혜를 다투는 일이 흥미를 끌었다. 물론 이런 소설을 보고 도둑질하는 기술을 연구한다든지 나쁜 일을 꾸미는 사람도 없겠지만, 하여튼 악인 중에도 영웅이 있고, 철저하게 악인으로 일관하는 것을 통쾌하게 생각했으며 지금도 여전히 정직한 아마추어들이 이 같은 생각을 품고 있다. 악인들은 그 숙명적인 직업에서 벗어날 수 있는 기회가 매우 적었다.

개개의 악인들을 엄벌하는 방법만으로는 도무지 그 범죄를 근절시킬 전망이 없다. 오늘날의 예방대책은 범죄의 근절을 체념한 것 같다. 우선

---

16) 1816~1893. 에도(江戶)시대의 가부키(歌舞伎) 각본 작가이다. 도세 쓰루야난보쿠(五世鶴屋南北)의 제자이다.

17) 도적을 주인공으로 삼은 가부키(歌舞伎) 작품을 총칭해서 부르는 말이다. 본문에 등장하는 가와다케 모쿠아미(河竹默阿彌)가 이런 유형의 작품에 뛰어났다.

18) 에도(江戶)시대 말기의 도적. 키가 작고 몸이 날렵하였으며, 무가(武家) 집안에만 들어가서 도둑질을 하여 의적(義賊)으로 알려졌다. 1833년에 처형을 당했다. 이 네즈미고조를 제재로 한 소설·강담(講談)·희곡 등이 많다.

19) 작은 탁자를 앞에 두고 앉아서 부채로 탁자를 두드리면서 청중들에게 이야기를 들려주는 일. 이야기 내용은 군기(軍記)·복수·무용담·협객담 등으로 다양하다.

20) 1862~1920. 신문기자이자 문학자로 고치현(高知縣) 출신이다. 탐정소설의 번역으로 유명해졌으며, 「만조보(萬朝報)」라는 신문을 발간하였다. 『암굴왕(巖窟王)』을 번역하였다.

이 점에 관해서 세상 사람들이 오해하고 있다. 이시카와 고에몬(石川五右衛門)[21]이 죽을 때 남긴 노래란 것도, 사람이 언제든지 도둑이 될 수 있다는 것을 예언한 것처럼 설명하고 있지만, 이는 가장 슬퍼해야 할 비관적인 경우였다. 그는 단지 도둑질 기술이란 것이 실은 옛날부터 전수되어 왔고, 공공연하게 문패를 내걸고 개업하지는 않았지만 가르친 선생도 있고 제자도 있기 때문에, 그 중에서 한 사람이 도둑질 한 것을 바로잡아 보아도 어쩔 수 없다는 점을, 약간 풍자적으로 암시했을 뿐인 것이다.

『두편신서(杜騙新書)』라고 하는 중국의 재미있는 이야기책을 읽기 쉽도록 복각한 것은, 에도(江戸)시대 말기에 퇴폐문학이 융성하던 시대였다. 한학을 조금 배운 청년은 요즈음의 탐정 소설처럼 이것을 애독했지만, 당시의 악한들에게는 이 책이 다소 어려운 감이 있었다. 상당히 열심히 공부를 하지 않는 한, 이를 참고할 수 없을 만큼 수준 높은 책이었다. 그럼에도 불구하고 그 이야기 중에 단 하나라도, '과연 중국이구나' 하고 놀랄 만한 이야기는 없었다.

또 그 무렵에는 세 도시[22]의 유한계급이 쓴, 세상에서 들은 것을 기록한 유형의 책이 많이 있었는데, 그 중에도 사기나 절도에 관한 여러 실화가 보인다. 그 이야기가 오늘날의 신문 삼면 기사와 이상할 정도로 매우 흡사하다. 가령 전자에는 과장이 있거나 또는 통째로 지어낸 이야기가 있다고 해도, 적어도 이미 백 년 전부터 사람들이 세상 돌아가는 이야기를 하며 일찍이 알고 있던 수단이 지금도 응용되어서, 그 수단에 피해를 당한 사람에게만 새롭게 여겨지는 것이다. 악의 기술에는 명백하게 전통이 있었다. 그리고 악의 기술은 세상이 진보함과 동시에 필요 없게 되거나 쇠미해지기 마련이었다. 소매치기 등은 차츰 그 기술이 알려져서,

---

21) 아즈치 모모야마(安土桃山)시대의 대도적이다. 교토에 있는 산조가와라마치(三條河原町)에서 끓는 가마솥에 집어넣는 형벌을 받았다. 나중에 「산몬고산노기리(樓門五三桐)」라는 가부키(歌舞伎) 작품으로 각색되었으며, 이외에도 많은 작품의 제재가 되었다.
22) 도쿄(東京)·교토(京都)·오사카(大阪) 세 도시를 가리킨다.

이미 그 기술이 별 소용이 없게 되었다. 앞으로는 선천적으로 기술을 타고났고, 기술이 발달할 전망이 있는 사람이 저쪽 소매치기 무리들에게 가담하지 않도록 하면 되는 것이다.

그래도 처음에는 악행도 우리들의 생존을 위해 약간은 필요한 시대가 있었다. 적이 멀리 물러가거나 소멸해 버리면 이를 이용하고 싶은 마음이 들지 않겠지만, 세상이 재미없다고 생각하는 사람이 생겨나면 즐겨 모방할 뿐만 아니라 때로는 자신도 방법을 개발한다. 범죄자들만의 단체마저 만들어진다. 피해자의 처지를 동정하는 일이 적어질 뿐만 아니라 오히려 그 기술이 성공하는 것을 찬탄하는 사람이 출현한다.

우발적인 마음에서 저지른 나쁜 짓만큼 한심한 것은 없다. 이른바 추악함을 먼 훗날까지 남기고자 하는 결심, 악인이라도 좋으니까 저명해지고 싶어하는 마음 때문에 보통 사람들이 범죄자로 변해가기까지 실은 얼마만큼 힘든 싸움이 있었는지 알 수 없다. 그 때문에 꺼서 소멸해 가기 시작한 범죄사회에 활기를 부여할 뿐 아니라, 새롭게 주위 사람 중에서 희생자를 발견하게 된다. 이웃과 잘 알지 못하고 지내는 도시 거주자의 생활이 그 같은 기회를 만들기 쉬운 것도 사실이지만, 피해를 보는 사람은 오히려 시골 사람 쪽이 많다.

농촌은 옛날부터 이 점만큼은 안심해도 좋았다. 따라서 사람을 경계하기 위해서 수고를 하지 않아도 좋은 점이, 단결된 농촌 생활의 한 장점이기도 했다. 사람을 믿을 수 있다는 점이 농촌 생활을 느긋하게 만들고 있었다. 그런데 오늘날에는 특히 그 틈을 노리고 새로운 악인이 침입을 시작했다. 동료를 속이려고 하는 사람이 농촌 안에도 살게 되었다. 거짓말은 따분한 농촌 생활을 달래기 위해서 빠뜨릴 수 없는 일종의 유머였지만, 현재는 이것을 사리사욕에 이용하기 때문에 거짓말이 너무 진지하고 교묘해졌다. 앞날이 유망한 사람을 쉽게 양성할 수도 없게 되었다. 모든 사람이 빠른 시일 내에 좀더 현명해져서, 한 사람의 간판스타나 인망이 두터운 사람을 떠받들지 않아도 되게끔 노력할 수밖에 없었다. 단 그 장래는 확실하게 보이고 있다. 필요한 것은 이 혼란한 과도기를 가능한 한 빨리, 그리고 무난하게 넘기고 앞으로 나아가는 것이다.

생활 개선의 목표

역사는 대개의 경우 회한의 기록이다. 그때 그런 일을 하지 않았더라면 지금 이렇게 곤란하지는 않았을 텐데 하고 그 원인을 찾아냈는데, 이때는 이미 그 일이 완결되고 난 뒤에 뒷북치는 격이다. 그러나 명치·대정시대가 후세에 자랑할 수 있는 것은, 이 시대가 복잡한 문제를 이토록 많이 만들어 놓았음에도 불구하고, 그 어느 문제를 보더라도 아직 돌이킬 수 없을 정도는 아니라는 것이다. 따라서 일본인들이 자유롭게 이를 논하고 정정할 수 있는 여지가 충분히 남아 있다. 성급한 애국자는 이 점까지도 타락이라고 말하겠지만, 실제로는 바빠서 그렇게 여유 있게 생각하고 있을 수가 없는 문제가 많았다.

더욱이 그동안에 일본이라는 나라는 조금이나마 좋아졌다. 단순히 현대인을 편드는 것이 아니라, 불과 20년 전과 비교해 보더라도, 전에는 상상도 못했던 일이 지금은 당연한 것으로 여겨지는 경우가 많다. '무슨 일이 있어도 옛날로 돌아가기를 바라는가' 하는 질문을 받았을 때, 어떤 보수파도 즉석에서 '당연히 그렇다'고 대답하기는 조금 곤란해졌다. 결론적으로 말하자면, 오로지 새로운 것만을 무차별적으로 찬탄해서는 안 된다는 것뿐이다. 그 정도는 누구라도 알고 있다. 이제까지의 여러 가지 무익한 노력이나 우스꽝스러운 유행에 대해서는 이미 충분히 생각해 보았다. 이번에는 우선 조금 기대되는 쪽으로 시대의 경향을 관망하고, 이 책의 결말을 짓고자 한다.

첫째, 국가가 학문을 육성하는 태도가 해를 거듭할수록 충실해지고 있다. 예전에 공부를 한다는 것은 위대한 사람이 되기 위해서였고, 집안에 훌륭한 분가(分家)가 생기는 경사스러운 일이라고 가까운 이웃에게서 축하를 받았다. 그러다가 공부한 결과가 의외로 큰 수익으로 이어지지 않자, 공부하지 않고 쉽게 출세한 사람들에게 경멸당하는 시대도 있었다. 그러나 실은 공부의 목적이 세상을 이롭게 하는 쪽에 있다는 것을 알게 되자, 갑자기 공부하는 사람을 존경하게 되었는데, 이 존경은 이전의 경멸하는 태도에 대한 반동에 가까웠다.

제1차 세계대전으로 국가 간의 교류가 불가능해진 무렵, 지금까지는 소홀히 해왔던 연구자들의 숨은 공로에 대해서 어떤 식으로든 성원해야 한다는 말이 나온 것은, 어쩐지 일종의 면죄부처럼 보였다. 보조한 연구비는 얼마 안 되었지만, 많은 학자들은 이 덕분에 공공연하게 드러내놓고 연구를 했다. 단, 연구자에 대한 이해가 상공업과 인연이 깊은 것, 자연과학 중에서도 특히 일부 분야에 한정되어 있었고, 사회과학은 여전히 약간 불순하게 여겨져서 특별히 장려할 필요가 없는 것처럼 오랫동안 인식되었다. 하지만 동양사상을 천명(闡明)한다는 입장에서, 역사학이라면 그래도 괜찮을 것이라고 찬성하는 사람들이 생겼다.

그리고 적어도 일본인이 정말 알아야 할 많은 지식을 모른 채 지나쳐 왔다는 사실만큼은 세상 사람들도 알게 되었고, 그 지식으로 아직 우리 사회를 얼마든지 밝게 할 여지가 있다는 점을 인식하였다. 한 사람 한 사람이 하는 일은 보잘것없지만 모이면 금방 뭔가 된다는 것을 깨달음으로써, 일반적으로 정확한 과학의 성장에 큰 기대를 걸게 되었다. 혹은 그 결과를 기다리기가 길고 지루해서 견딜 수 없는 사람도 많았으므로, 이제까지 직업교육의 역할을 하는 것만으로 안심하고 있던 대학이 자극을 받게 되었다.

두 번째로는, 이와 더불어 일본의 문화 사업을 성장시키는데 외국의 지원을 받으려는 생각이 적어졌고, 또는 그럴 필요가 없어졌다는 점이다. 이것은 책임감이 성숙해졌다는 것을 말하고 있다. 40년 전에는 정부에서 고용한 외국인이 200명, 민간에서 별도로 고용한 500명이나 되는 외국인 촉탁 근무자가 많은 급료를 받고 일하고 있었다. 기선을 움직이는 데도 선장은 외국인, 광산을 팔 때도 지휘하는 역할은 외국인에게 맡기고서, 그 쪽이 결국은 싸게 먹힌다고 태연히 말하는 사업가도 많았다. 물론 외국인 고용자들은 일본을 위해서 생각하고 일본의 실정에 적합한 고안을 하려고 했지만, 그들 중에서 일본인들이 몰랐던 사실에까지 생각이 미친 사람은 적다.

대개 자신이 태어난 나라에서라면 이렇게 한다는 것간을 일본인들에게 전수했고, 그것을 받아들이는 이쪽에서는 충실하게 일본의 실정을 거기에 맞추려고 했다. 남녀가 함께 춤을 추면 대등한 관계를 댓을 수 있다고 생각한 것이 그 한 예이다. 이어서 그 다음에 외국인 고용자가 필요 없도록 하기 위해서 무수한 유학생을 외국으로 파견했다. 학문에 대한 신뢰를 서양에서 돌아온 경력에 의탁했던 시대가 아주 오랫동안 계속되었던 것이다. 꼭 천 년 전에 행해졌던 유학생[1] 폐지 조치와 마찬가

---

1) 중국의 수(隋)・당(唐)시대에 일본에서 견수사(遣隨使)나 견당사(遣唐使)를 파견할 때 함께 수행했던 학생 중에서 장기간에 걸쳐 중국에 머물며 유학 생활을 했던 사람을 말한다. 승려의 경우는 학문승(學問僧)이라 불렀다. 견당사의 폐기와 함께 유학생제도도 폐지되었다. 엔기시키(延喜式)라는 오랜 기록에 의하면 유학생들에게는 면(綿)이나 베가 지급되었으며, 이들은 당나라 정부의 보호와 감독을 받았다고 한다.

지로, 유학을 갈 필요가 있다는 것을 먼저 느끼기 시작한 것은 유학생들 자신이었기 때문에, 이런 타성을 타개하기가 어려웠다. 그렇지만 일본에 있는 편이 연구하기 쉽고, 또 외국으로부터 많은 기대를 받게 되자, 어쩔 수 없이 일본의 학문이 독립했다. 그리하여 외국어로 다른 사람이 이미 말한 것을 통역하는 것만으로는 학문이라고 인정받지 못하게 되었다. 새로운 발견을 하려고 한다면 문제를 자신의 주위에서 찾는 편이 나았다. 그 때문에 자연스럽게 일본의 자연과 사회를 대상으로 하는 연구가 성행하게 되었다.

일본에서는 책을 집필하는 것이 굉장히 큰 사업이었다. 처음에 무엇이든 신기하고 또 무엇이든 알려고 했던 시대에는 모든 어학자가 저술가였다. 아무 쓸모도 없어 보이는 잡서까지 번역되어서 세상 속으로 퍼져나갔다.[2] 일본인들의 독서열은 이렇게 개척되었고, 번역을 제외하고서는 출판문화가 융성할 수 없게 되었다. 이른바 출판문화를 위해서는 번역이 성행한 것이 행운의 기회였다고 말할 수 있다. 그 결과 다음에 출현한 것 중의 하나가 편저를 출판하는 것, 즉 안팎으로 이미 준비된 재료를 모아서 철하여 한 권의 책의 형태로 정리하는 일, 아니면 조각조각 상태의 짧은 문장을 모아서 한 권의 당당한 서적으로 만드는 일, 더욱 조잡한 것은 다른 사람의 큰 업적에서 요점 일부분을 뽑아내서 책으로 만드는 경우이다. 이런 것까지도 저술로 꼽게 된 것은, 이전에 번역이라는 저술이 이미 인정받은 예가 있었기 때문이었다.

다음으로 문예서적이 세상에 많이 나온 것도, 역시 이 독서열과 서적의 상업적 영향력이 컸기 때문이다. 이는 한편으로는 일본인의 사상과 문장이 과거 수백 년 동안 못 이루었던 진보를 얼마 안 되는 세월 동안

---

2) 일본에서는 '번역이 일본의 근대화를 이룩했다'고 할 정도로 근대화 시기에 수많은 서양의 서적이 번역되었다. 일본의 번역 사정을 이해할 수 있는 참고 서적으로『번역과 일본의 근대(飜譯と日本の近代)』(임성모 역, 2000, 이산),『변역어 성립 사정(飜譯語成立事情)』(柳父章, 1982, 岩波書店),『번역야화(飜譯夜話)』(村上春樹・柴田元幸, 2000, 文藝春秋) 등이 있다.

에 이룬 결과이다. 이 두 종류의 인쇄물의 증가로 현대의 장서가 풍부하게 된 힘은 무서울 정도이다. 게다가 번역은 원본 선택이 조금 철저하지 못했고, 또 책을 선전하는 과정에서 지나친 경쟁을 불러일으킴으로써, 책을 과자나 과일처럼 따분함을 달래기 위한 용도로 만들어 버리는 폐단을 초래했다. 그렇지만 책을 읽은 사람들의 안목을 높힌 힘은 재래의 번역사업을 훨씬 초월했고, 책의 종류를 제한한 점은 있지만, 여전히 독서계에서는 환영받고 있다. 사람이 평생 동안의 여가를 다 투자한다 하더라도 옛날처럼 있는 책을 다 읽을 수 있다는 희망은 없어졌다. 즉 필연적으로 꼭 읽을 책을 선택하게 되었다. 마치 다섯 종류 혹은 일곱 종류나 되는 종교가 경쟁하는 현상이 자연스럽게 일본인들을 신앙의 비교 연구로 이끈 것처럼, 아주 무아지경이 되어 책을 읽는 사람이 아닌 한에는 한 발 물러서서, 책이 무엇 때문에 세상에 존재하고 무엇 때문에 책을 읽어야만 하는가 하는 문제를 생각해 보아야만 할 세상이 된 것이다.

이른바 엔폰(円本)[3]의 홍수가 무언가 기여한 점이 있다고 한다면, 그것은 책을 쉽게 값 싼 상품으로 만들었다는 것이 아니라, 총괄적으로 그저 책 그 자체를 신뢰하던 지금까지의 태도를 바꾸어서, 그 책의 내용이 쓸모 있는 것인지 어떤지에 대해 철저하게 생각해 보게 만든 점일 것이다. 이것은 일본인들의 독서법에 있어서 하나의 혁명이며, 그 혁명적 독서법이 간접적으로는 장래의 학문에 있어 유력한 지침이 도리라고 본다.

문학이 걸어가야 할 새로운 먼 길에 관해서는, 따로 이에 대해 말하는 사람이 있기 때문에 여기서는 서술하지 않겠다. 그러나 적어도 독자가 이미 예상하거나 막연하게나마 생각하고 있던 것을, 다시 한번 예상하거나 함께 생각하려고 한 저술이 제일 먼저 쓸모 없게 되어 간다는 것만큼은 누구나 알 수 있다. 이전에는 그런 안내자 역할도 필요하다고 인식되

---

3) 책 한 권의 정가가 1엔(円)이었던 총서류를 말한다. 1926년 가을에 개조사(改造社)라는 출판사에서 『현대일본문학전집』을 간행한 것이 시초이다. 일시적으로 출판계에 엔폰시대를 유행시켰다.

어 특히 강연은 그런 것만 즐겨 들었지만, 오늘날에는 이미 우리들 자신의 일이 되었다. 우리가 밖을 향해 기다리고 있는 것은 새로운 사실이 아니면 처음 경험해 보는 것에 대한 소감이다. 그리고 더 나아가서 될 수 있으면 일본인들이 느끼고 있는 의문에 대해 조금이라도 그 의문이 풀릴 수 있도록 해석해 주기를 바라고 있다. 실제로 이처럼 많은 미지의 것을 껴안고서, 지금까지 같은 말로 다른 사람을 흉내내는 일만으로 시간을 낭비했던 점이 후회스러운 것이다.

독서열은 당연히 지식욕으로 바뀔 수밖에 없다. 요즈음에 들어서야 일본의 다양한 실제 생활에 대해서 겨우 서로 알게 됨에 따라, 뒤돌아보지 않았던 자신들의 문제가 새롭게 의문의 씨앗이 되었다. 이 점 또한 그냥 보아 넘길 수 없는 최근의 한 경향이다. 일본은 오랜 역사적 이유 때문에 변화가 매우 많은 자연과 사회를 한 곳 안에 포괄해 두고서, 단순히 평범한 한 부분으로 다른 것을 유추할 위험성이 특히 많은 나라이다. 지방에서는 서로 다른 지방을 이해함으로써 자신들의 생활에 대해서 가장 명확하게 알고, 동시에 이를 다른 사람에게 설명하고 보여줄 필요를 느끼고 있다. 그것을 할 수 없다면 큰 단결은 어렵다. 정부에서 최근 들어 향토 연구라고 하는 말을 새롭게 제창하고, 반드시 그 지방 사람 중에서 학문이 뛰어나고 견식이 있는 사람에게 이것에 대해 생각토록 하고, 나아가서 교육적으로도 이용하도록 하는 것은, 깊은 뜻은 아직 알 수 없지만 적어도 이러한 시대적 기운과는 통하는 점이 있다. 그리고 이것은 최근까지의 국가 교육주의가 오랫동안 성찰하려 하지 않은 점이기도 했다. 이를 생활 개선을 위한 새 방침의 단서로 보는 것은, 일본인들에게는 근거 없는 낙관은 아니다.

이제야 교육의 실제화라는 말이 겨우 강조되고 있지만, 아직 늦지 않았으므로 우습게 보아서는 안 된다. 집에서 생계를 유지하는 일에 가장 마음을 쓰고 자손들의 교육을 위해 전력을 다하고 있는 사람이 이제까지 거의 발언권을 갖지 못하고, 비록 실제적이지 않은 교육이 부여되더라도 그저 잠자코 기뻐하고 있어야만 했던 시대가 오래 계속된 것은 유감스럽다. 그렇지만 어쨌든 오늘날에는 어머니건 할머니건 '어떻게 해줄 것인가' 하고 요구할 수가 있게 되었다. 여성은 오늘날까지는 그저 각자 가정 형편에만 치중하여 기뻐하거나 걱정하거나 했다. 그런데 여성들의 지식이 언제부터인가 증가하게 되자, 그들은 훨씬 더 근본적인 요구가, 사회와 공통적으로 존재한다는 사실을 알게 되었다.

생활 개선에 대한 여러 제안 중에는 세상 물정에 어두운 독선적인 것도 많았다. 그것을 실행할 수 있는 가정 수(數)도 적고, 가난에 신음하고 있는 대다수 국민 중에는 눈물겨울 정도로 고생을 하던 사람도 있었다. 그러나 적어도 지금 생활은 개선해야만 할 것, 그것도 개인이 제각기 한 궁리가 아니라 같은 근심을 껴안고 있는 많은 사람들이 단결하여, 비로소 세상 속에 유익한 것이 있다는 사실을 인식한 점 자체가 개선이었다.

그 중에는 말만 그럴 듯한 사람이 너무 많이 나와서 보기 싫은 일도 때때로 있겠지만, 여성 문제를 사회화한 공로만큼은 인정할 수 있다. 실제로 남자들은 모두 초조해 하고 있다. 세상인심의 미세한 변화를 알아차리지 못할 정도로 마음이 거칠어지고, 혹은 일부러 그런 점에 대해서는 대충 논하려 하고 있다. 일본인들의 가정과 직접적으로 관련되는 부분은 부인 단체의 고찰에 맡겨도 좋을 것이다.

우리가 추구하고자 하는 큰 이익은 반드시 교육을 통해 나타나게 된다. 자식이 자기보다 더 행복하게 사는 것을 바라지 않을 아버지는 없을 것이다. 그렇지만 어머니만큼 절실하게 이를 느끼고 있지는 않다. 생계가 가난한 사람은 말할 것도 없고, 풍족하게 사는 사람도 이 느낌에서 벗어날 수 없다. 집안의 걱정거리 때문에 힘들 때마다, 적어도 우리 아이들에게는 같은 어려움을 겪게 하지 않겠다고 생각하는 사람은 어머니였다. 크게는 다른 사람에게 말할 수 없는 혼인 생활에 대한 고민거리부터 작게는 아침저녁의 음식 걱정까지, 지나고 나면 그만인 것은 이 사람들에게는 한 가지도 없었다. 가령 자신들은 이미 어쩔 수 없다 할지라도,

그것은 자신들의 경험임과 동시에 다음에 올 사람의 경험이 될 것이기 때문에, 그들을 위해서 활용할 가능성은 있었다.

이전에는 신앙이라는 하나의 힘밖에 의지할 수 없었지만, 현재는 교육이 어느 정도의 기회를 제공한다. 과연 심신의 발육이 좋고 인생의 어려움에 잘 견딜 뿐만 아니라, 나아가서 잘 의심하고 잘 판단함으로써, 일단 이것이라고 믿으면 이를 실행할 만큼의 개인 능력이라는 것을 기를 수 있을 것인가. 이 물음에 대해 '분명 그렇다'라고 답할 수 있는 사람이 없는 이상, 부모들은 언제까지고 이 힘든 싸움을 그만두지 않을 것이다. 현대 교육이 스스로도 이 결점을 의식하고, 별도로 성인교육 같은 것으로 보충하려고 하거나 아니면 공민교육을 시도하려고 하고 있는데, 즉 이것은 오늘날의 소학교가 어린이들을 어른으로 만드는 데에 완전한 것이 아님을 세상 부모들과 함께 염려하고 있다는 징후이다.

개혁은 확신하고 기다려야만 하는 것이다. 가장 큰 오해는 인간의 어리석음과 짧은 생각에서 생기는 투쟁과 궁핍함이, 개개인의 어쩔 수 없는 우연인 것처럼 여겨지고 있는 점이 아닐까 생각한다. 그것은 이전 시대로부터 지금까지 아직 입증할 수 없는 추측이었다. 지금까지 우리들이 생각해 본 세상(世相)의 모습 몇 가지는, 사람들을 불행하게 만드는 원인이 사회에 있다는 것을 일깨워 주었다. 즉 일본인들은 공민(公民)으로서 병들고 공민으로서 가난했던 것이다.

2부

부

부록편

야나기타 구니오의 생애와 사상, 그리고 학문

1. 야나기타 구니오는 어떤 삶을 살았는가

일본민속학의 창시자로 널리 알려진 야나기타 구니오(柳田國男)는 1875
년(明治 8)에 태어나 1962년(昭和 37)에 87세의 나이로 사망하였다.[1] 야나기
타 구니오(이하 야나기타로 줄여 씀)가 명치(明治)시대에 태어나 대정(大正)시
대를 거쳐 소화(昭和)시대에 사망했다는 사실은, 그의 학문과 사상을 이
해하는 데에 상당히 중요한 의미를 지니고 있다고 할 수 있다. 즉 야나
기타는 일본에서 모든 방면에 걸쳐 근대화가 진행되던 시대를 살아가면
서, 자신의 눈앞에서 변화해 가는 세상 모습을 자신의 인생으로 직접 체
험했던 것이다. 이 시대를 살면서 보통 일본인들의 생활에서 어떤 부분

---

1) 야나기타 구니오의 생애에 대해서는 『정본 야나기타구니오집(定本柳田國男集)』 別
   卷第五(筑摩書房, 1971)에 수록되어 있는 야나기타의 연보(年譜)를 참조.

이 변하고, 어떤 부분이 변하지 않았는가 하는 점을 잘 관찰할 수 있었으며, 이 같은 관찰의 결과는 『명치대정사 세상편(明治大正史 世相篇)』에 그대로 반영되어 있다.

야나기타가 태어난 곳은 효고현(兵庫縣) 가미히가시군(神東郡)의 다하라촌(田原村)으로, 지금의 행정 구역으로는 가미자키군(神崎郡) 후쿠자키초(福崎町)에 해당한다. 여기서 그는 마쓰오카(松岡) 집안의 여섯 번째 아들로 태어났다. 마쓰오카 집안은 대대로 의사 집안으로 집안 형편은 그다지 부유하지 않았다고 한다. 아버지 마쓰오카 미사오(松岡操)는 32세 때 히메지(姫路)에 있는 유센 학사(熊川學舍)의 사범(師範)이 되었으며, 후에 아라타 신사(荒田神社)의 구지(宮司)[2] 일을 하기도 하였다. 또한 야나기타가 8세 되던 해에 사숙(私塾)에서 한학을 가르쳤다. 어머니 마쓰오카 다케(松岡たけ)는 기억력이 매우 좋았다고 알려져 있다. 야나기타는 1901년 5월에 야나기타(柳田) 집안의 양자로 입적되어, 이때부터 성(姓)을 야나기타로 바꾸게 된다. 양부(養父) 야나기타 나오히라(柳田直平)는 대법원 판사를 역임했다. 러일전쟁이 시작된 1904년에 야나기타 나오히라의 넷째 딸과 결혼하였다.

야나기타는 일반적으로 민속학자로서 널리 알려져 있다. 그렇지만 그는 문학자·언론인·고급관료 등 다양한 삶을 살아왔다. 따라서 야나기타는 다양한 분야의 사람들과 교류하면서 학문·사상적 영향을 주고받았다. 이 점은 그의 사상과 학문을 이해하기 위해서도 주목해야 할 필요가 있겠다.

1897년 동경제국대학 법과대학 정치과에 입학하기 전의 야나기타는 문학, 특히 그 중에서도 단카(短歌) 쪽에 관심이 많았다. 이미 15세의 나이에 『시가라미소시(しがらみ草子)』라는 문학잡지에 단가를 투고하였다. 16세 때에 아버지 쪽 친척인 나카가와 교지로(中川恭次郎)의 영향을 받아

---

2) 신사(神社)의 조영(造營)이나 수세(收稅) 일을 관장하는 신직(神職)이다. 나중에는 신사에서 제사 일을 맡은 사람까지 가리키게 되었다.

문학자가 되기로 결심하였으며, 이때 형의 소개로 모리 오가이(森鷗外)의 집을 드나들며 문학공부를 하였다. 18세 때에는 가인(歌人) 마쓰우라 하기쓰보(松浦萩坪)의 문하(門下)로 들어가 본격적으로 단가를 배운다. 21세 때에는 나카가와 교지로의 소개로 문학잡지 『문학계(文學界)』에 아카마쓰 구니쓰케(赤松國祐), 마쓰오(松男) 등의 필명으로 신체시를 발표하였다. 그리고 이 시기에 문학자인 다야마 가타이(田山花袋), 오자키 고요(尾崎紅葉), 구니키다 돗포(國木田獨步) 등과 교류를 시작한다. 이들 문학자들과의 교류는 그 후로도 계속 이어졌다.

흔히 야나기타의 문체는 학술적으로보다 문학적으로 더 뛰어나다는 평가를 받기도 하는데, 이 같은 평가의 배경에는 일찍이 문학청년이었던 그의 문학적 재능이 큰 비중을 차지하고 있었다고 볼 수 있다.

야나기타의 생애에서 특히 주목해야 할 점은 고급관료로서의 그의 삶이다. 야나기타는 23세에 동경제국대학의 법과대학 정치과에 입학하여 농정학자(農政學者)인 마쓰자키 구라노스케(松崎藏之助)에게 농정학(農政學)을 배운다. 그는 1900년에 대학을 졸업하고 농상무성(農商務省)의 농무국(農務局)에 들어감으로써 행정관료의 길을 걷게 된다. 1902년에 법제국참사관(法制局參事官)에 임명되었으며, 1908년에 궁내서기관(宮內書記官)을 겸임한다. 1910년에는 내각서기관기록과장(內閣書記官記錄課長)에 임명되며, 1913년에는 법제국서기관(法制局書記官)을 겸임한다. 1914년에는 귀족원서기관장(貴族院書記官長)이 되어 관사 생활을 시작하였으며, 1919년에 당시 귀족원(貴族院) 의장이었던 도쿠가와 이에사토(德川家達)와 대립하여 이를 사임하였다.

야나기타의 고급관료로서의 삶을 검토하면, 그의 학문적 사상과 관련된 몇 가지 중요한 사실을 발견하게 된다. 첫째, 이 시기에 이루어진 그의 독서편력과 순회강연이다. 야나기타는 어릴 적부터 책읽기를 좋아하기로 유명하였는데, 특히 이 기간 동안에 내각기록과에 보관중인 방대한 장서를 섭렵하였다. 이 시기의 독서가 그의 학문 형성에 많은 도움이 되없음은 물론이다. 그리고 야나기타는 이 시기에 일본 각지를 돌아다니면서 산업조합이나 농회(農會) 등에 관해 순회강연을 실시하였는데, 이때 그가 일본 각지를 돌아다니며 보고 느낀 농촌 생활의 실태가 후에 일본의 민속학을 정립해 가는 데에 많은 자극이 되었다.

둘째, 야나기타의 천황관(天皇觀)의 문제를 지적할 수 있다. 흔히 야나기타의 학문에는 천황관이 결여되어 있다는 비판적 지적이 있는데,[3] 이는 결코 그의 고급관료로서의 삶과 무관하지 않을 것이다. 야나기타는 명치천황(明治天皇)이 사망한 1912년 7월 30일을 전후해서 궁내성(宮內省) 숙직(宿直)을 담당하였다. 그리고 명치천황이 사망하자 천황의 장례식(9월 13일) 거행에 관여하였다. 1915년 8월에는 대례사사무관(大禮使事務官)으로 임명되었으며, 10월 31일에서 11월 30일 사이에 교토에서 거행된 대정천황(大正天皇)의 즉위식을 준비하는 일에 관여하기도 하였다. 야나기타가 그의 학문 속에서 천황에 대한 언급을 의도적으로 회피하고 있는 것은, 고급관료로서의 그의 삶이 연관되어 있음을 알 수 있다.

셋째, 한국과의 관련성이다. 야나기타는 고급관료 기간 중에 한국과 깊은 관계를 맺게 된다. 예를 들어 1910년 8월에 한일병합과 관련한 법제(法制) 작성에 관여하였으며, 그 후 1911년 6월에 한일병합에 기여한 공로로 훈오등서보장(勳五等瑞寶章)을 수여하였다. 유감스럽게도 당시 야나기타가 어떤 사상적 입장에서 한일병합에 관여했는가에 대해서는 아직 구체적으로 알려지지 않고 있다. 예를 들어 무라이 오사무(村井紀)나 가와무라 미나토(川村湊)는 야나기타가 한일병합에 깊숙이 관여했을 것으로

---

3) 예를 들면, 이로카와 다이키치(色川大吉)는 『소화사 세상편(昭和史 世相篇)』(小學館, 1990)에서 『명치대정사』의 제13장과 제14장에 대해 언급하면서 다음과 같이 비판하고 있다. "일본인에게는 천황숭배라는 특별한 감정이 있다. 이는 근세 이전에는 귀종숭배(貴種崇拜)였지만, 명치유신의 정치·사상 과정이나 그 후의 국가교육을 거치면서 특수한 천황숭배로 귀결되었다. 이것도 일종의 일본민속이지만 야나기타는 이를 고찰의 대상으로 삼는 것을 신중하게 피했다. 그 때문에 천황의 포크로아를 통해서 근대일본국가의 본질을 규명할 수가 없었다. 야나기타 민속학의 일종의 금기와 같은 결함이 생겨나고 말았다."

보고 있지만,[4] 그 구체적인 전모는 아직 밝혀지지 않았다. 이 점이야말로 앞으로 한국의 연구자들이 많은 관심을 갖고 연구해야 할 과제이다.

2. 야나기타 구니오의 사상과 학문

일본의 근대 지성사(知性史)에서 차지하는 야나기타의 학문적 명성과는 달리, 한국에서는 아직 그의 사상이나 학문이 활발하게 소개되지 않은 듯 하다. 야나기타가 생전에 이룩한 학문적 업적은 워낙 방대하여 그의 학문과 사상을 간단히 요약한다는 것은 쉬운 일이 아니다. 이는 지금도 일본에서 그의 연구 성과를 정리하는 작업이 계속되고 있다는 사실을 보아도 알 수 있다.[5] 또한 야나기타의 학문적 영역은 그가 생전에 친하게 교류했던 학자들의 면면을 보아도 알 수 있는 것처럼,[6] 민속학에만 한정된 것이 아니라 일본문학·역사학·인류학·사회학 등과도 밀접한

---

4) 무라이 오사무(村井紀)의 「남도 이데올로기의 발생(南島イデオロギーの發生)」(『南島イデオロギーの發生』, 太田出版, 1995)와 「멸망의 언설공간-민족·국가·구승성(滅亡の言說空間-民族·國家·口承性)」(『창조된 고전(創造された古典)』, 新曜社, 1999), 가와무라 미나토(川村湊)의 『대동아 민속학의 허실(大東亞民俗學の虛實)』(講談社, 1996)과 「야나기타 민속학의 감추어진 식민지주의를 묻는다(柳田民俗學の見えない植民地主義を問い直す)」(『민속학을 알 수 있다(民俗學がわかる)』, AERA Mook, 朝日新聞社, 1997) 등을 참조

5) 예를 들어 그의 생애 마지막 해인 1962년 1월에 시작하여 1964년 11월에 연보와 색인편을 제외하고 『정본 야나기타구니오집(定本柳田國男集)』 본권 31권과 별권 4권이 완성되었으며, 최근 들어서는 『야나기타구니오전집(柳田國男全集)』(전36권)이 새롭게 간행되었다. 야나기타의 학문적 성과에 대해서는 이 책 부록편 '야나기타 구니오 연구 저서 목록'을 참조

6) 야나기타는 생전에, 본문에서 소개한 문학자들뿐만 아니라 민속학자인 오리구치 시노부(折口信夫), 민족학자인 미나카타 구마구스(南方熊楠), 오카 다사오(岡正雄) 등과 깊은 학문적 교류를 맺었다.

관련이 있다.

흔히 그의 학문은 연구 내용에 따라 세 시기로 나누어 개괄한다.[7] 제1기는 1910년대이며 이 시기에 다카기 도시오(高木敏雄)와 함께 『향토 연구(鄕土硏究)』를 발행한다. 제2기는 1920년대 후반부터 1930년대까지이다. 1920년대 후반에는 『아사히(朝日)신문』의 사설을 집필하며 사회 문제나 정치 상황에 대해 많은 의견을 개진했으며, 『민간전승론(民間傳承論)』(1934), 『향토 생활 연구법(鄕土生活の硏究法)』(1935) 등을 통해 민속학의 전체적 틀을 구상하며 연구방법론을 정비하려 했던 시기이다. 제3기는 1940년대 후반부터 1950년대까지이다. 이 시기 그의 연구는 차츰 일본인으로서의 자기인식을 촉구하는 경향이 강해진다. 미군 점령하에서 일본인이 해체될 위기감을 느낀 탓인지, 일본인의 일체성을 강조하는 성격의 연구가 주류를 이루고 일본인의 원점을 추구하고자 하는 연구 경향이 두드러진다.

이하 그의 학문 세계를 세 시기로 나누어 고찰할 수 있다는 점을 염두에 두고, 야나기타가 후대의 민속학 연구에 크게 영향을 미친 학문적 업적과 사상을 중심으로 고찰하기로 한다.

1) 『노치노가리고토바노기(後狩詞記)』와 『도노 모노가타리(遠野物語)』

시인・문학자・농정학자로서 야나기타가 민속학 연구에 뜻을 품고 착수한 초기의 연구 성과로 『노치노가리고토바노기(後狩詞記)』와 『도노 모노가타리(遠野物語)』를 들 수 있다. 이는 일본민속학사에 있어서 가장 선구적 연구 성과이기도 하다. 『노치노가리고토바노기(後狩詞記)』는 수렵민속에 관한 보고서로, 야나기타가 1909년에 50부에 한해 자비로 출판하였다. 민속학 관계의 저서로서는 최초의 책이다. 야나기타는 그에 앞서

---

7) 이하, 후쿠다 아지오(福田アジオ) 외편, 『일본민속대사전(日本民俗大辭典)』下, 吉川弘文館, 2000, 733면을 참조.

1908년에 약 3개월 동안 규슈(九州) 지역을 여행하였는데, 이때 미야기(宮崎)현 히가시우수기누에 있는 시바촌(椎葉村)을 방문하여 수렵민속에 대한 조사를 실시하였다. 조사 과정에서 시바 도쿠조(椎葉德藏)라는 사람의 집에 있던 『가리노마키(狩之卷)』라는 책을 발견하고, 그 책에 적힌 수렵민속에 대한 기록과, 다른 구술자료를 같이 이용하여 『노치노가리그토바노기(後狩詞記)』란 이름으로 정리하였다.

『도노 모노가타리(遠野物語)』는 이와테(岩手)현 도노(遠野) 지역 출신인 사사키 기젠(佐々木喜善)이 이 지역에서 전승되던 이야기를 구술한 것을, 야나기타가 문어체 문장으로 모두 119화를 정리한 것이다. 1910년에 취정당(聚精堂)에서 350부를 출판하였다. 야나기타가 소개한 이래 도노 지역은 최근까지도 민속학 연구의 방법론과 관련하여 많은 민속학자들이 주목하는 곳이 되었으며,8) '일본민속학의 원점'이라고까지도 일컬어지고 있다.

야나기타는 1913년 3월 다카기 도시오(高木敏雄)와 함께 『향토 연구(鄉土研究)』라는 제목으로 민속학 관련 월간지를 창간하였다. 1917년 3월에 4권 12호까지 출간하고 일시적으로 휴간되었다.9) 처음에는 야나기타와

---

8) 『도노 모노가타리(遠野物語)』에 대해 구하기 쉬운 문고판 텍스트로는 『도노 모노가타리・산 인생(遠野物語・山の人生)』(岩波文庫, 1976) 등이 있다. 읽기 쉬운 현대 일본어 번역으로 고토 소이치로(後藤總一郎)가 감수한 『구어역 도노 모노가타리(口語譯 遠野物語)』(河出書房新社, 1992)가 있다. 논저로는 아카사카 노리오(赤坂憲雄)의 「物語の闇・遠野にて」, 『山の精神史 柳田國男の發生』(小學館, 1991); 후나비키 다케오(船曳建夫)의 『柳田國男』(筑摩書房, 2000); 오다 도미히데(小田富英)의 「初稿本遠野物語の問題」, 『國文學 解釋と教材の研究』第27卷 1号(學燈社, 1982); 스기야마 야스히코(杉山康彦)의 「遠野物語の時空」, 『柳田國男と折口信夫』(有精堂, 1989); 가와모리 히로시(川森博司)의 「觀光の場のなかの昔話と語り手-岩手縣遠野の事例から」, 『日本昔話の構造と語り手』(大阪大學出版會, 2000) 등을 참조. 특히 川森博司는 앞의 논고에서 도노(遠野) 지역의 민속이 현재 어떻게 관광자원으로 활용되고 있는가를 고찰하고 있다. 이 점은 한국에서도 지역활성화운동의 일환으로 민속자원을 활용하고자 하는 움직임이 활발하다는 사실을 고려할 때 참고가 될 것이다.

9) 그 뒤 1931년 2월에 복간되었으며, 1934년 4월에 7권 4호를 끝으로 종간되었다. 1975년에 복각판이 간행되었다.

다카기 도시오의 공동편집으로 간행되다가, 제2권부터는 야나기타가 단독으로 편집을 맡았다. 여기서 말하는 '향토'란 '태어나서 자란 곳'이란 의미이며, '향토 연구'란 그 향토의 실태를 연구한다는 의미이다. 특히 야나기타는 향토에서 태어나고 자란 '향토인(鄕土人)'의 손에 의한 민속 연구를 강조하였다.[10] 일본의 본격적인 민속학 연구는 이『향토 연구(鄕土研究)』의 창간을 출발점으로 시작되었다.

2) 야나기타 구니오의 '일국민속학(一國民俗學)'

야나기타의 학문과 사상을 이해하는 데에 있어 가장 중요한 위치를 차지하는 개념 중의 하나로, 그가 제창한 이른바 '일국민속학(一國民俗學)'을 들 수 있다. 이는 민속학에서 대상으로 삼는 민속사상(民俗事象)을 일본 국내에 한정하여 그 변천 과정을 입증하려는 학문적 입장을 의미하는 것으로, 이를 통해 일본의 고유문화를 찾아내고 규명하고자 하는 것이다. 따라서 '일본민속학'이란 용어로 대체할 수 있다. 오늘날의 용어로 말하자면 '국학'이 이에 해당한다. 실제로 야나기타가 제창한 민속학을 에도(江戶)시대의 국학과 구분하여 '신국학(新國學)'이라 부르기도 한다.

한편 '비교민속학'은 일본의 민속을 다른 민족의 민속과 비교하는 방법으로 연구하고자 하는 입장을 가리킨다. 일본민속학에서는 보통 '비교'라는 말은 두 가지 의미로 나누어 사용한다.[11] 첫째 비교연구법·중출입증법(重出立證法)이라고 해서 자료를 조작하는 방법을 의미하는 용어로 사용된다. 둘째 일국민속학·일본민속학이란 말과 대립되는 개념으로 사

---

10) 사노겐지(佐野賢治),「比較の視野－國際化の中の民俗學」,『現代民俗學入門』, 吉川弘文館, 1996, 21면.

11) 이하 후쿠다 아지오(福田アジオ 외편),『日本民俗大辭典 下』, 吉川弘文館, 2000, 414면을 참조

용된다. 첫째 의미로 사용될 때의 비교란 일본의 전국각지에서 같은 종류의 민속자료를 수집하여 이를 유형화한 뒤, 유형 사이의 비교를 통해서 민속의 변천을 시간축에 따라 규명하려는 방법이다. 둘째 의미로 사용될 때의 비교란 공간축에 따라 다른 민족의 민속문화와 비교하여 일본인의 민족성을 규명하고자 하는 방법이다.

야나기타는 일본민속학의 방법과 체계에 대해서 저술한 최초의 개론서인 『민간전승론(民間傳承論)』을 통해, 각국에서 일국민속학이 성립하여 국제적으로 문헌의 종합이 가능하고, 그 결과를 다른 어느 민족에도 적용할 수 있게 되면 세계민속학의 서광이 보인다고 말할 수 있을 것이라고 했다. 그렇지만 비교법을 적용하기에는 오늘날 아직 충분한 자료가 갖추어지지 않았으므로 비교연구법을 통한 국내자료의 정리를 최우선으로 삼아야 한다는 것을 강조하였다.[12]

다른 민족의 민속과 비교하는 연구를 거부하고, 일국민속흑에 집착했던 야나기타의 방법론은 특히 민족학(문화인류학) 분야의 강한 반발에 부딪쳤다. 그 대표적인 예가 1954년 10월 제6회 일본민속학 연회(年會)에서 민족학자인 이시다 에이이치로(石田英一郎)가 발표한 '일본민속학의 장래(日本民俗學の將來)'라는 제목의 강연이다. 이시다 에이이치로는 고유문화 그 자체가 이미 다계적(多系的)·다원적이며, 민속학에서 말하는 일본의 독특함이나 고유문화는 다른 민족과의 비교를 통해서란 말할 수 있는 것이 아닌가 하는, 비교민족학의 입장에서 야나기타의 일국민속학을 정면으로 비판하였다.

---

12) 후쿠다 아지오(福田アジオ) 외편, 『日本民俗大辭典』上, 吉川 弘文館, 2000, 414면.

3) 야나기타 구니오와 남방문화(南方文化)

야나기타의 사상과 학문을 이해하는 데 있어 또 한 가지 빼놓을 수 없는 것은 그의 남방문화에 대한 집착이다. 야나기타는 만년에 『해상 길(海上の道)』이라는 저서에서 일본인이 일본열도로 건너온 경로를 남방 지역에서 해상으로 건너 이동해 왔다는 가설을 제시하였다. 구체적으로 일본인의 선조가 중국 대륙 남부에서 오키나와(沖繩)로 표류하여 들어왔으며, 오키나와를 거점으로 삼아 일본 열도 각지로 퍼져나갔으리라는 설명이다.

『해상 길(海上の道)』은 1961년에 간행된 저서로, 그의 이 같은 구상은 학생시절에 요양했었던 아이치(愛知)현이라고 갑(伊良湖岬)의 해변가에 밀려와 있던 야자나무 열매를 발견하고서 감동한 데서 출발했다고 한다. 이 이야기를 전해들은 시인 시마자키 도손(島崎藤村)이 '야자나무 열매(ヤシの實)'라는 시를 지었다는 일화는 일본의 문학계에서 너무나 유명하다. 이 일화만 보더라도 당시에 이 저서가 일본사회에 미친 영향을 짐작케 한다.

일반적으로 일반문화나 일본인의 원류에 대해 논할 때에 빠지지 않고 등장하는 두 학설이 이른바 북방기원설과 남방기원설이다. 간단히 설명하자면, 북방기원설이란 일본문화가 중국대륙 쪽에서 출발하여 한반도를 거쳐 일본으로 전해졌으리란 주장으로, 에가미 나미오(江上波夫)가 주장한 기마민족설이 대표적인 북방기원설이다. 남방기원설은 오키나와 이남 지역에서 시작하여 오키나와를 거쳐 일본 남부 지역으로 상륙한 후, 점차 북상했으리란 주장이다.

야나기타는 말하자면 북방을 버리고 남방 쪽을 선택한 셈이다. 이와 같은 그의 가설은 고고학적 성과를 통해서 구체적으로 입증을 받지 못했으며, 훗날 그가 남방 쪽을 선택한 데에는 다분히 이데올로기적인 측면이 있었다는 비판을 받게 된다. 이런 비판의 대표적인 예가 앞에서 소개한 무라이 오사무(村井紀)의 『남도 이데올로기의 발생(南島イデオロギーの

發生)』이다.

4) 근래의 야나기타 구니오 비판

야나기타는 생전에 방대한 학문적 업적을 남겼다. 그의 학둔적 관심은 민속학에만 한정되지 않고 인문사회과학의 여러 분야와 직접·간접적으로 관련이 있다. 따라서 그의 학문적 성과에 대한 학지의 비판도 여러 분야에서 제기되는 것이 당연하다.

야나기타에 대한 비판은 크게, 민속학계 내부의 비판과 민속학 이외 학문분야의 비판으로 나누어 고찰할 수 있다. 야나기타 이후의 일본민속학은 야나기타를 축으로 하여 그의 학문을 계승하고자 하는 입장과 비판적으로 검토하고자 하는 입장으로 나뉘어 전개되었다고 해도 과언이 아니다. 이는 그만큼 일본의 민속학계에서 야나기타라는 인둘이 차지하는 학문적 비중이 지대했음을 의미한다. 야나기타에 대한 민속학계 내부의 비판은 주로 그의 학문을 비판적으로 검토하는 과정에서 제기되었으며, 그 대표적인 경우로 고마쓰 가즈히코(小松和彦)[13]와 아카사카 노리오(赤坂憲雄)[14]를 들 수 있다.

민속학 이외 학문분야의 비판적인 예로는 무라이 오사무(村井紀)[15]와

---

13) 고마쓰 가즈히코는 특히 야나기타의 요괴 연구를 비판적으로 걱토하고 있다. 야나기타는 요괴를 '영락(零落)한 신'으로 보고, 요괴에 대한 신앙이 쇠퇴하게 된 과정을 단계적으로 설명하고 있다. 이에 비해 고마쓰는 요괴를 '양의적(兩義的)인 존재'로 보고, 인간의 제사 유무에 따라 신 → 요괴, 요괴 → 신이라는 프로세스가 가능하다며 야나기타를 정면으로 반박하고 있다. 이 부분에 대한 고마쓰의 대표적인 는저로『빙령신앙론(憑靈信仰論)』(ありな書房, 1984), 『요괴학신고(妖怪學新考)』(小學館, 1994)를 참조

14) 야나기타와 직접적으로 관련된 아카사카 노리오의 주요 저작을 열거하면 다음과 같다.『일국민속학을 초월하여(一國民俗學を越えて)』(五柳書院, 2002),『바다의 정신사―야나기타 구니오의 발생(海の精神史―柳田國男の發生』(小學館. 2000),『도노 모노가타리고(遠野 / 物語考)』(筑摩書房, 1998),『표류의 정신사(漂泊の精神史)』(小學館, 1997).

15) 앞의 주 4를 참조

가와무라 미나토(川村湊)16)의 경우를 들 수 있다. 이 두 사람은 공통적으로 야나기타의 식민지주의를 주로 문제삼고 있다. 즉 고급관료로서의 경력을 지닌 야나기타의 민속학이 당시 일본의 지배를 받던 조선이나 타이완의 식민지통치를 공고히 하는 데에 기여한 바가 있음을 문제삼고 있다. 흥미로운 것은 이들의 야나기타 비판에 대해서 야나기타의 학문을 계승하고자 하는 입장에 있는 민속학자들이 거의 침묵으로 일관하고 있다는 점이다. 앞으로 어떤 방향으로 논쟁이 전개될 것인지 지켜볼 필요가 있겠다.

3. 미완의 대작, 『명치대정사 세상편(明治大正史 世相篇)』

『명치대정사 세상편(明治大正史 世相篇)』(이하,『명치대정사』로 줄여 씀)은 아사히(朝日)신문사가 기획한 『명치대정사(明治大正史)』17) 제4권(세상편)으로 1931년 1월에 발행되었다. 이 저서는 일본에서 지금까지 ① 아사히신문사판(朝日新聞社版, 1931), ②『정본 야나기타구니오집(定本柳田國男集)』제24권(1963), ③ 평범사 동양문고판(平凡社 東洋文庫版, 1967), ④ 강담사 학술문고판(講談社 學術文庫版, 1976), ⑤『신편 야나기타구니오집(新編柳田國男集)』제4권(1978), ⑥ 지쿠마문고(ちくま文庫)『야나기타구니오전집(柳田國男全集)』제26권(1990), ⑦ 중앙공론신사판(中央公論新社版, 2001) 등 모두 일곱 종류의 텍스트가 출판되었다.18) 이 중에서 ①과 ②와 ③은 고어체의 문장으로 표기되어

16) 앞의 주 4를 참조
17) 『明治大正史』는 분야별로 모두 6권으로 기획되었다. 6권을 열거하면 다음과 같다.
1권(言論篇, 美土路昌一), 2권(外交篇 永井万助), 3권(經濟篇 牧野輝智), 4권(世相篇 柳田國男), 5권(芸術篇 土岐善麿), 6권(政治篇 野村秀雄).
18) ①에서 ⑥까지 각 텍스트의 성격과 출판경위에 대해서는『야나기타구니오전집(柳田

있으며, 나머지 텍스트는 출판사에서 독자들의 편의를 위해 부분적으로 현대어 문장으로 교정을 하였다.

이 저서는 야나기타가 명치·대정시대를 중심으로 근대 일본사회에서 일어난 생활문화의 변천 과정을 차분하게 관찰한 연구서로, 지금까지 일곱 종류의 텍스트가 출판된 데에서도 알 수 있는 것처럼, 오늘날까지 인문사회과학 여러 분야에 많은 영향력을 발휘하고 있다. 이 『명치대정사』의 어떤 점이 높이 평가되고 있는 것일까? 사회학자인 쓰루미 가즈코(鶴見和子)는 이 저서의 사상적 특징에 대해 다음과 같이 평가한다.[19]

① 사회 변동을 제도나 이데올로기적 측면에서 보지 않고 민중의 감각의 변화로 파악하고자 한다.
② 환경변화에도 불구하고 오랜 감각의 변화가 잔류해 있는 것으로 본다.
③ 발전의 내발성(內發性)을 믿으며, 안이하게 외부적 요인을 추구하지 않는다.
④ 단계발전설(短系發展說)이 아닌 다계발전설(多系發展說)의 입장에 있다.
⑤ 공동체와 개인의 관계를 상호적으로 파악하고 있다.
⑥ 역사를 단계적으로 구분하며 발전해 가는 것으로 보지 않았다. 상민(常民)의 눈으로 보았다.

『명치대정사』는 야나기타가 서문에서 "아사히(朝日)신문사가 명치·대정사(明治大正史) 편찬을 계획하기 훨씬 이전부터, 실은 한번쯤 이런 책을 써보고 싶다는 생각을 갖고 있었다. 이 책을 쓰기 위해서 이미 조금은 준비를 하고 있었기도 하다"라고 밝히고 있듯이, 집필을 위해 오랜 동안 준비를 한 야나기타의 야심적 저작이다. 또한 야나기타의 방대한 저작

國男全集)』 26권(ちくま文庫, 1990)의 뒤에 사토 겐지(佐藤健二)가 쓴 해설 부분 646~651면을 참조.

19) 쓰루미 가즈코(鶴見和子)의 「사회변동론으로서의 『명치대정사·세상편』(社會變動論としての『明治大正史世相篇』)」, 『シンポジウム柳田國男』(日本放送出版會, 1972); 「사회 변동의 패러다임―야나기타 구니오의 작업을 축으로(社會變動のパラダイム―柳田國男の仕事を軸として)」, 『思想の冒險』(筑摩書房, 1974)을 참조.

중에서 양적으로 가장 분량이 많은 대표적 저서이기도 하다. 그럼에도 야나기타 자신이 서문의 곳곳에서 "결국 이와 같이 볼품 없는 책밖에 쓸 수 없었다", "포크로아로서는 실패이다", "이는 저자가 처음에 의도한 바는 아니었다"라고 언급하고 있는 것처럼, 결코 야나기타의 당초 집필의 도가 충분히 반영된 저서라고는 볼 수 없다. 일본의 민중사 분야의 권위자인 이로카와 다이키치(色川大吉)는 이 점에 대해서 다음과 같이 언급하고 있다.

> 『세상편(世相篇)』 전 15장의 내용을 숙독(熟讀)하고 생각해 보니, 성공한 곳은 처음 4개 장(특히 제1장에서 제3장까지) 정도이다. 뒤의 삼분의 이는 야나기타의 의도로 볼 때, 병렬적인 기술(記述)이나 논평적인 해설로 이어져, (야나기타가—필자) 참담한 실패로 느꼈을 것이다.[20]

그 '실패'의 원인에 대해서 야나기타는 서문에서 병으로 몸이 아팠다고 해명하며, "요컨대 나에게는 아직 너무 큰 짐이었다"고 고백하고 있다.

그런데 '실패'의 원인은 병 때문만이 아니라 집필 과정과도 관련이 있지 않을까 싶다. 집필 과정을 보면 야나기타가 서문 마지막에서 언급하고 있는 나카미치 히토시(中道等)가 초고를 작성하고, 나중에 야나기타가 가필하는 식으로 쓸 작정이었다. 그러다가 가필하는 과정에서 거쳐야 할 번거로움을 피하기 위하여 야나기타가 처음부터 다시 쓰게 되었다고 한다.[21] 따라서 시간적으로도 그다지 여유가 없었을 것으로 생각된다.

『명치대정사』는 모두 15장으로 구성되어 있다. 목차를 보면, 제1장 눈에 비친 세상(眼に映ずる世相), 제2장 음식에 대한 개인의 자유(食物の個人自

---

20) 이로카와 다이키치(色川大吉), 『소화사 세상편(昭和史 世相篇)』, 小學館ライブラリー, 1994, 25~26면.
21) 구체적인 집필 경위에 대해서는 『명치대정사 세상편(明治大正史 世相篇)』(講談社 學術文庫 新裝版, 1993)에 사쿠라다 가쓰노리(櫻田勝德)가 쓴 해설 437~438면 부분을 참조

由), 제3장 주택과 주거 환경(家と住心地), 제4장 풍경의 변화(風光推移), 제5장 고향과 타향(故鄕異鄕), 제6장 새로운 교통과 문화 수송자(新交通と文化輸送者), 제7장 술(酒), 제8장 연애 방법의 변천(戀愛技術の消長), 제9장 집안의 영속에 대한 염원(家永續の願い), 제10장 생산과 상업(生産と商業), 제11장 노동력의 분배(勞力の配賦), 제12장 가난과 병(貧と病), 제13장 동료를 그리는 마음(伴を慕く心), 제14장 발군의 힘(群を拔く力), 제15장 생활 개선의 목표(生活改善の目標) 등으로 이루어져 있다.

전체 15장으로 구성된 이 책에서 의식주에 초점을 맞춘 제1장에서 제3장까지가 전체의 28퍼센트를 차지하고 있다.22) 야나기타의 『명치대정사』 집필을 도왔던 사쿠라다 가쓰노리(櫻田勝德)의 설명에 따르면, 야나기타는 제3장까지 집필을 마치고 얼마 동안 휴양을 해야만 했다고 한다.23) 이 사실로 미루어 볼 때, 야나기타가 제1장에서 제3장까지를 집필하면서 얼마나 많은 힘을 기울였는지를 추측할 수 있다. 이 점이 『명치대정사』 중에서 특히 제3장까지가 관련 분야의 연구자들 사이에서 높이 평가되는 이유이기도 하다. 이하, 제1장에서 제3장까지의 주요 내용을 간략하게 개괄하기로 한다.

제1장에는 야나기타가 '신색음론(新色音論)'이라 명명(命名)한 연구방법론이 제시되어 있다. 즉 야나기타는 명치·대정시대에 일어난 세상의 변화를, 눈으로 보고(色) 귀로 들은(音) 일상적인 사실에 의거해서 관찰하고자 했다. 특히 전통적으로 일본인들은 성(聖) : 속(俗), 비일상(非日常) : 일상(日常)이라는 경계를 명확하게 인식했음에 비해, 근대를 경험하면서 이와 같은 경계가 애매해졌음을 지적하고 있다.

제2장은 음식문화의 변화를 다루고 있다. 제2장의 주제는 '공동체문화에서 개인문화로'라는 표현으로 요약할 수 있겠다. 야나기타의 설명에

---

22) 『명치대정사 세상편(明治大正史 世相篇)』(講談社學術文庫 新裝版, 1993)의 사쿠라다 가쓰노리(櫻田勝德) 해설 부분 438면.
23) 위의 책(講談社學術文庫 新裝版, 1993), 438면.

따르면, 음식이란 원래 공동체 구성원들이 같은 것을 함께 먹었으나, 명치·대정시대를 거치면서 개인의 기호가 생겨나게 되었다는 것이다. 예를 들어, 야나기타는 음식에 대한 개인의 기호로 인해 외식하는 일이 늘어났다고 보고 있다. 즉 한 가정 안에서도 각자의 기호가 다르게 되자, 결국 각자가 먹고 싶은 음식을 선택하기 편하도록 하기 위해서 외식을 하게 되었다는 것이다. 제3장은 우리들이 상식적으로 알고 있는 일본문화에 대해 다시 생각하게 만드는 점이 흥미롭다. 예를 들면 일반적으로 '일본인은 이가 약하다'는 말을 많이 한다. 그렇지만 야나기타의 설명에 따르면, 적어도 근대 이전까지만 해도 일본인들이 호두나 개암, 그리고 생쌀을 그냥 씹어먹을 정도로 이가 튼튼했다고 한다.

제3장은 주거 환경의 변화를 다루고 있다. 주거 환경의 변화에 따라 사람들의 의식이 어떻게 변화했는가를 구체적인 예를 들어가며 고찰하고 있는 점은 놀라울 정도이다. 예를 들어, 어둠침침한 주거공간에서 생활하던 사람들이 판유리의 사용으로 훤한 공간에서 생활하게 되자, 이에 따라 사람들의 의식에도 많은 변화가 일어났다고 설명한다.

제4장·제5장·제6장에서는 집안과 개인을 둘러싼 거주지 및 거주 형태에 대한 문제로 파악하고 있다.[24] 제7장·제8장·제9장에서는 가정 문제에서 사회 문제로 확대하고 있으며, 나아가서 인간 관계에 대한 고찰을 하고 있다. 제10장·제11장·제12장에서는 생산과 노동에 대한 문제를 다루고 있다. 마지막 제13장·제14장·제15장에서는 근대사회를 살아가는 사람들의 심리동향과, 앞으로 어떤 각오로 살아가야 할 것인가, 하는 사회심리의 역사적 실태와 문제점에 대해 서술하고 있다. 마지막 15장은 제목을 「생활 개선의 목표(生活改善の目標)」로 붙이고, 소화시대의 농업공황 아래서 그의 향토 연구가 생활 개선에 어떤 식으로 공헌할 수 있는가를 물으며 끝맺고 있다.

---

24) 이하, 각 장의 의의와 내용에 대해서는 『명치대정사 세상편(明治大正史 世相篇)』(東洋文庫, 1967)에 마스다 가쓰미(益田勝美)가 쓴 해설 부분의 343~345면을 참조

『명치대정사』는 여러 가지 의미에서 우리가 주목해야 할 책이다. 야나기타는 문학자로서의 감수성과 민속학자로서의 세밀한 관찰을 통해, 그 자신이 살아온 근대에 일본인들의 일상 생활에서 일어난 변화 과정을 누구보다 세밀하게 잘 파악하고 있었다. 또한 근대이전의 일본인의 생활과 근대 이후에 변화한 일본인의 생활을 비교하며 앞으로의 변화에 대해서도 예측하고 있다.25) 이 책을 읽다보면 이와 같은 세상을 보는 그의 안목이 곳곳에서 번뜩이고 있음을 느낄 수가 있다.

야나기타는 그가 제창한 일국민속학(一國民俗學)이라는 민속학적 방법론에 따라, 일본인의 고유문화와 일본인다움을 발견하려고 노력했던 학자이다. 당연히『명치대정사』에도 이런 그의 사상이 담겨 있다고 할 수 있다. 이 저서는 사쿠라다 가쓰노리(櫻田勝德)가 지적하는 바와 같이, '야나기타가 근대의 일본인다움(日本人らしさ)을 어떻게 파악하고 받아들이고 있는가를 토로한 책'26)이다. 따라서 그는 명치·대정시대의 문화변화를 외래문화의 충격으로 인한 변화보다는 내발적(內發的) 요인에 따른 변화에 초점을 맞추고 있다. 민속학이라는 학문은 학문적 성격상, 어느 나라·시대를 막론하고 자국의 고유문화에 대한 관심이 주류를 이루게 마련이다. 이제부터 한국의 야나기타 연구도 이 점을 주목해야 하리라고 본다.

야나기타는 한일병합에 기여한 공로로 당시 일본정부가 훈오등서보장 (勳五等瑞寶章)을 수여했을 정도로 한일병합에 깊숙이 관여한 인물이다. 그럼에도 한국에서는 아직 그의 생애나 학문적 업적이 그다지 연구되지

---

25) 이 점과 관련해서, 야나기타의『명치대정사』와 함께 근대문학자인 도쿠토미 소호(德富蘇峰)의『겐로쿠시대 세상편(元祿時代 世相篇)』, 이로카와 다이키치(色川大吉)의『소화사 세상편(昭和史 世相篇)』을 읽으면 도움이 된다. 이 세 권의 저서를 함께 읽다보면, 일본의 근세 → 근대 → 현대로 이어지는 생활문화의 변천 과정에 대해 체계적인 이해가 가능해진다. 특히 이로카와의 저작은 야나기타의 저작을 직접적으로 의식하고 쓴 책이다.

26)『명치대정사 세상편(明治大正史 世相篇)』(講談社學術文庫 新裝版, 1993)의 사쿠라다 가쓰노리(櫻田勝德) 해설 부분 440면.

않았다. 국내에서 소개된 그의 저작도 『선조의 이야기(祖先の話)』,27) 『일본의 민담(日本の昔話)』28) 정도에 불과하다. 앞으로 『명치대정사』 한국어 번역을 계기로 여러 학문 분야에서 그의 학문과 사상에 대한 심층적인 연구가 진행되기를 기대한다.

---

27) 최길성·노성환 역, 『선조의 이야기』, 광일출판사, 1989.
28) 김용의 외역, 『일본의 민담』, 전남대 출판부, 2002.

참고문헌

김용의 외역, 『일본의 민담』(柳田國男), 전남대 출판부, 2002.

최길성・노성환 역, 『선조의 이야기』(柳田國男), 광일출판사, 1989.

赤坂憲雄, 「物語の闇・遠野にて」, 『山の精神史 柳田國男の發生』, 小學館, 1991.

色川大吉, 『昭和史 世相篇』, 小學館, 1990.

小田富英, 「初稿本遠野物語の問題」, 『國文學 解釋と教材の研究』 第27卷 1号, 學燈社, 1982.

川村湊, 『大東亞民俗學の虛實』, 講談社, 1996.

_____, 「柳田民俗學の見えない植民地主義を問い直す」, 『民俗學がわかる』, 朝日新聞社, 1997.

川森博司, 「觀光の場のなかの昔話と語り手－岩手縣遠野の事例から」, 『日本昔話の構造と語り手』, 大阪大學出版會, 2000.

後藤總一郎, 『口語譯 遠野物語』, 河出書房新社, 1992.

佐野賢治, 「比較の視野－國際化の中の民俗學」, 『現代民俗學入門』, 吉川弘文館, 1996.

衫山康彦, 「遠野物語の時空」, 『柳田國男と折口信夫』, 有精堂, 1989.

鶴見和子, 「社會變動論としての『明治大正史世相篇』」, 『シンポジウム柳田國男』, 1972.

日本放送出版會, 「社會變動のパラダイム－柳田國男の仕事を軸として)」, 『思想の冒險』, 筑摩書房, 1974.

定本柳田國男集編纂委員會, 『定本柳田國男集』 別卷第五, 筑摩書房, 1971.

德富蘇峰, 『元祿時代 世相篇』, 講談社學術文庫, 1982.

福田アジオ 외편, 『日本民俗大辭典』 上・下, 吉川弘文館, 2000

船曳建夫, 『柳田國男』, 筑摩書房, 2000.

村井紀, 「南島イデオロギーの發生」, 『南島イデオロギーの發生』, 太田出版, 1995.

_____, 「減亡の言說空間－民族・國家・口承性」, 『創造された古典』, 新曜社, 1999.

_____, 『遠野物語・山の人生』, 岩波文庫, 1976.

_____, 『柳田國男全集』 26, ちくま文庫, 1990.

_____, 『明治大正史 世相篇』, 講談社學術文庫, 1993.

_____, 『定本柳田國男集』 別卷 第五, 筑摩書房, 1971.

柳田國男, 『明治大正史 世相篇』, 東洋文庫, 1967.

야나기타 구니오 연구 저서 목록

柳田國男・田山花袋校訂, 『校訂近世奇談全集』, 博文館, 1903.

柳田國男 講述, 『農業政策學』, 中央大學, 1903.

柳田國男 講述, 『農政學』, 早稻田大學出版部, 1904.

柳田國男 講述, 奈良縣 第四課編, 『産業組合講習筆記』, 奈良縣 第四課, 1905.

柳田國男, 『石神問答』, 聚精堂, 1910.

柳田國男, 『時代ト農政』, 聚精堂, 1910.

柳田國男, 『最新産業組合通解－完』, 大日本實業學會, 1912.

柳田國男, 『山島民譚集』, 甲寅叢書刊行所, 1914.

柳田國男, 『神を助けた話』, 玄文社, 1920.

柳田國男, 『赤子塚の話』, 玄文社, 1920.

柳田國男・早川孝太郎, 『おとら狐の話』, 玄文社, 1920.

柳田國男, 『祭祀と世間』, 鄕土研究社, 1922.

柳田國男 編, 『鄕土誌論』, 鄕土研究社, 1922.

柳田國男 編, 『鄕土會記錄』, 大岡山書店, 1925.

柳田國男, 『海南小記』, 大岡山書店, 1925.

柳田國男, 『海南小記』(再版), 大岡山書店, 1925.

柳田國男, 『山の人生』, 鄕土研究社(鄕土研究社 第二叢書), 1926.

柳田國男, 『雪國の春』, 岡書院, 1928.

柳田國男 校訂, 『紀行文集－全』, 博文館(帝國文庫, 第22篇), 1928.

柳田國男, 『都市と農村』, 朝日新聞社(朝日常識講座, 第6卷), 1929.

柳田國男, 『民謠の今と昔』, 地平社書房, 1929.

柳田國男 校訂, 菅江眞 澄著, 『伊那の中路－わかこゝろ』, 眞澄遊覽記刊行會, 三元社, 1929.

柳田國男, 『蝸牛考』, 刀江書院, 1930.

柳田國男 校訂, 眞澄遊覽記刊行會 編, 『菴の春秋』, 三元社, 1930.

柳田國男, 『桃太郎の誕生』, 三省堂, 1933.

柳田國男, 『日本農民史』, 刀江書院, 1931.

柳田國男, 『口承文藝大意』, 岩波書店, 1932.

柳田國男, 『秋風帖』, 梓書房, 1932.

柳田國男 著, 早川孝太郎 編, 『女性と民間傳承』, 岡書院, 1932.

柳田國男 編, 『山村語彙』, 大日本山林會, 1932~1935.

柳田國男・比嘉春潮 編, 『島』, 一誠社, 1933.

柳田國男 講演, 『何の爲に方言を集めるか－言語學とフオウクロアとの關係』, 國學
　　　院大學方言研究會, 1933.

柳田國男, 『石神問答』, 出版地不明－石神問答複製本頒布會, 1933.

柳田國男, 『民間伝承論』, 共立社, 1934.

柳田國男, 『一目小僧－その他』, 小山書店, 1934.

柳田國男, 『民間傳承論』, 共立社, 1934.

柳田國男 編, 『日本民俗學研究』, 岩波書店, 1935.

柳田國男, 『國史と民俗學』, 岩波書店, 1935.

柳田國男, 『遠野物語』(增補版), 鄉土研究社, 1935.

柳田國男, 『鄉土生活の研究法』, 刀江書院, 1935.

柳田國男, 『産育習俗語彙』, 恩賜財団愛育會, 1935.

柳田國男, 『地名の研究』, 古今書院, 1936.

柳田國男, 『新語篇』(國語史 12), 刀江書院, 1936.

柳田國男, 『昔の國語教育』, 岩波書店, 1937.

柳田國男・大間知篤三共, 『婚姻習俗語彙』, 岩波書店, 1937.

柳田國男, 『分類農村語彙』, 信濃教育會, 1937.

柳田國男, 『禁忌習俗語彙』, 國學院大學方言研究會, 1938.

柳田國男 編, 『服裝習俗語彙』, 民間傳承の會, 1938.

柳田國男 編, 『海村調査報告』, 民間傳承の會, 1938.

柳田國男, 『葬送習俗語彙』, 民間伝承の會, 岩波書店, 1937.

柳田國男・倉田一郎共, 『分類漁村語彙』, 岩波書店, 1938.

柳田國男, 『昔話と文學』, 創元社, 1938.

柳田國男, 『木綿以前の事』, 創元社, 1939.

柳田國男, 『國語の將來』, 創元社, 1939.

柳田國男 編, 『歲時習俗語彙』, 民間伝承の會, 1939.

柳田國男・口貞夫共 編, 『居住習俗語彙』, 民間伝承の會, 岩波書店, 1939.

柳田國男, 『稗の未來』, 農村更生協會, 1939.

柳田國男, 『孤猿隨筆』, 創元社, 1939.

柳田國男, 『日本農民史』(改訂新版), 東亞出版社, 1940.

柳田國男, 『海南小記』, 創元社, 1940.

柳田國男, 『秋風帖』, 創元社, 1940.

柳田國男, 『雪國の春』, 創元社, 1940.

柳田國男, 『民謠覺書』, 創元社, 1940.

柳田國男, 『鄉土生活の研究法』(3版), 刀江書院, 1940.

柳田國男, 『妹の力』, 創元社, 1940.

柳田國男, 『傳說』, 岩波書店, 1940.

柳田國男, 『日本の傳說』, 三國書房, 1940.

柳田國男, 『野鳥雜記』, 甲鳥書林, 1940.

柳田國男, 『豆の葉と太陽』, 創元社, 1941.

柳田國男, 『海南小記』, 創元社, 1941.

柳田國男・倉田一郎 共編, 『類山村語彙』, 信濃教育會, 信濃每日新聞, 1941.

柳田國男 編, 『全國方言集』, 中央公論社, 1941.

柳田國男, 『石神問答』, 創元社, 1941.

柳田國男, 『妹の力』, 創元社, 1940.

柳田國男, 『食物と心臟』, 創元社, 1940.

柳田國男 編, 岩倉市郎 著, 『喜界島方言集』, 中央公論社, 1941.

柳田國男 編, 『全國昔話記錄』, 三省堂.

柳田國男, 『山島民譚集』(日本文化名著選), 創元社, 1942.

柳田國男, 『小さき者の聲』(女性叢書), 三國書房, 1942.

柳田國男, 『菅江眞澄』, 創元社, 1942.

柳田國男, 『こども風土記』, 朝日新聞社, 1942.

野村傳四, 『大隅肝屬郡方言集』, 中央公論社, 1942.

柳田國男, 『方言覺書』, 創元社, 1942.

柳田國男 編, 『伊豆大島方言集』, 中央公論社, 1942.

柳田國男, 『桃太郎の誕生』(改版), 三省堂, 1942.

柳田國男 編, 『風位考資料』(增補版), 明世堂, 1942.

柳田國男・關敬吾, 『日本民俗學入門』, 改造社, 1942.

柳田國男, 『木思石語』, 三元社, 1942.

柳田國男, 『日本の祭』, 弘文堂書房, 1942.

柳田國男・大藤時彦, 『世相史』(現代日本文明史 第18卷), 東洋經濟新報社, 1943.

柳田國男, 『蝸牛考』, 創元社, 1943.

柳田國男, 『昔話覺書』, 三省堂, 1943.

柳田國男, 『神道と民俗學』, 明世堂書店, 1943.

柳田國男, 『族制語彙』, 日本法理研究會, 1943.

柳田國男 編, 『風位考資料』(增補), 明世堂書店, 1943.

柳田國男, 『國史と民俗學』, 六人社, 1944.

柳田國男 編, 岩倉市郎 探錄, 『甑島昔話集』, 三省堂, 1944.

柳田國男・三木茂, 『雪國の民俗』, 養德社, 1944.

柳田國男, 『火の昔』, 實業之日本社, 1944.

柳田國男 編, 倉田一郎 著, 『佐渡海府方言集』, 中央公論社, 1944.

柳田國男 編, 瀧山政太郎 著, 『對馬南部方言集』, 中央公論社, 1944.

柳田國男, 『村と學童』, 朝日新聞社, 1945.

柳田國男, 『每日の言葉』, 創元社,, 1946.

柳田國男, 『笑の本願』, 養德社, 1946.

柳田國男, 『先祖の話』, 筑摩書房, 1946.

柳田國男, 『昔話覺書』(2版), 三省堂, 1946.

柳田國男, 『神道と民俗學』(3版), 明世堂書店, 1946.

柳田國男, 『物語と語り物』, 角川書店, 1946.

柳田國男, 『祭日考』, 小山書店, 1946.

柳田國男, 『新國學談』, 小山書店, 1946.

柳田國男, 關敬吾共, 『日本民俗學入門』, 東洋堂, 1947.

柳田國男, 『口承文藝史考』, 中央公論社, 1947.

柳田國男, 『桃太郎の誕生』(新版), 三省堂, 1947.

柳田國男, 『笑の本願』(再版), 丹波市町, 1947.

柳田國男, 『山の人生』, 實業之日本社, 1947.

柳田國男, 『俳諧評釋』, 民友社, 1947.

柳田國男, 『地名の研究』, 實業之日本社, 1947.

柳田國男, 『氏神と氏子』, 小山書店, 1947.

柳田國男 編, 『沖縄文化叢說』, 中央公論社, 1947.

柳田國男, 『分類農村語彙』(增補版), 東洋堂, 1947~1948.

柳田國男, 『村のすがた』, 朝日新聞社, 1948.

柳田國男, 『遠野物語』(增補版), 文芸春秋新社, 1948.

柳田國男, 『國史と民俗學』(2版), 六人社, 1948.

柳田國男, 『國史と民俗學』(再版), 六人社, 1948.

柳田國男, 『信州隨筆』, 實業之日本社, 1948.

柳田國男, 『時代ト農政』, 實業之日本社, 1948.

柳田國男, 『西は何方』, 甲文社, 1948.

柳田國男・堀一郎共, 『十三塚考』, 三省堂, 1948.

柳田國男, 『婚姻の話』, 岩波書店, 1948.

柳田國男, 『木思石語』, 實業之日本社, 1948.

柳田國男, 『北國紀行』, 實業之日本社, 1948.

柳田國男, 『分類兒童語彙』, 東京堂, 1949.

柳田國男, 『女性と民間傳承』, 實業之日本社, 1949.

柳田國男 編, 『海村生活の研究』, 日本民俗學會, 1949.

柳田國男, 『退讀書歷』, 實業之日本社, 1949.

柳田國男, 『標準語と方言』, 明治書院, 1949.

柳田國男, 『日本の昔話』, ジープ社, 1950.

柳田國男, 『日本の伝說』, ジープ社, 1950.

柳田國男, 『小さき者の聲』, ジープ社, 1950.

柳田國男, 『方言と昔－他』, 朝日新聞社, 1950.

柳田國男, 『北小浦民俗誌』, 刀江書院, 1951.

柳田國男, 『桃太郎の誕生』, 角川書店, 1951.

柳田國男, 『島の人生』, 創元社, 1951.

柳田國男, 『俳諧評釋』, 創元社, 1951.

柳田國男, 『なぞとことわざ』, 筑摩書房, 1952.

柳田國男, 『柳田國男先生著作集』, 實業之日本社, 1953.

柳田國男, 『不幸なる芸術』, 筑摩書房, 1953.

柳田國男, 『月曜通信』, 修道社, 1954.

柳田國男 編, 『日本人』, 毎日新聞社, 1954.

柳田國男・笠信太郎, 『柳田國男・笠信太郎集』(現代隨想全集 第1卷), 創元社, 1954.

柳田國男, 『柳田國男集』(現代日本文學全集 12), 筑摩書房, 1955.

柳田國男, 『年中行事覺書』, 修道社, 1955.

柳田國男, 『日本の祭』, 角川書店, 1956.

柳田國男, 『新たなる太陽』, 修道社, 1956.

柳田國男, 『不幸なる芸術』, 筑摩書房, 1957.

柳田國男, 『史料としての傳說』, 村山書店, 1957.

柳田國男ほか, 『內と外の倫理』, 筑摩書房, 1958.

柳田國男, 『民間伝承と文學』, 岩波書店, 1959.

柳田國男ほか, 『日本人』(現代教養全 / 臼井吉見編集・解說 7), 筑摩書房, 1959.

柳田國男, 『故鄕七十年』, のじぎく文庫, 1959.

柳田國男, 『定本柳田國男集』, 筑摩書房, 1962~1971.

柳田國男, 『分類祭祀習俗語彙』, 角川書店, 1963.

柳田國男, 『柳田國男對談集』, 筑摩書房, 1964.

柳田國男, 『民俗學について-第二柳田國男對談集』, 筑摩書房, 1965.

柳田國男, 『柳田國男集』(現代日本文學全集 28), 筑摩書房 1967.

柳田國男, 『鄕土生活の研究』, 筑摩書房, 1967.

柳田國男, 『不幸なる芸術』, 筑摩書房, 1967.

柳田國男, 『海上の道』, 筑摩書房, 1967.

柳田國男, 『明治大正史-世相篇』, 平凡社, 1967.

柳田國男, 『遠野物語』(名著複刻全集近代文學館), 近代文學館(ほるぷ出版), 1968.

柳田國男, 『柳田國男集』(伊藤整ほか 編, 日本現代文學全集 36), 講談社, 1968.

柳田國男, 『定本柳田國男集』(新裝版), 筑摩書房, 1968~1971.

柳田國男・盛永俊太郎, 『稻の日本史』(筑摩叢書) 下, 筑摩書房, 1969.

柳田國男・盛永俊太郎, 『稻の日本史』(筑摩叢書) 上, 筑摩書房, 1969.

柳田國男 著, 關敬吾・大藤時彦 編, 『山島民譚集』(東洋文庫 137) 增補, 平凡社,

1969.

柳田國男, 『昔話と文學』, 白鳳社, 1971.

柳田國男, 『海南小記』(改版), 角川書店, 1972.

柳田國男 編, 小笠原謙吉 採録, 『岩手縣紫波郡昔話集』(日本昔話記錄・1), 三省堂,
　　　1973.

柳田國男 編, 佐々木喜善 採録, 『岩手縣上閉伊郡昔話集』(日本昔話記錄・2), 三省
　　　堂, 1973.

柳田國男 編, 岩崎敏夫 採録, 『福島縣磐城地方昔話集』(日本昔話記錄・3), 三省堂,
　　　1974.

柳田國男 編, 岩倉市郎 採録, 『新潟縣南蒲原郡昔話集』(日本昔話記錄・4), 三省堂,
　　　1974.

柳田國男 編, 今村勝臣 採録, 『岡山縣御津郡昔話集』(日本昔話記錄・6), 三省堂,
　　　1974.

柳田國男 編, 武田明 採録, 『香川縣佐柳島・志々島昔話集』(日本昔話記錄・7), 三省
　　　堂, 1973.

柳田國男 編, 武田明 採録, 『德島縣祖谷山地方昔話集』(日本昔話記錄・8), 東京 : 三
　　　省堂, 1973.

柳田國男 編, 鈴木清美 採録, 『大分縣直入郡昔話集』(日本昔話記錄・10), 三省堂,
　　　1973.

柳田國男 編, 岩倉市郎 採録, 『鹿兒島縣甑島昔話集』(日本昔話記錄・11), 三省堂,
　　　1973.

柳田國男 編, 岩倉市郎 採録, 『鹿兒島縣喜界島昔話集』(日本昔話記錄・12), 三省堂,
　　　1974.

柳田國男 編, 山口麻太郎 採録, 『長崎縣壹岐島昔話集』(日本昔話記錄・13), 三省堂,
　　　1973.

柳田國男 著, 鎌田久子・田中宣一 注釋, 『柳田國男集』(日本近代文學大系・45), 角
　　　川書店, 1973.

柳田國男 著, 國學院大學日本文化研究所 編, 『分類食物習俗語彙』, 角川書店, 1974.

柳田國男, 『故鄉七十年』, 朝日新聞社, 1974.

柳田國男, 『柳田國男集』(近代日本思想大系 14), 筑摩書房, 1975

柳田國男 編, 『海村生活の研究』, 國書刊行會, 1975.

柳田國男・藤井隆至, 『農政論集』, 法政大學出版局, 1975.

柳田國男・中村利治, 『祭から祭礼へ』, 早稻田大學出版部, 1975.

柳田國男, 『物語と語り物』, 角川書店, 1975.

柳田國男, 『日本のむかし話(學年別シリーズ 2年生)』第3版, 實業之日本社, 1975.

柳田國男 著, 鶴見和子 編集・解説, 『柳田國男集』(近代日本思想大系 14), 筑摩書房,
　　　　1975.

柳田國男, 『先祖の話』, 筑摩書房, 1975.

柳田國男 編, 『歳時習俗語彙』, 國書刊行會, 1975.

柳田國男・大間知篤三共, 『婚姻習俗語彙』, 國書刊行會, 1975.

柳田國男・橋浦泰雄共, 『産育習俗語彙』, 國書刊行會, 1975.

柳田國男, 『禁忌習俗語彙』, 國書刊行會, 1975.

柳田國男・山口貞夫 共編, 『居住習俗語彙』, 國書刊行會, 1975.

柳田國男 編, 『服裝習俗語彙』, 國書刊行會, 1975.

柳田國男・倉田一郎 共編, 『分類山村語彙』, 國書刊行會, 1975.

柳田國男, 『葬送習俗語彙』, 國書刊行會, 1975.

柳田國男・倉田一郎共, 『分類漁村語彙』, 國書刊行會, 1975.

柳田國男, 『分類農村語彙』, 國書刊行會, 1975.

柳田國男, 『族制語彙』, 國書刊行會, 1975.

柳田國男 編, 『日本人』, 毎日新聞社, 1976.

柳田國男, 『青年と學問』, 岩波書店, 1976.

柳田國男, 『遠野物語－山の人生』, 岩波書店, 1976.

柳田國男, 『明治大正史』, 講談社, 1976.

柳田國男, 『最新産業組合通解－時代ト農政』, 農山漁村文化協會, 1976.

柳田國男, 『口承文芸史考』, 講談社, 1976.

柳田國男, 『なぞとことわざ』, 講談社, 1976.

柳田國男, 『こども風土記－母の手毬歌』, 岩波書店, 1976.

柳田國男・原安雄, 『周防大島方言集』(全國方言資料集成), 國書刊行會 1977.

柳田國男, 『伊豆大島方言集』(全國方言資料集成), 國書刊行會, 1977.

柳田國男・藤原与一, 『伊予大三島北部方言集』(全國方言資料集成), 國書刊行會,

1977.

柳田國男・岩倉市郎,『大隅肝屬郡方言集』(全國方言資料集成), 國書刊行會, 1977.

柳田國男,『國語の將來』(講談社學術文庫) 下, 講談社, 1977.

柳田國男,『國語の將來』(講談社學術文庫) 上, 講談社, 1977.

柳田國男・倉田一郎,『佐渡海府方言集』(全國方言資料集成), 國書刊行會, 1977.

柳田國男,『食物と心臟』(講談社學術文庫), 講談社, 1977.

柳田國男・瀧山政太郎,『對馬南部方言集』(全國方言資料集成), 國書刊行會, 1977.

柳田國男,『伝説』, 岩波書店.

柳田國男,『日本の伝説』, 新潮社, 1977.

柳田國男・三木茂,『雪國の民族』, 第一法規出版 1977.

柳田國男,『年中行事覺書』, 講談社, 1977.

柳田國男,『妖怪談義』, 講談社, 1977.

柳田國男・三木茂,『雪國の民俗』, 第一法規出版, 1977.

柳田國男 編, 藤原与一 著,『伊予大三島北部方言集』, 國書刊行會, 1977.

柳田國男 編, 岩倉市郎 著,『喜界島方言集』, 國書刊行會, 1977.

柳田國男,『海上の道』, 岩波書店, 1978.

柳田國男,『日本の昔話・日本の伝説』, 旺文社, 1978.

柳田國男,『新編柳田國男集』第1卷, 筑摩書房, 1978.

柳田國男,『新編柳田國男集』第2卷, 筑摩書房, 1978.

柳田國男,『新編柳田國男集』第3卷, 筑摩書房, 1978.

柳田國男,『新編柳田國男集』第4卷, 筑摩書房, 1978.

柳田國男,『新編柳田國男集』第5卷, 筑摩書房, 1978.

柳田國男,『新編柳田國男集』第6卷, 筑摩書房, 1978.

柳田國男,『新編柳田國男集』第7卷, 筑摩書房, 1978.

柳田國男,『新編柳田國男集』第8卷, 筑摩書房, 1978.

柳田國男,『新編柳田國男集』第10卷, 筑摩書房, 1979.

柳田國男,『新編柳田國男集』第9卷, 筑摩書房, 1979.

柳田國男,『新編柳田國男集』第11卷, 筑摩書房, 1979.

柳田國男,『新編柳田國男集』第12卷, 筑摩書房, 1979.

柳田國男,『日本のむかし話』(ボブラ社文庫) 1, ボブラ社, 1979.

柳田國男, 『日本のむかし話』(ボプラ社文庫) 2, ボプラ社, 1979.

柳田國男, 『民俗學について』(柳田國男對談集 第2), 筑摩書房, 1979.

柳田國男, 『木綿以前の事』, 岩波書店), 1979.

柳田國男 編, 『風俗』(新装版), 原書房, 1979.

柳田國男, 『ささやかなる昔』, 筑摩書房, 1979.

柳田國男, 『不幸なる芸術－笑の本願』, 岩波書店, 1979.

柳田國男 校訂, 『紀行文集』(日本紀行文集成, 第1～4卷), 日本図書センター, 1979.

柳田國男, 『蝸牛考』, 岩波書店, 1980.

柳田國男, 『民間伝承論』, 伝統と現代社, 1980.

柳田國男, 『日本の伝説』(ボプラ社文庫) 1, ボプラ社, 1980.

柳田國男, 『日本の伝説』(ボプラ社文庫) 2, ボプラ社, 1980.

柳田國男, 『日本の伝説』(春陽堂少年少女文庫), 春陽堂書店, 1980.

柳田國男, 『故郷七十年』, 朝日新聞社, 1980.

柳田國男, 『日本人の自伝』13, 平凡社, 1981.

柳田國男, 『日本神話伝説集』(復刻版), 名著普及會, 1981.

柳田國男ほか, 『日本昔話集』(復刻版), 名著普及會, 1981.

柳田國男・南方熊楠, 『南方熊楠柳田國男』, 平凡社, 1981.

柳田國男, 『柳田國男對談集』, 筑摩書房, 1982.

柳田國男, 『定本柳田國男集』(月報合本資料 第1) 付録, 筑摩書房, 1982.

柳田國男, 『定本柳田國男集』別卷 第1, 筑摩書房, 1982.

柳田國男, 『定本柳田國男集』別卷 第2, 筑摩書房, 1982.

柳田國男, 『定本柳田國男集』別卷 第3, 筑摩書房, 1982.

柳田國男, 『定本柳田國男集』別卷 第4, 筑摩書房, 1982.

柳田國男, 『定本柳田國男集』別卷 第5, 筑摩書房, 1982.

柳田國男, 『定本柳田國男集』第1卷, 筑摩書房, 1982.

柳田國男, 『定本柳田國男集』第2卷, 筑摩書房, 1982.

柳田國男, 『定本柳田國男集』第3卷, 筑摩書房, 1982.

柳田國男, 『定本柳田國男集』第4卷, 筑摩書房, 1982.

柳田國男, 『定本柳田國男集』第5卷, 筑摩書房, 1982.

柳田國男, 『定本柳田國男集』第6卷, 筑摩書房, 1982.

柳田國男,『定本柳田國男集』第7卷, 筑摩書房, 1982.

柳田國男,『定本柳田國男集』第8卷, 筑摩書房, 1982.

柳田國男,『定本柳田國男集』第9卷, 筑摩書房, 1982.

柳田國男,『定本柳田國男集』第10卷, 筑摩書房, 1982.

柳田國男,『定本柳田國男集』第11卷, 筑摩書房, 1982.

柳田國男,『定本柳田國男集』第12卷, 筑摩書房, 1982.

柳田國男,『定本柳田國男集』第13卷, 筑摩書房, 1982.

柳田國男,『定本柳田國男集』第14卷, 筑摩書房, 1982.

柳田國男,『定本柳田國男集』第15卷, 筑摩書房, 1982.

柳田國男,『定本柳田國男集』第16卷, 筑摩書房, 1982.

柳田國男,『定本柳田國男集』第17卷, 筑摩書房, 1982.

柳田國男,『定本柳田國男集』第18卷, 筑摩書房, 1982.

柳田國男,『定本柳田國男集』第19卷, 筑摩書房, 1982.

柳田國男,『定本柳田國男集』第20卷, 筑摩書房, 1982.

柳田國男,『定本柳田國男集』第21卷, 筑摩書房, 1982.

柳田國男,『定本柳田國男集』第22卷, 筑摩書房, 1982.

柳田國男,『定本柳田國男集』第23卷, 筑摩書房, 1982.

柳田國男,『定本柳田國男集』第24卷, 筑摩書房, 1982.

柳田國男,『定本柳田國男集』第25卷, 筑摩書房, 1982.

柳田國男,『定本柳田國男集』第26卷, 筑摩書房, 1982.

柳田國男,『定本柳田國男集』第27卷, 筑摩書房, 1982.

柳田國男,『定本柳田國男集』第28卷, 筑摩書房, 1982.

柳田國男,『定本柳田國男集』第29卷, 筑摩書房, 1982.

柳田國男,『定本柳田國男集』第30卷, 筑摩書房, 1982.

柳田國男,『定本柳田國男集』第31卷, 筑摩書房, 1982.

柳田國男・神社本廳,『分類祭祀習俗語彙』, 角川書店, 1982.

柳田國男,『こども風土記』, 角川書店, 1982.

柳田國男,『雪國の春』, 旺文社, 1982.

柳田國男・關敬吾,『日本民俗學入門』(新版), 名著出版, 1982.

柳田國男,『日本の昔話』, 新潮社, 1983.

柳田國男, 『遠野物語』, 新潮社, 1983.

柳田國男, 『日本の祭』, 角川書店, 1983.

柳田國男, 『日本の昔話』, 角川書店, 1983.

柳田國男, 『每日の言葉』, 角川書店, 1983.

柳田國男, 『桃太郎の誕生』, 角川書店, 1983.

柳田國男, 『雪國の春』, 角川書店, 1983.

柳田國男, 『柳田國男』(文芸讀本 第1期), 河出書房新社, 1983.

柳田國男・長浜功, 『柳田國男文化論集』(叢書名著の復興), 新泉社, 1983.

柳田國男, 『柳田國男教育論集』, 新泉社(叢書名著の復興 18), 1983.

柳田國男・大間知篤三, 『姻習俗語彙』, 國書刊行會, 1984.

柳田國男, 『服裝習俗語彙』, 國書刊行會, 1984.

柳田國男, 『禁忌習俗語彙』, 國書刊行會, 1984.

柳田國男, 『葬送習俗語彙』, 國書刊行會, 1984.

柳田國男・倉田一郎, 『分類漁村語彙』, 國書刊行會, 1984.

柳田國男・橋浦泰雄, 『産育習俗語彙』, 國書刊行會, 1984.

柳田國男・倉田一郎, 『分類山村語彙』, 國書刊行會, 1984.

柳田國男・山口貞夫, 『居住習俗語彙』, 國書刊行會, 1984.

柳田國男, 『歲時習俗語彙』, 國書刊行會, 1984.

柳田國男, 『分類農村語彙』上, 國書刊行會, 1984.

柳田國男, 『分類農村語彙』下, 國書刊行會, 1984.

柳田國男, 『族制語彙』, 國書刊行會, 1984.

柳田國男, 『妹の力』, 角川書店, 1984.

柳田國男, 『野草雜記』, 八坂書房, 1985.

柳田國男, 『國語の將來』, 講談社, 1985.

柳田國男, 『鄕土生活の研究』, 筑摩書房, 1985.

柳田國男, 『國語の將來』(新裝版), 講談社, 1985.

柳田國男, 『海上の道』, 筑摩書房, 1985.

柳田國男, 『柳田國男對談集』, 筑摩書房, 1985.

柳田國男, 『定本柳田國男集』第1卷(新裝版), 筑摩書房, 1985.

柳田國男, 『定本柳田國男集』第2卷(新裝版), 筑摩書房, 1985.

柳田國男,『定本柳田國男集』第3卷(新裝版), 筑摩書房, 1985.
柳田國男,『定本柳田國男集』第4卷(新裝版), 筑摩書房, 1985.
柳田國男,『定本柳田國男集』第5卷(新裝版), 筑摩書房, 1985.
柳田國男,『定本柳田國男集』第6卷(新裝版), 筑摩書房, 1985.
柳田國男,『定本柳田國男集』第7卷(新裝版), 筑摩書房, 1985.
柳田國男,『定本柳田國男集』第8卷(新裝版), 筑摩書房, 1985.
柳田國男,『定本柳田國男集』第9卷(新裝版), 筑摩書房, 1985.
柳田國男,『定本柳田國男集』第10卷(新裝版), 筑摩書房, 1985.
柳田國男,『定本柳田國男集』第11卷(新裝版), 筑摩書房, 1985.
柳田國男,『定本柳田國男集』第12卷(新裝版), 筑摩書房, 1985.
柳田國男,『定本柳田國男集』第13卷(新裝版), 筑摩書房, 1985.
柳田國男,『定本柳田國男集』第14卷(新裝版), 筑摩書房, 1985.
柳田國男,『定本柳田國男集』第15卷(新裝版), 筑摩書房, 1985.
柳田國男,『定本柳田國男集』第16卷(新裝版), 筑摩書房, 1985.
柳田國男,『定本柳田國男集』第17卷(新裝版), 筑摩書房, 1985.
柳田國男,『定本柳田國男集』第18卷(新裝版), 筑摩書房, 1985.
柳田國男,『定本柳田國男集』第19卷(新裝版), 筑摩書房, 1985.
柳田國男,『定本柳田國男集』第20卷(新裝版), 筑摩書房, 1985.
柳田國男,『定本柳田國男集』第21卷(新裝版), 筑摩書房, 1985.
柳田國男,『定本柳田國男集』第22卷(新裝版), 筑摩書房, 1985.
柳田國男,『定本柳田國男集』第23卷(新裝版), 筑摩書房, 1985.
柳田國男,『定本柳田國男集』第24卷(新裝版), 筑摩書房, 1985.
柳田國男,『定本柳田國男集』第25卷(新裝版), 筑摩書房, 1985.
柳田國男,『定本柳田國男集』第26卷(新裝版), 筑摩書房, 1985.
柳田國男,『定本柳田國男集』第27卷(新裝版), 筑摩書房, 1985.
柳田國男,『定本柳田國男集』第28卷(新裝版), 筑摩書房, 1985.
柳田國男,『定本柳田國男集』別卷 第1(新裝版), 筑摩書房, 1985.
柳田國男,『定本柳田國男集』別卷 第2(新裝版), 筑摩書房, 1985.
柳田國男,『定本柳田國男集』別卷 第3(新裝版), 筑摩書房, 1985.
柳田國男,『定本柳田國男集』別卷 第4(新裝版), 筑摩書房, 1985.

柳田國男, 『定本柳田國男集』別卷 第5(新裝版), 筑摩書房, 1985.

柳田國男, 『不幸なる芸術』, 筑摩書房, 1985.

柳田國男, 『全集日本野鳥記』 11, 講談社, 1986.

柳田國男, 『信州隨筆』, 鄕土出版社, 1986.

柳田國男, 『民間伝承論』, 第三書館, 1986.

柳田國男, 『明治大正史』(講談社學術文庫) 世相篇 上, 講談社, 1986.

柳田國男, 『明治大正史』(講談社學術文庫) 世相篇, 講談社, 1986.

柳田國男, 『遠野物語』(新裝版), 大和書房, 1986.

柳田國男・丸山久子, 『分類兒童語彙』, 國書刊行會, 1987.

柳田國男 著, 庄司和晃 編 / 解說, 『柳田國男』, 明治図書出版, 1987.

柳田國男, 『食物の心臓』, 講談社, 1988.

柳田國男, 『故鄕七十年』(のじぎく文庫), 神戸新聞總合出版センター, 1989.

柳田國男, 『妹の力』(改版10版), 角川書店, 1989.

柳田國男・關敬吾, 『山島民譚集』(增補), 平凡社, 1989.

柳田國男・益田勝實, 『明治大正史』(世相篇), 平凡社, 1989.

柳田國男・柳田國男, 『遠野物語』(岩波文庫), 岩波書店, 1989.

柳田國男ほか, 『柳田國男; 折口信夫; 萩原朔太郎; 宮澤賢治; 高村光太郎; 齋藤茂吉;
    高浜虛子; 久保田万太郎; 幸田露伴』, 小學館, 1989.

柳田國男, 『柳田國男全集』(ちくま文庫) 1, 筑摩書房, 1989.

柳田國男, 『柳田國男全集』(ちくま文庫) 2, 筑摩書房, 1989.

柳田國男, 『柳田國男全集』(ちくま文庫) 3, 筑摩書房, 1989.

柳田國男, 『柳田國男全集』(ちくま文庫) 4, 筑摩書房, 1989.

柳田國男, 『柳田國男全集』(ちくま文庫) 5, 筑摩書房, 1989.

柳田國男, 『柳田國男全集』(ちくま文庫) 6, 筑摩書房, 1989.

柳田國男, 『柳田國男全集』(ちくま文庫) 7, 筑摩書房, 1990.

柳田國男, 『柳田國男全集』(ちくま文庫) 8, 筑摩書房, 1990.

柳田國男, 『柳田國男全集』(ちくま文庫) 9, 筑摩書房, 1990.

柳田國男, 『柳田國男全集』(ちくま文庫) 10, 筑摩書房, 1990.

柳田國男, 『柳田國男全集』(ちくま文庫) 11, 筑摩書房, 1990.

柳田國男, 『柳田國男全集』(ちくま文庫) 12, 筑摩書房, 1990.

柳田國男, 『柳田國男全集』(ちくま文庫) 13, 筑摩書房, 1990.

柳田國男, 『柳田國男全集』(ちくま文庫) 14, 筑摩書房, 1990.

柳田國男, 『柳田國男全集』(ちくま文庫) 15, 筑摩書房, 1990.

柳田國男, 『柳田國男全集』(ちくま文庫) 16, 筑摩書房, 1990.

柳田國男, 『柳田國男全集』(ちくま文庫) 17, 筑摩書房, 1990.

柳田國男, 『柳田國男全集』(ちくま文庫) 18, 筑摩書房, 1990.

柳田國男, 『柳田國男全集』(ちくま文庫) 19, 筑摩書房, 1990.

柳田國男, 『柳田國男全集』(ちくま文庫) 20, 筑摩書房, 1990.

柳田國男, 『柳田國男全集』(ちくま文庫) 21, 筑摩書房, 1990.

柳田國男, 『柳田國男全集』(ちくま文庫) 22, 筑摩書房, 1990.

柳田國男, 『柳田國男全集』(ちくま文庫) 23, 筑摩書房, 1990.

柳田國男, 『柳田國男全集』(ちくま文庫) 24, 筑摩書房, 1990.

柳田國男, 『柳田國男全集』(ちくま文庫) 25, 筑摩書房, 1990.

柳田國男, 『柳田國男全集』(ちくま文庫) 26, 筑摩書房, 1990.

柳田國男, 『柳田國男全集』(ちくま文庫) 27, 筑摩書房, 1990.

柳田國男, 『柳田國男全集』(ちくま文庫) 28, 筑摩書房, 1990.

柳田國男, 『柳田國男全集』(ちくま文庫) 29, 筑摩書房, 1991.

柳田國男, 『柳田國男全集』(ちくま文庫) 30, 筑摩書房, 1991.

柳田國男, 『柳田國男全集』(ちくま文庫) 31, 筑摩書房, 1991.

柳田國男, 『柳田國男全集』(ちくま文庫) 32, 筑摩書房, 1991.

柳田國男, 『遠野物語』(改定版), 角川書店, 1990.

柳田國男・笠原正夫, 『村と學童』, 海鳴社, 1990.

柳田國男・笠原正夫, 『火の昔』(柳田國男兒童讀み物集) 少年少女のための文學の話, 海鳴社, 1991.

柳田國男, 『遠野物語』(集英社文庫), 集英社 1991.

柳田國男, 『柳田國男』(ちくま日本文學全集 33), 筑摩書房, 1992.

柳田國男, 『柳田國男』, 河出書房新社, 1992.

柳田國男・笠原正夫, 『少年と國語』(柳田國男兒童讀み物集), 海鳴社, 1992.

柳田國男, 『口承文芸史考』, 講談社, 1992.

柳田國男, 『遠野物語』, 新潮社, 1992.

柳田國男・佐藤誠輔, 『遠野物語』(口語譯), 河出書房新社, 1992.

柳田國男・宮田登, 『柳田國男對談集』(ちくま學芸文庫), 筑摩書房, 1992.

柳田國男, 『棒の歴史』(集団讀書テキストB11), 全國學校図書館協議會, 1992.

柳田國男, 『毎日の言葉』, 新潮社, 1993.

柳田國男, 『こども風土記 母の手鞠歌』, 岩波書店, 1993.

柳田國男, 『明治大正史』(講談社學術文庫) 世相篇, 講談社, 1993.

柳田國男・柳田國男, 『遠野物語』(ワイド版岩波文庫), 岩波書店, 1993.

柳田國男, 『明治大正史－世相篇』, 講談社, 1993.

柳田國男 編, 李庸憙 譯, 『日本人』(修正增補版), ソウルー螢雪出版社, 1993.

柳田國男・鵜飼久市, 『遠野物語』(郷土の研究), 星の環會, 1994.

柳田國男・南方熊楠, 『柳田國男・南方熊楠往復書簡集』(平凡社ライブラリー) 上, 平凡社, 1994.

柳田國男・南方熊楠, 『柳田國男・南方熊楠往復書簡集』(平凡社ライブラリー) 下, 平凡社, 1994.

柳田國男, 『青年と學問』(岩波文庫), 岩波書店, 1996.

柳田國男・丸山久子, 『分類兒童語彙』改定訂, 國書刊行會, 1997.

柳田國男・岡谷公二, 『柳田國男』(シリーズ・人間図書館), 日本図書センター, 1998.

柳田國男・關敬吾, 『日本民俗學入門』(新版 特裝版), 名著出版, 1998.

柳田國男, 『柳田國男全集』(故郷七十年・海上の道) 第21卷, 筑摩書房, 1997.

柳田國男, 『柳田國男全集』(遠野物語) 第2卷, 筑摩書房, 1997.

柳田國男, 『柳田國男全集』(赤子塚の話) 第3卷, 筑摩書房, 1997.

柳田國男, 『柳田國男全集』(青年と學問) 第4卷, 筑摩書房, 1998.

柳田國男, 『柳田國男全集』(日本昔話集) 第5卷, 筑摩書房, 1998.

柳田國男, 『柳田國男全集』(秋風帖) 第6卷, 筑摩書房, 1998.

柳田國男, 『柳田國男全集』(地名の話その他) 第7卷, 筑摩書房, 1998.

柳田國男, 『柳田國男全集』(民間伝承論) 第8卷, 筑摩書房, 1998.

柳田國男, 『柳田國男全集』(信州隨筆) 第9卷, 筑摩書房, 1998.

柳田國男, 『柳田國男全集』(稗の未來) 第10卷, 筑摩書房, 1998.

柳田國男, 『柳田國男全集』(民謠覺書) 第11卷, 筑摩書房, 1998.

柳田國男, 『柳田國男全集』(野草雜記) 第12卷, 筑摩書房, 1998.

柳田國男, 『柳田國男全集』(方言覺書) 第13卷, 筑摩書房, 1998.

柳田國男, 『柳田國男全集』(神道と民俗學) 第14卷, 筑摩書房, 1998.

柳田國男, 『柳田國男全集』(先祖の話) 第15卷, 筑摩書房, 1998.

柳田國男, 『柳田國男全集』(新國學談) 第16卷, 筑摩書房, 1999.

柳田國男, 『柳田國男全集』(俳諧評釋) 第17卷, 筑摩書房, 1999.

柳田國男, 『柳田國男全集』(北國紀行) 第18卷, 筑摩書房, 1999.

柳田國男, 『柳田國男全集』(方言と音) 第19卷, 筑摩書房, 1999.

柳田國男, 『柳田國男全集』(月曜通信) 第20卷, 筑摩書房, 1999.

柳田國男, 『柳田國男全集』(産業組合) 第1卷, 筑摩書房, 1999.

柳田國男, 『柳田國男全集』(明治44年～大正4年) 第24卷, 筑摩書房, 1999.

柳田國男, 『柳田國男全集』(大正5年～大正10年) 第25卷, 筑摩書房, 2000.

柳田國男, 『柳田國男全集』(大正11年～大正14年) 第26卷, 筑摩書房, 2000.

柳田國男, 『柳田國男全集』(大正15年～昭和3年) 第27卷, 筑摩書房, 2000.

柳田國男・赤松宗旦, 『利根川図志』, 岩波書店, 1999.

柳田國男, 『柳田國男』(21世紀の日本人へ), 晶文社, 1999.

柳田國男・田中正明, 『私の歩んできた道』, 岩田書院, 2000.

柳田國男ほか 著, 小松和彦 編, 『憑きもの』, 河出書房新社, 2000

柳田國男ほか 著, 小松和彦 編, 『妖怪』, 河出書房新社, 2000.

柳田國男ほか 著, 小松和彦 編, 『河童』, 河出書房新社, 2000.

柳田國男・關敬吾, 『日本民俗學入門』(新版), 名著出版, 2001.

柳田國男ほか 著, 小松和彦 編, 『幽靈』, 河出書房新, 2001.

柳田國男ほか 著, 小松和彦 編, 『異人・生贄』, 河出書房新社, 2001.

柳田國男ほか 著, 小松和彦 編, 『境界』, 河出書房新社, 2001.

야나기타 구니오 관련 연구 저서 목록

新村出・柳田國男・吉村冬彦・齋藤茂吉,『新村出集; 柳田國男集; 吉村冬彦集; 齋藤茂吉集』(現代日本文學全集 第58篇), 改造社, 1931.

國學院大學方言研究會 編,『風位考資料』, 國學院大學方言研究會, 1935.

國民學術協會 編,『學術の日本』(國民學術協會叢書), 中央公論社, 1942.

佐々木喜善 採取,『上閉伊郡昔話集』, 三省堂, 1943.

鈴木淸美 採取,『直入郡昔話集』, 三省堂, 1943.

今村勝臣 採取,『御津郡昔話集』, 三省堂, 1943.

山口麻太郎 採取,『壹岐島昔話集』, 三省堂, 1943.

岩倉市郎 採取,『喜界島昔話集』, 三省堂, 1943.

武田明 採取,『讚岐佐柳志々島昔話集』, 三省堂, 1944.

民間傳承の會 編,『日本民俗學のために－柳田國男先生古稀記念文集』, 民間伝承の會, 1947.

日本放送協會 編,『日本昔話名彙』, 日本放送出版協會, 1948.

日本放送協會 編,『日本傳說名彙』, 日本放送出版協會, 1950.

民俗學研究所・日本民俗學會 (共)編,『民俗學研究』, 日本民俗學會(民俗學研究所紀要), 1950~1952.

民俗學研究所 編,『民俗學辭典』, 東京堂出版, 1951.

西村亨 編,『柳田國男方言文庫目錄』, 慶應義塾大學 言語文化研究所, 1964.

益田勝實篇,『柳田國男』(現代日本思想大系 29), 筑摩書房, 1965.

中村哲,『柳田國男の思想』, 法政大學出版局, 1967.

盛永俊太郎(ほか) 編,『稻の日本史』, 筑摩書房, 1969~1969.

谷崎潤一郎(ほか) 編,『柳田國男; 齋藤茂吉; 折口信夫』(日本の文學), 中央公論社, 1969.

日本放送協會 編,『日本伝說名彙』第2版, 日本放送出版協會, 1971.

大藤時彦・小川徹 編,『民俗編』(沖繩文化論叢 第2卷, 第3卷), 平凡社, 1971.

日本放送協會 編,『日本昔話名彙』(改定版), 日本放送出版協會, 1971.

後藤總一郎 編,『柳田國男』(人と思想), 三一書房, 1972.

臼井吉見 編,『柳田國男回想』, 筑摩書房, 1972.

牧田茂,『柳田國男』(中公新書 304), 中央公論社, 1972.

神島二郎・伊藤幹治,『シンポジウム柳田國男』, 日本放送出版會, 1973.

大藤時彦,『柳田國男入門』, 筑摩書房 1973.

神島二郎 編,『柳田國男研究』, 筑摩書房, 1973.

山下澄子,『折口信夫・柳田國男論』, 山下稔, 1973.

伊藤整,『柳田國男』(日本の名著 50), 中央公論新社, 1974.

谷崎潤一郎,『柳田國男』(日本の文學 26), 中央公論新社, 1974.

中村哲,『柳田國男の思想』(新版), 法政大學出版局, 1974.

和歌森太郎,『柳田國男と歴史學』(NHKブックス 241), 日本放送出版協會, 1975.

藤井隆至 編,『農政論集－柳田國男』, 法政大學出版局, 1975.

庄司和晃,『柳田國男の教育的研究－その兒童觀と教育觀・實踐的構想』(成城學園初
　　　　等學校研究双書 35), 成城學園初等學校出版部, 1975.

日本民俗學會 編,『離島生活の研究』, 國書刊行會, 1975.

守屋健輔,『柳田國男と利根川－柳田學發生の周辺を歩く』, 崙書房, 1975.

伊藤幹治米山俊直,『柳田國男の世界』(放送ライブラリー), 日本放送出版協會, 1976.

飯倉照平 編,『柳田國男・南方熊楠・往復書簡集』, 平凡社, 1976.

日本文學研究資料刊行會 編,『柳田國男』(日本文學研究資料叢書), 有精堂出版,
　　　　1976.

臼井吉見(ほか) 編,『土俗の魂』(土とふるさとの文學全集), 家の光協會 1976.

飯倉照平 編,『柳田國男南方熊楠往復書簡集』, 平凡社, 1976.

柳田國男生誕百年記念會 編,『柳田國男生誕百年記念民俗調査報告書』, 柳田國男
　　　　生誕百年記念會, 1976.

柳田國男生誕百年記念會・日本民俗學會 編,『柳田國男生誕百年記念國際シンポ
　　　　ジウム・民俗調査報告書』, 柳田國男生誕百年記念會, 1976.

有賀喜佐衛門,『一つの日本文化論－柳田國男に關連して』, 未來社, 1976.

岩本由輝,『柳田國男の農政學』, 御茶の水書房, 1976.

森田俊男,『個性としての地域－沖縄・日本認識をめぐって伊皮普猷・柳田國男・
　　　　河上肇』(森田俊男教育論集 第1卷) 民衆社, 1976.

中村哲,『柳田國男の思想』(講談社學術文庫) 下, 講談社, 1977.

中村哲,『柳田國男の思想』(講談社學術文庫) 上, 講談社, 1977.

日本放送協會,『遠野物語をゆく－柳田國男の風景』, 學習研究社, 1977.

橋川文三,『柳田國男－その人間と思想』(講談社學術文庫 (115)), 講談社, 1977.

岡谷公二,『柳田國男の青春』, 筑摩書房, 1977.

ロナルド・A.モース; 岡田陽一; 山野博史 譯,『近代化への挑戦－柳田國男の遺産』,
　　　　日本放送出版協會, 1977.

村上信彦,『高群逸枝と柳田國男－婚制の問題を中心に』, 大和書房, 1977.

鶴見和子,『漂泊と定住と : 柳田國男の社會変動論』, 筑摩書房, 1977.

岩崎敏夫,『柳田國男の分類による日本の昔話』, 角川書店, 1977.

山田野理夫,『柳田國男の光と影－佐々木喜善物語』, 農山漁村文化協會, 1977.

宮崎修二朗,『柳田國男その原郷』, 朝日新聞社, 1978.

日本民俗學會 編,『日本民俗學の課題－柳田國男生誕百年記念研究發表』, 弘文堂,
　　　　1978.

庄司和晃,『柳田國男と教育－民間教育學序說』, 評論社, 1978.

岩本由輝,『柳田國男の共同体論－共同体論をめぐる思想的狀況』, 御茶の水書房,
　　　　1978.

色川大吉,『柳田國男－常民文化論』(日本民俗文化大系 1), 講談社, 1978.

牧田茂,『評伝柳田國男』, 日本書籍, 1979.

日本文學研究資料刊行會,『柳田國男』(日本文學研究資料叢書), 有精堂出版, 1979.

池田弥三郎谷川健一,『柳田國男と折口信夫』, 新思索社, 1980.

安間清,『柳田國男の手紙－ニソの杜民俗誌』, 大和書房, 1980.

伊藤整,『柳田國男集』(日本現代文學全集 36, 増補改訂版), 講談社, 1980.

大藤時彦・柳田爲正,『柳田國男寫眞集』, 岩崎美術社, 1981.

有賀喜佐衛門,『一つの日本文化論－柳田國男に關連して』, 未來社, 1981.

淺香勝輔・村田安穂 編,『歷史教育とその周辺－熊谷幸次郎先生古稀記念歷史教育
　　　　論集』, 法律文化社, 1981.

和歌森太郎,『日本社會史の研究』, 弘文堂, 1981.

柳田國男研究會,『柳田國男著作研究文獻目録』, 日本地名研究所, 1982.

長浜功,『常民教育論－柳田國男の教育觀』, 新泉社, 1982.

來嶋靖生,『森のふくろう－柳田國男の短歌』, 河出書房新社, 1982.

岩本由輝, 『柳田國男－民俗學への模索』, 柏書房, 1982.

後藤總一郎, 『柳田國男論序説』(新版), 伝統と現代社(現代シャーナリズム出), 1982.

和歌森太郎, 『柳田國男と歴史學』(NHKブックス), 日本放送出版協會, 1982.

葛西ゆか・齋藤道子, 『菅江眞澄と柳田國男』, 長谷川道子, 1982.

岩本由輝, 『柳田國男－民俗學の周緣續』, 柏書房, 1983.

今野円輔, 『柳田國男隨行記』, 秋山書店, 1983.

高藤武馬, 『ことばの聖－柳田國男先生のこと』, 筑摩書房, 1983.

守屋健輔, 『利根川図誌と柳田國男』, 崙書房出版, 1983.

長浜功 編集解説, 『柳田國男文化論集』, 新泉社, 1983.

喜多野清一 編, 『家族・親族・村落』, 早稲田大學 出版部, 1983.

福田アジオ, 『日本民俗學方法序説－柳田國男と民俗學』, 弘文堂, 1984.

伊藤整, 『中公バックス柳田國男』(日本の名著 50), 中央公論新社, 1984.

南方熊楠, 『南方熊楠選集』(柳田國男南方熊楠往復書簡) 別卷, 平凡社, 1985.

中村哲, 『柳田國男の思想』(新版), 法政大學出版局, 1985.

村上信彦, 『高群逸枝と柳田國男』(新裝版), 大和書房, 1985.

岡谷公二, 『貴族院書記官長柳田國男』, 筑摩書房, 1985.

川田稔, 『柳田國男の思想史的研究』, 未來社, 1985.

岩本由輝, 『論爭する柳田國男－農政學から民俗學への視座』, 御茶の水書房, 1985.

橋川文三 著, 神島二郎(ほか) 編, 『橋川文三著作集』, 筑摩書房 1985~1986.

吉田和明, 『柳田國男』(For beginners シリーズ), 現代書館, 1986.

柳田國男, 『柳田國男集』(現代日本文學大系 20), 筑摩書房, 1986.

山崎正和 編, 『アジアを夢みる』, 講談社, 1986.

後藤總一郎, 『柳田國男研究資料集成』, 別卷1, 日本図書センター, 1986.

後藤總一郎, 『柳田國男研究資料集成』, 別卷2, 日本図書センター, 1986.

後藤總一郎, 『柳田國男研究資料集成』(明治編) 第1卷, 日本図書センター, 1986.

後藤總一郎, 『柳田國男研究資料集成』(昭和編2) 第2卷, 日本図書センター, 1986.

後藤總一郎, 『柳田國男研究資料集成』(昭和編3) 第3卷, 日本図書センター, 1986.

後藤總一郎, 『柳田國男研究資料集成』(昭和編4) 第4卷, 日本図書センター, 1986.

後藤總一郎, 『柳田國男研究資料集成』(昭和編5) 第5卷, 日本図書センター, 1986.

後藤總一郎, 『柳田國男研究資料集成』(昭和編6) 第6卷, 日本図書センター, 1986.

後藤總一郎, 『柳田國男研究資料集成』(昭和編7) 第7卷, 日本図書センター, 1986.

後藤總一郎, 『柳田國男研究資料集成』(昭和編8) 第8卷, 日本図書センター, 1986.

後藤總一郎, 『柳田國男研究資料集成』(昭和編9) 第9卷, 日本図書センター, 1986.

後藤總一郎, 『柳田國男研究資料集成』(昭和編10) 第10卷, 日本図書センター, 1986.

後藤總一郎, 『柳田國男研究資料集成』(昭和編11) 第11卷, 日本図書センター, 1987.

後藤總一郎, 『柳田國男研究資料集成』(昭和編12) 第12卷, 日本図書センター, 1987.

後藤總一郎, 『柳田國男研究資料集成』(昭和編13) 第13卷, 日本図書センター, 1987.

後藤總一郎, 『柳田國男研究資料集成』(昭和編14) 第14卷, 日本図書センター, 1987.

後藤總一郎, 『柳田國男研究資料集成』(昭和編15) 第15卷, 日本図書センター, 1987.

後藤總一郎, 『柳田國男研究資料集成』(昭和編16) 第16卷, 日本図書センター, 1987.

後藤總一郎, 『柳田國男研究資料集成』(昭和編17) 第17卷, 日本図書センター, 1987.

後藤總一郎, 『柳田國男研究資料集成』(昭和編18) 第18卷, 日本図書センター, 1987.

後藤總一郎, 『柳田國男研究資料集成』(昭和編19) 第19卷, 日本図書センター, 1987.

後藤總一郎, 『柳田國男研究資料集成』(昭和編20) 第20卷, 日本図書センター, 1987.

後藤總一郎, 『柳田國男論』, 恒文社, 1987.

柳田爲正, 『柳田國男談話稿』, 法政大學出版局, 1987.

佐藤健二, 『讀書空間の近代－方法としての柳田國男』, 弘文堂, 1987.

中村英二, 『柳田國男と小子內浜 : 「浜の月夜」と「淸光館哀史」の背景』, 淵澤秀岳, 1987.

淵澤秀岳, 『柳田國男論』, 恒文社, 1987.

庄司和晃, 『柳田國男と科學教育－庄司和晃著作集』 2, 明治図書出版, 1988.

佐伯有淸, 『柳田國男と古代史』, 吉川弘文館, 1988.

谷川彰英, 『柳田國男と社會科教育』, 三省堂, 1988.

柳田國男研究會, 『柳田國男伝』, 三一書房, 1988.

井上靖, 『柳田國男・折口信夫・萩原朔太郎・宮澤賢治・高村光太郎・齋藤茂』, 小學館, 1989.

梶木剛, 『柳田國男の思想』, 勁草書房, 1989.

牧田茂, 『柳田國男』, 中央公論新社, 1989.

高橋廣滿 編, 『柳田國男と折口信夫－學問と創作の間』(日本文學研究資料新集 29), 有精堂出版, 1989.

岩本由輝,『柳田國男を讀み直す』, 世界思想社, 1990.

吉本隆明,『柳田國男論集成』, 宝島社, 1990.

鈴木重三,『ご先祖さまを河童にしたら－柳田國男と「遠野物語」』, 近代文芸社, 1990.

山下紘一郎,『柳田國男の皇室觀』, 梟社(新泉社), 1990.

川田稔,『「意味」の地平へ－レヴィ＝ストロース, 柳田國男, デュルケーム』, 未來社, 1990.

岡谷公二,『柳田國男の靑春』, 筑摩書房, 1991.

千葉德爾,『柳田國男を讀む』, 東京堂出版, 1991.

木村博,『柳田國男』, 城ヶ崎文化資料館(名著出版), 1991.

赤坂憲雄,『山の精神史－柳田國男の發生』, 小學館, 1991.

松本三喜夫,『孤高の叫び－柳田國男・南方熊楠・前田正名』, 近代文芸社, 1991.

三好京三,『遠野夢詩人－佐々木喜善と柳田國男』, PHP研究所, 1991.

船木裕,『柳田國男外伝－白足袋の思想』, 日本エディタスクル出版部, 1991.

館林市敎育委員會文化振興課 編,『田山花袋宛柳田國男書簡集』, 館林市, 1991.

柳田國男,『肉聲できく昭和の証言8－宗敎・思想家・文化人編』, 日本放送出版協會, 1992.

福田アジオ,『柳田國男の民俗學』, 吉川弘文館, 1992.

橋川文三,『柳田國男－その人間と思想』, 講談社, 1992.

村井紀,『南島イデオロギーの發生－柳田國男と植民地主義』, 福武書店, 1992.

山中正夫,『反柳田國男の世界－民俗と歷史の狹間』, 近代文芸社, 1992.

川田稔,『柳田國男－「固有信仰」の世界』, 未來社, 1992.

松本三喜夫,『柳田國男と民俗の旅』, 吉川弘文館, 1992.

平野仁啓,『柳田國男探求』, 固有信仰論の展開, たいら書房(星雲社) 1992.

中島誠,『変容の時代の日本學－親鸞・宣長・柳田國男』, 春秋社, 1993.

牛島盛光,『日本民俗學の源流－柳田國男と椎葉村』, 岩崎美術社, 1993.

綱澤滿昭,『柳田國男の思想世界』, 翰林書房, 1993.

相馬庸郎,『柳田國男と文學』, 洋々社, 1994.

松本三喜夫,『柳田(やなぎた)「民俗學」への底流－柳田國男と「爐刀叢書」の人々』, 靑弓社, 1994.

長浜功, 『常民教育論－柳田國男の教育觀』, 新泉社, 1994.

來嶋靖生, 『柳田國男の短歌－森のふくろう』, 河出書房新社, 1994.

來嶋靖生, 『柳田國男と短歌－續 森のふくろう』, 河出書房新社, 1994.

田中正明, 『柳田國男書目書影集覽』, 岩田書院, 1994.

赤坂憲雄, 『柳田國男の讀み方－もうひとつの民俗學は可能か』, 筑摩書房, 1994.

池田弥三郎谷川健一, 『柳田國男と折口信夫』, 岩波書店, 1994.

赤坂憲雄, 『漂泊の精神史－柳田國男の發生』, 小學館, 1994.

播磨學研究所, 『再考柳田國男と民俗學』, 神戸新聞總合出版センター, 1994.

橋本鐵男, 『柳田國男と近江－滋賀縣民俗調査研究のあゆみ』, サンライズ出版,
　　　　1994.

河合隼雄, 『昔話の世界』, 岩波書店, 1994.

村井紀, 『南島イデオロギーの發生－柳田國男と植民地主義』(增補・改訂), 太田出
　　　　版, 1995.

內田隆三, 『柳田國男と事件の記錄』, 講談社, 1995.

後藤總一郎, 『柳田國男をよむ－日本人のこころを知る』, アテネ書房, 1995.

關口敏美, 『柳田國男における「學問」の展開と教育觀の形成』, 風間書房, 1995.

岩崎敏夫, 『柳田國男の民俗學』, 岩田書院, 1995.

藤井隆至, 『柳田國男経世濟民の學－経濟・倫理・教育』, 古屋大學出版會, 1995.

倉石あつ子, 『柳田國男と女性觀－主婦權を中心として』, 三一書房, 1995.

米山俊直, 『クニオとクマグス－柳田國男・南方熊楠』, 河出書房新社, 1995.

吉本隆明, 『定本柳田國男論』, 洋泉社, 1995.

社會思想史學會 編集, 『シンポジウム：I 柳田國男の現代的意義; II リベラリズム,
　　　　コミュニタリアニズム, アナキズム：共同性の緒』, 北樹出版, 1995.

森本芳生, 『近代公教育と民衆生活文化－柳田國男の＜教育＞思想に學びながら』, 明
　　　　石書店, 1996.

岡谷公二, 『殺された詩人－柳田國男の戀と學問』, 新潮社, 1996.

柳田爲正, 『父柳田國男を想う』, 筑摩書房, 1996.

松本三喜夫, 『野の手帖－柳田國男と小さき者のまなざし』, 靑弓社, 1996.

石内徹, 『柳田國男『遠野物語』作品論集成』(近代文學作品論叢書) 1, 大空社, 1996.

石内徹, 『柳田國男『遠野物語』作品論集成』(近代文學作品論叢書) 2, 大空社, 1996.

石內徹,『柳田國男『遠野物語』作品論集成』(近代文學作品論叢書) 3, 大空社, 1996.

石內徹,『柳田國男『遠野物語』作品論集成』(近代文學作品論叢書) 4, 大空社, 1996.

野家啓一,『物語の哲學－柳田國男と歷史の發見』, 岩波書店, 1996.

谷川彰英,『柳田國男教育論の發生と継承－近代の學校教育批判と「世間」教育』, 三一書房, 1996.

赤坂憲雄,『山の精神史－柳田國男の發生』, 小學館, 1996.

柳田國男研究會,『柳田國男・ジュネーブ以後』, 三一書房, 1996.

井口時男,『柳田國男と近代文學』, 講談社, 1996.

佐谷眞木人,『柳田國男－日本的思考の可能性』, 小澤書店, 1996.

柳田國男記念伊那民俗學研究所,『柳田國男と飯田－まこと君の一研究』, 飯田市教育委員會, 1996.

古屋哲夫 編,『近代日本のアジア認識』(新版), 綠蔭書房, 1996.

芳賀登,『柳田國男と平田篤胤』, 皓星社, 1997.

川田稔,『柳田國男－その生涯と思想』, 吉川弘文館, 1997.

堅田直先生古希記念論文集刊行會 編,『堅田直先生古希記念論文集』, 眞陽社, 1997.

川田稔,『「意味」の地平へ－レヴィ＝ストロース, 柳田國男, デュルケーム』3刷, 未來社, 1997.

遠野常民大學 編,『注釋遠野物語』, 筑摩書房, 1997.

赤坂憲雄,『漂泊の精神史－柳田國男の發生』, 小學館, 1997.

伊能嘉矩,『台湾文化志 上卷』(柳田國男の本棚 第1卷), 大空社, 1997.

伊能嘉矩,『台湾文化志 中卷』(柳田國男の本棚 第2卷), 大空社, 1997.

伊能嘉矩,『台湾文化志 下卷』(柳田國男の本棚 第3卷), 大空社, 1997.

松木時彦,『神都百物語』(柳田國男の本棚 第4卷), 大空社, 1997.

青木純二,『山の伝說』(柳田國男の本棚 第5卷), 大空社, 1997.

岡田建文,『動物界靈異誌』(柳田國男の本棚 第6卷), 大空社, 1997.

三上永人,『東石見田唄集』(柳田國男の本棚 第7卷), 大空社, 1997.

江川俊治,『ハルマヘイラ島生活』(柳田國男の本棚 第8卷), 大空社, 1997.

中田千畝,『和尙と小僧』(柳田國男の本棚 第9卷), 大空社, 1997.

川口孫治郎,『日本鳥類生態學資料』(柳田國男の本棚 第10卷), 大空社, 1997.

楢木範行,『日向馬關田の伝承』(柳田國男の本棚 第11卷), 大空社, 1997.

別所梅之助,『地を拓く』(柳田國男の本棚 第12卷), 大空社, 1997.

高田十郎,『隨筆民話』(柳田國男の本棚 第13卷), 大空社, 1997.

太田陸郎,『支那習俗』(柳田國男の本棚 第14卷), 大空社, 1997.

小林保祥,『高砂族パイワヌの民芸』(柳田國男の本棚 第15卷), 大空社, 1997.

山口貞夫,『地理と民俗』(柳田國男の本棚 第16卷), 大空社, 1997.

金田一京助,『アイヌの研究』(柳田國男の本棚 第17卷), 大空社, 1998.

荒垣秀雄,『北飛驒の方言』(柳田國男の本棚 第18卷), 大空社, 1998.

大田榮太郎,『滋賀縣方言集』(柳田國男の本棚 第19卷), 大空社, 1998.

高田十郎,『大和の伝説』(柳田國男の本棚 第20卷), 大空社, 1998.

島袋盛敏,『遺老説伝』(柳田國男の本棚 第21卷), 大空社, 1998.

瀬川清子,『海女記』(柳田國男の本棚 第22卷), 大空社, 1998.

小笠原謙吉,『紫波郡昔話集』(柳田國男の本棚 第23卷), 大空社, 1998.

福原信三,『武藏野風物』(柳田國男の本棚 第24卷), 大空社 1998.

能田多代子,『村の女性』(柳田國男の本棚 第25卷), 大空社 1998.

女性民俗學研究會,『女の本』(柳田國男の本棚 第26卷), 大空),社 1998.

鈴木覺馬,『岳南史』第1卷(柳田國男の本棚 第27卷), 大空社, 1998.

鈴木覺馬,『岳南史』第2卷(柳田國男の本棚 第28卷), 大空社, 1998.

鈴木覺馬,『岳南史』第3卷(柳田國男の本棚 第29卷), 大空社, 1998.

鈴木覺馬,『岳南史』第4卷(柳田國男の本棚 第30卷), 大空社, 1998.

鈴木覺馬,『岳南史』第5卷(柳田國男の本棚 第31卷), 大空社, 1998.

都憲雄(演出)・後藤總一郎(監修),『學問と情熱』第9卷(柳田國男, ビデオ〈VHS〉), 紀伊國屋書店, 1998.

綱澤滿昭,『柳田國男讚歌への疑念－日本の近代知を問う』, 風媒社, 1998.

鶴見和子,『柳田國男論』, 藤原書店, 1998.

柳田國男研究會,『柳田國男・ことばと郷土』, 岩田書院, 1998.

野村純一,『柳田國男事典』, 勉誠出版, 1998.

川田稔,『柳田國男のえがいた日本－民俗學と社會構想』, 未來社, 1998.

岡村遼司,『柳田國男の明治時代－文學と民俗學と』, 明石書店, 1998.

鶴見太郎,『柳田國男とその弟子たち－民俗學を學ぶマルクス主義者』, 人文書院, 1998.

松本三喜夫,『柳田國男の民俗誌』, 吉川弘文館, 1998.

赤松宗旦柳田國男,『利根川図志』, 岩波書店, 1999.

河村望,『柳田國男の世界』, 人間の科學社, 1999.

鷲田小弥太,『柳田國男－柳田民俗學と日本資本主義』, 三一書房 1999.

大藤ゆき,『子育ての民俗－柳田國男の伝えたもの』, 岩田書院, 1999.

福田アジオ,『民俗學者柳田國男』, 御茶の水書房, 2000.

柳田國男研究會,『柳田國男・民俗の記述』, 岩田書院, 2000.

船曳建夫,『柳田國男』, 筑摩書房, 2000.

赤坂憲雄,『海の精神史－柳田國男の發生』, 小學館, 2000.

田中正明 編,『柳田國男私の歩んできた道』, 岩田書院, 2000.

橋川文三,『橋川文三著作集』(増補版), 筑摩書房, 2000~2001.

前橋松造,『奄美の森に生きた人－柳田國男が訪ねた峠の主人・畠中三大郎』, 南方
　　　　新社, 2001.

谷川健一,『柳田國男の民俗學』, 岩波書店, 2001.

吉本隆明,『柳田國男論・丸山眞男論』, 筑摩書房, 2001.

後藤總一郎 編,『柳田國男のアジア認識』, 岩田書院, 2001.

福田アジオ 編,『柳田國男の世界－北小浦民俗誌を讀む』, 吉川弘文館, 2001.

菊地曉,『柳田國男と民俗學の近代－奥能登のアエノコトの二十世紀』, 吉川弘文
　　　　館, 2001.

야나기타 구니오 연보

* 연보 작성은『定本柳田國男集』別卷 第五(筑摩書房, 1971)에 수록되어 있는 야나기타 구니오의 연보를 참고로 하였다.

년 도	내 용	비 고
1875년 (명치 8)	• 효고현(兵庫縣) 가미히가시군(神東郡) 다와라무라쓰지카와[田原村辻川 : 현재의 간자키군(神崎郡) 후쿠사키정 쓰지카와(福崎町辻川)]의 마쓰오카(松岡) 집안에서 아버지 미사오(操), 어머니 다케(たけ) 사이의 여섯 번째 아들로 태어남. 마쓰오카 집안은 대대로 의사 집안.	지시마(千島)를 일본령으로 함
1879년 (명치 12) 5세	• 쓰지카와(辻川)에 있는 쇼몬(昌文) 소학교에 입학.	
1883년 (명치 16) 9세	• 쇼몬(昌文) 소학교를 졸업. 호죠마치(北條町)에 있는 고등소학교에 입학.	
1885년 (명치 18) 11세	• 고등소학교를 졸업. 현(縣)의 지사로부터 포상을 받음.	오사카(大阪)사건 내각제도
1889년 (명치 22) 15세	• 이 무렵『시가라미소우시(しがらみ草紙)』에 단카(短歌)를 투고	일본제국 헌법 발포
1892년 (명치 25) 18세	• 1월에 가인(歌人)인 마쓰우라 하기쓰보(松浦萩坪) 밑에 입문하여 단카를 배움. 이곳에서 문학자 다야마 카타이(田山花袋)를 알게 됨.	
1893년 (명치 26) 19세	• 9월에 제일고등중학교에 입학하여 기숙사에 들어간다.『교우회잡지(校友會雜誌)』에 단카를 투고하기 시작.	
1894년 (명치 27) 20세	• 다야마 가타이(田山花袋)와 닛코(日光)에서 문학자 오자키 고요(尾崎紅葉)를 만남.	영일통상항해조약 체결
1895년 (명치 28) 21세	• 나카가와 쿄지로(中川恭治郎)의 도움으로『문학계(文學界)』에 赤松某, 赤松國祐, 松男(松岡國男의 略)라는 이름으로 신체시를 발표.	청일강화조약 체결, 대만 지배 착수
1896년 (명치 29) 22세	• 7월 8일 어머니 사망. 9월 5일, 어머니의 죽음으로 인한 타격으로 상심해 있던 아버지도 65세의 나이로 급사하다. 11월 16일 다야마 가타이(田山花袋)와 함께 문학자 구니키다 돗포(國木田獨步)를 방문.	
1897년 (명치 30) 23세	• 9월에 동경제국대학 법과대학 정치과에 입학. 마쓰자키 구라노스케(松崎藏之助)에게서 농정학(農政學)을 배움.	하치만(八幡)제철소의 설치, 노동 문제 발생

1900년 (명치 33) 26세	• 7월 10일 동경제국대학 법과대학 정치과를 졸업. 농상무성(農商務省) 농무국에서 근무를 시작한다. 9월부터 매주 화요일에 와세다(早稻田)대학에서 농정학을 강의함. 이 해에 야나기타(柳田) 집안의 양자로 가는 일이 결정됨.	이토 히로부미(伊藤博文) 입헌정우회 결성, 노동운동 탄압
1901년 (명치 34) 27세	• 5월 29일 야나기타 집안의 양자로 입적. 양부(養父)인 야나기타 나오히라(柳田直平)는 신슈(信州) 지방의 이이다(飯田藩) 출신으로 대심원 판사이다. 10월에서 11월 사이 약 40일 간에 걸쳐서 기소(木曾) 이외의 신슈(信州) 지역 각 군(郡)을 여행하며 산업조합·농회(農會)에 대해서 강연.	
1902년 (명치 35) 28세	• 2월 12일 법제국 참사관으로 임관됨. • 9월 26일 센슈(專修)학교에서 농업정책학을 강의.	영일동맹 일본흥업은행(日本興業) 개업
1903년 (명치 36) 29세	• 징병검사를 하기 위해 아사쿠사(淺草)에 머무름. 당시 아사쿠사(淺草) 근방은 징병되는 비율이 낮았던 듯하다. 검사결과는 병종(丙種)을 받음.	
1904년 (명치 37) 30세	• 2월 10일 러일전쟁이 시작됨. 하세가와(長谷川) 장관의 비서로 임명되어 규슈(九州) 및 다른 지방으로 출장을 감. 4월 9일 전부터 약혼 중이던 야나기타 나오히라(柳田直平)의 넷째 딸과 결혼함.	러일전쟁
1905년 (명치 38) 31세	• 전국농사회(제국농회의 전신) 간사가 됨. 후쿠시마현(福島縣)의 각지를 시찰.	일본 최초의 메이데이 개최 조선통감부 설치
1906년 (명치 39) 32세	• 3월 3일 자택에서 토요회(土曜會)를 개최. 3월 13일에 미노군(美濃郡)에 있는 깊은 산중에서 아이를 죽인 산지기 노인에게 특사가 내려졌다(나중에『산에서 사는 인생(山の人生)』의 첫 부분 문장이 됨). 4월 15일『와세다 문학(早稻田文學)』5호에 싣게 될 시마자키 도손(島崎藤村)의『파계(破戒)』를 비평함. 8월 22일~10월 20일에 걸쳐 동북(東北)·홋카이도(北海道) 여행.	남만주(南滿洲)철도 주식회사 설립
1907년 (명치 40) 33세	• 8월 21일 훈육등(勳六等) 훈장이 수여됨. 9월 16일 이 날부터 매주 월요일 주오(中央)대학에서 농정학 강의를 시작.	
1908년 (명치 41) 34세	• 1월 13일 겸임 궁내(宮內)서기관이 됨. • 4월 시마자키 도손(島崎藤村) 다야마 가타이(田山花袋) 등과 함께『이십 팔인집(二十八人集)』을 신조사(新潮社)에서 간행. • 5월 24일~8월 22일에 걸쳐 규슈(九州)여행[유명한『노치노가리고토바노기(後狩詞記)』의 여행]. 7월 13일 미야자키현(宮崎縣)에 있는 시바무라(椎葉村)에 들어가 일주일 동안 체재하면서 사냥의 고실(故實)에 관한 이야기를 들음[일본민속학사에서 중요한 위치를 차지하는『노치노가리고토바노기(後狩詞記)』의 자료가 됨].	미일신사협약
1909년 (명치 42) 35세	• 3월 11일『노치노가리고토바노기(後狩詞記)』를 자비출판. 8월 23일~31일 동북 지방을 여행. 처음으로 도노(遠野) 지역을 방문함. 10월 19일, 호세(法政)대학에서 농정학 강의를 시작함. 이 해에『석신문답(石神問答)』출판을 인연으로 해서 민족학자인 미나카타 구마구스(南方熊楠)와 편지왕래가 시작됨.	이토 히로부미(伊藤博文) 하얼빈에서 암살

년 도	내 용	비 고
1910년 (명치 43) 36세	• 4월 10일 『석신문답(石神問答)』의 초고를 씀. 5월 16일 『도노모노가타리(遠野物語)』 교정을 끝냄. 6월 22일 겸임 내각서기관 기록과장이 됨. 8월 내각에서 한일병합에 관한 법제 작성을 맡음.	대역사건(大逆事件) 한일병합
1911년 (명치 44) 37세	• 6월 13일, 한일병합의 공로로 훈오등서보장(瑞寶章)을 수여함. 11월 27일 신도(神道)담화회에 출석하여 처음으로 다카모토 도시오(高基敏雄)를 만남.	중공업이 대두되기 시작
1912년 (명치 45= 대정 원년) 38세	• 2월 27일 오키나와 연구자인 이하 후유(伊波普猷)로부터 『고류큐(古琉球)』세 권을 기증받음. 명치천황 사망. 연호를 대정(大正)으로 바꿈.	
1913년 (대정 2) 39세	• 1월 9일 노르웨이 정부로부터 훈장을 수여받음. 2월 『향토 연구(鄕土硏究)』 창간호를 위해 「무녀고(巫女考)」, 「산인외전자료(山人外傳資料)」를 집필. 3월 14일 다카키 도시오(高木敏雄)와 협력해서 민속학잡지 『향토 연구(鄕土硏究)』를 창간.	
1914년 (대정 3) 40세	• 4월 13일 귀족원 서기관장이 되어 관사로 들어감.	제1차 세계대전 발발
1915년 (대정 4) 41세	• 8월 13일 대례사(大禮使) 사무관이 됨. 10월 31일~11월 30일 교토에서 거행하는 대정천황의 즉위식에 봉사.	중국과 21개조의 교섭시작
1916년 (대정 5) 42세	• 이 무렵 민속학자인 오리구치 시노부(折口信夫)가 처음으로 방문함.	
1917년 (대정 6) 43세	• 3월 20일부터 3개월 정도, 대만, 중국, 조선을 여행.	
1919년 (대정 8) 45세	• 12월 24일, 귀족원 서기관장을 사임.	3 · 1운동(한국)
1920년 (대정 9) 46세	• 7월에 아사히(朝日)신문사의 안도 마사즈미(安勝正純)로부터 입사 권유를 받음. 여행을 시켜줬으면 좋겠다는 조건을 무라야마(村山)사장이 받아 들여 입사함. 9월 27일, 11월 29일, 12월 6일 게오(慶應義塾)대학에서 민속학 강의를 함. 12월 13일부터 오키나와(沖繩) 여행에 나섬[『해남소기(海南小記)』 집필 여행]. 도중에 12월 14일 오사카(大阪)시민강좌에서 강연을 함.	제1회인구조사제1회 메이데이국제연맹 가입
1921년 (대정 10) 47세	• 5월 국제연맹 위임통치위원에 취임.	하라 다카시(原敬)암살됨
1923년 (대정 12) 49세	• 12월 22일 자택에서 민속학에 관한 제1회 담화회를 개최. 하야카와 고타로(早川孝太郞), 긴다이치 교스케(金田一京助), 미야마 나가히토(三山永人), 이마이즈미 다다요시(今泉忠義), 마쓰모토 노부히로(松本信廣), 마쓰모토 요시오(松本芳夫), 나카야마 타로(中山太郞), 니시무라 신지(西村眞次), 오카 마사오(岡正雄), 오카무라 지아키(岡村千秋), 미야모토 세스케(宮本勢助) 등이 모임에 참여. 12월 국제연맹 위임통치위원회 위원을 사임.	관동대진재(關東大震災) 발생

1924년 (대정 13) 50세	• 1월 9일 일본어학자인 우에다 가즈도시(上田萬年)를 방문하여 『오모로소시(おもろさうし)』 교정사업에 대한 후원을 의뢰. 2월 7일 아사히(朝日)신문사 편집국 고문 논설담당으로 임명. 7월 1일 처음으로『아사히신문』에 사설을 씀. 이후 매주 1, 2회 사설을 씀.	
1925년 (대정 14) 51세	• 5월 8일, 와세다(早稲)대학에서 농민사 강의를 시작. 이후 약 2년 정도 계속함. 10월 24일 이하 후유(伊波普猷), 오리구치 시노 부(折口信夫), 오카무라 지아키(岡村千秋)와 함께 오모로소시(お もろさうし)연구회를 개최. 11월 4일 잡지『민족(民族)』을 창간. 이후 격월 간행.	도쿄(東京) 방송국 개국 치안유지법제정 보통선거법제정
1926년 (대정 15= 소화 元年) 52세	• 4월 22일 일본사회학회에서 「민속학의 현상(民俗學の現狀)」 이란 제목으로 강연.	
1927년 (소화 2) 53세	• 9월 11일, 오카무라 지아키(岡村千秋), 오리구치 시노부(折口 信夫), 나카야마 타로(中山太郎), 하야카와 고타로(早川孝太郎), 미야모토 세스케(宮本勢助), 오카 마사오(岡正雄), 이마이즈미 다 다요시(今泉忠義), 나카미치 히토시(中道等), 이하 후유(伊波普 猷), 긴다이치 교스케(金田一京助) 등과『노온야담(老媼夜談)』을 중심으로 담화회.	금융공황 확산 모라토리엄 실시
1928년 (소화 3) 54세	• 12월 8일 방언연구회가 성립되어 도쿄 아사히신문사에서 처음 으로 회합. 도죠 미사오(東條操), 우에다 가즈도시(上田萬年), 하 시모토 신키치(橋本進吉), 오리구치 시노부(折口信夫), 니시와키 준자부로(西脇順三郎), 긴다이치 교스케(金田一京助), 마쓰모토 노부히로(松本信廣), 고바야시 히데오(小林英夫), 사이토 요시히 코(齊藤吉彦), 야스나리 사부로(安成三郎) 등 출석.	제1회 보통선거 실시 3 · 15사건
1930년 (소화 5) 56세	• 11월 20일 아사히신문사 논설위원을 사임. 이후 소화 22년 5월 25일까지 객원으로 대우받음.	런던군축조약에 조인
1931년 (소화 6) 57세	• 4월 10일~5월 20일에 걸쳐 간사이(關西) 지방·조선·규슈(九 州) 여행. 도중에 16일 단노우라(壇の浦)를 구경하고 부산으로 향함. 17일에 경주박물관 분관을 보고 불국사에 머무름. 18일 대구로 향함.	만주사변
1932년 (소화 7) 58세	• 1월 7일 양모 야나기타 고토(柳田琴) 사망. 12월 7일 양부 야나 기타 나오히라(柳田直平) 사망.	상해사변 발생 만주국을 승인
1933년 (소화 8) 59세	• 5월에 히가 하루시오(比嘉春潮)와 잡지『시마(島)』를 편집 발행.	국제연맹 탈퇴
1935년 (소화 10) 61세	• 9월 18일 민속학 잡지『민간전승(民間伝承)』 발행. 이를 계기 로 민속학 연구자의 조직이 전국적으로 확대.	미노베 다쓰기치(美 濃部達吉)의 천황기 관설
1936년 (소화 11) 62세	• 12월 31일 「채집수첩(採集手帖)」의 원고 연중 행사 항목을 쓰 기 시작. 이후로 3년 동안 핫토리보공회(服部報公會)의 원조로 전국의 민담을 수집.	2 · 26사건

년 도	내 용	비 고
1937년 (소화 12) 63세	• 5월 26일~6월 3일 동북제국(東北帝國)대학에서 10회에 걸쳐 일본민속학을 강의. 12월 7일부터 일본민속학강좌에서「인형과 신앙생활(人形と信仰生活)」을 3회에 걸쳐 강의.	중일전쟁
1938년 (소화 13) 64세	• 1월 25일부터 일본민속학강좌에서「술에 관한 문제(酒の問題)」를 2회에 걸쳐 강의. 4월 26일 일본민속학강좌에서「전설의 사회성(傳說の社會性)」을 7월 5일까지 5회에 걸쳐 강의. 9월 27일부터 일본민속학강좌에서「민간 연중 행사」를 5회에 걸쳐 강의.	국가총동원법 성립 중일전쟁 확대
1939년 (소화 14) 65세	• 2월 26일 일본민속학강연회에서「문화와 문화계(文化と文化系)」를 강연. 4월 14일부터 일본민속학강좌에서「제례와 고유신앙(祭禮と固有信仰)」을 12회에 걸쳐 강의.	
1940년 (소화 15) 66세	• 1월 19일부터 일본민속학강좌에서「민속학과 국어(民俗學と國語)」를 4회에 걸쳐 강의.	일·독·이탈리아 3국 군사동맹조약 조인
1941년 (소화 16) 67세	• 1월 20일 일본민속학의 건설과 보급에 따른 공적으로 소화 15년도 제12회 아사히(朝日)문화상을 수상. 12월 8일「태평양전쟁」이 시작되다.	태평양전쟁
1942년 (소화 17) 68세	• 1월 9일~12일 오리구치 시노부(折口信夫)와 렌쿠회(連句會)를 가짐. 3월 2일 국민학술협회 이사에 취임. 12월 17일~29일, 이즈호죠(伊豆北條)에 있는 후지미장(富士見莊)에 체재하며「신도와 민속학(神道と民俗學)」을 씀.	
1943년 (소화 18) 69세	• 3월 24일~26일『옛날의 불(火の昔)』집필을 위해 이토(伊東)에 체재. 11월 2일 하라마치다(原町田)를 산책하다가 그 지방의 재목상을 만나 '선조가 된다(先祖になる)'고 하는 이야기를 듣는데, 이것이 그 유명한『조상 이야기(先祖の話)』집필 동기 중의 하나가 됨.	
1944 (소화 19) 70세	• 3월 10일 목요회에서 이하 후유(伊波普猷)의『오키나와 고(沖繩考)』를 소개함. 12월 10일 인류학인인 호리이치로(堀一郎) 집에서 마쓰오 바쇼(松尾芭蕉)의 하이카이(俳諧)에 대한 해석 작업을 시작하다.	
1945년 (소화 20) 71세	• 3월 23일『구마가이가덴기(熊谷家傳記)』를 읽음. 산야에 숨어서 패잔한 무사들의 무구를 빼앗던 집단에 관한 문학작품을 써 보려고 생각하다,『조상 이야기(先朝の話)』를 집필	히로시마·나가사키에 원자폭탄 투하
1946년 (소화 21) 72세	• 7월 20일 추밀원(樞密院)고문관이 됨. 9월 28일, 10월 5일, 10월 12일, 구단(九段)에 있는 구 국방관에서『민간전승(民間伝承)』의 간행과 고희기념문집 간행을 기념하여, 일본민속학강좌가 개설됨. 10월 5일「현대과학이라는 것(現代科學ということ)」을 강연. 12월 10일 추밀원의 어전회의에 출석.	일본국헌법공포 천황의 인간선언 제2차 농지개혁
1947년 (소화 22) 73세	• 1월 16일 국제학술협력회의에 출석. 4월 30일 추밀원의 마지막 회의에 출석(5월에 추밀원 폐지). 3월 23일 1934년(소화 9)부터 300회 정도 계속된 목요회가 발전적인 해산을 함. 서재를 민속학 연구소로 삼고 매월 제2, 제4 일요일에 연구회를 개최. 10월 27일 문부성 사회과교육연구회 위원이 됨	일본국헌법시행

1948년 (소화 23) 74세	• 5월 15일 도쿄서적주식회사의 소학·중학국어과 검정교과서의 감수를 승낙. 7월 7일 공문용어개선위원이 됨. 12월 17일 민속학연구소에서 「집 이야기(家の話)」의 제1회분에 대해서 이야기함. 이후 연구회를 매주 목요일로 함.	극동국제군사재판 종결
1949년 (소화 24) 75세	• 2월 5일 국립국어연구소 평의원이 됨. 4월 1일 「민간전승회(民間傳承の會)」를 일본민속학회로 개칭·발족하고 회장이 됨. 4월 16일 민속학연구소와 민족학협회가 합동으로 좌담회를 개최함. 11월 12일 미국인류학협회 명예회원으로 추천.	유카와히데키(湯川秀樹) 노벨물리학상 수상
1950년 (소화 25) 76세	• 3월 31일 예술원 모임에 처음 출석. 7월 12일 국학원대학 교수를 수락. 이 해 7월부터 민속학연구소의 사업으로서 3년 계획으로 전국의 낙도·촌락에 대한 조사 연구가 시작됨. 10월 1일 일본민속학회 명예회원이 됨.	한국전쟁 시작
1951년 (소화 26) 77세	• 10월 13일~14일 일본민속학회 제3회 연회가 회수기념회를 겸하여 국학원대학에서 행해짐. 이를 기념하여 『노치노가리고토바노기(後狩詞記)』를 복각. 11월 8일 『민속학사전』이 마이니치(每日) 출판문화상을 수상.	미일안브조약
1952년 (소화 27) 78세	• 6월 28일 농업종합연구소에서 열린 제1회 도작사(稻作史)연구회에 출석. 안도 고타로(安藤光太郎), 모리나가 슌타로(盛永俊太郎), 하마다 히데오(濱田秀男), 도바타 세이치(東畑精一), 고이즈미 고이치(小泉幸一), 이시쿠로 다다아쓰(石黑忠篤) 등 문화과학과 자연과학 분야에서 십 수명이 참가. 이 회의의 보고서는 나중에 『벼의 일본사(稻の日本史)』라는 제목으로 출판. 7월 27일 민속학연구소에서 양묘제(兩墓制) 연구 계획에 관해서 상담.	미일행정협정 메이데이 사건 발생
1953년 (소화 28) 79세	• 2월 27일 국립 국어연구소 평의원회 회장이 됨. 2월 28일 문화재보존사업심의회 위원이 됨. 7월 1일 역사학자인 이시모다 쇼(石母田正) 등과 함께 호세(法政)대학에서 주최한 좌담회에 출석. 9월 3일 오리구치 시노부(折口信夫) 사망.	NHK Tv방송개시
1954년 (소화 29) 80세	• 5월 18일, 19일, 20일, 24일, 25일 5회에 걸쳐서 황실에서 열린 언어학연구회에 출석. 10월 20일 제6회 일본민속학회 연회에 출석한 후에, 민속학회 주최로 80세를 축하하는 모임이 개최됨.	자위대법 가결
1956년 (소화 31) 82세	• 4월 28일 국학원대학 일본문화연구소 창립 기념 강연회에서, 「다음 세상을 위하여(次の世のために)」를 강연. 5월 14일 사위인 호리 이치로(堀一郎)의 학사원상 수상식에 출석.	소일공동선언 국제연합 가입
1957년 (소화 32) 83세	• 3월 4일 국립국어연구소 평의원을 사임. 4월 7일 민속학연구소 대의원회에 출석하여 연구소 해산을 결정. 5월 18일부터 7월까지 병으로 누움. 8월 15일 세조(成城)대학에 장서를 위탁하기로 결정. 12월 19일 세조대학 문예학부 고문이 됨.	
1958년 (소화 33) 84세	• 4월 12일 학사원 신입회원 환영회에 출석. 6월 7일 예술원 총회에 출석.	
1960년 (소화 35) 86세	• 9월 10일 10년 동안 계속하던 도쿄서적주식회사의 교과서 감수를 사임.	안보비준 반대투쟁 미일신단보조약 성립

년 도	내 용	비 고
1961년 (소화 36) 87세	• 2월 13일 『定本柳田國男集』 출판을 결정. 세조(成城)대학에서 열린 저서 『해상의 길(海上の道)』 출판회의에 참석.	농업기본법 성립
1962년 (소화 37) 88세	• 5월 3일 세조(成城)대학에서 일본민속학회 주최로 미수(米壽)를 축하하는 모임이 열리다. 8월 8일 심장쇠약으로 사망. 8월 12일, 아오야마(靑山) 장례식장에서 일본민속학회장(日本民俗學會葬)으로 장례식이 거행됨. 유언에 따라 소장 도서는 세조대학에 기증됨. 9월 11일 가와사키시(川崎市)에 있는 춘추원(春秋苑)에 매장됨.	무역자유화 시작

찾아보기

주요 역사적 사건 및 기타 사항